社会权力的来源

（第四卷）

全球化

（1945−12011）

上

社会权力的来源

（第四卷）

全球化

（1945—2011）

上

[英] 迈克尔·曼 著　郭忠华　徐法寅　蒋文芳 译

世纪出版集团　上海人民出版社

出 版 说 明

　　自中西文明发生碰撞以来，百余年的中国现代文化建设即无可避免地担负起双重使命。梳理和探究西方文明的根源及脉络，已成为我们理解并提升自身要义的借镜，整理和传承中国文明的传统，更是我们实现并弘扬自身价值的根本。此二者的交汇，乃是塑造现代中国之精神品格的必由进路。世纪出版集团倾力编辑世纪人文系列丛书之宗旨亦在于此。

　　世纪人文系列丛书包涵"世纪文库"、"世纪前沿"、"袖珍经典"、"大学经典"及"开放人文"五个界面，各成系列，相得益彰。

　　"厘清西方思想脉络，更新中国学术传统"，为"世纪文库"之编辑指针。文库分为中西两大书系。中学书系由清末民初开始，全面整理中国近现代以来的学术著作，以期为今人反思现代中国的社会和精神处境铺建思考的进阶；西学书系旨在从西方文明的整体进程出发，系统译介自古希腊罗马以降的经典文献，借此展现西方思想传统的生发流变过程，从而为我们返回现代中国之核心问题奠定坚实的文本基础。与之呼应，"世纪前沿"着重关注二战以来全球范围内学术思想的重要论题与最新进展，展示各学科领域的新近成果和当代文化思潮演化的各种向度。"袖珍经典"则以相对简约的形式，收录名家大师们在体裁和风格上独具特色的经典作品，阐幽发微，意趣兼得。

遵循现代人文教育和公民教育的理念，秉承"通达民情，化育人心"的中国传统教育精神，"大学经典"依据中西文明传统的知识谱系及其价值内涵，将人类历史上具有人文内涵的经典作品编辑成为大学教育的基础读本，应时代所需，顺时势所趋，为塑造现代中国人的人文素养、公民意识和国家精神倾力尽心。"开放人文"旨在提供全景式的人文阅读平台，从文学、历史、艺术、科学等多个面向调动读者的阅读愉悦，寓学于乐，寓乐于心，为广大读者陶冶心性，培植情操。

"大学之道，在明明德，在新民，在止于至善"（《大学》）。温古知今，止于至善，是人类得以理解生命价值的人文情怀，亦是文明得以传承和发展的精神契机。欲实现中华民族的伟大复兴，必先培育中华民族的文化精神；由此，我们深知现代中国出版人的职责所在，以我之不懈努力，做一代又一代中国人的文化脊梁。

上海世纪出版集团
世纪人文系列丛书编辑委员会
2005年1月

中文版序言

　　《社会权力的来源》第三、第四卷将我对有关人类社会权力关系的历史考察带向终点。 第二卷的时间跨度从 1760 年到 1914 年，内容具有很强的欧洲和美国中心主义色彩，因此很大程度上忽视了那一时期的各种帝国。 我因此从第三卷开始关注现代帝国，并且不得不在开头部分回溯很长一段时间，详细讨论中国和日本这两个亚洲帝国。 然后，第三卷所叙述的故事一直持续到 1940 年代末，以讨论第二次世界大战和共产主义在中国内战中的胜利作为结束。 为写作第三、四卷，我阅读了大量的历史文献，但远未达到全面和彻底的程度，因为有关现代时期的相关资料已达到极其丰富的程度。 如果我的叙述引用了什么错误的史料，或者借鉴了不可靠的历史学家的观点，或采纳了一个可能具有高度有争议的观点，这完全是意料中的事情。 最有可能出现这些问题的是有关东亚的章节，因为我无法阅读中文和日文的文献。

　　但我的叙述不仅仅是经验性质的，毋宁说是依据社会学理论构建起来的，这些理论模型从我调查的大量经验数据中提炼而来。 我的原创性或许主要来自于理论而不是详细的历史分析。 与前面两卷一样，我的叙述结构主要依赖于四种相互作用的权力来源，其中每一种来源都形成自身的交互网络。 这四种来源表现为意识形态权力、经济权力、军事权力和政治权力。 那些能够行使强制性意识形态、控制经济生产方式、使用致命暴力或者控制国家的人可以行使更加普遍的社会权力。 很多人认为我的工作是"马克斯·韦伯式的"，因为韦伯有时也使用一种三重分层模型,即阶级、地位和政治权力。 这一标签有些道理,并且对我而言也是很大的荣誉,但我与韦伯的不同之处在于,我将军事权力与政治权力分离开来。 我不赞同韦伯的是,包括现代国家在内的许多国家并没有垄断军事权力。 封建国家没有垄断军事权力,许多依赖于其他大国提供保护的现代国家没有垄断军事权力,那些国家的军事权力也没有有效地渗透在自己的领土上。 更为晚近的例子是当代"软地缘政治"的发展,比如,日本所行使的军事权力比其在世界经济和环境等"软"问题上行使的权力要少得多。 中国从某种更低的程度而言也是如此。 组织化的致命武力(军事权力)不同于国家的机构和法律(政治权力)。 我相信,我是唯一把历史和社会看作是四种权力来源的产物来加以分析的理论家。

尽管所有四种来源常常互相绞合在一起,但每一种都有其独特的发展逻辑,所以彼此之间最终是一种"正交"(onthogonal)的关系,即它们之间彼此独立,任何一方都不可以化约为另一方。 因此,我尽管在第三、四卷始终强调资本主义社会发展的重要性,我对经济决定论的观点始终持批判的态度,不论这种观点是来自马克思主义还是新古典经济学。 同样,我尽管承认意识形态在这些时期的重要性,我坚持拒绝唯心主义,这种思维方式在当前社会科学和史学的所谓"文化转向"中非常普遍。 在军事权力方面,我纠正学术界常常忽视这一方面独立性的相反趋势,直到最近20多年,战争和武装力量在社会发展中的重要性才得到重视。 我认为,晚近对于军事权力不断增长的兴趣一定程度上应归功于此对我的影响。 对于政治权力,我强调民族国家将治下公民置于其中的不断强化的"牢笼"观点。 我在这两卷中表明,由所有四种来源所构成的权力网络在现代时期非常重要,有时甚至处于支配地位。 但我同时也强调,重大社会制度是由这四种权力来源所组成的混合物。 我提出,有了这一分析模型,我们可以更好地理解人类社会主要权力制度的发展。

这不是一种能够对人类社会进行简洁、普遍解释的"硬"理论,因为人类社会本身并非简单明了,毋宁说它们极为凌乱,但我的确希望提出一种通常所谓的"中层"理论。 当然，如果你要完全理解这一点，那就必须阅读这两卷，你会在其中发现帝国主义兴起的理论、资本主义进一步发展(包括大萧条的灾难)的理论、福利国家兴起的理论、法西斯主义的理论、苏联的理论以及 20 世纪恐怖战争的理论。

在这两卷中，我通常聚焦于我所说的"权力的前锋"，即关注每一时期权力最大的那些国家和地区，以及其起源对于后来如何成为强国极为重要的那些国家和地区。 这就是为什么我在第二卷集中关注欧洲和美国，而对衰落中的中国只是简单提及的原因。 第三卷则很大的不同，它对亚洲进行了实质性关注。 我勾勒了日本的崛起以及随后导致其崩溃的战争，讨论了两个处于衰落中的国家——受尽凌辱的中国和沦为殖民地的印度，这两个国家后来都成为了强国。 就中国而言，我勾勒了帝制的崩溃和共和国的不完全复兴进程，这一进程为日本在太平洋的猛烈进攻所突然中断。 对于日本，我试图揭示自由主义者和帝国主义者之间的激烈争论，以及曾经倡导过的不同类型的帝国主义主张。我想强调的是，日本发展成为高度军国主义的帝国主义并不是不可避免的。 对于中国，我主要聚焦于民国时期民族主义者、地方军阀和共产主义者之间的斗争。 在第三卷的前面章节，我把第一次世界大战看作是布尔什维克革命走向成功的主要原因，我这里把第二次世界大战看作是中国共产主义革命——实际上包括东亚其他革命——成功的主要原因。 有关革命的讨论在第四卷"一种关于革命的理论"一章中将达到高潮。 当然，我在第四卷还分析了中国的社会主义时期。

我很高兴我的许多著作能被翻译成中文，我很享受我在中国的演讲，并且意识到中国社会科学正在走向繁荣。 作为西方人，我满怀希望地期待中国为全球社会科学做出实质性贡献，也希望本书可以为这一过程提供绵薄之力。

迈克尔·曼

2014 年 10 月 21 日

3

社会权力的来源

上

目录

第一章

诸种全球化

　　我有关人类社会权力史研究的第四卷，也即最后一卷，将涵盖1945年以来的历史。 本卷将聚焦于战后全球秩序的三大主要支柱：资本主义(以及苏联的命运和中国的转型)、民族—国家体系以及作为世界仅存帝国的美国。 这一时期所有这三大支柱的最明显特征莫过于它们在全球范围内的扩张——一个被广泛称作全球化的过程。 我在第三卷中用复数的形式使用全球化这个术语，以此表明正在行进的全球化不止一个过程。 我在所有四卷著作中始终强调，人类社会是围绕着四种独特的权力资源而形成的——意识形态的、经济的、军事的和政治的——四种资源之间彼此具有某种程度的相对独立性(也就是我所说的权力的IEMP模型)。 但它们是一些理想类型的权力资源，在现实世界中并不存在其纯粹的形式，它们围绕着社会的三大主要宏观制度而集结在一起，即资本主义、民族—国家和帝国。 这一时期主要的新型意识形态都是围绕人类试图理解那三大宏观制度而形成的。

　　让我首先对这四种权力资源做一个简短介绍吧，更为详细的阐述可见之于所有前三卷的第一章。 权力就是使他人去做即使他们不愿意做的事情的能力。 为达到这一目标，无论何种情况，我们都与他人进入到一种彼此合作和冲突的权力关系之中，这些关系催生了社会。 因此，权力既可能是为实现共同目标而进行合作的聚合性关系——通过他人而形成的权力(power through others)，也可能是分配性的关系，即通过某些人支配其他人而形成的权力。 两种权力都存在四种主要来源：

(1) 意识形态的权力来源于人类寻找生命终极意义的需要,来源于与他人分享规范与价值以及参与审美和仪式实践的需要。 意识形态随我们所面临的问题的改变而发生改变,其运动的力量则来源于我们无力在我们的所知世界中达到确定性。 我们在各种隔阂和不确定性之间注入形形色色的信仰,这些信仰本身并不能被科学地证明,但却表征了我们怀有的希望和恐惧。 没有人可以证明是否存在上帝,抑或可以证明人类将走向社会主义或者伊斯兰主义的未来。 在旧的制度化了的意识形态和实践不再有效、新的意识形态又尚未形成效力的危机关头,意识形态变得尤为必须。 在这一时期,我们最易受意识形态理论家的权力之影响,因为他给我们提供了某种似是而非而又无法证明的有关这个世界的理论。 意识形态权力总体上是对其他三种权力源泉之发展的反应,但随后形成自身的特有权力形式。 这种权力很不均匀,当我们需要解决没有预期到的危机的时候,它猛然变得重要,但在其他一些时候则通常不那么重要。 在这一时期,与父权制、自由主义、社会主义、民族主义、种族主义和环保主义等世俗意识形态一样,复兴的宗教意义体系也占有一席之地。

(2) 经济权力来源于人类提取、转化、分配和消费自然产品的需要。 经济关系之所以强大有力,在于它将劳动力的集中动员与更广泛的交换网络联系在一起。 当代资本主义把整个地球作为资本、贸易和生产链的竞技场,其权力关系同时渗透在绝大多数人最例行化的日常生活中,侵占了我们至少一半的清醒状态时间。 与军事权力不同,各种经济生产的社会变迁很少是迅速的或者突变式的,毋宁说它们是缓慢的、累积性的,但最终影响深远。 现代阶段经济权力的最主要组织形式是工业资本主义,工业资本主义的全球发展构成了本卷论述的核心。资本主义把包括劳动力在内的所有生产工具都转化成为商品,包括资本、劳动力、产品和消费在内的所有四种主要市场彼此进行贸易竞争。晚近以来,资本主义已成为最为持久和有力的权力组织,它造就了大部分的技术革新和环境蜕化。

(3) 军事权力。 我把军事权力界定为这样一种社会组织——集中而毁灭性的暴力。"集中"意味着动员(mobilized)和聚焦(focused)，"毁灭"则意味着"致命"(deadly)。《韦伯斯特大词典》(Webster's Dictionary)把"暴力"界定为为达到伤害或者虐待(abuse)的目的而使用武力，通常表现为一种剧烈、残暴、疯狂和毁灭性的行为或者力量。 军事权力因此是集中的、有形的、剧烈的和致命的，它生杀大权予夺，如果你敢于抵抗，军事暴力的持有者就会说：你该死。 由于致命的威胁是令人极度恐惧的，军事权力因此催生恐惧等某些特殊的心理情感和心理征兆，就像我们将面临疼痛、肢解和死亡等情形时那样。 军事权力通常为武装部队在国家间战争的状态下所致命地使用，尽管本卷同时还将讨论准军事组织、民兵以及恐怖主义等力量。 军事权力与政治权力存在着明显的交合之处，尽管它们通常表现为不同的组织形式、体现为社会中不同的等级。

(4) 政治权力体现为对社会生活的集中和领土化管理。 政治的基本职能在于在特定的领土范畴内提供秩序。 我这里不仅从韦伯那里获得灵感，他把政治权力(或者"派系")归属于各种类型的组织，而不仅仅是国家，而且从诸多政治科学家的治理概念那里获得灵感，他们把治理看作是由包括公司、非政府组织(NGO)和社会运动在内的不同团体所实施的活动。 我倾向于把包括地方、地区以及全国层级的政府在内的国家看作是"政治"的，因为只有国家才具有集权—领土化的形式，可以对其领土范围内的所有个人制定权威性规则，其他非政府组织(NGO)或者企业都不具有此种形式。 我可以从某个 NGO 或者企业中辞职，并因此藐视其规则，但我必须遵守我所居住国家的规则，否则将招致惩罚。政治权力网络通常以集权化和领土化的方式得到管理和协调，与其他三种权力资源相比，政治权力因此更加地域化，国家所涵盖的范围通常比意识形态更小、更加紧密。

因此，通常所说的全球化涉及意识形态、经济、军事和政治之间的独特关系在世界范围内的伸延。 具体地说，1945 年之后，全球化意味着自由主义、社会主义等意识形态的传播，意味着资本主义生产方式的扩展，意味着军事打击范围的延伸，意味着民族—国家在世界范围内的普及——一开始具有两个帝国，后来则只剩下一个。这些现象之间的关系构成了本书的主题。

大部分有关全球化的讨论都令人兴味索然，除范围之外，全球化并不具有特殊的意涵，除接下来将要讨论的一点之外，全球化不会做任何事情。全球化自身不能由于人类社会的某种状态而受到赞扬或者指责，因为它仅仅是社会权力资源扩张的结果。这一点也反映在全球化没有催生有关社会的创新性理论这一点上。社会科学家以前提出的理论主张，社会与民族—国家相等同，现在它们已在地域范围上得到了极大的扩张，这一点通常为某些沽名钓誉的社会科学家所主张的社会已发生根本性转型观点所掩盖。极端全球化者主张，全球化已导致根本不同的社会类型。以一种稍带轻蔑的口吻来说，我们可以把这种观点看作是全球化的胡说(globaloney)。然而，全球化的某一个维度的确是转型性的：那就是人类行动扩张至全球，然后又返回到我们自身。这是一种回龙镖效应(boomerang effect)，即人类行动撞击到地球的极限，然后它们又反过来重重地撞击着行动者自身，并使他们发生改变。我们可以看到，这种现象可能以两种方式发生。方式之一是战争的武器已经发展得如此致命，以致核战争或者生物武器战争可能摧毁整个人类文明。就如我在第二章将要谈到的那样，我们现在已经生活在这样一种威胁之下。方式之二尽管还不那么具体，但却已可预测：以燃烧化石燃料为基础的经济扩张提高了有害排放，这一点也可能使人类文明最终难以为继，这一问题我将在第十二章加以讨论。马克思主义者预测了第三种可能的回龙镖效应，那就是资本主义市场的扩张最终将遍及全球，这将使进一步的经济增长不再可能，并由此形成重大危机。但倘若要分析这些可能的前景，我们就必须从经济和军事权力关系的角度来赋予全球化内涵，是它们形成了回龙镖效应，而不是全球化本身。

赋予全球化内涵的最流行方式莫过于把资本主义看作是其基本驱动

力。 唯物主义者把全球化看作是由资本获利的经济压力所驱动，这一压力导致了使生产链和市场能够全球扩展的通讯技术革命。 没有人怀疑这一点促进了资本主义在全球范围内的扩张，现在只有中国仍对全球化半推半就(我将在第八章对这一点加以讨论)。 经济学家有时以国际贸易占国内生产总值(GDP)的比例或者商品价格的全球趋同度(有时还加上劳动力迁移的指数)来衡量全球化水平。 通过这些指数我们可以发现，经济全球化在17—19世纪早期处于稳步发展的阶段，但1860—1914年间突然高涨，紧接着是一个一直持续到1950年的萧条与战争相混杂的滞涨时期，一直到1960年才出现复苏和第二轮高涨(O'Rourke & Williamson, 1999)。 正是第二个高涨阶段催生了我们当今最为全球性的经济。 既然现在国际贸易占国内生产总值的份额和移民指数只比1914年之前的那一段时期稍高，情况说明，实体经济中的绝大部分不能仅通过统计数据来得到衡量或者计算——尽管国际贸易额的确容易得到测量——因为所得比例(resulting ratio)总是会呈向上偏误(biased upward)。在第二个高涨周期，金融资本几乎在世界范围内即时性地流动，同时，生产链也在全球范围内四处延伸。 所有这些将在第六和第十一章加以讨论。

经济学家通常把全球化界定为市场的全球整合，这种观点忽略了战争、政治制度和意识形态等其他主要推动力。 他们还暗示，全球化只发生在经济增长的阶段。 但正如本卷将要表明的，衰退时期同样存在全球化。 人们通常把1914—1945时期当作全球化衰退的阶段，而且那一时期的确存在国际贸易在GDP中所占比例下降的情况。 我承认那一时期的经济整合出现了下降，经济分裂变得全球化了。 但那一时期出现了社会主义和法西斯主义意识形态的全球化，同时还存在着我们所说的两次世界大战，以及几乎使全世界所有国家无一幸免的大萧条。 这是一个分裂的全球化阶段(disintegrating globalization)。 与此类似，1970年代以来的停滞导致了各种新自由主义政策的兴起，但这些政策又导致了2008年的全球大衰退。 我们现在面临着一种更加全球性的经济危机——气候变化。增长越来越成为全球性的，与此同时，危机也越来越变得全球化。这不仅仅是一个有关增长抑或衰退的故事，因为每一个人类成功的故事都伴随着严重的问题，每一次重大灾难中也都隐含着一线生机。经济增长破坏了环境、耗尽了自然资源，而每一次世界大战却都催生了更多的公民权。

全球扩张还存在着地域上的差异，这种差异的意义一点都不会比全球化少。晚近 19 世纪的高涨将北欧、西欧及其殖民地整合成大西洋经济，同时强化了它们与世界其余地方的差别。1960 年代以来的第二次高涨将南欧、东亚以及亚洲的大部分地方——但不包括非洲和中亚——整合在了一起。我们在总结全球化的时候不能不顾其地区差异或者其准确的时间性，全球化在何时、何地得到扩张总是非常重要的问题。

经济学家总是企图通过全要素生产率(TFP)来分析全球经济扩张，这种全要素生产率可以被拆分为资本、劳动力和土地的生产力，以及分配给技术创新的余额。不幸的是，这种余额总是非常庞大，这意味着我们需要通过我们仍然缺乏的技术变化来对增长做出解释。经济史学家将 19 世纪技术创新的决定性因素缩小为交通技术(包括铁路，尤其是船运)，把 20 世纪早期的技术创新缩小为适用于诸多工业部门的普遍应用性技术，如电力、内燃机等。在第二个增长阶段，他们强调微电子技术和微生物技术。他们还强调，技术的后期普及比其初始发明更加重要。但对于发明和普及的解释使经济学家偏离了惯常的分析变量而进入到普遍性的社会制度。以一战后的经济滞胀为例，那一时期技术并没有丧失，通讯技术的确仍在发展。但经济学家却说道，那一时期出现了对银行和货币运转调控不足的政治制度失败，太喜欢求助于保护性政策。与此相反，对于第二次世界大战后的增长，他们又说道，那一时期的增长主要得益于更加良好的政府政策和更加开放的市场，而不是新型的技术。即使在后来网络技术、微电子技术和微生物技术产品出现之后，极端全球化者仍然认为它们没有带来多大的增长。经济学家现在仍然在思考经济增长的问题，并希望从历史学家、社会学家和政治科学家那里获得帮助。

不幸的是，我们无法给他们提供更多的帮助。大部分学者沉迷于描述全球化，而不是对之做出解释。简·阿尔特·斯科尔特（Jan Aart Scholte）就是其中一例，他试图通过资本主义生产和理性主义知识这两种结构性力量来解释全球化，这两种力量都是通过其所谓的"行动者的首创精神"——比如技术创新和政府管制——而得到驱动的（Scholte，2000：89—110）。然而，这种观点极为模糊。我的观点是，全球化是各种社会群体谋求扩张其集体权力和分配权力以实现其目标的结果，这一过程涉及所有四种类型的权力资源。可能有人认为这依然是一种模糊的观点，但更为详细的内容将会在本卷的各个部分加以铺陈。

许多社会学家把全球化主要看作是经济全球化。戴维—哈维(David Harvey，1989)把它看作是由于资本过度积累而导致的结果，并且的确证明了这一方面的重要性。曼纽尔·卡斯特尔斯(Manuel Castells)是一个极端全球化者，他提出全球"网络社会"的概念，这一社会通过信息技术革命以及随后资本主义企业的重组而得到塑造。他认为，这一革命使我们生活的每一个方面——从我们的物质存在到市民社会、民族和自我观念——都发生了改变。他诗意地宣称，通过重构流动的空间(a space of flows)和无时的序列(timeless time)，我们的生活基础已经转型(1997：1)。极端全球化者迈克尔·哈特和安东尼奥·内格里(Michael Hardt & Antonio Negri，2000)宣称，资本主义已成为新的全球帝国。在他们看来，由民族—国家所提供的传统秩序现在已被跨国资本主义的影响连根拔起，代之以任何单一权威中心都无法有效监管的、狂浪的超国家资本主义秩序。莱斯利·斯克莱尔(Leslie Sklair)认为，资本主义是"全球体系的支配性驱动力量"——"一个以跨国企业为基础、或多或少掌控了全球化生产的跨国资产阶级正在兴起"(2000：5；同时可参阅 Robinson & Harris，2000)。世界体系论者把世界看作是一个由两个部分所组成的劳动分工体系：一是以资本集中型生产为基础的核心国家；二是以低技术劳动和原材料为基础的全球边缘国家，半边缘国家带则处于两者之间。 资本造就了一个高水平整合的全球结构，尽管这一结构的下部有着丰富的文化和政治多元性。 他们说道：在世界体系中，"经济是每个组成部分之间的最基本纽带，这些纽带的首要目标是通过使万物商品化而进行永无休止的资本积累。"(Wallerstein, 1974a：390；1974b：15)他们求助于地缘政治学来证实自己的观点，指出当单一帝国处于霸权地位的阶段，世界体系得到最快速的发展。 荷兰、英国以及晚近阶段的美国先后处于霸权地位，它们为世界体系制定规则。 由于每个国家的霸权都存在起伏，全球化因此也表现得此消彼长(Arrighi, 1994；Arrighi & Silver, 1999)。 然而，霸权的出现被归结为资本主义世界体系的功能性需要——经济权力转化为地缘政治性权力。 我已在第三卷对此种观点进行过批判。 所有这些模式都把全球化归结为资本主义经济的驱动，但实际上只是部分地如此。 然而，经济肯定不是人类社会的惟一驱动力。

请注意，工人阶级和中间阶级在这些模式中是相对缺场的。 我已在第三卷中提出，普通大众在先进国家已经跃上权力的舞台——他们聚焦于城市和工厂，要求公民权利，被征召进群众队伍，并且通过大众意识形态和群众性政党而得到动员。 但殖民地国家却形成了明显的对比，在那些国家，群众只是刚刚被动员起来。 在本卷中，我们将看到一个部分修正过的对比，那就是在那些被模式化为世界南方的国家，那里的群众今天已登上了权力的舞台。 在那些被称作世界北方的发达国家，我们则见证了大众权利的深化，表现在民事(civil)、政治(political)和社会权利(social citizenship)方面。 但同时，我们也可以看到北方出现的某些倒退。 当然，不论在南方还是北方，都存在着相当大的差异。 但既然大部分聚焦于全球资本主义的作者都倾向于仅把注意力放在近几十年和盎格鲁国家，他们对工人阶级和中产阶级抵制资本权力的能力当会感到失望，同时当会对这些阶级之间存在的不断扩大的不平等感到惊讶才是。 我将在本卷中探讨这些问题。

唯物主义已经直面了其传统对手唯心主义的挑战，后者认为，全球化本质上是意识形态方面的。 罗纳德·罗伯逊(Roland Robertson)说道，全球化就是通过意识在这个单一世界中的集中化而形成的压缩世界。世界之所以成为一体，是因为我们是这样来理解它的，并愿意它以这种方式出现(Robertson，1992：8)。 马尔科姆·沃特斯(Malcolm Waters)说道："物质交换是地方化的，政治交换是国际化的，符号交换则是全球化的……从经济和政治(polity)都是文化性的角度而言，我们可以期待它们将会变得全球化"——这是一种以意识形态为引擎的全球化理论(Waters，1995：7—9)。 约翰·梅耶(John Meryer)及其合作者也相信，全球化是由世界文化驱动的(Meryer et al.，1997，1999)。 自19世纪以来，一种理性化的世界文化秩序已经出现，体现在塑造了国家、制度和个体认同的各种普遍性模式上。 第二次世界大战之后，这种秩序已经遍及全球。 不同经济发展水平的国家都采用了这些普遍性的模式和制度，形成了所谓的"全球同构"(global isomorphism)的结果。 国家本身不是全球化的驱动力量，它们的结构和权威来源于更加广泛的"世界政体"(world polity)，这一政体由具有普遍合法性的各种模式组成，科学研究协会、女性主义团体、标准制定团体和环保主义组织等无数其他非政府组织也采用这些模式。 梅耶对这些世界政体/文化为何出现的问题解释无多，但他似乎认为主要是由意识形态的力量驱动的。 我们后面将会看到，这种模式尽管有其合理之处，但存在着过分夸大之处。

安东尼·吉登斯(Anthony Giddedns，1990)、乌尔里克·贝克(Ulrich Beck，1992)以及斯科特·拉什和约翰·厄里(Scott Lash & John Urry，1994)没有提出这一维度的理论，但在他们晚近关于全球化的论述中包含着一种明显的意识形态"反思性"(reflexivity)，那就是我们都清楚自身对于全球的影响，并且根据这种影响来调整我们自身的行为以便形成新的全球行动规则。 他们认为，这种现象表明，在我们这个时代的人类行动中，观念具有一种不同的回溯性功能。 我们时刻监控着变化对于我们生活所造成的影响，同时定位自身在那个更大过程中的位置。在他们看来，不再有人能够在家中感到心安理得了。 我不知道这种观点是否正确，人类是否一直就拥有这种反思性？ 抑或它实际上只是对我们这个新奇时代的焦虑？ 无论如何，我们的确需要这种反思性来理解潜在核战争和环境破坏等回龙镖效应。 所有这些论点都与唯心主义——一种把意识形态和观念看作是流淌于社会之上的倾向——的传统缺陷一样存在不足。 我更认为意识形态是在军事、政治、经济权力交互作用的过程中对终极意义的寻求。

大部分唯物主义者和唯心主义之流都把全球化看作是一个单一的过程。 随着其所宣称的经济或者文化秩序充斥全球，从此便形成了一种单一的世界秩序、世界社会、世界政体、世界文化或者世界体系。 除前文所提到的作者之外，马丁·阿尔布劳(Martin Albrow)把全球化看作是"把世界人口整合进一个单一世界社会或者全球社会的各种过程"(Albrow，1996)，约翰·汤姆林森(John Tomlinson)认为，世界已越来越成为受同一种力量主宰的单一场所，通过其所谓的"唯一性"联系在一起(Tomlinson，1999：10)。 罗伯特·霍尔顿(Robert Holton)承认，全球化的确是多元的，但他认为"这种多元性中包含着一个把所有要素都联系成独立整体的单一性人类社会世界"(Holton，1998：2)。 正在形成的单一全球体系观念可以追溯至 19 世纪的圣西门、孔德、斯宾塞，马克思和恩格斯则在《共产党宣言》中对经济全球化作了最大胆的表述。 吉登斯抵制这种观点，认为全球化"是一个同时包含整合和碎片化的不平衡发展过程"(Giddens，1990：175)。 我赞同其观点。

少部分作者则采用韦伯的文化、经济和政治力量三维度的模式(Osterhammel & Petersson，2005；Waters，1995)，这是一种最接近于我的观点，尽管我把军事权力与政治权力关系分离开来。 后现代主义者则走得更远，他们抵制这种"宏大叙事"，认为社会本身是无限复杂和无法说明的。 他们有时甚至转向混沌理论或者相对论，强调全球不连贯性、混沌性和碎片性。 阿琼·阿帕杜莱(Arjun Appadurai)列举了各种形式的"流动的、不规则的和不连贯的"全球化景象，包括"民族景象"、"媒体景象"、"技术景象"、"金融景象"和"意识景象"等(Appadurai，1990)；简·内德温·皮特西(Jan Nederven Pietersee)把全球化看作混沌的、"内在流动的、不确定的和无限的"(Pietersee, 1995)；作为狂热全球化者的齐格蒙特·鲍曼(Zygmunt Baumann)，他更喜欢用"流动的现代性"来刻画全球化，意思是，现代性是由不确定的伦理、对专家信任系统的怀疑、弹性的组织形式、信息战以及政治经济的脱域化等现象组成，他大胆地宣告，流动的现代性已经改变了人类生存条件的所有方面(Baumann, 2000)。 我尽管接受混沌的全球化观，但抵制轻易地把全球化看作是流动的、碎片化的和不确定的观点，而是倾向于把它看作是一些比其他因素具有更强结构化能力的强大网络所驱动，这些网络具有一个相对实在和持久的本体，它们是一些古老源流的崭新形式。 从这一点而言，如果采用多元化而非仅仅宏大的方式，宏大叙事是可能的。

迄今为止我们所列举的理论都没有谈到军事权力关系，它们的确提到了政治权力关系，但通常认为全球化削弱了民族—国家。 但反讽的是，大多数社会学家直到1990年代才注意到民族—国家的存在，此前的主导术语是工业社会或者资本主义，而且两者都被看作是跨国性的。尽管几乎所有的社会学家在实践上都局限于研究自身所处的民族—国家，他们并没有对之进行理论化，因为它仅仅被看作是更广泛工业或者资本主义社会的一个场景。 突然，他们注意到了民族—国家的存在——在假定其衰落的时刻注意到的，而且这一假定还得到了广泛的传播(例如，Harvey, 1989；Robinson & Harris, 2000；Albrow, 1996：91；Baumann, 1998：55—76；Giddens, 1990；Lash & Urry, 1994：280—281；Waters, 1995)。 贝克说道，全球化也就是"非国家化"(denationalization)(Beck, 2001：21)，他批判其所谓的"方法论国家主义"，因为这一理论建立在社会的"集装器理论"(container theory)——这是由于我所造成的，尽管我的比喻是笼子而非集装器——的基础之上。 但他认为，这些集装器存在着各种漏洞，这使得全球化的流动性和灵活性能够漫延开来，"使得统一的民族性国家和民族性社会出现松动"。 地理学者则喜欢用"全球在地化"(glocalization)来表明民族—国家同时从上下两端遭到削弱，因为全球经济力量强化了世界城市和硅谷等各种地方性网络，使之更与全球性而非民族性的经济联系在一起(例如，参阅 Swyngedouw，1997)。

正如我们将会看到的那样，所有这些观点都过于夸张，这是一种把市场资本主义看作是普世性的极为西方中心主义的观点。 但我们也将发现，世界上的大部分人口生活在各种政治性版本的资本主义中，即人们只有通过与国家的联系才能获得经济资源。 更有甚者，国家即使在西方也没有出现多大的衰落，毋宁说是变迁。 全球经济仍然需要国家的调节，民族—国家获得了从提供福利到干预家庭和性生活等一系列全新的功能(Hirst & Thompson，1999；Mann，1997)。 于尔根·奥斯特汉默尔和尼尔斯·彼得森(Jürgen Osterhammel & Niels Petersson)反对大部分全球化研究者所持的自由主义决定论观点。 在他们看来，并不存在某种单一的全球性社会结构在发挥作用，民族—国家依然强大，依然在进行着关税大战、贸易争端和严格的移民控制(Osterhammel & Petersson，2005)。 霍尔顿强调国家的保留权力(staying power)，而且这一权力被民族观念所强化，它们结合在一起可以对全球资本主义的力量形成强有力的抵制(Holton，1998：108—134)。 斯科尔特则持相反的观点，在他看来，在这个高度世界主义和复合认同的时代，国家与民族之间也变得渐行渐远(Scholte，2000)。 他说道，全球化涉及"去领土化(deterritorialization)"，尽管这并不意味着民族—国家的终结，相反，随着亚国家、国家和超国家机构的管治的介入，治理已越来越表现出多层级的态势。 琳达·韦斯(Linda Weiss)评述道，随着国家的退场，它们越来越催生出某种类似于以前新自由主义政策时期的行为，国家非常容易重获自身的权力(Weiss，1999)。 国际关系论者围绕民族—国家问题而出现分裂。 有些人认为，国家在后核武器时代将不会像在单一的威斯特伐利亚时代(Westphalian world)那样行动(当然，这种情况从来没有出现过)；有些人则认为，跨国力量已经削弱了国家的力量而形成了更加多样化的治理结构。 在1980年代，国际关系论者分裂为现实主义论者和相互依赖论者两大阵营，前者以国家作为其理论之基，后者则以全球经济和规范性纽带作为基础，表现在跨国资本主义、全球公民社会和全球治理上。

民族—国家是何时处于支配地位的？ 又是何时出现衰落的？ 皮特西说道，"民族—国家在 1840—1960 年代是人类社会唯一的支配性组织"。 这同样是一种过分夸大和过于欧洲中心主义的观点。 西欧的确是在那一时期进入民族—国家时代的，东欧在那一时期则在民族—国家与帝国之间徘徊，但世界的其他地方则主要为帝国所主宰。 即使在欧洲，民族—国家在一战前的所作所为也极为有限，因为除关税、货币政策外，民族—国家几乎没有什么经济政策，更毋谈社会政策。 它们在领土范围上的聚焦权力(intensive power)通常非常有限：大部分人口的生活主要为地方权力网络所支配，有些精英的生活则非常国际化。 我们在第 3 卷中已经看到，国家意识在那时的确得到了传播，但很少成为人们的主流意识。 一战时期国家所获得的规划(planning)功能在大萧条时期被证明是一种虚伪的托词，因此它们很快又找回了其最擅长的伎俩——制造战争。

然而，第二次世界大战之后，国家的刀剑被转换成犁铧，其经济和社会政策得到了深化。 因此，只有在 1945 年之后的短暂时期，国家才在其公民之间发展出更多的基础性权力(infrastructural power)。 我们也可以认为，国家只有在此之后才成为世界的普遍政治形式。 在那一短暂的历史时期，除两个帝国之外，所有其他帝国都瓦解了，自封为民族—国家的国家数量则持续上升。 联合国迄今拥有 190 多个成员国，尽管它们中大部分对其声称的领土只拥有非常有限的权力。 与此相伴，由国家代表之间关系所构成的国际性和全球化因素也得到了发展，例如联合国、国际货币基金组织和 20 国集团。 地缘政治已变得更加全球和更加平和——"柔性地缘政治"(soft geopolitics)已成为民族—国家外在环境的惯常标签。 当然，国家仍然被卷入彼此的关系中。

民族—国家与全球化之间并不是零和博弈的竞争对手，双方都以对方作为破坏对象。 我已在第二、三卷中对此进行过讨论，当帝国故地转化成民族—国家的时候，民族—国家与全球化在这一时期是携手同行的。 奥斯特汉默尔和彼得森指出，伴随着帝国主义的出现，大西洋经济创造出各种交通、通信、移民和商业网络之际，民族—国家和民族主义运动也随着这些网络的发展而得到增强(Osterhammel and Petersson, 2005)。 在本卷将要讨论到的第二阶段,民族—国家在殖民的余烬中越来越变得全球化,更加发达的民族—国家则对其治下之公民生活拥有更大的权力和更多的责任。 我已在第二卷中提出,晚近两三个世纪见证了民族—国家与资本主义的彼此交织和融通。 欧盟则是一种更加复杂的政治形式,它既表征了欧洲范围的政治制度,又保留了民族—国家的自主性,但它最终仍是通过最强大成员国的利益而得到驱动的。 原苏联和美国是两个更加例外的帝国,后者已成为世界上迄今所能见到的惟一的全球帝国。 所以,资本主义、民族—国家和美帝国是驱动当代全球化的三驾马车,我将在本卷中对这些重大权力制度加以讨论。

这三种权力组织之间的彼此交融催生了漫延全球的意识形态。 我已在第三卷讨论过共产主义和法西斯主义所具有的影响,在本卷中,我们将讨论社会和基督教民主、自由主义与新自由主义以及宗教原教旨主义的重要性。 二战以降,国家间的战争尽管已大幅减少,但它们已为冷战、内战以及美国干预主义所取代。 因此,这一时期的全球化只有通过社会权力的四大来源才能得到解释。 全球化是普遍而多形的(polymorphous)。 人类群体需要有意义系统的存在,需要从自然中获取资源以维持其生存,需要有防御和侵犯——只要世界仍然是危险的,需要有法律和秩序来界定和控制其领土。 各种社会形态——表现为各种互动网络,其边界之间存在着某种程度的断裂——也包含意识形态、经济、军事和政治权力组织,其中隐含着运作于不同空间的不同逻辑,它们在原则上具有同样的因果意义。 正如接下来一章将会看到的那样,这些权力有时候相互强化,有时候相互抵消,但大部分时候则是互不相干,它们在扩张的过程中各自以不同和分离的方式给其他几种权力创造着意料之外的问题,避免形成一致和单一性整体。

我将在第二章开始讨论战后全球秩序——尽管在世界某些地方也包括无序的状态。 这一秩序包括三大支柱:新凯恩斯主义的经济政策——它同时体现在国内和国际两个领域;冷战——它既强化了意识形态的争斗，又稳定了地缘政治关系、巩固了世界上大多数发达国家之间的关系秩序；美帝国。考虑到美国的重要性，我将以两章的篇幅来分析1960年之前美国社会的发展。第五章将通过不同的变体来分析跨越整个世界的美国帝国主义——它在有些地方表现为军事干预主义(militaristic)，在有些地方则表现为霸权主义(hegemonic)，在有些地方取得成功，在有些地方则误入歧途和功败垂成，从而把大量未竟的事情留给新建立的国家(这一点将在第十章中讨论)。第六章以探讨战后自由主义、社会民主主义、基督教民主主义在提升资本主义人性化方面的能力作为开端，这种能力体现在更加丰富的公民权利和新凯恩斯主义大众消费经济政策上，而以对黄金时代的信仰的动摇和更加严厉的新自由主义政治的兴起作为结束。第七章主要讨论作为替代方案的苏联共产主义的失败，同时也探讨俄罗斯国家在转向国内资本主义的过程中出现的相对挫折。第八章讨论作为第二个主要共产主义政体的中国，它探索出一条通往更加有效的经济转型之路。第九章则以第三、四两卷的材料为基础，提出一种有关现代革命的理论。

第十章将比照美国在经济帝国主义方面的持续成功和在寻求军事帝国主义复兴方面的惨痛失败。第十一章讨论新自由主义的悖谬性：一方面，其有害的经济政策不仅没有导致集体权力的提升，反而导致2008年的经济大萧条；另一方面，这种情况似乎仅仅强化了发达国家之间的分配权力。由这两章所得出的结论是：面对着世界其他地方的崛起，西方已经相对衰落。第十二章将讨论赫然耸现的气候变化灾难，强调应对这一灾难的任务有多艰巨。极具反讽意味的是，气候变化源于20世纪三个伟大的成功故事：资本主义的利润追求、民族—国家对经济增长的忠贞不渝以及公民对大众消费权利的热切追求。挑战它们也就是挑战近年来三种最强大的制度。最后，第十三章将在两个层面做出总结，一方面对现代社会的全球化轨迹进行总结，另一方面则在社会学理论的范畴内对根本至上性(ultimate primacy)问题进行讨论——到底最终是什么在驱动着社会一路前行？

第二章

战后的全球秩序

第二次世界大战剧烈地改变了世界的地缘权力关系，它给日本和欧洲诸帝国以致命的打击，使它们或者立刻土崩瓦解，或者在此后的一二十年里烟消云散。但战争同时奏响了两大共产主义凯歌：一是苏联对东欧的扩张和稳定化；二是共产主义者在中国夺取了权力(我已在第 3卷讨论过)。现在，这两大政权已对世界意识形态产生极大的影响，它们不时给国外的同盟政权或者运动予以军事支援，其经济很大程度上是计划性的，并且与世界的其他大部分地方分离开来。与这些战争所带来的结果相一致，美国则占据着世界的其他大部分地方。美国的支配以两大支柱作为基础：一是更加有效的国际经济新秩序，美国是这一秩序的规则制定者；二是由美国军事力量和"冷战"——尽管在亚洲实际上是"热战"——所维持的地缘政治的稳定性。我以探讨帝国的衰落和瓦解作为开始。

殖民主义的终结

尽管只有到第五章和第十章我才会说明美国是二战以降的帝国，但是它并不拥有殖民地。我们或许可以说东欧诸国是苏联的殖民地，但它们迥异于以前所有的殖民地。首先，苏联并没有榨取这些国家的经济，恰恰相反，它给予它们补贴。或许只有苏联治下的波罗的海三国才可以称得上是"殖民地"，因为其中涉及剥削和俄罗斯殖民者。 但是，所有其他的帝国和殖民地都瓦解了，大战给德国、意大利和日本帝国以致命的打击。 它给德国和日本所造成的毁灭以至此后十年它们都被迫挣扎于重获政治自主和经济恢复，更为长远的影响则是其非军事化，这一点对于其人民而言也是更为可取的做法。 在没有挥舞军事大棒的条件下，德国和日本成为主要的经济体。 对于它们而言，柔性地缘政治取代了刚性地缘政治。

大战同时削弱了其他欧洲帝国。 在这一时期的开始之际，它们已经蹒跚于末日的边缘。 土生土长的殖民地精英们不愿被再一次愚弄——即一战时期，他们被某些含糊而不连贯的战后将获得更多政治权利的承诺而欺骗，被引诱去为其帝国而战。 面对着战争所暴露的诸多弱点——在亚洲则体现在日本身上——他们勇敢地站了起来。 法国、比利时和荷兰于1940年被德国征服。 日本则迅速夺取和占领了英国、法国和荷兰在亚洲的殖民地。 日本军队对马来西亚的迅速攻占导致了新加坡的失守和英国军队的投降，后者在数量上是日本军队的两倍还要多。 这对英国来说是一个严重的羞辱，但征服同时也带来了马来西亚民族主义者的空前团结。 丘吉尔对罗斯福说道："这是我们历史上最沉重的灾难。"(Clarke，2008：19)它粉碎了白人和英国战无不胜的神话，并且迅速剥夺了英国在橡胶和锡资源上的巨大利润。 英国尽管最终赢得了战争，但其在亚洲的帝国已不再重获往昔的荣光。

在欧洲人到来之前，亚洲各殖民地或者已拥有自己的政权(如越南)，或者已在多元政治结构中拥有一个政权核心(如印尼)。 精英以及部分民众都对单一的政治实体甚至是单一的政治共同体拥有某种政治归属感。 殖民主义者引入了包括更好的交通设施、教育制度、种植技术和工厂技术在内的现代化因素，但这些因素因此也培育出某种民族感(nationhood)，就如19世纪的欧洲所走过的过程那样。 殖民主义者越是开发他们的土地，民族主义的情绪也就越浮出水面。 在战争正式开始之前，民族主义者已经在为政治自治——有些甚至是要求独立——而进行广泛的呼吁、游行甚至是暴乱。但这些原生态的民族主义运动通常为阶级和族群(ethnicity)问题所分裂，殖民主义者仍然拥有压倒一切的权力，只是这一点为战争所削弱。

作为英国在亚洲最主要的殖民地，印度出现了强大的民族主义运动，而且没能被镇压下去。出于典型的帝国傲慢，英国统治者在没有征求印度领导者意见的情况下就对日宣战，结果被打得落花流水。甘地反对加入战争，如果民族主义者能够得到战后将获得政治权利的可靠保证，他们也将支持这一点。在非洲和缅甸战场上，大约二百多万印度士兵被证明是忠勇善战的，但另一支大约由45 000人组成的印度军队却与日本人联合起来抗击英国，其中的35 000人甚至与德国人联合起来。旨在针对白人的德国纳粹主义和日本军国主义极具讽刺性地吸引了整个亚洲的自由斗士。然而，丘吉尔的种族主义没有起到同样的效果。印度事务大臣利奥·阿梅里奥(Leo Amery)记得战争时期的一段谈话："在我与温斯顿谈话的过程中，他突然愤怒地吼道：'我讨厌印度人，他们简直是一群信仰着野性宗教的野兽。'"丘吉尔拒绝给"世界上仅次德国的第二坏人"以任何援助，他说道，"印度人将由于其愚蠢和邪恶而饥饿至死"(Bayly & Harper，2004：286)。丘吉尔甚至把甘地和尼赫鲁(Nehru)关进监狱以削弱印度的反对力量，但这于事无补。因此，内阁劳工大臣斯塔福德·克里普斯(Stafford Cripps)被派往印度以谋求让步，以便换取印度人在战争问题的合作。他先在苏丹作短暂停留，正是在那里，大学里的学生出人意料地递给他一份要求自治的文件。本地人(natives)已不止在一块大陆被搅动起来。

在印度，克里普斯答应印度民族主义者可以参与总督的战时执行委员会，尽管仍然不能参与军事事务委员会。但民族主义者却要求分享军事战略设计，真纳(Jinnah)的穆斯林联盟甚至更进一步，要求在战后建立独立国家。丘吉尔拒绝了这两个要求，这显然是旨在使红极一时的克里普斯(首相的潜在对手)走向失败。他的确失败了，没能签订任何协定。但印度民族主义者则以克里普斯的战后独立作为目标，然后他们自己也走向分裂，许多转而支持战争。 在英国军官的指挥下和缅甸丛林部落的帮助下，印度军队在缅甸作战，他们在 1942—1943 年间并没有付出巨大的努力，但 1944 年早期则成功地阻止和打败了日本人的大举进攻。 这是日本人在这片土地上遭遇的第一个重大军事逆转，它挽救了印度，这也是英国人从亚洲获得的惟一好消息(Bayly & Harper，2004：chap.7；Clarke，2008：19—23)。 与此相对照，日本人前面已经征服了法国和荷兰帝国在亚洲的所有殖民地。

　　其时，英国、尤其是在工党内部的政治精英分裂已浮出了水面。左派工党承认，英国对印度的统治在战后应当而且也将结束，保守党则团结起来加以抵制。 倘若丘吉尔赢得了 1945 年的选举，他将必须设法回避印度独立——尽管崛起中的国大党和穆斯林联盟将会使他的政治生活变得异常困难。 但是，工党彻底地赢得了这一场选举，新首相克莱门特·艾德礼(Major Clement Attlee)和克里普斯(现在主管英国的经济)仍然相信白人所肩负的责任和试图控制印度，但强大的印度反对力量因为印度教与穆斯林教之间的冲突而变得异常复杂，最终迫使英国政府于 1947 年以创立两个崭新国家——印度和巴基斯坦——的方式承认印度独立。 现在已经变得明朗的一点是，英国不再拥有为次大陆提供秩序的军事资源，那里不仅存在着抵制英国统治的强大力量，而且各种民族主义派别之间也充斥着无序。 印度军队已经为派系主义所浸染，不再能够成为镇压的可靠工具。 第二次世界大战使印度次大陆的独立成为不可避免。

　　东南亚其他国家的问题则有所不同。 日本推翻了英国、法国和荷兰人在那里的统治，但却无法给殖民地人民送去其承诺的自由，其统治甚至比欧洲统治者更加恐怖。 针对日本人的地方抵抗催生了游击队运动，日本人则被迫建立地方民兵组织来帮助其战争。 这些准军事部队具有各种政治和伦理色彩。 克里斯托弗·贝利和蒂姆·哈珀(Christopher Bayly & Tim Harper)说道，民族主义被赋予了一张新的面孔——"年轻的军国主义的面孔"(Bayly & Harper，1007：16)。 重新返回的殖民主义者必须面对一群群武装反抗者，这些反抗者一方面要求独立，另一方面彼此之间有时也进行战斗。 这给殖民者的权力资源造成了紧张。 实际上，在 1945 年，英国是这一地区唯一拥有完整而强大军队的国家。 直至 1946 年，这支军队的核心仍然是印度军队，但通过英国、西非和澳大利亚军团而得到增强。 这支军队的意义在于，它使英国能够轻易地收复缅甸、马来西亚和新加坡，并为帝国提供宝贵的资源。 英国人据此推断，这一伟大的新月状帝国——跨越亚洲——仍然可以立基于东南亚。 法国人和荷兰人则做不到这一点，英国人因此派部队前往帮助法国人和荷兰人恢复其在印度支那半岛和印度尼西亚的统治。 英国人似乎突然支配了整个这一地区。 但实际上，由于战线过长，在印度尼西亚和越南，英国军队被迫重新武装已经投降的日本军队来镇压那里的民族主义——殖民地团结的极端展示——反叛。 在越南，这一举动驱使民族主义的越盟(viet Minh)转向共产主义，并使法国能够重新占领越南的南部，因而促成了长达 30 年的可怕内战。 荷兰的力量最为薄弱，在内战结束后仅仅两年，在美国人的批准下，他们被踢出了东南亚。 因为美国人意识到，如果继续支持荷兰，将很可能使印度尼西亚民族主义者投向共产主义的怀抱——一种华盛顿最不愿看到的结果。 但美国对英法两个帝国的政策则有所不同，因为它把它们看作是在与共产主义战斗。

　　但随着印度独立的日益临近，派遣印度军队前往海外的做法变得问题重重，旋即变得完全不可能(除强大而私人招募的廓尔喀兵团*之外)。 英国在那一地区的军事权力遭到了削弱。 但日本人的镇压阻止了民族主义者逐步发展成为像国大党或者穆斯林联盟这样的制度化政党。 族群和政治派系同样削弱了各种独立运动的整体力量，同时还促进了无序状态的发展。 英国人在那一地区的最低限度的统治仍然可以维持一段时间，尽管必须借助于枪杆子和迅速处决。 在缅甸，英国人

---

　　* 廓尔喀兵团(Gurkha regiments)，Gurkha 为尼泊尔的一个部落，廓尔喀兵团指英国或印度军队中的尼泊尔兵团，以擅长肉搏战闻名。 ——译者注

决定强化缅甸军队，并且造就了一种一直持续至今的军事独裁的可怕遗产。 对马来西亚，英国人则决定采取分而治之的办法，通过以马来贵族统治者为基础的联盟进行间接统治，给这些贵族、英国种植园主和华人企业精英以特权。 但这种做法剥夺了大部分华人少数民族的权利，使他们转而支持早先曾经抵抗过日本人的共产主义游击队。 被称作所谓"马来亚紧急状态"(Malayan Emergency)的血腥内战持续了长达 10 年之久，通过使用焦土战术(scorched earth tactics)以及通过把村庄强制分布在英国军队控制的地区等办法，英国人最终获得了胜利。 这是所谓冷战时期西方人在这一地区赢得的惟一一次反对共产主义的军事胜利。因此，在亚洲，反对日本帝国的热战无缝隙地转化成为反对欧洲以及随后反对美帝国的战争。 尽管 1945 年粉刷在墙上的各种标语仍然随处可见，帝国所带来的疼痛和恐怖却仍在持续(Bayly & Harper，2004，2007；Douglas，2002：37—57)。

在非洲，民族主义不像战前那般强大。 与亚洲不同，民族主义无法从现存的政治共同体意识中兴起，因为殖民地的边界通常与沦为殖民地之前的政治实体的边界不相等同。 但是，战争帮助了它们，使它们走上更没有暴力化的轨道。 非洲不存在独立的军队，非洲人帮助他们的宗主国抗击自己的邻国。 在与英国人甚至是德国人并肩作战的过程中，他们还通常会与对方形成事实上的平等，甚至在战场上培育出战友关系。 当然，非洲曾有数年的时间把杀害白人视作合法，这削弱了任何有关种族至上的帝国主张。 曾经有一百万非洲士兵被招募进英国军队，如此大规模的动员不仅要求新型的通信基础设施、更加有效的宏观经济规划，甚至要求在殖民地提供某些公共福利。 海利勋爵(Lord Hailey)提供的两个有关非洲殖民地的官方报告不仅表明了英国在非洲的间接统治的失败，而且表明了非洲需要有更大的经济发展。 但是，英国在是否给予非洲代议制政府的问题上仍然迟疑不决。 殖民地大臣克兰伯恩勋爵(Lord Cranborne)宣称："如果我们希望大英帝国万古长青……与其说需要教会殖民地人民如何自治，不如说欢迎他们加入到我们的政府中来"(Nugent, 2004: 26)。

发展型政策在战后得到持续,这突出体现在更多道路、铁路以及学校的修建上。比如,四所非洲大学和一所西印度大学(West Indian)得到建立,随之而来的是大批英国医生、农学家、兽医和教师的涌入(White, 1999: 49; Kirk-Greene, 2000: 51—52; Lewis, 2000: 6; Hyam, 2006: 84—92)。大部分非洲精英也进入当地政府和黄金海岸(即随后不久的加纳),参与了遍及整个殖民地的政府。英国对于自身的新型发展战略主要有两方面的动机:扼杀独立运动和为英国谋取经济利益。在减轻英国战后积重难返的美元短缺方面,非洲对美国的各种原材料出口被看作是大有裨益的,因为出口的增长可以使英国获益良多。到1952年,非洲殖民地已经为英镑区的美元筹备贡献了20%多的份额。英国政治家希望,通过非洲的发展和通过在帝国体系中提升非欧洲的比例,帝国的生命周期将会得到延长(Nugent, 2004: 26—27; White, 1999: 9—10, 35, 49)。

但事实并非如此。1940年代的经济发展提升了城市劳动者、教师、律师和文职人员的数量,同时还有成千上万英勇无畏而又过分苛求的士兵回到了家中。战争和发展型战略极大地扩大了民族主义者的核心区域(Cooper, 1996: part II)。在加纳,殖民地政府曾经回避了对工会事务的处理、扑灭了1920年代以来的各类罢工,但1941年的战争最终还是导致对工会和罢工合法性的承认。在战争阶段,政府需要的是阶级合作而非阶级冲突。但劳工运动在1940年代直线上升,它们比第一次世界大战之后变得更具有实质性,其核心力量主要来自采矿和运输行业。这种情况导致对工会权利的承认和对集体谈判的调节。各种工会、农民组织和城市游行把对精英的不满转变成为对殖民主义的不满,并且形成了大规模运动。正如加纳首任总统克瓦米·恩克鲁玛(Kewame Nkrumah)所言:"没有群众运动的沉重打击,单独中产阶级精英从来就不可能砸碎殖民主义的势力。"(Silver, 2003: 145—148)但是,民族主义的领导者也的确需要利用和驯服工会的左翼主义运动,因为他们同样需要民族团结而不是阶级冲突。

然而，这是一种特殊的民族主义，因为它与民族不存在多大意义的关联。 民族主义是这样一种事实的副产品，即殖民主义必须在单个殖民地的政治层面加以攻击。 但是，加纳民族或者尼日利亚民族的确是未来的方案，这是存积于少数精英心理的美妙图景。 但目前的现实则是，非洲民族主义，就如其名字所暗示的那样，是一种非常激进的方案，它要求在非洲人之间形成团结以反抗白人的剥削(在非洲北部，阿拉伯和穆斯林人则是受白人基督徒的剥削)。 这种现象与亚洲出现的类似现象都与西方主义(Occidentalism)相关联，是对种族主义和东方主义——为西方所持有——所做出的各种反应，它们与现实之间存在着相同的微妙关系。 在亚洲，民族主义同时为种族和民族的归属感所激发，但在非洲，这项工作则单独落在了种族身上。 这也是为什么亚洲会比非洲先赢得独立的原因。 但是，反种族殖民主义运动的兴起使种族成为一个有争议的概念，当这些运动成功地把白人驱逐出去之后，白人优越性的种族意识形态也就不再站得住脚了。 因此，对于种族的挑战造成了一个矛盾性的结果，即种族主义意识形态力量的衰落，同一时期美国国内政治也出现了类似的现象。 种族主义或许是过去两个世纪中最强有力的意识形态，但现在已处于严重衰落之中。

极具反讽意味的是，正是那些曾经参与帝国统治并从中获益最多的本地人，最有可能成为民族主义的煽动者。 在苏丹，他们是"殖民主义最亲密的敌人，他们在使殖民统治成为现实的同时，又希望取消殖民统治"(Sharkey，2003：1，119)。 他们首先仅要求在帝国内部实现自治，但是，随着政治党派的不断扩大以及有人开始控制地方性政府，独立已成为 1950 年代不可阻挡的脚步。 尽管英国人试图逐步向非洲殖民地让渡自治地位(dominion status)，法国人后来也持类似的看法，两个国家都无意满足非洲人对于平等社会权利(social citizenship)的要求。 不论是国外的殖民者还是国内的纳税人，都不支持把土著纳入公民范畴的做法，让他们与白人一样享受相同的社会权利，独立因此也就变得不可避免了。 如我在第三卷所言,种族主义对于欧洲诸帝国曾经意义重大。现在,不论对于殖民国家还是被殖民国家而言,种族主义对于非殖民化同样意义重大。

自由主义者和社会主义者通常是第一批认识到独立已不可避免的群体,他们开始转向与民族主义者合作和帮助非殖民化运动(Wilson,1994:21,77—78,149—150,201)。 美国在非殖民化方面施加了某些压力,煽动将反殖民修辞与苏联结合起来,但一俟在冷战中需要得到英法两国帮助的时候,又进行了某些退却。 联合国则在边缘进行着反帝国主义,但这更主要是由于非殖民化所带来的结果,因为已经获得独立的国家加入联合国,稳步地提升了反殖民主义的国家数量。 在 1950 年代,这样一种观点越来越变得流行:随着英国经济的复苏和对美元需求量的减少,其在非洲的发展计划已经趋于失败。 1957 年,首相哈罗德·麦克米伦(Harold Macmillan)受命对帝国做一次成本—收益分析,其得出的结论是,殖民地尽管创造了某些利润,但非殖民化并不会给英国造成严重的损失。 二百多年前,当美国殖民地获得独立的时候,情况也同样如此;最近,当印度尼西亚获得独立之后,荷兰也得出相同的体会。 美国现在则彻底避免殖民主义,他们发现了控制本地人的其他办法。 但一路行来,英国政府一直为本土坚定的民族主义者所控诉,尽管这主要是通过罢工和游行的方式,而非游击战,并且也没有像在亚洲大陆那样面临共产主义的威胁(McIntyre,1998;参阅 Douglas,2002:160;Cooper,1996:part IV)。

历史学家已就大英帝国的衰落做出了各种各样的解释。 罗纳德·海厄姆(Ronald Hyam)列举了四种可能的理由:民族解放运动、帝国的过度扩张、英国意志的破产和国际压力(Hyam,2006:xiii)。 在研究英国"官方意志"(official mind)时,其得出的结论是,国际压力是最为重要的原因。 但我却把它看作是最不重要的原因(除日本的军事压力之外),因为这种压力依赖于殖民地大规模的民族解放运动,这些运动持续而强制性地向美国和联合国要求已经正式承诺过的权利。 从军事的角度来看，"过度扩张"显然非常重要，尽管这一点只有在本土抵抗遭到军事镇压的时候才会体现出来，当然这反过来又会引起财政的过度扩张。然而，帝国可以从殖民地获得适度的利益，尽管麦克米伦轻飘飘地推断在没有正式帝国的条件下，这种利润仍然可以持续。军事过度扩张和意志破产彼此联系在一起，尽管英国数年前就已经决定，发展而非镇压型战略将维持帝国的存在。但是它错了，因为发展型战略导致更加炽烈的民族主义。但一俟采取了发展型战略，就不太可能回过头来再进行严厉的镇压，尤其当法国在越南和阿尔及利亚的严厉镇压政策出现重大失败之后。英国比法国更早从亚洲和非洲撤出，但不能像人们通常所宣称的那样，英国人是更加优雅地从那些地方撤出的。他们在非洲也是被驱赶出去的，只是在严厉镇压变得必须之前，他们就已经表现出更加现实主义的态度。我曾经在第三卷中指出，英国不仅是最大的帝国，而且由于其在政治和地缘政治方面的睿智，它也是获利最丰和最为成功的帝国。它即使在撤出之后或许都仍然是最为聪明的帝国主义者。因为它已经认识到，战争和发展已经把本土抵抗强化到这样一个临界点，那就是海厄姆所提到的所有其他三个因素现在都开始发生作用了。持续的本土化抵抗最终具有决定性的作用。

但同时还存在着另一种类型的国家压力。比如，20世纪出现的此起彼伏的革命，一战后欧洲诸帝国的瓦解以及随后出现的非殖民化浪潮。印度引发了亚洲诸殖民地独立的风潮，这一风潮本质上是在1957年完成的，马来西亚与新加坡则于1963年划清了关系。这一独立风潮于1956年席卷了非洲，突尼斯、摩洛哥和苏丹先后独立，而这一年英国—埃及共管格局的瓦解则是一个不同寻常的事件。非洲独立风潮的重大事件莫过于次年黄金海岸成为独立的加纳。它不仅拥有殖民地最发达的经济和众多的殖民者，而且拥有最大规模和以城市为基础得到最佳领导的民族主义运动。非洲殖民总督(包括法属西非的某些总督)现在开始抱怨，加纳"传染"了他们当地的民众。情况的确如此，就像1960年英国首相麦克米伦所宣布的那样："变化的风潮现在已吹遍非洲大陆。 不论我们是否喜欢，民族意识的增长都是一个不争的政治事实，我们必须接受这一事实，并纳入国家政策考虑的范畴。"这一演讲使加纳的听众感到欢欣鼓舞，但却使南非的白人听众感到怒不可遏。他是在探测意识形态权力的风力究竟有多强劲，这一疾风使帝国范围内的一群群民族主义者得到充权。 这股疾风并没有平静下来，独立权的赢得一直持续了整个 1960 年代，而尼日利亚、肯尼亚等大型殖民地则比小型殖民地更快赢得独立。 与白人殖民者拥有的相对人数比较，殖民者成功地拖延了权力的交接。 南非则是一个极端的例子，它拥有最大数目的白人殖民者(但受麦克米伦演讲的威吓)，他们违背了英国的意志，并通过强化种族隔离政策加强了种族剥削。 大英帝国的这一最大遗产一直持续到 1990 年代。

由于帝国的政治精英选择不把撤离看作是失败，英国最后的许多撤离仪式都表现得非常体面。 这一点与法国不同，法国把撤离的确看作是失败，并且把殖民统治尽可能拉长，最终造成在越南和阿尔及利亚事实失败的结果。 由于英国在达到这一点之前就选择离开，因此并不存在与英国对等的例子。 由于建立起把自治政府的权力转交给白人自治领的模式，英国政治家把这种权力交接看作是英国政府的慷慨，而非本地人愤怒情绪的强迫。 有些政治家还相信，撤出将意味着"后殖民'影响'的保留"，英国的"各民族联合王国"(Commonwealth of Nations)可以扮演与两大超级大国不同的、作为第一世界与第三世界联合的"第三条道路"——1950年代和 1960 年代的英国政治家的确是这么说的(White, 1999：35, 98—100；Heinlein, 2002)。 从某种意义而言，情况也的确如此。

从长远来看，英帝国已变得越来越仁慈。 它以我在第三卷描述的掠夺、奴役和杀戮作为开始，然后演变成一个间接统治的帝国，体现出更加自由的劳动关系和更加开放的国际经济特征。 这些特征把各殖民地带入到一个全球化的经济中，尽管其所带来的发展直至第二次世界大战都仍微乎其微。 在这种间接统治中，本土精英被赋予更多的政治权力，英国统治者在公共领域中也尽可能抑制种族主义。 尽管这些本土代理人对其帝国的主子钦佩有加，但私人领域中的种族歧视却使他们无法变得亲近。 20世纪中期最终出现的经济发展加速了帝国的瓦解，因为它加剧了本土民族主义运动的发展。 两次世界大战打破了欧洲的军事权力，但没有打破其经济权力，因为正是在战争和战后的紧缩时期，欧洲国家把大部分资源投向了自己的帝国。 当然，这并没有给帝国带来多大的好处，因为经济发展促进了反帝国主义运动的发展。 帝国在20世纪的前两次瓦解浪潮存在着以下共同之处：两次谋杀、帝国之间的军备竞赛和本地民族解放运动。 它们标志着分割的全球化(segmented globalization)的终结，很快就只剩下两个帝国留存下来。

后殖民主义的附言

独立是受过教育的中产阶级精英——而非贵族或者酋长——要求权力的结果，但因不存在可供其动员的"民族"，他们的权力基础因此非常有限。 民主通常并不能持续很长的时间(印度是一个例外)，但作为对原材料需要的反应，这些新独立国家的经济持续增长到了世界经济的总体水平。 这种情况一直持续到1970年初由于对非洲产品需求的下降而引发的普遍经济危机，而且这一危机通过原材料相对于制造业产品价格的持续下跌而进一步恶化。 当出现需求放缓或者价格下跌的时候，对于单一农产品或者矿产品的出口依赖使这些国家的经济变得极度脆弱。与普遍持有的观点相反，非殖民化却没有以这两种方式中的哪一种带来重大的经济影响，是世界经济周期带来了最为典型的周期性特征，而不是政体的性质(cooper，2002：85—87)。 但是，狭隘的部门经济(sectoral economy)也强化了狭隘的权力基础和政治精英的独裁性质，后者的腐败导致他们把巨额的资金输出到国外，而不是把它们用于国内投资。 据估计，在1999年，较之于拉丁美洲10%和东亚6%的比例，非洲大约占40%的私人财富被输出至国外(Maddison，2007：234)。 政治失败严重加剧了非洲的问题。

如果有的话，那么，殖民主义带来的长期遗产是什么？ 那就是日常生活的巨大改变。 无论好还是坏，饮食、语言、音乐和种族态度都已经发生变化。 英语越来越成为支配性的语言，并且后来为美国所进一步促进。 英国的体育被输出到国外，英国的非正式帝国(British informal empire)把足球推广到了全球，板球和橄榄球则很大程度上局限于直接的帝国境内。 美国的篮球和垒球仍在其非正式帝国中扩张，好莱坞则支配了整个世界。 但是，已经不存在可以与玛雅神庙、罗马竞技场和中国长城相媲美的伟大而恒久的文化遗产了。 欧洲帝国去除了奢华(surplus)而替之以廉价的商品和建筑。 徒有其表的帝国几乎没有留下什么踪迹。

学术界试图对殖民统治的经济和政治遗产进行量化分析。 在他们看来，其经济遗产基本上为负值。 一个国家在殖民统治期间的主权成分越少，它在1960—1980年间就越能整合进世界经济[从贸易和国内生产总值(GDP)的角度衡量]，但是，自1870年以来，一个国家的工业制成品在GDP中所占的比例越低，其成人识字率、受教育年限和总体经济增长率也就越低。 如果殖民地变成了主权国家的话，那么，其平均增长率将可以高达1.6% (Alam，2000：chap.6)。 乔纳森·克里克豪斯(Jonathan Krieckhaus)同意："在过去40多年的时间里，经济发展的最有效途径"是避免欧洲的殖民主义(Krieckhaus，2006)。

美国、加拿大和澳大利亚等前白人殖民地获得了最大的经济增长。 那些欧洲殖民者掌握了维持人均GDP增长的艺术，他们建立起资本主义体系以保障财产权利、自由国家和人力资源投资。 那些被欧洲人殖民过的"新欧洲"——比如南亚、巴西、尼日利亚——的经济增长比"压榨型殖民地"(extractive colonies)更快，后者的收益被不成比例地流入欧洲精英的手里。 亚洲和非洲的经济增长率最低，因为欧洲人对于那些地方的兴趣仅在于"征服、掠夺和宗教改宗"。 达龙·阿西莫格鲁等人(Daron Acemoglu et al.)说道：在欧洲人遭遇高死亡率的热带地区，他们通常建立起狭隘的压榨型掠夺，这种情况一直持续到殖民地独立之后(Acemoglu et al., 2001)，而在那些他们可以永久定居的地方，则通常建立起更加以发展为导向的制度，其委婉的结论是"制度要紧"(institutions matter)。 但实际上，是否杀戮土著人并替之以欧洲人和欧洲制度的政策才是形成差异的真正原因。 种族屠杀制造了发展，尽管不是土著人的发展，而且也不是一种值得推荐的政策。 现在看来，如果没有各大帝国，世界绝大部分地方的经济状况都将更加良好。 但同时也存在着一种非常不同的情况，那就是日本帝国在其殖民地创造了相当大的经济发展，尽管在其他领域它可能表现相当专制(正如我们在第三卷已经看到的那样)。

有关民族主义对代议制政府的影响问题，产生的共识相对要少得多。 有些人认为，殖民专制和对市场社会运动的镇压给后殖民地政权留下了相当恶劣的遗产(例如，Yound, 1994：chap.7；Chirot, 1986：112—118)。 统计数据显示，与非白人殖民地相比，历史上所有其他类型的政权都更容易形成稳定的民主，尽管这里难以将其对经济落后的影响分隔开来(Bernhard et al., 2004)。 人们长期认为，"英国遗产"(British legacy)为帝国之后建立代议制政府提供了更好的机会(Rueschemeyer et al., 1992)。 但晚近的现象表明，民主在许多原英国殖民地的失败弱化了这种效应——尽管原英国殖民地在建立民主方面比原美国殖民地的比例仍然稍高(Bernhard et al., 2004：24)。 但是，殖民主义的影响似乎并不强大，我们不应当把每一样事情都归结于帝国。 每一个国家和地区都存在其土生土长的文化和制度，它们通常对发展有着更大的影响。 欧洲、美国及其白人自治领仍在蒸蒸日上，拉丁美洲则处于半停滞、半发展的状态——就如其人口比例所表明的那样：一半是土著人，一半是欧洲人，再加上非洲奴隶。 后者的土著人口只有到现在才获得完全的公民权(citizenship)。 撒哈拉以南非洲处于大失败之中，表现在各种形式的倒退上。 与此相对照，东亚和南亚现在则是一片欣欣向荣。

因此，一个国家如果在欧洲殖民者到来之前就拥有高度的文明，并且能够在殖民主义者离开之后仍能保存下来，那么，它就能形成先进的、具有自身特色的经济和政府模式。 这种情况适用于印度、中国(共产主义中国)、韩国以及大部分东南亚国家，那些国家有着最高的经济增长率。 在更加落后的非洲，欧洲人扼杀了 19 世纪祖鲁人、索科托人、马赫迪(Mahdist)和阿散蒂帝国(Ashanti empire)等迈向中央集权的运动，从而终结了非洲土著经济成为世界经济行动者的机会(Austin，2004；Vandervort，1998：1—25)。 在扑灭了这些脆弱的文明之后，帝国的撤出留下了这样一种基础性结构，那就是原材料的出口导向优于把领土整合起来建立一个新国家。 非洲所受的创伤过于沉重以至于很难从帝国的蹂躏中恢复过来。 总体而言，现代帝国对于世界其他地方并不是一个什么好消息。 但正如我们将会看到的那样，它们当中的许多国家的确在 21 世纪最终实现了增长。

冷战中的美帝国

1945 年标志着欧洲在过去 200 年里对世界支配的终结，这种支配表现为一系列碎片化和冲突性的全球化过程。 随着苏联和中国成为集权国家，美国获得了几乎全球性的支配权。 50 年后，这种支配权由于苏联的瓦解而得到进一步促进。 通过与中国签订的临时协议(modus Vivendi)，后者被保证能够进入美国所领导的全球经济。 美国的支配权现在正处在衰退之中，但到其终结之时，这一帝国可能要持续 80 年左右的时间。 美帝国是当今全球化的三大支柱之一，其他两根支柱是跨国资本主义和民族—国家体系。

美国不建立殖民地和派遣殖民者，也不拥有直接或者间接的帝国，它对于整个帝国领域的运作涉及从完全临时性殖民地(非正规的帝国)到纯粹的霸权，完全临时的殖民地通过调节征服和撤军的顺序而形成。 正如我们在第三卷曾经说过的那样，霸权并不是帝国性的，因为它不涉及到杀戮。 美国会时不时地发动重大的征服战争，但这不是为了建立殖民地，而是在建立代理政权(client regime)之后即行离开，但通常会在当地保留军事基地。 美国拥有如此大规模的军事权力以致它能够实施焦土战术、给敌人造成毁灭性打击和有效防止不友善的行为，但在诱发积极行为方面通常不是非常有效。 但既然美国同时也是全球资本主义经济的领导者，它有能力把经济利益转给自己或者被征服的国家，并把后者纳入全球经济体系中。 与殖民地不同，非正规的帝国和霸权更不涉及对边缘国家的政治和意识形态干预，但既然美国没有殖民者，美国人待在家里安逸自在，它也就不可能建立殖民地。 因此，美国尽管比以往任何其他帝国都拥有更广泛的权力，拥有潜在更强的军事权力，拥有实际更强的经济权力，其支配形式在某种程度上比以前的帝国更不那么集中，它更倾向于以离岸和通过代理人的方式实现支配。

有关美帝国的看法存在着巨大的差异。 大部分美国人否认自己是一个帝国。 但本章将证明这种看法是错误的，这一点在第三卷的第三章也曾论述过。 有些人认为，美国的军国主义和资本主义已经在世界上造成了剥削和苦难；有些人则认为它创造了和平、稳定、自由和繁荣，因此是合理的。 这些看法之所以如此差异迥然，部分是由于他们从左翼或者右翼的立场夸大了美国的权力，部分则是由于美国所采用的完全不同的支配形式。 美国在西方仅仅是霸权性的，但在东亚则以建立在军事干预基础上的间接帝国作为开始，后来由于减少军事干预而转变成为霸权。 在拉丁美洲和中东，它通过军舰和代理人而实施更为严厉的非正式帝国措施，但由此带来的结果却大相径庭。 这些地区我将在后面加以讨论。 我很遗憾不能考察世界的其他地区，但惟有美国才能支配整个世界。

第二次世界大战突然把美国变成支配世界的权力。 1945 年，美国的武装力量总计为 800 万人。 经过重大军队复员，它仍有 350 万人分布在全球各个军事基地网络中，占世界军事预算的一半左右。 美国的

GDP 和工业生产也几乎占世界的一半，并且拥有世界的储备货币。 尽管苏联阵营和中国属于免入地带(no-go zones)，其他主要国家已几乎被战争而弄得破产。 美国国务院的办公桌、五角大楼的指挥中心和美国的大型企业首次扩展至全球。 除共产主义阵营及其代理政权之外，美国现在已成为一个全球性帝国。 美国的士兵或许会全部回家，美国或许会转向处理内部事务，但这种情况很可能从来不会出现，因为大量的政治家和企业都把美国的繁荣与全球经济财富捆绑在一起，都把美国的繁荣看作是必须对共产主义进行军事防御。 因此，美国领导人都对世界具有一种明显的责任感，而且这种责任感仍然支配着华盛顿。这种责任感涉及为了保护自由而对整个世界进行军事或者经济干预的意愿，这种自由观念不仅体现在政治自由(这实际上是一种整个世界都珍视的观念)上，而且体现在自由进取——即资本主义(一种存在更多争议的观念)——的经济自由上。 这两者结合在一起构成了美国使命的表达，如我们已在第三卷看到的那样，每一个帝国都存在其使命。 但正如我们将会看到的，美国对资本主义的防卫比对民主的支持更加一致。

尽管美国的经济权力在 20 世纪得到稳定的增长，但其全球支配权力却是突然获得的——通过并不是由它所发动的世界大战和通过它自己都没有设想过的如此庞大的军事力量而获得的。 实际上，在这两个超级大国中，没有哪一个曾经追求过帝国的地位，它们曾经非常内敛，直到在第二次世界大战中受到攻击。 但与许多其他帝国一样，其扩大了的军事力量能够突然被用来占据战后出现的权力真空。

但是，美国的支配并不完全是偶然的。 伍德罗·威尔逊(Woodrow Wilson)和富兰克林·罗斯福(Franklin Roosevelt)都把世界大战看作是克敌制胜和降服盟友的机会，前者的自由国际主义(liberal internationalism)并不完全是理想主义的，它旨在削弱帝国的竞争对手。 罗斯福也不是一个天真的理想主义者，从 1939 年到美国参战之前，美国国际关系委员会认为，伴随着欧洲为纳粹德国所支配，美国必须整合西半球其余各经济体、大英帝国、亚洲的大部分，以形成其所谓的大区域战略。为了帮助处于战争中的英国，美国对英帝国实行门户开放政策，1939—1941 年期间英国对美国食品和战争材料的大规模采购都以美元或者黄金支付。到 1941 年，英国已经没有了美元和黄金，被迫出售资产给美国。当美国被迫加入战争之后，租借法案使英国可以凭信用获得美国的供应，但偿付条款包括战后英国实行开放政策(Domhoff, 1990：113—132)。珍珠港事件表明，安全现在已成为一个全球性问题。尽管美国支持一种建立在平等商业机会上的世界经济，但其领导人相信，自由贸易必须以美国为领导的集体安全制度作为基础。美国的经济和军事权力，与其市场和领土支配形成了相互增强的关系(Hearden, 2002：chap.2，从第 39 页引用起)。

美国希望从战争赢得以下东西：首先是免于纳粹主义的广大欧洲区域；其次是通过打败日本和扭转中国民族主义的潜在胜利而获得亚洲；最后是从中东获得稳定的石油供应。自德国、日本等临时殖民地得到重建之后，没有人再把美国称作是帝国，由于它不再拥有殖民地了。在其全球军事基地网络的保护下，世界将成为一个以资本主义和独立政权为基础的自由世界。罗斯福的信徒以赛亚·鲍曼(Isaiah Bowman)说道："希特勒也将得到一个生存空间，但不是其所希望的空间，而是一个美国经济空间。世界上没有任何地方可以建立限制美国利益的防线，因为没有哪一条防线可以防止遥远的危险不会变成近在咫尺的危险。"这就是其所谓的"民族主义的全球主义"和"不以殖民地为基础的全球公开进入"，这种全球主义和公开进入当然"必须与全球军事基地联系在一起，这些基地主要在于保护全球经济利益和抑制任何更进一步的好斗性"(Smith, 2003：27—28, 184)。以菲律宾为例，它是在军事基地的监督下赢得独立的(Hearden, 2002：202—212, 313—314)。这就是非正式的全球帝国，它建立在军事基地和科技更加先进的军舰基础之上。美国认为，这种通过一系列权力得到支撑的自身力量将能够提供一个连莫斯科都将接受的全球安全框架(Hearden, 2002：chap.6)。尽管美国所支配的地域空间被称作是思想自由的世界,但民主输出的理念并没有得到着意强调,美国领导人是从军事和经济权力的角度来进行思考的。

经济支柱:布雷顿森林体系

有两位著名的经济学家,一位是美国的哈里·德克斯特·怀特(Harry Dexter White),另一位是英国的约翰·梅纳德·凯恩斯(John Maynard Keynes),领导了战后新经济秩序的讨论。凯恩斯认为,如果美国想要一个开放的贸易体系,它将必须帮助战后重建,为受战争创伤的国家提供资金。罗斯福和杜鲁门总统同意了这一点,认为这与美国的利益相符。为了避免衰退,作为增长之引擎的美国需要用出口来取代战争产品,但欧洲国家当前实在太穷而无力购买美国的产品。凯恩斯建议通过建立国际清算联盟(International Clearing Union)来将美国资金输送给欧洲国家。英美两国都希望避免两次大战之间的经济波动,都支持相对稳定的汇率和能够促进贸易发展的低关税。但凯恩斯希望对资本实施某些限制以防止它们在国家之间迅速转移以寻求投机利润,而且这样做也使欧洲各国更容易通过使用累进税来为失业补贴、社会保障和公共物品提供财政供给,而不必担心资本的外逃。对于其中的有些国家来说,避免产生两次大战之间出现的严重阶级冲突是首要的任务。在 1944 年 7 月布雷顿森林的最终会议上,英国希望建立某些促使债权国(比如美国)帮助债务国(比如英国)的弹性制度,但美国希望建立能够给债务人(比如外国人)施加压力的制度,其他一些国家则只允许有一个非常简短的发言权(Block,1977:32—52)。

布雷顿森林协定的成果是建立了国际货币基金组织(IMF)、世界银行和首个正式的全球金融调节体制(原来的金本位体制是非正式的)。尽管各国拥有进行周期性调节的权利,货币与美元被捆绑在了一起,而美元则直接与黄金挂钩。 金融家只有在进一步促进贸易和生产性投资的条件下才能在全世界转移资金。 这就是凯恩斯主义，同时也是美国权力反省的反映。"这是智慧陷于权力的体现"，罗伯特·斯基德尔斯基(Robert Skidelsky)说道，"丘吉尔与纳粹德国作战以保留英国及其帝国，凯恩斯则与美国作战以维护英国作为大国的地位。 与德国的战争获得了胜利，但在赢得这场战争的同时，英国丧失了帝国的地位及其荣光"(Skidelsky，2000：449，vx；Cesarano，2006)。 但当美国强迫英国放弃其权利以贬值其货币和削弱其对英镑区的保护时，出现了动摇全球经济的1947年英镑危机，这迫使美国政府放缓了其市场开放的政策。 华盛顿现在必须接受这样一种金融妥协，那就是承认欧洲各国对于货币转换的屏障是必须的，尽管它们对于美国的眼前事务造成了损害(Eichengreen，1996：96—104)。 美国接受了更加实用主义的全球责任。

通过美国领导下的民族—国家之间的多重合作，布雷顿森林体系保证了国际经济的稳定。 它实际上是民族—国家、美帝国和跨国资本主义之间的一次相互妥协。 通过引述卡尔·波兰尼(Karl Polanyi)的话语，约翰·拉吉(John Ruggie)把它称作是嵌入式的自由主义(embedded liberalism)。 他说道，在大萧条之后，两次世界大战的间隙曾出现使国际金融政策与国内社会、经济政策相符的趋势，而不是相反。 但二战后，在美国的领导下，世界大部分地方在经济上已变得更加独立，一种为进行多边货币和服务交换的国际货币机制比任何时候更加必须。 在两次世界大战的间隙，各国政府没能找到一种能够与国内稳定兼容的国际货币关系体系。 但在布雷顿森林，它们做到了这一点：各国政府将进行集体行动以促进收支平衡和相对开放的贸易，这既与提供充分就业的要求相符，也与各个民族—国家所追求的社会保障和平衡劳动关系相符。 正是在这一基础上，先进国家建立起了一种更加人道的资本主义形式，在这种资本主义形式中，几乎每一个人都可以享受到社会公民权(social citizenship)，由此促进了一种高度顾客导向型经济的发展，并由此锻造出资本主义的黄金时代。

但其中也存在着张力,这种张力见之于不断扩张的跨国金融部门与国家的民族性需要之间。 充满疑虑的纽约银行家和保守的共和党人通过使国际货币基金组织的投资不足而削弱了这种妥协的力量,而随着保护主义国会的出现,筹划中的世界贸易组织胎死腹中(Aaronson, 1996)。 相反,替之而起的是 1947 年制定的临时性的关税及贸易总协定(GATT),其重点集中在未来几十年关税减免的谈判上。 但是,由于美国不愿意放弃那些在欧洲可以更廉价生产的商品的关税,贸易不平衡因此出现了,美国的出口多于进口。 欧洲人必须用黄金来支付差额,到1949 年,美国几乎占有了所有这些国家的黄金。 欧洲则用货币贬值和关税进行报复,这些措施在二战前完全是反生产性的。 由此导致的结果是衰退,美国然后被迫承认,出于各方利益的考虑,贷款给欧洲是必须的。

马歇尔计划是一个利益双赢的计划,美国给欧洲提供美元,以便它们能够购买美国的商品和被整合进美国的体系(Skidelsky, 2000;Domhoff, 1990: 164—181; Domhoff, 即出; Schild, 1995: 131)。 受援国则签订保持预算平衡、恢复金融稳定、维持市场经济和稳定汇率以促进国际贸易的协议。 同时,它们还可以应用金融政策来减少失业,在国有化工业产业、压制金融资本、发展渐进福利和社会保障计划方面它们是自由的。 大部分欧洲国家都希望通过调控有效需求,通过提供更加平等的收入分配、福利利益和经济增长来实现充分就业。 这是凯恩斯主义(或者瑞典学派)的关键体现,尽管凯恩斯被掺杂了各种从国家到宏观地区层面的实践,包括从通过基督教社会民主党和自由—劳工(lib-lab)联盟而实施的社会民主主义到美国的商业凯恩斯主义。 它们都是国家调控的资本主义经济体,意思是,它们尽管拥有某些共同的实践,但国家的樊篱把经济互动分隔开来。 它们实际上更是一个国际间(international)经济,而不是一种跨国(transnational)经济。

与发达国家相比,大部分发展中国家的资本主义经济表现出更加国家主义的特征。 它们在殖民主义阶段体验过资本主义,并打心眼里不太喜欢它。 大部分运作于这些国家领土上的大型资本主义企业都保持着外来性，本土资产阶级则通常表现得孱弱无力。 这些国家从共产主义国家学习了一系列技艺，包括五年计划、国有企业等，因为共产主义在那一时期似乎是经济发展的成功案例。 国家导向的发展被看作是实现赶超的最佳途径。 因为它们已经是主权国家，因此具有相当大的自主性，国家可以通过这种自主性来调节国内资本主义市场，使之朝着其所期望的方向发展。 它们有时也必须与更加强大的国家谈判。 比如，它们可以追求进口替代工业化(ISI)的策略，只要跨国公司(几乎都是美国的)愿意在其国家建立分支。 美国可能不太喜欢类似的政策，但它容忍了它们。 经济全球化是双重的：美国的全球规则，但民族—国家世界在实施过程中带有某些自主性。 黄金时代的景象：民族—国家调控下以高生产和高消费为特征的资本主义。 这一点只有到 1970 年代之后才出现争论(Chang, 2003：19—24)。

因此，黄金时代并不仅仅是世界北方的一种现象，某些发展中国家也见证了史无前例的经济增长。 在 19 世纪，经济繁荣的最高增长率出现在挪威，年均增长率大约是 2%。 在更加困窘的两次大战之间，日本及其殖民地、苏联达到了大约 4% 的年均增长率。 然而，在黄金时代以及随后，日本、韩国、中国和印度的最高增长率保持在 6%—10% 之间。 它们都是亚洲经济体，其经济增长率比发达国家更高。 它们为何能够做到如此之高？ 第一个前提条件是，所有这些战后记录的打破者都在其领土上行使了稳固的主权，没有哪一个国家是殖民地，或者在经济上依赖于更加强大的国家，它们可以设计以增长为导向的自身政策。其次是坐收冷战的渔翁之利，它们或者是美国的同盟国，美国对其国内经济采取了一种良性放纵的政策，而对中国和印度而言，则仅仅是因为它们过于强大而无法对其进行干涉。 实际上，美国事实上帮助其盟国的商品出口到美国。 第三，它们都受惠于源远流长的亚洲文明，这种文明以社会和伦理(在印度体现为宗教)凝聚和更高的识字率等方式体现出来。 第四，如丹尼·罗德里克(Dani Rodrik)所表明的那样，它们的增

长都不是建立在初级产品的比较性优势上——这是以前发展中国家追求
经济增长的方式，而是建立在工业生产能力的改进上，并且直接与发达
国家进行竞争(Rodrik，2011：72)。更为具体地说，它们实行了：

(1) 明确支持新经济活动的工业政策，这种新经济活动体现
在贸易保护、补贴、税收和信贷刺激、特殊的政府扶持；

(2) 降低货币的价值以提升贸易；

(3) 一定程度的金融压制，使信贷刺激、发展银行和货币价值
降低有可能实现。

隐藏在这些背后的新颖之处主要有两点：一是更加贫穷国家的主权
的出现——充分利用了民族—国家时代的好处；二是迫于冷战需要的压
力，美国对这种状况采取实用主义的接受态度。美国的支配并不是全
方位的，而且它本身也接受这一点，它假定，其在亚洲的支配将最终让
位于霸权式的而非帝国式的。

这一点对其欧洲盟国来说也同样如此。在公司温和派的支持下，杜
鲁门政府试图把马歇尔计划兜售给欧洲以扩大贸易，从而弥补国内需求
的不足。不太习惯于把钱给外国人的国会否定了这一计划。但当苏联
拒绝加入马歇尔计划并出兵捷克斯洛伐克时，国会接受了马歇尔援助计
划，把它作为欧洲防御共产主义的一部分(Bonds，2002；Block，1977：
86—92)。这对欧洲来说并不是一个转折点，因为它已经开始增长——尽
管谈不上是繁荣。布雷顿森林体系加上马歇尔计划使整个西方受益，促
进了西方经济增长，尽管如今金融市场需要政府或者中央银行经常的细
致调节(Aldcroft，2001：111—117；Kunz，1997：29—56；Rosenberg，2003；
Block，1997；Eichengreen，1996：123，134)。美国尽管是新系统的主宰
者，但这一系统是多边和互利性质的，更趋向于霸权而非帝国。其他发
达国家尽管口头抱怨，但也承认由此带来的好处。

帝国和意识形态支柱：冷战

　　罗斯福曾希望建立一个良性的战后政治地理秩序，而且两个崛起中的超级大国都在战后实质性地削弱了各自的军事力量。　联合国也被建立起来以维护世界和平，其设计建立一个由美国、英国、苏联、中华民国组成的安全理事会。　但斯大林反对这一方案，因为在当时看来，这是一个三对一的对其不利的架构。　因此形成了联合国今天更加复杂的结构，其中涉及安理会永久成员国拥有否决权。　直至非殖民化阶段，联合国都主要由西欧和拉丁美洲国家所组成，美国的多数地位因此得到稳定的保障(Hoopes & Brinkley，1997；Schild，1995：153—161)。　1949年，中国出人意料地变成了共产主义国家，但其在联合国中的席位却为被驱逐到台湾的国民党当局所"占有"，直到 1971 年。　苏联被迫在安理会中反复运用其否决权以阻止安全决策，这意味着，联合国机构尽管在促进经济发展、健康、教育和难民等事务上作用良多，世界安全方面的事务很少在联合国中得到磋商。　本章将讨论美国在国外进行众多军事干预的情形，其中只有一次，那就是 1950 年的朝鲜战争，得到了联合国授权，而且这仅仅因为发生在苏联从联合国中撤出这一短暂的时期。相反，世界安全取决于美国和苏联的双边谈判，并越来越迈向相互竞争的两大军事集团。

　　隐藏在冷战后面的地缘政治冲突通过全球层面的意识形态权力冲突而进一步得到强化。　每一方都相信自己的意识形态——共产主义或者资本主义——应当统治整个世界，这种彼此对抗的意识形态模式给双方都带来最深的恐惧。　斯大林把美国的自由主义的国际主义(liberal internationalism)、全球性罢工的权力以及对联合国的控制看作是资本主义试图扼制共产主义的企图，这种版本的美帝国正好使有些国家不希望成为其中的组成部分(回顾一下 1930 年日本的担忧)。　斯大林受马歇尔计划和美国重建西德计划的恐吓,因为这似乎是美国抢夺其西方邻国的举动(Mastny,1996)。 我们都知道,苏联的特工人员夸大了美国将使用其核优势而发动先发致人打击的担忧,因为他们认为,自己的主子将希望听到类似的情报(Andrew & Mitrokhin,1999)。 但这又进一步加强了马克思—列宁主义的假设,那就是资本主义与共产主义之间将会出现一场总结性的战争——直至赫鲁晓夫认识到,核战争将导致双方同归于尽[大致可以使用 MAD(mutually assured destruction)*这一个缩略词]。

如果斯大林读过 NSC-68——一份杜鲁门于 1950 年签署的美国秘密政策文件**——他的担心将会得到证实。 这份报告支持对苏联采取遏制(containment)而不是推回(rollback)政策,它实际上等于宣布:"美国的首要目标是确保自身自由社会的完整性和有效性,这种社会以个人尊严和个人价值作为基础……与历史上通往霸权的野心家不同,苏联为一种狂热的、与我们正好相反的信念所鼓舞,它谋求对世界其他地方强加绝对主义的权威。"这种绝对主义权威将"不可避免地是军事化的,因为它支配着世界范围内的革命运动,同时也为这种运动所支配"。 美国因此必须竭尽所能地打败它,通过使用压倒性的军事优势、通过对攻击性行为进行细致准备来打败它,通过"有选择性地在战略卫星国家煽动和支持动乱或者反叛,通过使用经济战、政治战和心理战等各种手段,使美国能够积极而适时地集中所有的措施和行动来打败它……我们必须采取动态的步骤来削弱克里姆林宫在苏联内部以及其他苏联控制区域的影响和权力"(National Security Council,1950:3—5,13—14)。 这些措施在我看来更像是推回战略,尽管其中不存在直接的战争。 斯大林或许曾经是一个妄想狂,但有一个超级大国已着手准备抓住他。 苏联领导人相信,除非他们拥有自己的原子弹和氢弹,除非他们得到各类间谍的帮助——并

---

　　* 确保相互毁灭(MAD)是美苏之间的冷战策略。 两国都有确定能毁灭对方的核能力,并以此进行相互威慑。 但进攻方由于需要考虑到可能遭受到的后果而不会轻率的使用核武器,从而阻止了核战争的爆发。 ——译者注

　　** 即美国国家安全委员会制定的第 68 号文件,它是美国推行冷战计划的蓝图。 杜鲁门总统在 1950 年 4 月份审查了这份报告,并且准备当朝鲜爆发战争时执行它。 ——译者注

为此倾注了大量的资源,否则自己的安全不会有保障(Holloway,1994)。苏联因此拒绝进行核谈判,而这反过来又进一步加深了美国的恐惧。

美国同样夸大了斯大林的进攻性意图。 如果哪里存在着权力真空,斯大林(与杜鲁门一样)将会去占据它。 但美国支配了世界的绝大部分地方,苏联和共产主义中国并不是十足的扩张主义者。 他们与1790年代的法国革命者不同,后者试图通过战争来输出革命(Goldstone,2009)。 美国也不赞成通过战争破坏来给苏联造成创伤。 与其说煽动世界革命,斯大林所担心的实际上是德国的再一次崛起。 他宣称:"**我恨德国人。** 一劳永逸地摧毁德国是不可能的,他们仍然徘徊在我们周围。 这就是为什么我们斯拉夫人必须时刻准备着,万一德国人重新站起来并对斯拉夫人发动另一场进攻。"(Leffler,2007:30—31,黑体字是斯大林所加)在获得东欧之后,斯大林希望把它变成一个安全地带,一个由缓冲国家组成的坚强堡垒。 这些国家开始是一些友好国家,旋即被转变成了共产主义政权,莫斯科对它们拥有有限的自主权(Mastny,1996;Pearson,1998:40;Service,1997:269)。 但是,这种从间接帝国向半直接帝国的转化,以及随着斯大林向伊朗、土耳其、东北亚等权力真空的扩张,西方惊愕了。 西方在东欧进行了某些扩张,但更主要是在亚洲。 恐惧使双方都以正当的理由发展防御性的进攻——一种在帝国扩张时期司空见惯的现象——并由此导致这样一种悖论现象:帝国的规模越大,它便越感到安全。 客观来看,让双方都同意以和平竞赛的方式来决定谁是胜者,是可能的。 但考虑到这些行动者的性质和它们的恐惧,这又是不可能的。 这场冷战中的斗士都被对方所控制(Leffler,2007;Zubok & Pleshakov,1996)。

但是,冷战也给像欧洲那样的地区带来了稳定,那些地区现在已缺乏严重的阶级冲突(不像东亚)。 在欧洲,美国实行了一种比乔治·凯南(George Kennan)所建议的更加温和的围堵政策。 除赫鲁晓夫在古巴所引起的导弹危机之外,苏联也尽量规避风险。 如其对匈牙利(1956)、捷克斯洛伐克(1968)和对波兰施压(1981)等干预所表明的那样,维持东欧阵营的安全是其首要的选择。 在这段 40 多年的时间里，苏联对阵营外国家惟一进行直接干预的，只有 1979 年对邻国阿富汗的干预。 因此，冷战促进了民族—国家之间的稳定，在西方还促进了资本主义的稳定。 这就是为什么它能够成为战后全球化之支柱的原因。 至于意识形态在冷战中的作用，它在国内的作用比其在决定超级大国之间关系方面的作用更加重要，其对于两大超级大国的作用通常为实用主义的态度所削弱。

与美国对西欧的支配不同，苏联对东欧的支配主要通过帝国持有的武力实行压制性独裁。 这种情况在某种经济方面是良性的，那就是苏联从中心向帝国的边缘提供经济补贴。 美苏两国都把对方看作是世界的主要剥削之源，这种恐惧在多大程度上浸淫于芸芸大众已很难知晓。我猜测，苏联公民在其工作之余想得更多的是马克思—列宁主义，而且他们也接受官方的教条，认为自己的国家为敌国所威胁。 美国人也对对手感到恐惧，尽管如我们今天享受的自由理念已深深扎根于政治的修辞、扎根于日常生活的物质荣光中、扎根于美国人对国家力量和宪政自由所感到的骄傲中。 反共产主义已成为意识形态的意义系统，这一意义系统填补了人们对于外在世界的知识鸿沟。 在这种情况下，更加和平取向的压力集团变得一筹莫展，因为防御性进攻已获得了大多数支持。

因此，潜藏于冷战后面的冲突是真实的，尽管有些被意识形态和情感所夸大。 约翰 · 加迪斯(John Gaddis)最初认为，这种冲突不仅仅是认知方面的，这种认知建立在相互误解的基础上(Gaddis，1972)，也不与其修正后的观点相符，即冲突建立在意识形态和斯大林的基础上(Gaddis，1997)。 如果斯大林有妄想症，那么杜鲁门一样有。 梅尔文 · 莱弗勒(Melvyn Leffler)说道："他是自身修辞的囚徒"——一种对美苏领导人都同样有效的典型特征。 美国领导人把自身行为看作是防御性的，但在莫斯科看来它们却是进攻性的，当苏联领导人在柏林和阿富汗采取类似立场的时候，美国人也是这样看待它们的。 减少在国外的冒险，1950年之后还削减军费开支，双方似乎都放弃了原有的立场——但实际上却没有。　超级大国的地位关系重大，直至戈尔巴乔夫和里根打破这一模式(Leffler，1999，2007：71；Mastny，1996)。

　　它们与早期帝国争霸的区别在于，其带来的威胁是全球性的。　与两大竞争对手携手同行的防御性进攻已经行进至全球。　如果两大超级大国之间不能达成双边裁军协定，单独一方的裁军简直是一种疯狂的举动，因为另一方将扩展其支配范围，相信这是实现自我防卫的惟一手段。　苏联将会把保护国或者代理政权扩展到希腊、土耳其、伊朗、阿富汗，甚至还可能包括芬兰和奥地利。　它们到西欧去做类似的尝试是非常愚蠢的行为，但其中的诱惑却非常强大。　类似的扩张的确出现在亚洲。　因此，考虑到双方都不能放弃自己的立场，冷战是必须的。　美国对于自身利益范围的保护，使之免受共产主义或者苏联支配的威胁，与苏联保护其势力范围免受资本主义的威胁，目的都是一样。　在彼此都扮演相互竞争的全球警察角色的前提条件下，它们的首要责任是在自身支配范围内建立秩序和防卫。

同归于尽(MAD)与战争的衰退

　　不同寻常的是，对于这两个相互竞争的帝国来说，它们之间从来没有打过仗。　起初，它们对战争都非常警惕，然后无意中发展出一种同归于尽的机制——以核平衡为基础的威慑。　这一机制不时给双方带来恐惧和惊慌。　但它们都非常小心，仅仅在间接战争上有所升级，例如，仅仅在自身有影响的势力范围内派遣部队、在其他地方则借助于代理人进行干预以免彼此之间的部队形成直接冲突。　这是理性对于意识形态的胜利，尽管两国领导人都把意识形态看作是最高的目的，并且以极其可疑的手段来使其正当化。　私底下的举动需要有可靠的推诿本领。　我们在第五章将看到美国这方面的大量例子，苏联在这方面则仅仅把自己的士兵当作顾问使用，而把古巴士兵用作代理人，结果导致

4 000古巴士兵战死在非洲疆场(Halliday，1999：116—124)。 1980年，苏联领导人宣布，有31个国家正以这种或者那种方式向社会主义迈进。他们显然是在自我欺骗，因为这些国家的政权都是非常落后的压制性的军事政权，离社会主义的理想蓝图差得不止十万八千里。 但这一宣告却给美国人带来了恐慌(Halliday，2010)，并因此而扩大了中央情报局(CIA)、训练了国外的战斗部队和区分了威权政权与极权政权——把前者看作是自己的盟友，而把后者看作是敌人的盟友。 实际上，这两种政权之间并不存在太大的差异。 威权主义的危地马拉军事独裁政权屠杀了超过20万自己的子民。 通过冷战，奥德·威斯塔德(Odd Westad)把美—苏两国看作是殖民剥削的共同继承人(Westad，2006)。 尽管第三世界国家有时可以煽动两个超级大国相互对抗，但结果往往是悲剧性的。冷战有时实际上是热战，它制造了战争，造成了全世界超过2 000万人死亡。

但战争的确还是冷却了，"战后时期"已产生了另一种含义，那就是国家间战争实际上已从世界上消失。 战争相关研究课题组(the Correlates of War Project)已就1816年以来世界上出现的各种战争建立了数据库，它在内战、国家间战争、国家外战争(例如殖民战争)之间进行区分。[1]国家间战争在1816年到1940年代大约占据60%的比例，1950年代下降到45%，1970年代下降到26%，1990年代则下降到只有5%。内战现在已成为主要的问题，战士们开始从主要针对外部转向针对内部，开始镇压自己的公民。 1990—2000年发生的57次大型武装冲突中，只有3次是国家间战争，分别是伊拉克与科威特、印度与巴基斯坦、埃塞俄比亚与厄立特里亚之间的战争。 2001—2012年出现了50次内战，而完全意义上的国家间战争却只有两次，那就是美国对伊拉克和阿富汗的入侵。 除开那两次美国干预，战争基本上是低烈度的，伤亡人员相对较少。 1950年代的战争伤亡率是2000年代的9倍。

现在，内战已更少出于阶级与阶级、社会主义与资本主义之间的战争了，毋宁说大多数争端都是围绕当代主流政治理想——即民族—国家，一个以人民之名在具有明确边界的领土上进行统治的国家——而展开的。　现在的问题是，当同一片国家领土上居住着不止一个大型民族(ethnic group)的时候，到底是谁构成了人民？　大部分战争都存在一个民族、宗教或者地区的基础，其中有一个民族声称自己才是真正的人民。那么，其他人在这个国家中是否是完全的公民，抑或只是二等公民甚至是更糟？　对后者而言，他们大部分时候除了勉强接受某些歧视之外，无能为力。　但某些得到赋权的民族，尤其是那些得到国外相同民族支援的民族，通常会进行抵制甚至是发动内战(我在我的另一本书里对这一点进行过详细的阐述，参阅 Mann，2005)。　曾几何时，保罗·科利尔(Paul Collier)对于内战的不朽概括形成了巨大的影响。　他说道，内战建立在贪婪而不是需求或者信条的基础上，它是一种掠夺行为，而不是出于现实的苦难或者意识形态的追求。　后来，他缓和了自己的观点(Collier，2000，2003)，因为随后的研究表明，贪婪和掠夺资源通常并不是催生反叛的原因——尽管叛乱者显然需要获得物质资源来维持自己的斗争。　政治苦难和认同差异才是催生内战的主要原因(Arnson & Zartman，2005)。　发达民族—国家学会了避免制造战争的艰难方法，人们也希望发展中国家能够认识到这样一点：一个可欲的民族—国家应当是多元文化主义的国家。

　　欧洲人过去所打的仗比其他任何地方的人都要多。　克里斯蒂安·格莱迪奇(Kristian Gleditsch)说道：直至 20 世纪 50 年代，欧洲人贡献了68% 的战争比例，但由于战争相关研究课题组(COW)严重低估了殖民战争的数量，这意味着真正的数字可能比 80% 还要多(Gleditsch，2004)。欧洲处于领先地位，其次是亚洲，然后是中东，拉丁美洲和非洲则远远落在后面。　根据道格拉斯·莱姆基(Douglas Lemke)的计算，自有国家以来，非洲的战争数量和战争比例比全球平均水平低 3—5 倍，其图表显示，拉丁美洲的比例大致处于相同水平(Lemke，2002：167—171，181；参阅 Centeno，2002：38—43)。　但二战之后产生了逆转，自此之后，欧洲人与非洲人和拉丁美洲人一样，几乎没有发生过什么战争，中东、亚洲和美洲则坐上了头把交椅。 安德拉斯·威默和布赖恩·米恩(Andreas Wimmer & Brian Min)发现了现代战争的两次浪潮，第一次由 19 世纪的殖民战争所构成，第二次则由反殖民主义的解放战争所构成(Wimmer and Min, 2006)。 现代战争很大程度上与帝国的兴衰息息相关。 当欧洲帝国瓦解之时，战争也相应停止了，整个世界很大程度上也是这样。

这些数据表明，制造战争(war making)并不是出于人类不变的本性，而是出于特定的社会类型。 由此传递出来的充满希望的信息是，它可以被废除。 人类理性所传递出来的第二个充满希望的信号是，核武器迄今为止抑制了拥有这种武器的国家的权力，它们包括 1945 年之后的美国、苏联以及英国、法国、中国、印度和巴基斯坦。 核武器尽管不能保证和平，但却可以对国家精英形成足够的制约，使之不能实际使用核武器。美苏两国领导人都变得更加冷静和理智。 当面临危机被强化的时候，他们感到恐惧，并使之降压(deescalated)：第一次出现在古巴导弹危机期间的肯尼迪与赫鲁晓夫之间，第二次出现在里根与戈尔巴乔夫之间，主要由于 1983 年北约发动"优秀射手"(Able Archer)军事演习而导致苏联做出恐慌性反应。 与两次世界大战、大萧条和大衰退等相比，同归于尽(MAD)的确是一场没有把我们卷入其中的全球性危机，但某种程度上也是人类理性的一次危险的成功(precarious success)。 它相对更加容易得到解决，因为其中只有两个核大国在直接对抗，这使得行动的结果更容易得到预测。 它不像曾经催生过两次世界大战的多边权力主体那样，存在着行动与行动结果之间的错位现象。 包括印度和巴基斯坦——另一组二元对抗主体——在内的其他核武器国家也缓解了自身的外交政策。

同归于尽还具有一种连锁效应(knock-on effect)，那就是两个超级大国之间必须不惜一切代价来避免彼此之间由于各种模糊理解(implicit understandings)而造成战争。 只要它们喜欢，它们可以穷尽一切挑衅性言词，但不能对彼此的利益范围进行实际的军事干预(除某些微不足道的找岔子之外)。 它们只能通过那些远不如自己强大的中间代理人进行间接性战斗，那些代理人对世界所能造成的伤害要小得多。 每一个超级大国都在自己的利益范围内保持和平——至少在它们感到最具有战略意义的地方是如此。　苏联防止在东欧出现任何潜在的战争，既然美国的势力范围遍及世界的大部分地方，它便开始把自己看作是全球警察的角色。　华盛顿的政治层越来越相信，美国负有保持世界和平和秩序的全球性责任，而且这种责任感深深内嵌于美国人的思维中。　不论是共和党人还是民主党人都相信，美国保证了世界的和平，尽管今天他们也担心美国的衰落将会使世界陷入混乱(例如，Kagan，2012；Brzezinski，2012)。他们说道，没有美国的霸权，这个世界将变得混乱无序和冲突重重。

　　我在本卷中将对这种观点表示怀疑，因为很难找到类似的案例来说明正是美国或者苏联阻止了其他国家发动战争。　美国没有阻止英法联军 1956 年在苏伊士运河危机中对埃及发动的短暂入侵。　1983 年，美国喋喋不休地叫嚷要阻止利比亚对苏丹和埃及发动的进攻；它阻止了中国大陆对台湾可能发动的进攻。　1990 年，它试图阻止伊拉克对沙特阿拉伯和科威特的进攻，但没有成功，而且导致了战争。　1993 年，美国入侵波斯尼亚，发动了对塞尔维亚人的侵略。　情况似乎就是这些，这不是一个使人印象深刻的清单。　其对于国内事务的干预比这远要多得多，体现在支持某一派别来反对另一派别上，正如我们将在第五章所看到的那样，这些干预所造成的混乱与秩序一样多。　更有甚者，自 2000 年以来，美国作为世界上仅存的帝国，已成为战争的惟一发动者。　考虑到它对其他国家事务的武装干预(第五章将会讨论)，我已看不出美国扮演了全球警察的角色，毋宁说它更是一个全球战争贩子。

　　不幸的是，尽管存在美国霸权，核武器似乎仍在缓慢地扩散。　当一个国家感到自己被另一个有核国家所威胁时，它也要求拥有核武器——朝鲜和伊朗就是明显的例子。　迄今为止，由于相互敌视的国家的数量仍在成倍地增长，核武器所带来的威胁并没有解决。　由于意识形态很可能潜在地胜过理性，核武器所带来的危险也就会再一次显露，就像巴基斯坦、伊朗和以色列等国所表明的那样。　这一点我将在第十章再一次加以说明。　然而，除极少数例外——它们主要是较大国家发

动的针对较小国家的战争——之外,战后时期只有三流国家发动过战争
(van Creveld, 2008:chap.5)。 除美国之外,发达国家的财政与军事不再
联系在一起。 这种情况倒转了查尔斯·A.蒂利(Charles A.Tilly)的名
言——战争制造了国家,国家反过来也制造了战争——情况现在已不再
如此。 对于现在的发达国家来说,军事权力关系所发挥作用已经少得
多了。 20世纪下半期出现的最令人鼓舞的消息莫过于那条贯穿北半球
和世界南方某些地方的和平带的延伸。 战争仍在继续,但它们主要是
国内战争或者美国战争。 这并不是突然间形成的结果,也不是均匀地
分布于世界各地,有些地方的战事比其他地方要频繁得多。 正因为如
此,在第四章我将分别讨论世界的几个地方,但我将首先讨论冷战期间
美国人的国内生活。

───────────

注 释:

    [1] 这一数据库可以从以下链接中获得:http://cow2.pss.la.psu。 阿普萨拉大学(Upsala University)和平与冲突研究系对这些数据进行了更新(参阅 Eriksson et al., 2003)。 斯克雷德和沃德也对其进行了某些修改(Skrede and Ward, 1999)。

第三章

1945—1970 年战争和冷战中的美国：
阶级冲突

    既然美国成为世界领先的超级大国，其国内经济和政治对于世界变得具有重大的意义。 由于在本卷中我将把精力集中在各个时期权力的"主要锋芒"(leading edge)上，我现在需要把最主要的精力放在美国上。 在战后时期，与其他西方国家相比，美国在国内阶级政治方面变得更加保守，而在保障个人认同方面则变得更加自由。 这两个过程都不是稳定的和延续性的。 阶级斗争在二战刚结束和 1960 年代处于剧烈争夺的阶段，并由此导致保守主义的飙升。 认同自由主义(identity liberalism)则在此后得到迅速发展。 我将在本章中分别叙述这两个大致持续到 1970 年的故事。

二战的影响

    要解释战后的各种发展，我们必须从二战开始说起。 美国直至 1941 年才正式宣布参战，此前两整年，它通过对英国的军火销售和实现战争期间可能的经济恢复而大获其利。 这是一种军事导向的增长，以前没有使用的工业生产能力和没有得到利用的技术改进现在统统投入生产，并且通过劳动力供给的增加(尤其是妇女)而进一步强化，低效率的部门减少了，劳动时间也适度延长了。 当美国在太平洋和欧洲浴血奋战之时，其工业生产仍在持续上升。 军事开支在国民生产总值(GNP)中的份额从 1939 年的 1.4% 增加到 1944 年惊人的 45%，完全偏离了财政正确(fiscal rectitude)的轨道。 现在，无论是平衡财经账目还是促进私人投资，意义都不再重要。 但由于盟国向美国支付黄金以换取军事销售，美国仍然可以在巨额赤字的基础上运转而不会产生负面的金融效果。由于对资源的全面动员，美国的国民生产总值在 1939—1944 年间显著地增加 55%(Rockoff，1998：82)。 这意味着，从经济角度而言，战争对美国非常有好处，尽管对其他国家而言非常有害。 这种差别意味着战后美国对世界经济的主宰。

美国人没有遭受多少苦难，他们没有经历轰炸，没有经历食物和住房短缺，有的可能只是对某些消费品的限制。 作为敌军行动的结果，总计只有 6 人在美国大陆丧生，他们都是某一教会团体的成员，在俄勒冈海岸野餐时碰巧被一个绑在彩色气球上的炸弹所击中。 日本人释放了这些气球炸弹，并且在有利风向的帮助下飞往美国，但这可能是惟一到达美国本土的气球炸弹。 当那些野餐者打开那个气球时，隐藏其中的炸弹爆炸了。 其他美国人都是战争的受益者。 失业率从 1939 年的 17% 下降到 1944 年的 2%，并且在战争期间一直保持了这一数值。 由于工资增长高于价格增长，美国人的消费和实际收入从而也得到增长。生产工人得到最快的增长，其他无论是白人还是黑人、男性还是女性也都同样受益。 支付战争的税收和公债主要落在富人身上。 当战士们得到武器的时候，美国人得到了好处。 只有日裔美国人的处境最差。 非裔美国人尽管仍在平均线之下，但情况不断好转。 他们涌进工厂的生产车间，并且获得更高的工资；作为战士，他们与其他地方的殖民地战士一样英勇无畏(后者在种族主义的武装部队中体现得最为明显)。

与其他参战国不同，即使在受到攻击的期间，美国的选举政治仍在照常进行。 正如第三卷第八章所表明的那样，新政期间自由—劳工联盟的攻势已经开始出现衰退，尽管政局仍保持了平衡，但大有向左或者向右倾斜的趋势。 当民主党总统执掌行政的时候，共和党和南方民主党在国会中的多数形成了平衡。 随着失业率的下降，新政的救济政策也终止了。 瓦格纳—默利—丁格尔的 1943 年和 1945 年法案本来旨在扩大社会保障、增加国民健康保险，并给贫困者提供统一的联邦救济方案以取代原来分裂的联邦—州法案，但这一尝试在国会中被否决，南方民主党人在这一事件中发挥了关键性作用。 罗斯福没有花多少精力来支持这一方案，因为他把这一尝试看作是一次迈向失败的战斗，他全力关注的是战争。 福利国家仍然是二元的，体现为第八章将要描述的分裂性的福利结构，它不像其他盎格鲁国家那样具有迈向统一福利国家的驱动力。 1930 年代以来的左翼力量发展的态势停止了。 但是，战争期间低失业率、稳定工资和累进税等的出现意味着不平等在整个 1940 年代被实质性地降低了。 工作时间平等化了，带薪休假的时间也延长了(Goldin & Margo，1992；Brinkley，1996：225)。 1940 年代是 20 世纪惟一一个收入不平等和财富不平等都得到下降的年代，而且这种下降还是实质性的(Piketty & Saez，2003)。 盎格鲁国家现在是世界上收入最平等分配的国家。 从这一角度而言，战争对美国工人阶级而言是一件好事。这一点对非裔美国人尤其如此，其工资收入从占白人收入的 40% 上升到60%。 军事权力在这些方面固化了新政的成就。

　　战争状态使管制的规模和范围继续扩大。 为了支付战争，政府很大程度上依赖于收入税和公债，以便有更多的私人资产和金融机构投资于联邦政府。 金融"国有化"态势一直持续到 1970 年代，当其变得更加国际化的时候(Sparrow，1996：275)。 国家扶持的工业投资从 1940 年占资本投资的不足 5% 跃升到 1943 年的 67%(Hooks，1991：127)。 美国的战争需要不像英国、德国或者苏联那般紧迫，在后面那些国家，它们建立起能够对各个社会领域进行全面干预的至高无上的战时委员会。美国是独一无二的，它没有牺牲平民的需要来供奉战争的祭坛。 但各种特殊的战时合作计划机构仍然得到建立，并将大量的美国资源投诸战争。 然而，这些机构不会挑战罗斯福的权威，仍然让经济主要掌握在私人的手中，并且在战争结束后将会解散。

政治家、军官和部分工联主义者经营着这些机构，但它们主要为大型公司的董事和按日给酬者(dollar-a-day men)所经营，后者受自己公司的支持并且仍在这些公司领取薪水。 通过这些机构，联邦雇员从 1938年的 83 万人(这本身是一个历史记录)猛增到战争结束时期的 290 万人。这一扩大了的国家重新引发了国家自主者与阶级理论家之间的争论，这一点我曾在第三卷的第八章中讨论过。 但这一次的情况有所不同，因为这一次是战争时期，军官是国家主义的主要派别，既然国家的主要目的是打仗，阶级冲突就不像新政时期那般重要。 阶级理论家在作战、海军或者最高级别的生产委员会中不存在多大的影响，劳工力量在那些组织中没有重要的话语权，充盈这些组织的冲突主要发生在军官、企业董事与新政官员之间。

尽管主要学者所强调的重点有所不同，但他们对于这些斗争所导致的结果还是存在着总体性共识(Hooks, 1991；Sparrow, 1996；Domhoff, 1996：chap.6；Waddell, 2001；Koistinen, 2004)。 他们都同意巴塞洛缪·斯帕罗(Bartholomew Sparrow)所谓的"资源依赖理论"，意思是国家机构依赖于那些能够给它们提供资源的人，尤其是大型公司(这方面的共识稍少)和军事组织。 格雷戈里·胡克斯(Gregory Hooks)在国家自主与阶级理论之间进行妥协。 他说道，膨胀了的美国国家权力已经从新政时期的社会目标重新调整为军事—工业联盟这一更加保守的目标。 这一妥协一方面包含了处于半自主地位的军事官僚，另一方面也包含了从战争中兴起的垄断企业，尽管军事部门仍然控制着自身的生产资源。 战争催生了以大政府为基础的保守主义(big-state conservatism)，这一保守主义不是由左翼主义者所领导，而是企业公司和军事部门所领导。

1947 年开始的冷战使军事部门巩固了自身的权力，企业则随着更加市场导向的经济的回归而重新赢得自身的自主性。 但是，一个包括飞机制造、电子防御和船舶建造等在内的部门仍然处于国防部和企业的共同主宰之下——这就是总统艾森豪威尔后来所说的"军事—工业复合体"，这也是美国工业计划的主要场所。 在 20 世纪下半期，总统和国会都不时试图通过建立独立于国防部的各种民用机构来钳制其羽翼，如原子能委员会、航空航天局、军备控制与裁判署、能源部等。 但这些机构的大部分资源都被用于军事的目的，从而屈从于这一综合体。 威廉·多姆霍夫(William Domhoff)强调企业的权力，胡克斯则强调军事权力在诸如飞机工业等工业中的重要性。 他同意，在更加成熟的工业领域，主要企业承包人"所获得的经济资源和政治自主性足以影响整个经济领域"(Hooks，1991：150—161)。 这就是C.赖特·米尔斯(C.Wright mills，1956)构思其著名的"权力精英"理论的背景，经济、政治和军事精英融合在一起共同统治着美国。 这一理论在战争和冷战的背景下可以说得通，当然，它与法西斯主义和国家社会主义政权下的权力精英不同，美国的权力精英某种程度上被政治民主制度所平衡。

那些得到国会支持的政客和企业人士战胜了新政主义者，后者所奉行的自由主义超过了国会或者企业人士所希望的限度，所实行的民众控制(civilian control)超过了军事部门所希望的限度(Hooks，1991；Brinkley，1996：chap.8；Waddell，2001)。 罗斯福和杜鲁门必须得到企业人士和国会的支持，这些新政主义者没有其他选择。 因为如保罗·科伊斯蒂嫩(Paul Koistinen)所描述的那样，实业与军事已形成暂时的妥协，"军事部门实际上清醒地知道，其长期利益建立在公司的结构上……后者反过来也清楚，自己的利益建立在与陆军和海军的交涉和合同基础上。 由此经常导致的结果是，即使两者的眼前利益有时存在着差异，美国的武装部队与企业在政策动议方面经常会站在一起"(Koistinen，2004：503)。 在尝试保护自身利益和防止国会委员会保护极为保守的老板的利益方面，新政主义者的机构常常束手无策。 罗斯福尽管仍然时常谈新政，但他已不经常实施新政了。

以自由主义为基础的战后政府设计——包括重新恢复对小型企业和劳工的援助，全面实施凯恩斯主义政策——被终止了。 诚如布赖恩·沃德尔(Brian Waddell)所言，战时动员为国家权力的扩张提供了一种战争(warfare)模式而不是一种福利(welfare)模式，这种战争模式对于大型企业和国会保守主义者而言是可以接受的(Waddell, 2001)。 这一模式在冷战期间得到了延续,尽管现在它需要获得更多的民众支持,在国会中尤其如此。 一旦有军事基地或者企业需要落户自己的选区,那些参议员或者众议员们通常都会选择支持。 由此形成的结果是,几乎每一个国会选区到冷战末期都有了一个军事基地或者企业。 每一个人都清楚艾森豪威尔在其总统任期行将结束时的演讲,他警告一种"军事—工业复合体"正在美国冉冉升起。 但纪录片《我们为何而战》(Why We Fight)的导演尤金·杰里克(Eugene Jarecki)说道,总统的儿子曾经告诉过他,其父亲演讲稿的原稿是这样说的:"军事—企业—国会复合体"。 当顾问告诉他这样将造成政治麻烦时,埃森豪威尔去掉了"国会"那个词(BBC,"Storyville," March 3, 2005)。 这三个词放在一起显然更加贴切,它同时为米尔斯的"权力精英"理论提供了素材——即经济、军事和政治精英的同盟。 但这一复合体[有时也被称作国家安全体制(national security state)]并没有控制整个国家,大部分工业在 1945 年之后并不是为军事部门进行供给,这些工业的国会游说者通常敦促生产黄油(butter)而不是枪支。 国会不得不同时考虑这两个方面。 两者的关系依赖于对国外威胁的判断,但这种判断在整个冷战时期一直处于波动状态。 但总体来说,战争帮助形成了大政府、大企业,并使国会迈向保守的轨道。

战时的劳动关系:法团主义与工会的成长

但是,并非所有的战时机构都被实业或者军事所控制。 在新政主义者的领导下,从 1942 年 1 月起为整个经济制定消费价格和租金的价格管理局(the Office of Price Administration)一直扮演了消费者民主的堡垒。 一队队妇女在全国上下检查价格以确保它们处于特定的水平,在最高峰的时候它冻结了几乎 90% 的零售商品价格。 它得到了大众的支持——尽管全国制造商协会(NAM)以"卑鄙的官僚制独裁"为名对它发动过不成功的攻击。 这是自由—劳工联盟的胜利，但它只拥有有限的生命周期，不可能在和平时期继续对市场进行激进的干预。 它在 1947 年被废除，然后在朝鲜战争期间再一次被恢复，然后就被永久性地废除了。

如第一次世界大战所表明的那样，战争需要形成法团主义(corporatist)的劳动关系，必须把劳工吸收进来以消除由于罢工或者怠工而引起的基本材料供给的中断。 1941 年，罗斯福反复往爆发罢工的地方派遣军队，强制使工人安定下来，但他并不喜欢这样做(Sparrow, 1996：72—83)。 实业领域反对在自己的计划委员会中出现劳工代表，但不论是全国制造商协会还是美国商会都找不到第二种替代性方案，同时也它们没有被授权来代表整个实业领域做出决定。 美国劳工联合会(AFL)和美国产业工会联合会(CIO)的确代表了劳工，但两者的意见并不一致。 前者对工人卷入政府持怀疑的态度，而且两者都没有办法约束住车间斗士(shop-floor militants)，其中不少是共产主义分子。 产业工会联合会主席约翰·L.刘易斯(John L.Lewis)同样反对法团主义。 罗斯福坚持法团主义的政策，准备向工会让步，并对实业领域的强硬立场进行无情的打击，但保守的共和党人和南方民主党人反对任何增加工会权力的政策(Katznelson et al., 1993)。 南方民主党人在当时的参议院中拥有一半的席位，他们维护自己的种族主义和没有工会的资本主义(Korstad, 2003)。 在实业领域的压力下，1941 年的罢工促使众议院通过一个禁止工会权利的法案，这一法案将导致瓦格纳法案*的废除，参议院也准备通过这一法案。 罗斯福不能肯定是否该行使否决权，因为他知道，如果它变成一项法律，将只会导致更多的罢工。

但日本现在对珍珠港发动了进攻，罗斯福可以打爱国牌了。 孤立主义结束了，国会反对派也动摇了。 罗斯福应用了一小批温和的法团

---

* 1935 年通过的《瓦格纳法案》是美国在劳资关系法律上的重大调整，该案承认美国工会享有集体谈判等权力，它使得工会取得了合法制约资本家的手段。 ——译者注

主义者，使他们与新政主义者和产业工会联合会建立联盟并同意一项计划，他利用这一计划来压制缺乏替代性方案的各种企业峰会联合会。罗斯福仍然对国会感到害怕，他以行政命令的方式来达到这一目的，并建立起一个比第三卷第八章所讨论过的全国劳资关系委员会(NRLB)具有更大管制权力的全国战时劳工委员会(National War Labor Board)。工会作为劳工的惟一代表进入了各种委员会组织，与实业和政府的代表一起成为三方法团主义结构中平等的一员。他们获得了制度性的特权，尤其是"工会会员资格保留条款"(maintenance-of-membership)使已经得到雇主承认的工会拥有接纳所有新雇员的权利。雇主们一开始试图玩弄这一条款，但很快他们发现这可能使自己丧失联邦政府的各种合同，这一点也迫使其他雇主对工会进行让步。工会会员增加了40%，非农业会员则从1939年的25%增加到1945年的35%还要多。全国战时劳工委员会制定全国性的工资政策，并按照平等奉献的战时准则使社会变得更加平等。非熟练工人的工资比熟练工人增长得更快、黑人比白人增长得更快、女性比男性增长得更快、低工资者比工业领域的高工资者增长得更快。劳工领导人现在已进入各大战时管理机构，更大的代表权意味着带来更多的资金、更多苦情申诉制度（grievance procedures）、更多的收益和更多的带薪休假等，战时劳工委员会给雇佣关系带来稳定化的影响。从比较的角度而言，美国的工会发展到1940年代晚期已不再落后了，其工会入会率在工业民主国家已达到中等水平。

在南方，战时劳工委员会赋予黑人工人权利："从南方、尤其是从南方黑人工人的角度来看，一个由联邦政府实施的……'工业司法(industrial jurisprudence)'体系已变得必不可少……它是对军事权力设置的一项司法障碍……它给黑人劳工提供了想象得到的通往权力之路"(Korstad，2003：223—225)。参加工会委员会的选举对于R.J.雷诺(R.J. Reynolds)公司的大部分黑人工人来说还是生平第一次，他们选举了工会的代表。哈里特(Harriet)和亨德森(Henderson)工厂的白人工人则于1943年建立起隶属于美国产业工会联合会的分支。战时劳工委员会所列举的苦情申诉制度帮助工人维护了工资水平，制定了保障工作安全、工作调换以及加班、迟到和缺席的规则，这些规则阻止了管理方任意增加工作量的做法——迄今为止它是劳资冲突的主要根源。 这些规则对于妇女来说也极为宝贵，使她们能够将工作与家族责任结合在一起和使她们对自己的生活具有更大的支配权。 与雇主不同，工人们更希望得到管制(Clark，1997：100，104，4，147)。 这两项研究表明，南方工人希望有工会和管制。

管制主要以两种方式切入。 战时劳工委员会希望形成负责任的工会，工会向雇主保证不进行罢工以换取后者的承认和制度性利益，但被莫斯科唆使的共产主义工会对于被要求为战争做出牺牲尤其怨气冲冲。有固定期限的合同变得正常化了，这些合同将冲突一直限制到合同期结束，当战时劳工委员会的仲裁程序能加以调节的时候；同时，交涉也变得例行化了。 斯帕罗总结道："工会从 1930—1940 年代早期的风险承担者变成了 1940 年代中期和晚期的风险回避者，他们非常希望保护现状。"(Sparrow，1996：274—275)

工会领导者希望形成一种法团主义(corporatism)，使劳工成为各种工业"委员会"(councils)中的平等成员。 在车间层次，他们希望参与生产决策、劳动雇用和解雇，外加监督公司采购的权利。 但他们没能获得这些权利。 罗斯福对这些方面不感兴趣，甚至工会本身的立场也是分裂的，因此实业部门完全拒绝给予额外的特权。 现在，工会领导人被要求采取行动来约束车间层次的工人斗士，产业工会联合会因此对地方官员又提出新的要求："官员们必须能够在一个相对和平的基础上执行各种劳动合同。"如果做不到这一点，他们就必须被清退。 纳尔逊·利希滕斯坦(Nelson Lichtenstein)评论道："与其为各种苦情申诉而战，直至它们使所有的工会成员都感到满意，工会委员会的领导们现在仅仅用合同的语言来处理各种苦情申诉。"(Lichtenstein，2003：23；同时参阅 Cohen，1990：357—360)

苦情申诉原定需要经过全国劳资关系委员会的仲裁程序。 但仅仅在 1943 年的早期，该委员会就每月就收到 10 000—15 000 起申诉，而且数字还在上升。 心怀不满的工人们在 1943 年和 1944 年用野猫式罢工(wildcat strike)＊来进行回应，尽管如此，其数量还是比战争时期的英国更少。 美国劳工联合会中一些对政治管制持非常警惕态度的人对罢工采取更加支持的态度，并以产业工会联合会为代价来增加自身的会员。工会内部和工会之间的斗争仍在继续(Brinkley, 1996：chap.9；Lichtenstein, 2003：introduction；Zieger, 1995；Stepan-Norris & Zeitlin, 2003；Sparrow, 1996：chap.3)。 这种结果的出现并不仅仅是由于工会领导人的"出卖"，压力也使工会朝着分化的方向发展。 工人斗士通常在工人感到强烈不幸的时候获得广泛的支持，但工会领导人所感到的更是战时爱国主义的压力，而且这种压力被媒体的偏见或者选举的趋势所进一步扩大。"野猫式罢工"在普通大众中变得此起彼伏。 那些造成麻烦的工人斗士被普遍认为是不爱国的，这种认识使选举形势对工会和共产主义尤其不利，因为大部分工人斗士都属于共产主义者。 问题主要出在美国参加世界大战的方式上，平民没有被要求要做出巨大的牺牲——通过这种付出，他们可以在战后要求相应的补偿。 正因为如此，罢工工人并没有获得广泛的同情。 与第一次世界大战一样，美国工会在二战期间尽管获得了发展，但大战对美国劳工同时产生了一种牵制性作用，它只是增加了它作为局部而非全国性利益集团的显示度。 在美国，工人阶级不可能像其他国家那样完全融合进民族。

与此相对照，英国的工厂区域完全被空袭所摧毁，英国工人在各种更加危险的条件下进行长时间的劳动。"食物配给"催生了一种"黑市文化"(Black market culture)，人们相信，富人通过黑市而大发横财，工人则受尽苦难。 与美国工会一样，英国的工会也被迫采取相同的措施，劳工大臣欧内斯特·贝文(Ernest Bevin)是一名杰出的工会领袖。 但

＊ 根据罢工有无组织领导，即是否由工会所组织，工人罢工可分为正式罢工(official strike)和野猫式罢工(wildcat strike)两种。"野猫式罢工"是一种侵害团结权和滥用争议权的行为，实际上损害了其他劳动者的权利，因而不符合合法罢工的要件，不受法律保护。 ——译者注

当英国发生野猫式罢工的时候，它们得到了普通大众更多的情感支持。在大战期间，随着这样一种观念变得深入民心，即人们在战争期间所付出的牺牲必须以某些改革来进行补偿，英国的民意变得更加左倾了。这种民意导致 1945 年工党获得压倒性的胜利和丘吉尔出人意料的惨败。但正如战争时期的选举所表明的，美国的民意某种意义上则变得更加右倾了。无论如何，工会到战争结束之时仍然充满希望，并且巩固了战争期间所获得的果实。

战后的计划：商业凯恩斯主义、军事—工业复合体

第二次世界大战结束后，新政时期的货币和财政政策被保留了下来，并且战争经验催生了一种整体经济共识——政府必须帮助和管制市场的力量。美国经济严重依赖于政府计划，大型公司意识到了这一点，并且支持所谓的"商业凯恩斯主义"(commercial Keynesianism)政策。政府财政和货币政策帮助缓解了资本主义的经济周期、提高了就业率、稳定了物价和稳固了经济增长。但其中仍然存在着诸多政治差异：民主党倾向于强调增长，共和党则倾向于强调价格稳定。但无论是哪一个党执政，农业补贴和政府开支——尤其是军事开支——都帮助维持了总体需求和刺激了增长。现在，政府可以以其全面而系统的经济战略来"调节"(measure)国民经济，政府对 1930 年代、尤其是战争期间形成的经济手段——1947 年建立国民经济整体规划(national macroeconomic accounts)——加以重点强调。但美国同时也肩负着全球性责任，这种责任不仅体现在对共产主义的抵抗上，而且体现在促进全球经济的繁荣上。美国经济的增长依赖于西欧和日本经济的复苏，政府的政策设计因此瞄准了这些目标。这种将国内与国际经济联系在一起的新阶段将证明马克思观点的谬误性，因为它将表明，资本主义可以建立起这样一种集体性组织，这种组织保护资本主义免遭国内和国际层

59

面的恶性竞争——部分通过军事侵略而得到实施，而且马克思把它主要与封建主义而非资本主义联系在一起——所带来的恶劣影响。 军事权力并没有随着资本主义的发展而衰退。

多姆霍夫表明，经济发展委员会(CED)——经济领域中"企业自由主义"(corporate liberal)流派的思想库——扮演了自由—劳工主义、自由市场保守主义(全国制造商协会)和美国商会等三种力量之间的调节者(Domhoff，即出)。 该委员会尽管强烈抵制自由—劳工联盟支持工会、重新分配、福利国家和经济管制等压力，它对政府实行的刺激增长和就业、保持稳定等财政和货币政策持欢迎态度，这种态度既出于这些政策本身所具有的优点，也出于避免迈向自由—劳工联盟所希望的更加激进的计划方案。 从 1946 年起，总统从新的经济顾问委员会吸收建议，那些受凯恩斯影响的经济学家构成了这一委员会的大部分，他们同时任职于经济发展委员会。 经济发展委员会同时愿意为欧洲提供经济援助，容忍由于增长而带来的有限的财政赤字。 它在国会中经常必须与由共和党人和南方民主党人所组成的大多数保守主义竞争性经济组织进行斗争，以争取对等的财政预算。

自由—劳工联盟最后一次明确提出实现充分就业目标的尝试出现在 1944 年，它提出了一份《充分就业法案》(Full Employment Bill)以保证"最大限度的就业、生产和购买力"。 但该法案在讨论的过程中由于保守主义的抵制而被严重淡化，后者认为，必须保持对低薪工人的"刺激"。 最后，不论是新政主义者还是凯恩斯主义者都不认为最终版本的《就业法案》(已经没有了"充分"这个词)与它有何关联。 后一法案涉及进行税收调节以刺激经济增长，但不是像自由—劳工联盟所希望的进行投资以直接创造工作岗位(Rosenberg，2003：43—63；Barber，1985：165—168；Brinkley，1996：260—264；Domhoff，即出)。

尽管如此，大约 4% 的低失业率在战后仍然维持了 25 年，而且大部分人的生活标准得到稳定的提高。 1950—1973 年这一段时期被普遍看作是一个黄金时代，那一时期见证了世界史上最快速的经济增长。 它由美国所领导，并且超过了大萧条时期的经济规模(Maddison，1982)。如果与大萧条联系在一起，经济学家将难以解释这一独特的增长个案，因为不论是新古典主义的稳态增长模型(steady-state growth models)或者自然增长模型(natural rate of growth)都不适用，而且这些模型的解释力还由于大量变异现象的出现而被进一步削弱，如技术革新、投资、劳动力供给等，这些方面的发展往往由于城乡移民或者儿童出生率等一次性的增长(one-off boosts)而得到促进(Bombach，1985)。 保守主义者仍然钟情于"自由市场"，并且从资本主义运转这个单一的角度来理解繁荣。1953年，美国的工业生产量占整个世界的45%，美国技术被适用于全球，帮助实现"赶超"型增长(Abramowitz，1979)。

战争提高了生产的能力，但这种生产能力却被政府的价格和耐用品消费的管制政策所抑制，美国人被强制进行节约。 因此，战后时期见证了耐用品消费支付的强力回升。 到1950年，80%的美国人拥有电冰箱，60%的人拥有汽车。 在改革新政时期的抵押政策和《军人权利法案》的促进下，大部分美国人拥有自己的住房。 偏远地区的发展现在已全面启动。 美国人的生活方式被刻画为消费主义的繁荣和"消费者公民权"(consumer citizenship)(Cohen，2003)。 这一生活方式随后漫延到欧洲，然后是日本、东亚以及印度和中国的大部分地区。 它在充分生活标准(adequate living standard)达到之后继续向前发展，各种各样的新技术、新发明和新需要被反复创造出来。 汽车、电视、手提电脑、录像机、DVD影碟、蓝光碟、手机、iPad等等，每年都有新的款式，每一样东西都不断变换着悦人心意的标志。 公民大众变得沉醉于资本主义的日常小物件中不能自拔。 广告越来越充盈于媒体、街道甚至是人们的衣服上。 人们不仅在生产方面再生产资本主义，而且通过更加具体的消费行为再生产资本主义。 资本主义经济已经解决了两次大战期间高度的物质产品生产能力与低下的消费品需求这一矛盾，这一矛盾曾经导致过危机。 美国现在实现了高生产能力与高消费需求之间的平衡，并由此导致了整个世界的繁荣。 资本主义的黄金时代——在法国被称为

"三十年繁荣"——从 1945 年一直持续到 1975 年,它在经济上惠及世界上的大部分人们(Hobsbawm, 1994;Maddison, 1982)。 美国资本主义并没有找到自身问题的解决之道,其盛极一时首先是由于罗斯福新政,其次是由于军事凯恩斯主义。 从这一角度而言,熊彼特的"创造性破坏"(creative destruction)* 并不是导源于资本主义的本质逻辑,而是经济、政治和军事权力关系之间的彼此交织。 由此催生了这样一种深邃的思维:资本主义并不拥有拯救自身的武器,市场力量也不具有自我纠正的能力。

市场力量、政府计划与累进税之间的结合催生了一种新的消费公民身份。 尽管许多企业人士和共和党人喜欢税收改革,但共和党领导人知道,一种更加替减性的税收(regressive tax)会有多么的不受欢迎。 选举的考量既抑制了右派,也抑制了左派。 收入税——在源头上被削弱至极不显眼——在 1950 年占总收入的三分之二。 尽管其他税收在某种意义上倾向于递减,但它们的体量并没有大到足以平衡收入税。 实际上,消费并不是一种普遍性的权利,毋宁说它是一种特权,依赖于市场中购买能力的不均衡分配。 充分就业和累进税发挥了作用,但穷人并没有被包括进来。

但是,对于大部分美国人来说,这是一个远离了 1930 年代的世界,失业和不平等现在似乎已被客观的市场力量所扼制,这种力量通过小心谨慎的政府官僚和军事—工业复合体而得到促进(Sparrow, 1996;chap. 4)。 州际高速公路体系和当代研究型大学促进了经济的繁荣,但它们的发展主要是出于军事的目的。 美国拥有一个为保守主义者所诟病的大政府。 政府支出在 1940 年占国民生产总值的 20%,1962 年上升到占 31%,1990 年进一步上升到占 40%(Campell, 1995:34)。 1940 年代的边

---

* "创造性破坏"是经济学家熊彼特最有名的观点,也是其企业家理论和经济周期理论的基础。 在熊彼特看来,"创造性破坏"是资本主义的本质事实,重要的问题是研究资本主义如何创造并进而破坏其经济结构的,这种经济结构的创造和破坏主要不是通过价格竞争、而是依靠创新竞争来实现的。 每一次大规模创新都使旧的技术和生产体系遭到淘汰,并建立起新的生产体系。 ——译者注

际收入税率最高约为90%，1950年代和1960年代下降到大约70%，里根执政时期进一步下降到约为50%。 但与新政时期不同，政府计划和大政府缺乏大众的支持，而且也与左派缺乏任何关联。 在小心忽略军事—工业国家和农业补贴这两点的基础上，保守主义者主张自由市场的优点，并谴责大政府是法西斯主义和共产主义。 早先被谴责为邪恶托拉斯的大公司现在被视作是良性的了，被看作是实现就业的稳定场所，被视作提供了自身的社会保障供给。 它们由经理所经营，华尔街只是一个遥远的存在，因为这些公司本质上是财政自主的。 大致在1950年代，只有不到10%的美国家庭拥有公司的股份。"资本主义"这一概念很少被使用：经济主要由与公司类似的自由企业所组成，军事—工业—国会复合体和农业补贴解放了人们。 这实际上是一个由大国家与大公司所组成的复合结构，但保守主义者把它矫饰成其他东西。

这种矫饰具有重要的后果。 商业凯恩斯主义由华盛顿的精英们所操纵，它体现为一种抽象的、远离大部分人日常生活的政策，对于大多数人而言，他们的工作和消费似乎主要由市场所支配。 政治精英们对他们鼓吹自由市场，但却从不会对他们鼓吹凯恩斯主义，这说明，自由市场更加内嵌于美国人的意识形态中，更容易引起他们的共鸣。 这是一种实施却不敢言说其名的凯恩斯主义。 因此，后来出现了这样一种荒诞的说法：美国的黄金时代主要是市场和低税收支配下形成的，大政府和高税收主要是近年来的产物，后者造成了低经济增长。 这种意识形态并不正确，但却具有强大的力量。

美国的大政府在苏联研制出原子弹之后和在朝鲜战争期间得到巩固，这一点我将在下一章加以讨论。 在朝鲜接近失败的经历使美国认识到，自身的军队不可能像共产主义国家的那般强大，军方开始追求资本集中和高科技战争。 军方的研究与发展开支在1950年代实际上升了5.5倍，通用电器(General Electric)和通用汽车(General Motors)在冷战期间成为军方最主要的合同方。 在1950年代至1980年代，军方的研发开支占总体研发开支的40%—65%(Hooks, 1991：27—28)。 这对于经济来说是有好处的，因为它提供了一个能够保障就业和阻止市场下滑的稳定的工业领域。 军方的研发项目同时还生产出电脑、半导体等民用副产品(Alic，2007)。 与军事凯恩斯主义相比，它更没有那么商业化，同时也更不是经济政策的结果，毋宁说是全球军事权力的意外后果。 然后，1950年代的军事—工业复合体被韦斯所谓的发展—采购复合体所取代(Weiss，2008)，出现了一个高达4 500亿美元的政府防御采购预算(如果把各级政府都计算在内则高达10 000亿美元)，此外还须加上许多公私合营公司的资助。 ICT(电脑、半导体、软件)、生物科技、毫微科技(nanotechnology)等双重用途技术的发展模糊了政府与经济、民用与军用之间的界线——美国政府故意声称，出于军事和安全的目的，需要维持高科技的领先地位。 国家在这一领域是大政府。 军事与经济的联姻同时还见之于其他军事权力规模更小的国家，如俄罗斯、中国、英国和法国。

在美国，经济的成功似乎必须消除由国家直接救济或再分配所产生的需要。 但正如我们在第三卷第九章所看到的那样，这种情况在许多其他国家并不如此。 在联邦政府资助的国防工业和汽车工业——两者都通过廉价石油和联邦政府修建的高速公路而得到促进，工人们高度稳定的收入与由于欧洲经济复苏(马歇尔计划所带来的结果)所带来的出口增长结合在一起，为几乎所有人的消费繁荣提供了核心的动力。 新政的救济计划被裁减了，因为不再有需要扩展福利，甚至老兵的福利计划也从联邦政府转移到州政府(Brinkley，1996：224—226，268—269；Maier，1978，1987a)。 消费、公司福利和国家福利现在针对的主要是穷人，它们所产生的不是普遍的权利，毋宁说是特殊的权利。 对于大部分人来说，似乎已再没有必要通过普遍的福利计划和积极的劳动市场政策来追求欧洲那种社会公民权(social citizenship)。 在美国，不论总统和国会是处于民主党抑或共和党的执掌之下，自由—劳工政策都一直处于摇摆之中。 1948年，美国的投票率下降到只有53%，从那时起，最高点只是1953年的63%。 穷人已很少参加投票了。 在这一世纪剩余的时间里，美国开始了其漫长的右转征程，这一转向尽管并不完全稳定，但它是国内政治和地缘政治力量的结晶。

罗斯福去世之后，共和党人在反击全国性罢工浪潮和南方民主党人的帮助下于1946年控制了参众两院。 政治右转趋势在进入冷战之后仍得到持续，保守主义者应用反对极权主义的词汇来抵制主张大政府的新政主义者以及作为"社会主义"和"共产主义"的劳动工会。 共产主义在美国长期被妖魔化。 1938年盖洛普民调报告显示，尽管有97%的美国受访者认为自己相信言论自由，但只有38%的受访者相信应当给共产主义者以言论自由。 1941年的民调显示，69%的受访者支持通过监禁或者其他压制性措施对付共产主义者(White，1997：30)。 在冷战之前，共产主义并不意味着什么，大部分受访者可能对围绕共产主义的一系列固定选择题提供否定性答案，但他们并不真正关心什么是共产主义。 现在，共产主义却变成了试图奴役我们的主要敌人。 这是美国政治中一个非同寻常阶段的开端，在这一阶段，国内政策与外交政策通过全国安全体制而彼此强化。 外交政策曾经是一小撮精英以各种民主之名而提出来的，但现在却以反对共产主义之名得到芸芸大众的普遍支持。

民主党人试图与共和党进行竞争。 当1946年共和党人煽动只能在共和主义与共产主义之间进行选择时，杜鲁门的竞选名言是："把共产主义的恐惧挖出来。"杜鲁门引入了参议员麦卡锡后来能够加以利用的公共服务忠诚调查计划。 那时的管理体系中的确存在着苏联的间谍网络，但它们很快就被瓦解。 数年后，杜鲁门的总统顾问克拉克·克利福德(Clark Clifford)说道："这是一个政治性问题……我们从来没有认真讨论过忠诚问题……总统对所谓的共产主义恐惧根本没有予以重视，在他看来这本身就是胡扯。 但政治压力迫使他承认它的存在。 这压根就是一个被制造出来的问题。"(White，1997：60)对外援助也是以这种方式被兜售出去的(它们当中有超过90%是军事开支)。

南方民主党人和军事—工业复合体尤其喜欢强调反共产主义和冷

战。 其他共和党人一开始对冷战需要的各种税收感到犹豫，但他们很快就反应过来，认识到反共产主义赋予他们在国内政策和外交政策上统一的主题。 自由主义被指责为支持社会主义政策，并且对国内外共产主义软弱无力。 艾森豪威尔时期的国务卿杜勒斯(Dulles)私下承认，是他推高了国内反共产主义的氛围，以便为其昂贵的外交政策——边缘化政策——提供辩护(Gaddis，1982：136，145)。 地缘政治恐慌在促使美国政治右倾上发挥了重要的作用。 雇主们指责工会是社会主义和共产主义——它们当中有些的确如此。 通用汽车公司总裁 1946 年宣布："美国的问题可以概括为两个显而易见的词汇：在国外是俄罗斯，在国内则是工会。"(White，1997：31)

劳工运动：停滞与衰退

在这样一种敌对的气氛下，工会或者做出回应，或者自行消退。1946 年，美国产业工会联合会试图通过打击南方来扭转时局。 在迪克西行动(Operation Dixie)中，它派遣了 150 名工会组织者深入南方，但这一行动在短短 6 个月之后就失败了。 其组织模式以北方大型公司为基础，而非南方小规模企业的模式，而且它还浸淫在派系主义之中。 许多共产主义组织者被禁止参与，因此其动力被弱化，而且产业工会联合会也没有在南方文化中建立起自身的合法性(Griffith，1988；Honey，1993)。 反共产主义被用来对付任何主张种族融合的人，如工会的诸多组织者。 迪克西行动被南方雇主的不妥协立场所破坏，这一立场得到了警察、州骑兵和政治家的支持。 它被证明是没有达到预期目的的，而且破坏了南方现有的工会。 位于温斯顿—塞勒姆的雷诺公司的烟草工人没能与其他工厂一起实现工会化，并且在 1949—1950 年丢掉了自身劳动关系委员会的选举。 雷诺公司解雇了工会行动主义者、解散了工会。 1940—1960 年间，南方非农领域的工会化从原来超过 20%

下降到不足 10% (Korstad, 2003：chap.15；Zieger, 1995：227—241；Lichtenstein, 2002：112)。

1946 年出现了全国性罢工浪潮，有 460 万工人参与了罢工，这是美国 20 世纪的年度最高纪录。 罢工工人的团结和克制令人印象深刻，雇主们被迫在某种程度上增加工资(Zieger, 1995：212—227)。 但是，罢工首次没能吸引更多工会成员的参与，这一方面表明同情储备的下降，另一方面也表明，工人们在政治右转的形势下变得更加宿命主义。 罢工使保守主义者变得更加困难，同时分化了中间阶级。 在企业界的怂恿下，国会深信当前的事件表明工会拥有太多的权力，并且通过了攻击性的法案。 企业界则大大提高了反对"共产主义"工会的宣传拨付，但工会却缺乏相应的财政资源或者团结来组织有效的反击。 对于这一问题，企业界没有出现中庸的立场，所有的企业人士都希望打败工会，并认为当前是实现这一目标的最佳时机(Rosenberg, 2003：71；Domhoff, 即出)。

由此导致的结果是 1947 年塔夫脱/哈特莱法案(Taft/Hartley Act)的出台(Plotke, 1996：chap.8)。 它宣布诸多不正直的劳工实践为非法，同时禁止司法领域的罢工(在这一方面，工会需要组织到特定多数的工人)、辅助性联合罢工(在这种罢工中，工会冲击、警戒或者拒绝交付另一个与其不存在直接冲突的公司的商品)、甚至关门歇业(协议要求雇主只能招募工会成员)。 只有经过大多数雇员的投票同意，才能建立工会化的工厂(union shops)(在这种工厂中，新招募的工人必须在集体谈判协议的名义下加入工会)，同时，已经被宣布为非法劳动实践的各个州只有经过允许才能通过有关工作权利的法案。 工作权利的含义已经从有权获得工作转化为有权不加入工会。 法案同时还禁止监工和工头——正在快速成长的职业——加入工会，因为他们的加入被看作是对财产权的背叛和危害。 如果某一罢工被看作是危及国家的健康和安全，联邦政府可以颁布中断罢工的命令，法庭对此拥有广泛的解释权。 如果要以全国劳动关系委员会的名义采取行动，工会必须宣誓自己的领袖不是共产主义者,而且工会不能为政治竞争提供帮助。 在工会左翼主义者实际上消失殆尽之后,后面这两条后来因被宣布为违宪而被取消。 这一法案迄今仍然充当了美国劳动关系的基础,这使得工会的活动变得尤其困难。

对共产主义者的驱逐使工会丧失了许多积极分子。 共产主义者与工联主义者之间的关系从来就没有好过,但前者在声援进步党 1948 年选举的过程中也分化了产业工会联合会的领袖。 有些人对利用法律来消除共产主义分子感到高兴,其他一些人则持相反的看法。 哈里·布里奇斯(Harry Bridges)是一名码头工人的左翼领袖(但不是共产主义分子),他在 1949 年产业工会联合会的年会上发言反对驱逐电器工人的工会(the UE)。 他说道:"没有发现任何针对电器工人工会没能为其成员做好工作的指控,也没有任何针对这一工会的经济指控。 我们现在所要解决的问题是,是否一个工会仅仅由于其不同意产业工会联合会的政治主张就必须遭到驱逐。"他由此提出了这样一个问题:"我的工会不支持马歇尔计划⋯⋯或者也不支持大西洋公约,因此你们也必须把我们驱逐出去吗?"坐在大会后排的工会代表一致地大声吼道:"是的。"本次年会继续驱逐了 9 个工会,它们占产业工会联合会会员的 25%。 共产主义工会实际上是最民主的工会(Stepan-Norris & Zeitlin, 2003:从第 271页引用起;同时参阅 Goldfield, 1997)。 之所以如此,主要因为它们在大多数工会中都属于反对派。 对于它们的驱逐实际是一种愚蠢的同室操戈,大大削弱了工会的组织能力。 但它们已经没有被当作兄弟看待了。

工会的同室操戈对于南方地方工会而言也是极坏的消息。 在温斯顿—塞勒姆,烟草工人被充满敌意的雇主和销售商所威胁,黑人地方工会则在红色恐慌的压力下瓦解了(Korstad, 2003)。 在孟菲斯(Memphis),跨种族工会主义(interracial unionism)在清除左翼分子的压力下"实际上瘫痪"了,这些左派人士大都是工会的活跃分子。 因此,在雇主和从隔离中渔利的白人技术工人的心里,反共产主义、隔离以及强劲的企业原则实际上是可以互换使用的(Honey，1993：8)。

现在的工业关系隐含着一种矛盾(Gross，1995)：一方面，塔夫脱/哈特莱法案宣布遵守"集体谈判的实践和程序"，但另一方面，它又被扭曲成只保护个人而非集体的权利，尤其是只保护持资者的权利，使雇主能够通过干预法案所枚举的选举程序而反对工会化。 根据法案所允许的罢工，雇主可以解雇罢工工人，并对他们形成永久性的替代，这对于想要撤出其劳动的工人而言是一种可怕的威胁。 全国劳动关系委员会的成员也是政治任命的。 民主党的被任命者(appointee)倾向于保留而不是促进工人的权利，共和党的被任命者则削弱它们，它从艾森豪威尔开始，一直延续至尼克松、里根、小布什，奥巴马时期则出现了与共和党议会多数的僵局局面。 该委员会越来越不支持工人的集体权利，一个司法压制的新时代倒转了新政时期所取得的进步。 再次强调一遍，美国工会在组织上被企业界所阻挠，后者被组织成大型公司或者贸易联合会。

劳工可以成为公司体系中的平等成员，这一理念已经一去不复返了。 单个搭便车者可以获得由工会——自己并不是其中的成员——所保障的利益，同时减弱了给工会支付费用的动机。 有 22 个州通过了劳动权利法，中止罢工变得非常有利可图。 塔夫脱/哈特莱法案谴责工会是"一个地理和人口上都静止的地带，一系列从某个蓝领社区到另一个蓝领社区的群岛"(Lichtenstein，2002：114—122)。 这种情况很大程度上只适用于东北部和中西部的工人运动，而不适用于全国性或者地区性的运动(Goldfield，1987：235)。 谈判以公司为基础，因此变得非常局部，工联主义的法律基础建立在个人而非集体权利的基础上，否定任何阶级的基础。 经过 1946—1947 年的联合打击，工会从来没有得到完全恢复。 1945 年仍然是工会入会率的最高峰，在塔夫脱/哈特莱法案的禁止下，罢工率开始下降了(Wallace，et al.，1988)。 到 1960 年代的早期，工会拥有大至 30% 的非农业劳动力，但从那时起，它们在大部分私人工厂中开始缓慢和持续地下降(这一点与其他国家不同)，这种趋势部分通过公共领域所取得的成绩而得到弥补(这种情况在其他国家也存在)。 因为工会在大部分国家都全面地吸收其成员，1960 年以来的美国因此在大部分民主国家中滞后了，尽管它还没有完全沦为异类——这一点要到后来才这样。 迈克尔·戈德菲尔德(Michael Goldfield)对于下降的原因了然于胸(Goldfield，1987)，这并不是由于职业或者产业的转移，更遑论种族、性别或者年龄的变迁，而是更出于政治的原因。 他说道，首先是由于战后共和党/南方联盟的主宰，使之可以通过反工会的法律，并促进全国劳动关系委员会的右转。 其次是企业界越来越不妥协的立场，创造了破坏工会的新方法。 第三则是工会本身孱弱而缺乏想象力的策略。

由于面对各种压力，并且缺乏来自其他国家的社会主义政党和工党所提供的政治权力或者利益支持，美国产业工会联合会的领袖们开始变得右倾了，满足于他们所能得到的任何利益。 由于左派已被驱逐，1955 年美国劳工联合会与产业工会联合会进行了合并，并且拥抱劳工联合会聚焦于工资和利益交涉的经济主义取向，边际性特权则被单独丢在一边(Lichenstein，2002：chaps.3 & 4)。 因为这种企业工联主义极为以利益为导向，它还带来了非正当的企业行为——腐败和黑手党行为，这种情况在卡车司机工会、码头工会和煤矿工会中体现得尤为明显。 它们的恶行使保守主义者于 1959 年提出了《兰德勒姆—格里芬法案》(Landrum-Griffin Act)，该法案以反对犯罪为由禁止允许工会拥有更多的权利(Fitch，2006)。经济主义的导向的确使工会获得了某些实际的利益，而且也迫使有些不承认工会的公司给予工人更多的利益以避免他们加入工会。 但也使工会深陷于公司美国(corporate America)这一古老的轨道，以确保自身从资本主义的繁荣中获得自身的份额。 它们转向了内在，偏离了更加广泛的社会目标而专注于自身成员的物质利益。 但由于它们的工作出现下降，其工会成员量也开始出现下降。 它标示了美国新政以来自由—劳工联盟的终结，已被击溃的劳工运动不再承担劳资关系的半边天。

在其他大多数发达国家，20 世纪 50 年代的早期是一个见证福利供给覆盖所有公民的进一步扩展的时期，是一个见证公司、工会与政府之间法团主义制度化的时期。 这些扩展与工会化水平呈正相关关系 (Hicks，1999：chap.5)。 既然美国工会的权力已然滞后，公民的普遍福利和合作权力(corporatist power)分享也相对滞后。 面对接下来一波争取民事、性别、性或者环境保护等进步性权利的斗争中，美国工会显得同样滞后(Lichtenstein，2002：chaps.3 & 4；Zieger，1995：327)。 美国工会在策略上同意遗忘有关社会公民权等更加广泛的议题，而是专注于自身成员的权利，尤其是专注于使白人男性享有就业和公司福利的权利——这是一种以特权而不是以权利为基础的公民权。

当然，工会并没有失去其所有的影响，20% 的美国人仍然是工会的成员，劳工联合会和产业工会联合会仍然是两个最大的志愿性社团。新政和战争使工会与民主党建立起亲密的关系，这一点在更加自由主义的州或者城市尤其如此。 工会是民主党联合的关键。 它们没有能够重新分配财富或者权力，但却保证了工会成员在经济增长中的份额，而这反过来又促使它们要求更大的份额。 它们尽管没有能够逆转劳动关系政策的大潮，但作为一个更加广泛和极为自上而下——缺乏大众动员的支持——的自由主义联盟中的组成部分，它们在其他社会和经济议题上仍然具有某些影响。 但这种影响表现得极为地区化，因此许多民主党政治家根本无需取悦工会，他们只是在选举上需要对民主党联盟中的其他组成部分聊表感谢而已。 工会帮助塑造了战后的共识，只不过自身是以从属能力的角色被纳入其中的，它并没有能够走得更远。 这是美国右转征程中的核心部分。 第三卷第九章所引用的研究表明，工会的力量是社会公民权发展程度的最重要预报器。 美国缺乏这样一种力量，其后果同样可以预期。

反共产主义的意识形态

苏联的防御建立在人民军队(mass army)的基础上，这同样需要抑制其缓冲加盟共和国的权力。 苏联社会本质上是非常军事化的(Odom，1998)。 但美国军事的高科技化和铁幕远离美国本土这一事实意味着，美国的军事主义某种程度上对于大部分美国人的日常生活而言是抽象的。 迈克尔·雪利(Michael Sherry)在描述美国的军事化时说道："美国的战争和国家安全主要依赖于焦虑的消费和提供某些能够塑造广泛社会生活领域的记忆、模式或者比喻"(Sherry，1995：xi)。 这是一种非常抽象的说法。 美国军事凯恩斯主义的成功意味着美国人同时获得了机枪和黄油，防御和繁荣都建立在对于"自由"的体验上，"防御"是"一整套生活方式"，它在更加日常生活的层面上被体验到(Kunz，1997)。

激进主义者和自由主义者经常被污名化为"共产主义者"，在冷战期间被忠诚宣誓的要求、联邦调查局、麦卡锡参议员的反美国活动委员会或者煽动暴乱法律的司法审判等折磨，攻击的名目主要是"同行旅伴"、"易受愚弄的人"、"对共产主义软弱"或者"受共产主义影响"等。 这一敌人清单的结尾总是加上"等等"——目的仅在于避免任何左派分子漏网。 这么庞大的一个目标总是非常容易被污名化。 当然，面临的惩罚决不会像苏联的持不同政见者那般严厉。 有关共产主义的指控仅仅导致数以千计的人被拒绝通过安检、被解雇工作或者有时候被监禁，这一点在联邦政府、大学或者学院以及好莱坞或者电视台中尤其如此。 许多人被列入黑名单，因为他们曾经或者几年以前与自由主义和左翼主义有过某些瓜葛。 为了获得或者保住工作，数以百万计的美国人被迫进行忠诚宣誓。 如果被发现与左派存在任何联系，他们将被解雇，并且很可能面临犯罪指控。 这就是一切，它不是一种恐怖，但却可以把个人的前程毁于一旦，可以使之在政治上无能为力。

据埃伦·施雷克(Ellen Schrecker)估计，大约有 10 000—12 000 个美国人由于这一原因而丢掉工作，包括她自己六年级的老师。 她总结道："麦卡锡摧毁了左派"(Schrecker，1998：369)。 她可能有点言过其实，但的确大大削弱了左派。 任何被打上左派标签的人都会发现他变得百口难辩。 迫害者通过两个著名的间谍审判案而进一步得到加强，阿尔杰·希斯(Alger Hiss)和罗森堡夫妇(Rosenbergs)因为被发现(这一点属实)充当苏联的间谍而被判有罪。　自由主义者也因为这一点而遭到打击，因为其中有许多人公开宣布是自己清白的。　杰弗里·斯通(Geoffrey Stone)发现，美国政府只有在战争期间才会对批评政府官员或者警察的言论进行严厉地镇压，例如美国内战、两次世界大战、冷战、越南战争以及晚近的中东战争。　但他又附加道，冷战的前几年是"美国历史上最为压迫性的时期之一"(Stone，2004：312)。　战争的迷雾可以使人们收获其他的目标——使劳工和自由主义变得瘫痪就是其中的例子。

哎！学术也变得与政治迫害携手同行。　1949年，美国历史学会主席敦促他的同事们要"设想一种好战的态度"，因为在一种"总体战争——不论其为冷、热"时期，中立是完全没有立足之地的。　反共产主义成为举国文化和知识分子生活的核心(Whitfield，1996：chap.3，从第58页引用起)。　忠诚和爱国主义意味着对权威的尊重，这种权威包括从军队和联邦调查局到理想化的核武器家族。　流行小说、电影、电视系列把军队和联邦调查局描绘成民主的斗士，同时，对于权威的尊重也经常得到强调。　没有五角大楼的同意，电影导演不愿制作关于战争或者间谍的电影，而像《联邦调查局》(the FBI)、《我过着三种生活》(I Led Three Lives)等影片则直接呈送给胡佛(Hoover)审核。　胡佛自己的小册子《欺骗大师》(The Masters of Deceit)则成为最畅销的著作。

有些冷战时期的作品今天读起来令人毛骨悚然。　米基·斯皮兰(Mickey Spillane)小说《一个孤独的夜晚》(One Lonely Night)(1951)中的英雄迈克·哈默(Mike Hammer)这样自许道："我今天杀了比我手指头还要多的人，我冷血地射杀了他们，并快意地享受其中的每一分钟……他们都是共产党员，都是红色的婊子崽，他们很久以前就该死了。"在1950年代，斯皮兰是最畅销的小说家。《美国的银屏指南》(A Screen Guide for Americans)被发给好莱坞影院及其工会老板，其中包括年轻的罗纳德·里根。　它列举了电影的一系列"不要"，其中包括：

　　不要玷污自由企业制度

　　不要神化普通人

　　不要表明贫穷是一种美德……失败是一种高贵(White，1997：32)。

几乎所有的美国宗教都强烈反对无神的共产主义和认同美国主义——这
与 1920 年代的红色恐慌时期如出一辙。 那一时期的宗教名流，比如比
利·格雷厄姆(Billy Graham)、富尔顿·J.希恩(Fulton J.Sheen)、诺曼·文
森特·皮尔(Norman Vincent Peale)、斯佩尔曼红衣主教(Cardinal Spellman)
等，都把自身的精神使命与反共产主义的国防结合在一起，而反共产主
义的政治修辞反过来又给宗教以无限的暗示。

　　大部分美国人都相信了。 1949 年，70% 的美国人反对杜鲁门有关
不首先使用核打击的誓言。 1950 年，59% 的美国人认为，应当告知苏
联，"如果有任何共产主义军队敢于进攻其他任何国家，我们将立即竭
尽所能地启动针对它的战争"。 1951 年，51% 的美国人支持在朝鲜战场
上使用核武器。 在 1951 年和 1952 年，当被要求在防止共产主义扩散与
坚持与之进行另外一场战争两者之间进行选择时，三分之二的人选择了
战争。 1954 年，72% 的人认为我们应当与苏联人决一死战。 1952 年，
有 81% 的人同意"美国国务院存在许多共产主义分子或者不忠诚分
子"，它们所针对的目标实际上是自由主义分子。 1954 年，有 87% 的
人认为，一个人不可能同时既是共产主义分子又是忠诚的美国人。 甚
至到了 1989 年，仍有 47% 的人愿意进行一场毁灭性的核战争而不愿意
生活在共产主义的统治之下 (White， 1997： 4， 10， 28， 66—67；
Whitfield， 1996： 5；Wittkopf & McCormick， 1990： 631；而 Filene， 2001：
159 则表现得更加怀疑)。"宁死勿红"(Better Dead than Red)的标语是对共
产主义妖魔化的最强有力证据——比死更可怕的事情是死亡的前夜。
战斗在国外优于战斗在家园，也是当时流行的语句——新千年第一个十
年所出现的另一个完全不同的敌人也适用于这一情况。 反共产主义的
冷战是一种强大的意识形态，这种意识形态在某种意义上内在地强化了

民族的凝聚感和团结度——在铁幕的另一边也同样如此。

美国国务院和中央情报局中总是有不相信苏联威胁的那么一些人，他们认为，对苏联施以更多的安抚性政策将会导致苏联精英和集团内部的分裂。 但考虑到整个国家的歇斯底里，他们不敢把这些想法公开表达出来。 政治家们也不敢公开反对麦卡锡参议员，尽管经常对他表示鄙视。 自由主义者迅速使自己与左翼意识形态的联系划清界线，围绕国内个人自由或者"公民权利"与国外反共产主义这一对主题，它们试图重新调整有关中左政治的讨论(left-of-center political debate)(Bell, 2004：145，150)。 美国的个人权利与苏联的集体主义这一组对比，是冷战文化的一个积极面向。 但令人啼笑皆非的是，这一点是通过本身受到迫害的自由主义者来完成的。 许多保守主义者压根忘记了什么叫个人权利。 到 1950 年，有关左与右问题讨论的可允许范围被进一步收窄，体现在对少数不同政见者的自由进行审查和限制上，但在好莱坞、出版社和历史教科书作者那里，自我审查更加重要。 通过删减导演和作者所允许说的内容，他们预测可能遇到的压力和迫害。 大部分导演和作者都不希望受到迫害，因此顺从了(Fousek, 2000：161；Whitfield, 1996)。 对于军事预算的规模多大才合适和冷战是否造就了一个强大的政权等问题，存在着公开的讨论，但国会最终总是能通过有关军事和安全开支的议案，从而使战争共识得到继续维系(Hogan, 1999)。

战后福利国家

当然，福利供给并没有受到正面的攻击，不论在二战期间还是战后，这一领域都没有发生什么大的事情。 斯帕罗说道，这种情形使福利期待滚开，因为美国人在战争期间所做出的牺牲不值得拥有福利(Sparrow, 1996)。 与之类似，埃德温·阿门塔和西达·斯考切波(Edwin Amenta & Theda Skocpol)也批判战争必然导致福利扩展的观点，在他们看来，这种情况在英国的确如此，但美国却不是这样(Amenta and Skocpol, 1988；参阅 Amenta, 1998)。 他们试图从两个国家不同政治制度的角度来加以解释，在强调政治权力的同时，他们对社会科学中着迷于阶级和经济分析的做法进行批判。 他们说道，美国的政治体系并不像英国那般民主，美国的政体更加碎片化，英国的政权具有更强的权力，英国各阶级和政党在战争期间的合作更加紧密。 后面这些差异的确使英国在战后建立起福利国家，但这反映的是他们对于战争的不同体验。 战争并不"必然"导致任何特定的结果。 把战争与福利扩展联系在一起，在阿门塔和斯考切波等一流社会学家看来，就像稻草人面对军事权力关系时一样天真无比。 简单地说就是，不同类型的战争对于社会具有不同的影响。

英国人在二战期间做出了巨大的牺牲，美国人则没有如此。 阿门塔和斯考切波试图否认英国人在二战期间相对没有受到伤害的观点(Amenta and Skocpol, 1988：101；参阅 Amenta, 1998：232)。 他们指出，二战实实在在地造成了英国 60 000 平民的死亡——记着，美国只有 6 个平民死亡! ——而且还不要忘记这样一种事实，那就是空袭造成了更加广泛的破坏，同时还得加上一种更加现实的恐惧，那就是德国入侵加剧了一种普遍的焦虑和苦难的感受。 工党和工会领导人很快被邀请参加战时政府，因为整个英国的生存都已面临威胁。 但这种情况从来没有出现在美国，因为不论德国还是日本都不能伤及美国本土。 纳粹统治很可能促进了英国的阶级合作。 丘吉尔独特的战争态度同样关系重大，因为他努力追求的不仅是保护自己的国家，而且是整个帝国(Empire)。 他希望战争的果实稳稳地掌握在托利党人的手里，这意味着他必须把大部分普通大臣(civilian ministry)的位子让给工党和自由党。

因此可以肯定，即使战后将向英国人民进行改革的诸多诺言后来没能实现，工党和工会也不会再一次背叛政府，这一点在第一次世界大战中已经得到证明。 正因为如此，内阁大臣们提出了建立战后福利国家的计划，凯恩斯、贝弗里奇(Beveridge)等自由主义知识分子则为他们出谋划策。 如我们在第二章所看到的那样，英国殖民地的民族主义者对于牺牲与奖赏的问题也做出类似的判断，正因为如此，印度在战后很快赢得了独立。 英国自身则建立起福利国家、国家医疗服务体系(NHS)、800 000 套公共住房以及国有化工业。 美国对于战争的体验差异迥然：没有重大的牺牲、没有密切的阶级合作、没有给左派增加权力，社会公民权因此也就没有得到实质性提高。

有一个团体的确证明了这一假设，那就是美国军队，他们在战争期间做出了巨大的牺牲，同时他们也得到了属于自己的福利国家。 根据1944 年的《军人权利法案》(the GI Bill)，退伍军人可以获得奖金支付、全国性失业救济、免费医疗、无需首付的低息住房贷款、生意启动贷款、完全免费的职业培训和大学教育。 这一项目被注入大约 1 000 亿美金。 失业救济还首次覆盖农业和家政工人，所有的失业救济项目理论上向所有退伍军人开放，不考虑其阶级、种族、年龄、性别等因素，尽管国会——总是对工会极为警惕——拒绝给参加罢工的退伍军人发放失业救济。《军人权利法案》培植了美国历史上最具有特权的一代。 有900 万人获得了 20 美元每星期的失业救济；有 800 万人获得了教育资助，其中有 230 万人进入了大学；有 370 万人获得了 100% 的住房贷款(Keene，2001)。 这是一个真实的福利国家，尽管只有那些曾经面对危险并做出牺牲的人才能享受到它。 福利是一个特权领域，它专门由退伍军人管理局(Veterans Administration)进行管理，这种做法妨碍了迈向普遍福利的可能(Amenta，1998：213)。

许多军官可能会去上大学或者获得贷款，但对于普通的士兵、海员和飞行员等人来说，这可是一个极大的机会。 全额资助的退伍军人充斥着各家大学，使后者的规模开始超过其现在的水平。 美国在全球教育中的第一个领先阶段是 19 世纪，主要是公立初等教育的发展；第二个阶段是 20 世纪早期，主要是公立高中的发展；从现在起的接下来 30年，则是美国大学的领先地位。 但给美国面貌带来最大影响的莫过于《军人权利法案》中的贷款方案，它给全国广袤郊区的房屋开发提供了巨大的动力。 按照新政时期的贷款方案，很少有蓝领工人能够买得起住房，但军人出身的退伍军人可以成为房屋的所有者，并且成为郊区社会的消费者。 战后的社会趋势促进了大学的扩张。 同时，不断提升的繁荣也使其他美国工人阶级能够买得起自己的住房，在联邦政府的帮助下，他们只要付 10% 的首付(在新政之前则要付 50%)。

尽管所有的福利原则上都适用于非裔美国人，但却在法案上进行了巧妙的构思以便他们实际上很难获得。 很少有哪个白人大学会接受黑人，也很少有被鉴定为合格的黑人学院。 除那些联邦住房署(FHA)的官员经常拒绝给他们提供贷款的城内黑人区之外，黑人发现自己很难得到房屋贷款或者找到一个愿意把房子出售给自己的经销商。 他们被郊区社会所排斥，不论从地理还是从房屋所有权的角度而言，居住方面的种族隔离都上升了。 到 1984 年，70% 的白人拥有自己的住房，黑人的比例则只有 25%，而且其平均价值只有白人住房的五分之三(Katznelson，2005)。《军人权利法案》则是另一个单独且不均等的福利方案，它使美国的社会公民权进一步二元化。

但是，新政时期的福利立法并没有被削减，因为它太受欢迎以致国会只敢叫停这些法案的延伸性法案。《社会保障法》已经变得制度化，并且成为大部分美国人生活的一部分，使他们感到安全——尤其对老年人而言。 随着其实施程序变得成熟，越来越多的人从中获益。 当然，其价值在 1940 年间受到侵蚀，也就是说覆盖面的扩大却没有导致财政的相应增加。 大多数共和党人更喜欢静悄悄地削减福利的价值而忽略企业领域要求拆散福利体系的压力，因为他们还要赢得选举。 在 1948 年出人意料地赢得胜利之后，杜鲁门提出旨在包括国民健康保险的"公平施政"(Fair Deal)方案，但国会却把它演绎成老年健康法案，由经济增长所增加的信用基金来支付，外加提升 1% 的社会保险税。 现在，老年保险和生存保险已经覆盖了 75% 的美国人。 社会保障主要以老年人为重心已成为美国福利制度的长期性特征之一。 1952 年，艾森豪威尔等温和派共和党人在党内战胜了塔夫脱—麦卡锡等保守派，甚至企业界都开始心怀不满地接受这一事实。 这是一项不小的成就，但由于福利计划已经被删减(Brown，1999：112—134)，因此美国开始落后于其他福利国家。

那些试图使劳动者保持低失业率的雇主开始增加私人福利计划。新政期间已消失殆尽的福利资本主义现在再一次得到了复兴。 工会建立起自己的福利方案，以前只覆盖 1 200 万美国人的私人健康保险现在已覆盖 7 600 万人。 在整个 1950 年代，公共养老金和私人养老金都得到增长，但在社会保障的覆盖范围内，更多的资金被用在相对更有保障的完全就业领域，而且越来越多的公司也开始理解拥有自身福利计划的好处，那就是雇主和工人通过这些福利计划都获得相当程度的税收减免。 这些减免与房屋抵押方面的税收减免结合在一起，形成了克里斯托弗·霍华德(Christopher Howard)所谓的美国的隐形福利国家，根据他的计算，这些减免加在一起大致相当于真实福利国家一半的价值(Howard，1997)。 但是，它们不是对穷人的再分配，而是对包括具有稳定职业的白人工人在内的中产阶级的再分配，因此加剧了新政时期福利供给的双轨制趋势。 妇女、黑人、低收入白人大部分时候只能依赖于更加吝啬的公共补助(public assistance)。 美国的福利供给成为相对富裕群体的一项特权，而不是一项普遍的公民权利，其接受者则把它看作是一种自我保险体系——我通过自己努力所获得的利益——因此"福利"对穷人产生了意识形态上的转义，即他们没有证明自己值得拥有福利。

公司养老金和健康保障在整个 20 世纪五六十年代都得到了增长，它们的条款越来越通过雇主和保险公司而得到制定。 工人们必须接受附带更少服务的现金方案，该方案不把先前的医疗状况纳入考虑的范围，而且健康保险使用得越多，所付的费用也就越高，这种做法对那些最需要医疗服务的人造成打击。 承保人将一部分钱付给了不论何种医生或者医院所提出的收费，但却不能判断其收费的价值是否真的值那么多钱，因此存在着向按服务收费(fee for service)转移的倾向，这种收费方式所提供的服务比工会更喜欢的预付费方案要少得多。 这在所有发达国家中是最为昂贵的一种医疗服务体系，财政方面的压力迫使它大大削减保障的覆盖面和服务供给的质量(Klein，2003；Sparrow，1996：chap. 2；Gordon，2003；Lichtenstein，2002)。 但与其他国家一样，随着福利方案在其他领域的不断成熟，那些以前没有被覆盖的群体和问题也被纳入该计划中来。 公民身份权利的重大发展主要发生在其他领域，那就是作为典型美国问题的种族领域。 我将在第四章讨论这一点，但种族同时也妨碍了左派的发展。

城市中的种族冲突

种族问题不能被简单地界定为是一个南方的问题，它已成为一个全国性问题，在城市中尤其明显。 我将分别考察三个位于北部、西部、南部地区的城市。 第一个是底特律。 1951 年在该地的访谈表明，白人和黑人都认为种族关系正处于改善之中，尽管大部分白人仍然想保持某些程度的种族隔离。 工人们尤其希望如此。 这些工人中有 79% 的人高中没有毕业，61% 的人只获得高中文凭*，65% 的人属于产业工会联合会的会员，58% 的其他工会的成员支持隔离。 黑人在 1950—1960 年代从南方迁移到底特律，他们获得了工作——尽管工会确保它们只是一些低技术含量的工作，因此工作方面仍然存在着某种非正式的隔离。

但在白人眼里，最大的问题是"黑人搬入了白人社区"(Kornhauser，1952：82—105)。 在底特律，这一问题在民权运动之前就浮出了水面，此后一直得到持续，而且还持续破坏了任何类似于工人阶级意识之类的东西。 白人努力保持自己的社区免于从贫民窟逃跑出来的黑人的入侵。 白人把它看作是对自己家庭投资价值的保护，因为如果有许多黑人搬进某个社区，那个社区的房价就将下降。 他们也担心受到**其他种**

---

* 原文如此。——译者注

族的污染。 这种为保护房屋价值而形成的社区团结意味着围绕房屋契约而建立起一种种族同盟，这种同盟使房屋经纪人、抵押贷款商以及联邦房屋署(FHA)和退伍军人管理局(VA)的官员拒绝与黑人购买者合作。 社区委员会则迫使各路政客阻止在白人社区建立种族混居的住房。 黑人则通过民权运动和黑人权力运动来进行反击。 一旦房屋中介机构打破"房屋同盟"而谋求赚钱时，黑人便马上进行渗透。 暴力开始变得此起彼伏，尤其是在蓝领区域。 仅仅族群(ethnicity)因素不会再造成白人工人的分裂，种族(race)因素才至关重要。 在 1945—1960 年间，底特律发生了200 多起反对黑人搬入白人社区的暴力事件。 好战的黑人则进行还击，黑人的权力尽管数量上不占优势，但能力上的优势也让白人感到恐惧(Sugrue，1996：233，265—266)。 白人工人——大部分是工会成员——丧失了对自由主义者有关种族融合的信心。 他们把选票主要投给了华莱士(Wallace)，那个发起全国性运动的南方民主党人，其次是尼克松。

工人和雇主都有退出的选择。 雇主搬到南方工资更低和没有工会的南方，工人则选择了具有更多经济机会的西部。 工人阶级充实了我要说的第二个城市——洛杉矶——的郊区，在新政和《军人权利法案》的帮助下，他们拥有了房屋的所有权。 当地的地方工业由于军事合同而得到振兴，工人们成为自豪的爱国者，他们挥舞着旗帜、享受着游行，其早期的工人阶级认同屈从于"由退伍军人引导的以美国主义和爱国主义为中心的公共文化，远离了与劳工的联系"。 人们以郊游、演讲和公园娱乐活动来纪念阵亡将士纪念日，而不是劳动节。 然后，南方的黑人来了。 起初他们只是搬到他们自己的区域，慢慢地，有些开始搬进白人居住区。 如在底特律一样，他们引起了同样剧烈的反应——在住房方面相同的歧视以及类似的暴力。 白人工人现在更支持种族认同而非阶级认同。 1964 年，几乎有一半的人把票投给了戈德华特(Goldwater)，此后则有超过一半的人投票支持尼克松和里根(Nicolaides，2002：chap.7，251)。 由于洛杉矶有足够的空间，解决的办法就是白人逃离而让黑人接管该市南部中心的大部分地方。 整个洛杉矶被非正式地隔离了，而且由于飞机工业被重新安置在白人居住新区而进一步加剧(Sides，2004)。

我要说的第三个城市——即亚特兰大——则更加微妙。 在1960年代，许多为反对住房歧视而要求公民权利立法的白人求助于3K党(Ku Klux Klan)和民团暴力分子(vigilante violence)。 但当城市面临来自联邦的压力之时，市长(忙于吸收新的投资)领导建立起一个由企业改革论者、温和政客和黑人社区领导人所组成的联盟以废除在公园、学校以及其他公共场所存在的种族隔离。 他自夸道，亚特兰大是一个"过于忙于流动而无暇憎恨并因此控制了暴力的城市"。 城市的繁荣为两个种族都创造出充足的新工作机会。 但出于相同的原因白人搬离到郊区，城市以《公民权利法案》之名被非正式地隔离了。 白人政治已开始变得右倾，所有阶级都支持"权利、自由和个人主义"的意识形态，但它经常成为支持法西斯主义的言辞(Kruse，2005：6，234)。

三个城市都存在着非正式的隔离，即使在黑人获得公民权利的情况下，它仍然成为一种全国性现象。 从1930—1940年间，非裔黑人在社区中的居住占比从32%上升到74%。 在南方以外的地方，不同种族群体之间的居住隔离比任何历史时期都要严重(Massey & Denton，1993：45—51，63—67；Katz et al.，2005)。 大部分黑人孩子进入实行种族隔离的学校，白人居住区的教育质量则要好得多(Patterson，2001：185—190)。 黑人和白人拥有平等的权利，但彼此生活在地理和文化距离都甚为遥远的地方——就像北爱尔兰的清教徒和天主教徒那样。 两个地方的种族/宗教问题都是通过实行非正式的种族隔离求得解决的，社会变得愈加公平，但却隔离依旧，而且工人阶级的认同在两个地方都被扭曲。

自由—劳工联盟的最后一击

1960年代，民主党的复兴以肯尼迪作为开始，并一直延伸到林登·

约翰逊(Lyndon Johnson)的"伟大社会"(Great Society)计划。　出于公民权利运动的压力——当时惟一大型的群众运动——自由主义者恢复了其扩张社会福利的动力。　在 1940—1950 年代，许多人认为经济增长将解决失业和贫困的问题，"富裕社会"(affluent society)将满足人们的各种物质需要。　但 1962 年迈克尔·哈林顿(Michael Harrington)出版的《另一个美国》(The Other America)表明了社会科学家们已然知道的一种事实：在持续富裕的社会中，许多美国人仍然生活在可怕的贫困中。　1964 年经济顾问委员会的报告显示，有五分之一的家庭仍然生活在贫困线之下，其中 78% 为白人家庭，令人吃惊的是，这个五分之一数据还涵盖了 80% 的非白人家庭。　贫困成为可以代际传承的现象，贫困家庭的儿童接受次等教育，并且经常面临长时间的失业。　有些民主党人和共和党人开始认识到战后的妥协并没有真正发挥作用。　他们对于贫困已开始形成半结构性意识，尽管仍把其视作仅存在于某些地带(pockets)。

　　冷战还形成了另一个副产品。　美国展示了一幅优于共产主义的图景，但这一图景却被种族和贫困问题所玷污。　肯尼迪和约翰逊对此具有强烈的感受，许多南方民主党人也同样如此，后者现在把贫困视作种族问题的根源，如果黑人和白人都能免于贫困，那么南方的种族冲突也就可以相应减轻。　经济顾问委员会开始相信社会学家所提供的理由，仅仅税收减免——以前用作降低失业率的办法——并不能给全国贫困地带的改善带来多大的裨益，后者因此推荐各种专门针对贫困人口的方案。　他们认识到，直接向贫困人口、尤其是黑人贫困人口进行收入转移在政治上将困难重重，因此认为应采取产生更少敌对态度的服务供给方式(Brauer, 1982)。　社会科学专家在这方面的确产生了作用，但这种作用主要体现在扮演美国社会阴暗面的揭露者上。

　　某些新方案仅仅填充了既有方案之间的某些缝隙。　1964 年出台的食品券计划(the Food Stamp Program)旨在"帮助低收入美国人维持营养的餐饮"。　1972 年出台的联邦补充性保障收入(the Federal Supplementary

Security Income)以收入调查为基础，向有需要的穷人提供小额现金支持。 1965 年出台的医疗保障与医疗援助制度(Medicare and Medicaid)——为老年人和穷人提供医疗照顾——迈出了更加实质性的步骤。 医疗照顾是一项普遍性的福利，以自我保险为原则进行支付，但具有再分配的因素。 对于有薪金的劳动力而言，社会养老保障基本上覆盖了所有的人，按照这种福利模式，贫穷工人的返回比例高于富裕工人。 这是一种改良性质的福利国家。 1964 年的《公民权利法案》则使性别和种族歧视成为非法，通过公民权利运动，妇女们现在能够扬眉吐气了，两大运动的结合则大大延伸了福利方案的覆盖范围。 在 1960—1980 年间，社会福利占国民生产总值的比例翻了一倍多，从 4.9% 上升到 11.5% (Campbell，1995：113)。

但医疗保障与医疗援助只是冷战环境下的一种孱弱的妥协，但这种情境下，保险公司、医疗公司与医疗人员在共和党和南方民主党人的支持下，把任何广泛的医疗体系标榜为社会主义。 医疗保障尽管广受欢迎，但必须大量支付特殊利益集团所提供的医院、药品和医生等，成本因此变得极为高昂，但它的确减少了老年人陷入穷困的机会。 这些进一步的补充性方案覆盖了大约 40% 的美国人，包括老年人、公共雇员、部队与退伍军人的家庭以及诸多穷人。 今天，仍有大约 70% 的美国人以这种或者那种方式被纳入私人健康保障方案中，而把剩余近四分之一的人置于任何有效健康保障的方案之外。 有些人认为，这些马赛克式的补充性方案阻碍了进一步全方位改革(如 Gordon，2003)，但如果没有它们，结果将变得更加糟糕。

现在，很少有哪一个改革者会把贫困问题看作是资本主义结构性不平等的产物，而是把它看作是特定贫困群体——单身父母、市区黑人、贫困儿童等等——的问题。“医疗模式”(medical model)、“贫困文化”需要有单个的纠正方案，“缺陷家庭”(defective family)，尤其是黑人家庭(Mitelstadt，2005：52—76)，则需要将它们“复原”(rehabilitation)。 有关这些问题的讨论主要集中在个人和家庭——而非政府——的责任上。

由此导致的结果是，与传统反共产主义结合在一起的保守主义意识形态再一次得到复兴，它攻击大政府主义，潜行其中的则是种族主义，并与自由主义主张的道德放任明显不一致。 某些反国家主义的自由主义者(libertarians)与社会保守主义者结成联盟，其成员大部分来自福音派宗教派别(McGirr，2002)。 正如我们下面将会看到的那样，阶级选票被道德或者文化选票所取代。

考虑到当时其他国家所取得的进展，美国健康保障体系在所有民主国家中仍然表现得最为糟糕。 其在发达国家中最昂贵的健康成本与增高了的死亡率结合在一起，使美国的健康保障体系难以自我辩护，当然，它对私人利益进行了很好的调节这一点应当除外。 但是，从总体而言，除去其二元化特征之外，美国的社会保障体系的确已变得更加广延。 通过与累进税不均匀的结合，福利计划得到了实施；在私人福利计划的补充下，社会保障计划变得面向大多数人，并且还补充性地、勉强地和以种族为标准向为穷人提供帮助，只有对老年人才显得慷慨大方。

约翰逊的伟大社会计划——美国自由—劳工联盟的最后一击——的核心在于向贫困开战、教育提升、职业训练和对穷人开展社区发展培训。 它相信，战胜"贫困文化"的最好办法莫过于开展社区行动和参与式民主，同时让穷人自己参与制定和实施各种反贫困计划。 这是程序性地(coded)向美国黑人分配利益的方式，并且比实施普遍性的福利方案更加廉价(Brown，1999：266)。 但这一计划的主要参与者丹尼尔·帕特里克·莫伊尼汗(Daniel Patrick Moynihan)责备道，这一计划的主要缺陷在于它建立在社会学家和犯罪学家推理性理论(speculative theory)的基础上，实践者所面对的是其所谓的"隐匿的……高度不确定的艺术"。这是一种奇怪的现象，因为经济学家或者律师平常大都会支配其所参与的各种机构。

一场真正的反贫困战争的开支将会比这个要大得多。 较之于反贫困战争所花费的150亿美金，越南战争花费了1 280亿美元，前者仅仅是后者的15%，是退伍军人根据《军人权利法案》所得收益的一个小数目。 全国制造商协会指出了伟大社会计划的两难困境："你似乎可以在两种方案中做出选择：它可能是如此小以致变得没有效力，或者可能是如此大以致带来毁灭性效应"(Andrew，1998：67)。 约翰逊选择了前者，这一计划因此被财政保守主义所限制。 为了保持企业信心，他试图降低各种公司税收和提供刺激以便使它们在穷困区域创造就业机会。 后来，开支赤字增加了联邦的开支计划，这一点与罗斯福和杜鲁门时期自由主义者所面临的结构性制约一样。 财政保守主义而不是公民权压力催生了如此具有毁灭性的目标。 迈克尔·布朗(Michael Brown)说道，公民权领导者支持普遍性而非目标性的方案(Brown，1999)。 但约翰逊也有其政治方面的策略性考量，他知道，1964 年他对于戈德华特的重大胜利只是给他创造了一个极为短暂的机会之窗，他必须专注于眼前的立法以便使方案先运转起来，待方案上路之后，再继续请求国会的财政支持。 但国会削减了大部分计划，并且得不到充足的财政支持——尤其是当越南战争开始吮吸联邦财政之后，就像冷战吮吸了杜鲁门的公平施政计划那样。

资金被分配在各个项目上以改进穷人的技术，但国会将资金从针对69 个高度贫困的领域转移到遍布其所有选区的 780 个领域，因此有些项目的资金变得严重不足，有些甚至变得高度无组织化。 莫伊尼汗用《可行误解的最大化》(Maximum Feasible Misunderstanding)来命名他的著作(Moynihan，1969)。 要责备头重脚轻的官僚制非常容易，保守主义就是这么干的。 但有些项目还是运行得非常不错，比如有关学前教育方面的"从头开始"(Operation Head Start)项目，为年轻人提供就业的"工作集团"(Jobs Corps)项目等。 向贫困开战的确以极为低廉的成本使穷人摆脱了贫困。 在 1965—1969 年，官方统计的生活在贫困线之下的人口数量从 17% 下降到 12%，这主要是由于该计划的结果(Andrew，1998：187)，这无疑是一个成功。

但那些没有运作得非常好的项目却得到媒体的最大关注度。"社区行动计划"(Community Action Program)使联邦政府的资金流向由社区运作的各种方案，但它造成了地方党派精英、尤其是大城市市长们的敌意。 有

些项目由穷人或者黑人好斗分子自身来经营。 民权运动分裂和衰竭了，
演变成为城市种族暴乱——1967 年的头 9 个月就发生 164 起，它们造成了
贫困的种族化(Andrew，1998：73，83—85；Katz，2001)。 白人占美国穷人
的大部分比例(现在仍然如此)，他们获得大部分资助；但黑人首次获得来
自联邦政府的认真资助和鼓励积极行动起来，这两大趋势刺激他们在白
人中间采取消极的行为。 这造成铺天盖地的负面报道聚焦在黑人受益者
身上，尤其是少数几个涉及黑人好斗分子的项目上。"依赖儿童(家庭)救
助计划"[The Aid to (Families of) Dependent Children]也被不恰当地被看作是
只使非裔美国人受益的计划，因此引起白人的敌意(Brown，1999：134—
164，184—185；Mittelstadt，2005：82—91)。 吉尔·奎达岗诺(Jill Quadagno)对
约翰逊和尼克松时期的四个伟大社会项目进行了研究，它们分别是社会行
动、住房改革、福利改革和儿童照顾计划，其得出的结论是：种族冲突从
内部妨碍了所有这四个计划(Quadagno，1994)。 白人对于所有似乎将危及种
族秩序的计划的反对态度阻碍了它们产生巨大的成果。 她提出了一个通过
种族不平等政治而得到驱动的美国例外主义范式(American exceptionalism
paradigm)——美国国内的种族主义在发达国家中的确表现得例外。

懒惰、无用的黑人形象支配了白人的观念。 在 1950 年代出版的各
种杂志上，有 20% 的黑人被描绘成穷人，这一比例在 1967—1992 年间上
升到 57%。 但在实际上，只有 25% 的黑人属于穷人，"种族成见在催生
针对美国福利的反对态度方面发挥着核心性作用"(Gilens，1999：3，
68，114)。 1960 年代末，向贫困开战计划在选举上产生了某种反冲作
用。 尼克松尽管继续执行了某些计划，但他悄无声息地推进它们。 无
论如何，与穷人相比，包括相对有保障的蓝领工人在内的扩大了的中间
阶级从这些计划中获得更多的利益。 因此，以改革为目标的蓝领联盟
被削弱了(Gordon，1993：294—303；Mettler，1999：223—227)。 白人工
人阶级则通过新政、《军人权利法案》和战争时期的全面就业而上升成
为美国的中产阶级，他们然后阻止这些福利计划向黑人延伸。 对于自
由主义者来说，围绕住房和福利而形成的种族冲突属于负面消息，因为

这一冲突破坏了传统的选区支持。 对于黑人社区的恐惧极不成比例地破坏了自由—劳工联盟迈向社会公民权的最后一次努力。 奴隶制的遗产得到延续，政客们和大众媒体不再公开地讨论此事，但它却变得更加隐蔽和更加全国化。

结论：千刀万剐的死亡

第二次世界大战——旋即转变成冷战——夭折了新政。 其朝着收入和财富更加平等方向迈进的步伐，通过战争期间的大众动员和战后时期的资本主义高度就业和大众消费而进一步促进。 与其他盎格鲁国家相比，美国现在几乎与所有欧洲国家一样平等——其深远的种族不平等除外(对于欧洲国家来说，这种现象只存在于帝国时期)。 新政时期的福利政策逐步得到扩展，但其最初的不平等并没有得到完全改正，这一点与那一时期的大多数其他国家一样。 种族主义和男性至上主义(sexism)仍然充斥于美国二元化的福利国家。 政府的调控能力和宏观经济规划得到了发展，但缺乏大众基础，并且被军事—工业—国会复合体所利用。 与20世纪中期的欧洲大陆国家不同，群众运动没能将自己的权力内嵌于美国政权之中。 对工人阶级组织具有关键作用的劳工运动在经历了千刀万剐之后死去，自由—劳工联盟的情感慢慢淡化。 迪克西行动失败了；战争只是使退伍军人得到了赋权；在塔夫脱/哈特莱法案的威慑下，劳工联盟围绕共产主义产生了分裂；冷战催生了麦卡锡主义；一种不敢道出自我名字的凯恩斯主义；司法压制助长了雇主的不妥协态度；私人福利而非公共福利得到了增长；种族分裂主义不断延续——所有这些事件从单个来看都不具有决定性意义，但它们聚沙成塔，最终转向右派政治。 在民权运动兴起之前，美国政治缺乏进步的压力(这一点将在下一章得到讨论)。 其中尽管也有大量的成功，但它助长了白人的反冲作用(backlash)，这种作用实际上终结了1960年代自由—劳工联盟的缕缕涟漪。

除不平等的下降之外，这是一次保守主义的发展(在 1960 年代达到高涨)。　不论在国内还是外交政策方面，美国都存在着一种反共产主义的共识。　这使得直到 1970 年代或者 1980 年代，美国都成为发达国家中的一个极端例子——迈向与中—左发展相反的方向。　在其他发达国家，尽管在外交政策方面它们也反对共产主义，但国内政策方面它们却在巨大阶级妥协的基础上启动了社会民主和/或基督教民主以及法团主义，使普遍社会公民权内嵌于民主资本主义之中。　与此相对照，美国却从新政的普遍主义之中持续倒退，其社会公民权通过企业和私人福利计划而成为一种特权，消费主义只是出现在那些能够付得起钱的人中间，对于那些付不起钱的其他人则只是有针对性地予以救济。　累进税被保存了下来(直到里根和小布什执政时期)，这是对那一阶段的穷人的惟一安慰。

那么，到底是什么最终造成了保守主义的发展？　新政在大战即将发生之前就已丧失其魅力。　种族主义——最初只是在南方才能引起政治共鸣——的存在意味着自由—劳工联盟无法在国会中获得大多数席位。　世界大战促进了工会运动的短暂发展和更加持久的平等走向。　但作为平衡，随之而来的冷战则使美国(也只有美国)成为一个巨大的军事—工业国家。　它消解了美国左派，使之屈从于司法约束和加速其内部分裂。　工会的核心领导从阶级组织等退却为自我保护，即对局部和边际利益的维护，开始为其成员谋求社会特权而不是普遍社会权利。保守主义的成果尚未固定下来，但 1960 年代自由主义的复兴又在选举上被种族主义的潜流和那场昂贵而不受欢迎的战争所破坏。　只有到这个时候，保守主义和资本主义才能折身收获以前所取得的某些成果。这反过来又进一步影响了美国的外交关系，使美国帝国主义表现出独特的右倾色彩(正如我们将在下一章所看到的那样)。　当下一次经济危机来临之时——布雷顿森林体系和凯恩斯主义的崩溃以及新自由主义的兴起——美国将不再拥有可资抵挡的屏障。　这一全球危机宣泄出一股所有发达国家都已感到的新自由主义的嘹呖寒风(如我们后面将看到的那样)，但这股寒风在美国已变得分外寒冷。

第四章

美国的公民权利与认同斗争

美国的民权运动影响了全球民族和宗教少数群体、妇女、残疾人以及后来非传统的性认同(unconventional sexual identity)群体的斗争。 所有这些都可以被归结为认同政治(identity politics),因为它们涉及的是人们在根本上可以成为谁而不是其在阶级结构中的地位的权利。 这一运动在使政治左派从阶级政治向认同政治转变方面非常重要,而且这种转变只有在美国才表现得尤其明显,因为美国是世界上惟一种族压迫发生在国内而非殖民地的国家。

社会运动理论

大部分社会学家都把民权运动看作是晚近其他社会运动的范式性案例。 他们试图从中演绎出能够应用于所有社会运动的概念,这些运动包括环境运动、同性恋运动、性偏好(sexual preference)运动和残疾人运动等。 这些社会运动理论的主要概念包括"资源动员"(McCarthy & Zald,1977)、"政治机遇结构"(Meyer,2004)、"框架理论"(Benford & Snow,2000)和"政治过程"理论——一个包含所有其他概念的统括式模型。 政治过程模型涉及社会运动形成的三个主要构件:反叛意识的构建、组织的力量和政治机遇结构。 这些概念显然都非常抽象和具有普遍性,它们适用于所有地方的所有社会运动——至少运动的实施者是这么看的。 但是，这一流派的社会学也表现出特定的狭隘性。 它仅仅聚焦于各种持进步论的抗争者，忽略支持维护现状的那些人或者试图重新恢复某些过去条件的保守分子；它把机遇结构仅仅看作是政治方面的，忽略我这里将要讨论的经济、军事或者意识形态机会。 资源动员理论家则把资源主要看作是金钱、政治影响、大众传媒的进入机会和忠诚的战士——其关注的核心主要是发达民主国家的社会运动。 因为对于普通农民来说，货币、媒体等资源或许更不那么相关，武器则不能被当作是一种资源。 那些社会学家非常喜欢研究那些正派而和平的团体，而对法西斯主义者、种族清洗者或者农民革命弃置不顾。 因此，他们对于民权运动的某些解释主要集中在非暴力上，尤其忽视其隔离主义对手的暴力行为。 这是现代社会学一如既往的做法，它系统地忽视社会中有组织的暴力所扮演的角色。

　　大部分理论同时还非常理性主义，它们把好斗分子描绘成会在各种选项和权力资源之间进行权衡，并形成所谓的抗争策略和技巧的脚本(repertoire)。 的确，这一领域的部分人已经批判它们过于策略化和理性化(McAdam et al.，2001：14—20)。 叛乱真的是如此理性吗？ 在精力上搭便车或者让别人去冒险不是更好吗？ 端坐一旁，眼看着别人冒险并希望他们能赢，比亲身参与肯定更佳。 但如果每个人都做出此种理性的决定，那就没有人会去冒险，新社会运动也就不可能形成。但它们的确形成了，这是为何？ 有些人说道，答案必须将其置于社会运动理论的"框架"中来加以考察。 成功的社会运动会形构出一种能够形成广泛动员诉求的苦情，并且通常会发展出一种有关社会不公正的框架、观念和符号，它们会突出社会剥削以及为寻求矫正而提供文化正当性(Ryan & Gamson，2006：14)。 但是，框架理论似乎仍然过于理性，忽视了我在第三卷已经讨论过的 20 世纪意识形态约束所形成的原始情感的权力，这种权力体现在成千上万布尔什维克党徒、法西斯主义者和中国革命者身上。 这一点对于公民权利抗争者来说同样如此。

摇摇欲坠的吉姆·克劳体系

公民权利的抗争者倘若要打破作为种族隔离的吉姆·克劳体系(Jim Crow System)——那个在 20 世纪历史上具有无与伦比压迫能力的体系——他们就需要有非同寻常的信念程度。 南方各州曾长期动员压倒性的意识形态、经济、政治和军事权力来反对黑人，黑人的机会无论在美国何处都受到压制。 如迈克尔·奥米和霍华德·怀南特(Michael Omi & Howard Winant)所言，白人种族主义是美国生活的基础(尽管这一点对于欧洲各帝国来说也同样如此)(Omi & Winant, 1994)。 南方经济的核心首先建立在以棉花为基础的分成佃农制(share-cropping)基础上，然后通过迁移到南部的北方工厂——受低工资和没有工会的吸引——而变得工业化，它们给当地白人种植园主—商人—企业精英带来高额的利润。这种种族资本主义得到政治权力关系的支撑，这是一种剥夺黑人和贫穷白人的公民权利、并且允许白人精英操纵选举的政治关系——通过各州在宪法层面所拥有的权利和南方权力在联邦层面所拥有的不成比例的国会权力而得到落实。 我在第三卷讨论新政的时候已经指出，与南方国会议员的数量或者经济权力所应享受到的权力相比，美国国会中没有竞争的选举和资历体系等政治传统如何赋予南方参议员或者众议员多得多的权力。 南方种族主义已成为整个国家的政治症结。

这种种族资本主义同样得到意识形态权力的支持。 白人由衷地相信，黑人在种族上低人一等，其身体的呈现将造成道德和环境的污染，这种强烈的情感使那些更不拥有特权的白人对克劳体系忠贞不渝。 这种意识形态内嵌于日常生活的实践中——单独的厕所、盥洗室、午饭吧台、公交座位等。 如果黑人闯入白人的私人空间，后者将感到生理上的震惊和愤怒，这种愤怒根植于性恐惧的基础上——尤其当黑人亵渎了白人女性的身体的时候。 种族主义是一种最强有力的意识形态，它运作于比人类理性还要深的层次，而且强化了每一个社区的内部团结。当然，这并不意味着黑人也相信自己低人一等，因为这种观念违反了在黑人文化中具有震聋发聩效果的《圣经》和《美国宪法》。 就像我们在第三卷讨论中国农民的时候那样，他们知道自己饱受剥削，但把它看作是一种严酷和不可改变的现实，因此在心理上加以调适以使其在最低限度内变得可以忍受。 他们表明与"有品位的人们"的差别，使用"是的，先生；不，先生"之类的语词来表明他们"知道自己的位置"，这是一种卑微的恳求(petition)而不是要求(demanding)，突出自己与"在体面场合不懂得恰当谈吐和举止的下贱人"的不同(Bloom，1987：122—128)。 在变革似乎不可能的情况下，这是一种意识形态上的自我克制。在我们第三卷所讨论的中国农民那里，这种对于变革的悲观最终被共产主义者所超越，并由此打开了革命的闸门。

　　但克劳体系建立在军事权力的基础之上，抗争和反抗尽管时断时续和无处不在，但它们遭到警察、国家军队以及诸如3K党等准军事力量的残酷对待，并且随时随地遭遇日常暴力行为，比如把黑人踢下人行道或者由于瞥看了白人妇女而遭到殴打等。 抵抗并不是一个可取的办法，因为它曾经被试过无数次但结果无效。 这是一种军事而非政治权力，因为它们当中的有些暴行尽管是地方当局所犯下，但总体上与这块土地上的法律背道而驰，法律不能给黑人提供多少帮助。 1882—1940年间出现了大概5 000例针对黑人的私刑，其中只有40例被诉诸法律，这一数量通常少之又少。 私刑的数量在第一次世界大战之后开始下降，这首先是因为那些剥夺非裔黑人的残酷制度被取代，其次也因为1940年代人们越来越把私刑看作是过时的和无效的——这被看作是一种进步的标志(Belknap，1995：chap.1)。

　　这种可怕的权力结构把所有黑人都置于同一艘船上，所有白人则可以恣意地享受拳打脚踢的权力。 种族而非阶级支配了南方，其有些特征甚至扩展到全国。 分隔的海滩点饰着波光粼粼的大海，只有在加利福尼亚仍有为数极少的几处宝贵海滩向所有黑人开放(只是在洛杉矶拥有两处，而其中一处于 1920 年代失去)。 直到 1950 年代，大部分美国白人仍然公开地表达对黑人的种族主义敌意。

但隆隆前行的广泛社会变迁已然启动。 两次世界大战和禁止从海外移民增加了对劳动力的需求，它们与强制黑人离开土地和对棉花需求的下降等结合在一起，催生了黑人从南方农村向全国城市的巨大迁移。城市拥有更多的工作机会和更好的教育，同时，克劳体系在城市也不是那么普遍。 黑人居住在城市的隔离社区，它们给予黑人更多的自主权，使之免于白人的控制。 黑人大学、教会、工作场所等赋予他们进行集体行动的动员机会，教师、工会组织者、律师和传教士等起而领导黑人社区，并且吸引越来越多的学生追随者。 全国有色人种协进会(NAACP)追求平等的公民权利并成为一种受人尊敬的全国性潮流，这些黑人领导者同样得到华盛顿新政主义者的同情。 在北方，黑人选民的分量于 1940 年代的晚期被感知到，这些力量逐渐促进了黑人的集体行动(McAdan，1982：chap.5)[1]。

经济变迁同样对工会产生了影响——尽管以不同的方式。 产业工会联合会比任何其他工会都更加努力地抵制种族主义，社会主义者则是种族主义的最主要反对者，他们拥抱普遍人类价值，同时在实践上把种族主义视为妨碍工人团结(Stepan-Norris & Zeitlin，2003；Cohen，1991：337)。 但即便如此，大多数种族主义反对者和反种族主义斗士仍然感到必须正视无所不在的种族主义。 1950 年代早期在底特律所做的一次调查显示，高达 85% 的白人工人支持种族隔离，其中不少是产业工会联合会的成员(Kornhauser，1952：82—105；Nelson，2003)。 但是，既然大部分倾向保守的地方劳工联合会都遭到隔离，这一困境反而使得劳工联合会的黑人工人们能够在车间层次、甚至是南方发展出自己的集体行动(Honey，1993)。 经济的机会结构已经打开，黑人工联主义者逐步增长了信心。

第二次世界大战则开启了新的军事机会结构——就像它给殖民地人民所开启的机会结构一样(参阅第二章)。 杰克·布卢姆(Jack Bloom)说道："这是一件单独而且最重要的催化性事件：它向黑人提供了工作，使他们离开农场并在城市中安顿下来；它把枪置于黑人手中，并训练他们学会使用它们；它使黑人接触到教育和整个世界，使之变得更加世界主义。作为结果，到战争结束之时，黑人已变得更加自信。"(Bloom, 1987：128)种族隔离在军队中得到延续，但一种共享的战友情谊也在黑人士兵之间得到提升，这使得一些黑人退伍军人在战后非常积极地进行公民权利煽动。在南方，进行战后组织的尝试尽管被私刑的洪流所吞噬，但1946年在田纳西的哥伦比亚所发生的一个事件也表明了不同的情形。当一个白人男子掌掴自己母亲的时候，一个黑人退伍军人通过厚玻璃板窗户击打了该名男子。作为习惯性结果，一群白人乌合之众很快集合起来并进入该名黑人退伍军人的社区去抓捕他，但遭到150名黑人退伍军人的顽强抵抗，而且这种抵抗还得到当地一家化工厂产业工会联合会黑人积极分子的增援。这一过程出现了零星交火，并且有四名警察受伤。白人被驱赶了出去。一名黑人参与者事后说道："好了，现在不会再有麻烦了。这是我在1946年所懂得的一个道理。他们现在知道黑人也有枪……血已经流了，但非常值得。有色人种过去就像是待宰的羔羊，但1946年改变了这一切。"(Bloom, 1987：129)

私刑也给杜鲁门总统带来了压力。面对来自黑人的潜在选举缺失以及自由党人准备在1946年末成为第三党，杜鲁门于1946年末建立"公民权利委员会"。次年，他以支持公民权利的立场在全国有色人种协进会上致辞。他把公民权利纳入1948年的竞选纲领，并向军队下发废除种族隔离的行政命令。黑人领袖们在选举过程中适时地向他提供了帮助。但此后，杜鲁门减少了对于公民权利的进一步承诺，因为白人选民比黑人选民更加重要。此后数年，白宫没能为公民权利提供更多直接的帮助。[2]

全国有色人种协进会反对种族隔离的教育和交通，聚焦于推进选民登记和司法诉讼。这些运动严格于停留在合法的范畴之内，因此很少卷入游行示威等。它们寻求落实现有的宪法性权利，并因此赢得了北方白人自由主义者的同情。 北方精英开始鄙视作为铁锈地带和社会秩序落后的南方。 我已在第三卷强调过美国的地区多样性,但这是新型地区多样性的开端,南方的孤立似乎与美国在世界上所表征的自由形象背道而驰。 随着冷战对非白人区域的进一步强化,这一问题似乎变得更加赫然耸现。 苏联不失时机地谴责了美国的种族主义,并在代言非洲人的时候夸大美国的私刑。 杜鲁门无法否认苏联的指责,但把其纳入最终将超越种族主义的全国民主重建叙事框架中。 这就要求美国的总统们进行公民权利改革,但他们发现,说总是比做要容易得多(Dudziak,2000:49,77)。 如果说冷战给黑人提供了某些帮助的话,这种帮助并不是非常多。

政治的大门仍然紧闭。 在 1948 年的选举中,奉行种族隔离主义的南方民主党人"迪克西"(Dixiecrat)作为候选人参与竞选,并且比自由党人获得更多的选票。 因为担心南方既不会在国会中也不会在总统职位上促进公民权利立法,为了抢先于迪克西党人,自由主义者阿德莱·史蒂文森(Adlai Stevenson)在 1952 年的总统选举中选择著名的种族隔离主义者、阿拉巴马州参议员斯帕克曼(Sparkman)作为其竞选搭档。 即便如此,民主党人还是丢掉了选举,而且还丧失了南方五个州。 在 1952 和 1956 年的总统竞选中,不论是艾森豪威尔还是史蒂文森都没有提及种族隔离问题,因为他们希望赢得选举,而且他们更担心的是会疏远白人而不是黑人。

与此相对照,司法的机会结构则稍稍开启。 在 1896 年的普莱西诉弗格森案(Plessy V. Ferguson)中,最高法院裁决种族隔离的合宪法性,因为种族隔离的教育也可以是平等的。 从 20 世纪 30—40 年代,全国有色人种协进会的律师们成功地推进了数起案件,迫使各学区(school districts)遵守平等的原则(Patterson,2001:14—20)。 随着南方各州被迫投入更多的资金以改善和扩展黑人教育,它们带来了加强黑人大学的非预期性效果(McAdam,1982:102—103)。 最高法院——迄今为止仍然是一个保守的机构——的立场发生了改变,它在 1944 年的裁决中指出,剥夺黑人成为政党候选人权利的白人初选(white primary)违背宪法。 在

1945—1950 年被上诉至最高法院的各种案件中，全国有色人种协进会赢得了 90% 多的比例。 在 1954 年的布朗诉堪萨斯州托皮卡市教育委员会案件(Brown V. the Board of Education)中，最高法院一致裁决，种族隔离的学校违背宪法，因为它们在实践中内在地是不平等的。

第二次世界大战也改变了意识形态的氛围，"随着民主意识形态和公民权利意识在黑人中的发展，它们为黑人提供了史无前例的政治和经济机会，同时，冷战也释放出要求进行种族变革的压力。"那些受过良好教育的各个社会界别——各种判断的动议者——的意识形态假设已经发生改变，民意调查显示，73% 的大学毕业生支持最高法院的裁决，只有45% 的高等学校选择退出。 即使是保守主义的法官也在发生变化。 里德(Reed)法官认为，种族隔离在宪法上是允许的，只要黑人学校运转良好(bring up to scratch)，他支持学校的种族隔离主义；同时他还反对不实行种族隔离的餐馆，因为一个"老黑"(nigra)很可能闯进来"坐在里德夫人旁边的桌子上用餐"。 但尽管如此，他还是承认，"种族隔离正在消失"，"'当然'不存在所谓下贱的人种"。 迈克尔·卡拉曼(Michael Klarman)评论道："那个'当然'表明了一个上层肯塔基人……愿意承认黑人地位的分量。 大多数南方白人——更没有受过教育、更没有那么富裕和更少与民族文化精英接触——则持更大的异议。"他说道，"法官现在存在着文化偏见"(Klarman, 2004：173, 308—310, 444；Patterson, 2001：chap. 3)。 南方与精英文化相隔离。 布朗案的裁决在当时被看作是一个标志，尽管法院此后的进一步裁决允许以非常缓慢的方式来废除种族隔离主义，但它的确激励了黑人，并导致部分边疆州的某些学校废除了种族隔离主义。 的确是一个进步，尽管它没能够彻底地渗透进南方。

南方白人和黑人的反应：公民委员会、公民权利运动

对于最高法院"试图使种族混合的共产主义裁决"，南方白人表现

出狂怒的情绪。 艾森豪威尔试图向首席大法官厄尔·沃伦(Earl Warren)解释他们的态度。 他说道,南方白人"并不是坏蛋,他们所关心的只是他们可爱的白雪公主不会被要求必须与黑人男人肩并肩地坐在学校里。"但这不仅仅是在南方,1958 年的一次民意调查显示,只有 1% 的南方白人赞同跨种族通婚,在其他地方则只有 5%。 1959 年,有 29 个州把跨种族通婚看作是犯罪,到 1967 年则只剩下 16 个州(Romano,2003;45,148;168,186)。 种族主义的情感支配了美国白人。

白人公民委员会(White Citizen's Council)遍及南方,它们决心抵制废除种族隔离主义和决心利用佃农、小伙计和雇员的经济脆弱性来孤立少数公民权利煽动者。 这种经济权力的使用压制了除少数勇敢者或经济上独立者之外的所有其他人(Bloom, 1987;93—101;Moye, 2004;64—73;Payne, 1995;34—46;Thornton, 2002;392—413)。 他们谴责民权运动是国外共产主义阴谋的一部分,并且已威胁到"南方的生活方式"。许多人都真诚地相信这种观点,暴力则通常被留给 3K 党之类的组织来实施。 民权运动直到 1964 年才开始赢得警察和司法当局的同情与支持——尽管没有赢得南方政客的支持(至少公开表现是如此)。 在 1960—1965 年间,至少有 26 名黑人和白人民权运动者——大部分是学生——被南方种族主义者所杀害,成百上千的黑人遭到严重殴打(Belknap, 1995;121)。 公民委员会还压制那些更喜欢聚焦于阶级而非种族问题的南方政客,以及那些希望进行渐进改革的白人自由主义者和牧师。 他们责问后面那些人:"你们支持白人种族反对黑人和外在的共产主义煽动者吗?"没有人敢说"不"或者提出这是一个错误的问题(Klarman, 2004;318—320,389—421;Bloom, 1987;91—93)。 斗争因此变成了种族主义的斗争,变成了白人反对黑人的斗争。

黑人行动主义者则把自己组织成公民权利运动,奥尔唐·莫里斯(Aldon Morris)把它们界定为一种联系松散的地方运动中心联盟(Morris,1986)。 中产阶级牧师、教会长者、教师、工会领导者、商人以及其他职业人士最初领导了这些中心,这些中心的生命力、行动者和大部分资金主要来自社区。　工会在动员工人方面贡献卓著，教会则能动员更加多样化的支持，对于私人暴力也更没那么脆弱(Morris，1986：54)。　这种状况确保运动掌握在主张取消种族隔离以及要求民事权利(civil rights)和政治权利的人手里，有关社会权利的经济要求则被旁置和遭到黑人民族主义(black nationalism)的抵制。

这种自以为是的宗教虔诚使民权运动与包括革命在内的其他大多数社会运动区分开来。　这种基督教热情在白人宗教徒当中并不是没有引起共鸣。　白人牧师深入南方，带去他们的帮助，地方天主教医院也广施援手，一种宽恕和拯救的修辞则帮助改变了白人的态度。　宗教虔诚涉及对所有阶级和所有年龄群体情感投入的动员，妇女在幕后组织方面做了大量的工作，她们大部分是中年和富有经验的妇女，分布在教会和社区网络中(Morris，1986；Payne，1995：chap.9)。　贝林达·罗伯内特(Belinda Robnett)把她们称作是"桥梁的组织者"和"从门到门的动员者"(Robnett，1997：17—23)。　那些冒着生命危险以小分队方式活跃在街道上的则主要是学生。　但不论是温和主义者还是激进主义者，他们都在情感上被一种将宗教虔诚与美国核心价值结合在一起的意识形态所充权，这种意识形态浸淫在亚伯拉罕·林肯的祈祷(invocation)及其对联邦的保卫中。　在1963年的一次调查中，有47%的黑人和58%的黑人领导者都表示他们愿意因为这个原因而被关进监狱。　道格·麦克亚当(Doug McAdam)问道："有谁可以想象，美国人口中有高达47%的人因为当代的某一原因而愿意被关进监狱吗？"(McAdam，1982：163)

教会在牧师与公众之间展开了富有魅力的互动。　马丁·路德·金的演讲举世闻名，但这种演讲在整个南方基督教领导联合会(the Southern Christian Leadership Conference)中非常普遍。　这种富有魅力的演讲既不是来自个人先天的人格特征，也不是真正自然而然的结果，它在投入政治使用的很久之前就已经成为广受尊敬的教会活动。　在当时，它是牧师自然的辞令方式，但却使白人感到极为惶恐(Morris，1986：7—11)。　正义(righteousness)并不是为达到影响最大化这一计算框架下的一种自我意识，而是黑人社区中的宗教领袖们在教堂中如何进行例行化演讲的问题。

南方基督教领导联合会是一个温和的组织，但由于北方黑人和白人行动者的加入而被更加激进的声音所强制，同时被1960年代越南战争期间大学校园的骚动所刺激。 争取种族平等大会(CORE)和学生非暴力协调委员会(SNCC)则引入更多的攻击性(militancy)，尤其是自由之行(the Freedom Rides)项目，载客公共汽车跑遍整个南方，侵犯白人专属的交通和餐馆设施，挑起白人的暴力还击。 这些乘客中有三分之二是大学生、四分之三是男性、一半多是黑人(后来减少了)。 青年血液和更广泛意识形态的注入是导致白人援助民权运动的最重要原因。 与俄国和中国的青年学生一样，这些富有战斗精神的青年学生很少有什么物质利益的考量，而主要是出于意识形态的动员。 他们更没有那么小心谨慎、更没有那么耐心细致，在整个南方他们直接就端坐在白人专属的各种设施上。 他们尽管缺乏群众的基础，但其"极端独立和反抗地方法律和习惯的精神"为南方黑人提供了灵感，使之相信"他们也可以做自己命运的主人"(Dittmer，1994：424—425，95，244—245)。 联合会的领导们知道，在全国公共宣传方面，一个白人学生死于南方种族主义者之手比十个黑人之死所产生的价值更多。 这就是为什么他们经常把白人学生置于伤害境地的原因。

民权运动还存在着一个更加有组织和更加关注经济不满的激进派系，它得到底层黑人阶层的某些支持，并且从城市一直扩展到乡村地区。 争取种族平等大会和学生非暴力协调委员会这两个组织在密西西比三角洲帮助乡村穷人、小农场主以及文盲佃农把自己组织起来，它们主要关注的是选民登记，尽管后面潜藏的是为黑人赋权和经济正义的要求(Moye，2004：90—104)。 他们与北方的马尔科姆・X(Malcolm X)以及正在兴起的黑人民族主义并肩作战。 这两个组织的领导人主要在南方城市领导民权运动，而且主要是出身于上流社会的黑人。 曾经有一段时间，当面对白人毫不妥协的权力结构时，其不断变化的运动策略使两个组织实现了良好的合作。

加入战斗

民权运动支持非暴力，在最初给自己配备了一支手枪后，马丁·路德·金开始认为，由于黑人是少数群体，任何暴力冲突都必将走向失败。 但革命显然是不可能的，非暴力但经常是非法的抗议因此被看作是挑起南方白人暴力行为的一种方法，藉此希望得到联邦政府的干预。这成为一种支配性的策略，但同时也是一种高度计算性的策略。 它具有挑衅性的同时又设计分裂居于统治地位的种族，但它很少是革命性的，而是仅仅通过熟练地操纵联邦政府与州政府之间的宪政性分权来实现其目的，因为它相信，如果街头暴力持续不断，联邦政府将不得不介入并实行某些改革。 非暴力同时还可以为运动增加道德正当性，使之赢得更多的黑人加入和更多的白人同情。 非暴力尤其在参与者面对强大的军队、但后者又被希望在宪法的约束下加以应用的场景下最为适宜(就像在英属印度殖民地那里一样)。 但这只有在某种特殊的意义上才是如此，因为许多南方白人根本不关心什么约束——尽管有些人的确关心，而且他们也希望联邦政府关心。 尽管有些行动主义者是出于战略实用性的考虑而支持非暴力，其他一些人则出于与自身宗教信仰的一致性而支持非暴力，他们援用基督将借贷者踢出教堂(temple)的故事来作为比喻。

民权运动的第一次巨大成功是持续长达一年之久的蒙哥马利巴士抵制运动，它开始于 1955 年，以罗莎·帕克斯(Rosa Parks)被再一次扔下公共汽车作为开端(作为一个极富运动经验的女性，她此前曾经尝试过两次)。 因为她白璧无瑕的声誉，当地民权运动的领袖们把她作为理想的受害者。 在这个首选之后，一个 15 岁的未婚女孩又被发现怀孕! 联合抵制涉及警察无法进行镇压的群众性行为，因为黑人社区仅仅是避免使用公共汽车。 但既然黑人构成了三分之二的乘客来源，公共汽车公司就损失巨额的资金。 最高法院随后宣布实行种族隔离的公共汽车违宪，但联邦政府仍然担心南方白人的政治权力而不敢落实这一裁决。

接踵而来的是包括自由之行、坐入(sit-ins)*、选民登记、游行等在内的螺旋式升级的抵抗运动，它们都表现得非暴力，但却旨在挑起白人的群体性暴力和造成当局大规模的逮捕(McAdam，1982)。 这些运动能否成功取决于面对暴力时半军事化的纪律约束以及精心设计的动作同时性，如坐下、唱歌、诵读赞美诗、让身体弯曲等。 这些策略与当局的策略——包括从严厉镇压到规避等，即或者镇压抗议者，或者让他们一直坐下去以便使运动最后失去动力——的互动使运动走向成功抑或失败。 白人积极分子更倾向于严厉镇压，但后者的效果则似乎更佳，因为运动不可能指望当地民众长时间地做出巨大的牺牲。 佐治亚州阿尔巴尼警察局局长劳里·普里切特(Laurie Pritchett)1962年制造了一场灾难性的失败。 与白人极端主义的狂热不同，他在逮捕时表现出对示威者应得的尊敬。 如果后者跪下来恳求，他也会跪下来恳求他们。 然后他把抗议者分散到全国各地的监狱，而故意让阿尔巴尼的监狱留有足够的空间以等待更多的抗议者。 他的策略胜过了抗议者。 甚至密西西比的3K党都散发传单敦促人们避免暴力——因为这也是民权运动的倡议者所希望的(Bloom，1987：181)。

并非所有的白人领袖都同意镇压的方式，因为他们非常清楚地知道对于黑人种族的监禁依靠的是准军事化的暴力，并且知道如果这样下去将导致非常危险的结果。 仅仅依赖法律的手段来保护种族隔离显然是一种退却，这或许很快将导致整个体系的崩溃——除此之外，他们还低估了北方政治家所承担的改革压力。 伯明翰的地方长官布尔·康纳(Bull Conner)1963年对其白人选区的选民做了一件愚不可及的事情，那就是尽管已经得到普里切特局长有关警察的暴行正好是马丁·路德·金

---

* 指黑人登上和乘坐只供白人乘坐的交通工具。 ——译者注

所希望的警告，他仍然在全国电视镜头面前将灭火水龙头和狼狗驱向了高级中学的示威者。 此举等于"向全世界表明一种伯明翰黑人已经洞悉于胸的事实，那就是像康纳之流的白人至尊主义者的核心就是使用暴力"(Thornton，2002：311；Lewis，2006：146—150)。 阿拉巴马的塞尔马(Selma)1965年也出现类似的情形，一支正在游行的群众队伍也被地方行政长官在全国电视镜头的面前暴力逮捕。 诸如此类的白人暴力被证明是自我毁灭性的，因为它只会更加点燃黑人共同体的怒火，使更多的支持者投身到运动中去。 这些事件如果被弄得公开化——这要归功于伟大的电视——它们将带来全国性的同情和震惊，如果地方政府不愿停止白人的暴行和不能阻止黑人运动的暴发，最终还将导致联邦政府的干预。 而如果由于各州或者地方政府不能完成其首要责任，即保持秩序，一系列短暂的结构性危机(constitutional crisis)也将接踵而至。 民权运动的斗争策略与许多白人种族主义者的冷酷无情催生了一种由这两者以及联邦政府共同构成的三元斗争机制。

但联邦政府仍然不愿出面干预，肯尼迪政府不想与南方白人为敌，而且要在参议院找到同盟者也极其困难。 大律师博比·肯尼迪(Bobby Kennedy)敦促争取种族平等大会和学生非暴力协调委员会的领袖们说："你们这些家伙为什么不减少一些胡闹(shit)，比如自由之行、坐入等，而专门聚焦于选民教育……如果你们能这么干的话，我可以让你们得到税收减免"(Morris，1986：234—235)。 但当他们忽视其粗鲁的意见而继续进行自由之行时，肯尼迪律师还是被迫以联邦法院执行官(federal marshal)的名义对他们加以保护——否则将会有更多的人被杀害。 在电视直播的游行中，情况变得似乎是南方当局而非游行示威者成为秩序的主要威胁。 这使得马丁·路德·金的感召力更加普遍，因为他的演讲已经把民权运动与民族恒久的道德价值联系在一起，它的背景和言辞使运动的胜利指向公民权利，而不是要求经济上的平等(Thornton，2002：567，570)。

并不是所有的地方都发展成为暴力，大部分南方白人对不断升级的暴力感到恐惧并开始放弃种族隔离主义，因此 3K 党、警察和国家军队所行使暴力下降了。 家长们对于学校的反应则感到沮丧，因为白人学校委员会以关闭学校来加以应对，造成孩子没学可上。 到 1960 年，某些融合已经处于进行之中。 城市商人认识到，除非暴力已经停止，否则将没有人愿意把资金投给他们的社区。 尽管大部分商人都认同 3K 党人和康纳的大部分观点，并且提供了某些不太充分的和平条款，但他们的确支持某种能够使自己重归正常企业生活、免于争端以及免于联邦干预和经济损失的交易。 新奥尔良的企业领袖们不希望种族融合，但他们组建了一个"改善路易斯安那委员会"(Committee for a Better Louisiana)来解决种族问题，因为他们"并没有蠢到看不清围绕种族融合问题而形成的持续动荡将严重损害城市的经济"(Fairclough，1995：254；参阅 Kirk，2002：139；Belknap，1995；Jacoway，1982；Dittmer，1994：248)。 通常来说，合作资本主义、经济发展委员会、温和共和党人都希望结束动荡，并且开始支持有限的公民权利，资本主义对于利润的渴望改变了种族资本主义的方向。 但很少有南方白人支持完全平等的民事权利和政治权利。

道格·麦克亚当(Doug McAdam)有关民权运动结果的细致研究表明，南方民权运动的权力兴起及其与白人种族主义的对峙，与国家层级的各种政治变迁之间通常存在着因果关联。 尽管整个国家的宏观社会力量在运动期间也为提高黑人的充权意识形成了某种程度的因果关系，但白人自由主义者、白人资金以及全国政治精英所形成的直接影响还是非常微小——除对提升黑人权力所做出的反应外。 尽管"布朗案"的裁决在某些方面扩展了司法的机会结构，政治的机会结构基本没有被扩大——但民权运动本身所艰难取得的政治机会除外。 政客们首先关注的是自己能否重新当选，在他们看来，黑人选票并不比白人选票所带来的帮助多。

最后，白宫和国会都承载了将无序转化为立法的压力。 1964 年的《公民权利法案》(the Civil Rights Act)禁止就业和公共住宿领域的种族隔离。 1965 年的《投票权法案》终止了人头税、文化测试以及其他投票者测试，并授权大律师在有需要的情况下用联邦官员取代地方选举注册员。 这些法案阻止了进一步离间北方政治精英的白人暴力。 1968年的《公民权利法案》则禁止住房方面的种族歧视。 这三个法案结合在一起形成一种有力的强化机制。 它们之所以能够通过，主要在于北方共和党人不再为南方的立法阻挠者提供支持。 约翰逊评论道，他在签署1965年法案的同时也失去了南方民主党的支持。 情况的确如此。尽管大部分黑人的确把票投给了民主党，但他们由于人口迁出而在每一个州都成为少数派，南方白人则把票清一色地投给了共和党以示抗议。尽管他们的确比预期中作了更大的让步，但他们以这种方式保持了在南方的政治控制和某些经济特权。

运动的成就扩大了内部的分裂。 原来的黑人领导者阶层、全国有色人种协进会中的中产阶级以及南方基督教领袖会议(SCLC)中的大部分成员都不再愿意与小佃农、女佣和日工为伍，他们成为要求经济平等的激进派别。 随着黑人民族主义和黑人权力的兴起，这种分裂同样出现在北方。 这些与反越南战争结合在一起提高了马丁·路德·金以及大部分民权运动领袖的地位，骚乱遍及全美的主要大城市，并造成了全美白人的抵制。 如我们后面将看到的那样，约翰逊政府将激进与失序联系在一起，并开始逐渐退却。 联邦政府的帮助减少了。 在像伯明翰这种激进主义者云集的城市，它们开始用经济上的"资产阶级迁就主义"(bourgeois accommodationist)来取代政治上的追求(Eskew，1997；Thornton，2002：571—573)。 激进主义者开始转而抗议越南战争，在追求普遍民事权利和政治权利以及黑人中产阶级的经济进步时，穷苦黑人的经济需求被牺牲了(Payne，1995：chap. 13；Dittmer，1994：429；Eskew，1997：331—334)。 这或许是在其他方面都已经日益变得保守的美国所能够现实得到的东西。 甚至当一些学生非暴力协调委员会的领袖们在步入中年而成为市长或者国会议员之后，都是这么认为的。 当然，这部分表征了从阶级政治向认同政治的转换。

结论：对民权运动的解释

民权运动本质上已经结束了，通过培育非裔美国人在种族隔离社区不断增长的自信和通过表征社区道德团结的领导人的动员，民权运动实现了其融合主义(intergrationist)的目标。 运动以对不正义的强烈感知作为开端，但关键的变化却在于能够实现社会重建的信念。 这种信念既是意识形态方面的，还是政治方面的。 它们的权力通过广泛的社会力量而日益得到促进，这种社会力量体现在跨地区的经济权力以及冷战或者热战上。 运动导致了南北日益加剧的分裂，并最终导致南方白人失去北方的支持。 但在出现这种情况之前，黑人必须使政治体系变得难以运转，在这一方面他们并没有从白人那里获得多少直接的帮助。 最高法院以及杜鲁门、肯尼迪和约翰逊总统提供了特殊的帮助。 工会和北方自由主义者提供了某些资金援助，自由主义情感在精英和大学中间的增长也帮助黑人的呼吁成为全国性共鸣。 但是，最重要的白人属于北方白人政治家和南方资本家(再加上诸多普通的南方人)，因为他们意识到解决这一无法接受的无序状态的最佳方法莫过于让渡民事权利和政治权利。 如我在第三卷已经强调过的那样，如果抗争运动能够不以非常革命、而是以一种使劳动或者政治关系适度动荡的威胁方式进行，更富有远见的秩序力量将会以让步来做出反应。 作为常理，这将给民权抗争运动以及更加激进的社会公民权要求带来额外的分裂效果。 这方面与新政非常类似。

从某种程度而言，我的论述也与社会运动理论中的政治过程理论相类似，即强调反叛意识的形成、组织的力量和行动机会的扩大等。 但我没有把分析仅仅集中在各种政治机会上，我给对手以同样的地位——如果存在不充分的地方，那是因为对于种族隔离主义者的研究还严重不足。 白人政治最终加强了非裔美国人的种族融合意识，保证了黑人的经济要求和使"黑豹党人"(Black Panthers)*失去支持。　总统尼克松通过提供其支持性行为而终结了他们。　黑豹党人现在已经四分五裂，其残余被准警察部队所镇压——这一点与过去的极左阶级尤为相似。

意识形态也比策略的制定具有更大的作用。　民权运动存在宗教和美国国家主义(nationalist)的灵魂，它植根于各个教堂，产生了自认为正当的情感。　1960年代，横扫美国各个大学的左翼主义意识形态得到极大的发展，并为越南战争所进一步强化。　这两种意识形态武装了公民权利的斗士，这种斗士体现在不论是内部还是外部的公民权利鼓吹者上，使他们发展出一种敢于牺牲自己生命和自由的无所畏惧的勇气。用韦伯的术语来说，他们受价值理性的驱动——即献身于某种终极的价值——而更不是出于工具理性的考量。　尽管其策略也体现出工具理性的特征，但他们敢于面对强大军事权力的能力主要来自于价值理性的驱动。　与之相对照，隔离主义者对于民权运动的"大规模抵抗"同样存在其情感性意识形态，这种意识形态建立在地区民族主义、对跨种族通婚的普遍恐惧和对共产主义的极度抗拒基础上。　如果考察对文化和文化框架的强调，社会运动理论似乎有一种苍白(bloodless)的感觉，因为它所研究的大部分社会运动都是不流血的。　它们没有流血冲突，有的只是一些瘀伤。　这表明，我们需要对假定能够解释所有社会不服从的抽象和普遍性模式保持警惕，我们需要将经济、意识形态、军事和政治权力关系结合在一起，通过这四种权力关系来解释大规模民权运动的兴起和局部成功，以及大规模白人抵抗运动的衰落和局部失败。

因此，与其将民权运动与同性恋或者环保运动进行比较，不如将其置于本卷所讨论的革命/改革等阶级运动的范围内加以探究。　仅仅占总人口10%的少数人不可能实现革命，但民权运动是一个旨在实现重大变革的运动，它涉及激起群体性暴力的大规模游行，并且实现了列宁有关革命解释的种族版本。　这种版本的革命发生在被统治种族不愿意再以

---

　*　黑豹党人，即激进的黑人青年组织。——译者注

旧的方式生活下去，统治种族同样不能以旧的方式维持下去的背景下。但我的分析更像是改革主义而非革命性阶级斗争的论述，因为面临此起彼伏的民权运动，旧政权分裂了，政府开始干预和引入改革，并对斗争做出妥协。 广泛的社会变迁提升了非裔美国人/工人阶级的权力，使之能够在某种程度上抵制居于统治地位的种族/尤其是国家，使后者认识到现存社会秩序的维持依赖于变革。 这反过来又削弱了民权运动的激进派或者革命派。 与阶级运动相比，民权运动的主要差异在于，尽管黑人的确处于不同的阶级地位，但他们被迫集体宣告自己是黑人，并且饱受种族压迫之苦。 这也意味着在运动的主要时期，黑人共同体比大部分工人阶级运动表现得更加团结、更加勇敢和更多的道德热忱。 种族战胜了阶级，尽管这一成功进一步促进了黑人阶级的分化。

种族主义之后

民权运动带来了持续性收益。 种族暴力日益消失，黑人获得了民事和政治权利，大部分黑人甚至还在经济上具有某些改善。 学校的非种族隔离使黑人的教育得到改善，寻求签订联邦政府合同的公共就业和私人企业领域的非种族隔离则使黑人的工作前景得到改善。 蒂莫西·明钦(Timothy Minchin)的研究表明，黑人工人在南方纺织和造纸工厂中的比例大幅提升，这主要得益于新生代勇敢的黑人以阶级行动的方式潮水般涌入"平等就业机会委员会"控诉公然的种族歧视(Minchin, 1999, 2001)。 有些工厂被法院强制雇用黑人工人，其他一些工厂则首先避免被起诉。 经理们喜欢雇用肤色稍浅、资历较高的非裔美国人，然后给他们最差的工作，这些白人经理和工人显然仍然怀有种族主义的思想。但黑人工人在工资、福利以及浴室、咖啡馆的使用方面也得到改善——的确，造纸厂的工人甚至成为浴室和咖啡室的惟一使用者，因为白人在黑人工人能够进入后更不再造访这些地方了。

　　黑人与白人在教育、工资水平等方面的全国性差距缩小了。 黑人的就业和工资得到提升，而且这种改善在各大工业领域都是以白人的报酬作为比照，这一点在南方尤其如此。 但黑人中产阶级比黑人工人所获得的收益更多，黑人女性——除单身母亲之外——在就业率、工资、教育和就业机会等方面比黑人男性所得的收益更高。 到 2000 年，除大部分黑人单身母亲之外，黑人妇女与白人妇女之间几乎不存在多大的差异。 到 1980 年，黑人男性的收入已达到白人可比职业的 70% 到 80%（在 1950 年只有 40% 到 50%）。 但这一比例形成了停顿，没有出现进一步的改善。 社会底层的非裔美国人的体验则更加糟糕，在 1940 年，只有 9% 的黑人没有进入劳动市场，但这一数字到 2000 年上升到 34%。由于这一点，黑人监禁率在 1980 年代以降得到惊人的提升，其中大部分是由于吸毒所致。 到 2000 年，美国囚犯中有一半是黑人，但黑人人口仅占全国人口总数的 13%（Katz et al.，2005；Massey，2007；Western，2006）。 这一点将会在第六章得到更详细的解释。 因此，种族问题仍然是一个重要的问题，但只有在阶级的增援下才有可能得到改善。 阶级政治与种族政治捆绑在一起，但这一点仅对底层阶级的黑人如此。

　　种族主义没有从总体上终结，但却已经减少。 更重要的是，黑人赢得了一场战斗，他们不必再感到必须在白人面前奴颜媚骨、低声下气。 情况正好相反，白人的尊严是否通过其教育和职业的成功来得到表现，是否通过黑人的生活方式、说唱音乐、贫民窟俚语甚至暴力来得到反映，对于这些问题，白人知道，威胁不仅仅存在于黑人那里。 但是，衰落的趋势仍在继续，这集中体现在城市中心区的贫民窟(inner-city ghettos)上——一些权力被褫夺、雇用很稀少、投票不进行、暴力丛生、警察环伺并且与黑人中产阶级或者工会相阻隔的地方。 种族仍然是一种刺目的全国性耻辱，但主要遁迹于阶级的载体。 回顾 1950 年代—1970 年代这 30 年的历史可以发现，这是欧洲帝国瓦解的阶段，是到 1980 年时种族主义不再成为世界支配性意识形态的阶段。 种族主义是我第三卷的支配性主题，但不再是第四卷接下来篇幅的支配性主题，此乃这个世界所取得的一个关键性福祉。

民权运动的自由主义话语因此已成为一种全国性话语。 但既然种族主义如今已不能公开加以表达，它出现了相应的转换。 歧视是非正式的，但一点也不比以前更少，只是监禁率这一点除外。 许多白人仍对黑人怀有消极的情感，只是公开表达时小心翼翼而已。 调查表明，一半的白人认为黑人倾向于暴力和不如白人聪明，四分之三的白人认为黑人更喜欢福利而不是工作，大部分白人可以接受为数几个黑人作为自己的邻居，但黑人不能成为多数。 白人认为，穷人的特征是种族与阶级之间的相互强化，黑人社区充盈着失业和有犯罪记录的黑人(Massey，2007：65—112)。 共和党人利用白人的这一种情感，尤其是种族主义犯罪(Western，2006)。 共和党战略家李·阿特沃特(Lee Atwater)1981 年直率地说道：

> 1954 年挂在你嘴边的是"黑鬼、黑鬼、黑鬼"。到 1968 年你不能再说"黑鬼"了——这是很伤人的。形势已发生逆转。然后你讲各种强制性公共汽车(forced buses)、州权等诸如此类的东西。现在,你讲某些非常抽象的东西,如减税等,你所讲的都是经济方面的事情。但是,它们带来的一个副产品就是黑人比白人被伤害得更深。(Bob Herbert，*New York Times*，October，6，2005)

认同政治

民权运动的影响是全球性的。 其抗争的歌曲被全球传唱，其静坐式示威、其价值诉求迅即普遍化，并成为国家认同感的核心，所有这些在其他国家抗争运动的条件下得到改造。 这一点非常明显，例如，在1960 年代晚期至 1970 年代早期的北爱尔兰，在其反对清教国家支配的30 年斗争的第一阶段，其支配性话语和策略是有意识地从美国民权运动中转借而来的。 这种话语和策略席卷了清教工联主义者所居住的社区，使之设法操纵英国政府为了他们的利益而进行干预——美国所发生的情况正好相反。 在南非，纳尔逊·曼德拉非常清楚占据道德高地和为获得外部经济干预而激起暴力的重要性，因为这种干预最终将影响到白人经济共同体的自身利益，就如在美国南部所出现的情况那样，从而使他们压迫种族隔离政权进行谈判。

民权运动作为新自由主义中有影响的组成部分，它更加聚焦于认同政治而非阶级政治。 我们通常所谓的新社会运动主要体现在个人权利话语上，这些运动主要包括女性主义运动、环保主义运动以及其他晚近的社会运动。 它们产生于以阶级为基础旨在获得完全公民权利的斗争，但大部分新社会运动又突破了阶级政治。 权利革命首先保障了非裔美国人的权利，然后是其他少数种族群体的权利。

女性主义的第二次浪潮与民权运动同时发生，同时又受后者的影响。 但由于女性已经可以自由地行使其投票权，因此它主要集中在民事(civil rights)尤其是社会权利上。 战后社会变迁——尤其是那些影响了劳动市场的社会变迁——对于女性主义的兴起极为重要。 妇女的就业率在第二次世界大战结束时曾急剧下降，但 1950 年之后的黄金年代出现的劳动力短缺使之重新上升。 到 1956 年，有 35% 的成年妇女参与到正式劳动市场，其中四分之一是已婚女性。 由于妇女现在已获得良好的教育，她们因此在白领工作中尤其具有优势。 妇女在参与就业的过程中形成了双重体验的综合：一方面她们变得更加独立，另一方面则必须忍受持续的歧视。 但是，20 世纪 70 年代开始的黄金年代的工资上涨压缩了资本主义的利润空间，这一点我将在第六章加以讨论。 雇主对此做出的反应方式之一是雇用更多的女性劳动力，她们有时候表现为全职劳工，有时候则表现为兼职或者偶然雇用，但无论如何，其工资总是比男性劳工要低，因为这样做使雇主可以支付更少的工资和更具有弹性。 因此，是经济衰退而非经济繁荣促进了妇女的劳动市场参与水平。 男性的工资在接下来的几十年里基本上保持稳定，家庭收入的增加因此主要依赖于女性的工资。 这一趋势使男女关系在家庭中变得更加平等，尽管这种平等在过去几十年里被强加在已婚妇女身上的正式就业和家务劳动等双重负担所减弱。 但无论如何，父权制的意识形态正变得日渐式微。

同时，传统的性别和性标准也受到了挑战，避孕技术的改进使越来越多的妇女可以选择是否或者愿意以多高的频率来怀孕生子。 分居和离婚已成常事，它们使女性(和男性)有机会决定是否仍该维持婚姻的状态。 当然，这种自由也给女性带来负面的影响，那就是，它使单身母亲的数量得到实质性增长，妇女被迫单独抚养孩子，这提高了女性贫困的机会和对于社会的排斥感。

女性主义的第一次浪潮主要在于争取权利，较之于男性工人或者少数种族群体而言，她们的确以更小的努力获得了权利。 这种争取几乎不需要多少有组织的暴力。 在美国，某些触发性事件实际上是非常自上而下的。 例如，肯尼迪总统 1963 年建立起极具影响力的"妇女地位委员会"(Commission on the Status of Woman)，这一委员会的出现导致诸多妇女压力团体的兴起、导致 1963 年《公平工资法》的出现、导致 1964 年《公民权利法案》中有关妇女权利的第七条附加条款的出现。 美国女性主义从非裔美国人的斗争中获益良多。 成功的法庭诉讼案件同样非常重要，因为美国法律规定所有人都享有正式平等的民事和政治权利，对妇女而言，也不存在类似于克劳体系那种将其权利阻挡在外的结构。 与大多数其他国家一样，女性主义运动兴起于既存的左翼主义压力团体中，尽管女性主义对这些团体中的性别歧视持坚决反对的立场，就像 20 世纪 60 年代各种新左派运动所表现出来的情况那样。 妇女能够相对容易地获得平等权利的原因可能在于男性与女性之间不存在隔阂——他们的关系实际上非常亲密——因此，心怀不满的女性可以从内部给自己的配偶、家庭成员、工作伴侣以及政治同僚等施加压力。 一旦相当数量的妇女被组织起来，其斗争的方式也不是所有女性或者大部分女性对所有男性或者大部分男性。

这种压力在大部分发达国家同时被感受到，这表明，催生女性主义第二次浪潮的最重要原因来自于广泛的全球性趋势，而不是来自特定的美国趋势。但是，每一个大型区域(macro region)或者民族—国家的制度传统极大地影响了这一次浪潮的要求，并且在接下来的妇女权利类型上形成相当多的变异。

这些大型区域的趋势与第六章将要讨论到的戈斯塔·埃斯平—安德森(Gosta Esping-Andersen)所表明的三重模式非常吻合(Esping-Andersen，1999)。英语自由主义国家倾向于赋予妇女平等而正式的民事权利，但在社会权利方面则没那么慷慨。这方面，存在着一种赋予女性与男性相同权利的"性别一致模式"(gender samenesss)，尤其是劳动市场方面，它在保留男性作为家庭养家糊口者角色的条件下，激励女性参加工作。但另一方面，福利主要根据男性在家庭中作为主要劳动力的生活标准，而不是女性作为孩子孕育者和照顾者的标准进行供给。因为公共福利计划只提供给那些长期正式就业的雇员，为了使男性或者女性获得必要的资格，它们同时也促进私人福利计划的发展。当然，这一点在不同的盎格鲁国家存在着不同的情形：英国比美国更加实质性地转向社会权利，加拿大则只是稍加转向，澳大利亚则将女性的社会权利与承认妇女作为照顾者的角色联系在一起。英国和澳大利亚在减少性别之间的工资差距方面比美国和加拿大更加成功，后面两个国家只是在缩小性别之间的职业隔离方面做得更加成功。

我所谓的保守主义的欧洲大陆国家在许多方面则正好相反。它们不干预市场资本主义，但会给市场竞争的失败者提供帮助。它们在民事权利方面保留甚至强化性别差异，不鼓励妇女参与劳动市场，希望以此来保护家庭的自主性免受资本主义市场的渗透，但是，这些国家给作为孩子养育者和家庭照顾者的妇女以相当大的福利转移支付。在那些国家，家庭而非个人成为福利的单位。这种不同权利之间的平衡在相当大程度上受社会天主教主义(Social Catholicism)的影响，正因为如此，荷兰和法国在这方面的平衡相对更少。荷兰与盎格鲁国家的模式非常接近,法国则既鼓励妇女参加工作,又给照顾孩子者提供慷慨的家庭津贴,法国实际上实现了这一成本的社会化(van Keesbergen,1995；Pedersen,1993)。 如我在第三卷第九章已经解释的那样,这种格局的出现实际上是由于弱劳动工会和出于国家安全考虑的强调出生率主义的结果。

北欧社会民主国家将民事权利与社会权利结合在一起。 在那些国家,为了弥补劳动力的短缺,出生奖励运动(pronatalist movement)强烈激励妇女参与劳动力市场,同时在儿童照顾设施方面得到慷慨的公共福利支持。 这种模式很大程度上放弃了男人养家糊口/女人照顾家庭的模式而鼓励双重收入模式(dual-earner model)(Sainsbury,1996)。 但妇女并没多大的权利来选择是否就业,尤其在瑞典。 税收和分摊性保险(contributory insurance)实际上意味着妇女倘若要过上富裕的生活就必须参加工作。 同时,妇女尽管具有大量的工作机会,但似乎主要局限在公共领域,私人领域则被留给了男性。

妇女尚没有实现完全平等,在倡导性别趋同和权利完全平等的女性主义运动与强调性别差异的女性主义运动之间仍然存在分裂,由后者所推演出来的结果是,妇女应当由于其在社会中的独特作用而得到奖励。但在过去的半个多世纪里,女性主义已实现了其诸多的目标,这些目标从一个国家到另一个国家、在国家层面和国际层面都正变得更加制度化,国际层面晚近主要通过联合国和国际女性 NGO 组织得到实现。 如我刚刚暗示的那样,美国在实现社会权利方面总体上落后于北欧国家,但在民事权利方面却处于这些国家的领先地位。 这种创新性动力主要来自于同性恋、性别以及残疾人运动的诉求。 美国在认同政治的保守因素方面也首屈一指,如未生胎儿的权利。 在美国,围绕性权利(sexuality rights)与传统家庭价值、女性选择的权利(堕胎)与未生孩子的权利(反堕胎)之间斗争所形成的政治情感,已多于围绕阶级斗争形成的政治情感,这种情况在任何其他发达国家都不多见,甚至是天主教国家。这些民事权利斗争部分已基本上取得了胜利,比如残疾人的权利和女性的权利，同性恋者也迅速赢得其权利。 2012 年，大部分美国人支持同性恋结婚的立法，仅仅数年就出现重大的转折。 在美国，新自由主义在公民权利方面取得重大的飞跃，在父权制方面则出现重大的回落。

但是，权利一旦获得，阶级分裂也就尾随而至。 民权运动的胜利削弱了非裔美国人共同体的团结，增加了它们内部的不平等。 女性运动也同样如此(这一点我已在第三卷的第九章进行讨论)，女性运动的胜利在某些方面增加了妇女内部的不平等。 我们可以预期同性恋者运动的胜利也将带来同样的结果。 在美国，诸如此类的运动很少从劳工运动中获得动力，老左派与新自由主义之间的分裂已然出现。 在 1972 年乔治·麦戈文(George McGovern)竞选总统的时候，许多工联主义领袖对作为其支持基础的种族主义、女性主义、性多元取向及其反文化腔调感到恶心。 民主党正是在这一点上开始大面积失去白人工人的支持。 为保住白人的选票，尼克松的南方战略隐含着种族主义的弦外之音，他把自己描述成被无用的穷人(黑人)和反文化的特权主义者所欺压的纳税人形象(Lichtenstein，2002：chap.5；Cowie，2010)。 美国的自由主义已然分化为阶级斗争和认同斗争两种形式，前者已经衰落，后者则正在高涨，对于那些经济贫困者而言是一种非常混杂的赐福，这一点很快将进行全面阐述。 对于劳工来说，这意味着当权力的经济平衡从劳工滑向资本的时候，劳工联盟将变得更加稀少。 在 1960 年代末期的通胀和低利润率时期，在企业部门——主要是中小型企业——变得更加动荡的时候，解决问题的方法似乎部分在于减少工资成本，这一点将在第 10 章予以详述。

注 释：
　　[1] 麦克亚当的著作很可能是对民权运动所做的最佳通俗性叙述，我只是对其所使用的社会运动理论表示怀疑。
　　[2] 有关本段的写作，我对乔舒亚·布卢姆(Joshua Bloom)感激良多。

第五章

冷战中的美帝国：1945—1980

世界各地有着极大的不同。 尽管二战后的世界经历了全球化，全球化的所有三个主要支柱——资本主义的扩张、民族国家的建立以及美帝国——在世界范围内与不同的社会结构、发展机会紧密绞合在一起。冷战和对共产主义扩张的恐惧主导了美国的所有政策，但世界不同地区在冷战中具有不同的境遇。 我因此将分别讨论四个宏观区域：西方、东亚和东南亚、拉丁美洲和中东。 我将通过美帝国的棱镜来进行叙述，但这不代表我认为美国政策对于这些发展模式具有决定性意义。

重申我在第三卷中所区分的主要帝国形式，是一个很好的开始。

直接帝国(Direct Empire)产生于将征服的领土纳入核心国的版图，如鼎盛时期的罗马帝国与中华帝国。 核心国的主权将覆盖边缘。 美国从未尝试过这种形式。

间接帝国(Indirect Empire)：核心国拥有政治主权，但边缘国家的统治者保留着一定程度的自主权，并与帝国当局就游戏规则进行谈判。这种模式伴随着军事威胁，但不会时常重复对边缘国家的征服，帝国统治也更加浅层，掌握更少专制、基础性权力。 美国曾于 1898 年在菲律宾尝试过这种统治，但因受到大规模抵抗而被迫让步。 此后美国仅暂时性地实施过间接的帝国统治。

以上两种类型与另外一些类型不一样，它们包括了对部分领土的占领，即殖民。

非正式帝国(Imformal Empire)，边缘国家的统治者保留所有形式的

116

主权，但他们的自主权很大程度上被帝国核心以不同程度的军事和经济权力所限制。 鉴于资本主义能够强加相当程度的经济强制，它业已成为现代帝国的主导形式。 但由于"非正式帝国"一词往往不能精确地表达强制的性质，我按照不同的强制形式区分了以下三种小类。

(3a) 非正式的炮舰帝国：将军事力量用作短期、直接的军事干预。炮舰及其现代对应物本身不能征服一个国家，但它们可以通过炮击港口(晚近以来则是通过轰炸)及让部队登陆进行短暂入侵而使对方蒙受痛苦。 20 世纪初美国的"美元外交"是直接军事胁迫的典型，但它并不拥有殖民地。

(3b) 通过代理的非正式帝国：该形式通过当地的代理人实施强制。美国在 1930 年代转向通过将强制分包给当地支持美国外交政策的独裁者，并作为回报向他们提供经济与军事上的帮助。 在二战以后的时期里，美国主要通过新成立的中央情报局(CIA)来增加秘密军事行动以支援其当地的代理人。 这是一种间接的军事威胁，因为核心国并不直接指挥代理人的权威性权力(authoritative power)。

(3c) 经济帝国主义：在这种形式中，经济强制取代了军队。 美国通过由其领导的国际银行组织干预外围经济体。 在这种"结构性调整"当中，边缘经济体可以拒绝，但它们将面对失去外国投资与贸易的强大威胁。 根据我在第三册中对帝国的定义，这种包含极少甚至没有任何形式军事力量或者权威性权力的帝国并不是严格意义上的帝国，但"经济帝国"的概念已被广泛应用，我也将继续使用这一概念。

霸权：我对这个概念的使用沿袭了葛兰西的定义，认为霸权是凌驾于他人之上的常规化领导，且被统治者认为其"具有合法性"或者至少认为是"正常的"。 霸权深入边缘国的日常社会实践中，因此不需要太多明显的强制。 相较于间接和非正式帝国中的边缘国政权不得不听命于帝国的主人，霸权体制下的边缘国政权认为霸权的规则是正常的、自然的，并自愿服从。 美元的统治包含了经济上的"铸币权"，别国以低利率买入美元，这一行为比起购买国而言对美国更加有利。 而在外国人看来，这一行为不过是在处理贸易顺差。 这是一种发散性的权力，而非专制性权力。 没有人直接发布命令。 较为弱小的国家甚至可以支付霸权国家在其领土上建立军事基地以保护它们不受侵犯的费用——正如欧洲人曾邀请美国的那样。

从直接到间接，从非正式帝国的各种小类再到霸权，军事权力在这些类型中越来越趋于下降，政治、经济和意识形态的权力则越来越趋于上升。 事实上，纯粹的霸权因感受不到强制而算不上是帝国。 它们都是"理想类型"，没有哪一个现实帝国可以完全符合这些类型。 帝国通常是这些支配模式的混合体。 美国的支配也是如此，它在一部分地区推行间接帝国，在其他地区则推行非正式帝国，它们同时组成美国在世界诸多地方的霸权(没有使用军事权力)。 我以对西方的分析作为开始。

西方的霸权

西方包括美国、西欧和英国的前白人自治领，它涵盖了世界上大部分工业资本主义和最有效率的民族国家。 作为战争的结果，它们现在全部实行资本主义与政治民主。 美国在这里的支配显然是有限的，它也不需要有更多的支配。 但西欧也是主要的战略区域，直接濒临铁幕，包括几个大型的共产党与美国资本主义繁荣所必需的先进经济要素。 正是在这里，美国需要保护其资本主义盟友免受苏联共产主义的威胁。 它们也希望得到保护，甚至要求美国提供更多的防御。 这就是美国的霸权，一种合法的支配。 经过一个简短的内部讨论之后，杜鲁门政府拒绝通过剥夺其工业资源的方式来制裁德国(西德)，相反，他决定帮助重建西德，使其成为一个反对苏联的坚强堡垒(Hogan，1987；Beschloss，2002)。 欧洲和美国政府彼此承认在经济和军事方面的相互依赖，美国支持欧洲一体化计划，认为这可以更好地抑制苏联，同时将德国纳入和平的欧洲。 这就是欧盟融合过程的开始，尽管此时只是拥有自主权的民族国家之间的自由联合，而不是一种超国家共同体。

美国唯一的要求就是欧洲不要寻求成为"第三股力量"，任何欧洲重整军备的尝试都必须符合由美国所领导的"泛大西洋框架"，而英国则是美国忠实的仆人。相应地，欧洲人亦明白美国人会通过补贴美元而为自己的防卫买单。他们从布雷顿森林体系中获益良多，可以实行降低货币价值的发展战略、控制资本流动和贸易以及外汇储备的积累。他们将美国当作金融中介为自己的金融系统提供信贷，美国则通常以海外投资的方式慷慨地向他们提供长期借贷(Dooley et al.，2003)。出于经济发展和军事保护的目的，美国的霸权是一种必要的代价。在澳大利亚和新西兰也是这样，是美国而非英国保护它们免受日本的攻击。

盖尔·伦德斯塔德(Geir Lundestad，1998)把这称之为"受邀请的帝国"(Empire by invitation)，它更加浅层。欧洲经济完成复苏之后，尤其当通过美国提供金融服务而获得大量转移支付之后，欧洲不再需要固定的汇率。1965年戴高乐公开谴责美元为"单一的特权，单向的利益"。翌年，他使法国退出北约的指挥结构，但并未成功地摆脱美国的金融支配。尽管不情愿，欧洲接受了霸权，就像美国接受了欧洲作为其经济竞争对手一样。

英美两国以军事力量压制希腊共产党及其得到西班牙和葡萄牙独裁者支持的两个盟友。此处不存在民主的使命，有的只是对共产主义的牵制。当然，美国在欧洲其他国家也不存在民主的使命，因为欧洲并不需要。当地要么已经实现民主，要么正在实行民主。美国并没有太多干涉欧洲内政的权力。它拥有军事基地，但它们并不是用来进行地方干预的，而是指向外在，即东方。这些国家都是美国的盟友，美国在那里不派遣殖民者。美国扶持中右派以对抗法西斯主义，扶植中左派以对抗共产主义，这一点在法国与意大利都极为重要。联邦德国仅仅是一个"暂时的殖民地"，并于1949年成立自治政府。英国和法国需要美国的支持以应对反殖民主义运动，因为美国也需要它们的帮助，就像它需要欧洲社会主义政党与工会的支持一样。虽然美国敦促它们专注于生产而非再分配，因为发展可以确保两者兼得。 大部分工党领袖为追求福利国家与经济增长都接受了工资限制和更高的生产率(Maier，1987a&b；Hogan，1987)。

美国被迫接受这些在本土不会被认可的政策，如德国的共同决策(工会享有参与企业管理的权力)、国有化以及旨在实现充分就业的凯恩斯计划。 马歇尔计划支持通过地方政治力量之间的讨价还价而解决全国性问题的方案。 这有助于为资本主义增添人性的一面，重新定义资本主义与社会主义之间的历史竞争(Cronin，2001)。 欧洲大陆迈出了一大步，找到了20世纪前半叶所没有找到的基督教民主主义/社会民主主义这一妥协方案。 国家政府自行决定如何使用马歇尔基金。 法国将其用于殖民战争！ 美国政府需要欧洲，就像欧洲需要美国政府一样。 因为欧洲人被看作拥有同样的血统，因此被看作是文明的(Katzenstein，2005：57—58)。 种族主义尚没有完全消失。

这些促进了政治和社会公民权的深化，正如第三卷第九章中所描述那样，它们与整个欧洲的增长相联系，这种增长导源于阶级妥协、被压制的技术活力、跨越边界的快速技术扩散、农业劳动力的转移以及持续高水平的需求。 贸易比生产发展得更快，因为只有贸易才能为清算账户提供所需要的美元，因为贸易自由和布雷顿森林金融体制下，国家可以自由地将投资转向国内产业。 增长导致了通货膨胀，但因为没有汇率的压力，各中央银行并不担心。 投资依然很高，因为凯恩斯式的需求管理非常成功。 史无前例的经济增长和充分就业持续了20多年，这是一个经济奇迹(Aldcroft，2001：128—162；Eichengreen，1996；Eichengreen，ed.，1995)。 增长带来政治稳定、更多的社会公民权以及国内军国主义的缺失等结合在一起催生了一个资本主义与民主化的民族—国家携手同行的黄金时代(Hobsbawm，1994)。 美国霸权发挥了作用，无论对美国还是欧洲而言都如此。 它是一种成功的、理性的和非常浅层的支配方式，仅限于外交政策——包括国际金融。

欧洲民族—国家依然是美国的盟友。 美国总统经常咨询欧洲的领导，且对于大多数欧洲人而言，美国的霸权是隐形的。 约翰·伊肯伯里(John Ikenberry)曾指出，为了维持美国的统治、复兴世界经济和压制共产主义阵营，欧洲、日本和美国结成了一种开放的多边经济秩序(Ikenberry，2001，chap.6)。 盟友之间潜在的冲突"被捕捉、驯化在由多边规则、标准、安保以及纠纷解决机制的铁笼内"。 他把美国看作是一个不情愿的霸权以权力换取合作、具有透明的目标，其盟友希望与它的经济和军事安全捆绑在一起。 他的制度模型很好地解释了西方，但却不适用于其他地方。 东欧与西欧最根本的差别在于西欧同意了部分从属，而东欧则没有。 这为西欧建立自由世界的断言提供了部分正当的理由。 在西欧不存在美帝国。 但在世界的其他区域，美国开始变得更加强硬。

东亚和东南亚的第一阶段：帝国战争

对于美国而言，东亚的战略地位仅次于欧洲，因其毗邻两个主要的共产主义国家，并且那里有活跃的共产主义运动和左派民族主义运动。东亚也拥有庞大的人口和巨大的经济潜力。 去殖民化的社会转型正在那里如火如荼地开展着。 这些国家大多数已拥有全国性政权，这意味着它们已长期成为主权国家，拥有中等的基础权力和凝聚的精英文化，殖民帝国保存(并强化)了它们的国界。 正在兴起的民族主义并不是后天形成的，而是如非洲那样建立在种族的基础上，尽管它们比本地区的任何事物都更加倾向于民粹主义。 它们迅速终结了欧洲帝国，建立起主权国家并以人民之名进行统治，这使得即便是间接帝国都更加难以建立。 民族国家在所有地方都成为支配性的政治理想，而其本质是反帝国主义的。 然而左派与右派代表新兴国家提出了针锋相对的主张。 这些以阶级冲突作为表现形式的严重冲突既对美国帝国主义造成了问题，也提供了机会。

在欧洲，超级大国们很快决定了如何瓜分大陆，但东亚却依然处在激烈的争夺战中。 1949 年，中国、日本分别归属于共产主义和资本主义阵营，苏联也拥有了太平洋海岸，但其他地区的结果却依然不明朗。如果它们的当地盟友能够在本地区内克敌制胜，超级大国们便可彼此遏制对方。 双方都进入了反殖民主义的时期，都希望成为一种更加非正式的帝国，在当地拥有独立但代理性的政权。 美国还希望实施自由贸易，将它们纳入自己的经济，同时遏制苏联、中国旨在通过地方革命而进行扩张的企图(McMahon，1999：218—221)。

日本是美国最重要的民族国家，因它已成为先进的工业国家，拥有基础强大的政权和凝聚的意识形态。 麦克阿瑟(MacArthur)将军，东方的盟军最高统帅(SCAP)，决定保留天皇作为新政权统治的合法性符号，尽管天皇裕仁在日本侵略中发挥了作用。 麦克阿瑟对于日本的看法无疑是种族主义的，他后来在国会的一次会议上说道：

> 如果说益格鲁—撒克逊在科学、艺术、神学、文化上的发展程度是 45 岁的男人，德国算是非常成熟的。然而，日本虽然历史悠久，但依然处于学习的状态。按照现代文明的标准衡量，与我们45 岁的阶段相比，他们仍然是一个 12 岁的小男孩。

这出自一个在东京时几乎从没见过任何日本人的人之口(Dower，1999：550)! 但麦克阿瑟希望在美国本土为自己树立一种实干家的形象(他希望成为美国总统)，并宣布他将重建日本、净化日本政权、拆解大型集团公司和财阀。 但因为存在根深蒂固的制度，说起来容易做起来难。 随着美国站在中国一边，韩国开始变得摇摆不定，同时日本的经济滞胀也引起民众的不满，一些美国政策制定者因此主张改革要服从于经济增长，以避免日本滑向共产主义。 鉴于国内对于日本精英的根深蒂固的恐惧，资本主义巧妙地利用了这一恐惧，使这一看法胜出。

因此，改革减弱了。 麦克阿瑟的傲慢疏远了几乎所有的人，其政敌指责其社会主义性质的改革，这成为其在华盛顿的政治死亡之吻。美国国务院智囊乔治·凯南(George Kennan)，敦促与日本精英——以共产主义的面目团结在一起——实现和解。 1947 年起，政治肃清停止了、对大型财团的拆解中止了、赔偿也终止了，对日经济援助启动了经济增长并使其导向美国。 麦克阿瑟所推动的土地改革已在进行之中，并为日本大众所接受。 但 1947 年工人发动全面罢工的威胁加剧了美国的恐惧，盟军最高统帅部转而开始肃清左派——美国可以接受一种由保守派精英所支配的准民主国家。 日本新宪法保障了个人权利、削减了军事机构、减少了天皇的权力，并发展出一种自上而下的法团主义，利益争夺不以公开冲突的方式进行，而是在权威组织内部达成妥协。 选举的结果是自民党一党执政，同时工会被纳入财团内部。 这形成了一个由传统日本体制和由美国推动的有限民主制的混合体。 美帝国没有权力推翻世界上的制度，但最终依然能够得到其所希望的、有秩序的社会和不断成长的亲美经济体，尽管在自由世界的传言中它是一种父权制法团主义版本的民主(Rotter, 1987：35—43；Schaller, 1985, 1997：chap.1；Dower, 1999；Shoichi, 1998；Forsberg, 2000；Katzenstein, 2005)。

日本的制度通常被看作是传统的，代表了过去的文化传承。 但如我们在第三卷所看到的那样，战前日本包含了多样化的趋势和冲突。 战争终结了极右派，盟军最高统帅部压制了中左派，多样性因此被减少。 但如在德国那样，美国的军事政府随后转型为霸权。 自 1952 年开始，日本享有作为独立民族—国家的权利，但必须像德国那样宣布放弃战争。 日本的军事几乎完全是防御性的，1986 年以前的军事投入被控制在国民生产总值的 1% 以下。 日本实际上在经济上获得更多，得到了美国的技术，也比美国更加保护自己的经济。 与欧洲一样，日本也成为美国的经济竞争对手，这一方面是因为美国低估了日本的发展潜能，另一方面则是美国天真地认为发展会自然而然地将日本引向开放的市场经济(Forsberg, 2000：6—9, 187—197)。 大多数美国人没有意识到，更加国家主义和社会多样性的全国资本主义或许与他们的自由资本主义一样有效率(他们自己也是这么过来的)。 与对待西欧一样,为了将日本保持在自己的影响范围内,美国接受日本作为经济竞争对手。 同样,美国拥有军事基地,但却不能利用它们来强制日本——共产主义正敲击着大门。 它同样没有派遣殖民者。 日本在 1945 年战后的数年沦为实际的殖民地,但此后美国仅仅通过霸权来进行统治。

这一地方否则将面目全非。 存在着两个支配性政治议题:对殖民者的驱逐;解决地主与农民之间——有时是族群之间——的斗争,由民族来掌控政权。 欧洲帝国和日本帝国的陨落使资本家以及与其合作的地主权威扫地。 通过土地改革来吸引农民,通过以真正民族主义者的姿态来抗击日本,共产主义者在中国赢得了胜利。 中国的革命方式似乎在其他地方也行得通。 在朝鲜与越南战争中,美国支持保守派地主/资本家一方,反对动员底层民众中的左派民族主义者。 美国将任何试图与苏联或中国结盟或试图进行"革命"的人视为敌人。 苏联与中国反过来也同样如此。 在这个区域,没有任何一方代表自由世界。

朝鲜危机最先爆发。 战争结束时,朝鲜被一分为二。 苏联军队从北部进入抗击日本,迫使惊惶失措的美国从南部入侵。 帝国的游戏就此拉开帷幕,双方推进至"三八线",然后达成不再前进的协议。 苏联军队在北部得到金日成部队的协助。 南部游击队员则由独立的共产党员朴汉云(Pak Hun-Yung)率领。 苏联军队旋即撤离,将朝鲜政权移交给金日成,后者加强土地改革、推行工厂国有化,这在当时是流行的做法。 他是一位国家解放的英雄,他的各种政策在急需土地改革的南方具有吸引力。 美国军事政府则强化军事法律。 工会、农会和地方人民委员会迅速涌现,并要求进行土地改革和实现自治。 左派曾经领导对日本的斗争,大部分右派则因与日本的勾结而带有污点。

美国人之间上演了一场激烈的争论,一方主张由联合国托管整个朝鲜半岛,苏联也支持这一做法;另一方则敌视苏联与南部的人民运动,认为朝鲜人缺乏自治的能力——再一次基于种族的理由(Hunt, 1987: 162—164;Katzenstein, 2005: 55—58)。 对混乱将引发革命的担忧再一次浮现。　强硬派赢得了这场争论。　苏联内部的争论则更加均衡，每一个超级大国都更愿意牢固地掌握自己的半壁江山，好过冒险让对方可能将整个朝鲜的托管权夺走。　从自己的立场出发，美国也担心自由选举会以左派的胜利收场(Matray，1998)。　美国因此在压制左派运动的同时与精英结盟，尽管大多数精英都曾与日本人合作。　在新政府的高级民事与军事官员中，70% 曾与日本人合作过。　也有超过两万名警察曾协助过日本人，他们现在帮助美国打击游击队、工会农会和人民委员会。大约有 1 000 名朝鲜人被杀害，30 000 人被投进监狱，他们并不像美国统治者所声称的那样是共产党员或者与苏联人合作。　1946—1948 年的人民起义遭到残酷镇压。　1948 年的李承晚政府获得更广泛的支持基础，尽管其政权仍然是威权性质的。

　　朝鲜被分裂成压制性的共产主义和同样压制性的资本主义，双方都举行虚假的选举，关系非常紧张。　大部分美国人不喜欢李承晚(他们希望看到一个不那么专制的统治者)，1950 年 1 月，美国国务卿迪恩·艾奇逊将朝鲜半岛和台湾排除在美国的"防御半径"之外。　对当地民众而言，这被解读为美国不再保护他们对抗共产主义。　游击队领袖朴汉云向金日成保证——后者又向毛泽东和斯大林保证——南部人民欢迎北部的"入侵"。　斯大林一直反对金日成"入侵"南部的请求，但现在他又同意了，虽然他向金日成表示如果事情失败，他将不会为他解围。

　　当"入侵"南部时，的确有许多南部农民家庭帮助北部军队将美国人赶到更南方。　整个朝鲜都有可能变成共产主义。　美国感到必须向日本与其他盟友宣示无论发生什么事情，美国都会保卫它们。　美国的政策就是征服和暂时的直接帝国统治，然后再撤退，留下可以维持非正式帝国的军事基地。　斯大林退出联合国以抗议联合国拒绝给予共产主义中国以成员身份，杜鲁门因此获得了联合国的支持而进行反攻。　当时，没有苏联的联合国完全成为一个西方架构。　杜鲁门重新占据了南方的领土，随后命令麦克阿瑟越过"三八线"继续进攻。　麦克阿瑟像是一门失控的大炮,令人大跌眼镜地违反其所接到的命令,把军队向北一直行进至中国边境——毕竟美国的代理政权有可能统治一个完整的朝鲜。

但毛泽东不能接受敌对的美国帝国主义来到他的边境。 他当时已在考虑进行干预,并且希望通过革命民族主义重新树立中国在亚洲的中央地位,希望中国革命能够成为亚洲的榜样,希望中国民众能够通过战争动员来保持在自身革命过程中的动力(Jian,1994;Zhang,1995:253—254)。 毛泽东曾经犹豫,直到美国士兵在中国边境集结,挑衅地往鸭绿江里小便,他似乎已别无选择,于是中国发起了进攻。 美国人再一次被打得急速撤退。 麦克阿瑟被革职,他的继任者李奇微(Ridgeway)在大量空军的配合下,在仁川共产党军队防线的背后进行海上登陆。 结果,中国军队被迫撤退。 杜鲁门和艾森豪威尔总统均拒绝了使用原子武器的请求。 美国军队成功地稳定了作为一切开端的前线——"三八线",时至今日它依然是朝鲜半岛的分界线。

有人把它称作是一场遏制共产主义的必要的有限战争。 这一战争尽管的确遏制了共产主义,但它既不有限也不必要。 400万朝鲜人和52 000美国人因此丧生。 美国的轰炸是焦土政策,对朝鲜进行毁灭性的打击不仅是要赢得战争,也是在向其他国家宣示共产主义只会带来"苦难"。 同时斯大林因战争牵制住了美国和中国,让中国依赖于苏联的军事供给而阻碍了和平谈判(Mastny,1996;Weathersby,1998)。 战争之所以必要,在于美国和苏联无法在托管权上达成协议,在于美国无法以其人民可以接受的方式重建韩国。 这催生了起义,并招致北方的"入侵"。 因此战争成为必要。 南方本可以通过改革和向民主转型而不战而胜。 在这个错误中,缺乏关注是部分原因,美国对半岛的政治局势缺乏准确的知识。 这是一出闹剧,让一个极为保守的军事指挥官在那里放手大干。 如我们在第三卷所看到的那样,在美国帝国主义的早期也曾出现过类似情况。

这在中国被看作是一次成功,战争巩固了毛泽东的统治,强化了朝鲜军事化版本的社会主义。　韩国则交织在威权主义和财团企业的势力中，虽然两者提供了高效的国家和资本主义。　但战争的主要良性结果莫过于说服了美国和李承晚开始进行土地改革，此举促进了公平、生产率和政权的支持度。　这本来可以成为美国在其他地方实行帝国统治的典范，但遗憾的是，最终未能如此。　大量美国军队留在了韩国，但与日本一样，它们并没有干预当地的政治。　巨额美国经济援助同样帮助了韩国的经济增长，并使其融合到由美国领导的全球经济中。1953—1960 年间，美国援助占韩国国民生产总值的 10% 以及全部投资的 74%。　韩国成为一个有能力维持自己且很大程度上独立的民族—国家。　作为事后分析，我们可以看出，较之于在本土实行高度专制和压制版本的共产主义，温和专制资本主义之下的韩国发展得更好。

　　战争的确表明，美国会为保卫其代理国而战。　国家安全委员会第 68 号文件(NSC-68)于 1950 年正式成为政策，使美国致力于在世界进行"周边"防御，因为"自由制度在一个地方的失败也就是在所有地方的失败"(Gaddis，1982：90—92)。　这一政策催生了更多的全球军事基地建设。　在美国，战争让国防预算翻了四倍、提出了在必要情况下先发制人的核武器使用原则、催生了国家安全政权和偏执的反共主义。　日本银行行长表示，对于日本来说，朝鲜战争带来了来自美国的"神圣援助"，它"相当于欧洲的马歇尔计划"(Forsberg，2000：84—85)。　日本是美国军队的供应基地，战争复苏了日本经济。　当日本没有加入中国经济秩序而是融入西方时，美国于 1952 年正式结束了对它的占领。　美日关系由暂时的殖民主义转变为霸权。　开放性是美国经济的主要美德，但前提是其贸易伙伴足够先进，有能力与美国商品进行竞争。　朝鲜战争带来了重大的影响。

　　美国也寻求在地区内保障日本的原材料采购，因此它需要更多的代理政权。　台湾以前处于中国的控制之下，随后是更加严厉的日本统治，后被蒋介石的国民政府控制，1949 年后被从大陆逃来的国民党军队所占据，在相当的凝聚力和国民党一党执政的体制下，他们作为新统治阶级占领全岛，直至 1980 年代。 他们镇压本地居民的反抗，但同时吸取在中国大陆与朝鲜战争中的教训，进行土地改革，以增加自己的合法性(Putzel，2000)。 1950—1960 年代，大量的美国援助很大程度上帮助了台湾的发展。 台湾的工业发展由威权当局所领导，当局通过控制金融来管理资本主义。 当局可分配资金、补贴受关税保护的出口产业(Wade，1990)。 对自由世界而言，台湾是安全的，但台湾本身尚未获得自由。

美国的政策已经从反殖民主义转变为解放斗争中的中立主义。 但朝鲜战争之后，中立又让位于打击共产主义。 英法在该地区的殖民地成为美国很好的盟友，但荷兰不行，因其在印度尼西亚的统治已经难以维系(McMahon，1999：27，36—45)。 美国可以接受亚洲威权政权作为反共的堡垒。 但无论美国政客如何在国内进行宣传，这一地区都不存在民主的使命。

在越南，美国无奈地被卷入支援法国镇压越南独立同盟会(越盟)的叛乱。 大多数越盟领袖都是共产党员，尽管他们的主要目标是国家独立。 越南在历史上一直是一个自治王朝，因此独立的目标也为越南民众所广泛接受。 如胡志明所说，必须先有国家才能实践共产主义。 他邀请越南所有政治派别加入反抗外国统治的斗争。 他钦佩美国独立战争，并将其作为自己独立斗争的榜样。 越盟一直努力与美国交好(Schulzinger，1997：18—19；Hunt，1996)，但美国已选择在战争中支持法国，同时他们也因种族原因不相信越南人。 美国的二战规划文件中把越南人描述为"缺乏组织能力和主动性"；"他们发展任何组织的能力都极其低下，无疑也没有建立地下组织的能力"；"他们见钱眼开"；认为越南人需要 25 年的西方价值观教化才能实现独立(Bradley，2000：44，73—106)。 林登·约翰逊后来将越南的古老文化称作"年轻而单纯"，需要从更为成熟的美国接受教诲(Sherry，1995：251)。 美国也不相信任何包含了社会计划的民族主义。 艾奇逊在一封发给河内大使的电报中称："胡(志明)是民族主义者还是共产主义者的问题其实并不重要，殖民地中所有的斯大林主义者都是民族主义者，他们都有国家层面的目标(例如独立)，其目的必然服从于国家，而国家则会追求共产主义"(Gaddis，1997：156—157)。 美国接受印尼和菲律宾的右派民族主义者，但认为左派民族主义者都是"共产党"，无力提供秩序，且很可能与苏联和中国结盟。 类似的误解导致美帝国持续的错误，结果就是共产主义分子的有增无减，就像后来恐怖主义分子有增无减那样(参阅本书第十章)。

　　1954 年，越南打败法国，美国接管并建立起代理政权。 尽管美国不停增派军队也无法赢得战争。 因为受到美国的攻击，苏联和中国极不情愿地参加了战争以支持这个麻烦不断的革命盟友。 在与中国决裂后，苏联试图通过谈判来结束冲突，但因北越和美国皆不妥协的立场而失败(Gaiduk，1996；2003)。 两个庞大的共产主义政权都错误地认为美国的力量正在走下坡路，赫鲁晓夫认为这增加了和平共处的机会，而毛泽东则认为，现在的"社会主义高潮"可以正面打败美国帝国主义。毛泽东也不愿意接受苏联给予他的"小兄弟"地位(Westad，1998；Zhang，1998；Chen & Yang，1998)。 中国的参与，加上对苏联核武器的畏惧，以及同归于尽机制(MAD)等结合在一起，使美国没有像在朝鲜那样动用全部火力来打击越南。 尽管美国保守派极力主张这一政策，但美国政府表现得更加理智。

　　美国的对越政策建立在三种错觉基础上：这是一场反对国际共产主义而非反殖民的民族主义战争；它主要是一场军事之战而非政治之战；美国必须坚持"完成一项不可能完成的任务，在这片土地的南部建立起独立的国家和社会"(Schulzinger，1997：327，96；Mann，2001：3)。 斗争发生在两派越南民族主义者之间：一派是共产主义和民粹主义；另一派则更加精英主义，但因受到被认为是新殖民势力的美国的支持，其民族主义的信誉度遭到破坏。 在美国国内，因征兵而激发的反战运动起初没能战胜反共产主义的冷战，也没能如通常那样通过压倒性军事权力实现美国的目标，没能出现多米诺骨牌效应(一个国家的失败会跟着引起其他国家的失败)，也没有必须在世人眼中维护国家声誉的需要。[1]美国希望南越代理政权经过政治改革可以打败共产主义者，但南越政权却没有这么做。 北越拥有民族主义的优势，它打败了法国，相对而言更加独立，其社会计划也更得到民众的支持。 共产主义者将权力再分配给农民，推行更加平等的税收，建立更加开放的地方政府。 南越寻求的是军事安全，使得权力关系几乎没有什么改变，而其地方政府则更加独裁和腐败(Race，1972)。

戴维·埃利奥特(David Elliott)访谈了 400 名共产主义囚犯和叛逃者(Elliott，2003)。 他们表示，尽管穷苦农民受益于共产主义的土地计划，但一俟他们发展成为中农，便不再愿意将自己的财产交给公社农场。他们将共产党视为独裁者并惊恐于越共对同情南越的人的拷打和杀害。然而他们补充道，美国的军队杀死了更多无辜的人，远多于越共。 尽管他们不是全心奉献于共产主义，他们的民族主义使他们更加痛恨美国和南越政府。 在他们眼中，美国和南越政府不过是新殖民主义的剥削者及其代理人。 当腐败影响了南越的军事表现时，北越和越共战士更得到当地民众的支持，士气也更高涨。

尼克松和基辛格通过军事行动升级将北越逼向了谈判桌，达成了被认为是保全美国面子的撤军。 但和平协议允许北越势力留在南方的某些地方。 在等待一年之后，北越于 1975 年 3 月发动攻击。 预计为时两年的战争，北越战士仅用一个月就打到了西贡，横扫世界上第四强大的军队——装备了由美国提供的坦克、大炮和飞机等。 高涨的士气和意识形态权力赢得了战争(Long，1998；Nagl，2002；Willbanks，2004)。[2]

战争是否值得？ 大部分美国人觉得不值，因为这不仅是一次败仗，而且还导致美国社会的严重分化。 这是冷战时期唯一一次国内民众的反对积累到如此强大使之能限制美国的政策选择，并使撤军成为可能。 不满的原因很可能来自征兵，让普通美国年轻人为某种抽象的使命而冒着生命危险去遥远的地方作战，攻打从来没有攻击过他们的人。即便是极端的反共产主义者也不支持这种计划。 一些不需要作战的人却声称越战对更广泛的冷战而言是必要的，因它向其他共产主义昭示了成功需要付出的高昂代价(Lynd，1999)。 皮埃尔·阿赛林(Pierre Asselin)把尼克松的军事行动升级看作是迈向最终和平谈判时残酷而必要的一步(Asselin，2002：165)。 但谈判没有获得什么成果，如果美国主动撤军也能获得此类结果。 这场战争值得牺牲 200 万越南人、或许还有附近老挝和柬埔寨接近 50 万的死者以及 58 000 美国人么？ 尼克松的军事升级行动值得牺牲另外 30 万越南人和 2 万美国人的生命么？ 这是美国采取的又一次焦土战术。 从二战开始，从朝鲜到越南、从伊拉克到阿富汗，轰炸成为这个国家的污点。

美国输掉了这场战争，但没有引起多米诺骨牌效应。 朝鲜和越南的焦土无疑为此做出了贡献，但主要原因是情况与其他地方不同。 在朝鲜和越南，反殖民主义与阶级斗争融合为左派的革命民族主义，这成为 20 世纪第二阶段革命的特征(参阅第九章)。 菲律宾的情况不同，其国家意识建立在以地主精英(illustrados)为基础的稳定统治上，地主精英是一个由知名人士所组成的一个凝聚阶级，经历了从西班牙到美国殖民时期的过程。 如第三卷第三章所看到的那样，通过这种地主精英，美国以形式上民主但实际上高度扈从的政治制度方式实现了统治的稳定。第二次世界大战使菲律宾变得完全独立，但地主精英继续了此后的统治，因此，作为一个没有受到民粹民族主义威胁的国家，菲律宾可以不进行土地改革而得到维系。 虽然改革依然非常必要，但它可以以最低限度的方式进行(Putzel，2000)。 鉴于菲律宾精英阶层的稳定和权力，美国不需要通过改革或者军事干预就可以将其保留在自由世界内。

印度尼西亚从未被某个单一政权所统治，但其核心岛屿——爪哇——曾出现过统治王朝，荷兰统治期间，伊斯兰教为社会增添了一股凝聚力。 日本战败后，由爪哇和各核心岛屿共同组成的一支民族主义军队打败了荷兰及其主要来自于外围岛屿的当地盟友。 独立后的政府向其他岛屿有效地推行"爪哇帝国主义",这是一种带有中左民粹主义色彩、以发展为导向的政体。 美国对此并不喜欢。 中情局曾耗时八年试图动摇苏加诺将军的政府,但以失败告终。 但是,1965 年,一次左派官员政变的失败导致苏加诺被右翼将军苏哈托所推翻。 新政权致力于打击作为共产主义运动总部所在地的爪哇地区,至少有 50 万人在残暴的屠杀中丧生。 中情局想过除掉苏加诺,也曾暗示过起草死亡名单,但这主要还是印度尼西亚的暴行。 不过美国欢迎反共政权,甚至同意了 1985 年其对东帝汶的入侵。 在美国有关印尼的外交政策动力中,民主远远地落后于反对左翼主义。

也有其他一些国家像越南那样被更广泛的冷战利益所牺牲。 泰国从未被殖民过。 1932 年前的泰国是一个权力很小的王国,然后置于军事统治之下。 泰国的保守主义使其非常适合于建立美国军事基地,美国政府更专注于维持一个有序的政府,而不是将其民主化或推行土地改革,并支持泰国政治中的军事和独裁派:"美国的政策目的与泰国民主是不相容的"(Fineman,1997:261)。 老挝在近代历史上并不统一,而是处于分裂之中,一场阶级加族群的内战分化了老挝,获得胜利的是越共的从属势力左派巴特寮(Pathet Lao)。 中情局援助当地少数民族苗族动摇了巴特寮的统治,利用苗民通过游击战争的方式对抗越共和巴特寮(Warner,1996)。 而当肯尼迪总统意识到那是一个泥潭时,他命令美军撤军。 在这些战事中,尽管少数民族没有足够的人手获胜,美国依然利用他们攻击自己的敌人。 当美国撤军后,这些人的生命变得岌岌可危。 尽管如此,苗族幸存者如今在弗雷斯诺(Fresno)和洛杉矶过着富裕的生活。

柬埔寨在这一地区既是一个主导国家,也是一个从属国家,在法国进入之前屈从于越南的统治。 法国撤离之后,柬埔寨陷入残酷的命运。 它在越战中严格来说是一个中立国,但却因美国要切断北越向南方输送的补给线而遭到狂轰滥炸。 数以千计的柬埔寨人丧生,削弱了柬埔寨政府,同时壮大了高棉族农民游击队,其主要根据地就在遭到轰炸的地区。 这不是共产主义红色高棉壮大的主要原因，轰炸强化的是对反殖民民族主义的支持。 1975 年，红色高棉征服了整个国家，并实施惨无人道的"阶级屠杀"，大约 180 万所谓的"资产阶级"反革命分子遭到杀害。 红色高棉还大规模杀害在柬埔寨的越南少数民族，随后又侵犯越南边界，招致越南 1979 年的入侵并将其击溃。 红色高棉不仅残忍地杀害他人，而且也自取灭亡(Mann，2005：339—350)。 打败红色高棉迄今仍然是历史上最成功的"人道主义干预"，但讽刺的是，这是由共产主义军队来完成的。

美国在亚洲的军事记录似乎并不怎么好。 美国在中国和越南内战中支持的都是战败方，在朝鲜与人打成平手，输掉了在老挝、北缅的秘密战争和政变，伤害了柬埔寨和泰国。 以上结果与这一地区内上述国家的政权凝聚力和社会凝聚力成正比。 无论如何，美国开始对"成功"有了不同的定义，因其狂轰滥炸的确阻止了共产主义。 焦土战术使共产主义政权无法繁荣，也无法吸引他人追随自己的脚步。 在印尼、菲律宾和泰国，美国政府对盟友侵犯人权的事实睁一只眼闭一只眼。 若在韩国推行土地改革，美国本可获得更好的结果。 的确，美国在东南亚国家没有多大的势力。 这些国家与人民的凝聚程度不一，但都接受反殖民的民族主义。 这一地区远离美国本土，很少有美国人，也很少与美国有贸易来往。 美国强大的军事力量有助于遏制该地区的共产主义，尽管这一成功主要有赖于本土精英的镇压，他们希望避免土地改革、独立工会以及民主。 冷战双方都在海外行动中扭曲了自己的初衷。 最主要的区别就是苏联和中国在国内也是这样，但如果你是越南人或者柬埔寨人，这点并不重要。

美国很大程度上是非殖民的力量，本可以以不同的方式行动。 它完全可以使用更少的武力，采用以改革为主的战略，并从中受益。 但对华盛顿的官员而言，要顶住蔓延全国的极端反共主义不是一件容易的事。 对假想的共产主义手软不是明智的政治选项，这会危及连任。 美国的国内政治塑造了遥远国度的政治现实。 被冷落的不仅仅是亲共团体，还有所有寻求土地改革和工人权利的左翼群体。 美国似乎因与当地上层保守阶级的紧密联系而被卷入军国主义战略。 这就是路径依赖：对朋友的最初选择决定了此后战争中的敌友关系。 在美国的两个主要动机中，很难分出何者更加强大：建立对抗共产主义的全球势力；为了美国资本主义的利益而支持资本家和地主。 美国政府或许希望当地政权更加民主，在做不到这点的情况下，威权主义也是可以接受的，因其能带来秩序——或美国人相信可以如此。 然而，美国对政权类型的相对漠不关心意味着关键行动者不是他们而是亚洲本土精英，他们不愿意放弃自己手中的任何一点权力。 尽管美国政府为独裁者提供了军事支持，形成威权政体的关键行动者依然是本土精英。

东亚和东南亚的第二阶段：走向霸权

尽管如此，美国的战争还是稳定了共产主义与资本主义在亚洲的边界，并在越战后使美国可以发挥贸易和投资的经济实力，而不是通过军事上的虚幻优势下意识地反对共产主义(McMahon，1999；2010)。 从1976年起，美国逐渐转变为霸权，在活跃的海外华侨的帮助下，由美日共同主导的资本主义发展与共产主义区域内停滞的经济形成越来越鲜明的对比。 日本经济奇迹之后，出现了东亚四小龙，随后整个地区经济都迎来飞速发展。 大多数国家选择了与战后欧洲、日本一样的策略。它们降低交换汇率、干预外汇市场、推行资本控制、积累外汇储备、提升由出口带动的增长，将商品销往核心国家，尤其是美国(Dooley et al.，2003)。 美国不太情愿地接受了这种它完全没预想到的发展型国家模式。 相比军事战略而言，美国通过与这些自治民族—国家联系的经济战略获得更大的收益。 其中一个特别重要的成就是它减少了针对亚洲人以及亚洲人内部的种族主义。

现在可以清楚地知道美国在该地区的政策并不是为了追求民主的目

标。 1944—1957 年间亨廷顿的第二波民主化浪潮几乎没有对这一地区造成任何影响。 针对 19 世纪和 20 世纪民主化的比较研究发现，地主阶层最反对民主，其次是资本家，其他阶级则持更加多元化的倾向。 在西方，拉丁美洲和加勒比地区，中产阶级对民主时而支持，时而反对，尽管根据从亚里士多德到利普塞特再到亨廷顿的传统民主理论，他们被认为是支持民主的。 自 19 世纪后半期开始，最支持民主的是有组织的工人阶级，其次是小农阶级。 工人、农民政党及其工会不断争取民主(Rueschemeyer et al., 1992)，理由很明显，一旦民主被定义为普选权，他们是数量最庞大的阶级。 对于现代阶段的大部分时期而言，亚里士多德—利普塞特的中产阶级民主理论是错误的。

　　然而，战后亚洲的情况不同。 韩国或许是最后一个经历广泛工业化发展并因此发展出庞大而有组织的工人阶级的国家。 台湾作为该地区相对更早的发展者，公司的规模更小且都是家族经营，因此产生更少的工联主义——没有组织化工人阶级的工业化。 在这一区域的其他地方(包括世界的其他区域)，工业化多发生于工人不是主流阶级的小飞地。 他们的工会由部门而不是以阶级所主导。 年轻女子更愿意用她们灵巧的手从事缝纫或者组装微电子产品，并且一般来说她们也不是工会的良好对象。 分包链和国际竞争(对制造业工作具有吸引力)削弱了工会和政府保护工人权利的动机。 它们使雇主可以控制工人的生活，这些工人通常来自偏远地区的移民，深陷于招聘中介的缠身之中，一旦造成任何麻烦便会被遣返，而且还被迫用大量工资来偿还不断膨胀的交通费用。 他们工作于小型工厂，这些工厂以低下的利润与更大型的西方或日本公司竞争订单，不对工人的工作条件负任何责任。 这些因素都导致工人更少的集体组织，导致更少来自工人阶级要求民主的压力。 这些或许会随着国家工业化而慢慢发生改变。 伊曼纽尔·沃勒斯坦(Immanuel Wallerstein)认为，资本主义向廉价且高度剥削劳动力地区转移的能力正在逐渐衰竭(Wallerstein, 2003)。 他估计，从资本进入一个农业国家到工人形成组织大概需要 30 年的时间，然后资本再次向国外转移，继续寻找有廉价劳动力的地区，这一过程在世界范围内重复。 沃勒斯坦表示，非洲将是最后工业化然后形成组织的区域。 同时，因为劳工组织的滞后，来自工人阶级要求民主的压力也会比以前更小。

沃勒斯坦强调资本主义市场的力量，但阿图尔·科利(Atul Kohli)和我都认为后发展国家在工业化过程中拥有某些余地。 科利将成功的个案称为"有资本主义凝聚力的国家"，它们鼓励国家与支配性商业阶级形成以生产为导向的同盟关系，"一心一意、不屈不挠地追求发展"。国家有时会尝试设定合理的物价(如新古典主义经济学家所要求的那样)，但更多时候会有意制造价格扭曲、降低交换利率、补贴出口、使工资滞后于生产率提高。 这通常包括对工人与农民的压制，推迟它们形成集体组织的时间(Kohli, 2004：10—14；参阅 Rodrick, 2011)。 科利认为韩国是一个典型的案例。 1961 年，在军事力量的支持下，朴正熙向以出口为导向的财阀企业提供国家补贴。 劳工的要求被压制，工厂推行军事化管理。 工人们的工资低下，但工作稳定，部分甚至签订了终身合同 在利润高但工资和消费都低的情况下，国内资本可以购买技术转移而无需依靠外国资本来实现产业升级。 出口达到设定的标准就能获得减税优惠，为最有生产性的企业提供了动机(Amsden, 2001；Wade, 1990)。 科利将韩国总结为"军事化的、自上而下的、压制性的、以发展为导向的国家"(2004：88, 98—101)。 虽然也存在腐败的情况，但大多数国家都不是政治资本主义——一种通过进入国家而获得处理国家资源的权力，有时候把国家资源当作自己财产加以处理。 从集体经济权力的角度而言，这些安排都是有效的。 弊端存在于政治和军事权力方面，这种半威权主义的经济权力和政治权力的融合导致对工人的军事压制，而不是政治公民权利(political citizenship)的发展。

尽管存在这些障碍，资本主义发展还是对民事权利起到了一些积极的作用(Marshall, 1963；Zakaria, 2003)。 保护私人资本主义财产的法律往往被拆分，转变成法律面前人人平等，以及言论、结社和宗教自由。这促进了自由化的发展——相较于集体权利，它更多是个人权利，这是美国民主观念的核心。 美国愿意转移技术、愿意打开大门以进口商品，随着它蔓延至日本、中国香港、韩国、中国台湾、印度尼西亚、马来西亚、新加坡以及泰国，对自由化产生了非常良性和有益的影响(McCauley，1998：103)，使这些地方也形成有能力保证公共秩序和(某种程度上的)法治的政府。 回报终于在冷战结束时出现了，体现在亨廷顿所说的以1987年为开端的第三波民主化浪潮中。 尽管如此，民主化不仅仅是工业化的产物，较之于工业化，民主化需要更长的时间。 20世纪60—90年代中期，东亚和东南亚的经济发展总体上与民主化不相关。国家主义的经济发展、种族—民族分化、反共产主义势力、精英和美国的镇压等干预性因素在各国间造成了差异(Laothamatas，1997)。 苏联解体之前，美国对共产主义的恐惧促使它支持对农民和工人运动的镇压，并减缓了民主化。

因此，韩国的民主在1990年代才迎来真正的选举。 在此之前，政府与财团企业打压工会，指控积极分子是共产主义者。 但其发展模式还是以受过教育的、技艺精湛的劳动力，有限发展的社会公民权，以及以受到压制的工资结构、公共教育和住房计划等为基础。 由于被剥夺了结社权，学生、专业人士以及宗教志愿团体从1960年代开始就示威要求民主。 在东亚和东南亚，由于缺乏工人阶级的压力，中产阶级群体在促进民主的异见抗议中变得更加突出(Laothamatas，1997)。 这似乎支持了亚里士多德—利普塞特的中产阶级民主理论。 但如果没有工农组织的大力支持，他们的收获将非常有限。 当更广泛的抗议爆发后，这种模式改变了。 在1980年光州起义中，大部分早期异见领导人都是上过大学、经历过早期斗争的人，不过斗争主要还是由工厂的工人完成的。 这是一个转折点，尤其因为里根支持全斗焕独裁者，支持他派遣军队镇压起义而掀起的反美浪潮。 这使美国感到恐惧，使之转而支持民主化。 当1987年民主政治权利得到巩固之后，再次出现了由学生和工人组成的跨阶级联盟。 最终，当共产主义垮台后，美国松了一口气，成为了区域内温和的支持民主的力量。 在此之前，美国的目标主要是反对共产主义,但其中不包括民主。

美国帝国主义最终在这一区域消失了,取而代之的是更加浅层的霸权,让民族国家自行决定其政策。 大部分国家选择了民主,虽然有时只是对民主拙劣的模仿。 当地人最终还是获益了,尽管当美国没能够约束区域内的中左派民族主义时他们受尽苦难。 这也是美国在其他地方犯过的错误。 幸运的是,还有超过这一错误的更大失败,那就是民族主义运动迈向左翼共产主义,但却没能在区域内建立起令人满意的社会形态。 亚洲由此获得了自己独特版本的公民权利和资本主义。 冷战结束时,虽然美帝国没有再主导东亚和东南亚,共产主义也没有。

美洲半球的炮舰

这一半球是美国的后院,但却是一个次要的区域,美国警惕地盯着委内瑞拉的石油和巴拿马运河——那里几乎不存在共产主义者,且已牢牢地掌控在美国的非正式帝国内。 这由美国在该区域内的微薄开支可见一斑。 大多数美国的拥护者和批评者都夸大其在这一半球的权力,因为许多根本不是它应该负责的事情而赞扬或指责美国。 这一区域存在许多历史悠久的主权民族—国家,这些国家剧烈的社会冲突不是美国所能解决的(苏联也做不到)。 美国不得不继续依赖于我在第三卷中所提到的低成本的"婊子崽"代理人和秘密行动[科德尔·赫尔(Cordell Hull)曾经这样评论一位 1930 年代的拉丁美洲独裁者,"他或许是一个婊子崽,但他是我们的婊子崽"]。 美国影响当地社会力量的能力十分有限,当地人很大程度上为自己的命运负责任。 左派势力明白,哪怕有一点轻微的共产主义迹象都会招致美国的报复,但因那里几乎没有什么共产主义,所以这算不上什么问题。 在整个这一时期,只有古巴和尼加拉瓜两个小国发生过革命,且只有古巴坚持住了。

美洲半球比世界上其他任何宏观区域都拥有更多的阶级和地域不平

等，它们通常与民族分裂相形随，存在着许多要求根本变革的运动。这些运动有一部分追求社会主义，也有少数鼓动暴力行为，但都以失败而告终。拉丁美洲没有被卷入世界大战，也几乎没有发生过国家间战争，因此任何潜在革命都必须面对决不向社会压力妥协的统治政权，战争既没有削弱它们的力量，也没有分散它们的注意力。与世界其他地区一样，拉美的问题出现在内部。美国对专制政权的帮助于事无补，因为它鼓励了镇压，激起了反美主义，并将抗议运动部分推向左倾和暴力。这一切都加剧了早已肆虐的冲突。哈尔·布兰兹(Hal Brands)曾指出，"大国之间的较量、外国干预、与美洲外交的冲突主导了拉丁美洲的对外关系；意识形态的两极化、在独裁与民主之间的快速摇摆以及激烈的内乱构成了洲内政治的基本特征"(Brands，2010：1—2)。因此这是"一个紧张且时常血腥动乱的时代"。这不是冷战，而是热战。相比中美洲国家，美国对南美国家的影响力要小许多，南美国家离美国更远，且规模普遍更大。

第二次世界大战催生的经济繁荣通常出现在没有受到封锁的中立国家。这一时期的拉美依赖于出口食品和原材料，并因此发展出"进口替代工业化"(ISI)的经济政策。希望通过国家扶持、关税保护的工业化刺激当地制造业，减轻对进口制成品的依赖。尽管 ISI 违反了美国的自由贸易政策，但美国依然接受了，前提是不能歧视美国公司，且允许它们在当地设立分支机构。ISI 得益于世界范围内的经济繁荣，并在 20 世纪 50—60 年代创造出本世纪最高的增长(直到 2000 年都依然如此)。工人阶级和中产阶级的规模扩大了，他们的生活水平提高了，但大规模的城市发展引发了诸多社会动荡。根据库兹涅茨(Kutznets)的简单定理，工业化最初会加剧不平等，然后再将走向缩小。但拉美洲的不平等并未缩小，大部分国家的主要原因是下层阶级被民族—种族和地区分裂问题所分化。具有文化凝聚力的上层阶级及其从属势力从土地和国家中提取租金，并在面临激进改革者时实施镇压或军事政变。公共部门的职工在国家体系内部具有策略上非常强大的权力，他们有时以从属的角色参与寡头寻租。 尽管如此，当全球景气结束时，ISI 进一步破坏了支付困难与债务之间的平衡，受保护的产业依然效率低下，经济困难从 1970 年代开始变得明显(Bulmer-Thomas，1994；Bethell，1991；Cardenas et al.，2000)。

美洲半球明显存在一种由军队支持的独裁政权与(不完善的)民主政权之间的振荡模式，两者都未能在此时期内为国家做出贡献。 亨廷顿的第二波民主化浪潮开始于 1944 年，波及拉丁美洲，受美国新政、由民主赢得胜利的世界大战以及战争时期的增长等鼓舞。 政党动员工会和中产组织促进民主化。 哥斯达黎加、委内瑞拉及秘鲁的中左派也要求社会改革。 这大概是 21 世纪以前该地区民主最有活力的时期。 但美国的政策制定者分裂成两派：冷战自由派要求抛弃"婊子崽"独裁者、推行民主化以阻止共产主义；冷战保守派则倾向于保留独裁者以维持秩序。 中情局以及以提炼业为主的美国企业利益普遍支持保守派，后者追求尽可能廉价的劳动力。 两派的共同点是都极力维护各种资本主义自由。 自由主义者斯普鲁伊尔·布雷迪(Spruille Brady)要求在美洲半球推行选举，但宣布："私有制与宗教、家庭等一样是文明的堡垒。 损害私人企业将导致我们所珍视的生活和自由分崩离析。"美国指责联合国拉美委员会(ECLA)的经济专家是共产主义分子，因他们在国家经济中提倡部分中央计划。 美国还以妨碍自然市场力量为由，拒绝了当地对于经济援助的请求，实际情况是美国不愿意在一个次要区域浪费金钱。

自由派在斗争中失利。 到 1948 年初，来自美国的民主化压力停止了，寡头们开始反弹。 1946 年，三分之二以上的拉美国家有立宪政府，但到 1954 年，三分之二以上的拉美国家为独裁者所统治。 这主要不是美国的错，本土政治寡头不需要外界的推动，同时美国的态度更倾向于漠不关心而非干预主义。 但发生政变后，美国把独裁者看作是反对共产主义的堡垒。 1954 年艾森豪威尔向委内瑞拉残暴的独裁者佩雷斯·希门尼斯(Perez Jimenez)颁发勋章，表彰其"高效统治的成就和反共态度上的特殊功勋"。 美国将二战中剩余的武器装备送给了独裁者，以低成本的方式表示支持拉美的内部镇压(Bethell & Roxborough, 1988；Bethell, 1991：53—54, 67；Coatsworth, 1994：chap. 3, 尤其是 53；Ewell, 1996：160；Leonard, 1991：chap.7；Roorda, 1998：chap.8；Rouquié, 1987：24；Gambone, 1997；Schwartzberg, 2003)。

美国对中美洲的干预要容易得多。 1954 年美国强烈反对危地马拉的阿本斯(Arbenz)立宪政府，因其以高涨的工农联盟和中左派政党为基础推行土地改革。 大家族和美国联合果品公司(UFCO)的闲置土地被没收，并以当时未耕种土地的市场价格进行补偿，然后重新分配给无地的农民。 阿本斯政府包含了一个小型的共产党，占据议会 51 票中的 4 票，并且在领导层中有一名共产党员。 寡头家族、天主教堂、美国联合果品公司和美国对此都不满意。 虽然当地的反对派是主要推手，但美国大使普里福伊(Peurifoy)鼓动危地马拉军队进行干预，并由中情局资助和武装了 1954 年危地马拉反对势力的入侵。 当该计划搁浅后，中情局的飞机轰炸了危地马拉军队，同时美国要求军队的高级官员转而对付阿本斯。 军官们担心若不顺从，艾森豪威尔将派遣海军，因此照做了(Cullather, 1999：vii—xv, 97—110)。

阿本斯被推翻。 1955 年的选举中，美国的代表人卡斯蒂略·阿马斯(Castillo Armas)获得了百分之九十九的选票，堪称苏联式的选举。 他将被征收的土地发还给联合果品公司，降低美国进行贸易和投资的门槛，禁止工会和中左派政党。 这些举措激化了反对势力，并将他们逼向暴力反抗。 经济小幅增长，但主要为寡头家族带来好处，而四分之三的人口的收入都降低了。 愈演愈烈的反抗被美国支持的军队所镇压，国会对此非常感激，表示庆幸有这么一个"强大的平叛国家"。 受阿本斯改革所鼓动的农民和土著民表示强烈的反对，包括起义行为。1965 年，美国国会安全专家约翰·朗根(John Longan)抵达危地马拉，组织危地马拉首个执行肃清行动的暗杀小组。 该行动杀害了工会和农民联盟的领导人。 美国特警队员和中情局特工被派往危地马拉训练军队和安全警察如何镇压叛乱，部分人直接参与了暗杀行动。 接下来的 20

年间,至少 20 万名异见人士和原住民遭到杀害,另有 4 万人失踪。 如果没有美国的持续支持及其提供的训练和武器,这些并不会发生。 这些情况在卡特任内有所减少,但不料在里根任内得到强化。 有关中情局和外交官员的暴行以及美国在当地的阴谋的关键报告被隐藏。 里根无视国务院有关人权的准则,派遣军队前往执行其致命的工作(Streeter, 2000:108—36, 239—248; Grandin, 2004:12)。 1999 年,克林顿总统向危地马拉人民正式道歉,他们遭受了美国在美洲半球最恶劣秘密行动的戕害。

美国官员声称他们的干预是为了防止共产主义。 但正如中情局正统历史所记载的那样,无论是阿本斯还是危地马拉的小共产党都与苏联无关,尽管中情局一直在编造它们之间的关联(Cullather, 1999)。 后来的起义大多发生在内陆农业地区,也没有发现任何与苏联或本土共产党的联系。 马克思主义思想影响了阿本斯的土地改革计划,融合了拉丁美洲经济委员会(ECLA)的凯恩斯主义全国经济发展模式,致力于将无地农民转变为有产者,使他们成为全国制造业的消费者。 从理论上来说,这将使以前因廉价劳动力和土地而自得的大农场主被迫投资于新技术以提高其生产效率(Gleijeses, 1991:3—7, 361—387; Grandin, 2004)。 詹姆斯·马奥尼(James Mahoney)表示,该土地政策与后来肯尼迪政府的"争取进步联盟(Alliance for Progress)"讽刺性地相似(Mahoney, 2001:212—216)。 革命本不是必要的。

土地改革是美国的症结所在,这也是美洲半球大部分国家实现民主的前提条件,因地主寡头的统治不仅压迫穷苦百姓,而且阻碍了经济发展。 一位中情局官员曾谴责土地改革是"以共产主义模式将土地分给危地马拉人"。 国务院称其为"对农业人口的共产主义政治控制"(美国国务院,2003:20, 70—71)。 土地被转分给十万户农民家庭,大多数是被压迫的玛雅人。 土改赋予他们权力,他们组成公民社会要求进一步的公民权利。 寡头们感到害怕并进行抵抗,这种抵抗得到了教会阶级的庇佑和部队军官的支持,联合果品公司则在华盛顿进行有效的游说。　杜勒斯兄弟，一位是美国国务卿，另一位则是中情局的领导人，都曾工作于该公司并持有当时公司的股份(Grandin，2004)。　尽管该公司不可能决定美国的政策，但它有着重要的非正式影响力。　美国大使普里福伊邀请受过良好教育的、说英语的危地马拉人以及美国商人参与大使馆的外交活动，而不请中左派知识分子或者说克丘亚语的玛雅人。美国人被他们的当地朋友所影响。

共产主义被看作是全球性病毒。　如果危地马拉的土地改革成功，将会扩散到其他地区。　尽管部分美国官员私下承认改革是"期待已久的措施"，但他们表面上仍然持反对态度，并将其视为"煽动美洲其他国家的农民进行破坏性动乱"。　一位国务院官员称"它是一种强有力的宣传武器；帮助工人、农民战胜上层阶级和外国企业，获得斗争的胜利，对条件类似的中美洲邻国的国民有很强的吸引力"(Streeter，2000：17—23；Gleijeses，1991：365)。　政变和协助镇压暴动是帝国的传统政策：通过惩戒性镇压，用鲜活的例子告诉他人尝试同样事情的结果将会是怎样。　这一政策是成功的。　吓住了他们，并给独裁者壮了胆。

艾森豪威尔政府在美洲半球内开始军备转移和训练计划。　到1957年，已经在42个国家开始了训练，覆盖大部分拉丁美洲国家。　国家安全委员会1955年第5509号文件记载道，这实现了"以最低限度的美国军队确保拉丁美洲的安全和来自那里的原材料供应"(Gombone，1997：85)。　受训的当地士兵会履行这项职责。　6万名士兵和警察在美洲学校学习镇压技巧，其中包括美洲最声名狼藉的人权侵犯者(Gill，2004)。"婊子崽"又回来了，美国给他们廉价的军事援助，让他们去打压异见人士(Lieuwen，1961：226—234；Holden，2004：part II；Rabe，1988：77—83)。　另一方面，布兰兹简洁地总结道："不需要告诉任何拉丁美洲官员必须这样，他们本来就是反共的"，尽管如此，他们还是感恩戴德地接受了美国的军事援助(Brands，2010：48)。

1950年代后期，来自下层的民主压力日益增多。　1956—1960年间，该半球有十个军人统治者由于允诺政治和社会改革而遭到废黜。

美国到最后一刻依然支持大部分独裁者。 国会中的民主党多数敦促推行更加自由的政策。 然而就在肯尼迪上任前几天，美国挫败了洪都拉斯改革派的一次政变，并让保守派接替了他们。 需要注意的是，前面提到的干预和镇压针对的都是左派改革者。 他们成功的镇压使和平性的异见显得无用，并导致左派更多地诉诸暴力和游击队运动。 当右派也开始使用暴力后，他们只有以牙还牙。 这些干预和镇压都发生在卡斯特罗掌权并左倾之前。 尽管卡斯特罗治下的古巴和苏联的确为大量游击运动提供了直接的援助，对左派的血腥镇压已成常态，这并不是卡斯特罗或者苏联造成的后果。 卡斯特罗主义的幽灵加剧了右派的偏执(如 Brands, 2010 所强调的那样)，但为何他们不与中间派或者中左派和平改革者和解，以此削弱暴力的左派？ 答案在于大部分寡头政权不愿意放弃战后时期的任何特权。

但此时美国在古巴的政策变得慌乱，受创于 1959 年卡斯特罗从"婊子崽"巴蒂斯塔手中夺过政权。 卡斯特罗最初希望对外不结盟、对内追求经济民族主义和再分配。 当情况变得明朗，不结盟意味着利用美国对抗苏联，例如，如果从苏联购买大部分原油将激怒美国，然后联合美国和英国的石油公司拒绝提炼苏联的原油。 美国国会取消了古巴的食糖进口配额，中情局开始训练古巴逃亡者。 作为回应，卡斯特罗将石油及部分其他美国公司国有化，并接受苏联提供的军事援助，苏联终于相信在美洲半球有其他革命正在酝酿之中(或可以提供援助)(Brands, 2010：31—33)。 作为回应，美国实施贸易禁运，艾森豪威尔授权中情局策划入侵。 肯尼迪曾在大选中借机抨击艾森豪威尔面对共产主义太软弱。 现在，他觉得自己必须强硬了。

这是第一次也是唯一一次在美洲半球，一个左派政权与苏联结盟，同时古巴民族主义在国内宣扬卡斯特罗是小个子战胜巨人(Welsch, 1985)。 升级对抗对双方而言都是愚蠢的做法。 美国的政策使苏联加大了对古巴的兴趣，并引发半球内反美情绪的反弹。 然而，依据美国的跟踪记录，卡斯特罗离佛罗里达州只有 90 英里的距离，他为何不明白与苏联结盟会招致政治上的孤立和经济上的制裁？ 苏联惊喜于他们的好运气，与他们在美洲半球其他区域缺乏影响力形成鲜明的对比。 当时已不寄希望的苏联领导人被新加入的卡斯特罗的天真革命天真热情所深深吸引(Miller，1989)。 古巴革命和苏联援助鼓舞了其他地区的极左派走上暴力道路，相应地这也把极右派逼向暴力，并且右派拥有超过左派的军事力量。 古巴在所有方面都适得其反。

因为其他独裁者盟友看上去都非常脆弱，卡斯特罗变成了开刀的对象。 部分华盛顿官员理智地提出如果说服其他独裁者进行改革，将有助于加强美国对这些国家的影响。 艾森豪威尔1959年曾暗示要将多米尼加共和国的特鲁希略(Trujillo)赶下台，但该独裁者在国会中有太多的朋友。 肯尼迪曾这样表达过他的感受："按降序排列，存在着三种可能：一个得体的民主政权；特鲁希略继续其统治；或者一个卡斯特罗政权。 我们应该以第一种情况为目标，但不能放弃第二种，除非我们确定能够避免第三种。"(Smith，2000：143)这个说法适用于美国对世界其他欠发达国家的大部分政策。 肯尼迪曾批准1961年对特鲁希略的暗杀。 但他依然没有办法实现其最希望得到的第一种结果。

肯尼迪在其竞选演说中宣布，他将与第三世界民族主义合作，共同迎接期望值日渐高升的全球革命。 他在"争取进步联盟"中创立新政策，并于1961年开始。 该政策承认经济发展和土地改革是民主得以建立的必要基石，并提供200亿美元的经济援助，希望通过经济手段阻止共产主义。 这一政策得到研究世界增长与发展一般阶段的社会学家塔尔科特·帕森斯(Talcott Parsons)和经济学家沃尔特·罗斯托(Walt Rostow)的现代主义理论的支持。 美国作为现代化程度最高的社会，可通过引导更加落后的社会学习其发展模式以援助它们(Latham，2000；Smith，2000：146—148)。

可惜的是，效果并不好。 投入的资金大部分被腐败精英所侵吞。美国官员往往不愿意与当地改革家合作，因土地改革会激化阶级冲突，并有可能威胁到稳定，稳定乃是美国在该地区最主要的目标。 资金也被行政官员所盗用，他们认为这些钱更应该投入镇压措施，博比·肯尼迪(Bobby Kennedy)称其为"压力下的社会改革"。和平工作队(peace corps)乃最好的项目，它们由理想化的志愿者所组成。大部分志愿者回到美国后对拉丁美洲的现实有了更深刻的了解，却不再对当地的政府抱持希望(Fischer，1998)。事实证明，这一政策的重点是"联盟"而非"进步"，因其已转变为靠贿赂政府以保持亲美派和打击左派。美国总统在反共与进步目标之间左右为难，不再对联盟寄予希望。对于这一结果存在着两种观点：一是认为失败是注定的；另一种则认为若有更大的决心或许能够获得一些进步(Dallek，2003：222—223，436—437，519；Levinson & de Onis，1970；Kunz，1997：120—148；Smith，1991：71—89；Leonard，1991：146—152)。但该政策的失败使当地最急需的土地改革失去人心。布兰兹表示，事实上该政策的确恶化了阶级冲突，推动了大规模商业化农业的发展，但牺牲了穷苦的佃农(Brands，2010：63)。

肯尼迪给古巴施加的压力迫使苏联相信他将要入侵古巴，这也是导致导弹危机的一个因素。尽管如此，肯尼迪在危机中表现得坚定且克制，为赫鲁晓夫提供了不失颜面的退路，赫鲁晓夫也感激地接受了(因为现在他后悔其冒险精神)。化解核弹危机是美苏双方共同的成就(Gaddis，1997：chap.9；Stern，2003：14，82，127，424—426；White，1997)。但肯尼迪在其他地方动摇了。他支持委内瑞拉、秘鲁、智利和哥斯达黎加的中间派政治家，在其他地方则开展推翻中间派的秘密行动。他削弱了阿根廷和危地马拉的立宪政权，将巴西总统若奥·古拉特(Joao Goulart)误认为是危险的左派分子，并向巴西的将军们保证他将支持推翻古拉特的政变，要他们相信他"将使这个该死的国家远离共产主义"。肯尼迪帮助推翻了圭亚那脱离英国统治之转型时期的切迪·贾根(Cheddi Jagan)。英国向他保证贾根不是共产主义者，但肯尼迪并不相信。他批准的美洲半球秘密行动比冷战时期的任何其他美国总统都要多，尽管这些行动都是小规模的(Rabe，1999：63—70，197—199；Dallek，2003：401，520—522)。

林登·约翰逊帮助结束了古拉特和贾根。 在多米尼加共和国，改革派胡安·博什(Juan Bosch)接任特鲁希略，他减少军队预算的做法招致军队的憎恨，同时被美国认定为潜在的共产主义者。 多米尼加军队没能成功地推翻他，1965 年美国海军的入侵才完成这一任务，在这个小国家内打了一场大仗，六千名多米尼加人死于骚乱(Lowenthal, 1995；Atkins & Wilson, 1998：119—149)。 肯尼迪和约翰逊都认为独裁是有力而稳定的，尽管民主更加理想，但实践起来却易受共产主义的破坏(Wiarda, 1995：69)。 乔治·多明格斯(Jorge Dominguez)称，"共产主义幽灵阻碍美国"形成理性的、有益于民主的外交政策(Dominguez, 1999：33—34, 49)。 美国似乎与切·格瓦拉一样认为拉丁美洲进行革命的条件已经成熟，但这纯属无稽之谈。 格瓦拉信仰的是一个同质的、倾向于革命的、且容易被煽动使用暴力进行革命抗争的农民阶级，这导致他走进了死胡同，脱离群众的游击运动加速了他的失败和自身死亡。 布兰兹将格瓦拉的策略总结为"更适合激化右派，而不是群众"(Brands, 2010：52—55)。

尼克松则用自己的政策映照极左派。 左派分子萨尔瓦多·阿连德在 1970 年赢得智利选举之后，因其政府的经济失误而招致上层和中产阶级的不满，也导致其联合政府因此分裂。 有人开始谋划政变，在皮诺切特将军的领导下，军队夺取了政权。 但阿连德依然摆脱不了来自美国的无休止的敌意。 尼克松曾指示中情局"掘地三尺……把阿连德找出来"。 基辛格负责了中情局一项耗资 800 万美元的经济破坏计划"让经济尖叫"，称"我们怎么能让一个国家因其人民不负责任就迈向马克思主义"。 尼克松称，"如果我们让南美洲潜在的领导人认为他们可以像智利那样行动，还能鱼和熊掌兼得，那我们的麻烦就大了……绝不能在拉美留下这般印象，认为他们能够就此脱身，认为走这条路是安全的。"(Brands, 2010：116—120；Miller, 1989：128—130；Gaddis, 1982：320；白宫，有关智利的国家安全会议备忘录，1970 年 11 月 7 日)。 作为惩戒性破坏，美国实施了南美洲最大范围的秘密行动。 该计划短期内是成功的。 1960 年代，美洲半球有 10 个军政府，大部分是当地势力在提前获得美国认可的情况下建立的。 到 1979 年，拉丁美洲只剩下四个国家不是独裁政权。

美国政策制定者都会谨慎地考虑，然后才进行干预，扶持当地盟友建立可行的政权。 这是成功的关键，使美国得以在这些政变行动中只扮演辅助且常常是秘密的角色。 例如在智利，当政府狼狈应付自己内部的分裂时，当地反对阿连德的势力已经发展出广泛的基础。 苏联认为阿连德是一个失败者，因此没有对其提供帮助。 古巴的猪湾入侵是一个真正的例外[例外中的例外]，美国军队在没有获得当地支持的情况下就发动入侵。 部分中情局和国务院人员曾经预见到后来的惨败(Karabell, 1999：173—205)。 美国将 1960—1965 年间资助的针对卡斯特罗的暗杀行动减少至 8 次。 但全部都以失败告终，卡斯特罗还活着，但他陷入到各种制裁的轮番研磨中，依赖于并没有带来什么好处的与苏联的盟友关系。 美国则学会适应卡斯特罗，打击他、将他作为一个长期的警示，让其他人知道邀请苏联的后果。 这是一次以示警告式的镇压，至少就经济层面而言实行的也是焦土策略。 其他国家、其他的反叛者都注意到了。

然而，镇压又一次引发了反抗。 1980 年代，走向民主的轮回再次开始启动，主要是由天主教堂支持的当地势力的推动，接受更加有社会意识的准则并促进土地改革。 这似乎引起了卡特总统的同情。 他宣布，"我们已经从对共产主义的无尽恐惧中解放出来了"，他寻求"温和的改革路径"以解决"正义、公平、人权等全球新问题"。 他表示甚至愿意与不友好的政权谈判，只要它们希望与美国进行贸易(Skidmore, 1996：26—51；Smith, 1986；Muravchik, 1986)。 随后的里根政府则发出混乱的信号，时而支持军事政权，时而言辞上支持民主却很少付诸实际行动。 托马斯·卡罗瑟斯(Thomas Carrothers, 1991)将其称为"鼓掌的民主"(参阅 Wiarda, 1995：73—75；Muravchik, 1986)。 但是，政策实施过程中存在着差异。 美国在尼加拉瓜和格林纳达以军事手段干预左派平民政府，尼加拉瓜政府还是民主选举产生的。 在萨尔瓦多、危地马拉和洪都拉斯，美国则更偏向于平民政府，并通过经济和军事援助来鼓舞它们，尽管萨尔瓦多和洪都拉斯军队——接受过美国提供的大量援助和镇压反叛的训练——侵犯人权的行为增加了。 在中美洲各共和国，美国的政策主要围绕与尼加拉瓜的桑地诺病毒进行斗争。 但在智利、巴拉圭、巴拿马和海地，里根政府在其第二个任期内曾推行选举，该政府现在从美洲半球的趋势中看出，民主政府也是能够稳定的(Carrothers，1991；Leonard，1991：167—191)。 美国和教皇的转变都属于亨廷顿所定义的广泛意义上的第三波民主化浪潮。

尽管如此，冷战时期结束于对尼加拉瓜的大规模干预，至少 3 万尼加拉瓜人丧生，经济和政权被破坏，还造成了周边国家的不稳定。 卡特曾试图秘密地替换独裁者索摩查(Somoza)，让商人主导的保守派政党接任。 但由于工人和农民的示威活动——它们得到由桑地诺势力所支持的中产阶级自由主义者和部分农场主家庭的帮助——这一政策失败了。 类似的势力在毗邻的萨尔瓦多却没能掌握权力，并导致了内战(Paige，1997)。 国内的冷战压力迫使卡特产生动摇，但他依然能够理性地不把桑地诺势力推向古巴之路。 里根政府通过间接的惩戒性镇压狠狠地打击这一小国。 美国破坏尼加拉瓜的经济和公民社会以瓦解桑地诺势力的合法性，同时向其他国家昭示革命可能导致的后果。 因美国是尼加拉瓜的天然贸易伙伴，经济制裁导致整个国家陷入困境。 美国拒绝尼加拉瓜邻国提出的通过谈判解决问题的方案。 所有国家都签署了终结战争的阿里亚斯和平计划(Arias peace plan)，唯独美国除外。

民意调查显示，大部分美国人反对动用美国军队，而且政府也认识到入侵会陷入泥潭(正如之前的入侵那样)。 相反，里根利用反桑地诺准军事部队、前索摩查卫兵以及不满的农民和失业的年轻人作为代理人。阿根廷军政府则开始训练其肮脏的战争技巧，包括拷问和谋杀，并在整个美洲半球建立起军官网络，"一种秘密的外国军团，目的在于不管共产主义藏身何处，都要将其铲除"。 1982 年，阿根廷有 2 500 名尼加拉瓜反桑地诺主义者(Armony, 1997: chaps. 1 & 2)。 美国随后接手并加以扩张。 反桑地诺势力作为美国的代理人，若没有美国的大量资助根本无法生存。 但如果缺乏国内的支持，他们则赢不了这场战争。 里根将反桑地诺势力称作自由战士是该时期最可笑的措辞之一。 他们的战术是散布恐惧和进行破坏。 美国对反桑蒂诺势力的资助导致了后来的伊朗门事件，并鼓动了萨尔瓦多和危地马拉对左派的镇压，但这导致美国在美洲半球的大部分地区以及其他地方受到损害(Coatsworth, 1994: chap.5 & 6; Carrothers, 1991; Brands, 2010: chaps.6 & 7)。

部分美国人谴责这种暴行，但仍然认为战争是遏制共产主义的必要手段。 国务卿黑格(Haig)曾向国会表示尼加拉瓜属于"苏联在世界范围内的干预主义，对自由世界提出了前所未有的挑战"。 但这是错误的。桑地诺主义者希望与所有人发展良好关系，包括美国、苏联、欧洲。苏联陷于古巴导弹危机的窘境，同时国内也陷入危机，但因两年后美国组织反桑蒂诺势力进攻尼加拉瓜的油田和港口，尽管不情愿，苏联还是为桑地诺提供了援助。 苏联认为，反桑蒂诺势力不会赢得战争，希望借此将美国牵制在尼加拉瓜。 但是，戈尔巴乔夫表示他希望退出，对苏联来说尼加拉瓜不是古巴(Miller, 1989: 188—216)。

由此，里根政府在修辞上从苏联的威胁转向本土共产主义的威胁，宣称桑蒂诺主义者为美洲半球的革命提供了恶劣的榜样。 桑蒂诺主义者追求国家经济发展、社会改革和民众动员，这些都是拉丁美洲大多数左派的目标。 国家发展也广泛受到中产阶级的支持，甚至部分大种植园主家族的支持。 对改革的支持程度有赖于桑蒂诺主义者的表现，大众动员计划疏远了中产阶级，但考虑到大种植园主的势力，桑蒂诺主义者妥协了。 他们的开局良好：识字率翻了一倍，引进了大大降低婴儿死亡率的医疗卫生服务。 他们的土地改革以没收未耕种土地作为开端(标准的拉丁美洲做法)，将几乎全部索摩查家族的财产收归国有。1979—1983 年人均 GDP 上升了 7 个百分点，当时中美洲的总体水平下降了 15%。 他们鼓励大规模参与草根组织。 1984 年他们举行这个国家的第一届自由选举，并赢得了 63% 的选票(Walker，1997)。

假如没有美国的打击，这个国家的情况会是怎样？ 约翰·科茨沃思(John Coatsworth)指出，桑蒂诺主义者可能会模仿墨西哥革命制度党，建立比较温和的一党统治(Coatsworth，1994)。 桑蒂诺主义者无论如何都会失去大种植园主的支持，只是焦土战术让他们失去更多的支持，迫使他们将资源投入战争而不是发展，并走上集权化和军事化的道路。他们转而依赖于人口中更加极端的部分，这部分人口是战士的主要来源。 大种植园主阶层转而支持反桑蒂诺势力——中产阶级更希望和平(Paige，1997：37—41，305—312)。 在 1990 年激烈的选举竞争中，一个中右派联盟依靠美国承诺的独家援助计划，勉强赢得胜利。 里根政策是成功的，将桑蒂诺主义者拉下马(他们今天再一次成立了政府，只不过是一个更加温和的政府)。 桑蒂诺主义的遗产是，大量工人、农民、女性组织继续在尼加拉瓜政治中扮演重要的角色(Walker，1997)。

伴随着时不时发生的干预行为，美洲半球的生活还在继续。 美国从其他方面来看是积极的。 好莱坞、摇滚音乐、棒球等流行文化被广泛接受，许多拉丁美洲人民移民到美国。 就像俗语所说的："美国佬滚回去！ 把我也带上！"贸易投资关系通过谈判而达成，而不是威慑。在 1950 年代和后来的 80 年代，增加了许多援助项目，但援助的绝对程度低，同时还附加了诸多政治条件(Griffin，1991)。 美国的企业行为并不是单独进行的，与农业企业一样，各种公司追求廉价劳动力，相比资本密集型产业，它们更加支持保守政权。 拉丁美洲基本上仍是原材料和粮食的产地，但一些具有国际视野的美国公司支持 ISI 政策，因其可以帮助它们向当地产业出口生产资料，或者在当地开设工厂，从而绕过 ISI 的关税保护。 它们也曾游说美国降低关税以便把自己的产品出口回美国，但遭到拒绝(Cox，1994)。 资本主义利益总是团结在一起以反对再分配改革。 1980 年代的债务危机将美国在美洲的经济政策推向又一个艰难时期，但如本书第六章中所说的那样，它最终还是带来了一些民主化的好处。 虽然美国在战略上对中美、尤其是南美兴致不高，但有关这些地方的商业游说却比世界其他地方的更加重要，它们都追求短期利益。所以，马克思主义学说特别适合于分析美国在美洲的外交政策。

拉丁美洲的结论

在整个这一时期内，美国在拉丁美洲实施了非正式帝国，包括秘密行动、代理人、炮舰等，尤其在美国附近的中美洲。美国成功设立并维持代理政权，仰仗于强大的力量支持当地的寡头们：主导经济阶级、军官以及教会阶级，以对抗中间派和左派势力。艾伦·奈特(Alan Knight)曾认为，精英的支持使得美国帝国主义成为"一个受邀请的帝国"(Knight，2008：36)。但这个说法有些勉强，因为没有征询过人民的意愿。美国在美洲半球获得胜利并不是因为其理念更有吸引力(Gaddis，1997)，而是因为它给予自己的代理势力更多的经济和军事力量。这个方式在美洲半球比在东亚和东南亚更加有效，因为这里的精英力量没有被战争或者反殖民主义所削弱。美国根据冷战和资本主义的需要制定政策。美国领导人称这些政策成功地将共产主义挡在了美洲半球的大门外。尽管如此，考虑到美洲当地人本来就不欢迎苏联，这本可以通过更加人道的手段来达成这一目标。一个人可以通过吃大蒜来防止吸血鬼，然后说吸血鬼没有出现，因为吸血鬼根本就不存在。美国商界，尤其是采矿业，认为政策是成功的，因其使它们持续获得高利润。然而，一种更加进步的美国政策几乎必然将刺激美洲半球的经济发展，相应也会进一步提高美国的收益。

美国声称将民主引进美洲半球，并在国内大肆宣传，其实不然。事实上美国更偏好威权统治下的稳定。它鼓吹民主伴随着不稳定的风险。美国害怕民主，因为它明白寻求民主的运动也包含着社会公民权的目标，并且担心这种组合将走向共产主义。在美洲半球进行劳动密集型生产(尤其是种植业)的美国企业界则希望抑制左派的势力以压低工资。 这是资本家在华盛顿最卖力游说的一部分，很难将政治家的偏执(paranoia)与他们的利益区分开来。 当然，美国人并不认为这是偏执，他们分析道，改革存在风险，既然有足够的军事权力保障稳定，为何还要冒险呢？ 这也是为什么单独资本主义不能做出解释的原因。 美国在地区内的军事权力提供了干预的动机和手段，政策制定者们相信，他们花较低的成本就可以确保左派分子无法夺取和掌握权力。 他们诚然正确，但这从实践和道德层面来说都不是最好的政策。 因此在这一地区，美国的非正式帝国存在两个必要的动机，组合起来成为一个充分的理由：寻求短期利益的动力和避免不稳定/共产主义，并通过军事力量的信心来掩盖自己的偏执。 需要注意的是，如第三卷第三章所说的那样，美国帝国主义延续了自 20 世纪初期在美洲半球的统治。 主要的改变是，当时美国对不稳定的担忧主要出于种族主义，后来则出于共产主义。

政策总会引起不同的意见。 国务院和中情局有时也因政策发生分歧。 1950 年代时期的国会是一个狂热反共堡垒，但后来转而专注于提升民主。 一些民主党人士领导的政府更加进步一些，包括杜鲁门早期、肯尼迪(有某些保留)以及卡特。 还有因地区而产生的分歧。 美国南部是最保守的地区，大部分国防工业都集中在西南部。 南部和西南部都支持激进的国际主义(Trubowitz, 1998：chap.4)，但在全国范围内，反共爱国主义与公众冷漠(低成本、不征兵、不了解)相结合的氛围扼杀了争论。 纳税人在不知情的情况下支付了干预的成本，政治家在选举时也没有告诉他们(Dominguez, 1999：48)。 当政府在危地马拉、尼加拉瓜等地的恶劣秘密行动被曝光，它们的曝光度总是有限的，没有人因此而被革职，政治家们也没有受到太大的影响。 奥利弗·诺思(Oliver North)这样的杀人犯依然逍遥法外。

官僚制阶层受到了影响。 大使们被要求花巨量的时间记录当地为数不多的共产主义者和其他左翼主义者的活动，他们按照统治集团的期望撰写报告。 如果报告反映当地共产主义者少得可怜和没有组织，他们担心会影响自己的政绩记录(Lowenthal，1995：154—155)。 美国政客不理解当地与美国不一样的政治氛围。 各种改革和小规模的反美主义往往被夸大为具有革命的性质，他们用夸大的修辞描述了规模实际上只比地方家族或首领的关系网络稍大一点的小集团，这些集团几乎不具备意识形态的底蕴。

美国不是全能的，也常常被拉美的盟友所欺骗。 美国的军事援助和训练项目不包括美国推翻拉美政权的各种军队(Huggins，1998；Gill，2004)。 当地军队意识到告诉美国军队的官员、武器供应商以及在美国学校认识的美国朋友，说自己的敌人是共产主义势力能够起到什么效果(Atkins & Wilson，1998：128—136)。 美国大使与受过良好教育的富裕精英交往，听取他们的政治分析。 一种将所有左派都称作共产主义的保守派偏见从而强化了冷战的简单二元划分，这种划分再返回到华盛顿以供其消费(Gambone，2001；Miller，1989：49)。 拉美精英在美国大学接受教育，玻利维亚大使在华盛顿与艾森豪威尔家庭打高尔夫球，特鲁希略在国会山上有朋友。 阶级团结巩固了美国在美洲的非正式帝国。 曾遍布于国务院早期文件中的种族主义消失了——这得益于美国民权运动成功的帮助。

美国政治现在推动了美洲的政治反共主义而非种族主义。 1959 年之后，政府宁愿反应过激，也不愿出现另一个古巴——因此约翰逊将海军派遣到多米尼加共和国。 肯尼迪利用想象中的美国与苏联的导弹差距赢得 1960 年选举。 约翰逊对在越南战争上成为美国第一位输掉重要战争的总统的担心超过其认为战争是没意义的看法。 卡特因失去了一些美国本来就没有实际权力的国家而受到指责，如阿富汗、莫桑比克或南也门。 与当时美国民意调查显示出的担忧相反，苏联在全球范围内也收获无多。 对苏联而言，古巴带来过短暂的光辉，然后就成为一个累赘。 日渐强大的民族主义既伤害了美国也伤害了苏联。 双方都没能在全球范围内控制住它。 尽管如此，大部分美国人认为将阿富汗、南也门或伊朗的变故归咎于卡特是合理的，尤其是其在试图解救德黑兰的美国人质时的拙劣表现。

拥有帝国打击力量的人们认为自己不需要冒险，军事力量似乎能够提供帝国的安全和保障。 但这种保障是一种假象，美国的控制比其拥护者或者批评者所声称的都要少。 代理政权并不是傀儡，它们操控了美国对于共产主义的恐惧。 美国所能够采取的制裁措施就是军事干预和经济封锁，这些措施所带来的封锁和破坏远多于创造。 美国能够阻挡左派分子进入政府，如果左派分子掌权，美国可以扰乱他们。 如果这些都失败了，它还可以遥控代理军队或经济制裁以打击这个国家，就如古巴和尼加拉瓜的情况那样。 但惩戒性打击并不可能完成正面的目标。 尽管美国在西方的政策总体上符合赋予和平、民主和发展的使命，在东亚的政策最终也取得类似的结果，但在美洲却没能做到。 总体而言，美帝国持续阻碍了美洲的和平、发展和民主。 这一政策是非理性的，它将美洲的中间派推向左翼，加剧了不稳定、削弱了经济。离美国越远的国家则发展越好。 在美洲半球，只有本土寡头和劳动密集型的美国企业因帝国而获益。 在世纪之末，布兰兹说道，半球内的民主影响力"只比 1950 年代稍微增加了一点，且质量上比二战初期大概下降了"(Brands，2010：268)。 直到 21 世纪的第一个十年，拉丁美洲才真正开始进步，民主而温和的左派和同样温和的右派在那时开始崛起，美国的注意力也转向其他地方。 尽管拉丁美洲的困境主要是当地人自己造成的，美国也难辞其咎。 美帝国对美洲而言是负面影响，苏联帝国也如此。

令人沮丧的中东代理政权

中东地区在战略上至关重要，它靠近苏联，并拥有世界上大部分石油，石油是唯一一种对先进经济体、尤其是军队真正不可或缺的重要商品。 第二次世界大战让美国意识到中东石油的重要性。 盟军使用的石油 80% 由美国提供，但在得知沙特的巨大储备量之后，国内供应逐渐下降。 1945 年，国务院提醒杜鲁门总统，沙特石油是"战略权力的极其重要资源，也是人类历史上最伟大的物质奖赏之一"(Klare，2004：30—32)。 尽管美国本可以将石油交给纯粹的市场力量，因为拥有石油的人需要将它出售，但美国却没有这么做，而是更乐于通过军事和政治手段进行控制以获得所谓的保障。 石油早已吸引了英国和法国，但它们的帝国却没有给中东留下有益的遗产。 1916—1921 年间，它们瓜分了奥斯曼帝国的各个省。 伊朗也沦为英国的保护国，为英国提供石油，但当地人并没有受益。 在两次世界大战中，英国承诺给阿拉伯人自由以换取他们为英国战斗，但两次承诺都没有兑现。 这种情况正好与犹太人形成对比，阿拉伯人注意到，犹太人尽管没有为英国战斗，但他们依然分得一块阿拉伯土地。 1945 年起，美国代替英国成为主要的帝国势力，但它依然进行离岸统治，主要集中在获得盟友的石油上。 苏联以相似的方式参与该地区，避免了实际的帝国征服(由两个超级大国所发起)，非正式帝国通过离岸制衡和代理人而能够实现权力的最大化。 事实上，美国逐渐发展出一种明确的原则，即只有当石油供应真正受到威胁时才进行直接干预。

冷战期间，美国的盟友主要是部落君主，苏联的盟友则主要是带有更加进步目标的城市民族主义者。 然而，由于缺乏民众的支持，这些政权都走向了专制。 仅在土耳其和伊朗，自耕农、城市小商人和工人发展出大量的集体动员。 埃及的纳赛尔、伊拉克和叙利亚的复兴党"社会主义"政权，实际上是由追求发展的军官所统治，但最后都蜕化成专制主义。 君主政权占有大部分石油而成为富有的食利型政权，获得和分配由石油所带来的财富，且不需要向臣民缴纳税金。 在西方，拒绝缴税推动了民主的发展，但这种推动力在这里行不通。 当我们控制了干预性变量之后，不是伊斯兰教，而是石油和对大片土地的占有与威权主义政体紧密关联(Bromley，1997)。 对大多数阿拉伯人而言，石油是一个诅咒，是"恶魔的粪便"，衍生出腐败的专制者和畸形的不平等。

美国和苏联都没有轻易找到能够影响整个区域的代理盟友。 美国获得土耳其的结盟，1946 年斯大林试图将土耳其的边境省份并入库尔德地区，但受到了美国的保护。 作为回报，土耳其加入北约，建立反对苏联的美军基地。 但土耳其不是产油国，也不接受作为反对其他穆斯林国家的代理人角色。 从 1945 年罗斯福以军事保护换取石油的承诺开始，沙特阿拉伯成为美国的盟友，沙特有世界上最多的石油。 沙特伊斯兰教的瓦哈比派也极度反共。 他们为美国提供了六分之一的原油进口，让美国与沙特的石油生意网络获利巨大，并促使沙特人将石油收益投资于美国。 这样一来，沙特的投资便与美国经济的起伏紧密联系在一起，加上沙特君主从美国军事援助中获得至少 500 亿美金，使得他们愿意按照市场情况加大或减少开采量以维持油价稳定(Klare, 2004)。 沙特阿拉伯一直是美国在中东最有价值的盟友，但它们之间的关系存在一个问题：这种关系不能让两国人民知道。 一旦暴露，双方都会非常尴尬。 因此，美国不能公开影响沙特的内政，或公开通过沙特在该地区进行活动，尽管如此，沙特还是重度参与了秘密进行的伊朗门事件以及资助阿富汗的伊斯兰反叛分子。 美国与沙特的关系一直是相互依赖而非帝国的关系。 通过提供保护换取稳定价格的石油，双方都得到了希望得到的东西(O'Reilly, 2008：70)。

美国曾尝试通过支持政变来增加它在该区域的影响力。 1949 年在叙利亚和 1952 年在埃及，美国的代理人都曾掌权，但随后又被民族主义官僚所推翻。 1953 年在伊朗获得了更大的成功，选举产生的首相摩萨台领导了由不同政治团体组成的非常脆弱的民族主义联合政府。 这些团体在将 1951 年建立的盎格鲁—伊朗石油公司国有化方面目标一致，但在其他方面则一致甚少。 摩萨台尝试通过与英国谈判来争取更有利的石油交易，开出对方无法接受的条件。 英国态度强硬，不愿意妥协。 英国发起对伊朗石油的抵制，依赖对伊拉克和科威特油田的控制开采更多的石油。 伊朗石油产量激剧下降，摩萨台的支持率随之激剧下降，即便在他主要的支持来源中产商人阶级(商贩、店主、工匠)、工人以及依赖于国家的新兴中产阶级那里也是如此，其主要政敌包括伊朗国王、地主和保守派政治家，同时，摩萨台的自由主义和政教分离主义也使其成为军队和神职人员的敌人。 随着局面的两极化，他愈发依赖于左派势力，尤其是伊朗人民共产党(Tudeh)，并似乎有意成立共和国。 这样一来更加疏远了君主、地主和大部分中产阶级。 同时与艾森豪威尔政府为敌。 让他继续统治将可能导致经济困难并引发(美国人所说的)混乱，为共产主义政变打开大门，那将是美国的噩梦。 随着艾森豪威尔继任杜鲁门、艾德礼继任丘吉尔，这种恐惧继续膨胀。 保守派担心民族主义改革会走向共产主义，并称中国和朝鲜就是前车之鉴。 丘吉尔利用了这种机会，向华盛顿传递关于伊朗人民党的力量以及摩萨台所谓的共产主义教育(Kandil，2012；Parsa，1989：41—45；Marsh，2005；Bill，1988：85)。

随着情形变得两极化，摩萨台自然感觉到了政变临近的威胁。 他的反应是解散国会，但根据宪法只有国王才可以这么做。 走到这一步，除左派之外，摩萨台已经失去大部分合法性。 保守派、地主和阿亚图拉们开始动员暴力群众，这也得益于中情局无视华盛顿的摇摆，对暴徒进行贿赂(Kinzer，2004；Gasiorowski & Byrne，2004)。 警察和军队都陷入瘫痪：他们到底应该支持宪法上的总理还是具有同等宪法地位的国王和国会？ 他们在摩萨台被逼下台之前没有采取任何行动，而只是之后认可了这一结果。 这既不是军事政变也不是美国的倡议，而主要是国家内部的民事事件，民众推翻了一个曾经被支持掌权、如今又不再被信任的人。 对于美国(和英国)在这一事件中的贡献，黑泽姆·坎迪尔(Hazem Kandil)称，不过是"推开了一扇没有闩上的门"而已(Kandil，2012)。

伊朗人民党被摧毁，军队、警察和民事系统被整肃。 国王穆罕默德·礼萨·巴列维(Mohammad Reza Shah Pahlavi)重新掌权，且权力变得更大。 政变扼杀了民主和国家自治的机会，因而孤立了日益发展的新中产阶级和工人阶级，而且反对派一直将国王视为美国的傀儡(Kian-Thiebaut, 1999：99—119)。 当越战陷入泥沼时，美国依靠伊朗国王和沙特人保护了其在中东的利益(O'Reilly, 2008)。 伊朗国王一度是美国在该地区唯一忠诚的盟友，他帮助整个地区的亲美势力，但双方的盟友关系随着时间的推移而逐渐减弱。 尽管如此，伊朗既不是阿拉伯人也不是逊尼教派，这意味着它无力将其他产油国家发展成为亲美战线。 伊朗国王的统治也没能长久持续下去。 我将在第九章中分析 1979 年推翻伊朗国王的革命。

美国政府的重心在于排除苏联的影响、实现石油自由流通(记录于NSC5401 和 NSC5820/1 号政策档案中)以及在开始的时候保护西方石油公司对抗上升的经济民族主义浪潮。 这些目标在联合国通过决议反对将主权国家的天然资源让渡给外国公司时就已经成形，不论对左派还是右派而言，石油国有化吸引了所有的产油国。 艾森豪威尔和杜勒斯希望温和的阿拉伯民族主义者能成为美国的盟友，但因其声明的"积极中立主义"立场被看作是共产主义的工具，因而削弱了美国合作的期望。美国更喜欢保守派，但保守派似乎更容易遭受动乱，美国因此敦促他们进行改革，但收效甚微。 艾森豪威尔、肯尼迪和约翰逊总统在处理阿拉伯与以色列冲突问题上都未获得太大的成功。 原因主要在于以色列的不妥协和纳赛尔的野心，而不是美国的失败。 以色列不会在其安全问题上让步，也不会在核武器计划上妥协；纳赛尔则拒绝美国提出的尝试性方案，也不愿意让埃及放弃苏联的武器(即使美国取消对阿斯旺大坝的援助也于事无补)。 美国孤立埃及的计划失败了，并被迫变得只能通过不得人心的干预手段来保卫在黎巴嫩、叙利亚和约旦的盟友。1958 年，叙利亚与埃及一起加入了一个联盟。 情况看上去对美国不利，但幸运的是 1962 年纳赛尔加入越南战场。 在也门内战中，4 万埃及军队对抗由沙特支持的也门保守派，但以失败和撤退告终(O'Reilly, 2008：71—74)。

　　与此同时，伴随着信仰和种族上对犹太人的偏好超过阿拉伯人，美国与以色列的联系加强了。 在好莱坞的"美国东方主义"中，犹太人越来越多取代美国人被塑造成勇敢的开拓者，在原始土著的骚扰下建立一个新的民主国家(Little，2002；Mart，2006)。 当然其中也有选举的考量。 美国政治家们很快发现在两个重要的大州，纽约与佛罗里达，如果没有安抚好高度组织化的、拥有雄厚资金的亲以色列犹太游说团体，他们是不可能赢得选举的。 美国政府被相互冲突的战略目标所困扰。他们希望获得伊斯兰的支持以反对苏联，但他们对沙特石油的依赖又导致他们支持一个试图颠覆更多左派阿拉伯政权的反动政权；同时石油公司不得人心的交易和美国对以色列的支持也疏远了所有阿拉伯人。 石油公司的游说支持产油国，主张压制以色列人。 当美国真正尝试压制以色列人时却又失败了，因为以色列人清楚美国最终不可能放弃他们。因此，尽管有疑虑，肯尼迪还是将国家最先进的霍克(Hawk)防空导弹出售给以色列，因为苏联给埃及提供了坦克和飞机。 约翰逊后来则结束了对以色列放弃核计划或接受核检查的施压。 以色列与巴勒斯坦和解的希望逐渐远去，同时美国对阿拉伯的影响也进一步减弱。 1963年，复兴党在伊拉克发动政变并使伊拉克的石油国有化不可避免。 预感到成功的几率不太，美国政府忽视了石油公司的强制干预要求而尝试进行调解。 但在得到苏联支援的承诺以及与法国和其他国家达成协议的鼓舞下，伊拉克和黎巴嫩拒绝了美国的调解并开始国有化。 在1960年代和70年代初期，石油输出国组织(OPEC)的建立也削弱了西方在这一地区的权力。 这一事件表明了美国政府与石油公司的利益分歧以及双方权力所受到的限制。 民族主义意识形态继续削减经济和政治帝国主义。

　　幸运的是，纳赛尔的衰落和阿拉伯社会主义退化成军事独裁也削弱了苏联的影响力。 伊拉克是苏联唯一的产油国盟友(Bass，2003；Ben-Zvi，1998；Yaqub，2003；Hahn，2004)。 苏联的活动转而专注于阿富汗和非洲之角，这从世界地图上看或许具有重要的战略意义，但实际价值却甚微。 除以色列之外，美国的两项战略目标都已达到(保障石油供应和将苏联阻挡在外)。 但这里几乎没有美国民主使命的迹象，鉴于盟友政体的特点，要做到这点也不现实。

1980 年，作为对苏联在阿富汗问题上施压的回应，美国阐明了卡特主义。 卡特声明："让我们把立场讲清楚：任何外界势力企图控制波斯湾地区的行为都是对美国重要利益的侵犯。 美国将对这种侵犯采取任何必要的反击措施，包括动用军队。"石油太珍贵以至于不能交给市场力量。 除非发生真正的危机，美国将保持离岸统治，海军展现威慑的姿态，依靠当地国家的权力制衡来保证和平——"离岸制衡"。 1981 年里根明确宣布保护沙特王室，宣布："我们不会允许它成为另一个伊朗。"并且他将卡特的军事部署延伸至美国中央司令部(Centcom)——一个独立的美国中东指挥所。 美国的军事立场愈发强硬(Klare，2004)。但里根对黎巴嫩内战的干预则是一场灾难，导致 241 名美国海军陆战队员死于该地区战后首例大规模自杀式袭击。 与法国海军一样，美国海军陆战队也撤军了，但都受到恐怖分子炸弹袭击而造成伤亡。 这促成了黎巴嫩真主党的成立和自杀式袭击的蔓延。 尽管如此，1986 年对利比亚的惩罚性空袭使得卡扎菲上校更加/稍为顺从。 这些干预主要不是因为冷战需要，而是因为美国帝国主义与三种反帝国主义的明确立场之间的冲突——单个国家的民族主义、泛阿拉伯民族主义和新兴的伊斯兰主义。

美国与以色列的关系愈加亲密。 艾森豪威尔曾威胁以色列，卡特曾试图将以色列和巴勒斯坦拉向谈判桌，后来的几届总统都敦促以色列加入谈判。 但以色列明白，因为选举的原因，无论它做什么美国都不会抛弃它，甚至不会减少对它的援助。 美国受制于以色列，不是因为石油而是为了选票。 这并不是石油公司所愿意看到的，它们不希望疏远产油国。 在 1973 年的战争中，它们敦促尼克松政府不要急于支持以色列，向其空运军事援助物资，但尼克松回应道他的首要责任是以色列。 空运物资照旧进行，这再一次证明美国帝国主义并不仅仅是顺应资本主义的意志(Kelly,即出)。 基辛格为此做出了破坏性的贡献,鼓励以色列军国主义和定居点政策,同时拒绝苏联有关更广泛和平的提议。美国随后的政策被亲以色列的偏见所主导,这打击了和平协议和疏远了阿拉伯国家。 这种情况一直维持到今天(Tyler,2009;Khalidi,2009)。当然,以色列在冷战秘密行动中是美国的得力盟友,但伊朗与沙特也同样是,决定性的压力来自于美国亲以色列的犹太游说团体和后两个国家正在崛起的军事—工业复合体。 以色列在盟友关系中甚至曾成为主导方,能够如其所愿地对美国呼来唤去——一条摇着尾巴的狗。 美国的中东外交政策包含着极大的矛盾,其在该地区核心利益是获得石油,但到目前为止其最亲密的盟友却是以色列——一个激怒了所有产油国的国家。 在美国的中东政策中,处于主导地位的不是现实政治而是混乱。

1970年代初期,OPEC集团将油价推高。 这是唯一一次产油国集体行动以重组市场的力量。 因为该集团由美国的盟国所主导,如沙特阿拉伯和伊朗(现在仍由伊朗国王主导),美国不打算进行干预,认为通过军事力量来保障石油供应毫无意义。 一个人不会去侵犯自己的盟友,但盟友却在对它施加经济压力。 敏感的石油政策在于由市场力量来决定石油价格,但同时必须接受盟国的市场管制。

美国将油价上涨的代价转嫁到国民身上,民众需要为汽油支付更多的钱。 价格上涨同时导致了GDP下降和失业率上升。 尽管如此,石油公司很满意这一政策,因为它推高了价格和利润,石油公司与本国民众的利益再一次表现得不一致。 政府与产油国达成协议,产油国们可以获得更多的利润,但必须将利润投资于西方,从而将它们的石油收入加以循环利用。 产油国们还能以利润购买外国武器,其中一半以上来自美国,这一政策使美国的又一重要产业欢欣鼓舞。 欧洲人当然也感受到了同样的后果:民众受苦,石油公司和军工产业则受益。

当时美国在那里部署了两个代理人。 第一个是在阿富汗对抗苏联的伊斯兰主义者;第二个是对抗伊朗伊斯兰主义的萨达姆·侯赛因。两者都受到美国的军事援助并发挥作用,直到他们背叛美国。 尽管美国加大了对该地区的军事压力，它仍然没有找到可靠且有效的代理人。 一些利益相关者为自己的利益感到焦躁，因美国似乎与摇摇欲坠的石油酋长和不得人心的以色列捆绑在一起。 苏联解体大大缓解了局面，美国的非正式帝国仍然主要依赖于不甚可靠的代理们。 无论使用何种修辞，美国在这里都没有什么高尚的使命。 石油源源不断，美国觉得这是一场未竟的事业，苏联解体则似乎为它提供了一个明显的机会。 但这只是一种错觉，因为美帝国的主要敌人从来就不是苏联，而是当地的反帝国主义。 我在第十章中讨论了下一个世纪初接踵而至的灾难。

结论

我已强调了美国在四个宏观区域的不同影响。 根据地理和历史选择，我们可能以非常不一样的方式来描述美国政策，通常都这么做。帝国的拥护者和否认者专注于西方或者当代亚洲；马克思主义批评家关注于美洲，批评这个屈从于资本主义的帝国主义；其他的帝国批评者则专注于亚洲早期以及中东的整个时期。 在西方，美国的权力并不是帝国式的，而是霸权式的，这些国家接受美国的霸权，它们集结在一起形成由美国领导的密集的制度网络，主要依靠自己的努力获得繁荣，同时得益于由美国领导的经济互助和共同防御。 在亚洲，独特的发展型国家在美国的慷慨经济援助下获得了成功的发展以及最终某些民主化。这是一个一系列失败的军事干预之后才达成的浅层的美国霸权。

在美洲半球，社会和经济冲突依然终年不断，尽管尚不至于引发许多国家间战争或者内战，但却足以阻碍大部分经济或民主的发展。 在这里，美国帝国主义通过炮舰、秘密行动和代理等途径以非正式帝国的形式持续了整个冷战时期。 炮舰被用来对付中美洲相对弱小、距离邻近和更易于入侵的国家。 在美洲南部大陆则以秘密行动与代理为主，美国的控制相对更少。 美国干预并没有帮助这一地区,支持中左派改革倡议的政策会更加有用。 尽管如此,美国政府依然对美洲的结果非常满意。 它争辩道:不是把共产主义挡在外面了么?

最后,中东地区的帝国主义依然是未竟的事业。 这一地区因为石油的诅咒,经济和民主的发展都因此受阻,同时国家间冲突和恶化的以巴冲突损害了美国的政策。 华盛顿依然对这里的非正式离岸帝国、军事威胁以及能力和可靠性都有限的盟友的组合不甚满意(尽管苏联也未能做得更好)。 石油确实汩汩而流,但即便不加以干预它也一样会流出来。

美国认为自己能够影响中东内政的结果——大约 1950 年之后它便不能影响欧洲或者日本的内政——通常诉诸支持保守派精英来对抗更加大众化的力量。 究其原因,主要有五个方面:第一,偏执的反共主义,作为本土选举的流行做法,夸大共产主义的威胁并误导性地将中间派和左派改革者都指谪为共产主义。 这表明了意识形态战胜工具理性的能力。 在欧洲并不是这样,美国能够辨明共产主义者与社会民主派之间的区别,这很可能是因为美国需要更多的盟友以对抗近在咫尺的苏联的威胁。 但是,苏联的威胁却几乎没有在任何地方实现。 苏联共产国际的成员党没有在任何其他国家掌权。 被流放的托洛茨基曾指控苏联压制而非传播革命,他基本上是正确的(Halliday, 1999:110—116)。第二,随着冷战偏执的日渐式微,美国向保守主义倾斜的趋势取代了对苏联的担忧,造成对国外改革兴趣的日趋低迷。 这一点将在最后一章提及。 第三,马克思主义作者强调,美国干预包含了利益追求的动机,旨在帮助美国企业在海外榨取最大化的利润。 但这是一种短见,因为压低工资的同时也降低了消费、经济增长和最终利润。 美国经济本可从拉美、东南亚的改革政策中获益良多,如从欧洲和东亚经济发展所获得的好处那样。 第四,政策往往被安全担忧而非利益所左右。 向外国政权提供军事援助以镇压左派,无论它具有多大的剥削性,似乎比帮助这些国家转型为政治和社会公民权的风险要小。 美国有足够的军事力量来避免经济和政治上的风险——至少美国政策制定者是这么认为的。　第五，当当地政府的确与苏联或中国共产主义者建立联系时，美国的焦土战术使得其他国家不敢再与共产主义调情。　这是一种早期帝国曾经尝试过的野蛮策略——死神(grim reaper)的理性。

这些动机超过了大多数美国领导人在本国宣传的更高尚的使命宣言。　在实践中，美国政府认为政治稳定比政治自由更加重要，它认为威权主义整体带来稳定，民主则伴随着风险。　美国支持选举，前提是它的当地盟友能够获胜，但土地改革和再分配项目却几乎总能让美国伸手掏枪，而代理人就是美国的枪。　部分美国人提倡更加进步的政策，这种观点曾短暂地盛行于 1945 年、盛行于肯尼迪的争取进步联盟以及卡特关于人权的宣言——这意味着民主党政府比共和党政府稍微温和一些。　随着民主化席卷全球，大众压力增强了美国的民主修辞而非实践。　当苏联解体之后，美国政治家们终于转而投入行动，尽管他们明显不情愿，而且这种不情愿贯穿于 2011 年的阿拉伯起义。　在具有战略利益的前提下，美国也会给予有益的经济支持。　在东亚，美国有着对共产主义进步的现实担忧，而日本、韩国、中国台湾则被纳入美国领导的全球经济框架内实现繁荣。

应该从欧洲以及东亚吸取的教训是，民事、政治、社会公民权，加上国家援助或者美国援助的经济发展，对外国和美国经济都有好处。这种资本主义在欧洲运作良好，但美国限制了其在国内的发展，在国外，则仅在极度需要当地合作以对抗共产主义的情况下才得以实施。因此，美国帝国主义既不是非常有益也不是非常理性的——除了当共产主义问题非常突出的时候。　作为总体结论，美国帝国主义/霸权主义本可通过援助而不是打击改革者来获得更好的结果。　从这一角度而言，美国更像英帝国和日本帝国，尽管美国自己不愿意承认。

尽管如此，随着美国发现共产主义危险正在远去，帝国的枷锁随着时间的推移而减轻。　美国在外国土壤上的权力少于拥护者与批评者所声称的(英帝国也有过相同的情况)。　美国在其他国家实行破坏和封锁的能力远大于推行积极变革的能力。 因为美国没有在国外派遣殖民者、因为民族国家的全球发展、也因为民族主义产生了强大的反对帝国主义力量，美国所推行积极变革能力或许少于之前的所有帝国。 美国统治变得更像霸权而非帝国，是全球化的却相当浅层。 美国在新的千年试图打破这一趋势，我将在第十章中加以讨论。

苏联这个敌人终于被送走了。 随着战争的武器变得越来越昂贵，苏联为了军事实力而被迫牺牲了经济发展，一旦核武器使战争变得不再理性，一旦经济竞争成为冷战的主要推动力，西方便拥有了巨大的优势。 1951 年后，中国甚至没有试图在军事方面与西方竞争，虽然后来其获得了相当大的经济成功。 在美国看来，共产主义的终结是美国的胜利，的确部分如此。 但我们也必须看到，共产主义的灭亡主要是因为其内部矛盾，主要是政治和经济方面的矛盾，并因此导致了意识形态的解体。

注 释:

[1] 尽管意识到自己可能为越南所打败，约翰逊依然觉得自己不可能是美国首个吃败仗的总统。 当记者问到为何美国出兵越南时，他"拉开裤子拉链，掏出其重要器官宣布：'这就是理由！'"(Dallek, 1998；491；参阅 Hunt, 1996；106，Logeval, 1999；389—393)。 如我在第三卷中所评述的那样，战争依然就像小男生在操场上的打闹。

[2] 尼克松与基辛格事后指责国会和反战示威者，是他们阻碍了军事的进一步升级，并由于他们的不支持而削弱了美国在谈判桌上的地位。 在大部分学者看来，南越政府的政治——最终是军事——弱势是无可救药的。 辩论观点可参阅 Kissinger, 2003；100—101，561；Asselin, 2002：187—190；Berman, 2001；Schulzinger, 1997；Willbanks, 2004。

第六章

新自由主义的崛起与衰落：1970—2000

导言：自由主义

我将在本章描述政治经济的主要形式是如何由新凯恩斯主义转向新自由主义，然后分析发生于 20 世纪末的新自由主义的磨难。 第十一章将通过分析 2008 年我所说的自由主义大萧条，以做进一步解释。 第二章与第五章已经介绍过"新凯恩斯主义"，因此在这里我只需要简单复述。 战后的政治经济并不是凯恩斯主义的，而是其与古典市场经济的混合体，被打上各种标签，如新凯恩斯主义(我将使用这个术语)、后凯恩斯主义或者嵌入式自由主义。 这种混合体是将凯恩斯主义机制引入新自由主义的一般均衡模型的结果。 其目标是在不破坏预算平衡的情况下，通过温和的通胀刺激来达到充分就业。

新凯恩斯主义并不仅仅是经济政策，它也是一种更宽泛的改革主义意识形态的产物，包含了对二战后席卷西方世界的阶级斗争的某些实用主义妥协。 与一战一样，二战也对世界造成了激进化的影响。 与一战后类似，二战后也导致了劳工动乱的爆发，尽管其在发达国家中显得较少，但在殖民地则更加严重(Silver, 2003：125—130)。 殖民世界的劳工动乱导致了革命，在先进世界则导致持续改革主义的结果，主要原因在于胜利者本身就是改革者——美国也不例外——也因为它们占领和重组了被征服者的权力。 在几乎整个西方和日本，通过对充分就业的追求、通过税收系统来实现国家再分配、通过完全承认工会和自由集体谈判的权利以及通过承认福利国家，社会公民权得到了强化。 这是资本主义的黄金时代。

新自由主义转型始于 1970 年代晚期，它不仅是对新凯恩斯主义的倒转，而且是对欠发展经济体进口替代工业化(ISI)政策以及布雷顿森林体系压制资本流动的反动。 所有这些方面都强调国家在促进资本主义发展中的作用。 1980 年以后，市场主导的新自由主义政策开始正式实施。 本章我将描述它们的兴起、成功和失败。 我尝试将新自由主义与国家所承受的当代其他压力分开，尝试将与其联合的保守主义分开。我区分了新自由主义的集体权力(collective powers)与分配权力(distributive powers)。 正如我们将看到的那样，新自由主义的集体权力——其效率——一直较低。 新自由主义能够坚持下来更多的是因为其分配权力，为有权力的阶级和国家提供服务，而不是没有权力的人。 然而，新自由主义对世界的渗入程度并不均衡。 我反对一些人称它拥有巨大的全球力量(例如 Harvey，2005；Wacquant，2002)。 它只在盎格鲁国家拥有压倒一切的力量，且必须与保守主义的复兴结合在一起。

新自由主义涉及市场原教旨主义。 其"有效市场假设"(efficient market hypothesis)认为市场总是能使福利最大化，企业追求短期价值的行为将导致效率的最大化(Davis，2009)。 将经济权力关系与国家和集体组织分割开来，使之不受其阻碍，便可以产生最佳的结果。 这种见解浸淫于 1970 年代以来为新自由主义经济所主导的英语国家，也遍布于许多商业刊物，特别是《华尔街日报》、《经济学人》。 新自由主义敦促解放商品市场和国际资本流动、取消对劳动力市场的监管、平衡国家预算，以及广泛减少国家对经济的干预。 在世界南方，国际货币基金组织、世界银行以及其他国际银行将这些政策作为结构性调整方案实施于它们的债务国。 在世界北方，新自由主义者则寻求取消对金融和私有化的管制。 他们到处鼓吹消解工会和福利国家。 新自由主义怀有让资本从国家手中解放的愿望——让经济权力主导政治权力、让国际主导国内。

　　新自由主义经济学嵌入在一种将市场看作自然并且能够保障个人自由的意识形态中，就如米尔顿·弗里德曼(Milton Friedman)的名著《资本主义与自由》(1962 年)的名称一般。 它包罗万象，是一种不折不扣的意识形态，就像社会主义或基督教信仰一样看待社会上存在的善与恶——凯恩斯主义的政策不仅被认为效率低下，而且还会通往奴役。 新自由主义从两个方面脱离了 19 世纪的自由主义：一是它不认为大型企业存在什么问题；二是它非常清楚 20 世纪初期的社会主义和法西斯国家主义的恐怖之处。 因此弗里德里克·哈耶克(Friedrich Hayek)将其著作命名为《通往奴役之路》(*The Road to Serfform*，1944)。 身为英国的难民，哈耶克深信英国战后将引入社会主义政策，他断言这将再一次走向奴役。 哈耶克并不是反对所有的国家管制，而是支持有限的管制以确保法治和所有人参与市场的平等权利，以及为有需要的人提供最低程度的社会保障。

　　新自由主义存在四种理论弱点。

　　第一，市场事实上并不是自然的。 正如波兰尼描述 19 世纪时期的自由放任主义时这样写道："自由放任本身并不是自然的，自由市场光靠放任事情顺其自然是不可能形成的。 正如棉花制造业有赖于关税保护、出口补贴和间接工资补贴一样，自由放任是由国家推行的"(Polanyi，1957 edition：139)。 市场需要通过社会传播、通过政府实施的规则和规范。 它们保障了财产权、交易规则和合理管控的方式，从而使市场成为可预见的和有效的。 国家与市场并不是相互对立的，它们彼此不可或缺。 波兰尼还强调，即使是在 19 世纪自由放任主义下的"自我调节市场"中亦存在着反向嵌入运动，体现在劳动法、关税保护、中央银行调控以及国际货币政策协调等广泛政府干预上，各阶层——工人、地主、资本家——通过这些机制保护自己免受市场危机的影响。 波兰尼忽略的一点是，在他那一时代之后或许还会出现另一次反向运动，即寻求进一步脱嵌——新自由主义。

第二，新自由主义是一种如社会主义一样的乌托邦式的意识形态。自我调节的市场永远不可能统治真实的社会。 与社会主义一样，现实中的新自由主义需要向现实以及其他权力行动者妥协；这意味它存在不同的面孔，有些人温和，有些人则更加极端——改革者和革命者。 有人寻求轻微地或者选择性地削减国家权力，也有人则寻求彻底变革。现实世界中，自由主义通常为不同的利益集团所捕获和利用，它们腐蚀其基本原则，正如我们在腐败的私有化例子中所看到的那样。 哈维指出，新自由主义的理论与实践被拉向了两个截然不同的方向。 他认为，实践是主要的，新自由主义与其说是"一种实现国际资本主义重组的乌托邦式的理论设计"，毋宁说它更是"为了让经济精英重新夺取权力的……政治计划"。 如下文将要表明的那样，我不完全同意这种说法。 新自由主义在实践中与保守派政治家联合，试图在对抗其他国家的过程中进一步促进"国家利益"，并推行道德、庞大的国防预算以及零容忍政策和监狱政策——有点荒谬的是，它们都是强国的特征。 哈维把它们看作是市场主导的必要因素，因为光靠市场将导致混乱(Harvey，2005：19，82)。 但这种观点有点过于功能主义，而且没有给保守主义者留有任何自主性。 除此之外，新自由主义本质上是跨国性的，与民族主义不相容。 如果自由主义者认同了国家主义或者民族主义，要么是因为他们的保守主义者削弱了他们，要么是因为他们认为与保守派联盟是达成其所希望的改革的最佳途径。 因此在通常所谓的新自由主义运动中，我区分出四种倾向：提倡市场和个人主义的有原则的新自由主义；资本主义的利益；政治精英的利益以及利用国家提升道德、法律、秩序、国家主义以及军国主义的保守主义。 尽管以上四种相互存在重合之处，进行分析性区分依然非常有用。

第三，新自由主义者宣称，市场不会取消权力，它们只是以不同的方式分配权力。 增加进入市场的权力就是增加已经拥有较多市场资源(如财产或者稀缺技术)的人的权力，同时减少那些拥有较少市场资源的人的权力。 一些自由主义者反对反垄断法(他们认为大公司体现了规模效率)，甚至鼓励市场中更加集中的权力，也就是反过来给予大公司更多的权力(Crouch，2011)。 减少政治权力也就是剥夺人们通过使用国家权力来实现激进变革的权力。 新自由主义因此有一种削弱政治民主的倾向。 正如沃尔夫冈·施特里克(Wolfgang Streeck)所强调的，资本主义与民主之间存在着一种固有的张力，这种张力在新自由主义那里占据了重要的地位(Streeck，2011)。

因此，经济学家在看待效率——集体权力——时必须辅以对分配权力问题的考量，即受益的是谁？ 与其他所有经济计划一样，新自由主义对某些人比对另一些人更有利，并且在其所伤害的群体中激起反抗。我这里将关注哪些阶层和民族(nation)可以胜出或者走向失败，哪些失败者拥有反抗的力量。 相比工人而言，新自由主义政策使投资者更加受益；相比穷人而言，它使富人更加受益。 新自由主义者认为，在短期内对投资进行刺激是必要的，他们还补充道，从中期看来，取得的经济增长将惠及所有的人。 既然市场是自然的，最好就顺其自然。 如果政府试图管制它们，将会扭曲市场的价格并使所有人的经济变得恶化。因此，评估的标准是利益是否惠及公民。 对民族而言，新自由主义有着稍微不同的偏好。 新自由主义明显更青睐于母国市场(home base market)的核心产业，尤其是金融资本，但最终还是会对没有多少经济主权民族造成伤害，无论其是富还是穷。

第四，在新自由主义那里，市场与经济之间的关联要视情况而定。在其他条件一样的情况下，权力下放的市场能够防止威权主义，尽管市场资本主义已从总体上被证明比国营经济更加优越。 当然，在当今世界，一个由市场支配的"最小限度的国家"(minimal state)可能危害到民主自由。 我已在这几卷中指出，自由需要社会权力来源之间的多元平衡。 苏联之所以破坏了自由是因为全部四种权力来源都汇集在一个一党独大的政党—国家的精英手里。 新自由主义远没有那么糟糕，但在经济权力高度集中的背景下，将政治权力屈从于经济权力也将限制人们的自由。 我们并不是生活在理想化的 18 世纪英国社会，经济权力在那种社会广泛地分散在佃农、工匠、商贩以及生产商那里。 如今，巨型公司和银行并不是民主而是专制的，它们由董事会统治着，法律上只对股东负责，后者也被专制的金融机构所主宰。 因此，存在着寡头、垄断及其渗入到政治民主的强烈趋势。 弗里德曼宣称，资本主义"提升了政治自由，因其将经济权力与政治权力分割开来"(Friedman，1962：9)。在过去或许如此，但今天却不再这样。 如今，大部分先进国家比大公司更加民主，并且需要保持这样，防止它们被企业腐败所腐蚀。 若没有对付经济威权主义的多元主义政治制衡，便不可能有真正的民主。

新凯恩斯主义的胜利与阵痛

正如我们将要看到的，新自由主义转型是由经济权力、政治权力和意识形态权力的变化所造成的。 尽管战后资本主义假定了由美国军事权力所提供的全球绥靖的前提条件(本书第二、五章)，这一点在 1970 年代并不明显，军事力量因此在本章节中只是一个配角。 对于新自由主义转型的解释主要集中在凯恩斯主义、进口替代工业化(ISI)以及布雷顿森林体系等相关问题上。

我重新开始讨论先进国家，将它们分成三种基本类型：英语国家(Anglophone，简称 Anglo)、北欧国家(Nordic)和欧陆国家(Euro)。 第二次世界大战对盎格鲁国家造成了最强烈的影响，人民也因为做出了比一战更大的牺牲而得到回报。"福利国家"一词最初是作为正面词汇由坦普尔(Temple)大主教于 1941 年提出的，他认为这是英国与作为战争国家的轴心国家战斗的理想。 战争期间英国的工资水平稳步提升，所得税变成累进税制。 1939 年的标准税率为 29%，对收入在 50 000 英镑以上的人征收 41% 的附加税率，有 1 000 万人符合纳税条件。 1944—1945 年间，标准税率上升至 50%，对收入在 20 000 英镑以上的人征收 48% 的附加税率，共有 1 400 万人纳税。 直到 1946 年，超额利润税一直在增长。

美国经历了更大的转型。　免征额的降低使收入只有 500 美金的人也必须以最低税率 23% 征税，收入在 100 万美金以上的人则面临 94% 的最高税率。　纳税人口从 1939 年的 400 万增加至 1945 年的 4 300 万。

后来累进税制度因受到广大选民的支持而变得难以改变。　尽管战争——以及随后的冷战——最终阻碍了美国的福利改革，保守主义者既不能抹煞先前社会保障所取得的成就，也不能调整累进税的框架。　作为替代，两党的国会议员都以各种方式推行特别豁免和刺激。　税制变得非常复杂，但从总体上减少而没有彻底取消累进税方法(Steinmo，1993：136—144；McKibbin，1998：118—119)。　二战也推动了英国、澳大利亚、加拿大、新西兰的累进税和福利国家。　彼得·鲍德温(Peter Baldwin)强调中产阶级压力在这一时期的角色，同时战争也促进了人们的团结，工人阶级与中产阶级不再对带领他们陷入战争的旧政治精英抱有幻想(Baldwin，1990：116—133)。

英国从二战中脱胎为最先进的福利国家——以累进税和财产税支付的免费健康服务，最大的住房补贴项目以及(某种程度上基础性的)老年津贴和寡妇津贴。　1950 年，在具有相关数据的 9 个欧洲国家中，英国的政府支出占国民生产总值(GNP)的比例最高(Kohl，1981：315)。　从1950 年代起，英语国家缩减了社会政策开支(Iversen & Soskice，2009：472—473)，税制的引入改变了这种情况。　从 1950—1980 年代，北欧和欧陆国家提升税率的做法相比盎格鲁国家而言是一种退步(Cusack & Fuchs，2002)。　从 1950 年至大约 70 年代，支出与税收的结合使英国和北欧国家成为最进步的集团(Castles & Obinger，2008)。　1965 年，英国、澳大利亚和新西兰比法国、德国、意大利、日本拥有更多的再分配，美国则处于两者中间。　相比北欧和欧陆国家而言，盎格鲁国家从收入和商业累进税方面获得了更多的税收，盎格鲁国家更加依赖于递减的销售税和工资税(Tanzi，1969；Prasad，2006：25—29；Kato，2003；OECD，2008)。　除此之外，直到 1970 年代，加拿大和美国在大众教育举措方面一直处于领先地位(Lindert，2004)。　这个时期的盎格鲁国家已不再是那种吝啬、不平等的传统刻板形象。

北欧国家在二战期间为纳粹所占领，或是使其难以维持中立的立场和提高国家的凝聚力。 对芬兰而言，战争的终结意味着与希特勒结盟的右派政府的失势和左翼主义的高涨。 尽管每个北欧国家都有其特殊的情况，它们在北欧部长理事会(Nordic Council of Ministers)监督机构的帮助下都走上了法团主义的社会民主。 大约有 30 个跨北欧机构参与了协调地区活动，范围涉及从民俗到能源需求再到数据收集——建立起了关于最优实践的庞大共享信息库。 瑞典社会民主党在战争期间领导全国联合政府，其精神在于所有社会阶层和利益集团都必须为公共利益作出牺牲，并在事后得到回报。 与盎格鲁国家不同，瑞典的累进税即使在战时也没有出现大幅度上涨，战后他们继续聚焦于转移支付项目，这些项目比税收更受欢迎。

1946 年，瑞典大幅提高统一税率养老金，接着是 1953 年的健康立法——一种类似于英国的普适性计划——起初由工资税、收入税和继承税共同提供资金，后来则由消费税提供。 瑞典、丹麦、挪威接着在1950 年代采取了激活劳动力市场的政策，并于 1960 年代发展成为成熟的综合项目，包括对市场的干预、在阶级以及性别之间进行再分配等，所有这些都在法团主义的框架下得以实施——尽管这些政策在挪威成熟得更早，而在芬兰的成熟则稍晚(Steinmo，1993：91—93；Huber & Stephens，2001；Klausen，1999：chap.5；Flora，1983)。 尽管法团主义因素在全部四个国家中早已出现，但战争和萧条更加强化了他们。

法西斯主义战败后，欧陆国家走向了战前已由比利时和荷兰所引领的社会妥协模式(social compromise model)。 在美英两国军事重建政策的帮助下，改革派社会主义与新基督教民主党中的社会天主教派达成了红黑大妥协(grand Red-black compromise)。 它们在战争期间一直未能达成妥协，因为当时的社会主义者反对教权，天主教徒则将社会主义与魔鬼联系在一起。 但随着极右势力的失势(除法国和意大利之外，它们在战争期间领导了抵抗运动)、共产主义的削弱，基督教民主党进入了政治中心，并在基督教工会派别的支持下持续占据着这一地位。 通过这一妥协，它们使混合身份意识以及以家庭意识为基础的社会转移支付计划走向成熟，其关于地位和家庭的方面来源于基督教民主党，而其对再分配的轻微倚重则来源于左派。 法国出现了类似的妥协，只不过没有包括正式的基督教政党(Bradley et al.，2003：225—226)。 在大多数国家，妥协嵌入在权力共享的法团主义国家中——也就是资方、劳方和国家的代表在政府办公室内共同敲定妥协方案，这一点与英语国家不同。 三方都认为，两次世界大战期间的自由放任资本主义加剧了最终走向法西斯主义的冲突。 法团主义妥协因为似乎可以保证社会和平而受到欢迎。 比例代表制(PR)有助于在议会内实现妥协，因为没有任何一个利益集团可以主导所有其他的集团。 但比例代表制未能在两次世界大战之间成功防止法西斯主义的出现。 如果它现在有效，那也是因为主流利益集团想要妥协。 它是由政治意志达成的，而非单纯的代表制技巧(techniques of representation)。

欧陆国家使用多种语言，同时文化上也非常多元。 尽管如此，它们的政治总是徘徊在准社会主义政党与准宗教性政党之间，两者都拥有强大的跨国联系。 两大主要信仰都进入了妥协机制。 意大利、法国、西班牙、卢森堡以及奥地利都一边倒的是天主教，德国、荷兰、比利时则被分割为天主教和新教。 温和的社会主义者与社会基督教、天主教与新教，都支持阶级和解，尽管由宗教支持的传统社会地位削弱了再分配。 天主教经济和福利政策尤其受男性养家模式(male bread-winner model of the household)的影响，鼓励母亲留在家中。 法国则在一定程度上例外，法国保守派政党背负相对少的天主教印记，因此没有男性养家模式一说(尽管它们向带孩子的母亲提供补贴)。 同时社会天主教认可适度的不公平，它们不愿意将这种问题留待资本主义市场来解决。

总体而言，劳工运动在这一时期总体成为大众阶级运动，保证了迈向社会公民权的趋势。 然而，两次世界大战和大萧条对社会公民权造成了不同的影响，降低了福利模式对产生可预见的福利结果的能力，这些模式建立在诸如工业化、工会密度、中左派政府等——不受时间影响的——变量的基础上。 它重塑了欧洲大陆的发展路径，减少了盎格鲁国家的路径依赖。 尽管自由—劳工政治还有一定的延续性，巨大的进步和相对小的倒退走过了萧条和战争时期。 军事权力关系因此也非常重要，三大灾难都表明了人类愚蠢行为所扮演的重要角色。 它们同时鼓励了反事实分析——如果没有战争将会如何？ 如果胜利者当时被打败了呢？

战后时期的经济增长见证了福利国家的持续增长与新凯恩斯主义宏观经济政策的融合。 按照工业主义理论家的逻辑，经济日渐繁荣意味着能够更好地支付社会公民权计划，同时还可以深化民主。 战争的大众动员带来了牺牲、提高了凝聚力，在这些因素的推动下，民众相信他们应当拥有基本的经济权利，政府则相信自己可以保证充分就业和大众消费的持续增长。 中间派政府促进了福利国家的扩展，而右派政府则几乎不敢反对他们。 在所有阶级之间重新进行福利的国家分配，程度存在着不同，主要视各个国家被中左派政府统治的时间和民众参与工会的密度而定(Bradley et al., 2003：226)。 这是资本主义的黄金时代——一种得到调节形式的资本主义，它将社会、民事和政治公民权扩展至全部人口。 布雷顿森林体系则对国内政府管理和政府扶持的资本主义进行补充，对资本在国外的全球流动进行限制，使国家拥有发展自身社会政策和经济政策的自主权。 尽管资本主义现在正变得更加全球化，但其形式并不单一，因为国家自主权促进了资本主义的多样性，福利国家、税收系统使不同版本的凯恩斯主义和社会公民权得以在国家层面上得到落实。

1930 年，社会保障计划的平均支出一直低于国内生产总值的 3%。1950 年达到了 5%，到 1990 年则达到 20%。 国家在 GDP 中所占的份额也相应地从 1950 年的 25% 上升至 1970 年代中期的 45%(Flora, 1983：导论)。 更多的社会生活被关进国家的笼子，首先是战争时期的盎格鲁国家，然后是北欧国家，再到范围更加广泛的经济合作组织国家(OECD)。

大多数国家的福利项目也有了扩张。 一般而言，一种新的社会保障计划会先将较低的福利授予少部分受益人。 之后，随着受益范围的扩大，国家需要向更多的人提供更高的福利，因为受益人所做出的贡献也更多。 这个成熟因素造成了成本的必然升高以及随后财政危机的恶化，我将在第十一章中讨论这一问题。

这不纯粹是凯恩斯去世之后才获得的胜利。 他的思想与古典经济学结合在一起主导了经济学，俗称新古典综合或者新凯恩斯主义——尽管我记得琼·罗宾逊(Joan Robinson)曾经强烈地批评过其所谓的杂种凯恩斯主义。 凯恩斯的理论被希克斯、莫迪利亚尼 (Modiglianli)与萨缪尔森(Samuelson)等经济学家用于静态均衡理论。 希克斯的投资—储蓄/流动性偏好—货币供应量模型(IS/LM 模型)将总需求和就业与三个外生性因素关联在一起：流通货币量、政府预算规模以及商业预期(Business expectations)。 菲利普斯曲线(Phillips curve)表明，就业上升意味着更高的名义工资和相应更高的通胀：失业率与通胀因此为负相关关系。 经济学家可以用 ISL-M 模型预测到增加货币供应将提高生产和就业，然后再用菲利普斯曲线来预测通胀的加剧。 由此传递出来的积极信息是，可以通过容忍一定程度的通胀来保持较高的就业均衡。 政府则通过更加务实的方式得出了同样的结论。 面对更加强大而且明显受到欢迎的工会，政府不想疏远它们，政府通过自由集体谈判而容忍工资的上涨，但适度地使他们的经济进入通胀。 由此带来了整个西方相当程度的充分就业和经济繁荣，并随后扩散至亚洲，而且还带来了比战前时期更多的平等。 从这一意义而言，存在着某种全球趋同。

然而，国家以及宏观地区间也存在着差异。 盎格鲁国家于 1940 年代出现了福利的猛增和累进税的扩张，并且在 1950 和 1960 年代得到巩固，但没有增加新的重要计划。 家庭经济状况调查(Means Testing)保证了与其他国家相比盎格鲁国家的成本上升幅度更小，因为更少公民享受福利。 在 1950 年代，保守派或中右派政府统治着这些国家，福利扩张在这一时期逐渐趋于消失。 加拿大的情况则有所不同，其在 1960 年代同时扩大了经过家庭经济状况调查的项目和普遍性项目。 因为经济发展较晚，爱尔兰的福利计划也在此后得到发展。 盎格鲁国家和北欧国家依然共同处于社会公民权的领先地位。 埃斯平—安德森后来坦言，如果他的研究开始于 1960 年代而非 80 年代，英国、澳大利亚和新西兰必然位于最先进的案例之列(Esping-Andersen，1999：87—90)。 他说道，英国是一种停滞(stalled)的社会民主，但澳大利亚和新西兰最初则是完全的社会民主福利政体。

迪兰·莱利(Dylan Riley)和我调查了不平等基尼系数，该系数大致反映了一个国家的总体不平等情况。 在西方国家，我们按照埃斯平—安德森的分类区分成三种政体。 我们也获得了 18 个拉丁美洲国家和几个东南亚国家的充足数据。 对于所有区域，我们都发现区域内不平等远小于区域间不平等。 宏观区域因此提供了共享的意识形态，然后再在国家层面通过政党、选举和政府而进一步制度性强化。 苏联国家则是另一个独特的群落(Castles & Obinger，2008：336—337)。

我们发现埃斯平—安德森的分类在分析 1980 年后的现象非常有效，但盎格鲁国家在 60 年代以前比其他国家更加公平。 美国是盎格鲁国家中不公平现象最严重的国家，但与北欧国家的平均水平不相上下。 随后在 70 年代，北欧国家变得比自由主义国家更加平等，欧陆国家在八九十年代也达到这一水平。 这些起伏运动不仅仅体现在国家层面上，而且体现在"宏观区域"层面上，因它们包含了每一个群落中的大部分国家。

安东尼·阿特金森及其同事(Anthony Atkinson & Thomas Piketty)检验了 20 世纪 6 个盎格鲁国家以及法国、德国、荷兰和瑞士的总收入中富人收入的比例(分别是最高纳税人的 10%、1%、0.1%)(Atkinson，2007：chap.13)。 直到 1970 年代它们都存在着惊人的相似之处：在世纪之初都高度的不平等，随后出现下降，直至第二次世界大战前。 到那时为止，盎格鲁国家(除美国)稍微更加平等了一些。 不平等现象在二战期间进一步下降，主要受对资本持有者征收累进财产税和继承税的影响，食利阶层遭到大萧条和随后战时累进税的打击，战后亦没有恢复过来。在加拿大、美国和德国，1955—1975 年间基本上没有发生改变，但不平等现象在澳大利亚、新西兰、英国、爱尔兰、法国、荷兰以及瑞士持续下降。　盎格鲁国家比欧陆国家稍微更加平等一些，但所有国家的不平等状况都随着全球经济的增长而水涨船高。　经济发展与累进税结合在一起将占社会底层五分之一的人口的收入提升得最多，甚至在美国和加拿大亦是如此。　所有地方的贫穷率都下降了。

除芬兰存在滞后之外，北欧国家逐渐发展出一整套更加昂贵的普遍性项目。　瑞士税收占国内生产总值的比例超过了 1950 年代的美国和 1955 年左右的英国的水平，并且持续上升(Steinmo，1993：28)。　随着福利项目的成熟和更多的人有资格获取福利，它们的再分配效应也得到了提高。　所有这些阶段存在着一些明显的路径依赖，因为之前的选择已被制度化，从而产生出各自具有相当连续性的各种福利国家。俾斯麦与贝弗里奇在养老金计划上的诸多区别变得更加根深蒂固，只有在荷兰发生了改变，从俾斯麦计划转变为贝弗里奇计划。　俾斯麦计划能够轻易地逐渐扩展至更多的群体，以至于最终所有人都能够被包含进公共养老金计划。　相反，贝弗里奇计划采取两种不同的路径。北欧国家推行与收入相关的第二层国家养老金计划，是前两种计划折中的产物。　英国只实施了一种拙劣的模仿，面对低水平的贝弗里奇式的津贴，英国的中产阶级发展出私人养老金计划 (Ebbinghaus & Grongwald，2009)。　这成为盎格鲁国家的特征，并加强了后来不平等扩大的趋势。

盎格鲁国家通过因战争才征收到的税收为早期的福利项目提供资金。　但战败国和中立国无法这样做，并且和平时期提高所得税在政治上有困难。　北欧国家和欧陆国家转而求助于消费增值税和社会保障税，这是一种更加退步的做法，但更容易被接受。　随着税收负担的加重，所有国家都开始抵制新税种。　北欧国家和欧陆国家发展其福利国家之后，盎格鲁国家无法赶上，因为它们的公民拒绝接受更高的税收，财政危机迫在眉睫。 这加深了三种类型之间的差异。

我已经分析了北半球 1945 年至 1970 年代社会公民权的发展。 尽管受限于国家和宏观地区层面上的差异，它们总体上体现出某种趋同。所有经济合作与发展组织(OECD)国家都经历了资本主义、工业化以及随后的后工业化阶段，部分通过追求充分就业的宏观经济计划方式，部分通过发展提供自我保护的社会公民权方式，它们都使阶级冲突得到调解，按波兰尼的说法就是，通过变幻莫测的资本主义市场和通过资本家的绝对权力而达成的。 通过更广泛地授予民众经济权利，通过授予他们参与民主政府的权力，先进国家中经济权力集中的趋势得以减少，保障了它们稍微更加多元的格局。 马歇尔是正确的，他称 20 世纪是社会公民权的世纪，至少在北半球是这样。 对于这一发展的最宏观测量指标就是政府支出在国民收入中所占的比例。 在经济合作与发展组织国家中，这一数值在本世纪初还不到 10%，二战前夕达到 20%，1970 年代达到了 40%。 这种经过改革的、半国家性的和半全球性的资本主义是北半球所取得的最高成就，开创了史无前例的社会凝聚力以及稳定而繁荣的黄金时代。 这一发展总体上是资本主义势力与马克思意义上的生产关系相结合的成果——尽管是通过改革而非革命的形式取得的，并且得益于两次世界大战的结果。

然而我们可以发现，从来不存在某种单一类型的社会公民权。 各个民族—国家权力来源的特定组合结构影响了最佳实践的观念，在这里，意识形态、军事权力尤其是政治权力关系非常重要。 在进行自我保护的过程中，公民愈发被关进民族—国家的牢笼，因为国家对于经济的调节建立起了对资本主义不确定性的防御机制。 然而，民族—国家的个体依然会被自己的文化和与之部分重叠的宏观区域文化所影响。资本主义与福利制度在国家层面和宏观地区层面的差异，对于二战后阶段的分析有着愈发重要的意义。 我将埃斯平—安德森关于福利制度三种模式的分类重新阐发为盎格鲁国家、北欧国家和欧陆国家三类，随着时间的流逝，这种分类将愈发贴切。 20 世纪的三大危机——两次世界大战与大萧条——也影响了国家和宏观地区层面的发展轨迹，使之快速前进或者停滞。在这一阶段的末尾，运动还在发生。盎格鲁国家直到这个时间点才出现高水平的社会公民权，但从此就开始下坡路了，被北欧国家甚至某些欧陆国家所超过。这些成就是长期斗争的结果，斗争的结局不是由路径依赖所提前设定好的，而是其所遭遇的危机，是集体行动者不得不设计出新的发展路径的结果。

在解释社会公民权和国家间差异的总体增长时，我用的是被称为权力来源的模型，强调阶级、阶级间政治联盟、中左派政府以及工会，尽管有时候还需要加上教会和其他社会群体的力量，这些群体间的联合加强了普通民众的凝聚力。在我所分析的诸多国家中，对一个民族(nation)的归属感是建立更多社会公民权的意识形态前提条件。因此其中包含的权力来源主要是政治和意识形态方面的，尽管政治方面更多来源于公民社会内部的压力而非来源于国家本身。

然而在解释差异时，我强调法团主义与唯意志主义制度在宏观地区间的差别，这一差别早在世纪之初就已表现出来，后来变得更加重要，在面临新自由主义挑战时则变得愈加重要。有些人认为，多数主义的政治制度模式与比例代表制的政治制度模式很大程度上能够解释盎格鲁国家与非盎格鲁国家之间的差异，我把这种差异归结为选举体系在不同时期的制度化——但正如利普塞特和斯坦·罗坎(Stein Rokkan)所说的那样，还要加上催生多党制的多元社会分裂(social cleavages)。但是，一旦变得制度化，这种差异就变得重要了。官僚制精英和专业精英的自治角色仅在特定情况下才变得重要。在 20 世纪上半叶，战争中的军事权力关系尤其改变了欧陆国家的发展轨迹。二战的结果催生了社会主义与基督教之间的大妥协，使之能够巩固大部分欧陆国家独特的社会公民权。两次世界大战也巩固了盎格鲁国家的社会公民权，并在所有地方都促进了社会公民权的发展。这明显是一种多因的解释，经济权力关系很大程度上是推动社会公民权的普遍因素，同时所有四种权力来源都造成了国际和宏观地区间的差异。

金融化的崛起

随着经济减缓和通货膨胀加剧,新凯恩斯主义经济于 1970 年代开始经历危机。 美国、英国、澳大利亚和新西兰较早经历困难,在 1960 年代导致了一系列时断时续的既不能扭转之前的福利收益也不能进一步将其扩展的政策(Steinmo, 1993:145—155)。 由此开启了新自由主义的大门。 尽管大部分人将新自由主义看作是对这次危机的回应(例如 Arrighi, 1994),它首先通过新凯恩斯主义时期从充分就业、累进税和繁荣的福利国家所取得的成功来积聚力量。 这些繁荣将股权、房屋所有权、养老金以及保险分散至中产阶级甚至工人手中,工人第一次进入中等税收等级。 这也意味着一种在全球范围内竞争更加激烈的资本主义、·更多的跨国企业、更多的国际贸易以及轻微的债务驱动的发展。 所有这一切在某种程度上都扩大了将会成为新自由主义前沿的金融服务业,引用马克思用以预测资产阶级灭亡的比喻,新凯恩斯主义的发展为自己培养了掘墓人。

格蕾塔·克里普纳(Greta Krippner)将金融化定义为"一种积累的形式,利润主要通过融资渠道进行累积而非通过贸易或商品生产"(Krippner, 2005:174)。 股票与其他金融工具使长期积聚起来的储蓄或利润得以用于贸易投资或者生产。 但战后的证券交易所被掌握纸质金融财富的投资者所主导,这种财富相比生产公司的固定资产而言更加具有流动性、跨国性和更易转让。 经济全球化和通信手段的进步意味着所有权的转移能够在瞬间无障碍地在全球范围内进行,因为它们交易的是电子符号而不是现实的商品或者服务。 见缝插针的跨国资金流动限制了布雷顿森林系统对国际资本流动的压制。

金融化以两个主要国家为根基(home-base),它们是提供了世界储备货币并因此已拥有最庞大金融服务业的盎格鲁国家。 美元是目前的储备货币，国际上交易量最多的货币，同时其政府和消费者的债务日益膨胀。　然而，因为美国的资金流动在新政以后便受到严格监管，伦敦金融城(The City of London)作为货币交易的主要场所，是第一个将金融从国家中解放出来的机构。　金融城—英格兰银行—财政部之间的权力关系长期以来通过维持高估英镑的通货紧缩政策使英国制造业的利益屈从于金融(Ingham，1984)。　这个优先权最近被凯恩斯主义对失业率的担忧所挑战。　在两者之间的摇摆不定产生了应变型经济政策，只要发现任何过热的迹象，必将通过凯恩斯式的刺激以缩小通胀来进行调节。1970 年代这种不稳定的组合催生了更高的通货膨胀、预算赤字以及投机者挤兑英镑。　这是伦敦金融城所领导的、由保守派智囊团和金融媒体所支持的新自由主义的开端(Fourcade-Gourinchas & Babb，2002：549—556)。

　　美国的金融市场变得更大得多(Krippner，2005：178—179)。　1950 年代也出现了见缝插针的欧洲美元(Eurodollars)，被海外非美国居民持有并交易的货币。　它们逐渐扩大，因为美元是储备货币，加之美国国内严格的管制，持有美元的人希望在其他地方获得利润。　伦敦抓住机会吸引它们，并且在 1960 年代取代英镑作为伦敦金融城的主要交易货币。伦敦金融城正将自己重建为一个海外飞地(Shafer，1995：124)——最强大的凯恩斯主义掘墓人之一。

　　更加强壮的掘墓人则来自美国。　1960 年代约翰逊的"伟大社会"和越南战争的开支造成了国际经济过热以及大量的美国债务和赤字。美国只给对其有出口顺差的国家留有美元，但这些国家可以将美元换成黄金，并将诺克斯堡的黄金掏空。　因此，1971 年尼克松将美元与黄金脱钩并任其浮动，这使得到 1973 年其他主要国家也不得不进行相应浮动。　布雷顿森林体系瓦解，主要原因不是由于其本身的缺陷，而是因为来自美国的压力以及金融资本摧毁了它。　用波兰尼的话来说，这再一次成为一个将市场从国家中解放出来的新运动的一部分——尽管市场的这种运作方式会使某个特定国家(即美国)受益。　资本流动的加剧与美国经济帝国主义的机会(我将在第十章加以讨论)结合在一起,使各国政府难以继续追求凯恩斯主义政策。 1973 年 OPEC 集团将油价提高对此起了暂时的加强作用,石油国家获得了庞大的出口顺差和石油美金(对美国而言是对其中的大多数国家提供军事保护)。 这就是全球失衡的开始,世界范围内不均匀分布的债务和盈余也为金融资本提供了动力。

在 1970 年代初,美国银行为了逃避政府的监管,纷纷涌入伦敦金融城,重拾其在英镑统治时期的历史角色(Burn, 2006)。 英格兰银行在 1973 年和 1976 年对货币主义目标的支持使新自由主义又向前迈进了一步。 为了使美国银行可以与其竞争,美国于 1974 年和 1975 年取消了对国际资本的管制,尽管国内资本依然受到监管。 然而,保罗·沃克尔(Paul Volcker)通过高利率遏制通货膨胀的行为将大量资本吸入到美国。对同样掌握主要货币的德国和瑞士也产生了金融化的连锁反应。 它们的银行家被盎格鲁—美国的离岸竞争所伤害,希望加入比国内银行贷款能够产生更高利润的部门。 1970 年代,大多数国家都提高了金融管制,试图减轻货币浮动所造成的反复无常,但这不过是对抗投机者的一次败仗。

从那时起,新自由主义时期便不再是一种经济成功,它没能恢复西方经济的实质性增长,同时还催生了诸多问题,其金融中心反复无常且易引发危机。 1945 年后开始的 18 次金融危机都爆发在 1973 年之后(Reinhart & Rogoff, 2009)。 较之于新凯恩斯主义时期,高失业率、投机性短期投资、总需求疲软使得新自由主义时期的实际经济增长更加低迷,并且越来越低迷(Brenner, 2002)。 然而,金融化并不需要宣告它的成功,它反哺了带来其扩张的权力。 利率波动的增加使得债券交易变得更加赚钱,而过剩的石油美元则增强了银行的实力。 1970 年代,制造业占美国国内生产总值的份额和利润都下降了,而金融业的份额则上升了。 到 1980 年代,随着制造业岗位和工厂被出口到南半球国家,金融业的利润超过了制造业。 我们可以将其看作是熊彼特"创造性破坏"的另一个阶段,制造业被毁灭了,金融业则创造性地扩张了,尽管支持者如是说，这个转变并没有给资本主义带来整体性收益。

1986 年，撒切尔夫人授权金融大爆炸(The Big Bang)，彻底解除对英国股市的管制，允许商业与投资银行合并，对海外资金流开放，英国成为第一个完全解除金融管制的国家。但英国的领先地位现在已经被取代，美国的银行主导了伦敦金融城，同时美国的制造商们面临利润降低和更加激烈的国际竞争，将资本从生产中抽出并投资于金融工具。他们还缩减了研发实验室。到 1980 年代，几乎所有的研究与发展都是由政府和大学的实验室来完成的，这与 50 年代的情形截然相反(Block & Keller，2011)。由此，金融化渗透进了实体经济(Krippner，2005；Arrighi，1994)。今天，作为美国企业传统标志的通用电器，从金融当中获得的利润比从生产活动中获得的更多。

金融业使投资人和基金经理受益，使他们成为极其富裕的人。金融业视对抗通胀优先于对抗失业率，并寻求压低工资。这是它的阶级偏见。金融业本身几乎不存在阶级冲突，占主导地位的白领劳动者几乎没有参加工会。股东们也几乎没有组织，金融业高度卡特尔化，由每个国家的几家大银行所主导。从理论而言，保险公司和养老基金或许会成为大众阶级的反制力，因为它们代表了数百万老百姓的存款(尽管不包含穷人)。美国有一半家庭通过共同基金(mutual funds)而持有股份。但这些基金与银行之间的连锁管理保障了精英与一般人之间的利益一致性，而不是使之相互冲突。银行根据作为局外人的保险公司、基金公司以及管理顾问等的意见，设定管理层的薪酬。相应的，银行家们也会列席它们的薪酬委员会。因此它们彼此帮忙，提升了薪金和股票期权。金融活动也变得更加抽象，超越了普通大众所能理解的范围。尽管左派政府将金融化视为对其目标的威胁，但并没来自民众的明显压力要求它们进行抵抗，而且各社会民主党面对经济危机也缺乏实质性的答案。新凯恩斯主义明显失败了，并且还存在着明显的阶级间零和冲突，劳方企图牺牲资方以保护工资，结果在一系列失败的罢工和选举中败落。

1980 年代至 90 年代初期，几乎所有经济合作与发展组织(OECED)国家政府都放弃了对国际资本流动的控制。有人(例如 Mudge，2008)将其看作是单纯的自由主义思想的扩散，但它也包含了强制。首先，关于如何将石油输出国组织五次上涨石油价格所产生的石油美元循环利用于世界其他地方的生产性投资，产生了分歧。欧洲和日本希望通过各国中央银行和国际货币基金组织进行，但美国和英国坚持让私人银行来处理。美国在石油酋长中更有影响力并赢得了这次角力。之后，随着各国政府推行取消金融管制，对于剩下的政府而言，要抵挡住遭到外国银行不公平竞争的银行家的抗议变得愈发困难。面对着更大的国际资本流动，政府控制汇率和国内利率的能力下降了。如果一个国家希望将利率控制在低于当时国际利率的水平(以刺激本国经济)，投机买卖很可能使其货币贬值，导致通货膨胀的后果，这种强力威慑使得它根本不敢尝试。这是主权的绝对丧失，尽管我们在第三卷第七章看到金融投机者在 1920 年代也曾拥有类似的权力。投机者现在又重新强大起来，而且他们现在的身份模糊，具有跨国性但不成比例地大部分是美国人。生意兴隆的金融经理们主要分布在华尔街和伦敦金融城，也就是说他们大部分都是英语国家的人。

德国联邦银行一直是欧洲经济共同体的金融推动力。尽管不是新自由主义派，它也将对抗通胀优先于对抗失业，这是德国人错误理解了魏玛共和国的失败和希特勒崛起的后果(更多是因为高失业率而不是通胀！)。之后意外地得到法国技术官僚社会主义者的推动，他们后来成为欧洲经济共同体的领导者。雅克·德洛尔(Jacques Delors)和帕斯卡尔·拉米(Pascal Lamy)之类的人成为 1980 年代自由资本运动的倡议者，因为他们从内部见证了密特朗总统 1981 年试图对法国实行严格管控及其失败。里根政府也曾通过强势美元和高利率攻击法国，加上巨大的贸易赤字，迫使法国政府三度贬值法郎，造成法国违背(当时)欧洲经济共同体的规定。1983 年，在其他欧洲国家的压力下以及在与投机者的角力中落败，密特朗放弃了资本监管。富人们避开了他的管制，大部分负担落在了存款有限的中产阶级人民身上。 社会主义者们这样总结道，鉴于跨国资本的力量，管制是不起作用的，而且是退步的。 他们认为，必须调整以适应新的权力现状——诸多社会主义投降的开端。1988 年，欧元区官员达成了在欧洲经济共同体内的自由资本流动的协议，并通过 1992 年的《马斯特里赫特条约》(Maastricht treaty)的通货紧缩金融政策而进一步加强。 欧盟的每一次深化都不是大众或民主压力的结果，而是精英的压力所促成的。 日本脱离金融监管的转型大致完成于 1990 年，经济合作与发展组织则是在此之后的 1992 年完成转型(Abdelal, 2007)。

这仅是针对金融部门而言。 欧洲经济共同体/欧盟如果不这样也不会如此自由。 欧洲经济共同体总预算的 60% 被用于补贴农业，时至今日，经过数轮改革后依然维持在 40%。 除此之外，其内部是自由市场，对外则是高度保护性的，通过关税和其他管制手段保护不受外界竞争的影响。 日本亦是如此。 将这一经济称为新自由主义是不恰当的。美国也有许多保护性关税。

但随着资金流的增长，股市也变得如此。 1980 年代后，大约 50 个国家成立了自己的股市，一种更加全球化的金融组织支持了更多组合投资蔓延至经济合作与发展组织国家以及一些新兴市场，这是金融化的积极一面——尽管常被日渐加剧的不稳定性所削弱(Davis, 2009：37)。 中央银行也被授予更多的自主权，这也是政治家们不愿意为在萧条中的经济政策负责任的结果。 随着经济变得停滞，政治权力关系发挥了更大的作用。 政治家们从强调自己在经济政策上的功劳转变为力求避免因持续经济危机而承担骂名(Weaver, 1986；Krippner, 2007, 2011)。 有人称，没有人应当为紧缩政策而受到责难，这是客观市场力量逼迫下产生的必然性变化。

尽管如此，政府政策依然重要。 为了恢复盈利性，对抗通胀而非失业率的做法扩散开来。 在 1970 年代，通胀率平均为每年 10%，到 90 年代却不足 3%，国家间的差异也更少了(Syklos, 2002：64)。 银行在提升利率以对抗通胀的同时，也导致了更低的经济增长和日渐升高的失业率。 与其冒着通货膨胀的风险向劳方妥协允许提升工资，政府和中央银行更愿意通过调整货币供应量和利率来调节经济。 阶级之间的不平等从而扩大了。

然而，南半球许多国家并没有取消对资本流动的监管。 因接受了更少的海外资本，它们所面临的向外国开放的压力也更小，但正如我们后面将看到的那样，在贸易问题上却不是这样(Shafer，1995)。 最成功的发展中国家，印度和中国，在 21 世纪以前接受了相对少的海外资本。 1995—1997 年国际货币基金组织正走向开放资本自由流动，但1997 年的亚洲金融危机展示了不受管制的短期资本流动的负面影响，国际货币基金组织放弃了。 新自由主义没有获得全球性胜利，因为南半球较为强大的国家保留了更多的主权并进行抵抗。 这点为数不多的南半球国家(不如说是部分南半球国家)做得比北半球国家更好。 但金融化在北半球四处蔓延。 这是新自由主义最伟大的胜利。 它恰好也是最糟糕的灾难，如我们将在第十一章中看到的那样。

新凯恩斯主义的危机

新凯恩斯主义的成功增加了金融资本的力量，而其失败则给了新自由主义者推行其政策的机会。 在 1970 年代初期，北半球出现了一系列与全球竞争以及生产力过剩有关的经济衰退。 欧洲从战争中完全恢复过来，日本和东亚也重拾经济增长(Brenner，2002)。 这不像人们常断言的那样是一次全球危机，因为东亚实际上在急速发展，产油国家亦是如此。 但北半球传统的重工业，如采矿业、造船业以及钢铁业大部分都崩溃了。 利润率出现急剧下跌，尤其在国际制造业方面，引发增长减缓和资本积累过剩，现在资本更多地被投入到金融工具而非用于制造业投资。 反周期赤字开支的凯恩斯主义的需求管理是应对这一危机的主要对策，但这一刺激仅增加了制造业的产能过剩、债务和金融化。 当通胀率和失业率同时上升时，北半球出现了滞胀，使得仰仗菲利普斯曲线的新凯恩斯主义者们感到困惑，本以为两者不会同时出现。 通货膨胀使利润所剩无几，企业深信恢复盈利的最好办法就是削减劳动力成本。

滞胀激化了北半球的阶级冲突。 劳资双方都苦不堪言，各自在停滞的经济中努力保护自己的经济效益。 迄今为止，再分配和更多的社会公民权都是由经济增长和温和的通胀所提供的资金。 因此，随着增长的逐渐消失、通货膨胀的加剧，由此进入了危机的第一阶段。 政府开始对抗通货膨胀，但最初只是通过提升利率和赤字开支。 赤字开支是应对危机的第二种尝试性解决方案，但也仅仅能够控制住通货膨胀。它现在表现为阶级之间的零和冲突：一个阶级要获得，另外一个阶级则势必会失去(Streeck，2011；Krippner，2011)。 之前时期的充分就业和福特主义(Fordist)的大规模生产使熟练工人与半熟练工人团结一致，并加强了工会的力量(除了在美国)。 这有助于工人获得相对高的工资。 在1960年代，利用工人的不满加上以学生为基础的新社会运动以及身份政治，政治左派似乎在大多数国家变得更加强大。 但工人的力量是靠不住的，因为作为其主要力量来源的制造业被出口到南半球，他们的团结也正在瓦解。 资本进行了反击，黄金时代的阶级妥协也在盎格鲁国家解体，随之解体的还有战后时期一直嵌入其中的高生产率/高需求经济。 在美国，经济发展委员会背后那些迄今为止都还算温和的企业(在第三章中讨论过)指责是工会造成了通胀，并决定削减其权力(Domhoff, In press)。 它们成功了。

新自由主义者声称紧缩政策会减少高成本、低利润的制造生产，并减轻通胀以提升国际竞争力。 实现紧缩的最简单方式就是货币主义者弗里德曼提出的减少货币供应。 必须平衡预算和防止赤字，减少金融监管和取消对资本的控制将带来金融的增长。 减少工会和国家的权力，让市场重新回到本来的国际化状态中，失业率因此也会升至自然水平。 企业通过极力削减成本以寻求节约，尽可能减少工资和企业福利项目，而且分包给雇佣低工资、没有工会的临时工人的更小公司可以节省更多。 1980年代，受里根政府取消监管政策的影响，产生了巨大的并购浪潮，其中效率较低的公司遭到恶意收购。 为了避免这种事情发生，企业尝试将股东价值最大化(Flingstein-Shin，2007)。

限制企业兼并的反垄断立法迄今为止一直是美国政治经济的特色。资本主义倾向于鼓励在成熟市场中的合并和垄断，并认为这样可以减少竞争。 但新自由主义者与古典自由主义者不同，认为企业越大，效率也将越高，并能为消费者提供更好的服务。 他们承认，应避免实质性垄断，因为这样会减少竞争，但他们声称，即便任何一个经济行业中只存在三个巨头企业，竞争依然存在(Crouch，2011)。 与此同时，终结对银行业跨洲业务的限制催生了美国的银行巨头，但多头集团(Multidivision conglomerate corporations)面临合并时尤其脆弱，因为每一个专业部门都可以单独出售给竞争对手，卖家能够获得直接利益，买家也能够减轻竞争压力。 作为裁员和更高价格的结果，只有工人和消费者输了(Fligstein-Shin，2007)。 失业率因此上升了，但裁员成为制止罢工的有效手段，劳动力弹性化增大，工资降低。 这原本是为了恢复盈利性和之后的全面增长，从而使所有人都获益。 但新自由主义和商业利益在短期内有一个共同点，让一个阶层以工人利益为代价而具有攻击性(Harvey，2005：15；Davis，2009：84—94)。

这些在东亚都不适用，东亚的重工业和耐用消费品业正在扩张，正在抢占西方的同等行业。 首先是日本，随后是韩国、新加坡等国家和地区引领的发展型"国家主义"，它们既不是基于自由市场的"价格矫正"，也不是基于通过进口替代工业化政策下的国内产业保护，而是基于政府密切监督下的出口激励和出口补贴信用(Amsden，2001)。 它们一开始就与新自由主义擦肩而过。 最主要还是在盎格鲁国家，因为在大多数欧洲国家，制造企业与较为传统的银行有着紧密的关系，并依赖于国家为工人提供的福利。 新自由主义并不是金融业之外的全球崛起，并且它所掌握的政治权力主要集中于英国和美国，因此我们必须回到这两个国家。

与保守主义的联合：撒切尔和里根

当玛格丽特·撒切尔和罗纳德·里根各自于 1979、1980 年开始掌权，他们推行了大量的新自由主义议程。 在英国，被经济危机加剧的阶级冲突是导致保守派—新自由主义攻势的主要原因。 在 1972 年和1974 年，两次因工资问题而进行的全国性矿工罢工削减了能源供应，造成电力短缺，迫使泰德·希思(Ted Heath)领导的保守党政府宣布实行一周三天工作制。 第二次罢工期间，希思召集了一次普选，但以微弱的劣势败选，因有稍多一点的选民认为这是他而不是矿工的错。 即将接任的工党政府平息了罢工，并试图通过谈判达成限制工资的法团主义政策以对抗滞胀。 但由于工会和雇主都不被强制履行达成的共识，这便成为英国自愿主义的牺牲品。 如我们在第三卷所看到的那样，自愿主义是盎格鲁国家自由主义的传统特色。 与此同时，在 1960 年代经济危机中强大起来的工党左派提出了更加激进的经济政策，向党内领导权发起挑战。 这吓坏了企业界，资本外逃导致英镑急速贬值 20% 。 工党政府不得不卑躬屈膝地向国际货币基金组织请求贷款，这不仅很丢人，而且也影响选举的结果。

撒切尔上台后，宏观经济的失败以及无力通过培养法团主义来处理阶级冲突促成了保守党的胜利(King & Wood，1999)。 此次危机使保守党和企业界选择联合打击工会，鉴于最近的阶级矛盾，打击工会的行动得到了更多的支持。 撒切尔立场坚定地挥舞着新自由主义的大旗，曾于影子内阁会议中将一本哈耶克的《自由秩序原理》重重砸在桌子上宣布："这就是我们的信仰。"然而 1979 年带给她胜利的不是新自由主义的魅力，而是工党领导下英国惨淡的经济记录。

里根 1980 年获胜的理由更加多样化。 的确，美国在 1970 年代曾遭受低增长和高通胀，如卡拉汉(Callaghan)一样，尼克松曾尝试在自愿主义的传统下控制价格和工资，但以失败告终。 然而正如我们在第三章中所看到的那样，美国的"自由—劳工联盟"已然停止，保守派重新崛起。 工会继续减少，来自工人的压力也随之降低。 不像英国，在此次由经济危机所引发的不对称的阶级冲突中，资产阶级变得高度组织化而劳方却不是。 民主党的确面临着工人的不满，表现为城市中隐晦的种族主义，如强制搭校车、平权法案和犯罪等。 滞胀也阻碍了民主党通过经济增长实现再分配的一贯政策，将它们分裂成仍在寻求实现再分配的自由主义者和担心疏远中产阶级以及反对增加征税的强大中间派。 加利福尼亚第 13 号提案出现于 1978 年，要求在不减少公共服务的情况下降低税收，这一荒唐的组合从那时起就主导了加州政治。 政府负债稳步上升，后来达到与家庭和个人通过简单抵押贷款以及信用卡持平的水平——一个通过负债而发展的国家。

保守主义也从经济和意识形态上的不满中获益。 自上而下，企业和经济发展委员会都支持里根对工会的打击、取消金融监管以及利用更放松的竞选资助办法来为自己提供大量的资金。 同时也出现了自下而上的意识形态反弹，反对被认为是 1960 年代的种种越轨行为，要求回到真正的美国道德价值观上。 受过高等教育的自由主义者、女性主义者、非裔美国人所倡导的权利运动和认同政治更加左倾，但他们已经脱离了对白人工人的成见。 在这个背景下，诸如美国企业研究所(American Enterprise Institute)和传统基金会(Heritage Foundation)等新保守派智囊团提出了新自由主义，而基督教右派则提供了道德。 形成了保守主义和新自由主义在意识形态上的替代选择，为解决美国的困境提供了可行的方案。

在 1980 年的总统竞选中，里根强调以实力对抗苏联以获得和平。他嘲笑吉米·卡特试图营救伊朗美国大使馆人质的拙劣行动。 里根沿袭了共和党一贯反对大政府的传统，曾有著名言论："政府是问题的所在，而不是解决问题的办法"，并且他支持各州的权利，这是在悄悄地吸引白人种族主义者。　最后他承诺了未来的美好时光——减税30%，并在三年内达成预算平衡，因为对商业而言减税通常会提高增长，政府随之将获得更多的税收。　其阳光的个人形象与传递的正面信息相匹配。　共和党人同样从最近的选举资助办法中获益，使得他们能够从美国富人和企业那里获得捐赠。　来自商业的支持为里根在竞选过程中提供了资金和媒体上的优势(Berman，1998：70—72；Edsall，1984：chap. 3)。　这是一次阶级攻势，也是一次保守主义攻势，虚弱的劳工运动无力将其扭转。

在1980年的选举中，穷人因对卡特的幻灭而更少人去投票，富人则坚定地将票投给了里根，里根还接触了传统的民主党支持者，表明了保守主义的道德和种族问题的显著性，获得了大部分白人工人、天主教徒和福音派新教徒的支持。　另一方面，民主党首次获得了的大多数女性投票。　里根在南方赢得更多选票，保持了尼克松的南方策略。　共和党在国会两院以及州长职位中获得了大多数席位。　与新自由主义联合的保守主义稳步前行，并且两党继续向右转型(Busch，2005；Wilentz，2009；Berman，1998；Edsall，1984)。

新政府推行后来所说的里根经济学(Reaganomics)，一种新自由主义的议事议程，削减政府开支和商业税收、放松监管和收紧货币供应。放松监管的主要途径不是通过新立法而是通过减少政府部门出台的规定——尤其是国家劳资关系委员会(National Labor Relations Board)(反对劳工利益)以及环境保护局(Environmental Protection Agency)(反对环保主义者的利益；见第十二章)。　在里根治下，放松监管以保护消费者成为亲商行为，但对储蓄和贷款机构而言则是一种灾难，它们于1980年代崩溃，上演了迷你版的2008年新自由主义大萧条。

金融政策退步了。　这是战后第一届没有提升最低工资的政府。　资本利得税、遗产税以及所得税的最高税率都被削减，并从福利项目中削减了500亿。　七年内，最高所得税率从70%下降到28%。　富人更富、穷人更穷。 尽管工资不平等逐渐扩大,但1980年代出现的不平等主要是由里根的税收政策造成的(Edsall,1984:204—213;Massey,2007)。采取空中交通管制者姿态的工会被打败。 从原则和阶级的角度而言这都是纯粹的新自由主义。

然而,尽管里根承诺要限制政府,因为军费的增加,联邦政府的支出相较于GDP增长了更多。 受日本和欧洲竞争的困扰,政府也为高科技项目投入了大量的资金。 的确,尽管常常被宣传为自由主义或者新自由主义,美国的政治经济实际上是相当不均衡的。 从某些方面而言,它是国家主义的。 国家长期补贴农业、国防工业、航空航天业以及更广泛的高科技产业。 高科技被视为国家安全的一部分,与其他国家在尖端科技的竞争至关重要。 因此高科技公司得到补贴,与政府以及大学实验室联网,并被隐藏得严严实实——既是出于国家安全的考量,也是因为政治家,尤其是共和党人,公开宣称自己是市场原教旨主义者而非国家主义者。 因此,政治家的新自由主义或多或少都是虚伪的(Block,2008)。 经济合作与发展组织的数据被许多研究者所使用,但习惯性地扭曲了美国的情况,因其没有包含美国的军事部门。 的确,几乎所有人都忽略了军事权力关系。 正如我所主张的那样,国家不是单一而是多形态的,根据不同的活动以及对这些活动的支持情况而形成多样的机构(Mann,1986—1993:chap.3)。 在农业集中化的过程中,美国犹如一个福利国家一般,相比农业的集中化而言,美国的去商品化的程度更深。 相比其他盎格鲁国家而言,美国的农业补贴与日本、法国和德国更为接近。 美国的军事集中化是独特的,并且,当然,一点都不自由。 我反讽性地注意到,一成不变的因素是美国将再分配所得没有给穷人而是分给了富人!

里根治下的赤字猛增,原因在于他在选举中将互不相容的小国家与大国家的思想联合在一起。 在国际政治经济方面,里根政府完全没有由外汇市场来主导,而是实施了两项主要干预措施,向外国政府施加高压。"广场协议"(Plaza Agreement)于1985年使美元贬值,两年后的卢浮宫协议(Louvre Agreement)又使美元升值，按照美国的需要，使民族主义主宰了新自由主义。 新自由主义者依然称颂里根为新自由主义旗手，因为他们与冷战保守主义的联合在选举中十分有利而不能抛弃。 里根也推行了其他保守主义的议事议程，包括阻挡公民权和艾滋病政策，并使司法系统处于保守派占据之下(Wilentz, 2009：180—194)。

新自由主义主张迫使人们放弃福利，然后转向"工作福利"，也就是只有在人们能找到工作的时候才向他们提供有时间限制的福利。 这将重新为失业者带来市场激励。 洛伊西·瓦克匡特(Loic Wacquant)认为从新自由主义到工作福利，再到其所谓的"监狱福利"(prisonfare)是一个合乎逻辑的发展过程，即惩罚性政策和监禁率的增长(Wacquant, 2002, 2009)。 杰米·佩克和亚当·蒂克尔(Jamie Peck & Adam Tickell)也在推回式新自由主义(rollback neoliberalism)与逐出式新自由主义(rollout neoliberalism)之间进行了类似区分，后者可以通过新政府的行动主义来弥补由推回式新自由主义所导致的问题，主要例子仍然是由工作福利向监狱福利的渐进发展过程(Peck & Tickell, 2002)。

瓦克匡特关于工作福利和监禁的文章极具说服力。 然而当他将两者生硬地联系在一起并称监禁率的上升是由新自由主义导致的时候，未免太过于功能主义。 由于没能成功地形成持续发展以及优先处理通货膨胀，新自由主义使得失业率居高不下，而工作福利就是新自由主义对此的回应措施，瓦克匡特如是说。 但更高的失业率与更高的监禁率并不相关，因为那一时期所谓的更高的监禁率是虚构出来的，是一种道德恐慌而非现实。 犯罪率实际上下降了，主要原因是人口因素——年轻男性的数量正在逐步下降。 因此，瓦克匡特关注于从1980年代中期至90年代初期急速飙升的监禁率，但这一时期享受福利项目的人数并没有发生变化。 更加艰苦的福利条件是之后才出现的，在克林顿的福利改革之后，在那之后监狱人口才有了微幅上升。 在1980年代，非裔美国人成为监狱人口的主要来源，尽管他们占全国总人口不到13%(到90年代，非裔美国人占监狱人口的比例轻微下跌至45%)。 这一提升大部分是因为毒品犯罪而被捕入狱的。 然而，调查数据显示大部分使用或者交易毒品的实际上并不是黑人。 因工薪阶级的年轻黑人有着非常显眼的街头生活，因而容易被抓住——因为警察的种族主义。 反毒战争与种族主义并不是新自由主义所导致的结果，而是因为对于毒品的道德恐慌走向了种族主义的方向。 这是鲜明的美国关怀而不是新自由主义关怀，并且如我们所见到的那样，种族主义一直是美国保守主义的一部分。 大多数因为新自由主义政策而失业的人是白人，他们当中却很少人入狱。

　　妮古拉·莱西(Nicola Lacy)进一步批评了瓦克匡特，她指出美国各州之间的监禁率有着巨大的差异(Lacy，2010)。 在 2000 年代的中期，路易斯安那州的监禁率是缅因州的 5 倍，同时整个南方地区的监禁率是东北部的两倍，这再次证明，这些差异更像是种族保守主义的影响所造成的，而不是新自由主义。 莱西提出(我也曾经说过)，新自由主义只在自由主义(盎格鲁)国家中获得大部分支持。 她还指出美国监禁率的急剧升高具有特殊性，达到了几乎 4 倍于其样本中的下一个国家(波兰)。 大部分国家监禁率都远远更低并且稳定或仅有微幅的上升。 英国出现了较大幅度的上升，成为西欧国家中监禁率最高的国家。 英国的毒品罪犯占监狱人口的三分之一，其中黑人的监禁率是白人的 3 倍，这进一步表明，种族、移民和毒品恐慌推动了监禁率的上升，而不是新自由主义(Bewley-Taylor et al.，2009)。 瓦克匡特指出，新自由主义同样渗透于法国的刑罚政策，然而他所提出的证据仅涵盖了某些压力集团所提出的新自由主义思想，而没有包含任何政策上的改变(Wacquant，2009：chap.9)。 莱西指出，法国的监禁率一直稳定在低水平上没有变化。 瓦克匡特称英联邦国家(Commonwealth Anglophone countries)也存在高监禁率与新自由主义的关联(Wacquant，2009：305)，但事实上澳大利亚、加拿大和新西兰的监禁率一直很低。 似乎只有撒切尔领导下的英国才在刑罚政策上赶上了里根统治下的美国的脚步。 但这两个国家都存在种族保守主义和新自由主义，并且看起来前者对刑罚政策有更大的影响。

撒切尔和里根各自执政至 1990 年和 1988 年，他们减少了对富人的征税。 里根放松了金融管制，他任命的司法官员如著名的罗伯特·博克(Robert Bork)和理查德·波斯纳(Richard Posner)粉碎了反垄断法(Crouch，2011)。 撒切尔实行了私有化、解放了资本流动、立法削弱工会，将更多的竞争和资本主义标准(如货币价值、账本底线等)引入到政府的资金分配过程。 后来被广为人知的审计治理则在公共和非营利组织中寻求各种市场机制的代理机构，这造成了相反的效果，使它们变得更加集权化和等级化，变得受各种代理会计师的控制(Peck & Tickell，2002：387)。 将商业会计引入公民社会服务的提供过程也是使政治权力屈从于经济权力的一个步骤。 两位政治家都帮助策划了暂时性的经济激增，随后便逐渐消失，两人也都加剧了不平等，造成了资本对于劳工的胜利。 撒切尔小幅缩减了英国政府的规模。 公共支出从其上任时占国内生产总值的 43% 下降到 1990 年其下台时的 39%，主要是由于公共产业和住房的销售大幅上涨。 但 1995 年又回到了 1979 年的水平。 当然，由于军费开支大幅上升，美国的比例在里根的领导下实际上上升了。 这两位冷战勇士都得益于其军事胜利。 美国人相信里根打败了邪恶帝国，而铁娘子在 1982 年的福克兰群岛/马尔维纳斯群岛战役中带领英国取得了胜利，两次都是间接地通过军事权力提振了新自由主义。就政治权力而言，他们的反对党都无力提出可行的替代性方案。 在英国，工党分裂了，1981 年分离出独立的社会民主党。 分裂加上撒切尔的军事胜利，使工党在十年内无缘执政。

新自由主义在大多数其他国家取得较少的进展。 然而它的一项政策，将公共企业私有化，在全球传播开来。 这部分是由于政治权力关系的原因。 在欧洲，国有化工业占国内生产总值的 12%—15%。 部分运作效率低下，并且显现出了庞大官僚机构的一些弱点。 然而，它们的销售额可以增加财政收入并缓解政府预算在赤字开支阶段的困境。当私有化开始的时候，出身上流家庭的英国首相麦克米伦将其称为"出卖传家宝"。 撒切尔也曾解释道，私有化将削弱工会力量并使普通人成为股东，从而引导他们支持资本主义和保守党。 共和党策略制定者们的思路如出一辙。 其他右派政府也抱有同样的动机并纷纷效仿，但后来左派政府也加入这一行列，迎接赤字时期的一个新的财政收入源。法国和北欧国家在私有化过程中变得尤为卖力。 进入新世纪后，欧洲的公共企业仅占其国内生产总值的 7%—8%。

南半球最早一批私有化出现于 1973—1974 年皮诺切特(Pinochet)将军统治下的智利，尽管最初大部分都是之前被阿连德社会主义政府国有化的企业。 在"芝加哥男孩"(Chicago Boys)的帮助下，皮诺切特后来于 1981 年将社会保障私有化，到 1980 年代中期，将更多的公共企业私有化。 到 1990 年代，一波私有化浪潮席卷了拉丁美洲和苏联地区，但对亚洲部分地区以及非洲的影响较小。 经济学家认为，私有化通常会带来更高的效率，但在南半球，尤其在穆斯林国家和原苏联地区，往往完全不是自由主义，即不是将权力交给市场，而是将迄今为止的公共资源交给了政权的代理网络(client networks of the regime)。 这不是自由市场资本主义，而是"政治化的资本主义"，也就是获得由国家授权的私有企业所有权。 外国公司也获得了许多此类资产。 基于这些原因，私有化在南半球并没有流行起来，扩展全球的民主使其趋于枯竭。 2000 年以后，公共企业依然占全球投资的约 20% (Lopez de Silanes & Chong, 2004；Sheshinski & Lopez-Calva, 2003)。 然而，推动私有化被普遍称为新自由主义的成功，并且在全球范围内它的确没有退回至国家的干预之下，即便偶尔有这样的情况也只会导致竞争的市场效率。 无论如何，新自由主义思想在实践中被扭曲，这并不能归咎于新自由主义者。

金融化、私有化以及中央银行的独立都是新自由主义的攻势，只有少数国家没有受到影响。 国家失去了对其利率的控制，也失去了定期贬值其货币的权力(对于大部分欧洲国家而言，这也是加入欧元的后果)。 尽管如此，新自由主义在其他方面的成就并不完整。 1994 年经济与合作发展组织先致力于通过减少就业权力来增加劳动力市场的灵活性，后又放弃了这一做法。 欧盟则致力于达成一种妥协：平衡日渐增多的竞争和保障社会权利。

福利体制和不平等的比较分析

　　低增长、低生产率以及日渐升高的失业率导致经济衰退，同时，制造业的工作岗位被输出到更穷的国家进一步提高了失业率，使得政府无法承担保险费用。 高等教育扩招、人口老龄化等人口发展趋势增加了政府开支，推高了养老以及医疗费用。 这些因素犹如代际的剪刀差，更少的工人需要赡养更多不参与生产的年轻人和老人。 1980 年，德国每 7 个工人赡养一个领取养老金者，到 2010 年减少到每 3 个工人赡养一个领取养老金者。 随着福利国家的成熟，更多人口有权享受更多的福利。 这些压力既不是新自由主义造成的，也不是全球化造成的，其中甚至只有一部分是由于经济的原因。 但它们限制了新凯恩斯主义国家，造成北半球 1980 年代的财政危机(Pierson，1998，2001；Angresano，2011)。 政府若要避免沉重的债务负担，要么削减政府开支，要么提高税收以获得更多的收入。 提高税收通常被认为在政治上是行不通的，因此必须减少开支，而社会保障项目是政府预算中最大的一部分。 压力落在了福利国家和倡导福利国家的中左派政党上。 所有地方都对福利进行了削减(Huber & Stephens，2001)。 这让新自由主义者认为它们的时代来临了。 苏联的解体以及中国走向市场改革进一步强化了这一信念。

　　遭受从 1980 年代开始工会组织下降的沉重打击，大部分先进国家的左派都被削弱了，一些发展中国家在 90 年代也反映出类似的情况。女性参加工会的比例上升，但男性和年轻人的数量下降了更多。 公共部门的工会保持平稳，但私营部门的工会数量大幅下降。 交战状态也减少了，罢工在某些国家几乎完全消失。 北半球的去工业化是主要原因，雇主希望降低成本，便通过转移到欠发达国家以降低工资和避免工会，哈维与贝弗利·希尔弗(Beverly Silver)将其称为通过空间来解决阶级冲突。 这使得北半球传统工会力量中的工人数量减少。 相应地，这些岗位扩展到发展中国家，但工人们需要时间来形成对严厉剥削的抵抗。 我们将在第八章中看到，在逐步成为世界首要工业国家的中国，这种抵抗正在日渐深化。

在北半球，尽管交通、公共服务等正在扩张部门的工人保持或者提升了其集体权力，集中于电子通信工业的高新科技革命并不是劳动密集型的，同时，扩张中的私营部门企业更小，有着更多临时且更灵活的雇佣关系，因此工会化程度更低。 扩张主要体现在两类截然不同的工作上：工作在办公室里的受过良好教育的员工，尤其是金融业；低级的、通常是私营部门的临时工人。 马克思把集体劳动者看作是革命的旗手，他们是存在于相互依赖的大工厂中的劳动力，但这种劳动力在世界的北方正让路于存在于办公室或者孤立的私人服务领域中的个体化工作岗位。 制造业岗位的出口和新产业中节省劳动力的技术同样意味着失业率，尤其是长期失业率的上升，同时减轻通货膨胀。 两种趋势都削弱了工会 (Silver, 2003：97—123, 130；Ebbinghaus & Visser, 1999；Visser, 2006)。 政治家们得出结论认为，安抚工会的需要减少了。 随着共产主义的垮台，社会主义者在选举中不再需要承受那么多来自极左的压力。 压力似乎只来自右派，因此左派政党表面上转移为中间派，正如英国和美国的政党所做的那样。 事实上，斯蒂芬妮·马奇(Stephanie Mudge)指出这些政党使用了大量新自由主义的修辞，虽不及保守党的那么多(Mudge, 2011)。 社会主义的各种形式在所有地方都陷入了危机，社会主义攻势也被这些结构性变化所阻隔。

尽管以不同的方式，民意也发生了转变。 关于 20 个发达国家的民调数据显示，对左派经济政策的支持度没有下降，但保守派的道德和民族主义修辞日渐凸显，意味着北半球存在广泛的潜在不满。 右派政党宣扬民族主义、保守派道德观以及法律和秩序，并且吸引了许多工人。

欧洲的反移民情绪与文化民族主义交织在一起，产生了对福利国家的双重看法。 尽管大部分人原则上仍然支持经济再分配，也有许多人认为福利是在从像自己一样勤恳工作的普通人手中将财富转移给吃白食者(通常是移民)，还被无能的政府官僚所支持。 总体而言，阶级与投票之间的相关性并没有下降(Houtman et al.，2008；chaps.4 & 7；Manza et al.，1995)，但右派民粹主义的势力增强了，并且左派政府向中间派转变，使进一步的累进税制和福利项目成为不可能。

由中左派引领的漫长战后阶级大妥协就此落下帷幕。 资本主义的权力变得不对称，工人阶级的组织依旧停留在单独国内的层面上，甚至减弱了，与此同时，资产阶级的组织变得更加全球化。 这种不对称鼓舞了新自由主义者、资本家和保守派。 这似乎是工人阶级的末路。 的确，不平等在大部分先进国家开始扩大。 1980—2000 年间，在 24 个经济合作与发展组织国家中有 70% 的国家的基尼系数提高了。 这就是新自由主义的顶点。 上升主要出现于盎格鲁国家，但正如我们所见到的那样，没有几个国家完全不受影响。 随后，在 1990 年代中期至 2000 年代中期，并不存在总体性模式。 半数国家没有出现重大的变化，有四分之一的国家的基尼系数上升了，另外四分之一的国家的基尼系数则下降了(OECD，2008)。 或许自由主义的攻势已过顶峰。

对于这种危机并不存在单一的回应方式，正如莫妮卡·普拉萨德(Monica Prasad)关于英国、美国、法国以及西德的比较研究所表明的那样(Prasad，2006)。 其中两个盎格鲁国家(如我们在第三卷第九章中所看到的)将累进税制与针对穷人的经过家庭收入状况调查的福利相结合。 富人为穷人支付了最多的福利，但工薪阶层和中产下层也付出了。 由于普通人相信不幸或许也会发生在自己身上，他们在某种程度上同情福利的受益人。 大众的团结——左派将其称为阶级的团结——支撑着福利国家。 但新凯恩斯主义在 1950 年代和 1960 年代的成功将中等收入群体也提升至更高的税收等级，从而将财政负担分散到阶级结构的更下层。 1970 年代出现的经济萧条加重了这一负担。 如今人们更加能够接受保守派对"毫无价值的吃白食者"的"福利依赖"的观点——美国的情况还带有某些种族色彩。 普拉萨德指出,撒切尔和里根崛起的选民基础主要是熟练手工工人以及下层白领工人,他们也是最可能在 1979年和 1980 年大选中将选票转而投给右派的人。 工人阶级从中间一分为二。 在美国,越来越多的白种男性工人抛弃了工会和民主党。 这不是说因为法国和德国保持着强大的工人阶级,而是因为他们更不具有累进性的税收政策和更少针对性的福利待遇。 因此与工人阶级相比,中产阶级获得了相等或者更多的福利,因此也分享了福利国家。 尽管对于"白食者"带有歧视移民与种族主义的态度,削减福利国家将伤害到大多数人,而不仅仅是穷人。 这降低了政治家们实施这种做法的动机。 在这里,受欢迎远比阶级团结更加重要。

这或许被看作纯粹只是在推迟结果。 在 21 世纪初,德国社会民主党政治家为了解决财政赤字危机,无视民意的反对而推行重大福利改革,总体上通过减少福利待遇而实现自由化,尤其是针对失业者和老年人的福利,尽管它们部分被更加慷慨的家庭补贴所抵消。 卡尔·欣里奇斯(Karl Hinrichs, 2010)称这些改革融合了北欧国家和盎格鲁国家福利模式的元素,并结束了德国传统的俾斯麦模式。 但他补充道,2008 年以来出现了对进一步自由化的抵抗。 进一步改革的计划被放弃,失业者的福利待遇也增加了。 这主要是基于民意的压力以及崛起中的左派政党向社会民主党的部分核心地带所发起的挑战。 关于福利的斗争还在继续。

然而,施特里克发现了一个自由化的过程,"中央控制和权威协调的减弱"横扫德国工业经济活动的五个重要部门:集体谈判、工会和雇主协会、福利法团主义、公共财政以及企业治理(Streeck, 2009)。 他指出,由此导致的一种结果是工资停滞和不平等扩大。 他指出,这一过程开始于德国统一之前,并且主要不是因为全球化的压力或自由主义思想,而主要是因为财政的压力,加上旧德国法团主义模式无力应对经济的结构性转型,服务业增长超过了德国传统制造业的实力,各行各业需要更加灵活的生产和雇佣方式，以及德国经济的多样性增加了。 他认为这是一种制度磨损过程——是法团主义机制最终破坏自身的一个过程。其中存在着一个走下坡路的趋势，且对象不仅仅局限于因此蒙受损失的穷人。 工资停滞、失业率和不平等的上升都会对经济的总需求造成影响，同时也会增加财政问题，因为福利捐赠很大程度上依赖于就业情况和工资水平。 由于德国有一个活跃的左派政党，并且提供了更多凯恩斯主义政策，国家应该不会继续走自由化的道路。

法国是一个不同的例子。 在包括新自由主义在内的各种压力下，法国放弃了对资本的控制，随后彻底地进行工业去国有化，推行更加灵活的劳动力市场，使解雇工人变得更加容易。 然而社会主义与戴高乐主义政府都采取措施——通过广泛的职业再培训、提早退休计划、扩展卫生保健、保育和住房补贴等形式——补偿那些由于以上政策而受到伤害的人。 到 20 世纪末，法国用于社会项目的投入占国内生产总值的30%，比北欧国家以外的任何国家都高，是美国的两倍，而且法国的不平等丝毫没有扩大(Evans & Sewell，2011；Levy，2005；Palier，2005)在2000 年代初期，尼古拉·萨科奇曾短暂倡导法国采取盎格鲁—撒克逊的补救措施，但在其当选总统之后，他却只能对法国高度完备的福利国家的一些无关紧要地方进行改造。 当新自由主义经济大萧条来袭时，他开始攻击"盎格鲁—撒克逊经济模式"。

团结(Solidarité)的理念依然主宰着法国的福利政策——我们都是一条船上的人。 2004 年，政府非常担忧公共养老金资金的枯竭，他们设立了一天不给有工作的人发工资，这些人这天的工资都进入国家养老基金。 这一天叫做团结日(la journée de solidarité)，人们为了病人和老年人的福利而更加努力地工作。 法国仍然没有推行对解决其财政危机和失业率问题至关重要的改革(Angresano，2011：chap.5)，然而，法国以及其他地方的民众对所谓的欧盟自由主义的清醒认识限制了政府的选择。尽管国民议会继续批准深化欧盟的条约，但在 2002—2008 年间的全民公决中出现了针对它们的反对票——在法国、荷兰、爱尔兰、丹麦以及瑞典(西班牙是一个特例)——五个进一步的全民公决被取消，因为政治家们担心再获"反对"票。 精英们乐于看到欧盟的深化，但民众不愿意，主要是因为普通人担心他们是否还能对自己的民族国家拥有一定程度的民主控制，欧盟看上去遥远且不受他们的控制。 有两个截然不同的政策领域形成了这种看法：所谓的欧盟经济新自由主义以及由于欧盟扩张所带来的来自新加入国家和其他地区的移民。

如果我们将视角扩展到所有的先进国家。 埃斯平—安德森的三种福利体制——我将其重命名为盎格鲁国家、北欧国家和欧陆国家——有助于我们理解国际间的差异，尽管它们不是静止的而是发展或者衰落了。 它们在财政压力下都进行了转型，遭遇大萧条时所有国家都采取了财政紧缩政策，都设法缩减政府预算，包括削减福利开支，但缩减幅度最大的是盎格鲁国家。 澳大利亚和新西兰的福利体制在 20 世纪八九十年代变得分崩离析(Huber-Stephens，2001；Swank，2002：chap.6；International Government Office[ILO]，2008；Kato，2003：133—156；Starke，2008)。[1] 盎格鲁国家有着古典经济学和道德个人主义的自由主义传统。 相反，欧陆国家的新自由主义遭遇基督民主党和社会民主党之间的妥协而被削弱。 其温和的新自由主义、"秩序自由主义"或者社会市场十分务实，且通常维持着国家保护(Mudge，2008；710—718)。 普拉萨德驳斥了这种文化解释，他指出，供应经济学在政客之间并不具有影响力，新自由主义的层次比经济学更加深刻。 对于撒切尔而言，缩减国家权力和工会权力、出售国有工业、减税以及帮助公租房的租客们购买属于自己的房子，都代表着一个更加自由的社会。 盎格鲁国家的政治领导人声称，他们推行私有化、攻击工会以及修改税收制度都是为了实现自由。 这种意识形态在拥有自由主义传统的盎格鲁国家引起了强烈的共鸣，而在北欧国家或者欧陆国家则没有那么强烈。

它扩散至所有盎格鲁国家政治的每一个角落。 布莱尔领导的新工党接受了有利于市场的政策，克林顿所领导的新民主党亦是如此。 他们的"第三条道路"宣称每个公民都肩负着责任，正如他们享受着权利一样——权利是有条件的，而不是普遍的。 在克林顿的福利改革中，工作成为了必须，甚至对于单身家长们也不例外，通过工作才能换取两年以内的暂时性现金援助(这一福利每个人一生中只能享受五年)。 这个加上严格的资格条件将福利受益人数减少了一半，尽管大多数失去福利的人依然贫穷，困扰于长期性问题，如子女保育、卫生保健、低工资的临时性工作，以及被草率地分类成有价值或者没有价值——与过度工作的人相比——的人(Handler，2004)。 布莱尔领导的新工党将国家管制去政治化，使其看上去是市场压力的结果。 英格兰银行设定高利率以及高英镑价值以取悦市场，而因此导致的工资下降的压力则不应归咎于政府，因为公共部门是以客观的成本核算的方法运作的(Burnham，2001)。澳大利亚和新西兰的工党推行贸易中遵循市场的政策、私有化以及福利改革(Swank，2002：chap.6；Starke，2008：chap.4)。 布莱尔受澳大利亚总理保罗·基廷(Paul Keating)以及新西兰的罗杰经济学的影响。＊关于最佳实践的新理念在盎格鲁国家中自由蔓延。 澳大利亚和新西兰的政治精英通常在英国接受高等教育，加拿大政治精英既有在美国接受高等教育的，也有前往英国的。

如果新自由主义理论是正确的，那么，开支高昂的福利国家就需要更大幅度的裁减。 但事实却相反，削减幅度最大的是本就微薄的盎格鲁国家。 其他国家只在不重要的地方进行裁减，很少有倒退的情况。北欧国家并没有放弃普适性福利权利，欧陆国家的确稍微偏离了其原本普适但却地位不平等的福利系统。 一项关于这些国家的比较研究(Palier，2010)表明了某些自由化的改革，包括表面上针对穷人的更多福利，如不须预缴的安全网养老金。 这样一来，政府可以节省更多的资金，将退休年龄推迟也能节省资金，同时人们也被鼓励加入私营养老金计划。 但更多国家稍微偏向了双重标准，或者如布鲁诺·帕里尔(Bruno Palier)书中的一位作者所说的"选择性普遍主义"。 许多欧陆国家与德

＊　罗杰·道格拉斯(Roger Douglas)于1984年出任新西兰财政部长。 ——译者注

国一样既借鉴了北欧国家也借鉴了盎格鲁国家的项目，如基于公民身份而不是就业状态的医疗服务(尽管英国也是这种模式)。 除了节约资金，北欧国家在模式上似乎没有其他共同点(Palier，2010)。 詹姆斯·昂格莱萨诺(James Angresano)指出，瑞典和荷兰较为成功的改革项目通过推行务实、渐进并且不威胁到项目基本原则的方式获得了共识(他称新西兰的改革也是如此，但带来的代价是恶化了不平等和贫困)(Angresano，2011)。 大部分国家都出现过新自由主义的野心，但在面临民众反对时又退缩了。 法国和意大利的改革者就曾因此受阻。 瑞典温和党(Moderaterna Party)于 1991 年掌权，但因意识到福利国家的受欢迎程度，便早已放弃了大部分新自由主义计划。 社会民主党随后重新掌权，并通过轻微的缩减以平衡预算。 当新自由主义者于 2006 年重新掌权时，他们对福利项目和税收进行了小幅削减，并宣称将致力于长期内降低税收，但如果不改变福利国家，很难看出来这将如何可能。 正如丹麦新自由主义政党，他们反而转向了文化斗争(Kulturkampf)，专注于道德滑坡、民族主义和打击移民以赢得选票(Lindbom，2008)。 北欧国家和欧陆国家察觉到福利的危机后便不再前行，但财政压力依然没有得到解决，如果大萧条带来的失业率继续维持下去，这种压力将会增加。

激活项目(activation program)是欧洲版的工作福利，在该项目中，福利受益人必须与个案管理师(case manager)订立单独合同：工人要去找工作，同时个案管理师会为其提供帮助和过渡性福利。 政府补贴也创造了更多的工作岗位。 与美国的工作福利类似，出现了过多的类似个案，迫使个案管理师草率地将失业个案分类以便将时间放在更值得的案例上(Peck，2001；Handler，2004)。 瑞典福利系统为 1998 年欧盟的就业策略提供了模板，规定失业者在失业后一定时间内必须参加劳动力市场的项目。 但不像美国，欧洲国家提供更高的短期失业补助、较少的社会援助和比美国项目更长的时效。 欧洲的经验是，激活项目降低了失业率，尽管代价是强化了双重标准，因为它们所产生的大部分是低工资、低福利的岗位(Palier，2010：380—383)。 但话又说回来，如果大萧条继续下去，这些项目将承受更大的压力。

北欧国家以及欧陆的北部国家因是法团主义国家而有所不同，在这些国家，资本与劳动力达成了有约束力的协议。 一旦这种安排被制度化，大型企业通常会支持与就业状态挂钩的福利以及积极的劳动力市场政策，因它们将减少来自低薪金产业竞争的压力——尽管我们也见到了德国法团主义的日渐衰落。 在根特体制(Ghent system)下，数个国家的工会参与支付了与就业挂钩的福利。 这些国家的工会人数相比盎格鲁国家高出 20%—30%，这些国家的福利由公务员进行分配，工会则致力于分散市场交易(Western，1993；Scruggs & Lange，2002；Ebbinghaus & Visser，1999；ILO，2008；Huber & Stephens，2001；Pontusson，2005)。它以约束性协议的形式产生了更大的基础性权力以应对经济和财政困境，从而巩固了国家内部的冲突解决机制并允许捍卫福利，但不能将其扩展。

一股试图冻结大部分现存福利体系的左派保守主义正逐渐确立其地位，它屈服于财政压力，无力继续推动福利体系向前发展，这是一种新型的重大倒退。 因为来自西欧以外地区的移民有着更高的失业率、临时工作和受限制的福利待遇；德国和瑞典都缺少保障最低工资的法律，在充分就业时代这不是一个问题，但现在这给穷人增添了更多的压力。土生土长的、拥有技术和工会的工人保持着自己的防卫手段，而日渐庞大的临时劳动力市场中技能较低的移民工人却只能获得更少的权利。在德国，这种趋势似乎特别强烈，或者说特别令人惊讶。 防御性种族主义和双重劳动力市场明显削弱了工人阶级运动。

盎格鲁国家的保护措施很少。 由于盎格鲁国家的雇主、工会和国家在谈判机制中的参与依然是自愿性的，他们可以随时离开。 当撒切尔夫人拒绝邀请工会领袖到唐宁街十号时，她一下子就终结了一种谈判机制。 她的前任们经常在唐宁街十号，一边喝着啤酒和吃着三明治，一边解决诸多产业纠纷。 她当时就通过了限制工会罢工权利的立法。然而，除德国这个著名的例外之外，欧陆国家的集体谈判协议并没有减少，北欧国家的集体谈判则扩展了，2000 年在荷兰和法国覆盖了 90% 的劳动力。[2]这与新自由主义的金融化和私有化推进同时发生——表明了新自由主义压力的不均衡。 相反，谈判覆盖率在所有盎格鲁国家都下降了，英国和新西兰更是直线下降，分别从 1980 年的 70% 和 60% 下降到 2000 年的 30% 和 25%。 到 2005 年，澳大利亚和爱尔兰的工会密度也出现急剧下降(Pontusson，2005：99；ILO，2008：table 3.2，p.82)。 保守派政府于 1987—1991 年间废除了新西兰的劳动仲裁法庭，并于 2006 年削弱了澳大利亚的劳动仲裁。 这大幅降低了澳大利亚和新西兰的早期优势，使所有盎格鲁国家之间的差距变得更小。 保守派在所有盎格鲁国家都能重新引发被认为已经解决的阶级冲突。

这些宏观区域间的差异反映于不平等水平。 盎格鲁国家在 1950 年代是最为平等的国家，但到 60 年代后期被北欧国家所赶超，欧陆国家也在 80 年代超过它们。 从 1970 年代起，盎格鲁国家的不平等扩大得最明显，尤其是美国。 尽管欧洲国家的不平等也扩大了，但它们的集体基尼系数几乎没有变化。 卢森堡收入研究数据显示，美国、英国和新西兰的收入不平等从 80 年代起急剧扩大了，而欧洲国家则没有发生那么大的变化。 欧洲出现了一种新的趋势。 三个地中海国家(希腊、意大利和西班牙)的不平等正逐渐靠拢盎格鲁国家的水平(Mann & Riley，2007；Smeeding，2002；Kenworthy，2004；Pontusson，2005：chap. 3；Alesina & Glaeser，2005：chap. 4)。[3]这些宏观区域因此不应该被具体化，它们随着时间的流逝而发生改变。 然而盎格鲁国家的企业也被将股东价值最大化和将股权给予高层经理人的目标所主导。 因而顶层 1% 的人的收入和财富大幅上升。 伯利(Berle)和米恩斯(Means)所预测的管理革命(managerial revolution)终于在 1940 年代实现了一半。 在盎格鲁国家的资本主义企业中，高层经理为自己开出的工资与前任食利者的财富不相上下。 但伯利和米恩斯没有想到的是，股东们与他们也是一伙的，资本所有者与控制者团结在一起(ILO，2008：chaps.1&2；OECD，2008：figures 1.1，1.2 & chap. 8；Castles & Obinger，2008；Atkinson et al.，

2007)。[4]

　　日渐加剧的阶级不平等中的一个重要组成部分是逐步上升的性别平等。伴随着更多同阶层内部的婚姻关系，这在高收入职业中更加明显。高收入男性与高收入女性结婚或者同居，大幅增加了他们的家庭收入。在收入较低的阶层中，工薪阶层女性的收入比她们的男性伴侣少，因此他们的家庭收入几乎没有上升。此外，女性主义革命的离婚模式对穷人而言是无益的。与过去离婚率在高收入职业人群中更高的现象不同，现在是较低阶层中离婚更加普遍。单身母亲都集中在穷人阶级，工作、育儿两面受困使她们变得更加贫穷。但是，在北欧国家和盎格鲁国家这两个女性主义较为成熟的地区之间存在着差异。在这两类国家中，都只有超过75%的女性在成年之后的大部分时间内参加了全职工作，但只有北欧国家提供了免费的保育设施，以帮助单身母亲投入全职工作，她们通常在收入良好的公共部门工作。因此盎格鲁国家的女性不平等要高于北欧国家。从这一角度而言，欧洲各国的情况并不一致，因为女性的参与率降低了，同时地中海国家尚未经历穷人阶级的离婚率飙升，但或许它们会采取与盎格鲁和北欧国家一样的女性主义路线(Esping-Anderson，2011)。

　　总体而言，在工会被弱化得更厉害和集体谈判最分散的地方，收入不平等扩大得最严重。北欧和欧陆北部国家的法团主义发挥了一定的保护作用。在某些国家，商业信心所造成的限制比在其他一些国家更大。伴随着所得税和公司税的最高税级的降低，盎格鲁国家的税收也倒退了，再分配不再是其税收体系的重要目的。在英国，"税收系统已经成为市场扭曲的原因，而非解决手段"，同时社会保障已成为经济效率的负担，而非解决贫穷的方法(Kato，2003：85，89；参阅Starke，2008：87)。由于盎格鲁国家更依赖于税收来影响再分配，其税后和转换支付后的不平等上升得最多。在北欧和北部的社会基督教国家，税后和转移支付后的不公上升幅度小于劳动力市场的收入不公平(ILO，2008：table 2.2，pp.53，136—139；Castles & Obinger，2008；Kato，2003；

Mahler & Jesuit, 2006；OECD, 2008；figure 4.4)。 斯文·斯坦默(Sven Steinmo)强调了瑞典与美国在税后转移支付方面的差异。 瑞典的总体社会开支比美国高出三分之一，但美国的税后转移支付是瑞典的两倍。瑞典的税收系统简单：它向所有人征税(包括福利受益者)，然而只再分配给穷人。 相反，美国的税收系统复杂，包含了无数的补助和豁免权，作用在于通过隐蔽的方式再分配给中产和上流阶层。

我们已经看到，宏观区域间的差异在整个这一时期依然重要，尽管正在逐渐下降。 因我已经多次强调，单独一个国家并不与其所在的宏观区域的类型相一致，民族—国家依然保有独特性。 然而哈维是正确的，新自由主义权力的鼎盛时期的确出现了向社会最高阶层再分配的情况，但这并不普遍。 大部分盎格鲁国家的学者(他们主导了这些讨论)通常认为其本土的经验就是世界的典型，但事实并非如此——至少现在不是。 因此第四种趋势就是美国在北半球成为一个极端——尽管其与前共产主义国家的不平等水平不相上下。 我将在第十一章进一步探讨美国的不平等，因其在 2008 年新自由主义大萧条中扮演了重要的角色。

效率与公平

然而，日渐增多的不公平或许是一件好事。 新自由主义者认为效率与公平之间存在着此消彼长的关系：过多的公平会减少动力，过多的监管和集体谈判对雇主是一种消耗，过多的国家支出会排挤掉私人投资。 悲观的左派认同这样的说法，悲观地认为政府为了吸引投资，减少开支和监管是在向下竞争。 双方都认为资本主义效率，尤其是"商业信心"对国家产生了严格的限制。 新自由主义者称，当市场是自由化的时候，市场表现最好，商业信心也会更高。 这个意见认为，世界将会发展成为自由主义模式，通常是美国模式，不然就会失败。

从效率的角度出发，新自由主义项目应该有一种涓滴效应(trickle-down effect)，经过一段时间后开始减少贫困的发生。 戴维·布雷迪(David Brady)分析了 18 个经济合作与发展组织国家的数据(Brady，2009)。 与其他研究一样，他发现了福利的慷慨程度与政治左派的力量相关。 他指出，不出所料经济增长对贫困率有微弱的影响：增长减少贫困。 但这个影响远远小于政府对市场的干预所造成的影响，尤其是通过福利项目的干预，降低了更多的贫困。 他还指出劳动生产率和人力资本资源对贫困水平几乎没有影响。 若要减少贫困，似乎不能依赖于市场力量；政府必须直接处理，而左派政府正是这么做的。

从新自由主义的语境出发，更加平等和福利更加发达的国家的增长率应该会更低。 但事实并非如此，在西方、亚洲或拉丁美洲都不是这样(Amsden，2001)。 彼得·林德特(Peter Lindert)指出更高的社会开支和税收并不会导致更低的增长，前提是税收是普适性的、简单的以及致力于促进增长的(Lindert，2004：chaps.10—14)。 杜安·斯旺克(Duane Swank)指出更多的福利支出并不会导致更少的投资(Swank，1992)。 杰弗里·加勒特(Geoffrey Garrett)指出这并不会降低一个经济体的竞争力(Garrett，1998)。 乔纳斯·庞图森(Jonas Pontusson)使用较新的数据验证了以上所有理论(Pontusson，2005)。 我曾在第三章讨论过多种资本主义模式，发现它们或多或少都是有效的，尽管在不同的国家存在着不同之处。 1960—1980 年间，欧洲的社会市场经济(SMEs)在经济上的表现胜于盎格鲁国家的自由市场经济(LME Anglos)，而 1980—2000 年间两者之间并不存在显著的差异。 在这项研究中，美国只有通过增加人们的工作时间才能跟得上，为了同等增长，美国人须承受更多的压力和更少的闲暇，这并非最理想的选择！

托本·艾弗森(Torben Iverson)认为两种系统都有各自的比较优势。在社会市场经济中，对于技术教育更高的投入及其活跃的劳动市场政策，为受教育程度较低的年轻人提供了动力，使之为进入好的职业学校和获得好的学徒机会而努力，"在重视不断发展完善现有技术以及升级现有生产线、并使其多样化的能力的市场中，为企业提供了相对优势"。 艾弗森称，相反，美国一分为二的教育为企业提供了在低技术服务业和高技术、高科技产品方面的优势，使之拥有更多雇佣和解雇的灵活性，以及"对新商业机会的良好的反应能力，以及……快速的产品创新策略"(Iverson, 2005：14—15)。 然而，施特雷克认为两种模式的结合更适合目前的德国经济(Streeck, 2009)。

戴维·布拉德利和约翰·斯蒂文森(David Bradley & John Stephens)分析了 17 个先进国家 1974—1999 年间的就业率(Bradley & Stephens, 2007)。 他们发现，高短期失业转换率(high short-term unemployment replacement rates)(即高失业补助)、活跃的劳动力市场政策以及新法团主义的谈判框架(北欧政策)更能提升就业水平，尽管长期失业转换率、高社会保障税以及严格的劳动保护法会降低总体就业率。 但盎格鲁国家在教育方面的劣势明显。 莫伊拉·尼尔森(Moira Nelson)和斯蒂文森指出，盎格鲁国家的表现远逊于北欧国家，而欧洲大陆国家则处于两者中间的水平(Nelson & Stephens, 2009)。 1950 年代加拿大和美国的公共教育领先于世界，而到 1990 年代却落后了，尤其是在该死的被经济合作与发展组织国家看作对未来经济增长非常必要的"信息时代的知识"方面。 盎格鲁国家在这一方面大大落后(尽管加拿大和澳大利亚的情况稍微好一些)。 美国和英国的世界级精英大学主要是为了培养精英而非大众(参阅 Iversen & Stephens, 2008；Hall & Soskice, 2001：38—44；Estevez-Abe et al., 2001)。 人力资源不平等加强了物质不平等——并且 OECD 国家认为这限制了增长的潜力。 是否可能在剥夺 30% 人口的社会公民权的同时还能拥有经济增长？ 这种模式的代价相当高昂。

M.帕尼克(M.Panic)分析了 1989—1998 和 1999—2004 时期内 7 个国家的情况(Panic, 2007)。 总体而言，盎格鲁国家落后于其他国家。 挪威和瑞典在他的研究中总分排名最高，评分包括了经济健康的五个重要部分(GDP 增长、失业率、消费品价格、基尼系数以及贸易顺差)。 再下来是荷兰和德国，随后是法国，垫底的是英国和美国。 然而，帕尼克表示，应该以社会福祉而不是经济增长为目标。 他选取了 11 个福祉作为测量指标：三个测量不平等的指标、贫困率、死亡率、肥胖情况、文盲率、经济安全、监狱人口数量以及对腐败和信任的感知。 美国在十一个指标中的九个都排在末位。 英国在其中八个指标排在了倒数第二。瑞典和挪威除了一个指标外其余都排在最高(瑞典人出人意料地胖)，其后是荷兰和德国。 帕尼克发现经济和社会福祉之间存在相关关系：越多的人分享了良善的生活，意味着更多的社会凝聚力，人们工作更有效率——这是社会民主角度对效率的理解，而非新自由主义理解中的效率。

奥利·坎加斯(Olli Kangas)使用了一个更加直接的福祉测量指标：平均寿命。 他收集了 17 个经合组织国家的数据，并指出，人均国内生产总值越高，公民的寿命越长(Kangas，2010)。 这并不意外，尽管在生活质量达到最高标准时这种影响会逐渐减弱。 但他在平均寿命与普适性福利国家覆盖情况之间发现了更强的相关关系。 他发现普适性福利权利相比福利开支的总额而言更加重要，尽管福利开支总额的提升也会提高平均寿命。 相比慷慨地将福利只输送给部分公民，更广泛的覆盖率或者普遍提供福利会更好。 无论新自由主义者怎么说，福利国家对人们都是有好处的。

因此，新自由主义的转型在北半球对福利和不平等产生了不同的影响。 对盎格鲁国家产生了重大的影响，新自由主义在盎格鲁国家与旧自由主义意识形态以及志愿制度形成共鸣，并且与保守派联合，这得益于中间阶级结构的利益转变和工会的衰落。 在其他地方，新自由主义并不是预算减少的主要推力，并且结果也仅部分是新自由主义的。 社会民主党和基督民主党寻求维持它们的历史妥协，同时向财政压力做出一定的妥协。 总体而言，新自由主义既没有什么效率也不怎么人道。但对于世界上大多数基础性权力强大的国家而言，它们依然有很多选择。 资本主义不是只有一种运作方式。 在盎格鲁—美国的模式中，富人过得更好；在欧洲模式中，一般民众过得好。 商业信心显然非常重要，但也可能产生两种结果：经济精英或许希望见到他们的即时受益上涨，也可能更希望他们的生意随着大众需求的上涨而更好。 由于规范受其所处环境的影响，每一个宏观地区都认为自己的模式就是资本主义的真正面孔，并因此继续保持其制度实践(Hall & Gingerich, 2003：22)。然而，世界上那些按理来说较弱的国家的情况又当如何呢?

南半球：I. 结构调整方案及其后

到目前为止，我已经探讨了北半球国家内的不平等。 由于这些国家的生活水平非常接近，北半球国家间的不平等并不严重。 当然，全球范围内真正严重的是北半球与南半球之间的不平等。 以发展速度最快的印度和中国为例。 印度上层 5% 的人口中，平均收入与美国底层 5% 的人口相当，这个数据令人惊讶。 对中国而言，由于经济快速发展，一个普通中国人与一个普通美国人之间的福利绝对差距也随之拉开。 世界上最富有的 10% 人口(几乎全部集中于北半球)拥有全球 56% 的收入，而最贫穷的 10% 人口仅占全球收入的 0.7% (Milanovic, 2010：chap.2)。 造成问题的部分原因是中国、印度以及其他国家的增长都发生于新自由主义的高潮阶段，这种不公平被广泛地认为有益于增长。然而在南半球，国内不平等现象最轻的国家实际上是发展最快的，因这样会产生同质性更高、更加具有凝聚力的国家，为政府的出口补贴和赢者鼓励政策提供支持(Amsden, 2001)。

新自由主义在南半球全面影响了 20 世纪 70 年代和 80 年代逐渐陷入债务的国家。 石油输出国组织 1973 年提升油价使得欧洲和美国的银行被石油美元所淹没，而美国的银行才刚刚从国债投资中解放出来。这导致了过度积累，大量的流动性财富无法找到足够的生产性投资渠道(霍布森/列宁对帝国主义的解释终于有了用武之地!)，现在银行们希望给欠发达国家发放贷款，为他们提供更低的利率，使它们在不用证实自己信用良好的情况下借贷到大量的资金用于支持其疲软的经济。 随后在 1979 年，美联储主席保罗·沃克(Paul Volcker)突然将美元利率提升三倍以对抗国内的通货膨胀。 其他国家不得不跟随美国也将利率调高。还贷成本增加，继而产生了债务危机。 当一个国家深陷债务时，来自投资者信心的限制便会收得更紧，正如马克思主义概念所描述的那样：现代国家是被资本主义所主导。 情况的确如此。

世界银行和国际货币基金组织将他们的重心从北半球转移到南半球。 其结构性调整项目成为经济帝国主义的先锋，它更加有效，因实践者们坚信这是理性的经济，对所有人都好，并且鼓励了自由。 新自由主义的华盛顿共识(Washington Consensus)导致：银行会解救负债的国家，同意重组其贷款，相应地政府必须实施紧缩政策，削减政府开支，提高利率，稳定汇率，将国有企业私有化，废除关税，将劳动力市场从工会的限制下解放出来，并向外国开放国内资本市场和企业所有权。

这一项目大幅削减了贫困国家的主权。 这些贷款条约的执行将削弱政府在医疗、教育以及交通方面的基础建设，并加深它们对北半球的依赖。 边缘国家保有形式上的主权，因此原则上是可以拒绝所提供的贷款，但后果有可能是破产、将来更高的利率甚至是可能被排挤在国际经济秩序之外。 大部分南半球政府觉得无法拒绝这一提议。 债务削弱了它们。

这一攻势尽管是由美国所领导，并为其商业利益带来好处，但它是由全球金融资本所发起的，获得了大部分北半球国家的支持。 国际货币基金组织和世界银行是国际组织而非跨国组织。 它们的董事会由国家代表们组成，其影响力取决于地缘政治和地缘经济力量。 欧洲代表们在海外所支持的政策与他们国内的政治经济格格不入。 但他们也是银行家、经济学家以及企业律师，保护着自己朋友和亲戚的利益。 结构性调整政策能让他们收回贷款，并且以便宜的价格获取海外资产。其中也包含了地缘政治。 向美国银行借了很多钱、接受了美国援助、或者在联合国投票中与美国持同一立场的国家——或者是与法国有同样关系的，更容易获得国际货币基金组织和世界银行的贷款，贷款条件被强制执行的可能性也会更小(Oatley & Yackee，2004；Stone，2004)。

这些计划包含了发挥不同作用的要素。 较为富裕的国家有能力清还债务，这也是这些计划的主要目的。 它们也进一步促进了各国融入世界经济秩序、减少预算赤字、结束超级通货膨胀，它们全部都是有益的影响。 20 世纪 90 年代总统卡多佐(Cardoso)治下的巴西结束了超级通胀，这成为后来经济增长的重要前提条件。 当本国无能或腐败，缩小国家权力或许也是一件好事。 现存的拉丁美洲福利国家的福利待遇不是普适性的，而仅仅提供给特权公共部门和统治政权的庇护关系网络。削减其权力或许是在为将来发展更普遍的项目铺路。 新自由主义是有优点的，并且一开始许多南半球精英相信它们是必要的。

然而对工会的摧毁，对更灵活劳动力市场的鼓励，对国内产业关税保护的取消，导致进口、失业率和贫困的增加，这一切都减少了需求，并从穷人那里再分配给了富人，从劳方分配给了资方，从当地分配给了海外资本。 有人从自由主义中受益，但不是普罗大众。 詹姆斯·弗里兰(James Vreeland)的统计发现，在实施了国际货币基金组织结构调整项目的国家中，劳动力在国家总收入的份额中平均下降了 7%(Vreeland，2003；参阅 Morley，2001)。 金融改革也增加了短期海外资本的流动，从而动摇了当地经济，同时允许北半球企业和银行以低廉的价格收购资产。 结构性调整计划的债务偿还程度尤其伤害到欠发展国家中的工会，大幅减少了工会成员的人数(Martin & Brady，2007)。 当然，这些完全是计划之中的，是在将权力从人民手中转移到资本家手中。

目的本来旨在增长经济，经济增长或许能够最终让新自由主义者所承认的短期副作用合理化。 然而，几乎没有实现增长。 弗里兰用1952—1990 年间 135 个国家的数据——大致相当于 IMF 项目实施的一千年时限——发现，控制干预变量后，这些国家获得越多的 IMF 援助，其情况就变得越糟糕。 接受 IMF 监护的代价就是经济增长每年平均下降1.6%，这是一个相当可观的数字。 当他使用 1990 年代的数据重复这一研究时，他得到的结果是下降 1.4%(Vreeland，2003：123—130)。 随后科赛与其同事(Kose et al., 2006)发现 2000 年代中期以前，增长与资本账户的开放程度之间不存在相关关系，而普拉萨德及其同事(Prasad et al., 2007)以及皮埃尔·奥利维尔·古兰沙和奥利维尔·珍妮(Pierre Olivier Gourinchas and Olivier Jeanne, 2007)发现，避开了海外资本的国家的生产增长是最高的！ 似乎海外贷款对于经济没有好处，或许是因为它们更多被用于刺激短期消费需求的增长(通常是为了赢得选举)而不是为了长期增长(Rodrik & Subramanian, 2008)。 最后，在 1980 年代和 1990 年代，当发展中国家和地区平均增长率为零的时候，发展得最好的是最无视国际货币基金组织和世界银行规则的国家和地区。 中国、印度、韩国、中国台湾地区、博茨瓦纳、毛里求斯、波兰、马来西亚和越南将当地经验与新自由主义以及非正统的经济改革相结合(Roberts & Parks, 2007：51；Lim, 2010)。 这些数据指出，新自由主义与低增长不仅仅存在相关关系——纯粹的新自由主义导致低增长。

鉴于如此不良的纪录，南半球对结构性调整改革的支持度大幅下降。 尽管如此，有些国家依然坚持国际货币基金组织的项目。 不少贫穷国家是迫于债务。 不服从的结果就是拖欠和完全的资本外逃。 一些国家的情况并不是太好，将自己出口收入的 20%—25% 都用于支付贷款利息(Sassen, 2010)。 但部分当地精英还是欢迎这些项目，因为这样一来他们便可推行对自己有利的改革并将批评转移到国际货币基金组织头上。 弗里兰的统计认为，在劳动力占国家收入份额中的比例平均下降 7% 的情况下，尽管总体国内生产总值下降了，资本获得了纯利润(Vreeland, 2003：126, 153；参阅 Hutchinson, 2001；Biersteker, 1992：114—116)。 政治家们也对此感到满意，曾经只有非常少的海外资本，而现在他们却拥有了通往财富的途径。 接受贷款使他们能够为其代理人分配好处，成为一种政治化的资本主义。 在民主政体中，这将通过刺激即时消费者需求和进口来帮助政治精英赢得选举，但这远不是刺激长期增长的方法。 现在新自由主义者因他们无力推行这些项目而感到遗憾，并怪罪于腐败的政治家们。

危机后来蔓延至东亚。 这些国家的巨额国内储蓄使他们免受债务困扰并能够控制海外资本流动。 当新自由主义对西方的影响达到顶峰的时候，东亚依然是国家主义。 1970 年代开始的出口补贴工业化促进了经济成功。 但在 90 年代初期，在经济学说的引导和来自国际组织的压力下，部分东亚国家在美国和世贸组织的压力下开始放开资本流动。韩国的财阀集团当时已经借了大量贷款，而韩国政府执意在控制长期海外借贷的情况下开放短期海外借贷。 热钱因此大量涌入，一旦出现经济困难的迹象，资金便立即撤出(Gemici, 2008)。 国际货币基金组织和世界银行所支持的诸多政策促成了这种脆弱性，如汇率挂钩、冻结资金流动以防止货币升值和通货膨胀、资本账户的自由化以及国内金融的自由化。 因此对冲基金被允许在东亚经济中进行活跃的投机买卖，杠杆率保持在 100 比 1(投资与储备比)的水平以瞄准一种货币并通过货币随后的贬值来获得盈利(Krugman, 2008)。 这一系列政策和行动导致 1997年亚洲金融危机。 尽管如此，美国财政部、美国金融公司、国际货币基金组织以及经济合作与发展组织继续向韩国当局施压，要求进一步对外国开放其金融部门，1998 年外国人被允许在韩国开设银行分行和证券公司。 保罗·布卢斯坦(Paul Blustein)称："希望打开韩国市场的美国金融公司对财政部的游说是美国财政部向韩国施压的主要动力。"国际货币基金组织的官员们不喜欢这些"不可告人的动机"。 其中一人曾称："美国将此看作是一个机会，正如他们在许多国家所做的那样，他们砸碎所有困扰他们多年的事情。"美国还阻止了日本与美国竞争的企图，日本企图领导东亚金融共同体来解决金融危机(Blustein, 2001: 143—145, 164—170; Amsden, 2001)。

由于面对短期资本流动、尤其是面对对冲基金操纵时的脆弱不堪，亚洲再次出现了金融危机，俄罗斯和巴西则在 1997—1999 年间出现金融危机。 终于，无论如何，新自由主义都受到了国际社会的攻击。 1997年世界银行的《世界发展报告》接受了其所说的有效国家(effective state)而非最小国家(minimal state)的作用，前者必须配备基础性项目和投资项目(World Bank, 1997：27)。 国家与市场的互补成为"后华盛顿共识"。约瑟夫·斯蒂格利茨(Josepn Stiglitz)主张，有必要通过国家政策来提升金融监管、研究与发展基金、环境可持续发展、公平以及工作场所的民主，但这仅仅是暂时性的。"政府的角色应该是对市场的补充，采取有利于市场运作的措施以及修正市场的失败。 在一些情况下，政府是一副有效的催化剂……然而一旦完成催化的任务，国家就应该退出"(Stigliz, 1998：26)。 但由于市场永远都是不完美的，国家就会一直留在那里。

　　发展中国家吸取了亚洲金融危机的教训。 遵守世贸组织的规则，政府正式取消对出口的补贴，实际上却将它们更名为对科学、技术或者较贫穷地区的支持(Amsden, 2001)。 韩国政府让 14 个财阀集团破产，关闭或者重组了 12 个韩国最大的银行，同时投入 600 亿美元以核销不良贷款并刺激剩余银行的现金储备。 随着财阀们被控制住，中央银行的自主权亦被削弱，金融监管重新从私人手中回到国家的控制之下(Lim, 2010)。 高增长率的国家意识到它们对海外投资者极具吸引力，并因此可以对他们提出条件。 库尔塔鲁斯·格米西(Kurtulus Gemici)称这样做的目的是：(1)通过对短期内撤资进行征税，来吸引有长期生产力的冷钱，而非短期投机热钱；(2)将海外投资引入到生产投资上而不是用以刺激消费(被进口所吸纳)或减少政府赤字(Gemici, 2008)。 如果政府寻求通过贷款刺激消费而非生产以赢得下一届选举，便会导致通货膨胀、进口增加以及国际收支平衡的危机，随之而来的将是海外投资要求进一步结构性调整。 政府的技巧很重要，并且格米西也表明智利、韩国和土耳其制定的政策有一部分是明智的，但其他一部分则是愚蠢的，这主要是由于国内的权力结构而非外国压力所致。 这些国家拥有足够的主权来调整投资者信心的界限和用来犯错误。

　　此次金融危机的教训是，如果政府的负债增加或者容易受不规律流动的热钱的影响，便难以维持国家的部分自主性。 大多数中等收入国家迅速恢复了经济增长，并因此有能力增加货币储备以避免向国际银行借贷产生债务(这样做的一个坏处是将增加全球不平衡，导致 2008 年的自由主义大萧条，我将在第十一章讨论)，所有东亚和东盟国家都采取了这种做法。 新自由主义游荡在受过自由主义训练的官员之间，没有国家寻求回到前自由主义时代，并有时保留了默认的政策模式。 尽管如此，自由主义在大多数国家都经过了改造，衍生出不同的类型，其中部分被称为中间派自由主义，它们包含更积极主动的政府计划、更多约束的监管，以及一些福利项目，但其他一些适应性改造则是政治化资本主义的腐败形式。 盎格鲁—美国模式的新自由主义没有吞没全球。 发展中的民族—国家可以将其拒绝或者扭曲。 讽刺的是，20 世纪末当北半球金融监管依然被解构的时候——这些国家无视东亚和俄罗斯金融危机的教训——一些发展中国家却恢复了金融监管。 西方正在越陷越深，其余国家则正在逐渐崛起。

西方与其他国家、地区之间这种出人意料的反差也体现于福利政策上。 在 1970 年代和 80 年代，东亚的威权主义政权尚未发展教育以外的福利项目。 然而，伴随着 80 年代后期的经济增长，民主化导致了福利开支的增加，即使亚洲金融危机也没能阻止其发展。 在 1990 年代，中国台湾地区和韩国的卫生项目的覆盖率稳步扩大，直到覆盖全部人口，台湾地区已经建立单一付款人保险体系，韩国也正在朝这个方向发展。 由于韩国人必须承担 40% 的成本，而台湾人则大约需要承担 20%，所以两者均不是完全的欧式卫生保健体系，它们在朝这个方向发展。 1997 年的金融危机实际上对福利产生了积极的影响，暴露出福利项目之间的差距，以前的福利项目仅关注大企业的员工们。 为解决这一问题，福利项目被延展至覆盖没有参加工作的人，包括穷人、老人和失业者，还为失业者提供了再培训项目。 此举亦刺激了经济的大量需求。 经济迅速恢复增长，因此不需要承受阻挡福利国家扩张的财政危机，同时民主发展的修辞亦促进了福利国家的扩展 (Wong，2004；Haggard & Kaufman，2008)。

拉丁美洲从债务危机中恢复的速度较慢，但最终还是迎来了经济增长。 已经获得宏观经济稳定的新自由主义项目为其打下了部分基础：减少不平衡、通货膨胀以及债务；将效率低下的产业私有化；现代化的政府以及海外资金流的增长。 然而，这些成就的代价高昂。 失业率上升、工资降低以及更高的贫困率，这一切都降低了需求，并导致经济低增长——在巴西，出现了整个世纪最低的增长率。 新自由主义改革不是一个成功的故事，但它们是成功的平台。 巴西自卢拉政府上台(从2003 年开始)后开始盈利，在维持市场项目的同时，推行更加积极主动的宏观经济计划，包括更多的政府投资和社会福利项目[尤其是家庭补助项目(Bolsa Familia)]以及推行最低工资，它们全都为了增加大众需求。基础教育也大幅扩展，启动了大量向穷人转移现金和土地的项目，同时国家也向包括交通、能源以及高科技产业在内的基础建设投入巨资。福利项目从高收入工人的特权转变为普遍性权利。 时至 2000 年代，这种组合为巴西经济创造了更多的多样性，有助于与国际上有竞争力的企业共同开发巴西丰富的自然资源。 这一地区的其他中左派政权也纷纷效仿积极主动的宏观经济政策，在东盟国家还受到了刚刚组织起来的土著居民的压力的推动。

由此导致的结果是，在 21 世纪的第一个十年，拉丁美洲国家的增长率提高了，同时贫困率和不公平也减少了(López-Calva & Lustig, 2010；Evans & Sewell, 2011)。 卢拉领导下的巴西是所谓左派新自由主义的典型。 2004—2010 年间，巴西经济的年增长率为 4.2%，是 1980—2004 年间增长率的两倍有余，尽管 2008 年发生了自由主义经济大萧条，使 2009 年的增长率为零。 巴西的政府规模较小但却非常有创造性，它支持更多的公民权和推动巴西加入金砖国家(巴西、俄罗斯、印度以及中国)的行列，有些人甚至认为，巴西将继承整个地球。 因此，在西方社会公民权遭到威胁的几十年间，东亚和拉丁美洲的公民权却在扩展。

直到 2000 年，无论采取何种发展策略，非洲的经济都在持续下跌(Nugent, 2004；326—347)。 部分后殖民国家继续选择资本主义道路，其他一些国家则尝试非洲社会主义道路。 但全部都挣扎于农村和棚户区的绝望的贫困中,造成贫困的原因主要有:对单一原材料出口的依赖;1970年代的全球经济衰退;摇摆不定且总体下降的商品价格;人口增长;贸易和财政赤字的增加以及政治腐败。 在1980年代,非洲国家卑躬屈膝地向国际银行申请贷款并接受了结构性调整计划,其代价是开放市场和削弱自己的国家。 一方面,结构性调整项目是恰当的,因为许多非洲国家腐败且效率低下,其权力基本上都非常小,仅能征收到国内生产总值10%的税收,而先进国家能够征收到30%—50%。 这意味着它们缺乏基本的医疗、教育、通信基础建设以及现代国家必不可少的法院和警察机构。 除此之外,许多国家也腐败盛行,有些国家则遭受严重的暴力行为。大约一半的非洲国家都不具备任何弗朗西斯·福山(Francis Fukuyama)所说的善治的先决条件:提供秩序、法治、责任政府(Fukuyama, 2011)。

由于数据不充分以及如内战(毁灭性的)、发现矿产(财富来源)等偶然性因素所造成的混乱,很难判断新自由主义改革在非洲是否具有成效。 需要偿还的债务总是超过了外国援助的总额,并且在1990年代,非洲债务与国民生产总值的比例达到123%,当时拉丁美洲的数值是42%,亚洲是28%(Sassen, 2010)。 将效率低下的国有产业私有化是有益的,在法律上明确了工会权利的地区尤为如此。 如果法律没有明确工会的权利,那么效率产生的收益将会被通常是外国人的新业主所占有,主要原因是工资较低的同时,利润还全部流向了海外,非洲人并没有获得多少好处。 当私有化仅仅是将国有产业交付给政权的朋友时,几乎不能产生任何效益。 总体而言,撒哈拉以南的非洲国家的年增长率从1960—1980年间的1.6%下降到1980—2004年的－0.3%,这是一种很糟糕的趋势(Chang, 2009)。 通过有意削减健康和教育项目的政策,新自由主义项目扩大了不平等——恰逢艾滋病毒(HIV)席卷非洲大陆。当经济增长未能超过人口增长时,其债务也就增长了。

随后的发展型经济带来了有益的转变。 在1990年代,针对非洲的国际项目鼓励善治和发展基础建设。 格雷厄姆·哈里森(Graham

Harrison)称其为新自由主义初次亮相的阶段，通过实体基础建设、发展学校以及扩展中央和地方政府在农村地区的基础性权力以保障财产权，国家展现了其创造高效市场的能力(Harrison，2005)。 这些项目还涉及扶贫方面，它通过扩大穷人的福利安全网来实现。 非政府组织也参与到项目之中以强化公民社会。 但由于在鼓励更自由的市场的同时也鼓励了好的国家主义，继续将这些政策称为自由主义政策未免有些牵强。事实上，自由主义正在衰落，其在非洲与在其他地方一样也进行了妥协。 这或许刺激了非洲在本世纪第一个十年中大约 5% 的经济增长，这得益于安哥拉、尼日利亚和苏丹的石油经济；中国对原材料需求的日渐增加；流入大量可以盈利的海外直接投资，尤其是来自中国的投资；外国援助以及债务减免；有时也得益于较为成功的私有化；以及政府得以用部分盈利减少债务和改善基础建设。 在 2000 年代，非洲的增长率几乎与亚洲持平。 大部分非洲经济体迅速从第十一章中所讨论的新自由主义大萧条中恢复，尽管失业率、尤其是年轻人的失业率依然居高不下，并且一些国家的人口增长或许会将经济增长消耗殆尽。 尽管如此，非洲大陆得益于全球经济的增长，尤其得益于经济权力向中国的转移。

在南半球，工人和农民的抗议运动也正在增加。 全世界的劳动力在过去 30 年翻了两倍，大多数增长集中在南半球。 工人群体中的女性增加，信息化程度的提高，工会亦不得不发展出对应的策略。 由于大多数制造业岗位被转移到南半球，北半球发生了去工业化。 资本主义试图通过哈维(Harvey，2005)和希尔弗(Silver，2003)所说的空间修复来解决其盈利危机，转移阶级冲突而非将其终结。 而南半球的民主化趋势则赋予了劳工抗议和土著居民运动更多的政治权利。 但也是有限制的，向飞地经济发展使得部分南半球国家中组织化的工人成为一个有特权的群体，而制造业更加激烈的国际竞争却削弱了劳工要求更好、更昂贵工作条件的能力，分包制和自动化的普及也造成了同样的限制(希尔弗所称的组织/技术修复)。 尽管如此，结构性调整项目在世界范围内遭受了一大波民众抗议运动,并且抗议似乎还将持续。

全球模式与资本主义的限制存在着不同,数据所显示的不平等程度也是这样。 大部分国家的不平等在 1990—2006 年间扩大了(ILO, 2008)。 范赞登及其同事(van Zanden et al.)的研究指出,全球国家的平均基尼系数从 1980 年的 0.35(这个数值低于之前任何一个时间点,他们的数据开始于 1820 年)大幅上升至 2000 年的 0.45(van Zanden et al., 2011)。但主要是因为两个地区将这一数值拉高。 最大幅度的上涨出现于前共产主义国家,共产主义国家本来是最平等的国家,而现在通常成为最不平等的国家。 第二大涨幅的上涨出现于盎格鲁国家。 这两个地区是特例。 东亚保持了相对的平等,而 2000 年后大部分拉丁美洲国家也变得更加平等(López-Calva & Lustig, 2010)。 亚洲经济的持续增长整体而言减少了全球范围内的不平等。 尽管国家间的不平等依然日渐加剧,但正如先前所分析的那样,那是因为存在大量规模小且贫穷的国家。 世界范围内人民之间不平等的基尼系数却从 1980 年的 0.56 下降至 2000 年的 0.51(van Zanden et al., 2011:table 5A)。 因为印度和中国的贫困依然减少了,并且它们总共占世界人口的 40%,不平等的确在减少。 因此对于全球而言,这是一个好消息。

南半球:II. 虚假的自由贸易

经济全球化的发展、国际贸易的扩大以及能经受住外国竞争的国家间的共同利益,为世界带来了积极的结果,其中也包括发展中国家,只要它们能够通过最初的保护主义和国家主义手段发展出竞争力。 在第五章我们已经看到,中国台湾、韩国、印度等国家或地区正转变得更加开放。 我们将会在第八章看到,中国也是这样。 因此近年的全球化增加了世界贸易并使全球的大部分人口受益。 生活水平提高了。 过去世界上中产人口相对较少,现在他们已是大多数。

　　新自由主义者推动贸易自由化并不是坏事。　自由化主要是关税与贸易总协定(GATT)以及后来 1995 年成立的世界贸易组织(WTO)所造成的结果。　在 1970 年代，关税与贸易总协定与两大银行一样将重心转移至南半球，将更加自由的贸易扩展至更加广阔的制造业领域和服务行业，尤其是金融服务业。　它们的规则对南北两个半球都具有约束力，随着它们受到国际法团体的支持，关税与贸易总协定对南半球的控制也逐渐深化了。　到 21 世纪，如小布什的钢铁保护关税等保护主义被处以高额罚款。　这加强了北半球资本主义内部的权力转移，实行保护的部门被消解，支持自由化的行业变得更加强大，在如金融、医药等快速发展行业中的企业尤其如此。　对关税与贸易总协定和世界贸易组织的企业游说也日渐增多。

　　所有国家的目标都是解放其他国家的市场。　贫穷国家明白，其他国家是依靠保护其幼小产业、约束金融以及补贴出口来积累财富的。但是，通过关税实现财富从富有国家向贫穷国家的再分配在地缘政治上并不可行，因此，对于穷国而言次优的选择是实行完全自由贸易，因为这样一来它们的农业和低端制造产品出口将会有竞争力，但一个不利的因素是它们将陷入专门制造低价、低技术含量的产品。　但穷国获得了一个更糟糕的选择，那就是世界贸易组织向它们施压要求其开放市场，而富有国家则为自己的农业提供补贴。　纯粹的自由主义者反对这样的虚假自由贸易，因他们要求取消所有的贸易屏障。　但现实世界中，乌托邦意识形态被宣扬其阶级和民族的利己主义所破坏。

　　尽管世界贸易组织的制度表面上是民主的，实际上是被北半球尤其是非正式的四国联盟——美国、欧盟、日本和加拿大——所主导。　较贫穷的国家抱怨关税谈判缺乏透明度，半夜进行闭门会议、延迟发布会议记录，以及将它们排除在决定性会议之外。　拒绝支持四国联盟提案的国家将被列入不友好国家的黑名单，部分国家的贸易优惠协议也被暂停(Jawara & Kwa，2003)。　这在 1994 年《与贸易有关的知识产权协议》(TRIPS)中尤其如此。　该协议保护发明者的专利权以及作家、音乐家和艺术家的版权，但最主要的受益者是大型制药公司。 大型制药公司对抗艾滋病的药物过于昂贵而无法在贫穷国家广泛应用，成千上万的人因此丧生。 印度和中国生产的"非专利"药物的成本仅是专利药物的几分之一，但《与贸易有关的知识产权协议》禁止它们销售。 该《协议》还对尖端技术的创新领域保持在北半球的封锁之内，它注册了世界上超过 90% 的专利。《协议》很大程度上是四国联盟与它们的大型企业相互合作的产物。 随着日渐增加的对水资源、土地以及作物的垄断性产权，这种攻势甚至扩展到自然资源上。 南半球的天然草药药方被北半球企业申请了专利。 有别于大多数国有化，这的确是公共物品的私有化，一种新型的圈地运动 (Drahos—Braithwaite，2002：72—73，114—119；Roberts & Parks，2007：52—54)。 这是对我们在第三卷第二章中所见的专利系统的扭曲，这一专利系统曾是第二次工业革命中技术创新的重要部分，现在它阻止了技术知识的全球传播。

最终，南半球发起强烈的反对。 1999 年的西雅图部长会议(Seattle Ministerial Meeting)爆发了不满，且以混乱收场。 经过艰苦谈判，《与贸易有关的知识产权协议》允许了对该协议的部分违反。 2003 年发展中国家获得许可进口非专利药物，用以治疗威胁公共健康的流行病。 抗争还在继续，印度和中国的公司在 2011 年生产出更加廉价的对抗糖尿病、癌症以及心脏病的药物，但这些疾病都不能被定义为流行病，较穷的国家敦促进一步解禁《与贸易有关的知识产权协议》。 同时，美国未能成功说服经济合作与发展组织赋予企业完全的自由，以便其在海外设立分支机构和收购当地企业，使之能主导当地的产品市场。 1998 年，以法国为首的多个国家拒绝签字。 从 2001 年起，世界贸易组织多哈回合谈判被关闭，并于 2008 年被废除。 美国、日本以及欧盟轮流封锁贫穷国家最关心的农业发展。 中国的加入为印度、巴西以及 20 国集团的其他成员国增添了一个强大的盟友，它于 2003 年坎昆会议成为一个正式的组织，其中包括四个中等富有并持续保持高增长率的大国：巴西、俄罗斯、印度和中国——即金砖四国。 它们的发展意味着全球经济权力的重要转移，即由美国领导的北半球的主导转变为更加权力多元化的全球行动者。

　　由金砖四国领导的南半球是对美国/北半球新自由帝国主义的直接挑战，并得到了保护主义者、反全球化主义者、环保主义者、女权主义者、土著居民以及其他群体来自街头的支持，全球范围内的新社会运动开始相互协调。它们的世界社会论坛(World Social Forum)与世界主导阶级的世界经济论坛(World Economic Forum)相匹敌，并获得全球的广泛关注。它们扰乱和左右媒体注意力的能力迫使世界贸易组织、世界银行进行修辞上的重大改变——但实际政策改变较小(Aaronson，2001；Rabinovitch，2004)。由于较贫穷的国家能够获益于更自由的贸易，世界贸易组织陷入僵局并不是一个好消息，但这意味着对虚假自由贸易的集体抗争。美国和欧盟试图通过与贫穷国家达成双边协议来作为应对措施，就像中国与东盟国家达成的双边协议那样，但这一点在拉丁美洲并不成功。1994年克林顿总统宣布成立的美洲自由贸易区(The Free Trade Area of the Americas)被证明没产生任何用处。拉美人民反对美国通过补贴来保护自己的农业，并指出美国关于自由贸易区的提议将削弱他们的相对经济优势。相应地，南锥地区(Southern Cone)＊的南方共同市场(Mercosur)国家成立了它们自己的地区性自由贸易协议，并将其扩展至东盟国家和印度。中国现在取代美国成为巴西主要的贸易伙伴，并已与部分拉丁美洲国家签订双边协议。美国很大程度上被冷落，只能与该半球较小的盟国进行谈判。

　　新自由主义在新千年初开始衰落。之前它几乎在所有地方崛起，尽管只在盎格鲁国家和原苏联国家曾真正拥有主导地位。私有化是一种全球趋势，尽管其在全球范围内包含了混合的动机和各不相同的结果。金融资本也在全球范围内变得更加强大。然而在北欧国家、部分欧陆国家以及南半球成功的发展中国家，新自由主义遭遇了更多的阻

　　＊ 南锥地区包括南美洲的巴西、巴拉圭、乌拉圭、阿根廷和智利。——译者注

力，并在 21 世纪初与更主动的国家融合在一起。 这带来了创造新经济体制的效果，这种体制既不完全吻合于各种形式的资本主义，也与诸种福利体制模式相区别。 关键是不能债台高筑。 只要不负债累累，一个国家无论贫富都能够经受住新自由主义的凛冽寒风，毕竟这种寒风不那么具有全球性。 或许本章最重要的结论就是：世界非常多样且可塑性强。 尽管我们可以发现新自由主义的发展和衰落，但世界上不同的民族—国家和宏观地区对此形成了不同的反应。 资本主义并没有对国家强加严厉的限制，民族—国家与跨国资本主义再一次共同扩张。 但随后发生了新自由主义灾难，即 2008 年的经济大萧条，这一点我将在第十一章进行讨论。

注 释：

[1] 澳大利亚、新西兰严重依赖原材料和半成品出口。 英国加入欧盟以及原材料价格下跌对这两个国家造成了冲击，失业率飙升，并出现了严重的财政危机。 因此，它们首先削减了福利预算(Castles, 1998：32—34；Starke, 2008)。 这些国家的压力随着中国的经济增长和对原材料需求的增加而消失。

[2] 数位社会学家认为，法国工会弱小，因工会成员的密度低(例如 Prasad, 2006；Wilensky, 2002；Kato, 2005)。 这种结论具有误导性。 在法国只有激进分子才会成为工会成员，但工会谈判覆盖了几乎所有工人，并且一旦召集罢工，工会成员和非成员都会参加。

[3] 一旦欧盟从 15 个成员国扩展至包括东欧国家，因为新加入的国家更加贫穷，拉开了欧盟国家之间的不平等水平。

[4] 新自由主义者有时宣称日渐增大的不平等，尤其是对富人征税的减少，导致后者所缴的税占美国总量的更大份额。 这是真实的情况，但却是消极的。 富人缴更多的税是因为他们赚得更多，穷人缴更少的税是因为他们赚得更少，同时，富人阶层的人口依然不足总人口的百分之一。

第七章

苏联方案的失败

我在第三卷曾经力图解释布尔什维克革命，我这里将考察那次革命中所建立的国家社会主义的失败，以及取代它的各种版本的资本主义和民主。这一失败是一个改变世界的事件。与中国共产党的经济改革(下一章将对其进行分析)一起，这一失败标志着冷战的结束、国家社会主义的抛弃，以及资本主义对世界经济的最后一种替代性方案所取得的全球性胜利。解释这一失败具有明显的社会学意义。在长达六十余年的时间里，苏联政权将国家社会主义结合在一起。它一旦崩溃，对世界革命的渴望也几乎在世界各地崩溃了。对一个全新的、更美好社会的马克思主义理想很大程度上落空了，马克思主义也仅仅作为对资本主义的悲观分析而仍然有用。

这一失败与布尔什维克革命不同。这个失败是自上而下地发生的，即它起源于共产党改革努力的失败及其产生的危机。对此，我们常用的一个术语是自上而下的革命，但是，这真的是一场革命吗？相对而言，这一失败中几乎没有自下而上的动荡，除了中欧国家外也几乎没有大众示威游行，除罗马尼亚和民族之间的暴力外也没有什么暴力冲突。因此，本章将给出一个以精英为中心的解释(elite-centered explanation)，这一解释与前几章的解释截然相反。这一失败有三个组成部分：国家社会主义的终结、苏维埃社会主义共和国联盟的解体、苏维埃海外帝国的终结。接下来的社会转型由两个部分组成：向资本主义的转变和向民主的转变。我将讨论所有这些问题。

松懈飘摇：1945——1985

我在第三卷描述了苏联在斯大林的领导下所取得的两大成就：良好的经济增长、与之相随的对社会公民权的一定提高；以及粉碎希特勒的强大军事力量。但是这些成就也付出了沉重的代价。那里没有民事权利和政治权利，而且专制的政党国家导致成千上万人的死亡。二战胜利中所产生的保守主义影响，虽然增强了制度的合法性，但却破坏了苏联对变化的适应能力。不过，在确保领导地位不受挑战的前提下，斯大林降低了压迫的程度。由于他不相信任何人，斯大林依然确保他的下属生活在恐惧之中。虽然他的同事(如贝里亚和马林科夫)知道对古拉格监狱体制和农业进行改革是至关重要的，但是他们却不敢发起改革。斯大林确实在经济事务方面给予部长会议更多的自主权，而且具有技术资格的年轻党员也可以施展其专业能力(Gorlizki & Khlevniuk, 2004)。这个政权向人民让渡最低限度的住房和卫生权利以保证赢得战争(Zubkova, 1998)。总体而言，二战后几乎没有什么变化；人们依然艰苦工作，希望斯大林死后生活会好一些。经济增长确实恢复了，到 1950年，被战争破坏的经济已经恢复到 1940 年的水平，而且此后出现快速增长。

重大变化出现在斯大林去世后的 1953 年。在赫鲁晓夫的统治下，压迫减轻了、恐怖降低了、集中营关闭了、对劳动力流动的限制取消了、对消费品的投资增多了，而且审查也放松了。这个政权坚持进行大型发展工程，如农业开垦荒地工程。这是一个通过开垦边缘地带的干旱草原来缓解农业危机的不成功的工程。更为成功的则是太空工程。这一工程在 1957 年史普尼克(Sputnik)卫星发射时达到顶峰，这是第一个环绕地球轨道的航天器。其后，尤里·加加林又在 1961 年进行太空飞行，这又是一项伟大的技术成就。1960 年，赫鲁晓夫自信心爆发，宣称苏维埃将要埋葬西方社会，并许诺在1984年完成社会主义。但是，他飘忽不定的个人行为导致他与很多人疏离，而且在古巴导弹危机中所受的羞辱导致他被列昂尼德·勃列日涅夫所取代，后者出任第一书记直至1982年去世。

勃列日涅夫扩大了党管干部制度。 在这一制度中，可信赖的党员被任命为高级政府官员。 政党机构实际上管理着所有的社会制度——从共青团、工会到福利国家——但国家社会主义不再那么集权了。 这个政权对非正式网络——私人关系网络(blats)——熟视无睹。 在这个网络中，人们进行互惠交换。 官员利用他们的职务从事寻租行为，人们为了些许消费品即被收买。 勃列日涅夫时代是一个停滞的时代。 精英们祥和平静、与西方的关系不断缓和、城市化进程仍在继续。"布拉格之春"轻而易举地被镇压，而国内的压迫也在减弱。 虽然公开的政治异议不被容许，但是高等教育得到推广，知识分子可以阅读更多来自西方的东西，并小心翼翼地试探政府审查的界限。 经济发展极其缓慢，其发明创造很大程度上局限于半自动化的军事工业设施上；因为大约六万种商品是集中计划定价的，因此经济被过度的集中计划统死了。 哈耶克已经发现计划经济的主要缺陷：与市场经济相比，随着经济规模和复杂性的增加，计划经济的信息和协调成本增长得更快。 但是在工厂车间里却出现一些松动。 迟到和缺席不再被视为犯罪，产量标准很少提高，支付标准也由计件工资转向固定工资(Ellman & Kontorovich, 1998：10—11)。 具有讽刺意味的是，这导致更多的迟到、缺勤和人员流动，以及工厂中更公开的抗议。 苏联正变得摇摇欲坠，只不过缺乏动力而已。

工人不需要十分努力工作，就可以得到足够稳定的工作、工资和其他福利。 只要他们相信社会主义理想，他们就反抗有缺陷的社会主义现实。 但是，这些理想"在勃列日涅夫时代被因循守旧、消费主义和个人主义从大众意识中排挤出去了"，反抗因此也就停止了(Kozlov, 2002：chaps 12—13；引自pp.313—314)。 城市中受过教育的、世袭的工人阶级的形成使得工人具有一种集体认同感和对立感——工人与管理者相对立的"我们——他们"模式——但是任何社会主义替代方案都为政权所垄断，不值得信赖。工厂车间里存在一些仪式化的、和平的集体行为，而且这些罢工也赢得了一些让步(Connor，1991)。

对白领和管理层的控制减弱了，对各个企业的五年计划和目标也降低了。管理者具有更少的动机努力工作和进行创新，却拥有更多的机会利用社会网络进行寻租以及利用经济利益换取个人支持。官员可以利用他们的社会网络通过非正式手段来达到其目的。政党不再是主要发展计划的传输带，反而成为党员干部的特权；这些干部居住在与世隔离的社区里，拥有乡间别墅，购买他们自己商店里的奢侈品。罗纳德·孙尼(Ronald Suny)讲述了勃列日涅夫的母亲探访他的故事。其奢华的生活令他母亲十分担忧。"怎么了，母亲?"勃列日涅夫问道。"但是，列昂尼亚"，他母亲问道，"如果布尔什维克再次回来，你该怎么办啊?"(Suny，1998：436)

不平等仍然低于西方社会，腐败问题也不严重，但是在一个被称为社会主义社会的国家里，两者都很难合法化。所有的人都在抱怨腐败，关于平等问题也存在争论。一些社会学家认为，如果设立更多的激励，并在技能的基础上建立不平等，效率将会提高；但其他人则主张，降低不平等将建立集体的斗志，恢复对社会主义效率的责任感(Grant-Friedman，2008)。经济增长在当时仍在继续，从 1950—1975 年间，人均消费的年增长率是 3.8%。到 1975 年，苏联的国内生产总值大概达到美国的 40% 到 60%；苏联也有更高的文化水平、更多的医生和医院床位、更加充分的就业和社会福利，拥有与相似发展中国家相当的社会福利。在这种情况下，老百姓可以相信他们的付出是值得的，控制会放松，生活会变得更美好；精英们也可以相信这个政权会重受欢迎，重新获得建立某种社会主义社会的能力。

不幸的是，经济发展速度开始下降了。国内生产总值的增长还在继续，但是增长率却在持续降低；1928—1970 年间是 5%—6%，1970—

1975 年间是 3%，1975—1980 年间是 1.9%，1980—1985 年间则只有 1.8%
(Lane，2009：153—154，162)。 劳动生产效率和技术进步速度在衰退。
这是一个低效的经济状态，生产出很多没有人想要的产品，浪费了 40%
的国家财政预算，至少有 20% 的 GDP 投向军事发展(而美国则只有
5%—7%)。 戈尔巴乔夫确认了这些数据的准确性，而且他还说这是中
央政治局所预想的两倍，是他首次就职时被告知的两倍(Gorbachev，
1995：215)。 与美国相比，苏联的军工企业具有更大的自主性，并对经
济造成很大的破坏。 西方银行在东方阵营提供越来越多的投资，但是
它本身的出口水平却从未足以还清这些投资，因此对西方的债务也是稳
定的增长(Kotkin，2009)。 但是，直到 1990 年，其经济才由于糟糕的改
革而出现负增长。 如果不进行改革，通过限制普遍的全球化进程，低
经济增长的苏联也许还可以存在得更长一些时间。

　　苏联人已经充分实现了粗放式增长。 苏联已经没有更多的农业剩
余劳动力了；除石油和天然气之外，自然资源也在减少。 唯一以技术
为基础进行增长的部门是军工企业，这与美国不同。 在美国，考虑国
家安全的时候，军事发明不会影响到民用产品的生产。 戈尔巴乔夫说
道，苏联将 80% 的研发资金投往军事项目，而美国的比例却在 40% 和
60% 之间。 当局又将大量的资源投向西伯利亚的大城市中，还力图重
建废弃的工厂，这些都加剧了问题(Allen，2004：chap.10)。 这仍然是集
中计划更加适合的赶超工业化模式；但是在更加复杂、流动和后福特主
义的高科技时代，资本主义的"创造性破坏"却具有优越性。 但是，
通货膨胀率很低、生活水平仍然在提高、国家的信用等级依然很高，与
资本主义的衰退相比，产量的降低也不严重(Ellman & Kontorovich，
1998：17；Kotz，1997：34—47，75—77)。 直到 1980 年代中期，危机的
征兆仍不明显。

　　但是，一些党员干部很早就开始担心灾难的来临。 他们不仅知道
走低的经济统计数据，也知道走高的死亡统计数据。 自 1960 年代开
始，工作年龄的人口的死亡率开始增高，尤其是由于意外事故和客观原

因导致的死亡；这些死亡与饮酒特别相关，在所有存在统计记录的国家中，苏联对酒的消费是最高的(White，1996：33—40)。 在1970年代的早期，婴儿死亡率也开始上升。 两者足以让苏联停止公布死亡统计的数据。 现在看来，婴儿死亡率的上升主要由于落后的中亚共和国良好的报告体系，而且那里也有较高的死亡率。 婴儿死亡率并不一定意味着衰退——虽然当时的苏联领导人并没意识到这一点。 但是他们将酗酒现象的增加归因于工作场所较低的士气，这也许是正确的。

这不是一般意义上所讲的危机，这些现象可以持续几十年。 但是经济增长的持续减慢和债务的不断提高很显然是结构性的；而且，苏联的意识形态发挥了作用。 领导者用物质目标取代社会主义乌托邦。 他们用能否在经济产量和增长速度上超越西方(尤其是美国)来判断社会主义体制。 这种具体的目标可以应付对理想社会主义社会的怀疑；而且，由于直到1975年苏联与美国的差距还在缩小，所以这个目标很有可能实现。 很多领导者不能容忍较低的经济增长，因为如果这样，赶超将变得不可能。 他们认为问题的起因是经济领域。 但是国家社会主义的失败显然体现在两个方面：经济方面，但更根本的是政治方面。在政治上，虽然专制有所放松，但是丝毫没有走向民主。 但是，意识形态加剧了失败，因为意识形态认为状况应该比现实好很多很多。 这是意识形态权力的失败，这在党国精英那里尤其明显。

怎么办呢？ 在政党内部，在新一代技术统治论者中出现了一种"新思维"运动；在赫鲁晓夫和勃列日涅夫统治时期，这些人被允许阅读西方的著作，并欣赏西方的经济和技术实力。 他们是戈尔巴乔夫进行改革的主要影响者(English，2000)。 他们相信改革能够创造一个人性化的社会主义(Kotkin，2011)。 他们意识到，当时那样组建的苏联不能与美国相抗衡，美国既是一个富有的消费社会，又是一个全球超级强国。 在1970年代，戈尔巴乔夫(当时的高级政党官僚)被带到加拿大的超级市场——一个消费的教堂(a cathedral of consumption)。 他对那个超市印象深刻，但是他也怀疑那是一个为他而特别假造的一个波将金村。

于是，他让司机在一个没有安排参观的另一个超市停下，结果那里仍然产品丰富。

资本主义是成功的，而且干部也知道这一点。 他们要做世界领袖的野心降低了。 史蒂文·科特金(Steven Kotkin)说，"如果社会主义对资本主义没有优越性，它的存在就是不合理的"(Kotkin，2001：19)。 现在，意识形态发挥着更小但却破坏社会稳定的作用，因为它使一个次优状态的继续存在成为不可能。 进行根本的检修似乎是必然的。 在斯大林时代，这个党曾经认为进行强制的工业化是发展社会主义的必然道路。 无论代价如何，当苏联变成一个西方式的工业社会的时候，它将会变成更加真正的社会主义社会。 为了美好的前途，苦难是必然的。斯大林之后，苏联确实变得更人道了一些，人们变得富裕了一些，受教育的人更多了一些。 但是，在苏共第二十次大会上，赫鲁晓夫对斯大林的谴责却告诉该党：那个时代的苦难并不是发展社会主义的一个必然阶段，而是领导的罪恶。 接下来的自由化没有发展社会主义，却导致了严重的消费主义和腐败行为。 党员干部是活生生的骗子，他们对马克思列宁主义持有口头承诺，却利用职务便利谋取物质利益。 和其他人一样，他们只能用酒精来逃避矛盾。 与政党纲领和马克思列宁主义相比，他们的子女喜欢西方的牛仔裤和流行音乐(Service，1997：370)。没有人再相信意识形态了。 技术统治论取代了意识统治论(Hall，1995：82)。 这是一个人去诊所看"耳眼科"医生的故事。 诊所告诉他没有这个专业，但是他仍然坚持要看。 恼火的工作人员问他为什么这样做。他回答说："因为我听到的事总是和我看到的事不一样。"1917年的年中，俄国再也没有人相信君主专制；到1980年，再也没有人相信马克思列宁主义了。 虽然这个政权不用暴力就能够让老百姓服从，但是它已经没有了灵魂、士气和合法性(Hollander，1999)。 苏联评论家公开说，我们遭遇了"精神枯竭"，它的意识形态权力已经破碎了。

这个政权虽然在衰退，但是还没有到破裂的程度。 这既不是1789年遭遇金融危机的法国，也不是1917年卷入战争的俄国或1930年代陷入战争的中国。 美国给予的压力也不大。 集体领导仍然坚固。 苏联对东欧进行压迫式监控，并在其他方面维持了一种隐含的契约关系——政府为人们提供富裕的生活水平，人们默认它的统治。 苏联本来可以继续存在下去，但是改革导致了崩溃。

精英们认为问题的根源在于纪律的缺乏。 对于如何强化纪律问题，则存在着两种彼此争论的思路。 保守主义者主张加强控制，让人们更努力地工作，重启计件工资制度。 自由主义者则主张引入市场制度来提高生产效率。 在 1970 年代后期和 1980 年代，自由主义方案得以试验；但在一个计划、政党和社会网络统治的社会里，这个方案似乎并不可行。 很多政党官员推翻了这些试验。 在尤里·安德罗波夫任第一书记的很短时间里，保守主义改革得以实行，但只带来些微的经济复苏(Ellman & Kontorovich, 1998：14—15)。 如果安德罗波夫没有突然去世，苏联可能还会存在更长时间。

安德罗波夫想让戈尔巴乔夫成为他的继任者，但是政党保守势力却任命了更老的契尔年科。 契尔年科病了，不久就去世了。 他死之后，1985 年戈尔巴乔夫的继任就没再遇到阻碍。 开始的时候，通过建立大部门，加强质量控制和打击旷工酗酒，戈尔巴乔夫恢复了安德罗波夫包含理性计划的保守主义策略。 他增加了对机械制造、电脑和机器人的投资。 但是，他也引进了市场因素来消减官僚主义，增加企业自主性，允许私人合作企业。 但是这些组合措施似乎并不可行。 然后，他宣布要深化市场改革以保护社会主义。 他没有注意到的是，这可能是一条通向资本主义之路。

接下来发生的事情依赖于戈尔巴乔夫及其政府的权力。 也许，没有任何一个领导人曾经进行过如此深刻的改革。 戈尔巴乔夫因其能力而受到尊重，但是他并没有被选为一个伟大的改革家，而且，在这个时刻，他不是单独一个人。 但是利用政治局和其他任何人都不敢挑战的共产党中央委员会总书记的大权，他推进了改革，并将志趣相投的改革者推向高位。 但是，这些必须逐渐展开，除非是在总书记拥有绝对权力的外交政策领域(Brown，2007：201，230，256—257)。 大概一年以后，他身边就有一群改革者了，主要的问题是引导党国落实改革。

改革年代：1987—1991

在外交政策上，戈尔巴乔夫准备在军备控制和区域争议问题上对西方社会做出让步。 这会缓和军备竞赛；而军备竞赛将稀有资源都偏移到了军工企业，而且也阻碍了与西方社会的经济合作。 在经济上，他看到了两个问题：工作纪律和积极性的缺乏，以及太过僵化的计划结构。 他很激进地将市场规律和市场竞争看作两个解决措施。 为加强工作纪律，工资应该以生产能力为基础。 戈尔巴乔夫抨击"平均分配的趋势"，认为这"对工作质量和数量造成负面影响"。 相反，他宣布，"工人的收入应该与他们的工作表现相结合"。 这样，人们就会更努力地工作，而且不同技术水平的人会得到不同的报酬(Kotz，1997：57)。但是，戈尔巴乔夫也看到，生产力的提高需要工厂车间中更少的等级和更多的民主。 管理者和工人会对生产目标和方法进行集体决策。 企业之间应该在市场上相互竞争，而不是用一个基本的计划目标来缓解竞争。 理论上说，一切都很美好。 他和他的助手在借鉴资本主义，但是仍然将改革视为与社会主义是相容的。 这里仍没有私有产权，有的只是国家资产的分权，一个更有效、更民主的社会主义。 它被称为改革(perestroika)，即调整，而且最初只被认为是经济上的改革。

在戈尔巴乔夫1986—1987年的改革中，国有企业被给予生产的独立性，虽然这是在非约束性的总体计划目标内进行的。 它们能够自由决定企业收入的分配，可以将更多的收入放入工人奖金中发放。 但是它们不能辞退工人或者固定价格，这些还都是国家控制的。 这不是一个很好的政策组合。 企业自主性意味着它们不再以某种固定价格向国家提供它们的产品。 相反，为了获得更高的利润，它们可以将产品卖给任何人，或者它们可以彼此进行物物交换，而不在市场上将产品换为卢布。 当物物交换达到总贸易的一半的时候，中央分配机制崩溃了，共和国之间的贸易也崩溃了。 被重新授权的共和国和地方政府则利用权力下放的机会减少它们向其他区域递送的货物。 工厂车间中的权力下放和民主化使收入迅速提高，因为工人现在是自己支付自己工资了。由于大部分价格是固定的，其结果不是价格的提高和通货膨胀；但是，由于人们有更多的钱，他们买任何他们想买的东西，积聚货物、买空商店。 因此，1990—1991年间的购买长队和购买基本物质的困难更多地说明了政策的失误，而不是说明了一般的经济薄弱。 但此时已是一轮经济危机了。

这一危机严重打击了这个国家。 在石油价格和利润开始降低的时候，它很难对具有自主性的企业和成员国收取税收。 像美国的禁酒时期一样，苏联人对酒精的渴望及其非法酿造破坏了当时不怎么受欢迎的禁酒政策。 由于五分之一的税收都来自于合法酿酒公司，因此这个禁酒措施使得税收危机更加严重。 财政赤字增加了，而政府却简单地通过印钞票和国外借款来解决问题，通货膨胀因此螺旋式地上升了。

有一个笑话说，一个人排队等候购买伏特加。 由于戈尔巴乔夫的限制措施，队排得很长。 这个人失去了耐心，大喊道，"我不能再等了。 我恨戈尔巴乔夫！ 我现在就要去克里姆林宫杀掉他。"半个小时以后，他又回来了。 其他排队的人问他是否成功了，他说道，"没有。我去了克里姆林宫，但是要杀戈尔巴乔夫的人排的队比这里还要长，所以我决定回来排队买伏特加。"

这些改革措施并不适合于其所要达到的两个关键目标：降低国家对工业企业的补助，以及允许价格提高到市场的价格水平。 像后来的新自由主义者一样，戈尔巴乔夫低估了从国家控制向市场控制转型中所涉及的权威问题。 他打破了曾提供过权威性和稳定性的国家社会主义制度，却没有建立新的替代制度。 他忽视了此前中国改革的经验。 在中国，国家主导的、小心谨慎的市场改革已经取得经济上的成功。 匈牙利的混合社会主义改革也是成功的；在匈牙利，农业而不是工业已经转向市场体制(Hough，1997：16—22，119，269—273，491)。 受东亚发展模式的影响，中国的领导人意识到，对于实行改革、利用关税抵制进口、扶助出口和限制国际资本流动，强国家是必要的。 但是苏联瞧不起它的小兄弟们，认为中国应该向它学习，而不是相反。 当然，所有的政府都会犯错，那些想进行大规模改革的政府会犯更多的错误。 在第九章，我们会看到中国共产党最初的改革也是有反作用的。 但是，中共领导人通过试错方法知道了哪些可行和哪些不可行。 他们认识到，改革的前提条件是保持国家的控制，因此高层可以判断并推进改革措施。 相反，苏联同时在经济和政治权力上进行双重改革，结果两者都失败了(Pei，1994)。

与中国不同，戈尔巴乔夫受党内分裂的掣肘。 中国的党内不同意见之争也发展起来了，但是主要领导人都受到"文化大革命"期间悲惨经历的冲击。 他们虽然对改革问题进行争论，但并没有公开进行；在决策中，他们仍然是集体领导的。 相反，苏联领导人却仍然记着相反的事情：斯大林统治下过度的纪律处罚。 他们对改革问题的争论变成了残酷的党派斗争。

我区分了五个正在浮现的派系。 在戈尔巴乔夫的右边是两种保守主义：力图加强控制的改革保守主义，以及害怕任何变迁(会威胁它们的地位)的极端保守主义。 第三个派系是戈尔巴乔夫自己的改革社会主义派。 在他的左侧则是两种自由主义：彻底的意识形态自由主义，即资本主义市场和自由民主的信仰者；以及力图让自己通过市场而迅速发家致富的、机会主义的自由主义，这些派系决心将改革挪为己用，进行"精英的自我解放"(Tucker，2010)。 与这些机会主义越走越近的是民族主义，它们力图利用戈尔巴乔夫的权力分化改革来增强各成员国和各省的权力。 它们的党员干部挥舞着民族主义的旗帜，但却谋求自己的利益，也获得更多的自主性。 鲍里斯·叶利钦领导的自由主义和民族主义联盟最后胜出了。 但是，正当戈尔巴乔夫削弱党国权力的时候，派系之争却方兴未艾。

也许，戈尔巴乔夫可以通过政党来推进其改革，但是他没有给经济改革以优先的地位。政治局成员多勃雷宁(Dobrynin)说道，他"从未听到过戈尔巴乔夫陈述总体的和具体的经济改革方案，包括一年计划，或者五年计划，或者其他经过深思熟虑的改革方案"。戈尔巴乔夫将这个任务交给部长会议主席雷日科夫，但是雷日科夫却缺乏推进改革的权力。戈尔巴乔夫集中关注的是政治改革，而且他可以决定必要的变革。他谴责保守主义"庞大的政党国家机器像一个大坝一样横在改革之路上"(Hough，1997：105)，而他却走出政党和政府大楼，与人们公开沟通。这是受欢迎的举动，但是也使得自由主义者敢于要求更多市场改革。一旦放开了言论和结社自由，大众抗议运动也随之而来。与戈尔巴乔夫改革派的实用主义以及保守主义的简单反对不同，自由主义者的确有另一套社会意识形态。乔治·罗森等人(George Lawson et al.)说道，他们"自由、公正和平等的理念虽然不是什么新理念，但是也都是理想化的"(Lawson，2010)；将这些理论应用于政治、经济和军事权力关系上也是如此。

1986年3月，当戈尔巴乔夫鼓励媒体批评政府的时候，政治公开化(Glasnost)开始了。深受自由主义的影响，媒体也乐于如此行事。石油和天然气价格的下降没有给戈尔巴乔夫带来帮助。4月底，切尔诺贝利核电站爆炸，其辐射实际上夺走数千人的生命。戈尔巴乔夫认为，事件的起因是管理核工业的军工企业取得了自主权。虽然军事权力从属于政党的政治控制，但获得军方承认的代价是军方的自主权和对大量军事资源的控制。政治局对于核安全也是知之甚少。这都强化了戈尔巴乔夫削减军方自主权的心思。关于保密性的派系争论也加强了他进行政治公开化的决心(Chernyaev，2000：8；Service，1997：445—447)。1986—1987年间，政治犯被释放，对出版业的政治审查也结束了。1987年1月份，他呼吁全社会范围内的民主化进程，包括集会和结社自由。结果出现了小规模的游行和示威运动。自由主义者呼吁市场化，民主团体希望民主化以及对苏联历史进行实事求是的审查，工人群体要求经济改革以提高工人的利益，民族主义者则要求地方自治。

戈尔巴乔夫是一个民主主义者，他乐观地希望党内民主，包括进行无记名投票和设立多个候选人，认为这将赋予他推进改革的权力。 但是，政党长期以来就是一个行政机构，而不是西方意义上的政党。 即使戈尔巴乔夫缩减了政党的行政作用，其成员也不能轻易地转向进行政策讨论和选举战略。 政党仍然保留着保守主义的色彩，很少有集体政治生活，而且在地方分支上倾向于分裂(Gill，1994：184)。 这样就出现了两种意外的结果：第一，政治公开化催生了大量的社会运动，这些社会运动虽然规模很小，但却非常活跃地讨论各种思潮，包括典型的西方思潮。 第二，党员干部想通过霸占他们所控制的国家财产而成为企业家。 他们比在政党政治中更善于进行自我推销。 中央委员会正在失去其控制力。 雅科夫列夫(Yakovlev)上尉建议，戈尔巴乔夫重建其政治控制的方法是分裂政党，并领导一个改革的社会民主党来对抗保守的共产党。 戈尔巴乔夫拒绝了这个方案。 布朗认为，这尽管可能会加速保守主义者的政变，但却是一个可行的方案(Brown，2007：204—205)。 那样就会建立一个更加统一的改革方略，也会使民主化进程变得更加容易。

当使共产党民主化不可行的时候，戈尔巴乔夫转而削弱其权力。1989 年，政治局和中央委员会的权力在很大程度上被破坏了。 中央委员会秘书处的部门从 20 个减少到 9 个，除农业部门之外，其他经济部门都被废除。 作为中央计划机构的新的国家计划委员会也于 1991 年被废除，被废除的还有监管企业供应链的国家物资供应委员会。 经济就这样脱离了国家的控制。 1989 年的选举是第一次候选人进行政策辩论的选举，选举成功的候选人立即解除了雷日科夫总理的一些部长。1990 年，戈尔巴乔夫同意立法议会将自己提名为新设的国家总统，而不是冒险进行国家选举，这是民主化进程的一个倒退。 他日后也意识到，这是一个错误。 当时，他可以在选举中击败他的主要竞争对手叶利钦，也会有合法权力来维持苏联的存在。 如果叶利钦获胜，他也不会有破坏苏联的动机。 主要的支持者认为，新的总统职位应该拥有比戈尔巴乔夫所给与的更大的权力，因为一些权力已经落到各成员国领导人的手里了。 然后，在1990年，戈尔巴乔夫迫使政党宣布放弃在社会中的领导地位。 虽然直到1991年苏联才倒台，但共产主义在那时已经结束了(Brown, 2007：202, 209—210, 298—302；Kenez, 2006：258—261)。

在这些巨大的政治变革中，很多党员干部正盘算着如何保留他们的地位和利益。 各成员国的高级官员正在享受戈尔巴乔夫在破除中央政党权力过程中所赋予他们的自主权。 戴维·莱恩(David Lane)强调一个获利阶级的出现，这个群体包括技术、管理和专业工人，他们其实是赫鲁晓夫和勃列日涅夫时期教育扩展中所产生的中产阶级(Lane, 2009：162—164)。 戈尔巴乔夫的政策注重生产力和技术，并以工人和农民为代价来提高他们在政党中的权力；这些政策的确吸引了他们。 杰里·霍夫(Jerry Hough)认为，这与法国大革命非常相似，因为这些事件都是"真正的中产阶级革命……他们包括政府官僚和掌握生产资料的资本家"，而且为"城市化的、受过良好教育的技术工人和共产党体制所造就的白领人士"所组成的民众所支持(Hough, 1997：1, 24)。 这些人起初是戈尔巴乔夫的主要支持者，而且戈尔巴乔夫本人也取得了民众的支持。 直到1990年的五六月份，他才在民意测验中落后于叶利钦。

戈尔巴乔夫发现，解除国家权力非常容易，但收拾失败的改革却很艰难。 由于官僚体制中保守主义者的阻挠，他谨慎的经济改革并不成功。 很多改革方案都没有得到实施。 有些人主张实行对生活必需品保持定价、放开奢侈品价格、尽力提高其他商品价格的东欧模式。 显然，一些商品的价格必须通过提高，而且是通过国家权力而不是尚不存在的市场来提高。 东欧和苏联的改革一开始就如何改革问题产生了两种思潮。 新自由主义者主张快速的"休克疗法"，迅速对所有东西进行自由化改革。 渐进主义者则认为，各国应该根据自己的特殊情况缓慢地、有选择地进行改革，从而保证为经济事务提供规范和规则的各项制度的存在。 市场价格机制应该一种产品、一种产品地逐渐引进，同时削减国家命令。 渐进主义是一个具有更小破坏性的改革策略。 但是，新自由主义者想废除国家控制，对企业进行私有化，从而建立市场制度，希望国家制度的废除能够带来市场的繁荣。 很多人认为市场是自然而然的事情。 毕竟这是当时西方经济学家的主流观念。

更喜欢逐步提高价格的总理雷日科夫说，戈尔巴乔夫使渐进主义变得更加困难，因为他"提议消除现存所有的经济管理体制，但却没有建立任何替代性制度"。 戈尔巴乔夫说，他多次将方案制定工作委托给各个委员会，但是它们提出的不同方案设计却难以协调(Gorbachev, 1995：chap.17)。 当中央的经济恶化和政治解体在继续的时候，各成员国领导人，尤其是俄罗斯的叶利钦，也开始阻挠改革。 任何方案都给苏联人民带来痛苦。 也许，戈尔巴乔夫将减轻人民痛苦的工作推迟到 1989 年苏联选举和 1990 年俄罗斯选举之后。 如果这样，这又是一个失算，因为他没有赢得选举(Hough, 1997：16—22，以及 chap.4，引用部分来自 pp.130, 104；Kenez, 2006：267—270)。

斯大林、赫鲁晓夫、勃列日涅夫和戈尔巴乔夫都坐在一辆突然停止的火车上。 没有什么能够让它启动起来。"枪毙司机"，斯大林大吼道，但火车仍然没有动弹。"告诉司机的同事说社会主义马上就要实现了"，赫鲁晓夫大喊道，火车还是没有动弹。"让我们拉下窗帘，假装火车在运行吧"，勃列日涅夫建议。 最后，戈尔巴乔夫打破车窗，让他们探出头去并大喊："根本就没有轨道！ 根本就没有轨道！"

1990 年，经济开始走下坡路了。 工人非常不满，开始对共产主义不抱幻想，接着对戈尔巴乔夫也失去希望。 1989 年无数矿工的罢工提出了广泛的要求——尽管经济还在继续恶化——戈尔巴乔夫不得不做出工资和价格上的巨大让步(Connor, 1991：chap.7)。 至此，几乎所有的家庭都能够感受到这场危机的存在了。 随着经济的衰退，戈尔巴乔夫的声望也在衰退。 1990 年秋天的民意测验显示，57% 的人认为在他的领导下生活更差了，而只有 8% 的人认为生活变好了(Levada, 1992：66；

Kotz & Weir，1997：77—83)。 1990—1991 年选举中，他的自由主义和民族主义对手获胜了。 很多党员干部和获利阶级的成员决定丢弃衰退的官僚体制、放弃社会主义，并在纯粹的市场经济中寻找机会。 自由主义知识分子当时很有声望。 一个人教育程度越高，越有可能支持市场改革。 在国会中，与保守主义者相比，技术专家和自由主义知识分子还是少数群体，但在改革者中却占据多数，而且他们主导着叶利钦所支持的资本主义群体(Lane，2009：168—169)。 1990 年后期，戈尔巴乔夫对自由主义形势开始产生恐惧，并转向保守主义者寻求支持。 但这是一个错误，他不会做保守主义者想做的事情，这只能让自由主义者更加愤怒。 当时，虽然目的不同，自由主义者和机会主义者都在寻求同样的方法——将权力更多地分化给市场中拥有资源的人。

苏联帝国的终结

这场政治危机很快就导致苏联帝国的崩溃。 布尔什维克继承了沙皇帝国，但仍让非俄罗斯民族建立它们自己的共和国或地方政府，而且给它们提供支持，保证它们的语言和文化权利。 少数民族则或多或少将俄语视为现代化的入场券而进行学习。 从核心地带剥削边陲地带的意义而言，苏联并不是一个帝国——尽管很多俄罗斯人认为苏联是一个帝国！ 但是，对于二战前后所征服的地域而言，情况则有所不同，因为欧洲的卫星国家和波罗的海的共和国拥有民族独立的历史，它们在战后断断续续的反抗表明了其对苏联统治的不满。 虽然它们也接受来自莫斯科的援助，但是它们最终是被武力所征服的。

一旦它们感受到苏联的衰弱，波兰和匈牙利的反对派就开始要求更多的自主权，并进而要求民族独立。 与过去不同，戈尔巴乔夫也鼓励他们这样做。 1985 年，他告诉东欧领导人不要再指望苏联用军事介入来帮助它们了。 他们必须变得更受民众的爱戴。 1989 年，一群民主德国人涌入匈牙利并试图借此前往奥地利和联邦德国的时候，苏联的国防部长谢瓦尔德纳泽对匈牙利政府的请求做了这样一个简短的回复："这是你们匈牙利、民主德国和联邦德国之间的事情"——也就是说，不是我们的事情(Brown，2007：242，235)。 实际上，戈尔巴乔夫和他的同僚们希望东欧旧有的共产主义体制倒台，希望这些政权被与他们一样的共产主义改革派推翻。 但是，他没有意识到东欧不存在类似于他们的改革派(Kramer，2003b；Kotkin，2009：xvi—xvii)。

由于卫星国家的共产主义者支持其保守主义反对派，戈尔巴乔夫非常生气。 但是，保守主义领袖李加契夫却说，政治局中没有人建议让红军去镇压1989年的柏林骚乱。 既然西方不再是苏联的威胁，为什么还要付昂贵的代价来保留这些缓冲国家呢？ 至此，苏联迫使他们与反对派达成妥协，否则他们就会拒绝改革、压迫民众。 无论这种压迫的结果如何，非暴力革命是不可能出现的。 但是，此时卫星帝国的终结已是不可避免的了；这个帝国是由军事力量所维持的，但是苏联现在拒绝武力了。

这种新思维体现了胜过阶级利益和冷战的普遍利益和价值，这种新思维包括强调政治自决和将世界视为相互依赖的外交政策。 戈尔巴乔夫成为结束冷战的人。 与里根的星球大战计划和干预阿富汗不同，他通过在削减军备等问题上进行谈判等举措来结束冷战的零和博弈，然后他做出了大部分让步：削减核武器和常规武器、从卫星国家撤兵，以及对内部反对者的容忍。 幸运的是，他的对手是里根，因为自1983年后期以来里根也走上了同样的道路，虽然他早期曾经说过强硬的言辞。他的转变并不是源于竞选的考虑或者顾问的变化。 三个事件改变了里根的路线：苏联击落了一架偏离航道的韩国航空飞机；苏联将北约优秀射手演习误读为是对苏联的打击，这是他意识到苏联确实害怕美国的侵犯；描述堪萨斯州劳伦斯核战争后果的影片《第二天》吓倒了他。 他相信大决战会到来，但是他不想亲眼看到(Fischer，1997：112—138)。1985年戈尔巴乔夫奏响了前奏，而里根则在半路与他相遇，而且如果其顾问们允许的话，他会走得更远。 和平缔造者里根·马克二世(Reagan Mark II)对全世界都是好消息。 但是对戈尔巴乔夫是更好的消息。 他憎恨他的军工企业，但却没有力量与之直接对抗，他认为裁军将会间接地做到这一点。 他还意识到即使他废弃该国所有的核武器，也没有人会反对这一点(Chernyaev, 2000：103—104；192—198；Brown, 2007：266—274；Leffler, 2007：466ff.)。 是否其他的苏联领导人也会启动这样的和平进程，这点很难确定；但是，面对戈尔巴乔夫和苏联的衰落，美国的其他总统也会做出这样的回应。 戈尔巴乔夫甚至向撒切尔表明他的诚意。

戈尔巴乔夫几乎总是能够在道义上做出正确的选择，但对欧洲却有过于乐观的失算。 他认为，卫星国家的选举将会支持人道主义的社会主义，但是这些国家却将社会主义视为压迫性的帝国主义。 甚至当波兰团结工会掌权、兴奋的民众推倒柏林墙、罗马尼亚的齐奥塞斯库被枪杀的时候，戈尔巴乔夫的改革派还在支持正在出现的非共产主义体制。当苏联阵营迈向衰落的时候，红军却一枪未发。 1989 年后期，戈尔巴乔夫失去了军事介入的能力。 由于所有的卫星国家已燃起熊熊政治大火，即使红军也不能镇压它们了。

对于戈尔巴乔夫的不介入政策的所带来的间接好处，他说，这将改善东方与西方之间的关系，将能够重新分配军事支出以投入民用工业，从而拯救经济。 由于军费开支 1990 年才开始减少，因此他已经没有时间来实现这些好处了：因为苏联的崩溃已经开始。 地缘政治所付出的代价是巨大的：华约组织和苏联统一市场崩溃了，北约组织中的德国统一了，北约发展到与苏联接壤。 事实上，戈尔巴乔夫被美国国务卿贝克尔和德国总理科尔欺骗了。 他起初坚决反对德国统一，但是为了让贝克尔和科尔承诺北约不会扩展到东欧，他同意了德国统一。 但他们说谎了，他们扩展了北约。 在中欧已没有非军事区域，相反，这个区域被纳入西方的阵营，而且已达到俄国的边境(Sarotte, 2009；Kramer, 2003)。 保守主义者和俄国民族主义者对戈尔巴乔夫在地缘政治上的巨大失败感到震惊。

中欧的失去刺激了苏联内部的民族主义异议者。 在127个民族中，只有少数几个认为民族群体将造成麻烦，它们几乎都是分布在苏联西部和南部边缘的民族。 马克·贝辛格(Mark Beissinger, 2002)表明，城市化和接受过教育的民族控制了成员国和自治区域。 有些是刚刚被吸纳进来的。 1988年7月，立陶宛、拉脱维亚和爱沙尼亚民族主义者首先进行示威以获得更多的自主权。 二战末期，这三个波罗的海国家是通过武力被纳入苏联的，而且它们是通过大量的俄罗斯殖民得以维持的，这一政策制造了殖民者和本地居民之间的紧张关系。 1989年的东欧事件深刻地影响了这些波罗的海国家，因为当地可以收看到的波兰电视节目已经打破了苏联的信息控制。 它们要求独立，这也引起了当地俄罗斯居民的不满。 同时，俄罗斯内部的民族主义者也支持那里的俄罗斯人。

格鲁吉亚和摩尔多瓦也加入到波罗的海国家的行列，在那里，有些民族主义者也要求独立。 布尔什维克革命之后，格鲁吉亚曾经是一个短期独立的国家，摩尔多瓦在1944年以前则是罗马尼亚的一部分。 它们冲突更多的是两个民族群体之间的冲突，而不是当地民族群体与俄罗斯人之间的冲突。 在南部则是亚美尼亚人和阿塞拜疆人之间的冲突，而且那里的苏联政府也意识到种群之间进行大屠杀的危险。 在这些情况下，"民族主义相对于帝国主义"的解释是不合适的(不像东欧和波罗的海地区)。 这里涉及关于归属于哪个共和国的民族观念的竞争。 这里，对民主的要求引起了民族冲突和民族清洗，就像整个20世纪在许多国家所发生的情况那样(Mann, 2005)。 但苏联政府被稀里糊涂地扯进这些冲突之中，这也是对它们维持公共秩序能力的一个公开检验。

苏联政权内部对于民族主义者存在着不同的观点。 在那里，分离被认为是不可接受的，因为这违反了苏联宪法。 虽然戈尔巴乔夫会协商出一种合适的自治形式，但是他不会支持民族独立。 但是，领导层低估了波罗的海地区民族主义的炽烈程度。 被派去调查的政治局成员被吓坏了，但是也不愿进行镇压。 1988年，对纳戈尔诺—卡拉巴赫的有争议的飞地，阿塞拜疆人和亚美尼亚人进行了凶残的战争；克格勃的长官催促进行军事干预，但戈尔巴乔夫和大多数政治局成员却否决了他。 戈尔巴乔夫同情亚美尼亚人，但又不想疏远阿塞拜疆人，因此他犹豫不决。 在巴库，面对亚美尼亚人的大屠杀，他授权进行军事干预，这是他所做的唯一一次军事干预。 但是，当他知道军事干预杀害了无辜民众的时候，他停止了干预。 在其他高加索和波罗的海成员国的压迫事件中，当地政府都决定镇压，而戈尔巴乔夫却否决了它们。1988—1991年中期民族主义者的大规模示威似乎表明了苏联的衰弱(Tuminez, 2003；Kramer, 2003a；Beissinger, 2002；Chernyaev, 2000；181—191)。

贝辛格意识到苏联是一个正在走向衰弱的"镇压体制"(Beissinger, 2002；chap.7)。 在斯大林时代，镇压是由强大的内卫部队来执行的，地方政党几乎没有参与。 在赫鲁晓夫时代，地方官员则被要求维护公共秩序。 在勃列日涅夫时代，重点转移到严惩罪魁祸首、温和对待从属者，暴力镇压因此变得非常少见。 作为政治公开化运动的一个组成部分，戈尔巴乔夫允许自由集会和示威游行。 与西方一样，组织者必须从地方政府那里获得批准，并就游行的规模、地点、路线和时间进行商议。 派出的警察和保安只携带骚乱控制设备，而不携带致命武器。 但是，随着民族主义运动的发展，它们的组织者直接忽视这些规定，而仅仅依赖于大众以及偶尔进行支持的地方官员。 戈尔巴乔夫的公共秩序改革失败了，到1980年代，政府几乎不再拥有进行强烈镇压的经验。贝辛格看到了在1988年末和1989年初出现重启镇压的可能性，但是随着民族主义情绪的扩展以及工人(尤其是矿工)的罢工，这种可能性又被关闭了(参阅Connor, 1991；chap.7)。 贝辛格说道，军队已经不能在任何地方进行介入，军官们也对曾经进行过的国内压迫感到焦虑。 他认为正是这样一股民族主义潮流导致苏联的崩溃(Beissinger, 2002；160)。马克·克雷默(Mark Kramer)不同意这种说法，他认为，这个政权仍然拥有使用武力的可能性，只是拒绝使用而已(Kramer，2003a：24—29)。 他强调戈尔巴乔夫派系的和平主义价值观。 贝辛格也没有充分重视到各国领导人利用民族主义来掩盖他们权力争夺的现象。

到 1990 年，自由主义者和民族主义者在反对镇压问题上走到了一起。 戈尔巴乔夫总感到不能有足够的力量来否决"自由主义者—民族主义者"或者强硬的保守主义者，因而只能在两者之间曲折前行。 他自己的设想是通过和平的政治手段对社会主义苏联进行改革。 实际上，他放弃了波罗的海的成员国和中欧地区，而且他意识到苏联政府在应对纳戈尔诺—卡拉巴赫问题或者摩尔多瓦问题上的局限。 他最后的看法是，这些困难问题都发生在边缘地区，而且是可以放弃的帝国边陲。 他相信可以保留住苏联的核心地带。

但到 1990 年，他不得不认识到民族主义是一种更加严重的威胁。这一威胁来自俄罗斯，而俄罗斯正是苏联的核心地带。 其抗议运动宣称，它们一直受苏联帝国的剥削(Hough，1997：216，238)。 叶利钦及其自由主义盟友与俄罗斯民族主义者联合起来了，叶利钦还成为俄罗斯民族主义和自由主义者联盟的非官方领导人，他们要求超出戈尔巴乔夫所能容忍的更多的改革。 在 1990 年 1 月的选举中，叶利钦勉强保证了他对俄罗斯共和国政府的控制，这个共和国拥有整个苏联 60% 的人口和75% 的土地。 在接下来的一个月，他又通过一个决议，宣称俄罗斯政府对其领土拥有主权。 就在叶利钦分裂成功后，其他共和国也通过了主权决议。 因此，这时的斗争变成了俄罗斯人和苏联精英之间的斗争，而且个人化地体现为戈尔巴乔夫和叶利钦之间的相互嫌恶。 这弥合了戈尔巴乔夫与苏联保守主义者之间的分裂，这通常被视为他向右转的开始。

当时的苏联经济学家不再对计划经济抱有幻想，转而崇拜西方的经济成就。 他们完全认清了计划经济的失败，但却没有完全认清不受干预的市场经济，这是新自由主义的高潮。 在西方顾问的帮助下，在获得西方援助的承诺中，很多俄罗斯人变成了新自由主义者并致力于"休克疗法"的实施。 他们坚信叶利钦就是那个引领他们这样做的人。 虽然叶利钦并不那么坚持经济原则,但是他们有着共同的对手。 由于戈尔巴乔夫的混合经济方案使经济状况更加恶化,对于理想经济的表述也从 1988 年到 1989 年的"社会主义市场经济"变成了 1990 年的"政府调节下的市场经济",后又变成了"自由市场经济"。 与叶利钦和俄罗斯民主运动的自由主义者不同,戈尔巴乔夫并不想彻底妥协。 他们就市场化和私有化的程度问题以及如何定价的问题争论了长达两年之久。苏联的精英们分裂了,他们提出了多种不同的方案。

两场政治权力争夺结束了这些争论:其中一场成功了,另一场则失败了。 1990 年 12 月,叶利钦利用他在俄罗斯国会中的微弱优势将俄罗斯给苏联的税收从财政收入的二分之一减少到十分之一;这是对戈尔巴乔夫的巨大打击。 这时出现了两种权力中心:俄罗斯和苏联。 但是,乌克兰、白俄罗斯、哈萨克斯坦等主要共和国的领导人并不想破坏联盟,而叶利钦相信这是不可能的。 这些成员国中几乎没有分离主义者。 在 1991 年 3 月的乌克兰全民公决中,几乎四分之三的人支持"苏维埃社会主义共和国联盟作为新的联邦而继续存在"。

第二场权力争夺是由保守主义者进行的,而且其失败的政变一不小心就对苏联造成了致命的打击。 1991 年 8 月,戈尔巴乔夫亲自任命的一些人发动了一场政变,这些人包括副总统、总理、军队首脑和克格勃。 但是,在没有戈尔巴乔夫和其他文职官员授权的情况下,这些政变者并没有充分地利用他们可以支配的军事力量。 在苏联,军方从未干预过政治权力关系,将军们也只是有点脱离服从的习惯而已。 当时,戈尔巴乔夫正在克里米亚度假村里休假。 一群策划者飞过来以取得他对这场政变的授权,但他拒绝了,政变最终归于失败。 那些被选为领导这场国会大厦(白宫)风暴的人对战斗也缺乏兴趣。 其后,克勃格长官克留奇科夫(Kryuchkov)给戈尔巴乔夫写了一封信来表达他的不满,他说,"总体上说,我感到非常耻辱"(Brown, 2007:366—371; Taylor, 2003; Knight, 2003; Dunlop, 2003; Beissinger, 2002:366—371)。 在政变期间，两个策划者竟然都喝醉了。 戈尔巴乔夫的总理瓦伦丁·巴甫洛夫因为醉酒而错过了策划者的新闻发布会，而戈尔巴乔夫的副总统、政变的执行总统根纳季·亚纳耶夫也喝醉了，竟然没有认出前来抓捕他的人(White，1996：60，163；Hough，1997：429—430)。 这可能减轻了他当时的痛苦，虽然他悲惨地在狱中自缢。

戈尔巴乔夫任命者的政变确实失败了。 共产党已经衰退了，被戈尔巴乔夫改革得面目全非。 但是苏联现在崩溃了，资本主义开始取代共产主义。 在白宫前，叶利钦站在装甲运输车上大胆公开地谴责这场政变，而戈尔巴乔夫却在同谋政变的传言中在南部的疗养所里休息。乌克兰领导人曾经在电视上宣布他愿意与政变者合作，但是现在他又迅速将自己变成一个民族主义者和(更为不可能的)民主主义者。 但是，他仍旧控制着该国强大的保安警察。

1991 年 12 月上旬，乌克兰的公民表决是更愿意取得独立。 稍后，叶利钦在那个月与乌克兰和白俄罗斯的领导人达成共识，要解体苏联，并建立一个松散的独立国家联合体。 在新型的获利阶级的支持下，这些共和国的领导人此时抛弃了共产主义，为了夺取政府的物质资源他们转而利用民族主义(Lane，2009：174—175)。 给予苏联致命一击的民族主义更多的是夺取资源的手段，而不是一种意识形态。 苏联的终结源于贝辛格所说的中欧和波罗的海共和国的民族主义潮流，但在其他地方却几乎没有民族主义与帝国主义之间的冲突(Suny，1993；Pearson，1998；Bunce，1999)。

在苏联崩溃的过程中，西方社会发挥的直接作用并不大。 通过将大量的苏联资源转移到军事领域，冷战确实使得苏联的经济困难变得更加恶劣。 持续的经济增长是西方社会所做出的最大贡献，也是它们所施加的长期和间接的压力。 美国里根的神话是说，他的政府所施加的压力是苏联崩溃的主要原因，但是，冷战的升级却会加强苏联保守主义者，并为军事社会主义和打压国内对手提供依据。 大部分俄罗斯人认为，里根时代所施加的压力延长了苏联的寿命，并使改革变得更加困难。 有人强调里根星球大战计划的影响，但是戈尔巴乔夫与军事、太空专家的会议得出的结论是，这个计划是不可行的，苏联现有的多弹头弹道导弹更为有效，而且比实行苏联的星球大战计划更加经济实惠(Brown，2007：246)。

国防财政支出的数据也不支持强调美国军事压力的观点。 美国的国防开支虽然在八十年代早期上升了，但在 1985 年又下降了。 直到 1989—1991 年的裁军，苏联的国防开支一直在上升，但是裁军已经来不及拯救经济了。 在 1980 年代的早期，戈尔巴乔夫认为，令他最大的军事麻烦是美国在欧洲所布置的中程核武器，而且他通过从阿富汗撤军来就中程核武器事件达成共识。 阿富汗战争是一个失败，但是只是一个很小规模的失败。 那里的苏联军队只是美国在越南军队的五分之一，他们的伤亡人数也只是美国的四分之一，而且 1989 年支持苏联的喀布尔政权在苏联撤军后依然存在，一直延续到 1992 年(Halliday，2010)。老布什并没有对苏联施加压力，他没有迫使戈尔巴乔夫不要在中欧使用武力，这是戈尔巴乔夫有意识这样做的。 布什政权确实担心苏联崩溃会给这个地区带来混乱，所以他更希望戈尔巴乔夫能够成功进行共产主义改革。 1989 年末，当罗马尼亚深陷高加索政权和反对者之间的冲突的时候，国务卿贝克尔告诉戈尔巴乔夫，美国不反对苏联进行武力干预。 苏联的国防部长谢瓦尔德纳泽嘲笑说，这真是个愚蠢的主意(Pleshakov，2009)。 苏联外交官从未担心过美国会给反对者提供直接的援助，但是，改革派的确曾希望从美国获得援助来帮助他们走出经济泥潭。

另一方面，里根·马克二世的确帮助了改革(当然，也帮助了溃败)。 戈尔巴乔夫和里根以及后来的布什之间的谈判，加强了自由主义者的权力，削弱了军方、克勃格以及保守主义者的力量，因为这显示了西方社会的友好(Brown，2009：601—602)。 自由主义者深受席卷西方尤其是美国经济和金融制度的新自由主义的鼓惑。 这在加深苏联精英内部的分裂中发挥了重要的作用，而且也使得自由主义者确信他们实际上掌握着通往未来的钥匙。 教皇对共产主义的道德谴责影响了波兰的反对者,增强了他们的士气。 但是,总体而言,西方的影响主要是间接的,这种影响受到俄罗斯人看法的调节。 对他们而言,西方社会在经济上是有活力的,而且通过改革他们也可以取得同样的结果。 西方,尤其是美国,就在那里;这对苏联产生了压力,这种压力比任何西方的直接干预都更大,起码在新自由主义者产生之前是这样。 但是,苏联失败的主要原因来自于内部,苏联公民推翻了这个政权(Wallander,2003;Kramer,2003a:31—39;Brown,2007:chap.9)。

解释失败:这是一场革命吗?

苏联失败包括失误、偶然事件和行动的意外后果。 事后来看,这个失误所导致的失败包含一个具有误导性的必然性在发挥作用;但是更具决定性的行动可以带来不同的后果,尤其是中国经济改革先于政治改革的路线带来了不同的效果。 戈尔巴乔夫的错误发挥了重要的作用。 整个改革时期,他都在掌权,而且他也善于进行政治斗争。 但是他却取得了与他设想的完全相反的结果。 苏联显然是难于改革的。 苏联的经济过时了,共产党变成了一个障碍,领导人分裂了。 但是,我已经表明,改革可以向着更好的方向发展。 戈尔巴乔夫的影响很大,因为他的国内外政策加速了苏联的失败。 历史伟人理论在这里得到了体现:道德上勇敢、政治上无能的领导人,虽然拥有废除旧制度的权力,但没有重建新制度的力量,这改变了历史的发展轨迹。

苏联的失败是意料之外的,没人曾经预料到,起码苏联人没有预料到。 它源于一系列行动的意外后果,温和的改革者希望停留在现有的体制之内,但是他们发现改革产生了一些他们不可控制的社会运动和需求。 在这一方面,苏联的失败与法国大革命类似。 但是高层激进的改革者就不同了，他们来自于精英阶层，而不是民众。 起初，苏联的软弱来源于与政府意识形态相互矛盾的长期的经济衰退，这里的经济衰退又与西方的经济成功形成对比。 这使得精英阶层具有进行改革的强烈愿望。 但是，共产党更多是一个行政机构，而不是政治项目的策划者，因此对于改革问题很难形成共识。 戈尔巴乔夫的提议产生了五个主要派系之间的分裂，这种分裂不仅阻碍了他的改革路线，也阻碍了其他所有的改革路线。

这一态势与前面提到的造成革命的态势非常相似：派系分化、不能坚持进行镇压，也不能坚持进行改革。 但是，这个态势是由进行改革引起的，而不是进行改革的原因。 其后，戈尔巴乔夫通过削弱党国权力来应对失败，但是他有没有建立替代性的法律和秩序。 这鼓励了中欧和波罗的海的民族群体进行民族独立，这也几乎是唯一一次自下而上的民众运动(还有 1989 年的矿工罢工)。 接着，有能力发动军事行动的两个派系放弃了军事镇压，即戈尔巴乔夫的改革派和保守主义者联盟。 保守主义者心不在焉地发动的政变表明了共产主义政权中军事对党政的服从。 即使国家不稳的时候，将军们也不能采取坚决和理智的行动。

这场政变引发了苏联的最后崩溃，使得原来像叶利钦那样的共产主义者成为自由主义者，并且通过新兴的民族主义而与机会主义的获利阶级相勾结。 苏联是自上而下地溃败的，在不稳定的态势下，一个小小的领导者群体起了决定性的推动作用，他们所犯的巨大失误产生了诸多意外后果。 在最后阶段，党政内部的反对者和民众的力量变得更加重要。 当然，中欧和波罗的海地区的情况有所不同。 在那里，群众运动成功地挑战了党政精英的权力。 没有人知道他们到底想要什么，但是很多人都是在过程中进行调整适应，力图在溃败中谋取更多的利益。 没有人为苏联的失败而流泪悲伤，苏联已经失去其意识形态上的吸引力。 它成功地实行了赶超工业化，但是它随后就陷入经济退化。 它的确拥有强大的军事力量，但却在冷战中失败。 它克服了严重的政治暴行,但又保持高压的政策。 它已经不再被看作是民主资本主义的可行替代方案了,中国仍然保留着这种体制,但在 1991 年,苏联人民面对的问题:在推翻它之后,我们可以变得更好吗?

政治转型:转向民主和独裁

苏联被十五个国家所取代,卫星帝国成为另外六个国家,而民主德国则与联邦德国实现统一。 虽然这通常被描述成一个向资本主义和民主的转型,但这种说法过于简单。 由于有一个明显的分化,政治权力关系很容易理解。 一方是除了波罗的海国家以外的原苏联国家。 它们从没有过任何程度的议会政治,共产主义统治也不允许任何公民社会组织的存在,包括独立的经济组织、工会、农业协会、报纸媒体、大学和宗教组织。 新组建的政党在公民社会中没有什么组织基础,它们大都是名人所组成的社会网络。 在宣布独立的原共和国,它们组成了统一战线,通常是一党政权。 共产主义国家的废除和经济的衰退也降低了政治能力(Strayer,2001:386—388)。 这里没有多少民主可言。

再向西一些,民主化就更加容易了。 中欧和波罗的海国家是西欧民主国家的邻居,它们曾经有过议会政治的经历,并且在苏联统治下的时间也不那么长,而且其共产主义政府是直接退出,而不是再以民族主义的面孔继续存在。 这些国家也想加入欧盟,加入的条件就是实行民主。 由于这些因素相互联系,我们很难估计各自的相对重要性。 但是,它们进行民主化改革的时间与其申请加入欧盟的时间紧密相关。 较晚进行改革的是前南斯拉夫国家和阿尔巴尼亚(Cameron,2007)。 亨廷顿将这一地区看作是第三波民主化浪潮的组成部分,这一民主化浪潮从南欧和拉美开始,一直延续到东亚(Huntington,1991)。 但是,这里的民主化实际上是一个地区化的浪潮,并没有受其他地区的影响,也没有像其他国家那样受美国变革和教皇外交的影响。 这里的民主化进程开始于戈尔巴乔夫的政策以及中欧国家为从苏联取得独立而作的努力，接着又为欧盟的压力所加强(Brown，2007：216—223)。

这些都是不完美的民主。 斯洛伐克、罗马尼亚、克罗地亚和塞尔维亚等四个国家经过了十年才大概上接近民主。 与两次世界大战之间一样，有些国家深受针对少数民族(包括吉卜赛人)的种族极端主义的危害。 在某种程度上，中欧会回到两次世界大战之间时的情形。 当地人都说，这是返回欧洲，因为欧洲的边界向东挪到了两次世界大战之间时的地方。 中欧国家、波罗的海国家和一些南斯拉夫国家从苏联的失败中获利，因为它们自由了，也在很大程度上民主了。 哈贝马斯认为这些是纠正或者恢复的革命，因为它们放弃了向共产主义的绕道，并回到了早期的西方自由主义现代化模式(Habermas，1990)。 但是，另外还有两个重大的变化：第一，西欧的经济结构从根本上向欧盟经济转变；第二，在军事关系上，北约东扩到俄罗斯边境，这实际上将中欧和东欧纳入美国的范围。

在东方，独联体国家的政治情况更加复杂。 在一些国家，苏联的崩溃意味着各种民族和宗教势力的突然崛起，它们都认为自己是新建民主国家的灵魂，并因此而相互争斗；对这些国家而言，转型是一场政治灾难。 为了争夺国家的领导权和领土的控制权，摩尔多瓦、亚美尼亚、阿塞拜疆、格鲁吉亚和塔吉克斯坦发生了内战，并为内战所破坏。相对于民主而言，这些国家的很多人更希望斯大林或者勃列日涅夫那样的铁腕人物来维护种族和平，因为民主统治变成种族统治。 与这些危险的民族理念一起存在的是，共产主义精英群体则在民族主义的面目下力图保存他们自己的权力。 这些因素共同导致1990年代和2000年代早期脱离民主制度的运动。 俄罗斯、摩尔多瓦、白俄罗斯、亚美尼亚、阿塞拜疆和乌兹别克斯坦就是这样，而格鲁吉亚、吉尔吉斯斯坦和塔吉克斯坦则摇摆不定，但更接近权威主义，而不是民主制度。 2003—2005年，格鲁吉亚、乌克兰和吉尔吉斯斯坦发生了"玫瑰革命"、"橙色革命"和"郁金香革命"，但是民族和地域斗争的卷入限制了其后的民主化进程。 与它们西面的大部分国家相比，独联体国家有更强的总统权力和更弱的国会权力(Cameron，2007)。

政府通过非议会的方式得以延续或者遭到推翻。 在 1991 年签署独联体协议的那些共产主义共和国总统中，哈萨克斯坦的纳扎尔巴耶夫和乌兹别克斯坦的卡里莫夫(Karimov)到今天仍然延续着高压统治。 乌兹别克斯坦的尼亚佐夫(Niyazov)一直统治到他 2006 年去世，并为另一个独裁者所继任。 其他很多总统要么被推翻，要么被迫辞职，因为他们的铁腕在危机中锈掉了或者断裂了。 在那些独联体的国家总统中，只有摩尔多瓦的斯涅古尔(Snegur)是通过正常竞选运动而离职的。 俄罗斯最有可能进行民主选举，但是叶利钦有能力任命他的继承人普京。 俄罗斯从未进行过完全公正的国家选举，而在格鲁吉亚，多次选举和政变交织在一起。 虽然独联体国家缺乏民主，但是与苏联时代相比，这些国家已经取得了进步(除了发生内战)，因为那里已经有了具有一定自主权的议会、政党和媒体，虽然他们的自由还受到限制。 前卫星国家和波罗的海国家进行了更激进的民主化过程，就政治权力关系而言，苏联的失败总体上是具有正面效果的。

经济转型：资本主义与新自由主义

苏联向资本主义转变的时候，正赶上西方新自由主义大行其道，这使其经济转型变得更加复杂。 对后共产主义国家进行第二次马歇尔计划的方案并没有得到实施。 这些国家接受了"休克疗法"模式的结构性调整方案。 马歇尔计划中 90% 的援助是以拨款的方式进行的，但是这个方案中资金却是以带有附加条件的借款方式进行的。 新自由主义者相信，国家必须被拆毁，然后市场就会自动地取而代之。 布尔布利斯(Burbulis)和盖达尔(Gaidar)等俄罗斯新自由主义者以及他们的美国顾问就持这种观点。

俄罗斯的主要美国顾问是劳伦斯·萨默斯(Lawrence Summers)，他也是美国财政部的副秘书长，而且对国际货币基金组织有一定的影响力，后来成为奥巴马总统的主要经济顾问。 他向副总理维克托·切尔诺美尔金(Victor Chernomyrdin)解释说，国际货币基金组织对俄罗斯的要求是以借款作为回报的。"国际货币基金组织提供借款的主导原则不是随意性的，也不是侵犯性的"，他说，"而是不变的经济原理的体现，这些原理与物理学规律是相似的"(Talbott，2002：82)。 这是下面这种理念的新自由主义版本：资本主义对国家的(理性)行为设定严格的"限制"。 但这是错误的，人类社会的规律与自然世界的规律是非常不同的；它们不是客观的，而是体现了特殊的权力利益，因此总是对一些人更为有利，而且它们也要求规则、法律和制度来保证运行。 如果萨默斯读过任何社会学的著作——他可以在经典著作中选择马克思、涂尔干或者韦伯的任何作品——他就会知道，自由市场要想繁荣发展，需要人类社会制度的支持，而且它的规则和规范必须广为接受才行。 其后，诺斯和斯蒂格利茨等制度经济学家也得出了同样的结论。 市场的发展需要立法机关、独立的司法机构、诚实的行政机构、制度化的私有产权关系、和平的物质交换、公正的企业竞争以及参与者的共同价值规范。事实上，在俄罗斯这些条件都不存在，但改革者却在试图破坏某些条件。 他们也没有认识到：市场总是体现权力关系，市场总是被有权者首先用来增加他们的财富，其次才增加整个社会的财富，他们甚至根本不增加社会的财富。 事实上，强大的垄断者控制着俄罗斯的市场，将俄罗斯转交给市场，只会加强这些垄断者的权力。

萨默斯不变的经济原理将俄罗斯交给了他所说的"三化过程——私有化过程、稳定化过程和自由化过程"，而且它们要一次性地"必须尽快完成"。 所有国有企业的私有化过程会产生追求效率和利润的动力，稳定化过程会通过财政紧缩来抑制膨胀，而价格和贸易的自由化过程会允许市场进行资源分配。 另一个新自由主义者杰弗里·萨克斯(Jeffrey Sachs)的自负也使俄罗斯人发生了偏离，他将所有对"休克疗法"的批判都视为"政治驱动的,而不是合理分析的"而加以抛弃,并且主张"几年之内生活水平就可能会大幅提高"(引自 Pomer,2001)。 这种形式的新自由主义是将同样的原理应用于所有时间和地点的、先验的意识形态。 当然,有些新自由主义者也主张分阶段地进行私有化——先小规模地进行,然后再大规模地进行,也坚持要关注失业问题。

新自由主义"休克疗法"的最大支持者是瑞典经济学家安德斯·阿斯伦德(Anders Aslund,2002,2007),他也是俄罗斯、乌克兰和吉尔吉斯斯坦的政府顾问。 他说,最有效率的经济总是自由市场经济。 国家只会增加经济扭曲和寻租行为,后共产主义转型就是要对抗寻租行为以及非竞争垄断环境中的获利行为。 阿斯伦德说,如果政府官员仍然在渐进的自由化过程中控制经济资源,他们就会利用他们的垄断权力榨取租金,从而阻碍总体的经济发展。 只有综合快速的自由化过程,也就是只有"休克疗法",才能避免转型中的寻租行为。 他承认这会增加失业、扩大社会不平等,但是这也会为企业家和工人提供激励,从而带来更大的经济增长。

其关于 21 个前共产主义国家的数据似乎显示,与实行渐进改革或最小规模转型的国家相比,1990 年代实行"休克疗法"的国家发展得更好。 在开始的三四年里,实行"休克疗法"的波兰和捷克的 GDP 下降了不到 20%,而罗马尼亚等国家则下降了 25%。 其后,波兰取得了实质性增长,匈牙利和斯洛伐克则取得更小的经济增长。 到 1998 年,它们的 GDP 水平(按购买力评价)已经比 1989 年的时候更高了,而捷克则与那时的水平相当。 相反,保加利亚和爱沙尼亚的 GDP 水平起初下降了三分之一,1998 年爱沙尼亚差不多恢复到 1989 年的水平,虽然保加利亚和罗马尼亚的恢复更慢一些。 另外两个波罗的海国家——立陶宛和拉脱维亚——起初经济下降更大,接近 50%,然后就开始恢复,但一直没有恢复到 1998 年的水平。* 总体而言,在 1990 年代后期,中欧和

---

* 可能是作者的笔误,似应为 1989 年。 ——译者注

波罗的海国家保持了 4%—6% 的年经济增长率，而 1996—1998 年罗马尼亚、保加利亚和俄罗斯一起遭遇了宏观经济危机。 1990 年代，独联体国家的情况更糟。 格鲁吉亚的 GDP 下降了 76%，乌克兰、阿塞拜疆、摩尔多瓦和塔吉克斯坦下降了 50%—65%，吉尔吉斯斯坦和亚美尼亚下降了大约 50%，俄罗斯和哈萨克斯坦下降了近 40%，白俄罗斯和土库曼斯坦下降了大约 30%，乌兹别克斯坦则下降了 20%。 1990 年代晚期，亚美尼亚、格鲁吉亚和吉尔吉斯斯坦取得了一些恢复，而白俄罗斯、阿塞拜疆和乌兹别克斯坦则没有什么变化。 俄罗斯、乌克兰、摩尔多瓦和哈萨克斯坦继续在以大约每年 4% 的比率下降，塔吉克斯坦和土库曼斯坦则以大约 10% 的比率在下降。 那些起初比较好的独联体国家是那些改革最少的国家，而那些情况最坏的国家则是苏联解体遗留下的为种族内战所破坏的国家(Aslund，2002：115—120)。

但是，我们应该对阿斯伦德的结论保持谨慎。 1990 年代发展较好的国家是波罗的海国家和中欧国家，这些国家在地域和意识形态上更接近西方。 它们可以与西方社会进行更多的贸易，并从西方得到更多的投资；它们也有更大的私有部门，或许还有更多的公民社会组织；它们过去也有更多的资本主义经历；它们后来很快就加入欧盟。 这些都是它们的重要优势。 在它们迅速向资本主义进行调整的过程中，与"休克疗法"相比，这些因素发挥了更加决定性的作用；当然，这些因素也使得"休克疗法"遇到较少的政治障碍。 在这些国家中，从前共产主义国家南斯拉夫、斯洛文尼亚和克罗地亚发展起来的国家最接近西方，因此其经济发展也最好。

与"休克疗法"相比，渐进改革真的会带来更多的寻租行为吗？前波兰财政部长克洛德科、诺贝尔奖获得者斯蒂格利茨以及另外四个诺贝尔经济学奖获得者都认为，对银行和工业企业进行的大规模的新自由主义私有化，使得党员干部资本家占有大量的资产，并从中攫取垄断利益，而金融自由化则使他们在国外骗取高额利润。 他们说，"休克疗法"实行得越迅速，寻租行为越严重。 这不是市场资本主义，而是我所说的政治化的资本主义。 诺贝尔奖获得者们都强调要维持社会制度和社会资本来限制这些行为。 由于这是从共产主义制度开始的社会转型，社会制度和社会资本都掌握在公共部门手里。 这些诺贝尔奖获得者也相信，对于建立市场经济的合法性而言，一种平等感的建立是至关重要的。 因此，我们应该对新自由主义改革保持谨慎，因为这通常让富人获益，并扩大社会不平等。 经济学家对这个问题的争论仍在继续。

在 21 世纪的头十年里，GDP 增长顺序却反过来了。 与实行西方新自由主义的国家不同，实行渐进改革和最低程度改革的国家取得了更大的增长。 在整个 1989—2008 年期间，这些趋势其实抵消了各国之间的差别，因为三种类型的国家——新自由主义国家、渐进改革国家和最小程度改革国家——的增长幅度相同。 就 2008 年 GDP 相对于 1989 年GDP 的增长率而言，独联体国家的增长率略微低于前卫星国家和波罗的海国家。 独联体内部，国家之间的差异更大，尤其是中亚国家之间。增长率最高的国家是天然气资源丰富的土库曼斯坦(226%)，最低的国家是塔吉克斯坦(61%)，而在欧洲和波罗的海国家中，最高的是波兰的178%，最低的是拉脱维亚的 118%。 但是，在欧洲复兴开发银行(EBRD)的国家经济自由化程度的排名中，发展最好的土库曼斯坦却排名最低，而且作为一个整体，中亚国家的排名低于欧洲国家，但它们的增长率只是略低于欧洲国家。 在此期间，俄罗斯几乎没有什么增长(其增长率是 108%)，但是其自由化分数却高于平均分。 白俄罗斯取得了161% 的增长率，但是其自由化排名却很低。 乌克兰则相反，取得了61% 的经济增长率，但是却取得了很高的自由化排名(和俄罗斯相同)。在后共产主义国家中，自由化与经济增长之间并没有其中一个影响另外一个的关系[European Bank for Reconstruction and Development(EBRD)，2009：tables 1.1 & A1.1.1；Tridico，2009]。

整个转型期间，两类国家的 GDP 取得了更大的增长。 第一类国家包括斯洛文尼亚、捷克、斯洛伐克、波兰和匈牙利等西方化程度最高的国家。 虽然只有捷克和波兰完全实行了"休克疗法"，但是这些国家都实行了经济自由化。 第二类国家包括土库曼斯坦、白俄罗斯、乌兹别克斯坦和阿塞拜疆等几乎没有进行改革的国家。 石油和天然气资源使其中的三个受益，而白俄罗斯则可以以低价从俄罗斯获得石油。 这些国家较晚进行了部分私有化。 如中东国家所表明的那样，石油和天然气等自然资源更容易导致威权主义政权。

在经过 20 年的转型之后，这些国家没有比留在共产主义体制下好很多。 根据欧洲复兴开发银行的计算，所有原苏联国家 2008 年相对于 1989 年的经济增长率是 127%(除去巴尔干半岛各国、蒙古和土耳其；欧洲复兴开发银行很奇怪地也将这些国家视为转型国家)，也就是说年增长率只有 1%。 这样的转型并不怎么成功。 如戴维·莱恩(David Lane)所说的那样，与独联体国家相比，2008 年新自由主义大衰退对那些欧盟内的前共产主义国家的打击更大，因为它们与西方经济的结合程度更高，金融部门尤其如此，而这正是这场危机的起源(Lane，2009)。

通过批判中欧国家落后的经济复苏以及波罗的海国家因过度福利支出而引起的社会福利困境，欧洲复兴开发银行的数据对阿斯伦德的观点提出质疑，后者则对其早期的数据进行回应(Aslund，2007)。 但是，我们很难说，"休克疗法"比进行改革或最小程度改革更能促进经济增长。 这也不是某些国家比其他国家发展更好的主要原因。 没有哪种模式适用于所有国家：不论在哪个国家，经济增长都依赖于政策能够与国情相适应。

关于这些数据的质量的争论非常激烈，尤其是苏联后期的数据；但是关于死亡和贫困的统计数据更容易收集、也更可靠，更能够体现改革对普通百姓生活水平的影响。 在 2006 年的原苏联国家中，只有一半多的国家恢复到 1990 年的水平，而独联体国家中，不到一半的国家恢复到那时的水平(World Bank，2007)。 联合国开发计划署(UNDP，1999)说，这次转型导致一千万人的过早死亡，这与斯大林暴行所导致的死亡人数一样(Mann，2005a：329—330)。 虽然市场暴行没有计划暴行那么显而易见，但是其造成的苦难和死亡率是相似的。

大规模的私有化项目引起了灾难的发生。 布兰科·米拉诺维奇和利雷·伊拉萨多(Branko Milanovic and Lire Erasado)说道，这些项目加重了贫困和不平等，就像补助的减少破坏了基础建设一样(Milanovic & Ersado，2008)。 在其对 21 个后共产主义国家的研究中，戴维-斯图克勒等(David Stuckler et al.)的结论显示，私有化项目在两年时间里将至少25% 的大型国有企业转移到私有部门，这导致男性平均死亡率上升了13%(Stuckler，King & Hamm，2009)。 而在没有进行私有化或者实行渐进私有化的地方，死亡率上升幅度很小。 他们还发现，大规模私有化降低了经济增长、削弱了国家能力、减弱了产权保护。 在公司层面上，对 24 个后共产主义国家的 3 550 个企业的管理者所进行抽样调查也支持同样的结论。 他们发现，在实行大规模私有化的国家里，与国有企业相比，私有化的企业更可能进行工业重组，却更可能进行物物交换和积累税收欠款。 他们说，他们的数据支持新韦伯主义的经济发展模式，即经济发展除了需要自由市场，还需要自主的、有效的和科层制的国家权力。 大规模私有化并没有产生其拥护者所主张的自主私有产权和经济政治权利的分离。 相反，它同时减弱了国家和私有产权的自主性，并将国家推向权贵资本主义或者政治资本主义。 稍后，我们会看到一些例子。 所以，在俄罗斯国家中，一种强调庇护关系和非科层制国家的政治资本主义出现了。 相反，波兰和斯洛文尼亚等逐渐创造私有部门的国家却更加接近理想的西方资本主义，在这里政治经济权力相对分离(Hamm，King & Struckler，2012)。 克里斯托弗·戴维斯(Christopher Davis)的研究也表明，大规模的私有化会增加失业，并减少更多由国有企业提供的卫生福利项目(Davis，2001)。 在基本食品、消费物质和生活用品上国家补助的结束所带来的影响也很严重，尤其是对退休职工、年迈工人和少数民族群体。"休克疗法"是一场灾难。

新自由主义者当然知道私有化会引起失业。 除了充分就业，国家社会主义还在工厂内提供大部分社会福利，因此也就没有什么失业保险制度。 在世界银行和经济合作与发展组织的帮助下，这种制度被仓促地建立起来。 1990 年代中期，当左派政党要在中欧复辟的时候，世界银行和西欧的资金投入大量增加——像一个世纪前发生的那样，这是一个通过福利平息阶级冲突的、俾斯麦式的方法。 在中欧，失业保险赔偿增加到工资收入的 30%，而在独联体国家只有 10%，甚至更少(Orenstein, 2008)。 其他福利制度建立得较慢，但是 1990 年代晚期中欧国家已经开始建立了。 养老保险方案是两种埃斯平—安德森福利体制的地域性结合，国际组织推行私有的自由主义方案，而更为本土化的、保守主义的法团福利方案首先在德意志帝国和奥匈帝国地区发展起来(Cerami & Vanhuysse, 2009)。 其后，欧盟在提高劳动标准、卫生安全措施、公共卫生和少数民族待遇等方面施加的压力则扩大了福利国家。到 2007 年，中欧和波罗的海国家的福利比同等发展水平国家的更好，虽然独联体国家的要稍差一些。

帕斯奎尔·特里迪科(Pasquale Tridico)指出，过去的奥匈帝国和现在的德国对这一地区的影响非常明显(Tridico, 2009；参阅 Cerami & Vanhuysse, 2009)。 他区分了两个关于成功的标准。 在自由化模式(通常是"休克疗法")中自由竞争资本主义在促进 GDP 增长上做得更好，而法团主义模式则在联合国人类发展指数方面做得更好；这个指数综合了平均寿命预期、新生儿死亡率、教育水平和社会福利支出等内容。法团主义国家曾经是奥匈帝国的领地：捷克共和国、匈牙利和斯洛文尼亚拥有最少的贫困、最高的最低工资、最低的失业率和最大的社会投资——当然还有较好的经济增长。 与自由竞争资本主义国家相比，国家资本主义国家(土库曼斯坦、乌兹别克斯坦和白俄罗斯)在联合国指数上也做得更好，对多民族国家也是如此。 与较高的 GDP 水平相比，大部分人更愿意活得长一些，否则他们就没有机会享受 GDP 增长了！ 应用于前卫星国家时，"自由化"这个词需要进行修饰一下。 最为成功的转型是社会自由主义道路，这是欧洲和英国社会公民权模式的一种混合。

后共产主义国家的公民并没有看到新自由主义转型的好处。 欧洲民意调查组织和皮尤(Pew)慈善基金会 1990 年代和 2000 年代所做的民意测验显示，大部分原苏联国家的人都说经济条件恶化了。 对于更喜欢资本主义还是社会主义的问题，他们的回答变化很大，在那些加入欧盟的国家里，更多的人喜欢资本主义；在东部国家里，一半的人喜欢资本主义、一半的人喜欢社会主义，或者更多的人喜欢社会主义。 总体而言，大部分人希望进一步改革，改革是一个褒义词，但是这并没有表明他们所希望的改革方向。 20 个后共产主义国家的基尼系数显示了那里日益扩大的社会不平等，民意测验则显示那里的人们认识到了这一点，而且很不喜欢这一点。 阿斯伦德以真正新自由主义者的姿态评论说，基尼系数的上升是"可以预期和想像得到的"——但不是民众所期待和所希望的(Aslund, 2002: 311)。

最西边的原苏联国家取得了相当成功的转型，它们取得了民主以及较高的 GDP 增长或者人类发展指标。 除自然资源丰富的国家外，东边的国家都遭遇民主化程度不足和经济发展不善。 在东方，苏联解体所引起的战争和内战带来了灾难。 我们再一次看到民族国家和区域之间的多样性。 经过 20 年的命运起伏，总体的经济图景是：原苏联帝国的各种国家开始在经济发展上与他们的非苏维埃邻居走向一致。 这是一种进步。 在很多方面，俄罗斯都处在中间状态，它的经济和人类发展水平略低于平均水平，但它的民主化水平又高于大多数独联体国家。由于它也是最大和最重要的国家，我现在对它进行集中讨论。

俄罗斯转型：政治资本主义和畸形民主

戈尔巴乔夫的政策废除了国家的行政权力，但也让党员干部攫取了对工业和银行的控制。 无论是在"休克疗法"还是在渐进改革之下，他们现在都可以寻租了。 强调他们的国家主义起源或者资本主义前途是没有意义的，因为这里的政治资本主义是两者的混合。 他们是强盗资本家、是黑帮老大,由于民众也知道这一点,所以自由化进程、尤其是私有化过程备受争议。 正是在这种背景下,美国副总统戈尔在答复萨默斯时评论说,美国的政策应该是"经济学铁律和俄罗斯政治现实的一种综合"(Talbott,2002:85)。 虽然铁律并不存在,但是俄罗斯及其他几个国家的政治现实的确阻碍了"休克疗法"的实施,它们让这种方案变得非常不受欢迎,以至于只有通过武力才能实施。

俄罗斯政府在开始的时候的确曾尝试实行整体而迅速的资本主义改革方案(与大部分独联体国家不同)。 苏联解体几天之后,1992 年 1 月初,俄罗斯总统叶利钦任命了根纳季·布尔布利斯(Gennady Burbulis)为副总理,并任命叶戈尔·盖达尔(Yegor Gaidar)为财政部长。 在美国人的建议之下,这些新自由主义者迅速地实行了外贸、价格和货币自由化。 在将产品运回缺货的俄罗斯商店时,苏联的价格控制被废除了;进行私人贸易和加工制造的法定障碍被废除了;对国有农场和工业的国家补助也被缩减了;同时也允许外国进口打破地方上的国家垄断权力。

当中央银行通过印刷钞票来解决政府财政收入不足的时候,通货膨胀开始出现了,但是这些政策导致居高不下的通货膨胀率,使其每月都以两位数的比例增长。 这吞噬了养老退休金和中产阶级的存款。 在稳定方案下,政府允许大部分价格自由波动,提高利率和税收,大幅缩减国家对工业、建设和福利的国家补助。 这些政策导致广泛的困难,很多国有企业没有订单,也没有融资渠道。 很多都倒闭了,并带来一个长期的衰退。 1991—1994 年,人均实际收入和总体产量竟然都降低了50%,投资则减少了三分之二以上,这比第三卷第七章所讲的美国大萧条更加严重(Klein & Pomer,2001:统计附录)。 依赖于大型企业和工业的地区被摧毁了。

社会影响令人震惊。 在苏联后期,俄罗斯人口的 1.5% 被界定为生活在贫困之中,到 1993 年中期,这一数字上升到 39%—49% 之间(Milanovic,1998:186—90)。 根据政府的官方数据,到 1998 年的时候,俄罗斯的人均收入下降了 15%。 寿命预期明显下降:男人的寿命预期从 1990 年的 64 岁下降到 1994 年的 58 岁以下，女人的寿命预期则从 74 岁下降到 71 岁。 人们正在因转型而死亡！ 即使到 2004 年，寿命预期也没有恢复到 1990 年的水平。 1990 年代，与饮酒相关的死亡突增了 60%，这主要发生在男人中间，这也表明较低的社会士气。 传染病和寄生虫病导致的死亡增加了一倍。 穷人再也买不起药了。 此时，俄罗斯每年的死亡人数是出生人数的 1.5 倍。 弗拉迪米尔·蒂卡霍米罗夫 (Vladimir Tikhomirov)指出，后苏联时代的俄罗斯到 1996 年所遭遇的经济危机比一战、内战和二战所导致的危机还要大(Tikhomirov, 2000：8)。 转型期的经济崩溃远超过苏联后期的经济衰退。

戈尔巴乔夫是这样描述"休克疗法"的：

> "休克疗法"造成了不可弥补的损害。最危险的是社会后果——生活水平的急剧下降、收入的巨大不平等、寿命预期的降低——更不用说教育、科学和文化上的贫乏了。所有这些都与极其错误的自由化、犯罪活动的猖獗和道德滑坡紧密相关。
> (Gorbachev, 2001：xiii)

美国经济顾问也得到这样的指控：为了美国的利益，他们故意让俄罗斯向他们屈膝投降。 正如乔治·阿巴托夫(Georgi Arbatov)所说的那样，"很多同胞现在终于明白。'休克疗法'是一个有意的设计，就是为彻底地破坏俄罗斯的强大国力，并将其变成一个第三世界国家。'休克疗法'的实际结果与这个目标相差不远"(Arbatov, 2001：178)。 这是不公平的。 任何谴责都应该指向愚蠢的行为，而不是邪恶的目的，而且在重大事件上，这种愚蠢的行为通常与先验的意识形态一起出现，这种意识形态曾经是斯大林主义，现在则是新自由主义。 两种意识形态都相信有限的几个原理就可以理解社会和经济的运行，但实际上社会和经济的运行却是多样的、复杂的和微妙的。 如果用来进行革命或者结构调整，这些意识形态仍然非常不足。 像斯大林主义和法西斯主义一样，新自由主义也戴着警戒灯，虽然很亮，但只能带来狭窄的视野。其支持者不是以科学家的身份来到俄罗斯的，而是以传教士的身份来的(Cohen，2001：50)。

值得表扬的是，萨默斯和萨克斯也赞成更多的援助，但令他们失望的是，美国政府只给俄罗斯提供了区区一千六百万美金的贷款。他们也曾力图说服国际货币基金组织为克洛斯的社会安全网项目提供资金(Talbott，2002：107，286)。他们知道俄罗斯市场需要鼓励，他们曾经寻求更多的帮助，而且美国政治家最初也答应了他们的请求。但是，把钱送给不久前的邪恶敌人，这种想法在国会中并不广受欢迎，最后只提供了很少的援助。后共产主义国家为共产主义时代的债务而付给西方政府的钱，比他们现在得到的贷款和拨款还要多(Aslund，2002：411ff.)。无论如何，政府援助主要给了中欧和波罗的海国家，而不是东边的那些国家。数额巨大的私人投资也流向了同样的地方。西方的援助更多的是为了让欧洲国家脱离俄罗斯，而不是去建设俄罗斯。

俄罗斯人此时要做一件他们从来没有尝试过的事情：将资本主义引进到一个已经完成工业化的社会中。无论怎么说，这都是一个困难的任务，因为很多过时的大型工厂不大可能有什么国际竞争力。任何政府要进行经济转变都会遇到困难。在下一章的结尾，我会更系统地讨论与中国的比较。但是，俄罗斯所采取的新自由主义要破坏其社会和经济中法律和规则的两个保证人——国家和共产党。它也破坏了两者得以合法化的意识形态。计划经济被废除了，但是替代性制度却没有建立起来。他们认为自由市场会自动地随之而来。但是，自由市场没有来临，从来没有来临过。

当然，谋求再次当选的苏联或俄罗斯政治领导人都没有想过彻底地实行"休克疗法"。那会让人民陷入另一场革命动荡中。由于当时的灾难，1992—1993年共产党复兴了，而且与民族主义者一起在俄罗斯联邦最高苏维埃代表中获得多数席位。经济现实让新自由主义方案感到尴尬。将经济交给市场并不会如想像的那样带来国内竞争。一个最大的企业——国家——就生产了 77% 的产品。 这是一个垄断经济；如果给予它自由，它们会为所欲为。 对它们而言，不重组以及提高价格是明智的，虽然这会引起通货膨胀。 虽然"休克疗法"也包括开放俄罗斯市场并面对外来竞争，但是物美价廉的外国商品会摧毁俄罗斯的大部分企业。 没有政治家会这样做，所以政府继续对工业进行贷款补贴。表面上是新自由主义政府的盖达尔政府在 1992 年中期恢复了补助。 但是这不足以对付批评意见，所以叶利钦在 1992 年末相继解雇了布尔布利斯和盖达尔。

国会中的共产主义/民族主义多数派不会通过叶利钦的"休克疗法"方案。 他做出了军事回应。 与戈尔巴乔夫的调停政策相反，他已经对车臣发动了一次军事攻击。 根据俄罗斯内政部的信息，叶利钦和普京发动的两次车臣战争中俄罗斯人的死亡人数与阿富汗战争的死亡人数是一样的(Brown, 2007：316)。 但是，1993 年 10 月，他派遣军队闯入白宫，并逮捕了躲在那里的代表。 在这次攻击中，数百人被杀害。 美国没有抗议，因为它希望叶利钦将来会采用"休克疗法"。 此时，新自由主义比民主在美国更受欢迎。 叶利钦设计了一种新的宪法，以将更多的权力集中在总统手里，如独立的司法机构的缺失等，这个宪法仍在沿用。 总统权力使得叶利钦在 1994—1996 年之间推行大规模的私有化，但是，糟糕的选举结果迫使他做出让步。 总理切尔诺美尔金呼吁结束市场浪漫主义，并在国家与市场之间得过且过，以缓解灾难。

但是，其中一个新自由主义灾难不能被解除。 盖达尔已经废除了对资本流动的限制；此时，企业老板能够在对外贸易的掩饰下输出资本。 由于他们知道他们的企业有多么不景气，因此最安全的个人策略就是将他们所有的资产(主要是国家贷款)偷运到国外的银行账户上去。资金外流非常严重；1992—1997 年，将近一千亿美金外流。 如果私有化是一个解决措施的话，那么它必须辅以更高关税的保护以及对资金外流的管理。 但是，直到实行私有化的时候，大部分国有企业都陷入财政困境，因此政治家们不能拒绝对他们继续进行国家补贴(Tikhomirov,

2000：16—22；60—63；141—158)。

因此，俄罗斯并没有得到他们所想像的资本主义，而是得到了权贵资本主义、政治资本主义。在缺乏良好的政府的情况下，在原本垄断性而非竞争性的经济中，经济权力来源于政治关系、偷窃和垄断，而且充分利用了旧体制和新体制之间的脱节。由于合法地执行契约非常困难，克格勃的老板们为了解决困难而利用商人出面或者直接利用黑帮职业杀手。1996 年 11 月的民意测验显示，52% 的俄罗斯人认为黑帮在统治着俄罗斯。获得财富的方式有很多种。共产党高级官僚、克格勃和苏维埃青年团等掌握国家资源的人可以将他们组织的资产变成现金，并偷运到国外账户上或进行境外投资。另一些人则通过戈尔巴乔夫时代的固定价格榨取利润，他们利用与党国精英的关系以固定的低价收购苏联的物品，再以市场高价在俄罗斯卖出。更大的利润来自于利用私人关系收购苏联的原材料(尤其是石油)，然后出口到国外售出，从而在境外获得利润——这对俄罗斯经济毫无益处。另外一种方式是进行苏联黄金、美元或者日元等货币投机，投机者假设经济衰退会使得他们在稍后的出售中赚取利润。这些机会意味着俄罗斯可以不通过市场赚取利润，"没有资本主义的资本家"——这与市场主导的前卫星国家形成了对比，那里有很多小企业主、小投资人和交叉所有权网络，即"没有资本家的资本主义"(Eyal et al., 1998)。

弗拉基米尔·古辛斯基(Vladimir Gusinsky)作为铜手镯(俄罗斯的时尚)之王赚得了第一桶金。他在政府中的关系使得他进入了房地产开发和银行业。他还进行货币投机，卖出卢布，买入美元；等到卢布贬值，他又卖掉美元；然后他就可以偿还卢布债务，并赚取差价。只要卢布的利息低于其贬值的速度，这是一笔稳赚不赔的买卖。打赌改革会失败，这是一个好主意。然后他又转入大众传媒业。通过对叶利钦的政治支持，他获得了 NTV 电视台；他还取得了十亿美金的国家贷款，但是这些贷款消失得无影无踪，而且也从未偿还(这个寡头的生平事迹主要来自 Hoffman, 2003)。

接着，叶利钦进行大规模的私有化改革(像撒切尔的改革一样)以扩大股份所有制，并进而获得对改革的支持。 免费的股权证明发放给了民众，然后又发给私有化了的企业的员工。 但是，这些生活在经济灾难中的人急切需要现金，因此大部分人都将股权卖给富有的金融中介。叶利钦缺少资金进行共产党重新参与的竞选活动，他于 1995 年发动了以贷款换股份的项目，他将好企业的股份作为银行贷款的抵押进行拍卖。 为了取得贷款，政府给予银行几倍于贷款价值的资产。 如果政府在一年内不能偿还贷款(这是它无法做到的)，借款者就会要求持有股权。 这些拍卖是由腐败的政府组织的，只允许部分银行进行低价竞标。 这使得拍卖价格很低，从而使支持者得益。 大部分股权都转给了几个银行，这些银行以低廉的价格获得了主要经济资产。 其私下的交易是，寡头的媒体帝国会在竞选中支持叶利钦。 这不是新自由主义，而是政治资本主义；新自由主义者萨默斯也的确曾经说服克林顿去制止叶利钦。 克林顿拒绝了他的建议，他认为，对于让叶利钦击败共产党而言，这个代价并不算大(Kotkin, 2001：130；Tikhomirov, 2000：236—254，Cohen, 2001；Talbott, 2002：206—209)。 政治化了的经济权力侵入并扭曲了政治民主，而美国则牺牲理想来反对共产主义。

到 2004 年，寡头米哈伊尔·霍多尔科夫斯基(Mikhail Khodorkovsky)成为俄罗斯的首富。 出身于中产阶级的他加入了共青团以作为晋升渠道。 他的第一笔生意就利用共青团的资产，为他自己、共青团盟友和克格勃支持者谋取利益。 由于知道他有强硬的后台，人们也信任他。1987 年，他创建了一个科技中心——梅纳捷普(Menatep)——以销售进口电脑，但是后来又进口销售"法国"白兰地和"瑞士"伏特加(可能都是伪造的)。 1989 年，利用大量现金和社会关系，他为梅纳捷普公司获得了银行营业执照。 他从政府部门吸纳了大量的存款，并为进出口提供资金；在苏联崩溃时期，他可能偷窃了苏联的财政资金。 1995 年，梅纳捷普银行使他可以对国有的尤科斯石油公司进行投标。 这是一个利用政府关系进行的贷款换股权的交易。 他只用了三亿五千万美金就得到了几倍于这个价格的尤科斯78%的股份。 他的内部同伙阻止了更高的投标。 在几年之内，霍多尔科夫斯基用可疑的手段胜过了西方的银行和石油公司，并建起一个以石油为基础的商业帝国。 他后来意识到，为了变得更富，他必须赢得尊重。 他的公司成了透明性的楷模。但是，他利用他的财富支持政党和媒体来反对普京；这次，他犯错了。他与美国副总统切尼会面，讨论与一家美国石油大公司合并的生意，这笔生意将会给他反对普京提供强大的国外支持。 但是普京没有被吓到，霍多尔科夫斯基因诈骗和偷税罪而于2005年和2010年两次入狱。现在，他的判决要延续到2017年。 虽然他可能犯了一些罪，但是在俄罗斯商人中间，这太平常了，这表明他是因为政治原因而入狱的。 政治权力胜过了经济权力，而且大部分俄罗斯人也赞成这一点。

亚历山大·斯莫伦斯基(Alexander Smolensky)在苏联时代就开始进行黑市交易。 他于1981年被捕，被以经济罪而判处两年劳动改造。 然后，他进入建筑业，在莫斯科市长的帮助下，他将他的生意转换成斯多里克尼银行，专门从事货币投机。 在贷款换股权的交易中，他得到俄罗斯第二大银行农业银行的农工银行网络。 同时，监督这次交易的部长阿纳托利·丘拜斯(Anatoly Chubais)从斯莫伦斯基那里得到三千万美元的无息贷款。 斯莫伦斯基将他的银行与SBS农业银行合并，成为俄罗斯最大的银行。 在1998年的俄罗斯金融危机中，这个银行倒闭了，但是中央银行在该银行中的一亿美金存款却神秘地消失了。 从那时起，斯莫伦斯基就经常因挪用公款和货币欺诈被控告，但是利用他强大的政治和公安朋友，他现在已经设法逃避了麻烦。 他现在拥有主要的报社。

实际上很多成功的资本家都是用可疑的手段起家的，很多利用政治关系来取得政府合同和特权，很多利用的是垄断权力而不是市场。 20世纪早期的美国发明了"强盗资本家"(robber baron)这个词汇。 但是，我认为，没有哪个国家像1990年代的俄罗斯那样为强盗资本家或黑社会资本家所主导。 但是，与其他国家一样，俄罗斯人也慢慢地变得值得尊敬了，他们进入了国外的合资企业，成为西方公司董事会的成员，将他们的掠夺品变成某种程度的私人市场上的私家公司。 一旦公司制度化了，其起源就可以被忘记。

由于政治关系和对生产资源的内部权利比技术知识和制造技术更加重要，因此大部分企业家都是以前的党国官员。 霍多尔科夫斯基夸张地说，"90% 在生意上发家的人都源于旧有的党员干部机构和与其接近的人"。 但是，一项调查显示，68% 的莫斯科企业是由前国有企业的管理者所拥有的；在另一个俄罗斯全国百强企业家的调查中，62% 是以前的国家或政党精英。 自由市场的推动者是那些长期信仰社会主义、不必迎合政党和社会主义就能够获得财富的党国精英。 现在他们可以公开透露他们的财富，并将财富传给他们的子女。

政治精英的变化也不大。 大约 75% 的叶利钦的顾问和部长来自于前苏联的党员干部阶层。 在 1995 年，以前的地方共产党委员会书记仍然管理着 89 个地区和地方政府中的 83 个。 在私有化了的大企业中，五分之一变成了以前的"红色主管"(red director)的私人财产，另外 60% 则由这些大企业控制着(Kotz & Weir, 1997：117—118, 121, 126, chap.7；Kotkin, 2001：7；Tikhomirov, 2000：289)。 暴力的黑社会势力在暗处协助这些寡头们，并且削弱了政治精英对暴力手段应该拥有的垄断权力。 彼得·肯尼兹(Peter Kenez)说道，到 1990 年代末，俄罗斯"是由犯罪集团、腐败官员和垄断寡头共同统治着的"(Kenez, 2006：291)。 是的，比斯大林主义好一些，但比晚近共产主义(late communism)好吗？ 这并不很明显。

爬出低谷的俄罗斯：2000 年代

1998 年，东亚金融危机扩散到俄罗斯，并打击了这个刚刚开始复苏的经济体。 当时经济复苏很快又开始了，而且一直持续到 2008 年的金融危机。 俄罗斯政府很实际地管理着这个能源丰富的经济体，并产生了相当持续的增长，但是也在垄断寡头、地方政治大佬和中央政府的权力斗争中维持了较高的社会不平等。 叶利钦的继承者普京抛弃了新自由主义。

国家正式加强了自身权力，对工业进行了再国有化、恢复了保安部队、加强了媒体控制。 2006 年，俄罗斯 35% 的 GDP 掌握在国家的手中。 普京享有一定程度的行政合法性。 普京在俄罗斯很受欢迎，因为在他的统治下，工资和养老金定期发放了、生活水平提高了，强有力的政府可以与垄断寡头以及地方政府大佬相抗争，并重建了公共秩序；同时，普京本人表现出强烈的俄罗斯民族主义，并敌视西方国家对其后院国家的蚕食。 在十年的时间里，即使选举没有被操纵，普京也会获胜。

在普京的统治下，货币经济恢复了，非正式的物物交换减少了。在新世纪的前 8 年里，俄罗斯的平均经济增长率是 7% 左右。 由于新自由主义大衰退的影响，俄罗斯经济在 2009 年出现负增长，其后的经济增长率又恢复到 4% 左右，这要好于西方国家。 除能源供应之外，俄罗斯与全球经济的联系并不是很强，所以它比东欧国家更能经受住金融危机，因为东欧国家实行了新自由主义(Lane, 2009)。 大量的外国投资和资本家不再那么关心资产倒卖了，而是更关心生产的投资和合理化改革。 但是，俄罗斯的经济严重依赖于石油、天然气和金属工业，而且也没有进行技术升级，因此不能在西方的半成品和成品市场上具有竞争力。 菲利普·汉森强调多样性(Philip Hanson, 2003)。 在一些部门里，虽然法律规则还很弱，产权还不很安全，但是企业家们认识到一个可行的非正式规则框架，并愿意进行投资和扩大生产。 在另一些部门里，国家粗暴而非法的干预则抑制了资本家的理性。 他总结说，这是一个充满活力的经济体，但是如果游戏规则更正式和确定的话，它能够做得更好。 彼德·沃伊特和海因里希·霍克曼(Peter Voigt & Heinrich Hockmann)虽然看到了一些工业技术效率的提高，但是他们将最近的增长归因于 1998 年金融危机后的卢布贬值和原材料价格的上升，尤其是俄罗斯盛产的能源价格的上升(Voigt & Hockmann, 2008)。 他们总结说，外在的冲击而非成功的转型刺激了俄罗斯的增长。

社会不平等尽管没有进一步加剧，但依然很严重。 根据米兰诺维奇和伊拉萨多的估计，1988—1993 年之间，俄罗斯的基尼系数几乎翻了一番，从 0.28 上升到 0.48，这主要是因为最富的 10% 变得更富，最穷的 10% 变得更穷，而中间那些人稍微变穷了一些(Milanovic, 1998; Milanovic & Ersado, 2008)。 最近的估计显示，1995 年以后的基尼系数保持相对稳定，在 0.40 左右，而且各十分位数上的比例也保持相对稳定。 这比美国的不平等程度要低。 他们总结说，不平等主要是由大规模的、腐败的私有化引起的。 最明显的不平等是莫斯科与其他地方之间的不平等。 作为与外部世界的连接点和"小偷的领地"，莫斯科出现了中产阶级之间的财富扩散，这与大部分俄罗斯贫困地区的情况截然相反。

普京削弱了一些垄断寡头。 后者高估了自己的权力，认为自己的资本主义现在比国家更加重要。 通过逮捕和没收财产，普京证明他们错了。 2000 年，古辛斯基尽管只是被短期逮捕，但这足以让他逃亡到西班牙。 别列佐夫斯基(Berezovsky)逃亡到伦敦。 俄罗斯首富霍多尔科夫斯基很不明智地留在了俄罗斯，他与其一些尤科斯同事仍在监牢里受折磨。 总体而言，大部分俄罗斯人认为这是可以接受的，虽然也有人抱怨说，很多从垄断寡头那里没收的企业又转移到普京亲友的手中了。阿维泽·塔克(Aviezer Tucker)认为，这是党员干部体系的第二波自我解放，对克格勃来说尤其如此(Tucker, 2010)。 那些在第一次私有化进程中被落下的人现在也分得了一杯羹。 事实上，在普京的所有官僚中，大型的、由国家非正式控制的公司经理的人数增加了一倍。 在 2008 年，著名的企业家杂志估计，普京的个人和政治盟友所领导的公司董事会控制着 40% 的俄罗斯经济。 高度的政治资本主义意味着，在一段资本家独立的插曲之后，政治和经济权力之间又出现局部的再结合(Aron, 2009)。 美国国务院的维基解密档案包含了美国外交官的报告，这份报告指出，当前内政部(MVD)和联邦情报服务局(FSB)统治着俄罗斯。 其中一个电报说，"俄罗斯的企业主知道，他们最好是从内政部和联邦情报服务局获得保护(而不是犯罪集团)，因为他们不仅比犯罪集团有更多的枪支、资源和权力，而且他们也受法律的保护。 正因如此，对犯罪集团保护的需求不再那么高了。"

但是，普京和其他中央行政机构能够在多大程度上控制这个权贵国家和资本主义尚不清楚。 普京统治下的俄罗斯没有回到苏维埃式的专制国家。 党国体制已成过去，因为政党解体了，国家行政机构破碎了，而且还没有被重组。 对于那份来自莫斯科的、美国外交官的维基解密电报，勒克·哈丁(Luck Harding)评论道："私下地说，和我一样，莫斯科的美国外交官看到了克里姆林宫的黯淡景象：那里的情形不是追求利润的私有部门经济，因为在这种经济里，偷盗应该是一种病态的习惯。"他引用透明国际组织的估计：贿赂每年要消耗掉俄罗斯三千亿美元，这个数字不低于俄罗斯 GDP 的 18% (Harding, 2011：230, 242)。 普京的政权有足够的权力做诸如操纵选举、暗杀制造麻烦的反对者等简单的事情，但是盗贼统治(kleptocracy)是科层统治的对立面，因为他们是自上而下地进行控制的。 如果它们有了自己的地盘，即使是亲朋好友也是难以控制的。 如美国外交官 2006 年所言："就在经济繁荣、普京的统治达到高潮的时候，总统办公室有传言说，高达 60%的普京的命令没有人听从"(New York Times, December 2, 2010)。 2011年，很多人因为同样的原因反对普京的统治：他不能够遏制腐败，尽管可以操纵选举和枪杀反对者。

但是，俄罗斯比苏联民主多了，而且自苏联时代以来，军方的自主权就已经被削弱。 在与美国协商 2010 年核武器限制条约的时候，苏维埃军方给克里姆林宫施加压力说，除非美国同意减少其在东欧的导弹防御体系，否则俄罗斯不能削减军备。 但是，因为政治原因，军方的建议被否决了。 像戈尔巴乔夫所说的那样，这在苏联时代是从未发生过的。 也许，普京的俄罗斯会走向更民主、更平等的权力分配，从而让所有公民受益。　但是，这到目前为止还没有发生。

　　对东欧、西欧和波罗的海国家来说，苏联的失败是一个好消息。对核武器裁减、世界和平和全球化而言，这也是一个好消息。　综合起来，这带来了相当大的好处。　极少数仍然将苏联视为社会主义标志的进步主义者遭到沉重的打击；但是对大多数左派人士而言，苏联的失败是一个解放，因为他们认为这结束了残暴的苏联对于其事业的玷污。　这一失败很快就导致东欧社会主义阵营国家的发展。　但是，俄罗斯和其他原苏联共和国却只得到了专制的、不平等的资本主义来取代国家社会主义，如果没有第一次世界大战，这种资本主义在 20 世纪的前三分之一的时间里也就可以达到。　同时，成千上万的人牺牲在了社会主义和新自由主义的试验中。　革命不是一个好主意，因为革命总是给现有的权力结构带来混乱，它们的结果总是扭曲其最初的乌托邦目标。　很不幸的是，俄国在 20 世纪经历了两场革命。　俄罗斯一定是以下两种现象的典范：理性在人类事务中的有限性；人类在解决自己造成的危机时所遭遇的失败。　1914 年的俄罗斯人对 20 世纪曾抱有多大的期望啊！

第八章

毛泽东主义方案的改革

巩固与危机：1950—1976 年的毛泽东主义

中国共产党的改革轨迹截然不同。 与苏联一样，他们也是在不友好的国际环境中、高压稳定的国内统治下饱含乌托邦的热情。 但是在经历了灾难性的错误开端之后，中国共产党找到了一条经济解决方案，避免了进一步改革的混乱，实现了持久的经济增长，并且恢复了中国历史上亚洲巨人的地位。 虽然这条改革路径还未充分实现民主或平等，但对于人民大众来说已经是很好的结果了。 这一奇迹是如何实现的呢?

中国和苏联的改革有诸多不同，时间是其中之一。 中国实现共产主义的时间更晚，地缘政治环境更为缓和，而且中国可以从苏联的改革经历中吸取教训。 中国的民族同质性更强，因此社会凝聚力更强，使得中央政府的集权力不需要过强。 实践证明，中国省市拥有更高的政治上的自治权对改革是有利的。 不过在革命初期，中国比苏联落后得多。 其革命不是始于城市工业化，而是基于贫下中农广泛支持下的土地革命。 与布尔什维克领导人不同，中国大多数领袖是农民出身，其权力的夺取也不是在内战前，而是在内战后。 红军在抗日战争及随后的国内战争中获得的胜利为其在中国人民中间积累了信誉。 到 1950 年，共产主义原则和毛泽东的个人领导地位已经无可动摇，并且得到广泛的支持，尤其在占人口 85% 的农村地区。 在共产党的带领下，中国重归和平、从外国殖民中解放，并且实现了全国统一——农民也获得了田地。

共产党领导下的中国开展了一场激进的阶级运动。 其政治原则依旧不可动摇："党的领导地位"(即其对权力的控制)和"民主集中制"。然而，我们在第三卷第十四章中已看到，中国是由多支红军部队在各个地区扩大根据地、建立他们自己的地方政府的过程中逐个解放统一的。毛泽东在中央的领导权毋庸置疑，因为他似乎在逐渐掌权的过程中都做出了正确的决定。 但现在他不得不和各个地方力量相沟通，在新的宪法框架下地方党政机构和中央党政机构拥有同样的权力(Huang，2000)。毛泽东在其中做了很多工作。

共产党继续推行他们曾在根据地实施的土地再分配。 虽然该政策是来自上层的指示，但穷苦农民一旦意识到国民党和当地原统治阶级再也不会回来时，他们对政策的执行极其热情和有力。 富农和地主家的田地被分给贫下中农，成为他们的私有家产。 到 1952 年中期，中国农村中几乎 90% 是从阶级剥削中解放出来的中产农民，能够"赚取家庭收入"，并保持其传统文化(Friedman et al.，1991)。 此时共产党的统治获得了广泛的支持，农民生产效率提升，地方党政精英致力于维持这个幸福国度的各项事务。

但不是每一个人都如此幸运。 大约一到两百万"反革命"——地主、富农和国民党分子——被消灭，四到六百万人被送往劳改和劳教营。 中国共产党起初在对其支持较弱的城市里比较谨慎，它需要和包括企业家在内的技术人员合作。 但不到五年他们中一些人就被划为反革命或罪犯。 虽然如此多的人死亡，但相对于当时 5.8 亿人口的中国来说却是微不足道的，而且最专业的人员仍然留在了他们之前的岗位上。从此以后，出现了严重的阶级歧视。 那些有产家庭的人被认为出身不好，被剥夺平等的权利，而那些农民、工人出身的人却享有特权。

朝鲜战争期间以及在维持西藏统一的过程中，中国在地缘关系上显

得较具进取性。 在毛泽东的继任者——邓小平的领导下，中国于 1979
年对越南发起了一场保卫疆土主权捍卫之战，偶尔也对苏联、印度等邻
邦以武力捍卫主权。"文化大革命"期间军队在政治上有很重要的作
用，用于防止少部分地区的叛乱。 虽然中国共产党的兵力强大，但大
部分情况下它还是以防御为主，部队士兵的职责更多的是工作队，而不
是战士。

中国共产党也面临苏联布尔什维克所面临的同样的经济问题。 尤
其是，他们希望实现工业化，但要实现工业化，他们就必须从消费和农
业中攫取资源。 但(和苏联一样)现在农民们已经控制了土地，不愿意这
样。 参加朝鲜战争使得中国的领导人更加热衷于工业化，因为人民志
愿军的落后装备使得他们在与美国的交锋中损失惨重，在十年的时间里
中国共产党不得不痛苦地依赖于苏联的军事供给。

毛泽东试图通过阶级划分和大肆鼓动"英雄计划"(hero projects)来
保持国民的革命热情，同时其充满紧张关系的外交政策也在有意识地渲
染中国的民族主义(Chen，2001)。 民众的阶级成分进行了重新划分——
尽管那些阶级背景"好"的人还需要按照二次标准来判定其优先权。
大约有 10%—20% 的人被界定为"积极分子"，政治上可靠，比其他人
表现得更好。 这些双重政治和意识形态标准在共产主义统治时期持续
存在着矛盾(Andreas，2009)。 但同时毛泽东不愿意效仿斯大林所推行强
制的工业化，在他看来这无异于"竭泽而渔"。 毛泽东使用更为温和的
方式来提高对农民的控制力，其中的一项政策是农民不得迁徙家园。
这其实就是社会主义版本的管理制，即将农民绑定在土地上。 其他政
策相对温和。 从 1952 年开始，国家采购机构以固定的低价收购农产
品，有时用于补贴工人消费，有时以更高的价格卖给消费者。 任何一
种方式都达到了压低工人薪酬、将多余资金用于投资建设，为工业化提
供了更多的投资资本。 不过，虽然政府垄断了市场，但它从一开始就
将生产权留给了农民。

尽管毛泽东通过农业生产大队来增加对农民的控制，但对农民来说

生产大队也有一定的好处，可以让农民们分享劳动工具和耕畜。　从1949 年开始，大约每五到十五户家庭组成一个互助组，到 1953 年互助组的规模扩大到二十到四十户家庭，基本形成了初级的农业合作社。这些政策在推行过程中似乎没有遇到任何阻力。　此外，中国营建了一批国有重工业——煤炭、电力、钢铁、建筑原材料、化工、工程机械。效仿苏联模式，中国在苏联技术和资金的支持下建立起资本密集型的工厂。　1953 年类似于苏联的第一个五年计划将资源集中于重工业和主要的建设项目。　国有单位控制了劳动力，每家工厂都派驻了党委书记，工人们也应招入党。　城市中几乎所有的人都归入工作单位，由工作单位负责他们的福利；在农村，所有人都是生产队的成员，甚至家庭主妇也逐步被纳入到工作单位体系中。　工作单位提供的所谓"铁饭碗"保障了基本的社会福利。　在定期向苏联工人中的英雄楷模学习的动员运动中，工人们被号召要为了国家而更为努力地工作。　到 50 年代中期，共产党消除了共和国内曾经存在的资本主义，到 1960 年家族企业也被吸纳进集体主义模式。

　　和苏联一样，国家社会主义再一次成功地运用于后发展国家。1952—1957 年中国 GDP 年增长 9.2%，人均年增长 6.8%。　在当时这与世界上其他国家的增速相当——尽管国民的消费并没有多少改善。　与苏联一样，中国共产党成功地发展了教育、提高了识字率和国民的健康水平，并将社会的不平等水平保持在低于大多数工业化社会的水平之下(Bramall，2000：table 2.2；Naughton，2007：80—82)。[1]总体而言，国民平均寿命快速地从 1949 年的 35 岁提升到 1960 年的 50 岁，进而到 1980年的 65 岁，死亡率在 1953—1970 年间减半。　这些数据比 GDP 统计数据更为可信，表明中国相对于处于同一经济发展水平的大多数国家取得了更为卓越的成绩。　共产主义的优点——相对清廉的政治精英致力于相对平等的发展——可以发挥赶超工业化过程中所需要素的计划性发展的优势。　需要注意的是，中国的增长并不是始于 1978 年后的改革。　共产主义有其优点，也有其缺点，因为它是一个僵硬的控制结构，共产党深入到社会生活的诸多层面，时不时地发动起针对阶级敌人的政治运动。这就是常见的共产主义的组合：经济发展、政治—意识形态管制、党控制下的军队。

1956年出现了一些问题，当时过多劳动力从农业中抽离出来，降低了农业产出，导致饥荒和失业。毛泽东加强了控制，引入了超过百户农户的合作社。这一政策并未受到农民的拥护，因为农民被共产党官员控制着，他们压低农产品价格，同时还要求更高的产出。不过控制的升级是渐进的，在没有采用斯大林曾使用的高压政治下有效地将农民限制在公社内。因此，总体来说，在共产主义统治的早期，虽然沿承了几十年战争以来的一党制，但其提供了稳定的社会秩序，国家实现了经济的成功发展，除非你属于应被消灭的阶级。政府的高压在第一波运动之后也降低了。这比两次大战之间的民国政府好多了。最大的未知数是，假如国民党赢得内战，他们是否能取得同样的成就。国民党在台湾确实获得了成功，但这比在大陆要简单得多。

然而，在中国不仅与美国、而且也与苏联的紧张关系升级之后，中国的地缘政治环境似乎充满威胁。毛泽东对过慢的经济增长渐渐失去耐心。他转向英雄计划，这也成为共产党政权中长期使用的统治方式。1958年第二个五年计划中开始了"大跃进"。毛泽东号召，"苦战三年，繁荣千年"（Three years of hard work and suffering and a thousand years of prosperity）。他渲染中国与美国的紧张关系超过了台海关系，以动员国内的民族主义情绪来支持"大跃进"（Chen，2001）。这看上去是一个解决中国二元问题的不错的解决方案，利用中国最大的自然禀赋——廉价的农村劳动力，同时发展农业和工业部门。中国可以通过进口重型机械替代充裕的劳动力来实现工业化。将合作社合并为五千户规模的公社，可以实现规模经济。"大跃进"在农村也导致一定的分权。国务院控制的大部分企业被划归地方政府，当地官员和公社领导在发展大队企业和建设项目时享有一定的自治权和资源，可以分得其企业的一部分利润。中央政府控制下的工业企业产出比前一年大幅下降，从 1957 年的 40% 降至 1958 年的 14% (Wu，2004：44—47)。 土法炼钢炉是"大跃进"中最大的特色。 在被"大跃进"热情充斥的地方政府官员的领导下，所有可以找到的木材都被用作燃料投入到炼钢炉中用于融化所有可以找到的铁制品，其中经常是废铁。 劳动力从农业转移到这类项目中。

这是一场灾难。 生产出来的钢铁是低质的生铁，各地的木材和铁储备也都被耗尽，农业劳动力的分流悲剧性地意味着粮食不能丰收。 人们在粮食短缺的情况下还要超负荷地劳动，这导致 1959—1960 年的大饥荒。 高指标的配额制度更是雪上加霜，地方官员往往会上报远高于实际产量的产出水平，以致高层官员一开始没有意识到灾难的严重性。 即使当他们知道了，毛泽东也不愿意改变这些主要由他制定出来的方针，而且几乎没有人敢告诉他真相。 最终，1961 年 1 月"大跃进"运动被终止。 部分省份的官员早已悄悄地废止了这一政策(Macfarquhar，1983；Yang，1996)。

"大跃进"导致的饥荒没有被认为是对农民们的进攻，而斯大林的集体化却在一定程度上被认为是一次攻击。 那些热烈拥护"大跃进"政策的省份遭受的灾难最为严重。 虽然工业化仍在继续，但大饥荒使得 1957—1965 年的总体增长成为负值(Bramall，2000：table 2.2)。 正如巴里·诺顿(Barry Naughton)所观察到的那样："如果你迫使你的民众在其中 3 年执行导致饥饿的政策，那即使你在过去 27 年中都满足了他们的基本需求又有何用呢？"(Naughton，2007：82)

"大跃进"因此也具有政治影响，它削弱了毛泽东的权力，激进温和之争愈加明显，这中间还不时夹杂着地域之争。

但其中一个意想不到的好处是"大跃进"带来的经济分权得以延续。 大众压力导致公社组织解体，工人生产队和大队企业获得更多的独立性。 家庭责任制一度被提倡(Yang，1996：98)，这反映了一种观点，即农民如果可以直接从他们的劳动果实中受益，他们会生产更多的农产品。 政府仍然控制着农产品的价格，但农民可以有一定的价格上浮。 农业基础设施的投资增加了。 劳动力从城市中回到农村,因为在饥荒时期他们在城市里吃不饱,同时工业投资也减少了,释放了部分资源给农业生产。 因此在经历了一段被认为可以战胜现实的意识形态阶段之后,中国共产党开始变化,开始非常实用主义地转向对农民积极性的调动。 我们在第三卷第十四章已看到,几十年前中国共产党曾经学习过实用主义,现在是历史的重现。

1965—1978 年间 GDP 再次增长,增速达到客观的年均 4.9%(人均年增长 2.6%)。 工业在 GDP 中的比重继续上升,从 1952 年的 10% 上升到 1978 年的 35%,同时中国灌溉农田面积翻了三倍。 后续的市场改革可以在此基础上起飞。 仅仅依靠市场是不能取得这些成就的(Bramall, 2000;table 2.2, 130, 300, 415;Maddison, 1998)。 虽然市场在意识形态上仍然是被诅咒的对象,但 1970 年当毛泽东认为地缘政治的紧张关系可能会导致另一场世界战争时,分权化得到进一步发展。如果真如毛泽东所预测,中国应该全副武装至最强的军事防御状态(就像抗日战争期间)。 因此在尚且存疑的警句“分权就是革命,越分权革命越激烈”的引领下,中国被划分为十个合作区域,各个区域有自己的防御企业(Wu, 2004:53)。 地区差异化由此增加。 在部分省份,农户再次成为主要的生产单位;而在其他省份(尤其之前激进的省份),“大跃进”在生产各类产品的小型增长型乡镇企业中仍然存在其残存的影响,这类企业的所有权有的属于家庭,有的属于农户集体,有的属于当地政府。 在后续的改革阶段,区域差异更加显著(Yang, 1996)。

但是政治上的矛盾导致连贯的社会主义发展观念被弱化。 1966 年毛泽东发动激进的红卫兵学生们进行了一场“文化大革命”。 乔尔·安德烈斯(Joel Andreas)认为,“文化大革命”使得农民出身的政治精英和受过高等教育的知识分子聚合到一个统治阶级之下(Andreas, 2009)。 毛泽东担心这两部分人如今会将他们的特权转移给他们的后代,因为政治可靠和功绩是获准进入政党和获得更高教育机会的两个主要标准。 毛泽东希望减少他们的权力，重新划分阶级，重建自身的权力。 他鼓励学生对革命改造的要求，但"文化大革命"在1966年秋天开始失控，扩展到工人和农民中间。 学生分裂为温和派和激进派，内讧从高校蔓延至城市和农村。 由此出现了混乱，对经济和共产党都形成严重的冲击。

各个力量均受到压制，以毛泽东的语录的形式表达他们的目标。 大约有150万人在"文化大革命"中死亡，包括十多万党员干部(Chen, 2001：846)。 几个月后有效的党政机构才重新建立起来。 大学关闭了，约有170万城市里的中学生和大学生，整整一代人，被下放到农村在劳作中接受再教育。

1976年毛泽东逝世。 他指定的接班人华国锋设法逮捕了"四人帮"，不过邓小平的实际权力在增加，并于1978年末成功掌权。 他平反了那些和他一样被"四人帮"迫害的人，1978年让学校重新开学，1980年起恢复大学教育。 在邓小平这一不可挑战的领导人的带领下，共产党的权威和团结得到恢复。"文化大革命"最终的影响就是重建了党员精英与受过教育的专家治国论者之间的团结。 政治和教育文凭体系得到恢复，大学回到任人唯才的模式。 自1949年以来执政的老一辈领导人退休了，给技术专家型的年轻一代共产党员腾出了位子，这些红色工程师将在改革阶段统治中国(Andreas, 2009)。"文化大革命"也使他们更加遵守秩序，需要时动用军队，因此中国人民解放军在党政高层中的影响力提高了。

1978—1979年计划生育政策出台，这加强了工业化过程中正常的人口转型效应。 由此，人口增长稳定了，并且有助于经济增长。 军事力量显然需要现代化，这就依赖于更高的经济增长。 地缘政治的压力再次改变，邓小平现在开启一段延续至21世纪的长时间经济改革时期。 与苏联后期的改革不同，中国的经济改革并未伴随过多的政治改革，虽然意识形态上，市场观念以及发展过程中任人唯才而非政治因素的评判标准占据了优势地位。

经济改革: 1979—1992 年的邓小平时代

中国经济改革的起点与苏联改革类似。 虽然中国未受到经济下降的刺激,但领导人在意的是,中国大陆落后于资本主义的日本和东亚"四小龙"——其中包括国民党统治的台湾。 哈维认为并不完全是这样,中国的改革"部分是发达资本主义世界新自由主义回归后的一个不经意的结果"(Harvey, 2005:211)。 中国不得不追赶,正如我们看到的那样,其市场自由是受限的,也不够资本主义。 改革是自上而下的。 "文革"一结束,改革主要是重新集权和整肃纪律(与安德罗波夫和早期的戈尔巴乔夫一样)。 当这些改革也行不通的时候,一个更为温和、最初由周恩来 1975 年提出的农业、工业、科技、国防四个现代化的概念取而代之。 这个概念最初并没有包含释放市场生产力之义,实践证明其更是一些碎片化改革过程中的不经意的结果。 邓小平及其共产党经常援引毛泽东提出的实践是检验真理的唯一标准的观点,即如果一项政策有效,就继续实施;如果无效就终止——再一次是实用主义的观点。

到 20 世纪 80 年代中期事实已经很明显,在重工业之外,中国领导人采取了不同于苏联的发展路径,在保证共产党领导地位的同时进行一些市场化改革。 共产党在其中拥有双重角色。 它仍然是发展型政府,给企业制定方针、设定考核标准,对金融界实施直接管控——这一点不同于俄罗斯后共产主义的发展轨迹。 其次,政府的稳定政策仍是安全保障的机制:一旦经济改革产生超预期的政治影响时,共产党就将其纠正。 安全警察十分活跃,法院隶属于政党,监狱和劳改机构仍在发挥作用。 稳定必然是首要的。 然而俄罗斯人民经历过持续的斯大林式的稳定,继而反抗这一模式。 因此,如果说共产党的"领导地位"意味着社会稳定,那么它是获得广泛支持的。 1979 年 * 邓小平和戈尔巴乔

---

* 原文有误,应为 1989 年。 ——译者注

夫一样明确谈论过民主，不过是对立的观点："抽象地空谈民主，那就必然会造成极端民主化和无政府主义的严重泛滥，造成安定团结政治局面的彻底破坏，造成四个现代化的彻底失败"(Deng Xiaoping，1984：171)*。但是经济改革中几乎没有高压，政策干预的主要方式是宏观调控。从某种意义而言，经济与政治权力是分割的。

中国还有一些方面与苏联不同。在政治权力上，邓小平的党比戈尔巴乔夫的党对党政的控制力更强，因此他们从未觉得有反对它的必要。中国的经济计划也从来像苏联那么集中。工业只是半国有化的，独立的乡镇企业和合作农场已经越来越多。20世纪70年代乡镇企业被称为"公社和大队企业"，而且几乎所有农业都是合作生产的。80年代乡镇企业大部分由村镇官员运营，但合作农场已经消失。如今国内不到六百种商品的价格由政府定价(Strayer，2001：394)。领导层保留了对总需求的控制，平衡农业、贸易、工业和国防的需求，追求一种增长和科技发展的进程。1972年尼克松访华，中美关系趋于缓和，受益于此，邓小平开放外商在华直接投资。中国缓慢地加入到世界经济体系中，但初期主要集中于国有企业，但邓小平限制了这些企业的自治权。

然而，增长的主要动力来源于国内。中国建立在毛泽东主义的成就之上，也建立在其自身的比较优势之上。没有外债，大量农村劳动力，相对较好的基础设施、教育以及医疗水平，提供了有技能、有纪律的劳动力，超高的国内储蓄率提供了大量的投资资本。这些导致了改革期间一半以上的劳动生产率的提升(Hofman & Wu，2009：11)。第一个增速达到11%的年份是1981年，改革在这时还没有真正开始。中国的经济复苏不能完全归结于市场改革。从毛泽东开始的所有领导人，不论他们偏向计划还是市场，都保证了这些发展的先决条件的存在。生活水平提高了，虽然不是很显著，因为更多的资源被投入到工业投资而不是消费中，服务部门相对来说仍然较不发达。与美国的邦交正常

---

* 原文引用文献有误，应为1989年。——译者注

化意味着军队不会再耗费大量的资源，这一点不同于苏联。 因此投资在 GDP 中的比重随着计划经济的减少而提高，进而加速了整体的增长和生产率的提高。 1978—1988 年 GDP 年均增长 8.4%，人均年增长接近 7%，这一速度历史上只有三个地方在连续十年中达到过：日本、韩国和中国台湾，它们也是唯一能与中国大陆投资率相比的(Bramall，2000：table 2.3；Naughton，2007：142—148)。 中国的贫困率在 80 年代骤然降低。 只有中国人设法将这一增长速度维持了更长的时间。 改革的第一个 30 年，平均年增速超过 9.5%(人均年增速 8.1%)，世界上没有其他地方可以与此相比。 几次必然的经济减速期(1981、1989、1990)后都伴随着更高速度的增长(Hoffman & Wu，2009：10—12)。

经济改革初期阶段体现了一种相对实用、技术治国的国家社会主义特征，废弃了经济中的集体主义、英雄计划以及军事力量。 这可能是因为邓小平的领导地位非常坚实，激进分子被排除在外，官僚机构比较顺从听话。 上层以实用为导向控制着改革。 改革的阻力也许来自下层，不过一般领导层会允许某个地区先行先试，如果有效，就向其他地区推广。 但是是否有效是由领导层判定的。 任何权力集团，如产业工人或地方党政组织，都不能阻碍政策的推进。 官员也不能从国家获取巨额的寻租空间。 1987 年，省领导占据中央委员会 43% 的席位，是其中最大的一个群体。 这使得任何改革都可能维持分权化的状态(Shirk，1993：149—152)。

在 20 世纪 80 年代的大部分时期，城市和农村实行不同的政策。 在城市，国有部门仍然占据主导地位，市场力量仅限于提供服务的个人和小型企业。 在这里，传统的社会主义目标是使计划内的生产和价格合理化。但这照例是无法实现的。 中央计划者不断地尝试但仍然不能找到可行的最优价格，因为斯大林式的强制措施已经被抛弃。 因此实践中国有企业开始尝试更大的自治权以改善资产负债表。 计划者允许一定的价格管制的放松。 一旦一家企业达到计划配额，它就可以以市场价格卖出超额生产的部分并购入更多的原材料。 这就给企业管理人员和工人们追逐利润的动力，由此盈利和不盈利的国有企业之间的差别就越来越明显，前者实质上靠市场存活，后者依赖政府补贴。 不盈利的国有企业仍然占主导，但是中央计划者并不喜欢它们，因为维持这类企业的代价高昂。 80年代利润分成的权力从政府部门转移到地方国有企业管理人手中。 政府现在向企业征税，而不是直接抽成。 国有企业经理人仍不得不向国有银行融资，但这不构成主要的预算约束，因为银行仍然在旧有的思维下运转，银行认为应该帮助困难企业而不是拒绝贷款给它们(Lardy, 2002)。 政府仍然耗费一定的成本间接地保护着大型国有企业，因为大部分大型国有企业的效率低下，承担了大量职工的福利项目。 但是政府似乎更担心更为激进的改革会导致工人们的强烈不满而带来的潜在成本。 集中起来的工人很有可能导致群体性事件，这个成本可就大了。

戈尔巴乔夫试图通过对主导经济的国有企业进行激进的改革来拯救苏联经济。 当改革似乎行不通时，这些国有企业就被私有化。 但实践证明，引入激进改革的同时预期这些部门能有益于经济的总体健康是不可能的。 与之相反，在1992年，直到农村非国有部门的改革使其利润足以给整体经济做出更大贡献之前，中国都没有进行大型国有企业私有化之类的激进尝试。 中国的大部分根本性改革都是"计划外"的(Naughton, 1995：129—130 & 2007：92)，城市中的国有计划部门保持不动，扩大非国有农业部门、地方政府运营的小型乡镇企业的自治权及其市场。 没有大爆炸式的尝试，改革是渐进累积性的。 邓小平表述其为"摸着石头过河"。

因此在几乎20年的时间里两种不同的生产模式同时并存着：城市中的国家社会主义和农村中的家庭和小型企业，然而前者由政府补贴，后者与地方政府官员紧密相联系(Wu，2004：64，434—435；Pei，2006：22—226；Naughton，2007：91—98；Andreas，2008：127—129)。 毛泽东体系下的家庭登记制度、粮食计划和对人员流动的严格控制政策更加强了两个不同模式的分割。 城市里有永久的职业，政府提供住宿、养老金、教育以及大额的投资。 农村的生活水平更低、福利更少，但可以增长，而且更多地取决于它们自己的策略。

农民更自由了，生产队规模缩小了。 1980—1984年间，经过某些省份的试验，农民家庭拥有完全的生产自主权。 中国回到了小农经济，不过这次没有地主。 国家保留了土地正式的所有权(现在仍是如此)，并且控制了价格。 到1983年，几乎所有的农民均以家庭生产的形式替代了生产队，他们可以购买自己的生产工具。 其结果是农业生产在一段时间内快速增长。 在苏联，转型农业所做的贡献要少得多(其吸收了14%的劳动力，而中国吸收了71%的劳动力)，农民似乎也更为保守，甘愿保留在合作农场中，反对戈尔巴乔夫私有化的劝导(Strayer，2001：397—398)。 在中国，人民公社已经丧失了对乡镇政府的管理权，政府官员现在可以制定他们自己的政策以促进当地的繁荣、提高他们自己的税收收入。 在"大跃进"和"文革"期间以及随后的时期内，对农民和地方官员的让步提高了他们的自治权，同时也提高了国家规定的农产品价格。 直到1980年代末，连续几年的农业丰收进一步促进了农村轻工业企业——依旧是由村及乡镇官员集体所有并运营的乡镇企业——的遍地开花。 黄亚生(Yasheng Huang)认为，80年代的大发展是由于农村地区私人企业的主导，但那是因为他将企业和大量传统的个体户——手工艺者、小贩和其他人士——算在一起(Huang，2008)。 事实上，80年代的增长主要来自小型制造类集体企业，它们得到政府诸如信贷便利、减免税赋等支持。 1985年政府允许它们自定价格买卖计划内产品。 它们甚至可以和外国企业达成合资协议。 一个动态的市场经济正在计划外孕育而生(Huang，2008：chap.2；Adreas，2010：68；Wu，2004：64—65；Gittings，2005：123—125；Pei，1994：43—44，74—76；Naughton，2007：chaps.10—11)。

农村企业的契约及财产权更多不是由法律而是由权力结构保障着，官员和当地家族之间的联结已经形成默契。 在沿海的福建省，雇用外来打工者的企业家就在他们自己家里开起了微型纺织厂。 一小部分长大成为大型家族企业——传统自下而上的商业资本典型版本。 但在毗邻的江苏省，一些雇用当地农村劳动力的大型制造业企业大部分是由当地官员运营的。 陈志柔(Chi-jou Chen)谈论到，有的村支书已经成为追求利润的企业家，一副后苏联寻租官僚企业家的样子，影响了中国的经济发展(Chen，2003)。 由于有优惠的政府信贷，私人合作社一度繁荣。有些使用的是海外汇款。 军队也建立起自己的企业，并发展成为军工企业集团。 在 80 年代中期，监狱里糟糕的条件甚至也得到了改善，因为监狱长们意识到监狱也可以成为制造业企业，因此他们的工人必须要健康、吃得好(Lau，2001)。

　　沿海省份在进口原材料、半成品、资本、技术以及出口产品方面非常便利，政府决定对它们施以更大的优惠政策，因而各省间的差异加剧了。 1980 年四个经济特区建立，1985 年 14 个港口城市对外国贸易和投资放开。 内陆地区专注于进口替代型的工业化，资金主要来源于中国的贸易盈余。 最初由海外华人投资兴办的私人产权的企业模式从经济特区扩展到全国。 在这些特区内差异逐渐消失了。 然而财产权仍然界定不清，并且保护力度不够，因为私人和公共财产紧密纠缠在了一起(Oi & Walder，1999；Wu，2004：66—69；Wedeman，2003：35—36)。

　　地方官员都参与到这些项目中去了。 他们可以在中央计划者减少他们的利润留成时通过企业利润增加他们的收入。"农村企业——那是我们的第二财政！"一位地方官员说道。 作为回报，官员们会协助企业在信贷额度不足的时候从国有银行以优惠利率获得贷款，给企业重新命名以达到获得启动资金的资格，将企业上报为校办企业(可以获得税收减免)，或虚报企业劳工人数以最大化申报的开销项目。 偷税漏税是常态，随着地方官员和企业之间的关系越来越紧密，腐败也在增加。 在经历税收收入下降后，中央政府收紧了税收系统，但地方官员在发展自己的地方税收收入方面极具创新性。

　　乡镇企业可以利用农村劳动力充足的优势。 在国家设定高价的产品上，乡镇企业可以以低价大量出售国有企业必须以固定价格出售的产品。 随着它们的扩展，竞争环境更为激烈，价格趋于下跌。 这给低效的国有企业以更大的压力，而中央政府官员为追求更高的效率，开始更偏好市场的方法，肯定农村企业对于稳定的贡献。 市场经常是分权化的意外结果(Shirk，1993：154，177，195)。 改革卓有成效，提高了经济增速和公众满意度，同时使得党内精英的矛盾趋于缓和。 甚至国有企业也间接受益，它们可以将工作分包给乡镇企业。 由于乡镇企业部门没有福利保障，而且计划生育政策后退休工人年老后不能再从子女那里获得更多的支持，因此工人和农民都在国有银行中存款，这些资金都被用于国有企业的项目投资。

在 1980 年代中期，地方官员甚至限制当地产品销往区域以外的地区，并且限制外地货物流入当地以保护当地的生产商。 商品战威胁到国内市场的整合，同时伴随当时为了遏制通货膨胀的信贷紧缩政策，使得 1988—1991 年的 GDP 增速降至 5.5%，人均 GDP 增速降至 4%(Braman，2000：table 2.3)。 然而农村工业部门仍然欣欣向荣，弥补了农业增长乏力的不足，而中国幅员辽阔，启动动力十足，竞争压力也很大。 一些区域政府随后停止保护非竞争性行业，并和其他区域达成区域间贸易协定(Naughton，1995：153—158，186；Shirk，1993)。

政党—国家：1992 年以后

1989 年江泽民成为国家主席*。 1992 年邓小平南方视察，发表讲话赞扬改革，他声称，"致富光荣"以及"让一部分人先富起来"。 短小精悍的说教性标语的独特作用一直是中国共产党意识形态的一大特色。 第十四次党的全国代表大会第一次明确了改革目标是建立社会主义市场经济。 然而早期的领导人因惧怕大型私人企业的发展而扶持国有企业和乡镇企业，邓小平在南方谈话中却对经济特区内的出口导向型

---

* 原文有误。 江泽民 1989 年任中共中央总书记，1993 年任国家主席。 ——译者注

外资企业的高效印象深刻。 他总结道，必须建立起在市场经济原则上的大型私人企业以面对外资企业的竞争。 1992 年政府开始为外商直接投资打开了更多的渠道，中国更加依赖于国际经济，外贸在 GDP 中的比重超过 60%。 国有企业和乡镇企业的私有化也在同一年开始，私有企业变得越来越大型，更加依赖于政府，政府停止给小型合作企业以便捷的信贷和其他优惠，工业相关的政府部门开始缩减规模。 城市里公共部门的职工人数占比大幅下降(Pei, 1994：43—44, 81；Naughton, 1995：273—274；Wu, 2004：82—83；Yang, 2004：25—26, 37；Andreas, 2008：130；2010：69—74)。

这是巨大的转变。 从这个时间开始，很难再用一个词来概括中国的经济。"有中国特色的社会主义"是中国自己的定义。 有些西方人士将其看作是资本主义生产模式的变形(如 Andreas, 2008)。 中国现在被纳入到单一的全球经济中，最后一个反对全球化的抵抗瓦解了。 然而，中国国内仍然与西方资本主义截然不同，它仍然在国家的强力监护下，而且由于中国不存在西方人所理解的私人产权，它也不算是资本主义，甚至也不是政治化的资本主义，因为国家仍然主导着私人企业。范博宏等(Joseph Fan et al.)很精妙地称其为"市场、社会主义和传统中国的一次成功大杂烩，它不完全是其中的任何一个⋯⋯所有放在一起大火乱炖。"(Fan et al., 2011：1)

戴慕珍和魏昂德（Jean Qi & Andrew G. Walder）引入产权束概念(bundle of property rights)，分割出控制权、财产收益权和财产转让权(Oi & Walder, 1999)。 他们发现产权在中国经历了渐进且不均匀的变化，包含从传统国有、合作企业转型为改革型企业，再到契约型和租赁型企业、再到完全私有化的企业，其中还夹杂着地域间的差异，如内陆地区政府参与较多，沿海地区私人企业家精神占主导等不同组合型产权关系间的差异。 这些不同形式的多样化与竞争关系有助于解释为什么尽管中国没有完美的产权关系，但却实现了经济发展。 中国人似乎已经表明，与传统经济学家的理论不同，绝对、安全的产权不是经济成功的先决条件——因为中国已经比资本主义经济体取得更大的成功。正如福山所观察的那样，西方经济学家夸大了绝对产权的重要性：只有"足够好"的产权可以发挥作用(Fukuyama, 2011：248—250)。在中国，共产党可以取消对财产的任何权力，只是为了经济发展它几乎没有这样做。经济行动者们似乎将此视为足够好的产权，敢于冒风险将自己的资源都投入到企业中去。在产权完全缺乏保障的条件下，另一个发挥作用的重要因素是所有权形式将地方政府和地方企业的利益捆绑在一起。

90年代，虽然许多国有企业变为股份制企业，但政府仍然控股或是大股东。许多股份被出售给那些急于从中国经济增长中分一杯羹的外国投资者，但似乎最大型的企业仍然掌握在政府手中——尽管已经是内部管理层而非政府部门在做管理决定。

但是，中国共产党的组织部门控制着人事权。如果这样一个机构存在于美国，理查德·麦格雷戈(Richard McGregor)说道：

> 它将监督整个美国国会、州长及其副手、主要城市市长、所有联邦监管机构负责人、通用电气、埃克森美孚石油公司、沃尔玛以及大约50家美国现存最大的公司的首席执行官、联邦法院大法官、《纽约时报》、《华尔街日报》、《华盛顿邮报》的总编、电视网和有线电视台老板、耶鲁、哈佛和其他著名大学校长、像布鲁金斯和传统基金会之类的智囊团的领导人的任命。(McGregor，2010：72)

许多仍然由国家控制的企业就是这样，但共产党有自己的一套任人唯贤的方法。主要的晋升标准就是事实证明其有能力促进经济发展、创造就业、引进外资、控制社会稳定并实现各项调控目标。正如伯特·霍夫曼和吴(Bert Hoffman & Jinglian Wu)所提到的那样，这五个标准中有四个与增长紧密联系(Hoffman & Wu, 2009：20)。这从某种角度上让人想起中国古代以文官科举考试为基础的儒家精英政治——包括维持稳定的重要性。 不过，激励机制现在仍然存在，实现了经济发展的地方官员可以获得大量的再投资盈余，即在地方官职上的成功会换来晋升到中央领导层的机会。

2004 年产权据说已经为宪法所保障，到 2007 年更得到加强，但由于其涉及劳动者权益，实施起来存在滞后。 政府与经济仍然纠缠在一起，中央政府设定宏观经济参数，部分有赖于国家部门的稳定，部分有赖于其强劲的储蓄和投资。 共产党领导人是"领导小组"的成员，领导小组包括了部委部长、专家、公司总经理、关键政策领域的官员。作为经济主体的中央财经领导小组由温家宝自己出任组长，领导小组给相关部门下达命令。 特别要关注的是对金融部门的持续控制。 中央财经领导小组通知中国人民银行调整利率。 这些领导小组的权力很大，但相对于其他党政主体，它的成员是保密的(McGregor, 2010；Naughton, 1995: 13)。 高层政府的管制比任何一个资本主义国家都要多，主要的监管者仍然是共产党，而非部长级机构，这再一次不同于日本或韩国这样的国家资本主义国家。 中央政府仍然保有对土地的所有权，地方政府则为了发展而积极地规划农民土地。 中国股市也不同于其他国家，它像一个有趣的赌场(Walter & Howie, 2003)。 其 70% 的股份为政府所持有，每一家上市的中国企业的控股权都留给了政府。[*] 中国的债券主要由中国的银行所持有，这些银行大部分由中国政府所控制。 外国投资者投资了不少钱，但政府有控制权。 股票市场的目的不是为个人或国家创造利润，而是将储蓄引导到最具有利用价值的地方。虽然大部分银行的正式投资都在国有企业上，但一个非正式的金融部门已经出现，为其他混合制企业提供信贷。 与大部分东亚国家一样，中国的私人储蓄率很高。 但中国人更有动力储蓄，因为医疗保险和退休金制度仍不完善，他们的高额储蓄为增长提供了资金(Fan et al., 2011：

---

[*] 作者的观点有点主观，未必符合中国的实际。 ——译者注

6—8，13)。 这似乎不像是资本主义。

在基层和地方层面，党员干部和企业家或者其家庭成员融合为独特的干部企业家阶层。 自从"大跃进"和"文革"受挫以来，地方官员试图为他们自己争取一些自治权。 现在他们可以从经济分权中获得利润。 官员和企业家普遍建立起非常和谐的关系。 布鲁斯·迪克森(Bruce Dickson)发现，官员和企业家有同样保守的观念。 企业家首先扎根于国家，其次才被党组织正式接纳。 由于国家创造出可以使企业家繁荣的机制，因此他们对民主并无好感(Dickson，2003：84—85；Tucker，2010)。 1993年以江泽民为首的党中央修改党章，允许私营企业家入党，现在他们在党组织中的代表人数已经超出比例。 曾经只有工人和农民可以入党的限制已经消失。 将企业家吸纳入党组织中是为了约束他们的同时利用他们来控制下属的员工以增强国家的控制力。在福建省当地的党支部吸纳了家族企业的领导人入党，为的是保持对当地的统一控制。

经济市场与政治市场绞合在一起，它们无一具有自我的再生性，都需要另一个市场的资源来实现再生。 希罗希·萨托(Hiroshi Sato)说道，具有最多政治资本的农村家庭最具有企业家精神(Sato，2003)。 他同时还发现地域差异的存在。 在某省*，党和国家领导干部掌管了整个经济，在温州，则是私人企业家影响着当地政府。 经济市场交换商品和要素，政治市场则通过寻租的方式将国家财产创造、交易和转移给个人。 这些个人往往是官员的亲戚。 在毛泽东时代，地方官员可以行事专断，但将公共资源转移给个人不太容易隐瞒，因为这违背了大部分官员的意识形态。 猖獗的腐败随着地方政府引入市场机制而来临(Yang，2004：12—13；Wu，2004：74；Wedeman，2003：27，242；Lin，2001：3—6，18，98，144—145)。 杨大力(Dali Yang)分析了1 300起腐败案件，得出的结论是，1992年后，随着指令性经济基本退去，腐

---

* 原文为 Wujiang Province，疑有误。 ——译者注。

败发生的频率、规模以及涉及的层级都提高了。 黄亚生认为，把腐败完全看作是国家内部官僚政治的结果是不对的(Huang, 2008)。 腐败也是经济企业的特征，它们的半自由化增加了腐败。 开放国际贸易、投资和文化交流也让贸易、海关和教育官员身在看门人的岗位而进行寻租。 市场和相应的管制越多元化，寻租的机会也就越多(Zweig, 2002：44，162)。

改革时期，中国的官员比苏联/俄罗斯的官员在其行政体制内拥有更大的自主权(Solnick, 1996)。 他们可以同时扮演双重角色——国家的股权持有者和为国家服务的征税人——来获益。 有些官员在私有化拍卖过程中窃取国家资产，虽然不像苏联/俄罗斯的官员在感觉到国家走向衰败时所做的那样频繁，但也一直持续不断。 随着各省之间的差距越来越大，有些地方官员寻租也越来越猖獗，中央政府开始重新管制。 江泽民总书记和朱镕基总理都是在危机后走马上任的，前者是在 1989年动乱、苏联解体后，后者则是在 1997—1998 年亚洲金融危机席卷亚洲其他国家后。 领导层解雇了成千上万的腐败官员，对腐败最为过分的予以判刑。 这增加了政府对收税、银行信贷、投资、股票债券市场、环境标准、海关以及各种其他政策领域的控制权，使政府机构更为精简、纪律性更强、官员更为透明、更为平行的责任机制——尽管他们是如何做到这一点的尚不清楚。 这似乎是一个循环，当自发的市场和企业越来越大的时候，政府就会出台一轮监管风暴，然后改革继续，产生另一轮的腐败——如此循环(Whiting, 2001；Bramall, 2000：459；Yang, 2004：20—21；Oi & Walder, 1999)。

这不只是进两步、退一步。 这种政党—国家的效率源自地方官员、生意人的企业家动力和党政领导抑制他们寻租的能力之间的辩证关系，后者旨在维持政党—国家过去的清廉形象、平等的发展理念及其自身的体制。 然而苏联在转型时解体了，中国却保持了统一、仍保持了政治机器的控制，并不断地改进它仍控制着的经济杠杆(Yang, 2004：297—298)。 这对中国人民来说不是坏事。 虽然许多人经常鄙视共产党，但认为阻止发生类似于俄罗斯向资本主义和民主转型过程中的混乱和猖獗的腐败是必须的。

政党—国家连续取得经济上的成就。 1991—1996 年 GDP 的年增速达到惊人的 12%，人均年增速 11%。 这期间还有一段时间出现通货紧缩！ 8%—10% 的年增速一直保持到 2008 年全球金融危机，而且是在一个超过 10 亿人口的国家。 在 2009—2010 年间中国也比其他国家更快地恢复到危机前的增速。 东亚竞争对手保持这样的增速也就 10—12 年，日本在高增长后陷入滞涨。 中国增长依旧主要源自高水平的投资，到 21 世纪初时其投资额已经超过其他任何国家。 因为中国的增长集中于产业部门，中国已经成为世界工厂。 现在经济增速居世界第二的印度的产业就要少得多，而且更多是服务业和农业。 印度仍落后于中国 15 年。 不过值得注意的是，中国是从计划经济转型而来的，印度也是从一个教育水平较高的相对计划的经济向更加市场的经济转型的。 中国和印度也在提升在国际科技阶梯中的位置，同时中国现在也是绿色科技的领军者之一(Naughton，2007：143，153—156；Maddison，2007：169)。1990—2006 年，中国婴儿和儿童的死亡率几乎减半，平均寿命提高到 73 岁，只比美国低 5 岁。

在此期间中国也开始在世界经济中占据主导地位。 中国在 1986 年申请成为关贸总协定成员国，当时其关税税率平均为 43%。 与关贸总协定和世界贸易组织的谈判一直延续到 2000 年，其关税也稳步降至 2001 年的 15%，到 2005 年降至 10% 以下。 随着中国与东盟在 2010 年建立起自由贸易区，所有关税都废止了。 1996 年经常项目下实现货币完全可兑换。 2000 年后在人民币升值的助力下，中国成为世界上最大的出口国和仅次于美国的第二大吸收外资国。 只有很少的短期热钱流入中国，因此避免了资本主义新自由时代下蔓延各国的金融动荡。 到 2000 年几乎三分之一的中国制造业是从属于外资公司的工厂(Lardy，2002：4，8，32—33，61；Naughton，2007：401—423；Andreas，2008：130)。 2008 年金融危机席卷全球时，中国的制造业出口立即受到冲击。

不过，中国随即出台实际上最大规模的国内刺激政策，使经济迅速恢复，并且开始推进一条更为健康的政治经济学路径，即提升国内消费，以及有可能的话，甚至要降低区域间的不平等。 这似乎证实了政党—国家的部分优势。

这成就了中国奇迹，世界上唯一一个国家在 20—21 世纪实现并且可能还要再延续一段时间的持续高增长。 1981—2004 年间贫困人口的数量和比例大幅下降，虽然其中的三分之二发生在 80 年代，可能因为取消合作化、平均土地改革、提高国家农产品价格后乡镇企业和农业的发展。 正如佩里·安德森(Perry Anderson)所提到的那样，不论对资本主义还是社会主义而言，这都是最有动力的形式(Anderson，2010：95)。 没有任何一个现代产业或城市基础设施发展得如此迅速，没有任何一国的人民脱贫得如此迅速，但也没有任何一国的贫富差距发展得如此迅速。 总体而言，它对大部分中国人而言是好的。 这个政权，满足了他们物质和精神上的需求。 中国在发展，中国是伟大的。

怀疑论者认为中国经济中存在很多问题，金融和财务部门行事不力、无效的国有企业、大量的贸易盈余催生出一个几乎不创造就业的城市工业部门，城市和农村之间的巨大差距，加上工人的低工资抑制了国内需求。 林毅夫和刘培林的研究显示，当越来越多的投资投入到内陆省份时，资金更多地流入到不赢利的资本密集型重工业的国有企业(Lin & Liu，2003)。 他们认为，如果资金能进入内陆省份具有比较优势的部门，尤其是劳动力密集型产业，那就更好了。 中国在 2001 年以不甚优厚的条款进入世界贸易组织可能就是一种通过更多外商投资和贸易来修正这一问题的尝试(Lardy，2002)。 然而，增长仍在持续，并且不像美国、日本和大部分欧洲国家，中国经济在新自由主义的经济大衰退中迅速恢复了活力。

不平等与反抗

中国的主要问题不是增长而是社会不平等。 分权化的市场更加扩大了社会不平等，大大增加了腐败现象。 虽然贫困率大幅下降，所有省份的收入都提高了，但城市和沿海省份远远跑在农村和内陆省份的前面，尤其是在邓小平时期。 大城市上海和沿海省份浙江的人均 GDP 分别是西部贵州省的 13 倍和 5 倍(Lin & Liu, 2008：56)。 市场导致韦伯式的阶级分层，使得那些在市场中有经济和政治资源的人获益，同时损害那些只能出卖劳动力的人的利益。 因此人们以及家庭之间的不平等急速上升。 衡量个人之间不平等的基尼系数在 1979—1981 年间处于0.29—0.31 的范围内，是当时世界的最低区间。 1995—1998 年这一系数上升至0.38，1994 年升至 0.43，2006 年几乎达到 0.50，略高于美国。 根据世界银行的研究，中国基尼系数的上升有一半的原因来自于城市和农村之间的差距，三分之一来自地域间的不平等，其余来自农村或城市部门内部的差异。 在邓小平时代，大型私人企业和经济特区享受的各种优惠加剧了不平等。 最近的基尼系数已经升至仅次于俄罗斯和几个拉丁美洲国家。 现在政府担心不平等会导致严重的社会冲突(Lee & Selden, 2007；Chai & Roy, 2006：191—192；Naughton, 2007：217—225；Huang, 2008；Andreas, 2008：134—138)。 但是农村医疗和教育项目的废止早就开始了，虽然在乡镇企业消失以及国有企业没落的期间有所强化，铁饭碗也被打破了，这些趋势和政府所声称的不相适宜，政府声称的是给人民更多真实的人权——不是民事或政治权利，而是以物质保障和脱离绝对贫困作为表现形式的社会公民权。 与其他发展中国家相比，尤其是其竞争对手印度，中国的共产主义确实意味着脱离绝对贫困，而非相对贫困。

这不仅是中国的问题，也是世界性问题。 在强大经济生产能力中的民众的相对贫困意味着国内对本国生产的商品的需求不足，它们必须被出口一部分。 中国出口额大幅超过进口额，因此获得了巨额外汇储备，尤其是美元，因为内需不足使得它不得不投资到发达国家。 这导致"全球失衡"，我们会在第十一章看到这是 2008 年大衰退的主要原因之一，因此世界都希望中国提高民众的生活水平。

中国历史上长期存在工人和农民的反抗，近期也有很多不满。 对于国有企业的职工来说，改革削减了之前他们从"铁饭碗"福利体系可以得到的福利。 而沿海私人企业中八千万的打工者从未享受过这种福利。 2008 年以前，这部分经济实体繁荣发展，失业几乎不是问题，女性打工者更为顺服。 然而这两个部门的剥削都非常严重。 现在出口部门的抗议越来越频繁，而国有企业中则没有那么普遍。 第二代打工者(他们中的大部分不会再回到农村)正变得越来越自信，更愿意起来抗议。 因此劳工的反抗大幅增加；劳工争议仲裁也是如此——自 1990 年代末开始，针对雇主和官员的民间诉讼大幅增加，劳动争议仲裁就是其中的一部分。 正如李静君(Ching Kwant Lee)所言，从国家资本主义转型至其所定义的市场社会主义导致工人们更加激进，这一点与苏联截然不同(Lee，2002)。

李静君对比了 1990 年代末两个不同地区的工人抗议活动(Lee，2007a)。 在北方辽宁省的铁锈城市(rust belt city)中，国有企业倒闭是因为政府自身改革所致，产生了大量失业，许多工人数月没有领到工资或者没有拿到按照法律他们应得的退休金和其他福利。 大约一半的国有企业已经倒闭或者正在倒闭，不能继续支付社会福利。 工人们认为，当地和地区的政府有责任进行干预并支付他们工资，但是政府却没有这么做。 他们也获得一些社区的支持和官员的同情，甚至，该活动周围的警察都对他们表示同情。 虽然工人们欢迎外来的支持，但是他们非常谨慎地将动员范围限制在一个单位内部；在国家社会主义体制内，单位曾经是居住和社会福利单位。

李静君列出了两个主要原因：第一，虽然总体上剥削现象非常普遍，但是在不同工厂之间和不同种类的工人(按照年龄、技术和先前的阶级地位来划分)之间，剥削的形式差异很大。 所以，在各个地方，大部分的不满都不相同。 第二，工人们知道政府会快速地压制大规模社会运动。 单位水平上的抗议是可以的，但是，如一个工人所言，"我们没有必要与其他单位的人联合。 如果我们与其他单位合作，那么国家就会将我们视为暴乱"。 工人们诉诸政府正式公布的规则和法律，这并不是对政府的挑战，而是要求政府做它应该做的事情，而且这种行为背后是同志式的阶级关系和中国社会主义的公民规范。 工人们要求政府坚持毛泽东时代的社会主义规范，他们认为那时候得到了良好而平等的待遇。 但是，这种策略的成功几率不大。 他们必须持续制造麻烦，才能得到政府的让步。 国家社会主义的普遍性灾难是，那些领导游行和暴乱的人很可能会受到政府的严厉制裁。 这里最好的结果可能是，如果中国工人得到更多的民主权利，那么他们的诉求会发展成为工人的社会民主运动。 但是，现在还没有这种迹象。

在高速发展的沿海阳光地带，李静君强调农民工的工资低和待遇差。 这些工人经常每天工作 12 个小时，一周工作 6 天、甚至是 7 天，有时受到身体虐待，经常不知道他们的工资。 这种剥削水平类似于弗里德里希·恩格斯在其经典著作《1844 年英国工人阶级状况》中的描述。 她认为，在高速发展的地区，中国的工资水平很低，不仅因为劳动力供给过多，还因为农村社区——而不是雇主——承担了劳动力再生产的费用。 因此，他们也间接地受到剥削。 这些工人的抗议仅仅是零星进行的，通常没有老工业地区的那种工作单位。 农民工更难进行组织，因此他们的抗议活动也更少，这些抗议通常是由地缘关系基础上的小群体发起的。 他们关注工资问题，也诉诸政府的价值观念和规范，尤其是政府最近所强调的依法治国。 在中国，工人和农民诉诸法律，而资本家——雇主和有的官员——却忽视法律(Lee, 2002)。这里，工人在行动中也能够在以下两种行动之间划清界限：诉诸法律的游行，以及对雇主和官员更有威胁的行动(雇主和官员往往紧密相连)。

所以，大部分抗议是无效的。 工人不能再依赖原来位于企业内部的党委书记来获得保护。 党员干部经常分享企业利润，因此对其提高工资和福利要求也是毫不同情。 工会资源不足，行动无效。 行政管理几乎具有绝对特权。 改革并没有给工人带来自由。 在中国，欧洲、美国和日本企业中工人的条件更好，因为它们没有转包其生产活动，而在中国大陆、香港和华侨的私有企业以及韩国的企业里，工人的条件更差。 但是，政府相信，对于中国的比较优势——教育良好但价格低廉的劳动力——而言，剥削是必然的(Taylor et al.，2003；Chan，2001；Lee，2007b，对于西方企业的影响更不乐观)。

历届政府都宣称要扭转不断增加的收入不平等状况，但是这些改革却降低了他们这样做的能力。 自主的地方官员不想改变对他们有利的制度体系。 当国家将它的职能转让给私有部门或地方部门时，其自己的资源减少了。 税收收入从 1979 年占 GDP 的 35% 下降到 1996 年的10%。 地方分权改革也将基础卫生和教育的成本强加给了地方政府。由于贫穷的村庄没有什么资源，医疗保障在农村地区和内陆地区降低了，养老保障也是如此，再加上国有企业的裁减员工，这一切都导致地区之间死亡率的巨大差异。 但是，在 1990 年代末，政府开始重新加强它的权力，到 2005 年，税收收入已经上升到占 GDP 的 20%，现在可能更多了。

但政治上也存在问题。 2002 年，胡锦涛出任总书记，和总理温家宝一起，他们宣称要减轻社会不平等、改善社会福利。 他们大张旗鼓，走访贫穷地区，并许诺更好的社会福利和更多的就业机会。 农业税降低了，补助增加了，农村教育和卫生也有些许提高。 他们宣称的目的是将经济从投资和出口转向国内消费和公共服务。 但是，改革的速度很慢，而且富裕地区反对改革(Naughton，2007)。

虽然政府采取了反对腐败的措施，但是对于这些措施的效果意见不一。 对于政府来说，这可能是一个严重的问题。 如果共产党国家失去了对其官员的控制，经济增长又被大量的寻租行为所破坏，那么面对来自下层的不满，政府将会非常脆弱。 李静君也看到了乐观的理由：最近，工人运动为参与的工人赢得了利益，而且政府在养老保险、失业保险、破产程序、反对腐败、抗灾紧急资金等方面的改革也取得了进步(Lee，2007b)。 虽然政府仍然面对广泛的社会运动，但是它也害怕社会动乱。 因此，她更将中国工人视为推进社会政策改革的力量，而不是促进政治变迁的力量。 政治变迁将会更加缓慢。

相反，裴敏欣(Minxin Pei)认为看到了潜在的灾难(Pei，1994，2006)。乍看起来，中国正在向市场协调和私有产权进行着相当成功的、渐进的过渡。 虽然他看到了一些"外溢效应"，比如国家权力转向社会，而且可能推进民主化进程，但是这些效果都是很有限的。 最近，他又发现中国道路存在的矛盾。 随着权威主义国家的市场化进程，国家高层干部会利用他们的职位攫取越来越多的租金，而且腐败最终会让国家变成掠夺性国家，并威胁市场效率。 他认为，中国陷入了困境，而且这个困境最终会搞垮这个国家。 政党对这种可能性非常清楚，但是它只是以其特有的隐秘方式来处理这个问题。 在反腐斗争中，如果一个高官卷入腐败事件，那么中央纪律检查委员会——政党的一个高级机构——会调查这个事件。 嫌疑人会被逮捕、被扣留数月。 如果官员被发现有罪，他/她就会被移交到法院。

很显然，虽然经济权力已经部分地与国家分相离，但是其本身也是集中的。 在整个改革时期，中国都没有进行政治公开化。 民众变得更加难以驾驭，但是他们也害怕国家震荡所带来的混乱和代价。 宪法的一个条款禁止颠覆国家权力，而且惩罚依然是确定的和严酷的。 媒体被政府控制着。 2001年以来，限制农村人口向城镇流动的户口制度放松了。 但是，即使他们迁移了，他们在城镇里仍然被视为二等公民。劳动法也加强了，但是它们是否得到落实仍然不清楚。 1988年以来，村庄政府选举已经扩展到大部分中国人,但是他们仍然没有得到真正的自由,在国家和地区层次上还没有政治权利。 在新疆、内蒙古的某些部分和西藏的统治仍然依赖于军事力量,虽然其他少数民族都得到了良好的待遇——如果它们没有追求独立的话。

中俄改革道路的比较

中国还没有彻底放弃共产主义。 在阿奇博尔德·布朗(Archibald Brown)所提出的共产主义体制的六个特征中(第六章已经阐述过),有些仍然存在(Brown,2009:604—606)。 就经济权力而言,中央计划只是在细节上为市场所取代,但是总体宏观经济控制仍然掌握在党国精英的手中。 中国的民族主义、经济增长和社会秩序成为新的合法性原则。 它的意识形态权力已经消失,这也是腐败大量增加的核心原因。 但是政党对政治权力的垄断没有发生变化,虽然它不是特别集权的。 我们不能把这些总体特征称作共产主义。 但是,它也不是资本主义。 这种特征可能也适合于越南和老挝。 古巴有更少的资本主义成分,却也有更温和的党国成分。

就集体经济权力而言,中国与苏联之间形成极端明显的对比。 1978年,中国的人均收入还仅仅是苏联的15%,但到2006年中国就已经超越了它,而且其后每年都持续超越(Maddison,2007:170—174)。 俄罗斯的经济依赖于石油和天然气价格——及其大量出口——中国的经济依赖于多样化的制造业,以及价格低廉但遵守纪律、技术娴熟的劳动力。 在应对新自由主义大衰退的时候,中国对国内经济进行了更多的投资,从而扩展了这个经济基础。 在上一章中我们看到,苏联所遭遇的灾难起源于高度集中的共产主义计划经济。 与之相反,这一章讲述了中国成功的故事。 但是,后共产主义的俄罗斯却对个人的民事权利和政治权利有更大的尊重。 虽然俄罗斯的民主并不完美,但是它比中国具有更少的威权主义色彩。 对于中国的经济成功，最常提及的原因：中国保持了对经济转型的政治控制，但在苏联，由于经济改革和政治/意识形态公开化是同时进行的，所以苏联的控制崩溃了(比如，Pei，1994)。 这就意味着，与苏联的六年转型相比，中国转型在30多年的时间里是从容进行的。 中国是计划中的增长，戈尔巴乔夫和叶利钦则破坏了计划，却没有找到替代品。 这就是关键，他们就是这么做的。

但是，他们为什么要这么做呢？ 常听人说，中国的优势在于他最初的经济发展水平很低，难以加以改革的大工业企业也非常少。 但是，落后总体来说不是什么好事情，而且会使得中国具有更少训练有素的技术人员——科学家、工程师、工厂管理者、经济学家、农学家等。像罗伯特·斯特雷耶(Robert Strayer)所说的那样，包括匈牙利、波兰和捷克在内的东欧国家的经济发展良好，因为它们比俄罗斯和中国更加先进，也更接近西方国家(Strayer，2001：402)。 对东欧和波罗的海国家的突然丢失打乱了苏联/俄罗斯的贸易关系。 酗酒及其财政影响也是典型的俄罗斯特征。 类似的事情没有影响过中国。 中国的确得益于亚洲经济网络——日本和韩国的发展，以及1950—1960年代就已经兴起的海外华人(Arrighi，2007)。 但是，由于他们也得益于美洲和欧洲的网络，所以他们也根据全球和宏观区域模式做了调整。

但是，政治权力关系可能更为重要。 与苏联党国相比，中国共产党国家精英的集权程度更弱，但团结程度更高。 早在1960年代，经济上的分权措施就已经开始，首先是"大跃进"时期鼓励农村工业发展的措施；接着是"大跃进"失败后的1963年，农民家庭生产活动的恢复。 两种措施在1970年又得到推进——都是在毛泽东的统治下。 我们通常将1979年视为改革时期的开始，但是改革的基础很早就已经奠定，不仅包括地方分权，也包括实用主义。"文化大革命"及其引发的内战后果导致技术精英与政治精英之间走向政治和解，而且 1976 年后对激进派的清洗则恢复了党内团结。 新的集体领导以年轻一代的红色工程师和技术专家为基础，当然也包括共产主义者，但是他们都致力于通过技术改革来促进发展，而不是要营私自肥(Andreas，2009)。

在凝聚的共产党国家精英所制定的规范和宏观计划的指导下，中国可以支持地方分权，并给地方工业和农业以市场自由。 中国也有更持久和更强烈的意识形态价值，这尽管不能够根除腐败，却可以限制官员内在的腐败和寻租行为。 相反，苏联精英们已经失去了他们的意识形态基础，在共产主义体制下，苏联已发生很多腐败现象，在国家和共和国资产私有化的过程中，他们也可以更好地利用其中产生的个人机会。那些坚持意识形态信仰的苏联和俄罗斯改革家则转向对自由市场的信仰，处在当时的新自由主义高潮中，与西方社会更强烈的意识形态联系促进了这种现象的出现。

中国人是正确的，俄罗斯及其新自由主义顾问则是错误的。 经济需要社会秩序，但市场不会自动地产生秩序。 像我们在第二章中所看到的那样，总体而言，国家主义措施促进了最近的经济发展，尤其是在赶超效应上——只要国家精英真正致力于经济发展，而不是谋取私利。 大部分发展中国家的问题是，他们的精英并不是如此地负责。中国人结合了两种意识形态：共产主义，以及以规范性团结、努力工作、产生高储蓄和高投资的生活节俭相结合的东亚价值观念(日本和四小龙也有这些特征)。 到目前为止，这种结合催生了低腐败的经济发展。

新自由主义者看到自己在俄罗斯的失败之后可能会认为市场经济的推进力度不够，可能会认为俄罗斯是不可改革的——太腐败，有太多的大工业企业(Aslund，2002：13—15)。 但是，还存在另外一种可能性。如果苏联领导人在经济改革稳固地制度化之后，在国家和法律的监督下进行政治公开化改革，那么俄罗斯也会在经济上获得发展，虽然民事和政治自由会再等一段时间。 戈尔巴乔夫可能不会这样做，因为他更加致力于政治改革而非经济改革。 由于他是党的总书记，所以没有人可以这样做。 从原则上来说，这是可以实现的，但是这个世界并不是由原则来统治的。 但是，就像中国人喜欢他们的领导所提供的"发展—稳定"一样，大部分俄罗斯人也欢迎普京，因为普京也体现着这种理念。

在赶超发展中，首先是苏联，其后是中国和越南，他们与其他发展中国家做得一样好。 在达到共产主义的经济适应性和创新性上——以及长期经济增长和基本生活水平的提高上——中国的成功是举世无双的。 苏联提供的军事力量从法西斯主义那里拯救了大部分西方国家，自从 1950 年开始，中国更多地使用其武装力量进行国内发展，而不是进行帝国主义扩张。 中国小心翼翼地与美国建立起和平关系，不在地区内称霸。 它与东盟国家的关系相当好。 由于历史的原因，它与日本的关系很差；像中国对中国海域众多岛屿所有权的声称一样，台湾问题仍然是最危险的问题——几乎所有的大陆人都认为台湾是中国的一部分。 中国人的民族主义"煽动"了所有人，而日本人的民族主义则与之针锋相对。 但是，现在中国比美国更加和平和友好，在经济上也比美国更加成功。 随着普遍性的全球化进程的总体推进，共产主义体制已不再是人类社会的一个特殊组成部分，而且全球大国关系正在经历的沧桑巨变。

未来将会如何？ 乐观的中国观察者认为，中国人将会逐渐拥有更多的民事和政治权利。 杨大力认为，腐败和当地官员滥用权力的现象正在减少，对宪法的坚持和遵守正在提高，法院正在变得更加独立和有效，地方立法机构正在对行政部门进行真正的监督(Yang，2004)。 这可能是通向民主和平等之路。 其他人却不同意。 如果对腐败和地区不平等的回应是剧烈的反抗，那么我们就很难看到政府会放松控制。 政府确实提供了秩序，这也是发展中国家所珍视的稀缺资源，在中国则尤其珍贵。 更为现实的乐观是：被不断增加的抗议活动警醒的政党精英，可能会采取更加坚决的措施来减少不平等和腐败——虽然这会提高集权的程度，而不是民主的程度。 在很长的时间里，典型的民主还不会到来，而没有这样的民主的进一步分权不可能减少不平等和腐败，市场分权毕竟是导致这些问题的原因。

注 释：

　　[1] 关于中国的经济统计数据有诸多讨论(参见 Naughton，2007：chap.6)。 多数观点认为数据被夸大了，虽然只是小幅夸大。

社会权力的来源

（第四卷）

全球化

（1945-2011）

下

社会权力的来源

（第四卷）

全球化
（1945－2011）

下

［英］迈克尔·曼 著　郭忠华　徐法寅　蒋文芳 译

世纪出版集团　上海人民出版社

社会权力的来源

下

目录

第九章

一种关于革命的理论

我已经将革命定义为推翻某种统治体制，并在实质上改变四种社会权力来源中的三种的大众反叛运动。这四种社会权力的来源是意识形态、经济、军事和政治权力。政治革命是仅仅改变政治权力关系的革命，比如中国的 1911 年革命，2011 年的"阿拉伯之春"。在第三卷里，我对 20 世纪主要的革命给出了更为充分的解释，无论这些革命是成功抑或不成功的；在这一卷的第五章，我又增加了二战后拉丁美洲和亚洲的革命事件。第七章描述了苏联失败过程中自上而下的革命。稍后，在这一章里，我会花一些时间来讨论 1979 年的伊朗革命。其他各章讨论了这个世纪所发生的主要的改革过程，这些改革是革命的替代性方案。从这些分析中，我们可以找出一些比较性和历史性的理论概括，并进而形成一种关于革命的理论，虽然历史总会对革命者和反革命者提出新的挑战。这些理论概括包含了所有四种社会权力的来源。

首先，直到 1979 年的伊朗革命，20 世纪的革命都吸纳了关于阶级剥削、斗争和革命的马克思主义理论，虽然它们在开始的时候不都是这样做的，但马克思主义确实是他们手中的灵活的意识形态工具。对现代革命而言，一个实质的意识形态权力是必不可少的，因为意识形态会提供一个历史发展观点，这种观点将能够团结意识形态权力精英，激励他们在反叛中采取冒险性行动，并在取得政权后进行彻底的社会转型。也就是说，即使在进行实际的改革时，革命者依然能够坚持他们最终的改革目标，中国共产党显然是这么做的。这也保证，获得政治权力并

311

不是革命的目的，这些革命者没有停下来享受权力，而是在意识形态的驱使下谋求改变其他的权力来源。

第二，对于大量的工人和农民而言，阶级剥削的观念所具有的合理性说明阶级斗争是现代革命的一个主要原因，这正如马克思主义者所说的一样。但是，我没有发现什么证据来证明马克思主义的这种观点：农村中某种特殊的生产关系——自耕农、雇用劳动者和其他——对革命会有特别的帮助或者危害。这是一个广泛的阶级观念，这个观念常常关注促使革命发生的国家和上层阶级。革命精英必须迅速地解释他们在革命中的角色，因为他们大部分不是工人，而是资产阶级知识分子。更为重要的是，由于革命发生在相对落后的国家，因此他们必须将马克思关于工业阶级冲突的理论扩展到农民中去，但是他们必须迅速这样做，因为他们的存活需要这样做！阶级斗争是经济权力关系对革命所做的主要贡献。这意味着，意识形态精英所领导的政党具有大众支持；在中国，总是如此，在俄罗斯，关键时刻也是如此。如果没有这种支持，所有革命都会失败，即使面对微弱的和分裂的政府和军队，也是如此。

第三，列宁自己是这么评价的，很多人也如此重复：统治体制内的政治薄弱环节和分裂是革命的一个必不可少的特征。这里，我稍微改变一下传统的观点，我是这样说的：那些压迫的、排外的或者基础薄弱、内部分裂的国家在面对革命时是最为脆弱的国家。这是在引发革命时政治权力关系的主要角色。我稍后会看到，与之前相比，革命者还必须把其关于剥削和革命的理论从经济领域更多地扩展到政治领域中，所以，民主对于革命来说很少是脆弱的。他们通常可以通过制度化的选举过程来处理社会不满。在魏玛共和国衰落之前，这种制度经过了一系列的危机和十多年的时间才变得非常紧张。

第四，除拉丁美洲的革命之外(大多数是不成功的)，在大战时期的革命中，大战中的战败加速了革命的发生，这正是斯考切波的革命模型所说的。但是，战争继续决定革命本身的形式。革命者和反革命都是军事化的，并伴随着内战。在俄罗斯、中国、朝鲜、越南、老挝、古巴和尼加拉瓜都是如此——在今天的尼泊尔也是如此。这是军事权力关系所发挥的主要作用。

因此，四种社会权力的来源都为革命的发生提供了必要条件，而且由于四种条件都是必要的，因此很难说哪一个更加主要。当然，其中一个更主要的因素可以替代另一个次要的因素。因此，中国的国民党政权并不是特别的软弱，它比反对它的共产主义苏维埃更加强大，但它比破坏其权力的日本政府更加软弱，并最终为共产主义政权所取代。拉丁美洲的一些革命或革命努力是在没有战争的情况下发生的，因为它们的政府具有更高的个人化和排他性。我们将会看到，伊朗革命也是在没有战争的情况下发生的，因为伊朗国王的极端个人化特征和微弱的基础结构替代了战争的作用。

这些是总体上的共同因素，但并不是所有的革命都相同。我们可以区分出历史上的两次革命浪潮(也可能成为三次)。第一次革命浪潮发生在1917—1923年之间。这次革命浪潮以俄罗斯的布尔什维克革命作为开端，并扩展到东欧和中欧地区失败的革命。如我在第三卷第六章所指出的那样，布尔什维克革命仍然是唯一一次在工业社会发生的成功的革命。与马克思所预测的一样，这次革命的主要参与者是组织化的无产阶级，即工业劳动阶级。1917年初，布尔什维克只是一种无足轻重的力量。其后，他们的影响迅速增加，其中一个原因就是他们赶上了工人阶级的革命性。工人需要农民战士的武力支持，占有土地的农民则在农村废除了政府权力，工人阶级实际上还需要布尔什维克的领导。在革命及其后的内战中，工人阶级一直是革命的核心力量。但是，在其他工业国家里——以及现在仍在进行工业化的国家里——工人阶级没有进行革命，而是对资本主义进行改革。工人阶级在改革资本主义和深化民主改革中仍然是主要力量(虽然不是唯一的力量)，其结果不是革命，而是T.H.马歇尔(T.H.Marshall)所说的社会公民权。那么，为什么只有布尔什维克和俄罗斯工人阶级取得了革命的成功呢？

基本答案非常简单：战争。 一战引起了国家基础权力的崩溃以及后来其统治合法性的丧失。 但是，俄罗斯是唯一一个具有强大工业部门的国家(工业部门在其两个首都城市里尤其重要)，基于工业部门的发展，为了弥补武器和后勤上的不足，步兵军团被用作炮灰，大战给他们带来一系列严重的军事失利，这些失利导致战争过程中发生一次重大的士兵反抗。 这些士兵原来大部分都是农民，虽然工人在海军中的比例很高。 在反抗中，他们用武力支持罢工的工人、要求面包的示威者和占据土地的农民。 一个更为政治化和军事化的剥削概念能够解释所有这些群体。 只有工人把资本家当成主要的敌人，但是所有的反抗者都将国家视为剥削者，当国家在徒劳无益的战争中牺牲成千上万条生命的时候尤其如此。 当时，布尔什维克是唯一一个在广义上讨论剥削的政党。 他们提供了一个关于土地、民生与和平的方案，因为他们的方案可以结束产生剥削的主要来源，所以人们会追随他们。 当托洛茨基宣称"当没有其他路可走，革命才会发生"的时候，他其实是在说，君主统治和自由主义方案都失败了。 需要注意的是，军队不仅仅拒绝对革命进行镇压：他们是革命的突击部队，而且他们将工人和农民联系起来了。 但在欧洲的其他地方，军队则都帮助镇压革命。

托洛茨基后来用"综合和不平等发展"对革命进行经济学分析。他认为，在当时的俄罗斯，封建主义的矛盾(主要影响农民)和资本主义的矛盾(主要影响工人)同时爆发。 这个分析是准确的，但是，如果这是唯一的原因，这会产生独立的反抗，这些反抗也会被成功地分别镇压，当时的西班牙就是这样。 布尔什维克的成功还依赖于战争。 在俄罗斯，两个主要的因果关系非常重要：第一个因果关系涉及工业工人阶级发起的阶级斗争、马克思主义的意识形态和布尔什维克的政治组织；在第二个因果关系中，大战中持续的失利削弱了统治政权、武装了革命，并使军队将工人和农民结合起来。 这两个因果关系共同导致革命的成功。

第三卷的第六章对 1918—1923 年之间发生在德国、奥地利、匈牙利和意大利的不成功革命进行过分析，它强化了这一结论。　战败也削弱了现存政权(损失惨重的意大利军队只是在形式上取得了胜利)。　这些国家和俄罗斯在战争经历上各有不同，战败的军队在战争结束的时候才开始反抗。　与工人委员会一起，士兵委员会迅速被建立起来，在某些国家里，这两种委员会都要求革命。　但是战后新的中央政权有其解决的措施：它们解散军队，并让其上缴武器之后回家。　军队不复存在了，革命的核心士兵只能面对由军官所领导的、更为有效、更加组织化和半军事化的反革命力量。　这意味着军人不能将工人和农民结合起来。　这是这些国家的一个主要弱点，因为在战后的暴乱中，大部分农民都不积极。　这些国家与俄罗斯还存在其他的不同。　在德国和奥地利，工人逃避左派革命者，因为他们可以从战后的共和国那里获得利益。　在匈牙利，革命者已经在首都取得了政权，但是罗马尼亚的反革命军队介入并镇压了革命政权——这是一战后唯一一次国外反革命力量发挥主要作用的事件。

布尔什维克很轻易就夺取了政权，而且首都也没有迅速的反革命镇压。　但是，保守主义者在很多省份重组并组建了白色的准军事组织，这也迫使布尔什维克发动红军来镇压他们。　接下来长达数年的内战极具破坏性，尤其是对布尔什维克的资源。　但是，在西方盟国停止对白色政权进行援助之后，它们对平民的残暴以及内部的分裂导致了红色政权的胜利。　从那以后，国内便再也没有出现有力的反革命运动，除非是在斯大林的心里。　布尔什维克利用反革命威胁对他们日益独裁的权力进行合法化，但是，这样做的主要原因则是要将他们的乌托邦目标强加给不情愿的民众。　当然，苏联确实遇到了来自国外权力的反革命威胁，尤其是当希特勒在德国掌权之后。　建立苏联的防御力量意味着优先加速工业化进程，这意味着要将农业剩余产品转移到工业投资中去，这就要求强迫那些不情愿的农民。　因此，俄罗斯革命增强了国家的独裁权力，而且其权力比沙皇的权力更加有效。　这是以下集中因素的结合：布尔什维克的权力和转型目标，尤其是斯大林对抗地缘政治压力和不情愿农民的国家权力。

斯考切波发现，革命会增强政府的官僚统治(Skocpol，1979)。 但是，对法国大革命而言，这是不正确的(如我在第二卷所说的那样)。 但这对俄罗斯革命来说是正确的，因为党国体制实现了这一点。 国家基础权力不仅依赖于政府行政机构的增强，而且依赖于政党提供安全服务以及监察国家官员和普通大众。 政党不是像韦伯所说的作为达到目标的理性手段的官僚体制，而是致力于其终极价值的意识形态工具。 此外，它发动大众动员的英雄计划的趋势根本就是科层体制。 但是，公民心理上脱离政府(并最终脱离政党)暴露了国家权力的局限性。 但是，革命却增强了国家的独裁权力和基础权力——总体而言，这不是什么好事情。

第二次革命浪潮受中国共产党的鼓舞。 中国革命也是在马克思主义领导下进行的，但是，与其后的革命一样，它是在农民的名义下进行的，而不是在工人的名义下进行的。 在毛泽东的领导下，中国共产党将马克思主义转换成一个关于农村剥削和阶级斗争的理论：富有的农民和地主剥削贫下中农的劳动、租金、税收和其他费用。 农民大众能够理解这种剥削。 这对共产党的成功至关重要，因为农民大众意识到，他们可以从共产党那里得到比国民党或日本人那里更多的物质帮助。 像布尔什维克革命一样，这个革命是由团结的共产党领导的、以马克思主义的名义进行的阶级革命。 但是，由于他们担心有产阶级和国家的权力(以及后来日本人的权力)，农民的努力几乎没有超出那种地方性的、例行化的、为有限目标的示威反抗，由于他们相信共产党也会将政府压迫强加到他们头上，所以他们也不欢迎共产党进入他们的村落。

因此，革命的第二个要求是共产党必须为他们治下的苏维埃根据地的农民提供军事保护。 从 1931 年在江西建立第一个苏维埃政权到 1949 年取得最终的胜利，中国共产党一直都是一个军队，它的政策也一直包括为根据地建立进行自我防御的民兵组织，从而土地、地租和税收分配改革可以在他们内部进行。 更重要的军事条件是 1931 的日本侵略，这次侵略是太平洋战争的一部分，一直持续到 1945 年。 蒋介石的国民党力量被迫从消灭共产党转移到对日战争上。 他不能够打败日本人，这削弱了他的政权。 因此，共产党可以保护并逐渐扩展其根据地，并可以在日本投降后对抗国民党。

我们又发现了总体上相似的原因：首先，阶级斗争和毛泽东的农村意识形态；其次，中国一系列的战败，使得团结的、意识形态色彩强烈的共产党能够建立军事防御力量，这一军事力量是建立地方苏维埃政权、赢得农民信任并最终取得胜利的必要条件。

在第二次革命浪潮中，几乎所有 1949 年之后的革命都是以农民的名义进行的，而且大部分都受中国共产党的影响，虽然也都受到了苏联的物质帮助。 但是，中国与苏联不同。 拉丁美洲之外的革命也是反殖民主义革命，而且这些革命混合了农民阶级斗争和反殖民主义民族运动。 尤其是在亚洲，农民认识到两个相互联系的敌人：殖民地国家及其主要的走狗，这些走狗主要是当地的地主和商人。 二战很大程度上削弱了这些敌人，在二战中，首先是日本推翻英国、法国和荷兰的亚洲殖民地，其后是美国、英国和中国击败日本帝国。 在非洲、加勒比海地区和其他地方，在当地人看来，二战甚至削弱了英帝国。 战争失利的法国、比利时和荷兰则遭受更大的创伤。 此时，在世界殖民地国家里，民族主义运动取得了独立，它们大部分是通过纯粹的政治革命进行的，有些则是通过阶级斗争与反殖民主义民族运动相结合的社会革命进行的。 在亚洲，朝鲜、越南、老挝和柬埔寨的革命运动都综合了马克思主义和民族主义意识形态。 在非洲，阿尔及利亚和安哥拉革命也更多地是社会革命。 但是，与其他非洲反殖民主义政治革命一样，在安哥拉革命精英的眼中，民族国家只是一闪而过。 与具有长期政治历史的东亚和东南亚国家不同，那里实际上几乎没有什么民族认同感。 在非洲，更多地是种族问题——驱逐白人——在穆斯林国家，种族问题与宗教问题——驱逐基督教——相结合。 虽然我不赞同查默斯·约翰逊(Chalmers Johnson)对中国革命所做的农民民族主义解释，但是他的理论

317

更加接近这些事件的实际，因为这些革命都是在反帝国主义和民族主义的基础上发展起来的。

所以，第二次革命浪潮有三个主要原因：农村阶级斗争、民族主义或种族主义的反殖民主义运动，以及大战中统治政权的失败。需要注意的是，在世界大战中获胜的英国只遭受政治革命，并成功地镇压了马来亚和肯尼亚的武装起义。宏观经济条件和具体的生产关系也发挥了一些作用，但是作用并不大。接受共产主义的农民，有时候是佃农、有时候是小业主、有时候则是无地的劳工。像古德温反驳佩奇(Paige)和沃尔夫(Wolf)的经济观点时所说的那样，这些运动具有不同的社会基础(Goodwin, 2001：82—84)。最重要的是，农民与地主之间进行的地方性的、农村的军事斗争，与战争所削弱的殖民统治混杂在一起。

因此，在夺得政权之后，成功的革命通常不会遭遇到国内强大的反革命力量。在中国、朝鲜和越南都是如此，在这些地方，革命政权开始都比国内反对派更受民众欢迎。但是，这些革命者必须与新地缘政治带来的、更强大的反革命力量相抗争。其核心问题是，美国下定决心不再失去更多的"中国"，并用一些必要的力量来打败共产主义革命。美国为受到威胁的政权提供了数以亿计美元的援助，如果有需求，它随时准备使用焦土政策进行军事干预，为最大程度地削弱共产主义政权和让它在邻邦民族主义者那里没有吸引力，美国不惜杀害更多的人和破坏更多的经济。最初，通过向朝鲜和越南的革命者提供支持，苏联、中国与美国进行抗争，但是，他们在美国之前就厌烦了他们在当地无法控制的盟友。相反，俄罗斯革命在一战结束的时候很大程度就被弃置不顾，尽管在内战期间西方对它进行过短暂的、半途而废的干预。与第二次革命浪潮中的革命不同，俄罗斯革命没有外在的支持，中欧和东欧的革命也没有。也许有人会说，1918年以后西方大国干预的无力是源于战争的疲劳，但是，二战之后，美国、苏联和中国也都经历过战争的疲劳，它们还是进行了更多的干预。太平洋战争期间，美国曾经支持中国国民党，但内战开始以后，它却很大程度上躲开了。

但是，这次失利的结果是，美国的反革命策略得到增强，同时美国降低革命预期的能力也得到增强。

美国的策略似乎不太成功：从朝鲜撤退、在越南失败、老挝和柬埔寨的结果也不好。 但是，我们可以从不同的角度来看待这一问题。 在朝鲜，美国对北方的轰炸保护了南方政权，并且在半岛南部建立起一个资本主义的、最终民主化的政权。 但是，内战中北方的毁坏和军事化也使得共产主义政权在南方和境外不受欢迎。 在越南，轰炸削弱了共产主义体制，尽管它后来又朝着资本主义方向复苏了。 在柬埔寨，美国的轰炸产生了一个可怕的共产主义政权——红色高棉，而且，其邻居越南的共产主义政权还侵入柬埔寨以推翻它。 在老挝，美国(和越南)的干预导致内战和极其微弱的共产主义政权，这个政权不能有效地管理这个国家。 所以，美国的反革命策略事实上在两个层次上获得成功。 在较高的层次上，它催生民主的资本主义政权，这虽然很少发生。 在较低层次上，它催生焦土，破坏整个国家，这构成了让各阶级民众放弃革命的刺激，而且也让邻国民众不再步其后尘。 美国在后一种策略上的政策更加成功，这种策略构成革命的主要障碍，尤其是在小国家里，否则这些小国家会轻易地被破坏。

在强调阶级斗争上，我的解释可以说是马克思学派的观点，但它在其他方面又不是马克思学派的观点。 资本主义的宏观经济趋势和生产过程的微观关系对革命结果的影响都不是很大。 革命没有在经济周期的某些特定时间点上发生，也不是通过资本主义世界体系的扩张发生的。 参加革命的工人有时候是技术工人，有时候是非技术工人；农民有时候是佃农，有时候是小业主，有时候是无地劳工。 这些运动有不同的社会基础，虽然积极分子中男人多于女人，大部分冒险者是年轻、单身的成年人。 但是，在这些革命中，大众阶级有着共同的被剥削感，而这种感觉又不仅仅是在劳资关系中产生的，因为它也包括了政治、军事和意识形态上(在殖民地的革命中还有种族上)的被剥削感。 它们之间的结合使得灵活的马克思主义意识形态者能够合理地、正确地找出剥削的原因和解决方案。

但革命之后，他们立即变得不那么灵活。 度过蜜月期之后，他们对假想的反革命阶级和政治反对者进行残酷的镇压。 国家精英的独裁权力以与苏联相同的方式和原因增加。 乌托邦目标、地缘政治压力以及农民不情愿地为工业和军事做出牺牲，共同加强了独裁权力。 党国不断发起英雄计划的基础权力也增强了，而且与苏联相比，民众心理上对政府的脱离更少。 但是，其后中国政府引进了具有高度灵活性的经济模式，越南后来也进行仿效，这种灵活性使得政府可以兼用市场和国家两种经济工具，这种结合也使得这个国家取得巨大的经济增长，而且经济增长仍在继续。 到目前为止，这是 20 世纪一条最好的革命发展路线，虽然改革还没有深入地扩张到政治领域。

但是，并不是所有的现代革命都可以和苏联或者中国革命一起进行解释。 非洲就有些不同，虽然那里的反殖民主义反抗也受第二次世界大战的鼓舞。 在世界大战期间，非洲人被鼓动杀害欧洲人，这也削弱了欧洲人的优越性。 拉丁美洲则更为不同，因为这个大陆上没有发生过大战。 但是，这里具有民族和种族特权引起的极端不平等和长期的农民起义传统。 也许，最重要的因素是这里微弱的、个人化的和排斥性的统治政权。 这些因素导致多次革命的努力，但只有在古巴和尼加拉瓜的两次革命获得成功，此外还有 1960 年代中期和 1970 年代中期被镇压下去的一系列革命游击运动。 这里的革命也有一些反殖民主义的成分，因为统治精英通常受到美帝国的支持，而且受过大学教育的知识分子也宣扬了马克思主义的反殖民主义理论。 比如，卡斯特罗和格瓦拉就对马克思主义的反殖民主义理论进行了重新解读，这些都对源自扎帕塔(Zapata)和桑迪诺(Sandino)的拉丁革命传统进行重新定位。 但是，一般说来，如果能够从美国得到一些外来支持，这些地方政权应该可以对抗革命运动。 那两次成功革命的对象是典型高压统治的、排他性的、基础薄弱的和个人化的国家政权，社会学家都认为这样的政权面对革命将极其虚弱。 它们甚至脱离了某些精英群体，拒绝安抚民众的不满——这种安抚是改革和革命的区别——它们也缺少镇压反抗的军事专家。 它们只有近卫保镖而没有真正的军队(Wickham-Crowley，2001)。但是，两次革命都遭遇了美国所领导的反革命运动，而且美国的焦土政策也打击了尼加拉瓜桑迪诺和古巴卡斯特罗的可信性。

所以，我和其他理论家曾经找出的任何一种原因都不是革命发生的必要条件，中国毁灭性的和持续性的大战，以及古巴和尼加拉瓜无效的政府所发挥的作用替代了其他因素所发挥的作用。 在 1979 年伊朗革命这一特殊事件中，这种替代作用尤其明显。 那里没有马克思主义，而且也不是出于对战争的反应，同时也产生了不同的结果。 与俄罗斯革命和中国革命一样，这个革命也可能会引起另外一个革命浪潮。 接下来我将详细讨论这次革命。

第三次革命浪潮的先驱？ 1979 年伊朗革命

伊朗在 1979 年以前处于巴列维王朝的统治之下。[1]这个王朝并不古老，它是 1925 年由军官礼萨·沙赫(Reza Shah)建立的。 礼萨·沙赫是一个农民出身的军事少校的儿子。 1941 年，英国怀疑他在二战期间对于同盟国的忠诚，而且伊朗地区对于给苏联提供西方援助也至关重要。 因此，英国侵入伊朗并轻而易举地消灭了他的军队，然后让其儿子穆罕默德·礼萨·巴列维取代他，后者一直统治到 1979 年。 由于他的王朝没有因为历史悠久而变得神圣化，王朝的延续或衰落完全取决于他自己的成功或失败。 国王最初建立了一个依赖封建地主贵族的、个人化的君主专制，这给他自己增加了压力；这种政体在世界其他地方早已过时。 但是，1960 年代他力图进行土地改革，打击地主阶级的权力，并建立一个忠诚的农民阶级。 不幸的是，后者并没有得到足够的土地以维持生计，很多人被迫迁移，在城市中过着边缘化的生活(Kian-Thiebaut，1998：127；Kandil，2012)。 国王的社会支持基础变得越来薄弱。

伊朗的经济主要以石油为基础,到 1978 年,石油占出口总额的 98%,这导致对外国商品的进口。 这些进口削弱了伊朗的企业,尤其是集市上的商人、手工业者以及商店老板。 国王认为这些人都是落后的。 石油收入为政府提供资金,包括所有的国家资本主义项目。 这使得经济在 1970 年代早期取得实质性的增长,但是经济增长的利益大部分都进入国王亲信的腰包,而且通货膨胀还吞噬了普通老百姓获得的利益。 国王是真正的反动派,他避免使用诸如"现代化"或"发展"等词汇;相反,他宣称要重建伟大的文明,也就是说他要维持王朝统治、服饰、神圣的权力话语以及君主制下的庇护主义。 妇女权利、教育和健康水平的确提高了,这是一个相当世俗的政权。 国王认为,他可以通过一个新兴的技术统治阶级来维持其绝对统治,但是王朝庇护主义和腐败打破了他的想法。 其新任的委托人攫取了大部分财富,这造成老百姓广泛的相对剥夺感。 与苏联的情况一样,国王冷酷而宏伟的君主主义宣传只不过制造了一种大众犬儒主义(Azimi, 2008;chap.8)。 赛德·阿米尔·阿约马德说道,石油出口产生的财富还带来了道德的迷惘(Said Amir Arjomand, 1988)。 一些伊朗人变富了,但是大部分人却没有,他们致富的渴望被挫败了。 这增强了相对剥夺感,也产生了政府不公正和不道德的观点。 所有这些都刺激了关于社会公正的伊斯兰教思想。

从地缘政治上说,国王首先扮演了海湾地区美国警察的角色,虽然他主要是因为石油才取得美国(和其他国家)最新武器装备的。 这使得人们持续地指控他是国外帝国主义的工具。 但是,这种指控在 1970 年代都不真实,因为那时候他正试图挑拨美国与苏联之间的关系。 但是,他正花费大量金钱来建立一个没有必要的国防体系,购买军队不会操作的先进军事武器。 政府正变得越来越腐败和独裁,它失去大众的支持、举行虚假的选举、关押数以千计的反对者。 这些都产生了一个根本性问题。 几乎完全依赖石油的国家主义发展产生了更大的中产阶级和劳动阶级,产生了教育水平更高的民众和更多的律师。 言而总之,产生了更多的宪政体制下的选民。 但是，国王并不想彻底放弃他的道路，当时，所有将来的改革者都看到了这一点。 托克维尔很早就说过，专制统治的自由化对君主来说是危险的。 由于政府内部没有改革者，外来的改革——也就是革命——就变得更加可能了(Azimi，2008：348—353)。

关于革命的大部分理论都认为，个人化的独裁者面对革命是最脆弱的。 伊朗的政权是高度个人化的，因为国王对所有的臣属都分而治之，这些臣属单独向国王报告。 军队长官也是如此，军队里没有集体统帅。 国王不能容忍他的警察中有反对者，在民事和军事行政机构中办公室没有安全保障。 像黑泽·卡迪尔(Hazem Kandil)所说的那样，这是一个君主绝对专制主义，因为政治核心就是王朝，这个王朝统治着国家的军队和保安机构(Kandil，2012)。 对国王而言，削弱他的军事权力显然是危险的，他的统治体系严重地减弱了国家的基础权力。 像美国一样，他最关心左派反对者对他造成的危险，同时他还要小心翼翼地分化和掌控伊斯兰教职人员统治——乌力马。 虽然他镇压和放逐了一些宗教学者反对者，比如霍梅尼，但是他容忍了大部分乌力马的领导人，因为他们在政治上是保守的，而且强烈反对共产主义。 直到其统治的最后时期，他的政权都没有受到伊斯兰教的威胁。

阶级在革命中发挥了一定的作用，但不是在马克思主义意义上发挥作用的。 1970年代中期，全球滞胀打击了中产阶级和城市穷人。 福伦说道，经济衰退加速了革命，这验证了关于革命的J—曲线理论，因为衰退期之后就是一个增长期(Foran，2005：75—80；参阅 Moshiri，1991：124)。 但是，查尔斯·库兹曼(Charles Kurzman)注意到，在没有发生革命的发展中国家，经济状况与伊朗一样差，而且在伊朗，那些最受损害的人也不是更有可能加入反对派的人(Kurzman，2004：91—104)。 但是，国王的最大问题在于，其经济被政治化甚至被个人化了。 他的家族和另外十个结盟的家族拥有这个国家所有五百个最大的工业和金融业公司(Kandil，2012)。 这是一种极端的政治资本主义，对于获利的人而言，这种体制也有其不利的一面。 这一经济体依赖于石油和国王不能控制的国际资本主义经济。 在经济发展时期，国王会备受赞扬，但在经济困难时期，国王就会遭到辱骂。 在其他一些国家，解决的措施是新自由主义，但在伊朗，结果是由于不满所引发的革命。 当然，一些人受害更大。 帕尔萨指出，这场以集市(bazaaris)为中心的革命受到国王反通货膨胀政策的打击(他将提高价格的商人投入狱中)，得到石油和建筑业中更有权利的工人、白领工人和左派学生的帮助——这是一个广泛但以中产阶级为主体的反抗(Parsa, 1989：chap.5)。 因此，阶级在革命中发挥了因果作用，阶级关系也使得这个小王朝以及资本主义精英与大部分中产阶级对立——虽然，城市穷人最后也被动员起来了。

这里也有意识形态上的不满——对腐败的厌恶，以及对西方化的巴列维王朝实行自由主义的期望。 文化自由主义——包括对少数派宗教和妇女权利的宽容——和政治专制主义的结合，是乌力马的低级教职人员和年轻的神学院学生所不喜欢的。 在虔诚的国家里，宗教人员具有相当大的意识形态权力，这种权力是以简单的生活方式和没有腐败行为为基础。 这个教职人员组织和国王达成妥协：政府不再干预他们，他们也不再批判政府。 但是更加年轻和更激进的牧师们却蠢蠢欲动(Arjomand, 1988：201；Moshiri, 1991：126；Azimi, 2008：chap.9)。 这次革命显然依赖于广泛的经济不满，但是它却更多地举起了意识形态和政治的旗帜，而不是经济的旗帜(Kian-Thiebaut, 1998：202—209)。 组织化的反对派规模很小，而且变化多样，包括左派的杜德共产党和小规模的游击运动、自由主义、民族主义，以及右派的伊斯兰民粹主义。 对于政府镇压的共同经历促使他们在民族主义和民粹主义的旗号下取得最小程度的合作。 像外国外交官所察觉到的一样，反对者不断增加，但是国王并没有察觉到这一点。 他深陷于宏伟壮丽的东方主义王朝的幻想之中。在奉迎的臣属和外国武器商人的包围中，他不会相信他处于危险之中。

美国的政策处在其常有的困境中：因为它反对共产主义而支持这样一个王八蛋，但是对他转向自由宪政的方向又不抱太大的希望。 肯尼迪曾经试着给他施加压力，但收效甚微；吉米·卡特的政策非常模糊。他宣称，对外援助只会提供给承认人权的政权，但他事实上为伊朗国王破例了，他大肆赞扬伊朗是反对共产主义的堡垒——他也需要伊朗的石油。　虽然美国对伊朗王朝挑拨大国关系的行为、在 OPEC 和阿拉伯石油禁运中所扮演的角色以及对石油进行国有化非常生气，但伊朗仍然满足了美国的石油需求。

　　国王的政策使得镇压非常零散，这也使得反对派运动挺过了政府的镇压。　秘密警察萨瓦克(SAVAK)的人手和经费都不足，因为国王担心它会成为其潜在的对手(Kandil，2012)。　它并不如人们所说的那般强大。军队拥有最现代化的战争武器，却缺少警察所使用的那种用于控制民众的低杀伤性武器。　半军事化的警察力量并不存在。　罢工和示威活动在整个 1978 年一直在增加。　伊斯兰运动可以动员以清真寺为基础建立起来的社会网络，他们利用某人死后第 40 天举行公众哀悼的传统，将葬礼游行变成反对镇压的抗议示威。　那些更加激进和底层的宗教人员占据了一些清真寺的社会网络，他们详细阐释了宗教领袖霍梅尼的口号。霍梅尼使用一些左派的口号，但他补充说，只有伊斯兰教可以与美国帝国主义及其走狗相抗争。　从被流放开始，他就是这个政权最强烈、最明确的批判者，而且其他的反对派很难不同意他所说的话。　他的追随者接受他所说的每一个字，并把他视为另一个魅力型的宗教领袖(Azimi，2008：342—347)。　到 1978 年秋天，伊斯兰主义者与罢工的白领和蓝领工人以及一般意义的左派形成了紧密合作。

　　1978 年 11 月中旬国王解散平民政府并建立起军事政权，这表明了他的决心。　在大街上一连几天的武力展示似乎吓倒了示威者，但当示威恢复的时候，他却不愿意进行武力镇压，而且还拒绝将强硬派的将军任命为政府高层官员。　一个较好解释(库兹曼提供的)是，他在同时使用胡萝卜加大棒政策，即对大众示威进行镇压而对自由主义者进行安抚。但是反对者——以及后来的大部分学者——认为他摇摆不定。　严重的癌症削弱了他进行决策的能力，其虚弱之处在早期危机中就表露无遗。

意识到自己不久后将死去,他不愿意留给自己 18 岁的儿子一个恐怖的政权。 他拒绝了军队进行更多镇压的请求,而且多年分而治之的政策也弱化了军队,所以军队也无法发动政变。

示威者的人数和信心都增加了。 1978 年 12 月 10—11 日的大规模示威游行要求以宪政取代专制。 据外国观察员估计,示威者人数在德黑兰达到 100 万,其他一些城市也有成千上万的人在游行,最多的时候有 10% 的人口被动员起来,这一比例比大多数革命都要高。 这些人绝大多数都是中产阶级。 农民从未进行过太多参与,当国王被废黜之后,城市穷人才加入进来。 面对大规模的示威游行,军队和国王陷入两难境地。 他们缺乏控制暴乱的武器,比如催泪瓦斯、橡胶子弹和防弹衣。 军队只能用高杀伤性武器进行镇压,但这又会造成很多人死亡,从而与群众更加疏远。 一些将军催促国王进行更多的射击,但他没有做出回应。 虽然军队基本上未受损伤,但也没发挥作用,而且还出现了逃兵(Kurzman,2004:chap. 6;Parsa,1989:241—247;Arjomand,1988:120—128)。

卡特政府犹豫不决,国家安全委员会要求使用"铁拳"(iron fist),但国务院更喜欢进行安抚并建立更为宪政的君主立宪制。 美国派遣哈伊泽(Huyser)将军前往伊朗,并与一些伊朗军官一起发动政变,但是由于这些军官完全没有能力进行集体行动而被挫败。 他们继续效忠国王,但他们已经不能对其施加集体压力了。 由于国王政权的极端个人主义,军事长官缺乏集体团结(Kandil,2012)。 卡特无论如何不愿意使用武力,他集中关注的是世界其他地区的问题,直到他已经来不及使用武力了。 当时国务院伊朗办公室的一个公务员写了一段故事,描述了华盛顿的迷惘和无为(Precht,2004;参阅 Moshiri,1991:129)。 伊朗人也不确定应该如何理解他们打探到的美国信号,但到 12 月中旬,大部分人都认为美国放弃国王,而且国王本人也这么认为(Arjomand,1988:128—133)。 美国官员已经与霍梅尼的助手取得联系,而且似乎也相信他们的保证,即他们将与自由主义者以及军队一起建立一个新的立宪政府。 这是一个死亡之吻。

1979 年 1 月，心灰意冷而病重的国王意识到美国也许不再保护他了，他逃离了伊朗(1953 年当他受共和党总理摩萨台挑战的时候，也逃离了伊朗)。 他的逃离终结了军队的忠诚。 二月份，在伊斯兰主义者和左派的领导下，示威变成暴动，军队则袖手旁观。 好像是自由主义政治家引导了一次向共和政权的和平转变。 但是，由于多年的镇压，自由主义、民族主义和左派政党都被削弱了。 革命的继承者是霍梅尼，一个敏锐的政治家。 在国王逃离后，霍梅尼动员清真寺、各种集市和城市边缘群众来对抗中产阶级和工人阶级(Arjomand，1988；Keddie，2003：222—239；Moshiri，1991；Foran，2005：80—87)。 1979 年 4 月的公投结果支持建立伊斯兰共和国，宗教领袖霍梅尼在 12 月成为国家的最高领袖。

这是一场革命吗？ 显然其中包含了大众的反叛——尽管其规模经常被夸大。 对死亡人数的估计差异很大，最有可能的估计是 1978—1979 年的 15 个月里总共有 1 000 人被杀，这个数字并不是很高。 这个数字只相当于 2011 年埃及示威游行中不到三周的时间里的死亡人数。 这些数字与"大量群众站在机关枪前的想象并不相符"(Kurzman，2004：71；参阅 Kandi，2012)。 这是一场政治革命，一个神权监管下的共和国宪法取代威权君主制。 它是一场意识形态的革命，即从西方世俗主义转向伊斯兰主义，虽然在 1980 年的第 1 届国会中，超过三分之二的成员是世俗知识分子或宗教学者(Arjomand，1988：202)。 这与法国大革命相类似，我在第二卷已经阐明了这一革命中的知识分子行为，同时，它也类似于本卷前面所讨论过的共产主义精英。

政变之后，新政府的解散也与法国类似。 对大部分参与者而言，"1978—1979 年的革命本质上是为实现宪政革命的目标而进行的努力"(Azimi，2008：440)。 但事情的结果却不是这样。 组成第一届革命后政府的自由主义者和民族主义者只有很小的组织。 他们缺乏大众动员，他们的胆怯疏远了左派和伊斯兰主义者，而且三个革命群体之间的任何合作也都结束。 霍梅尼在其后的权力斗争中获胜了，因为他许诺要建立立宪政府，这使其竞争对手的航行失去了风的动力；因为他和军方达成了协议，这是左派所不能做到的(他许诺，如果军方不干涉，他也不会对他们进行报复)；因为在国王被推翻后，霍梅尼用给所有人带来经济利益的许诺取得了大众支持。 他尤其调动了商店老板和贫穷的城市阶级。 结果，他成为最受大众支持的领导人。 当然，他没有遵守承诺，而且其报复也非常残酷。

经济仍然是资本主义的经济，虽然霍梅尼政权将很多企业国有化了，进行了很多经济基础项目，从而使国家行政机构扩大了一倍。 但伊朗的党国体制极为特殊，因为国家不是为一个政党所把持，而是由强大的教职人员精英所把持，即神权政体。 伊斯兰主义的政党军队——革命卫队——的建立强化了这种权力结构；迄今为止，革命卫队比任何红卫兵存在的时间都要长。 它们的权力还为两伊战争所强化。 这一战争由霍梅尼挑起，他挑唆伊拉克的多数派什叶派起来反对萨达姆·胡赛因的逊尼派政权；但是战争实际上开始于伊拉克对伊朗的入侵。 因此，宗教领袖可以将战争宣扬为"神圣保卫战"。 像霍梅尼所描述的一样，战争是"幸运的礼物"和"战争的祝福"，因为它产生了围绕在旗帜和政府周围的爱国主义团结，并加强了革命卫队(Azimi，2008：336)。 当然，这个政权的声望并没有维持太久。 过去的几年表明，大部分伊朗人都希望脱离阿亚图拉(ayatollahs)*。

总体而言，伊朗变迁的重要性足以让我们把它看作是一场革命。这场革命主要是由国内原因引起的。 与其他大部分现代革命不同，这个政权为地缘政治的不稳定性所削弱。 1979年革命之前，伊朗没有卷入过战争，也没有被境外事件削弱过。 主要的外部影响就是伊朗国王对美国人的依赖被削弱，但到革命发生时，他的盟友已经不牢靠了，美国人事实上没有在危机中帮助他。 但在伊朗，他们之间的关系被视为

---

* Ayatollah，即伊斯兰教什叶派的宗教领袖。——译者注

美国帝国主义的关系。这可能是一个必要的原因，因为这个因素造成了反对这个政权的、如此广泛的联盟，包括自由主义中间派、左派和伊斯兰主义者——他们不是天然的同盟。但是，这也不是唯一的因素。地缘政治因素也影响了这次革命，但不是根本性影响。

由于伊朗缺乏战争、缺乏金融危机、也缺乏农民起义，因此伊朗革命不符合斯考切波的革命模型。她也承认这一点，并把伊朗革命称为例外性事件(Skocpol，1994；Arjomand，1988：191，202—203)。这也是一次没有农民参与的、完全城市的革命。就这一点而言，这是 20 世纪出现的唯一的一次。另外，就宗教革命者反对世俗政府而言，它也是一个例外性事件。它与一般的现代革命相反，因为现代革命一般是世俗主义左派反对国家和宗教等。最后一个不寻常之处在于，统治者既没有进行改革，也没有一心一意地进行镇压。如果他命令军队用所有的枪支弹药镇压示威的话，他可以像其他独裁者一样生存下来。但由于他的自我否定和疾病，以及他对年轻儿子和继承人的关心，他对此没有什么兴趣。这些特点使得伊朗革命非常不同。

但另一方面，伊朗革命又与标准的革命模型非常吻合。这就是个人化的、压迫性的和排他性的政权——这种政权被认为是最易遭遇革命的。由于这种政权极为个人化，所以它极为脆弱。由于伊朗的国王及其家庭和亲密朋友控制着经济，所以任何经济衰退都会使他们受到指责。在这个小圈子之外，国王则谨慎地对所有精英群体分而治之，否则这些精英群体可以为他提供某种一致的支持。这一政权也没有产生对政策持高度不同意见的派系分裂。在其他面临严重反叛的政权中，这种派系斗争通常成为做出一致回应的障碍。这里的问题是，伊朗政权使潜在的盟友非常消极，因此没能采取集体行动。最关键的自我伤害是军事上的。军队看起来非常强大，因为它规模庞大和装备精良。但是，它从来没有参加过战争，缺乏操作大部分现代化武器的技术。这对于军官的士气不是什么好事。但是，最致命的弱点还在于军队没有最高统帅。所有的将军都各自向国王汇报情况。他们大部分都对国王忠心耿耿，但却不能做出集体行动或集体建议。 如果国王不愿意进行镇压，他们也就不愿意镇压，他们也不会发起政变。 从某种意义上说，政府高度个人化的特征对革命所发挥的作用取代了地缘政治不稳定性和农民支持所发挥的作用，因为这一特征将经济衰退期的抱怨变成了一场对政权的剧烈攻击。 这里，政府在政治和军事上的软弱是最重要的原因，这造成民众在意识形态和经济上的不满，这些因素一起导致了革命的出现。

伊朗革命会成为第三波革命的引导者么？ 这种革命主要发生在穆斯林国家，而且与其他革命不同，这种革命主要由宗教团体所领导。在这一地区，马克思主义和社会主义由于已经非常薄弱而不可能形成革命者。 阿拉伯社会主义并不是一个让人满意的经历。 比如，据称为社会主义政党的复兴党蜕变成独裁的、高压的庇护主义团体，没有带来什么经济发展。 只有叙利亚的复兴党还在继续统治着，尽管它没有得到民众的称赞，但直到 1982 年才遇到第一次大规模的民众反抗，并且它镇压了这一反抗，其后，2011—2012 年又发生同样的事情。 其他国家的复兴党弟兄已经下台了。 从 1990 年代起，中东地区的大部分社会运动都是伊斯兰教运动；这些运动是革命性的，因为它们都力图推翻现有的政权，并建立伊斯兰教律法。 除穆斯林兄弟会之外，它们都支持暴力行为和建立自己的准军事部队。 但我们不可以夸大这些力量。 伊斯兰教的两个分支——什叶派和逊尼派——之间的分裂限制了它们在整个地区的合作。 包括伊朗政权在内的真主党是什叶派的；哈马斯、穆斯林兄弟会、塔利班和基地组织是逊尼派的。 由于它们有共同的外国敌人，这些分裂的派别之间有可能进行合作，但这种合作并没有经常出现。 当然，与分裂主义的伊斯兰革命者相比，真主党和哈马斯更像是民族解放运动。 虽然追求伊斯兰教律法，穆斯林兄弟会在镇压之下变成了地方社区层次上的改革主义者。 更激进的逊尼派恐怖主义运动——基地组织的先驱——从兄弟会中分离出来，因为它们讨厌兄弟会对非暴力行为的支持。 今天，基地组织是穆斯林世界的一股极端力量。　奥萨马·本·拉登在阿拉伯世界大受欢迎，主要是因为他反对美国帝国主义的勇气。　正是美国帝国主义使得基地组织、伊朗伊斯兰教和其他宗教极端主义一直活跃着。　如果没有美国帝国主义，社会经济纲领的缺乏、对平民的无辜戕害以及原教旨主义的意识形态会使它们很少得到支持。　这至多不过是由人为和外部因素所引起的第三次革命浪潮，本土居民并没有什么权力。

很多革命都模仿伊朗革命，但并没有取得太大的成功。　当阿富汗抵挡苏联入侵的时候，塔利班夺取了政权，但它们没有统治整个国家。在苏丹、也门和索马里，伊斯兰主义运动进行了艰苦卓绝的斗争，但没有夺取或保住政权。　到目前为止，伊斯兰教原教旨主义者可以加强混乱程度并从中获益(尤其是在外国帝国主义的帮助下)，但其中唯一的革命只有伊朗革命。　他们的力量大部分源于对美国帝国主义和以色列殖民主义的抵制(改革主义者穆斯林兄弟会除外)。　巴勒斯坦冲突的解决会大幅削弱伊斯兰主义的革命力量，而且美国从伊拉克和阿富汗撤军也会带来同样的效果。　巴勒斯坦冲突最近还不可能得到解决，但美国正从伊拉克和阿富汗撤军。　但是，基地组织等激进主义者在中东地区发起革命的努力在很大程度上被粉碎了，尽管它们只需要发动几起恐怖袭击就可以维持一定程度的混乱。　这些革命者更善于制造(小规模的)混乱而不是革命。　这些似乎不可能是什么第三次浪潮，至少最近不会是。

但是，如 2011 年阿拉伯革命所表明的那样：中东地区有对政治表达和经济公正的渴望。　这种渴望可能会与上述社会运动及其发起的更广泛的反抗活动(甚至是革命)的努力相互影响，而且它们寻求的反抗和革命不只是政治性的。　大部分中东国家都由独裁政权统治着，这些政权的王朝和精英并没有因历史悠久而变得神圣，他们通过腐败和强制的国家资本主义攫取了大部分国家财富——与伊朗王朝相似。　国家的镇压机器仍然是主要的基础权力形式，没有其他的统治者像伊朗国王那样自杀式地削弱军队。　但是，在有些情况下，军队与保安机构之间的统一并不是理所当然的。　由于独裁者并不完全信任军队，所以他们以准军事保安机构的形式建立近卫部队，并让这些近卫部队执行镇压任务。但这种做法会疏远军队，尤其是当军方感觉他们在新国家资本主义的资源争夺中遭遇失败的时候。埃及就发生过类似的情况。2011年，军队拒绝参与镇压那场有1 000万到1 500万人参加的大众示威活动，这就是主要原因。军方对穆巴拉克的不忠诚使得示威者有可能获得成功(Kandil, 2011；2012)。

2011年，在突尼斯、埃及和利比亚，反对者强烈抗议国家与资本主义勾结所体现出来的经济腐败和剥削。在埃及，美国援助和新自由主义私有化使得穆巴拉克及其亲友霸占了大量的国家经济资源。这些刚刚富裕起来的资产阶级与国家机器有着紧密的联系。经济确实取得很大的增长，但是这种增长并没有提高人们的生活质量。企业税被降低的同时，对老百姓的税收却加重了。食品补助缩减了，劳动条件恶化了，债务周期保证了外国投资者能够从新自由主义经济中获益。政府和外国银行的新剥削水平所引发的经济不满点燃了埃及革命(Kandil, 2011)。在突尼斯和埃及，我们可以发现两个持续存在的革命条件：大众对不公正的感觉和不满，以及削弱政府镇压能力的内部分裂。与伊朗相同，左派、自由主义者与伊斯兰主义反对者结成了暂时的联盟，这种联盟的广泛基础不仅仅能够在形式上推翻国家——其后，胜利者之间也会进行后政治性的和革命性的斗争。如果统治者来自于民众中不同的宗派或种族派别，那么，这种民粹主义也会受到宗教或种族情感的影响，就如巴林岛与叙利亚所发生的情况那样，尽管在这里，居于统治地位的宗派或种族群体更加坚定地进行反抗和镇压，因为它们害怕政治革命可能带来的最坏后果。

因此，伊朗革命仍有可能引发第三次革命浪潮，但是这首先依赖于现在的非暴力反抗运动能否实现政治稳定并进行实质性经济和政治改革。如果西方国家想要在中东地区建立秩序、进行改革和发展现代性，那它们就得帮助这些反对者——虽然不是武力介入的方式。但如果这些改革者归于失败或者被镇压，这将促进革命者的诉求，也许就是伊斯兰主义的那种革命。 但是，前两个阶段的大部分革命都没有成功。 革命者的失败比成功更加频繁。

苏联的失败：自上而下的革命？

苏联的瓦解实质上是革命性的，虽然它与这里所讨论的其他革命不同。 除一个原则之外，1990 年后的苏联符合我判断革命的所有原则。 在政治上，15 个国家取代了一个单一的国家，殖民帝国则为另外 6 个国家所取代；这个一党专制的国家有一半转变成为民主制国家，另外一半则转变成为个人化的独裁统治。 这显然是一场政治革命。 经济从畸形的社会主义经济转变成为有时也畸形的资本主义，这也是革命性的。 马克思列宁主义的意识形态为西方自由主义意识形态所抛弃，这同样是革命性的。 即使军事权力也发生部分转变，因为苏联这个超级大国崩溃了，冷战也结束了。 苏联的失败与其他革命存在进一步的相似之处。 和本书所讨论的其他革命一样，苏联的失败是一个意料之外的逐步加剧过程，虽然除自由主义者和新自由主义者之外的大部分革命者都没有什么意识形态，不过，自由主义者和新自由主义者最终也没有胜出。 与除伊朗革命以外的其他革命所不同的是，苏联失败过程中没有出现地缘政治的危机，也没有形成一个开放的世界体系。 除一个更为成功的西方发展模式——它腐蚀了党国精英的意识形态权力——之外，苏联失败没有什么外在原因。 苏联瓦解之后，外在影响才变得更加重要，因为它们保证了西方观念和实践对原苏联阵营的统治。 虽然这些西方观念和实践被改变和扭曲以迎合地方掌权者的利益，但这些原苏维埃国家已经不能再为美国领导的西方资本主义民主制度提供替代性方案了。 普遍的全球化过程变成即将来临的事实。 从地缘政治意义而言，苏联瓦解的后果确实是革命性的。

但是，苏联失败是一种反叛性的革命吗？ 苏联失败之后，很多共产主义统治阶级成员成为资本主义统治阶级的成员，而且他们这样做不是出于意识形态的原因，仅仅是出于物质的利益。 在这样的情况下，我们真的可以称苏联失败为一场革命吗？ 通常是同一些人转变了社会权力的来源，并从这种转变中谋取个人利益！ 大众反抗也比1917年的时候少。 1991年，中欧和波罗的海共和国里发生了大众支持的群众运动，而且这里的精英统治也具有更少的连续性。 这些地方确实发生了革命——幸运的是，这些革命并没有太多暴力的成分。 在这些事件中，波兰团结工会运动是唯一一个以工人阶级为主体的反抗运动，虽然这一运动也不是暴力运动。 只有罗马尼亚推翻共产主义政权的群体运动是暴力性的，涉及数百人的死亡。 在20世纪发生的大部分革命中，我都强调军事权力斗争，但这里我并没有强调这一点。 这些政权很难抗拒它们被推翻的命运，强大的武装力量也不能让它们采取有效的行动。 为了保住它们的权力，更加东方一些国家的精英们对意识形态进行了必要的调整，这避免了真正革命的出现。 苏维埃国家的不同就在于其深厚的意识形态统治，但这种统治已经在内部开始瓦解。 精英们不再相信他们有道德义务进行干预，很多人更想在失败过程中使自己获益。

苏联的失败假定平民百姓会远离国家社会主义，但主要是精英们决定了所发生的事情。 据当时的估计，白宫前支持叶利钦的著名示威游行有三万到四万人参加，但这次示威游行的规模小于之前各种示威游行的规模。 莱恩说的获利阶级和杰里·休(Jerry Hough)所说的资产阶级提供了一个更为广泛的社会基础，但他们也不能代表所有的民众，与正常的革命运动相比，他们更多是出于理性计算的驱使。 大部分公民都渴望能够给他们带来更高生活水平和政治自由的改革，这也是改革者赖以行动的大众基础。 但没有迹象表明，大众想要转向资本主义或者想要解体苏联，他们也没有如此行动。 不过，有这种倾向的政治家的确得到了大众的支持。 叶利钦是支持民主制的，而且他还平易近人。 他还是一个能够动员反精英主义和俄罗斯民族主义情感的机会主义者，他许诺市场会给所有人带来富裕的生活。 公众甚至容忍了他的几次公开醉酒行为。

他很大程度上是通过自由选举而取得权力的。 但是，在竞选中，他从未公开说明他对自由市场经济的偏好，也从未提及"资本主义"这个词，这是明智之举。 1991 年 5 月在俄罗斯欧洲部分(Europe Russia)的民意测验显示，54% 的人说他们希望继续某种形式的社会主义。 在这些人中，大部分都想要比现存社会主义更加民主的社会主义，其中 23% 的人选择了瑞典的社会民主主义模式。 81% 的人希望国家能够保障所有人的食品和住所。 1991 年 3 月在几乎所有苏联国家进行的公投中，76% 的选民支持苏联，而这却发生在苏联正在解体的过程中。 他们想结束共产主义，但却不想让苏联解散，而是希望对其进行改革，他们也不支持资本主义。

但是，我们不能对这些民意测验结果太过认真。 正如民意测验专家卢里·列瓦达(Lurri Levada)所说，意见是极不稳定的，当形势改变和当新方案出现之时，意见也相应会发生改变(Levada，1992)。 民众很大程度上是被动的，他们在选举和民意测验中只对晚近之事做出回应，他们不是在为实现某种目标而做出牺牲。 这是一场自上而下的革命，在苏维埃阵营的欧洲部分，情况也是如此。 这使得它与本书所讨论的其他革命都不相同。幸运的是，这事实上也使得它成为没有流血的革命——陷入种族内战的那些国家除外。

结论

与普遍意义上的人类社会一样，革命夹杂着普遍、特殊和发展的因素。 我已经区分出现代革命的一些一般性特征，但我也将这些一般性特征置于各国的特殊性之中、置于世界历史发展的宏观过程中以及置于政权、反抗者和外部力量的互动过程中。 这就考虑了失误、意外后果和不确定性等因素对革命后果的影响。 在整个 20 世纪，我们发现了一种反抗者的学习过程，即后来的反抗者会学习之前的革命经验以调整自己的策略。 另一方面则是反革命者的学习过程。 美国军事力量的核心能力就是将革命变成一种极不受欢迎的目标。 而且，参与者总是讨论他们的战略和战术，以应对另一方的威胁和策略，他们也思考如何从其他阶级、温和派和外部力量那里获得更多的支持(或武器)。 关于这些现象的一般理论不可能很准确。 规律在社会科学中是不可能存在的，但对 20 世纪的大部分革命进行一些总体理论概括则是可行的。

以下三个理论概括尤其适合于这些革命：第一，大部分革命都源于阶级斗争，并且都与威权主义政权在战争中的失败相关；第二，大部分革命都有很悲惨的事件发生。 革命者抓住政府意外事件所带来的权力机会，他们有进行社会变革的乌托邦目标，但这些目标与民众以及国内外实力派的偏好并不相符。 在其后与反革命者进行的暴力斗争中，革命者或者失败了(大部分情况下如此)，或者通过对民众实施某种程度的强制而成功了，但这种强制不仅会导致人们的苦难，也使得自身的目标变得难以实现。 经济权力领域是一个例外，共产主义革命者在支持经济增长上都取得某种程度的成功。 我无意对所有的革命者进行谴责，我要强调的是，革命者与反革命者之间的冲突导致灾难的发生。 当反对者像托洛茨基一样感觉无路可走的时候，也就是苦难已经非常巨大和政府只能镇压的时候，他们就会采用革命的手段。 但是，他们应该寻求一种进行结构性改革的方案，一种不通过对民众进行严重强制即可实现的方案。

第三，革命没有出现在民主国家。 在民主国家，折衷性的改革已经在制度上被认可，而且更加程序化和负责任的行政机构也可以将改革推广到整个国家。 随着民主国家已经扩展到世界各地，革命也将消退。 除非在世界范围内发生重大的危机——我们将看到，气候变化可能会带来这种危机——我们将发现，革命在频率和规模上都在逐渐消退，革命的高潮很可能就是在 20 世纪。

注 释：
　　[1] 对这一部分，我要感谢 Hazem Kandil(2012)的著作。

第十章

21 世纪转折时期的美帝国

    1941 年 2 月，亨利·鲁斯(Henry Luce)宣告美国世纪的开始。 他宣称，美国现在必须"全心全意地接受作为世界上最强大和最重要国家所肩负的责任和机会……为我们认为合适的目的，通过我们认为合适的手段，在全世界展示我们的影响力及其效果……我们现在必须成为全世界慈祥的撒玛利亚人……"这是一种善意的全球帝国主义。 如我们在第五章所看到的那样，二战后的美国帝国主义是多种多样的。 在欧洲，美帝国是霸权性的，甚至是合法的。 在东亚，美帝国是通过军事介入而建立的间接帝国和非正式帝国的混合物，但其后的控制则变成和善的了；现在，合法化的霸权在那里占据着主导地位。 拉丁美洲和中东地区则通过军事干预或代理政权而成为非正式帝国的接收端，尽管这种关系在拉丁美洲最近有所减弱，在中东地区则有所增强。 在整个帝国阶段，美国没有殖民地，而是倾向于采取温和的统治方式。但是，像约翰逊所说的那样，美国军事基地网络的规模和扩展构成了一种新型的全球帝国，这种帝国进行武力强制而非正式占领(Johnson, 2000，2005)。

    本章将考察美国帝国主义最近的两种集中表现：以 1970 年代早期以来的美元铸币税为中心的经济帝国主义；1990—2000 年代得到强化的军事帝国主义。 我将尝试对它们做出解释，我将考察两者是否事实上相互区别，还是已经合并为一个全球帝国战略。 世界体系论者和其他一些人认为两者已经合二为一了。 我还将考察两者在多大程度上是成功的以及它们是否逆转了向温和帝国发展的趋势。 由于第六章已就某些经济方面的内容进行过讨论，我这里将更加集中于军事权力关系的考察，尤其是 21 世纪在伊拉克和阿富汗发生的两次战争。 我现在从经济开始谈起。

新经济帝国主义：1970—1995 的美元铸币税

战后的全球经济得益于为之建立了规则的美国霸权。 1950—1960 年代的经济增长首先是由美国的增长所驱动，其后是欧洲，然后是日本。 与黄金挂钩的美元是当时的储备货币，而且更低的关税体制也促进了贸易的发展，各大陆都取得某种程度的增长。 虽然布雷顿森林体系给予美国某些特权，但它仍然是通过民族国家之间的多边协定来管理的，并允许民族国家执行自己的发展计划和限制国际资本流动。 这更多是美国的霸权，而不是美国帝国。 如我们在第六章所看到的那样，随后发生了危机。 1960 年代的经济增长放缓演变成滞胀，而凯恩斯的反周期政策似乎只能让情况变得更糟。 贫穷国家所依赖的出口商品价格下降了，这导致收支平衡的问题，但它们的进口替代项目不能解决诸如此类的困难。 1973 年石油价格的暴涨使这些问题变得更加严重。

1968—1971 年间，布雷顿森林体系的金融体制崩溃了。 经济增速减缓，越战开支加重了财政赤字，再加上金融波动性的上升，这些都说明金融抑制政策所遇到的困难。 美国的进口和境外开支远远超过出口，这导致美国出现庞大的财政赤字。 由于美元起初以黄金价格作为基础，所以这导致 1960 年代末出现挤兑黄金的风潮。 诺克斯堡(Knox)的黄金被兑换一空。 这似乎是对美国权力的一种威胁，美国似乎很快就会被迫卖掉其在国外的投资以支付境外的军事开支。 如美国早先在英国所做的那样，外国人可能也用其多余的美元来购买美国企业。 但在美国外交官的压力下，各主要中央银行同意停止将美元兑换成黄金的权宜之计，从而牺牲了它们的直接经济利益以维持美国全球责任所带来的共同利益。此时，它们和美国政府都没有意识到这样做的代价。这种非正式的相互制约措施一直延续到1971年尼克松总统宣布美元与黄金脱钩——为了挽救战争、实行扩张性经济政策和提高他再次当选的机会(Kunz, 1997：192—222)。这既有国内的原因，也有越南的原因，而不是为了经济帝国主义而进行的预谋。那不过是意外后果——虽然有些人并不同意这种说法(比如，Gowan, 1999)。

美元依旧是储备货币，但此时境外多余美元的惟一用途就是向美国投资。由于这些美元都掌握在各国的中央银行手里，所以它们大量购买美国的国库券，这也压低了它们的利率。美国的境外投资现在可以由外国人来支付——尽管美国已处于赤字状态，而且利率很低。其他国家感到，如果不这样的话，其他方案将会更糟：世界货币体系的瓦解将会削弱美国对它们的保护，而且美元贬值会使得美国的出口变得比它们的更加便宜。此时，美国政府不会遇到其他国家所面对的收支平衡问题。如果必要，美联储只要印刷更多的美元即可，而且现在还可将其美名为"量化宽松"。美国可以同时提供更多的社会服务、继续越南战争和进行更多的消费。由此抵挡住来自欧洲经济实体的挑战，就如在1970年代抵挡住日本资本主义对美国政治家的巨大挑战那样。权力还没有延伸到亚洲。无论是出于预谋还是权宜之计，对美国而言，这都不是一个危机，而是一个对全球经济收取铸币税的机会。这里没有军事介入，只是利用了现存的美元铸币税。金融抑制政策的取消导致更高的世界经济波动性，但其他国家被迫持有更多的美元储备，从而强化它们对美国的依赖。不用美元作为储备货币的替代方案似乎仍然具有更高的风险。所以，这个体制在一定程度上是被视作合法的，是一种经济帝国主义和经济霸权的混合形式。

世界体系论(和一些其他理论)都将向金融统治的转向视为美国衰落的标志。但是，与其他经济体相比，美国经济的整体实力并没有衰落。因为二战的缘故，美国经济在1940年代占据绝对统治地位。在特殊的战争条件下，美国在世界 GDP(以相同购买力测量)中所占的比重曾经高达 35%；在 1950 年仍达到 27%。 其后，随着欧洲和东亚经济从战争破坏中复苏，1973 年美国在世界 GDP 中所占的比重降到 21%。 但自 1973 年以来，一种测量结果显示，直到 2005 年这个比重维持在 21% 左右。 另一种测量显示，这个比重在 2010 年又上升到 24%，然后逐渐趋平(IMF，2010；Maddison，2001：table 1—3；Chase-Dunn et al.，2003)。一些人认为(比如，Boswell，2004：518—520)，美国衰退由以下事实得到证实：美国的 GDP 并不比欧盟高。 但这是由于欧盟吸收了越来越多的国家才会这样。 虽然欧盟有统一的市场，但并没有统一的政府或财政部，它只能以最慢国家的速度前行。 对于成为将来的经济霸权而言，欧盟的问题在于它很难朝着同一个方向发展，更不用说为所有人都制定规则了。

此外，在不断增加的境外投资的帮助下，1990 年代至 2000 年代的早期，美国的生产水平和生产效率大大高于欧洲和日本(Schwartz，2005：Chap.5；Dooley，2003)。 世界体系论者认为，美国将会走英国在 19 世纪末所走过的老路：从制造业转向金融和服务决定了它的衰退。但在 19 世纪末期，英国制造业在技术、管理和生产率上已经落后于其当时的竞争对手美国和德国，然而今天的美国公司却没有这样。 在 1990 年代，美元的外汇储备比例大幅增加，这使得美国公司能够以低利率进行消费和投资。 得益于为上层中产阶级提供的世界上最好的教育，也得益于美国的技术和管理实践，1990 年代美国的生产率保持了 2% 的年增长率，这一比例超过了它的竞争对手。 赫尔曼·施瓦慈(Herman Schwartz)指出，世界体系论者对制造业和金融业所做的划分误解了当代资本主义的本质。 对全球生产链的控制以及生产单位之间的资本流动对于经济实力而言至关重要，而金融组织的深度和广度对这些因素又是至关重要。 在美国的大量境外投资都是低收益的政府债券或者抵押债券，它给美国带来了更多的家庭总体需求。 这提高和刺激了美国的利润和套利行为，造成大部分美国人的境外投资都是高收益的直接投资。 像 1900 年前后的英国一样，这种套利行为在低利率时借入，在高利率时贷出。 但它现在保证了美国对全球经济的统治。 当然，如我在第六章中所说的那样，大部分美国普通老百姓从中获益很小，而 2008 年的大萧条则的确证明了美国长期拥有的霸主地位。

如我们在第六章所看到的那样，世界体系论正确地指出，经济帝国主义的强化也包含美国之外的其他国家的权力向跨国金融资本的转移，1970 年代以后的结构调整计划表明了这一点。 那些对于南方国家的干预足以构成帝国主义，这同样是全球性的，因为越来越多的国家被迫将对资本流动的控制权交给国际金融资本。 所以，虽然这是美国的经济统治，但又不仅仅如此。 它将国家之间的权力转移给了超国家的市场。 这是一种脱域的趋势(disembedding trend)。 与中央银行和国际货币基金组织相比，国家信用更多依赖于按照新自由主义原则运行的私有金融市场。 世界体系论认为，超国家资本正在逃离美国正走向衰退的霸权的控制(Arrighi & Silver，1999：chap.2)。 但事实上，美国政府和私有金融之间具有紧密的协作关系。 彼得·高恩(Peter Gowan)称之为"美元—华尔街体系"(Gowan，1999：chap.3，2004；参阅 Soederberg，2004)，因为与布雷顿森林体系相比，这一体系给予美国政府和金融家更大的支配世界货币和金融关系的权力，其中包括欧洲和日本的金融资本。 所以，这是一种以其他国家为代价，美国和跨国金融资本的双重帝国主义，虽然我们在第六章中看到，在新千年里反抗也在增加。

整个战后时期，美国都在力图开放世界市场。 在关于国家经济危机的大部分 IMF 谈判中，美国都支持最具有新自由主义性质的政策。 在 1997 年的亚洲金融危机中，美国打消了日本建立东亚金融同盟以解决危机的努力(Blustein，2001：143—145；164—170)。 帝国的权力不同于边缘国家的集体组织。 但是，随着东亚经济体找到抑制资本流动和削减境外借款的新方式，以及随着复苏的拉美左派阻止了美国建立美洲自由贸易区的计划，这些挑衅性行为也都停止了。 新自由主义的大衰退进一步打击了美国和北方资本主义的权力。

但在过去三十年间，新经济帝国主义的确阻止了美国的相对经济衰退。中国、印度和其他国家的持续发展会最终结束这一阶段，但美国仍将是世界金融市场的中心。2009年，在30 000亿美元的每日外汇交换中，涉及美元的交换只略少于90%，华尔街和纳斯达克占世界股票交易的60%，美国政府债券是所有世界债券的40%。美国需要这些来支持其持续增加的贸易和财政赤字。2009年，美国对外国人的债务总额达38 000亿美元，超过其GDP的四分之一。美国政府的债务是其GDP的85%，只低于日本(日本政府对其公民的债务是其GDP的90%)、爱尔兰和希腊。美国依赖于大量外资的流入。因此，它必须保持市场的开放，并且阻止所有迈向资本控制的国家发展政策的转型。它不断地推行金融新自由主义(Soederberg, 2004：125；New York Times, Februry 7, 2010)。

外国人必须持续地向美国投资，而不是向其他地方投资。虽然很多人说这不可能持续下去，但是这却持续下来了。一些贸易顺差国家，比如德国、石油国家和日本，没有什么其他选择，因为它们的经济不能产生更多的国内需求，而美国仍然是它们剩余资本的安全港。中国人希望保持其出口水平，因为他们相信出口可以增加中国的就业和社会稳定。中国经济学家相信，如果美国经济遭遇了1%的衰退，中国也会如此。有迹象表明，如果中国企业向高科技产品每前进一步，它们就会创造更少的就业机会。但是，如果大量退出对美元的持有，所有持有剩余美元的国家都将会遭遇资本流失。它们没有快速的退出策略。以它们的老百姓的利益为代价，美国和中国的统治阶级从这个体制中获取了大量的利益——他们才是决策者(Schwartz, 2006：chap.6)。正在崛起的主权财富基金——政府在金融市场上的直接行动——会导致购买更多的股权而非债券。这将打破美国的全球套利行为，但不会削弱这些国家与美国经济的相互依赖关系。在这种关系中，一些权力会转移到其他国家。这种转移将启动美国霸权衰退的美妙过程。

最后，中国的GDP将超过美国。准确估算何时将超越并没有科学

的结论，但以市场汇率为基准，用美元进行的估算显示，时间会是 2019
年(Economist.com/chinavusa)。 国际货币基金组织最近的估算说，美元的
统治将于 2025 年结束，并为三种货币的共存所取代，即美元、欧元和人
民币。 但是，这些估计可能为政治剧变、环境灾难或者水/燃料资源的
短缺所打乱，与美国相比，所有这些都更可能影响中国。 如果中国选
择成为军事对手，这也将削弱其经济增长。 印度的经济也会增长，并
且可能和中国一样快。 但是，它的发展水平要落后中国十五年。 巴西
和俄罗斯可能更落后一些。 与美国相比，欧洲可能不会取得太大的发
展。 对于想加入欧盟的边缘国家而言，这可能是一种积极的力量，尤
其是会促进它们的民主化进程。 民主化是成为欧盟会员国的一个必要
条件，虽然这在现实中有时被违反了(比如，塞浦路斯被准入，马其顿
却没有)。 不错，确实有很多准入条件，其中之一就是民主化。 但是，
加入的经济动机更大，也更值得。 然而，欧盟在金融、军事和地缘政
治领域并没有统一，而且过去 20 年的大部分公决都清楚地显示，公民
不愿意再加深欧盟国家之间的关系了。 所有这些都使得这种现象更为
可能：在 21 世纪的上半叶，在不断发展的多边世界经济秩序中，美国
仍然会是主导性大国。

通过军事干预建立的非正式帝国：1990—2011

当今美国的军事力量极为活跃。 军事开支(以 2008 年美元为基准)
高于 1945 年以来的任何时候。 2001—2009 年间，国防开支从 4 120 亿美
元上升到 6 990 亿美元，增长了 70%。 这 9 年的增长比朝鲜战争以来的
任何 9 年都大。 加上在伊拉克和阿富汗增加的开支，我们比冷战期间
的美国平均国防开支多花了 2 500 亿美元，而美国在冷战期间面对着苏
联、中国和东欧等诸多潜在的敌人。 在 2000 年代，美国没有什么可怕
的敌人，但军费开支却从世界总军费开支的三分之一上升到二分之一。

这种军费开支的增加也不是完全由伊拉克和阿富汗战争所引起的，日常开支也明显增加了。 现在，美国的军费开支大约是地球总军费开支的一半！ 没有那个大国曾经出现过五角大楼所说的全方位主宰，即对陆地、天空、海洋和太空的主宰，有能力打败任何敌人，对任何军事行动及其条件进行控制(Bacevich, 2002)。 英国19世纪的海军保持在双权力的标准上，即相当于排在其后的两大海军的总和，但其陆军却比其竞争者还弱。 美国的军事力量是历史上任何国家所无法比拟的。 与其他帝国相比，美国并不存在真正的军事威胁，这也是惊人的。 那么，这些军事力量是做什么用的呢？

由于没有国家威胁美国，因此美国的战争事实上都是选择性的。与前几个世纪的欧洲外交一样，战争是美国外交的默认模式。 1989—2001年间，美国平均每18个月就会进行一次军事干预，这比除1899—1914年之外的任何历史时期都更频繁(第三卷第三章曾讨论过这一点)。2001年以来，战争更是持续进行。 2012年是美国阿富汗战争的第12年，是伊拉克战争的第10年——美国历史上持续时间最长的战争。2011年利比亚发生更小规模和更多变化的战争，这也是美国在暗中领导的战争。 2001年，布什政府计划了更多的战争。 美国官员公开对叙利亚、朝鲜和伊朗进行军事恐吓。 布什政府计划在东欧建立的反导弹防御体系则是针对俄罗斯和伊朗进行的军事威胁。 对于俄罗斯人而言，如果美国导弹真的可以拦截他们的导弹，那么这将是1940年代以来俄罗斯第一次无法应对美国首先发起的核武器攻击。 难怪他们被吓倒了。 以色列比其他国家得到更多的经济和军事援助，而且被给予更多的自由，因此它可以在2006年自由地侵入黎巴嫩，并在2008年侵入加沙地带。 现在，只有美国及其盟友可以制造战争。 到目前为止，21世纪还没有发生其他的国际战争。 奥巴马总统的确稍微放缓了战争的频率，他更多使用调解性的外交辞令，而且他说他想与伊朗就核武器问题进行谈判。 他从伊拉克撤出了大部分军队，但增加了阿富汗的军队，"捕食者"无人战机则打击了巴基斯坦和也门。 虽然美国政府对以色列鼓励犹太定居者霸占土地的政策感到不安，但是并没有采取限制措施。这加剧了中东地区的冲突。美国还悄悄增加了拉丁美洲的军事力量，尤其是在哥伦比亚。在哥伦比亚，与重新振兴的哥伦比亚政府一起，这些军事力量成功地镇压了革命武装力量的反叛。我们是如何在和平的国际体系中建立强大的军国主义力量的呢？

1990 年代帝国的缓慢扩张

苏联的崩溃造成了美国在世界范围内的军事统治地位。原苏联阵营国家大幅度削减军费开支，欧洲、日本和中国则持续关注经济增长。1990 年代，美国已占据世界军费开支的 40%。1990 年代出现了被称为军事革命的精确制导炸弹和先进的通讯技术。美国在军事上如此先进于敌人以至于它实际上并不需要军事事务革命(RMA)就可以进行远距离的打击，从而拯救美国人的性命。马丁·肖(Martin Shaw)称之为"风险转嫁的战争"(Shaw，2006)，即将美国的伤亡风险转嫁给它的敌人，包括敌对国家的平民。战争不再需要为取得民众的支持而进行大众动员了，战争似乎变得更加简单。在 1990 年代，在席卷美国的幼稚的必胜信念的氛围中，进行军事侵略的诱惑是很强烈的。

由于美国没有什么威胁，这种军事统治使得国务卿玛德琳·奥尔布赖特(Madeleine Albright)在 1995 年对参谋长联席会议主席科林·鲍威尔(Colin Powell)提出这样一个问题："科林，如果我们不能使用，你为什么要保持这么强大的军事力量呢？"(Albright，2003：182)。对此，可能会出现两种回应：削减军力，或者使用军力。美国采取的是越来越多地使用军力。从某种层面上说，我们没有必要对此进行详尽的解释。在得到满足之前，所有的帝国主义大国都会这样做。美国还没有感到满足。与古典的现实主义理论家一样，我在这一卷里也强调，强国如果感到它们可以进行扩张，它们就会进行扩张。弱国就在那里任人宰割，只要它们有军事实力这么干，当然这往往还伴随有"改善世界"的冠冕堂皇的辞令。 这就是亚述、罗马、西班牙、英国、法国和其他帝国过去所做过的事。 它们最终都得到了满足。 罗马转向了防御性的城墙建设，英国和法国则感觉到超越了它们的承受能力。 但是，美国才刚刚看到其竞争对手的崩溃，这使它取得了统治地位，而且它还有能够降低美国伤亡风险的转嫁技术。 它还远未达到满足的程度；的确，很多人认为一个帝国的时代才刚刚开始。 与过去所有帝国不同的是，美国并不追求对殖民地的直接占领，而是要建立其庇护国家组成的非正式帝国。

因此，老布什和克林顿将北约组织扩展到俄罗斯边境；当然，这得益于东欧国家对俄罗斯的恐惧和对美国援助的需求。 美国人的理由是，北约扩张的目的是在东欧地区维持民主化和市场化改革(Ikenberry，2001：234—239)，但是，和平的欧盟足以完成这一目的。 北约扩张的主要目的是美国要扩展其影响力，并震慑俄罗斯。 老布什和克林顿政府也增加了对所谓流氓国家的军事干预。 1989 年，老布什下令入侵小小的巴拿马。 其独裁者曼纽尔·诺列加(Manuel Noriega)曾是中央情报局的一名员工，他臭名昭著，疏离于大部分巴拿马民众和美国。 巴拿马已经有很多地方性反对派，美国可以将他们集合起来并建立一个更受欢迎的政府。 美国的袭击很快就建立起这样一个政府。 其军事经验就是，成功来源于美国所拥有的势如破竹的军事力量，这不是像在越南战争中那样缓慢实现目标，而是最大程度的军事力量的闪电般打击。 这正是鲍威尔的信条，虽然鲍威尔本人小心翼翼将其与退出策略结合在一起。 其后，建立替代性政权的政治策略没有得到充分的重视。

在 1990—1991 年的第一次海湾战争中，这个军事经验非常明显；这次战争是在萨达姆·侯赛因侵入科威特之后由老布什发动的。 与联合国对侵略巴拿马进行谴责不同，这场战争得到联合国和阿拉伯国家的支持，因为萨达姆侵略科威特蔑视了国际法，也因为其他海湾国家感到了萨达姆对它们的威胁。 美国领导的近 40 万部队快速地挽救了科威特，并进入伊拉克，以消灭暴露在沙漠里的伊拉克军队。 美国只有 293 个死亡记录。 然后，美国撤退了；但这使萨达姆遭到沉重的打击和挫折，而且面对军事政变变得非常脆弱(被认为是这样)。 但萨达姆却活下来了，然后美国和英国就开始了断断续续的轰炸，并建立了北部禁飞区，这也使库尔德人能够建立他们自己的地方政权。

还有克林顿发动的南斯拉夫空袭，这次空袭使得波斯尼亚穆斯林、克罗地亚人和科索沃阿尔巴尼亚人恢复了被塞尔维亚人统治的土地。美国没有现场死亡的记录，这被视作为拯救遭遇侵略的人们而进行的防御性行动。 这也不是明显的帝国主义性质的行动。 美国的轰炸迫使塞尔维亚总统米洛舍维奇让步。 俄罗斯对他的放弃加速了他的倒台，俄罗斯放弃米洛舍维奇是因为它认为塞尔维亚已经不在其利益范围之内了。 事实上，俄罗斯再也没有其利益范围了。

但是，美国在南斯拉夫的成功是与当地力量的行动同时发生的。克罗地亚人、波斯尼亚人和科索沃阿尔巴尼亚人利用塞尔维亚人的混乱收复了他们失去的领土。 美国帮助解决了一个结果否则将会非常悲惨的问题：前南斯拉夫地区的国家进行了一系列种族清洗，而且这种清洗在科索沃地区仍在继续。 在一种大部分人都被迫将种族身份视为最重要，并且将其他种族视为敌人的背景下，这可能是最好的解决措施(参阅 Mann, 2005：chap.3)。 通过有限地使用武力，美国可能找到了最不坏的解决措施。 1994 年，克林顿也威胁过海地的一个军事团体。 这个军事团体在 1991 年推翻了当选的让—贝特朗·阿里斯蒂德(Jean-Bertrand Aristide)政权，而且这一集团又拒绝下台。 克林顿的动机很复杂，因为他也想阻止从海地流向美国的难民。 他派出了一支海军；这支海军还在向海地进发的过程中，海地的军事团体下台并恢复了阿里斯蒂德的统治。 当然，这并没有结束海地人民的灾难。 但是，这些军事干预似乎是成功的，并让美国自信能够为世界问题提供军事解决措施。 这些军事行动也是在特定的界限内进行的，它们与当地人合作，而且大部分是对其他侵略行动的回应。 这些成功与克林顿没有在索马里采取行动形成了对比，但是在索马里有 18 个美国突击队员遇害。 不过，这是一些美国军队进行的毫无目的的军事干预，而且是在复杂的当地环境中进行的。

与这些事件相伴的是"美国自己有权决定何时进行干预"的话语，虽然对伊拉克的入侵是在联合国授权的托词下进行的，对前南斯拉夫的行动是在北约的名义下进行的。 1996 年的竞选中，克林顿宣称美国是"那个不可或缺的国家"。 他的工作人员则提出这样的说法："如果我们可以是多边主义者，我们就成为多边主义者；如果我们必须是单边主义者，我们就成为单边主义者。"国务卿奥尔布赖特荒谬地宣称，"如果我们必须使用武力，这是因为我们是美国。 我们是那个不可或缺的国家，我们形象高大，我们能够进一步看到未来"(参阅 Gelb, 2009)。 她和其他民主党人支持"人道的干涉主义"，即为人道主义的目的进行军事干预。 这些人包括自由主义知识分子，比如安全专家和克林顿的顾问肯尼思·波拉克(Kenneth Pollack)、自由主义鹰派人物保罗·伯曼(Paul Berman)、迈克尔·伊格纳蒂夫(Michael Ignatieff)(后来成为加拿大自由党的领导人)，以及宪法专家、老布什和克林顿的顾问菲利普·博比特(Philip Bobbitt)。

博比特的巨著总结说，如果一个国家不民主，不能保护人权，那么它的"主权外衣"就不能再使它免受军事干预(Bobbitt, 2001)。 谁来决定某个国家侵犯了民主和人权呢？ 博比特说，联合国不能这样做，因为保护国家主权是其成员国的利益。 唯一可能的竞争者是美国。 美国力量强大，也是民主国家，还致力于保护人权。 因此，美国是唯一一个同时具有能力和权利对越轨国家进行打击的强国。 在这些打击中，美国应该不受国家法的制约。 美国就是霍布斯眼中的主权，是唯一能够限制全球无政府状态的权力。 由于世界上一半的国家不是真正的民主国家，或者不尊重人权，因此博比特的理论将世界很多国家都置于遭受美国侵略的风险之下——尤其是那些对抗美国的国家、掌握美国所需资源的国家，或者占据具有高度战略意义地方的国家。 自由主义变成了新保守主义不可或缺的因素。

民主党人主张，在索马里和海地，"如果必要，使用武力恢复民主当选的政府是道义上正确的事情"，民主的扩大是它们的理想。 克林顿1996年的《国家安全战略》使用"民主"或"民主的"等词语高达130次之多(Chollet & Goldeier, 2008：98, 318—319)。 共和党人更具有现实主义的性质，他们更可能用国家利益证明军事干预的合法性，但他们也不反对这些政策。 没人将此视为侵略性的民族主义。 民族主义是更为含蓄而不是外显的，军事干预只指向独裁者及其党羽——或者，他们是这样说的。 军事干预使美国的世界责任变得合法化，所有的美国领导人都这么说，世界其他国家似乎也不反对。 联合国在这些事件中也支持美国的领导。 俄罗斯和中国也只是提出异议，没有表现出平衡美国权力的兴趣——因为它们没这个能力。 欧洲国家也不能。 以前从未出现过这样一个全球帝国。

克林顿是被迫参与到这些军事干预中的。 除国际贸易之外，他对外交政策缺乏兴趣。 更明确地说，他讨厌战争，而且力图减少伤亡。对所选目标进行远距离轰炸成为他在南斯拉夫和伊拉克的拿手好戏；对本·拉登和萨达姆所在的大概方向缓缓投放几颗战斧式巡航导弹就结束了他的外交政策(Chollet & Goldgeier, 2008；Hyland, 1999；Cohen, 2005)。 这比战争要好，虽然有时也会伤及无辜的平民和医药工厂。 面对9·11事件，克林顿也会侵入阿富汗，他也会最终对萨达姆·侯赛因发动战争，虽然不会在阿富汗战争结束前进行(Indyk，2008)。 由于大规模杀伤武器的激增和国家对恐怖主义的支持，克林顿对伊朗和朝鲜交替使用胡萝卜(援助)和大棒(制裁和战争威胁)政策。 1997年，温和派总统哈塔米当选伊朗总统后，克林顿对欧洲和俄罗斯的政策更加转向胡萝卜政策。 这似乎是一桩交易。 由于严重的相互猜忌，朝鲜和伊朗问题更加严重。 共和党人迫使克林顿采取更强硬的措施。 因此，当小布什统治下摩擦升级的时候，民主党人不能反对这种以"将民主带向世界"为道德使命的军事干预。

小布什政府中新保守主义的兴起

一旦共和党人在 1994 年掌控了国会，他们就要求实行更强硬的外交政策。 在整个 1990 年代，保守主义的共和党人和鹰派的斯库普·杰克逊(Scoop Jackson)民主党人相互结合，变成了独具风格的新保守主义者。 他们促使增加军备开支和进行更多的军事干预，这又是以将民主带往世界的全球使命下进行的。 他们并没有称其为帝国主义，除非是以非常婉转的方式。 比如，2003 年，理查德·切尼(Richard Cheney)发出的家庭圣诞节贺卡上包含了本杰明·富兰克林的这些话："如果没有它的许可一只麻雀不能掉在地上，一个帝国没有它的护佑能够兴起吗？"1998 年，当通过制裁和轰炸来促成伊拉克反动派推翻萨达姆政权的失败，出于新保守主义的压力，国会通过了资助伊拉克海外流亡者来推翻萨达姆的计划。 民主党人陷入困境。 他们已经强化了对萨达姆的压力，并致力于推翻其统治，但却没有找到有效的方式。 事实上，他们已经比对手所知道的更加牵制了萨达姆，因为萨达姆已经放弃了大规模杀伤性武器。 但现实主义者的牵制和制衡政策只能满足外交政策的书生，而不能满足大众媒体和公众，因为他们已经接受了共和党人的"克林顿软弱"的观点(Cohen，2005：chap.5)。

新保守主义者也利用了共和党人在选举中建立的神话，即里根总统已经消灭了邪恶的帝国。 我在第七章中提出，是苏联民众而非美国人破坏了苏联，里根只是在变得温和之后才有助于苏联的崩溃。 但是，里根神话中幼稚的必胜信念超过了之前越战中军事上的傲慢自大。 小布什上台时，他的主要决策者中，只有温和的国务卿鲍威尔及其温和的助手理查德·阿米蒂奇(Richard Armitage)曾经参加过越南战争。 主要的政府官员却逃避了前往越南的征兵，包括总统和副总统。 布什不可能对逃避征兵给出直接的解释，但是更直率的切尼宣称，"在 1960 年代，我有比服兵役更重要的事情要做"。布什派往联合国的外交官约翰·博尔顿(John Bolton)则更为直率地说："我承认，我不想死在东南亚的稻田里"(Packer，2005：26引用的)。这些都是胆怯的鹰派(chickenhawks)。

虽然新保守主义者有国内政策，但他们更关注外交政策。他们力图复兴爱国主义、加强军力和扩展外交政策。这些会让美国通过进攻而免受外国的威胁。这就是帝国主义，虽然没有人用这个词来特指美国。甚至没有人将此视为具有侵略性。克里斯托尔(Kristol)、保罗·沃尔福威茨(Paul Wolfowitz)和道格拉斯·费思(Douglas Feith)宣扬通过军事扩张来推广自由的使命：具有道义目标的强权。这个使命尤其得到没有政府职位的知识分子的支持，比如《旗帜周刊》(The Weekly Standard)和美国企业研究所的员工。他们关注的是一个地广人稀的、三流的中东国家，因为其低劣的独裁者长久以来藐视美国。这个国家就是伊拉克。

这些人没有理由主导美国的外交政策。但是，鹰派却有三个幸运事件——他们比所有政治家都幸运。首先，虽然阿尔·戈尔(Al Gore)很可能赢得了2000年的总统选举，但最高法院带有党派偏见的投票却将总统职位送给了小布什。我认为戈尔不会侵入伊拉克。第二，意识到自己对外交政策的无知，小布什让有经验的竞选伙伴切尼——前国防部长——去组建外交和国防团队。此时，切尼已是一个鹰派，他后悔在1991年时候支持不把对伊拉克的轰炸扩展到巴格达的决定。他大都选择了想法相同的人。切尼本人、国防部长唐纳德·拉姆斯菲尔德(Donald Rumsfeld)，以及国家安全顾问赖斯都不是真正的新保守主义者。他们都不那么意识形态化，而是更加注重实际。他们将自己的主要使命视为在世界范围内提高美国的权力，虽然他们(与所有帝国主义者一样)认为这是一个向善的力量。伊沃·达尔德和詹姆斯·林赛(Ivo Daalder & James Lindsay)说道，他们有四个布什也认同的信条：(1)美国不应该受到同盟、传统和友谊的限制；(2)美国的权力应该服务于美国的利益——但这也会为世界带来益处；(3)任何战略性的对手或竞争者都是不容许的；(4)美国要针对先发制人的攻击危险做好最佳的防护(Daalder & Lindsay, 2003)。

我们很难对布什总统本人进行归类，他是一个没有好奇心的人，他很少阅读官方报告，无视以事实知识为基础的建议，更喜欢听取白宫小圈子和五角大楼的鹰派所给出的建议。他多次说他的行动是"出于直觉"。他的财政部长保罗·奥尼尔(Paul O'Neill)认为，这些品质表明了他是一个意识形态者，因为"意识形态更加容易，因为你没有必要知道所有的事情和探求所有的事情。你已经知道了所有问题的答案。意识形态是不为事实所改变的。它是绝对主义的"(Suskind, 2004: 165, 292)。白宫被意识形态理论家所占据。

在美国的文化战争中，他们可以依靠保守主义宗教的支持。一些美国人相信，犹太人必须占领圣殿山，以预备基督的第二次降临。与伊斯兰教相比，他们更喜欢犹太教。我怀疑布什直接从圣经启示录里引进了一种方案，但是他的确需要圣经地带的选票，而且他在德克萨斯州的小镇里为他父亲竞选时，他本人也得到了重生。宗教右派不可能对外交政策有很大影响。它不会被写入政府的内部报道中。但是，总统的语言确实给帝国主义增加了千禧年的色彩：良善一定会战胜邪恶，神一定会战胜恶魔。这又得到了共和党选民的回应，他们中很多人优先考虑道德问题而非物质问题。我在十一章将会就此做出解释。虽然没有很多人优先考虑外交政策，但他们的确支持将道德性带给世界的美国民族主义——旧约而不是新约，报复性的耶和华而不是和平使者基督，伊斯兰圣战者的镜像。在 1980—1990 年代，共和党人在道德问题上受到宗教右派的影响，在经济问题上受保守主义大企业的影响，在外交政策上受鹰派人士的影响。这是特殊的政治结合，但是，由于小布什支持所有这些观点——也许他是唯一一个这样做的人——每一群人都在他们各自的领域里得到更多的自由。这个多形态里却存在一个总体统一性。虽然有不同的派别和称呼上的混乱，但我更喜欢用鹰派这个词来称呼这个总体，而不是新保守主义者，金火神者(Mann, James, 2004)或者坚定的民族主义者。 他们只是含蓄的民族主义者，但却是不敢承认的帝国主义者。

中东已经成为最麻烦的地区了，鹰派可以继续采取美国的传统政策。 像我们在第五章所看到的那样，艾森豪威尔以来，早些时候的政府都对阻碍石油向西方自由流动的人进行过采取军事行动的威胁。 由于萨达姆·侯赛因长期阻挠美国的利益，因此对战争的反对声音消失了。 诸如布伦特·斯考克罗夫特(Brent Scowcroft)和兹比格纽·布热津斯基(Zbigniew Brzezinsky)等人也只是反对军事干预的进行方式。 在老布什和克林顿时期，伊拉克对美国造成的损失非常低，但是这并没有影响推翻萨达姆的普遍愿望，也没有影响美国对其军事和道德权力的自信。

此时，几乎没有人意识到，中东国家所造成的威胁远小于没有国家的恐怖主义所造成的威胁。 逊尼派的激进主义已经孕育出恐怖主义圣战分子，具有讽刺意味的是，多年来美国将它们视为反共产主义同盟进行了援助。 在1990年代的早期，它们对埃及和阿尔及利亚等中东世俗政府造成了严重的威胁，但这些政府都成功地镇压了它们。 他们中的激进分子逃往阿富汗、苏丹、也门等边缘穆斯林国家，有的则逃往西欧。 在那里，他们由打击本国政权的国家恐怖主义变成了国际恐怖主义。 作为国际恐怖主义分子，他们也打击支持以色列和世俗穆斯林政府的美国及其欧洲同盟。 本·拉登被迫从苏丹转移到阿富汗。 当克林顿向阿富汗发射巡航导弹的时候，阿富汗的塔利班政权没有驱逐本·拉登，只是限制了他的活动范围(Ensalaco, 2008：265)。

但是帝国主义者更关注国家恐怖主义而不是没有国家的恐怖主义。 新成立的布什政府很快就入侵了伊拉克。 克林顿虽然意识到了非国家恐怖主义活动的威胁，而且也针对基地组织采取了一些措施，但并没有制定一个综合性的政策。 但是，布什政府却把恐怖主义戏称为"克林顿问题"。 当时的白宫反恐怖主义协调人理查德·克拉克(Richard

Clarke)说道，切尼、赖斯、拉姆斯菲尔德，尤其是沃尔福威茨都更加关注伊拉克(Clarke，2004)。 他关于恐怖主义威胁的警告被搁置一旁。 他虽然可以直接与克林顿进行接触，但却不得与布什见面。 他的确可以见到国家安全顾问赖斯，但是赖斯却对他的警告不理不睬。 进入新政府10天之后，财政部长奥尼尔对他第一次参加的国家安全委员会会议进行评论说，讨论都是有关伊拉克以及入侵伊拉克的问题(Tenet，2007：225—238；Suskind，2004：75，129；参阅 Ensalaco，2008：242—260；Chollet & Goldgeier，2008：310，Gordon & Trainor，2006：14—16；Packer，2005：39—40；Suskind，2004：1—2)。 但一切都是在私下进行的。 直到9·11事件发生，布什政府依然怀疑推翻距离遥远的政府可能不受人们欢迎。 在1992年、1996年和2000年的总统竞选中，外交政策并不是重点。 2000年，布什反对国外的民族建设运动，认为必须进行海外冒险以应对邪恶国外势力的挑衅。

9·11事件是鹰派人士的第三个幸运事件。 布什在日记中吐露，"21世纪的珍珠港事件在今天发生了"(Woodward，2004：24)。 像珍珠港事件一样，这个事件可以释放美帝国。 这是恶有恶报，因为正是美国的外交政策——而不是美国或西方的价值观念——使得本来只关注地方事务的伊斯兰恐怖分子转向对美国的进攻。 基地组织的首领本·拉登对美国提出三点要求：从圣地(沙特阿拉伯)撤走美国军队；结束对伊拉克儿童(通过制裁和袭击)的大屠杀；停止支持巴勒斯坦犹太人定居点及其复国主义扩张行为。 在其他场合，他也提到了美国对叛教的穆斯林政府的支持，以及对阿拉伯石油的贪婪。 其他恐怖主义分子重复了同样的要求(Ensalaco，2008，chap.9；Bergen，2011)。

恐怖主义起源于地方性的不满情绪。 阿拉伯的世俗世界中社会主义政权和军事政府的失败则为伊斯兰主义者提供了攻击世俗的、腐败的、压迫的统治者的机会，他们把这些统治者称作"身边的敌人"。 他们主张遵守伊斯兰法律能够带来中东的复兴，因此他们在1990年代发起地方性的袭击活动。 但是，对他们而言，萨达姆、穆巴拉克和阿尔及利亚的军事力量过于强大，他们的成员在政府镇压中被大批杀害，幸存者则逃到了国外。 他们现在主张对"远处的敌人"——美国和西方国家——进行打击，因为他们认为这些国家对中东地区承担的责任很弱。 如果美国被迫退出，那么身边的敌人就会被削弱，伊斯兰主义国家就可以被建立。 这就是埃及人扎瓦西里(Zawahiri)的观点，而且他对本·拉登的影响使得他建立了基地组织。 虽然关注身边敌人的圣战分子总是反对全球战略，但恐怖主义却全球化了(Gerges，2005)。 对于远处的敌人，圣战分子利用了对美国的普遍敌意，这也足以让很多穆斯林支持9·11恐怖袭击。 本·拉登对美国的反应做出了很大的误判。1997 年，在与 CNN 的彼得·伯根(Peter Bergen)的访谈中，他嘲笑美国从黎巴嫩和索马里撤军，因为在两地分别只有 200 个和 20 个士兵被杀。他认为，9·11袭击会加速美国从中东撤军(Bergen，2011)。 这完全是一个严重的误判。

　　9·11 是美国历史上史无前例的事件。 在对纽约和华盛顿的极端冒险的自杀袭击中，3 000 人丧命；这些袭击用民用客机摧毁了象征美国权力的建筑。 美国人产生了可以理解的愤怒，国外也是如此。 复仇的欲望是美国的主导情绪。 布什说："我的第一反应是愤怒，竟然有人胆敢袭击美国，他们会付出代价的。"(Bush，2010：127)9·11 事件使民主党人不可能公开地对侵略性的中东政策表达异议。 阿富汗和伊拉克战争在众议院和参议院都得到了压倒性的支持，增加军费开支也是如此。 9 月 14 日国会所通过的联合决议不仅赋予总统"使用一切必要的和合适的力量，反对那些国家、组织和个人"的权力，也赋予他"防止未来可能发生的任何针对美国的国际恐怖主义活动"的权力。 这的确是一张空头支票。 在 2004 年和 2008 年的总统竞选中，民主党人克里(Kerry)和奥巴马都没有挑战共和党的外交和军事政策。 民主党人向来更加关注他们认为自己所具有的优势——经济、卫生保健、教育和环境——而将困难的地缘政治问题留给共和党人去解决。

　　对窝藏本·拉登的塔利班政权进行报复，获得美国国内的大量支持，而且塔利班正确地被认为在背后支持了 9·11 事件。 在《不连贯的帝国》(Incoherent Empire)中，我写道，如果美国一开始就支持这样的提议——塔利班政权将本·拉登移交到巴基斯坦并在那里就恐怖主义活动接受审判——那么情况会好一些。 无论塔利班政权是否接受这种提议，美国都会获得穆斯林的更多支持。 但令人惊讶的是，愤怒的美国政府拒绝了这个提议，并发起了战争。 我认为戈尔总统也会采取相同的行动。 我们人都有情绪，我们不仅仅是计算的机器。

但白宫内的情况并不是如此简单。 9 月 11 日，在逃离五角大楼办公室的几分钟之后，沃尔福威茨就告诉他的助手说，他怀疑伊拉克参加了这次袭击。 中央情报局局长乔治·吉尼特(George Genet)重述，9·11 发生后的第二天，他在白宫外遇到了外交政策顾问小组组长、新保守主义者理查德·珀尔(Richard Perle)。 珀尔说，"伊拉克必须为昨天发生的事付出代价，他们要承担责任。"吉尼特说，无论事实如何，当时和现在的情报都表明，"没有证据表明伊拉克参与了" 9·11 恐怖袭击(Tenet, 2007：xix)。 克拉克回忆说，布什命令他"找到"这次袭击与伊拉克的联系。 6 天之后，布什告诉他的战争委员会"我相信伊拉克参与了这次袭击"；而沃尔福威茨则力劝说，这是打击伊拉克的机会。 鲍勃·伍德瓦德(Bob Woodward)认为，副总统是"顽固的"，是对伊拉克进行军事干预的"一个强烈而活跃的力量"。 但切尼在这些会议上说得不多(Packer, 2005：40—44)，因为他认为复仇需要首先打击阿富汗。 大部分国家实际上都支持入侵阿富汗，但并不支持入侵伊拉克，鲍威尔也反对对伊拉克进行任何冒险行动。 沃尔福威茨被否决了。"我们现在先不讨论伊拉克"，总统总结说，"我们先放一放伊拉克。 但是我们最终还会回到这个问题上来"。 不到 3 个月之后，即 2001 年 11 月 21 日，布什命令拉姆斯菲尔德开始制定伊拉克战争的计划。"让我们重新开始讨论这个问题"，布什回忆说，"为了保护美国，如果我们必须清除萨达姆·侯赛因，让汤米·弗兰克斯(Tommy Franks)算一算我们的花费"。 拉姆斯菲尔德每月都向布什汇报进展的情况(Woodwarad, 2004：26)。

9·11事件和反恐战争是鹰派人士的天赐良机。他们可以建立一种长期的战争意识，以支持他们的雄心壮志。拉姆斯菲尔德认为反恐战争可以与"长达五十年左右"的冷战相提并论。国务卿鲍威尔提醒说，这场战争"可能不会结束。在我们有生之年也不会结束"。国土安全部部长汤姆·里奇(Tom Ridge)警告说，恐怖主义威胁"是这个国家必须永远面对的恒久环境"。这种环境使得帝国主义者能够以反恐的形式进行军事干预。总统说，在别处进行战争总好过在我们这里进行。很多人将此与1898年和1945年的状况进行类比：对于建立代理者的民主政体和对于结束独裁、恐怖主义而言，建立暂时的殖民地是必要的(Boot, 2002)。

入侵的目的

在阿富汗，目的非常简单，也很明确：抓住本·拉登，推翻窝藏他的政权。第二个目的很快就被实现，这也强化了打击伊拉克的决心。因此，在2002年2月，布什命令弗兰克斯将军开始把军力从阿富汗转向海湾地区。一个月以后，布什打断国家安全顾问赖斯和三个参议员的会议，说"混蛋的萨达姆，我们就要把他除掉了"(Packer, 2005：45)。当时的英国特种部队的长官说，2002年3月英国军方被告知开始为伊拉克战争做准备(Gilligan, 2009)。4月6—7日，在布什的德克萨斯农场，布莱尔和布什讨论了战争计划。布莱尔许诺英国将会支持战争，虽然他希望联合国也能够支持。早在美国和英国政府发表声明之前，一切都已经决定好了，但外交政策中的欺诈是正常的。

随着鲍威尔急速地改变其对伊拉克战争的反对态度，政府中再也没有反对者了。意识到战争无论如何是无法避免的之后，2003年2月5日，他在联合国大会上明目张胆地诬陷萨达姆拥有大规模杀伤性武器。他让我们相信，他幻灯片里的那些用帆布包裹的卡车是在伊拉克运输化学武器。 在穿过沙漠的时候，这些卡车会引起污染颗粒，并让化学武器失效！ 正像伊拉克人所宣称的，这些卡车装载的是气象气球。 虽然联合国大会嘲讽鲍威尔的陈述，但美国民众却不加批判地接受了。 虽然美国城市里发生了规模相当的反战游行，但 70% 的美国人同意"去伊拉克进行战斗是正确的"。 同样比例的人相信：萨达姆·侯赛因与基地组织有密切的联系，拥有能够打击美国的大规模杀伤性武器，而且参与了 9·11 恐怖袭击的策划。

在这种背景下，我们不应该期待大量反对者的存在。 国际危机正在发生，而政治精英和利益压力群体主导着外交政策的发展趋势，因此公众总体上对此漠不关心(Mann，1988b)。 在美国的中东外交政策上，美国犹太人和石油公司扮演着重要的角色。 犹太人的影响主要体现在，他们力主支持以色列反对巴勒斯坦，他们还制造了阿拉伯世界、尤其是萨达姆的反面形象，说萨达姆捐助了自杀爆炸袭击者的家属。 政府周围的一些人——珀尔、费思，尤其是埃利奥特·艾布拉姆斯(Elliot Abrams)——好像更想推翻萨达姆的统治，因为这对以色列有好处(Packer，2005：32)。 但是，一旦政府宣布危机已经发生，民众的民族主义情绪就会爆发。 政治领导人在国旗的包裹下，强调危机对国家的威胁，而且对无知的选民操纵信息。 政府会看到"好战争"对竞选的益处——好战争就是那些易于战胜的战争。 他们通常利用外国人邪恶的刻板印象以及对国内媒体的垄断来夸大真正的威胁。 1939 年，希特勒制造了波兰人对德国边境的袭击；1964 年，为了证明越南战争的合理性，美国制造了第二次东京湾事件。 为了证明珍珠港偷袭的合法性，日本政府说这是在回应美国贸易和石油禁运对日本的遏制。 小布什则制造了基地组织、萨达姆·侯赛因与伊朗之间的联系，并极度夸张了萨达姆可能拥有大规模杀伤性武器的数量。

萨达姆·侯赛因的确是一个残暴的独裁者，也可能拥有一些大规模杀伤性武器。 萨达姆与恐怖主义没有联系。 但几乎没有美国人知道：他支持阿拉伯世俗世界的民族主义，因此基地组织和其他人憎恨他。

霍梅尼的什叶派、复兴党的阿拉伯民族主义者和逊尼派基地组织是不可能进行合作并分享致命武器的。 政府尤其扩大了萨达姆对世界的威胁，而怀疑者(比如我本人)则被污蔑为不爱国者或者反犹太主义者。 萨达姆虚张声势地说他有大规模杀伤性武器，这很大程度上导致了他的垮台。 因此，这是一个大错误，双方都不够理性。

政府和大部分美国人的回应背后是他们的过度自信。 美国的爱国者在国会和酒吧里经常把美国说成是世界上最伟大的国家，而且所谓的伟大就是美国有能力和权利做它想做的事。 1990年代对苏联和其他小对手取得的胜利冲淡了对越战的记忆，其后又似乎在阿富汗取得了胜利(事实上，还远没有胜利)。 没人认为伊拉克战争会是一个艰难的战争，他们认为战争不会持续很久，他们认为美国不需要做出很大的牺牲。 他们深信我所说的那种观赏性运动式的军国主义，他们只需要在边线外为他们的运动队加油助威就可以了，而他们自己没有必要做出牺牲(Mann，1988b)。

如果敌人被打垮，或者很快赢得了战争，那么政府的合法性就会加强，也会赢得选举——就像撒切尔夫人在福克兰/马尔维纳斯群岛战争中所证明的那样。 如果战争拖得很长，情绪和责任就会逐渐减退。 如果战况很糟糕，那么战争的回应则取决于战争是被视为被迫的祖国保卫战，还是被视为主动选择的战争——可以选择停止战争，也不会造成很坏的后果。 因此，形势看似非常严峻的时候，英国、俄国、德国和日本人民在二战中也保持着强烈的责任感。 但是，英国在几个世纪里以及美国在1898—1902年间则可以选择加入到殖民战争，然后又选择退出。 同样，美国也可以选择停止越南战争——以及伊拉克战争。

布什政府净化了军队、国家和中央情报局，而且拒绝或避开了反对者以及那些对潜在困难进行了客观分析的人。 这些人都被称作失败主义者。 敌人到处可见：政府内部、自由主义者中间、穆斯林世界里。 在珀尔和戴维·弗鲁姆(David Frum)("邪恶轴心"术语的发明者)的新保守主义著作中，穆斯林国家被视为敌对国家；五角大楼、中央情报局和国务院也认为这样。 他们建议清除所有敌对国家(Frum, David & Perle, Richard, 2003：194—228)。 鹰派人士成功地找到了他们的位置(Gordon & Trainor, 2006；Tenet, 2007)。 出于对中央情报局的厌恶，他们建立了自己的智囊机构——特殊计划办公室，这个由费思领导的机构直接隶属于切尼办公室。 他们提供能够证实他们的意识形态偏好的情报报告。 鲍威尔将之称为"费思的盖世太保办公室"(Woodward, 2004：292；Packer, 2005：chap.4)。 这是一些主要玩家暗中进行的一场共谋，他们篡改情报、掩饰动机和散布虚假信息。

我们很难确定，伊拉克战争的理由是"意识形态性错误"、是"为了愿望的满足"还是"为了证明手段合法性的理性化谎言"。 但中央情报局及其局长吉尼特知道，他们夸大了萨达姆所拥有的大规模杀伤性武器(Tenet, 2007：321)。 沃尔福威茨承认，"因为与美国政府官僚体制相关的一些原因，我们选择了所有人都会同意的问题，那就是大规模杀伤性武器的问题"(Packer, 2005：60)。 在我为写《不连贯的帝国》(2003)而进行大量阅读的时候，我发现大部分专家都怀疑萨达姆可能只拥有一些短程火箭和化学武器，但在当时它们已经落后或者失效了。 入侵的拥护者(比如，布什本人，2010：262, 268—269；James, 2006：108—109)声称，大部分理智的美国人都相信萨达姆使用大规模杀伤性武器的危险。 但事实并非如此。 经过多年的勤奋搜寻后，联合国的武器检查人员几乎没有任何发现。 入侵后美国的搜寻也是一无所获。 所谓的萨达姆、基地组织与9·11之间的关系是无稽之谈。 虽然这些都是谎言，但帝国主义者更可能利用一切可能的机会来实现入侵的愿望——这就是"为了愿望的满足"解释。

对于布什本人而言，这可能是正确的，因为他阅读了鹰派人士希望他阅读的东西。 他在其回忆录(Bush, 2010)中说道，"其中一份情报报告这样对问题进行了概括：'自从1998年武器核查结束之后，萨达姆继续努力制造化学武器，加强导弹发展计划，对生物武器进行了更大的投入，而且已经开始进入核武器领域了'。"(Bush, 2010：229)这也许说明，他仅仅读到了篡改后的报告。 关于伊拉克大规模杀伤性武器及其与基地组织的联系，布什收到的唯一证据是对利比亚军士的审讯得到的信息；但是国防情报处和中央情报局都认为这个证据是伪造的——在总统公开使用之前，它们就得出了这样的结论(Bergen，2011)。 其后，什么都没有被发现，布什才责备信息的失误。 如果他不怕麻烦，哪怕阅读一下公共领域的文献，他也不会被如此误导。 他可怜地评论说："当我们没有发现这些武器的时候，没人比我更加震惊和愤怒。 每当我想起此事，我都有一种恶心的感觉。 现在依然如此"(Bush，2010：262)。

对总统忠诚而对副总统礼貌的吉尼特说，他关于萨达姆的战争言论"超出了情报的许可范围"。 但是，他对沃尔福威茨、费思和他们的员工非常粗鲁。 他说他们散布了假情报，"费思的分析"与专家分析格格不入(Tenet，2007：348)。 这些情报机构的报告没有考虑9·11劫持者穆罕默德·阿塔与布拉格的伊拉克机构之间的会谈，也没有考虑萨达姆曾经想从尼日尔购买铀和核离心管的努力。 但是，总统、副总统和其他人仍然忽略这些情报，并继续做出断言。 副总统很坦白地说，"这不是进行分析的问题，也不是寻找有力证据的问题，而是我们应该如何回应的问题"(Suskin，2006：308)。 赖斯至少撒了两次谎。 她说9·11事件之前白宫对恐怖主义有了高度的警惕；她还说："我们没有运送任何人、也不会运送任何人到我们相信会被受到虐待的国家"——这都显然是虚假的(Bergen，2011)。

神经错乱的阿布·祖贝达(Abu Zubaydah)是基地组织的一个低级助手，但总统却把他称作基地组织的首领。 在受尽折磨之后，他给出了很多虚构的情节。 他的狱中日记竟然包括了三种精神分裂的声音。 处理基地组织问题的中央情报局高级官员对他的同事说："这个人肯定疯了，肯定是个人格分裂者。"听到这些话之后，总统就对中央情报局局长说："我说过这个人很重要。 你不要让我在这个事情上丢脸，可以吗?""不会的，总统先生"，吉尼特服从地说，因为9·11时候总统保留了他的工作(Suskind，2006：99—100)。 如我们所看到的那样，对丢脸的担心在地缘政治中永远是重要的因素。

战争之后，由于没有发现伊拉克的武器及其与基地组织的联系，战争的公开理由成了"为伊拉克带去民主"——当然，一些新保守主义者一直都强调这种动机。 但是，在伊拉克建立民主的可能性很小。 关于出口民主制度的定量分析结果并不让人乐观。 在 20 世纪和 21 世纪美国所进行干涉中，60%—70% 国家的都没有带来哪怕是中等程度的民主(政治科学家使用了+ 4 的政治分值，2011 年前的伊朗就是其中一个例子)；这个比例比正常概率事件还要低。 成功案例主要是 1945 年之后已经具有民主传统的国家，比如德国和意大利，以及 1990 年代在民主化浪潮非常强烈的中美洲国家。 在缺少民主传统的伊拉克和阿富汗等国，成功的概率几乎为零——还有最近的索马里和海地等国(Coyne, 2007)。 马克·皮西尼(Mark Peceny)对干预事件的分析也表明希望非常渺茫(Peceny, 1999)。 在那些被美国干预以推进自由改革的国家中，总体而言，自由化只会在具备其他有利条件的那些国家发生。 这些有利条件不包括以上两个国家所发生的种族或宗教冲突。 如果干预的目的是在中东地区实行民主化，那么最好是从埃及、约旦或者其他小海湾国家开始，因为那里存在中产阶级反抗运动和一些有限的选举活动。 无论如何，伊拉克的民主理念并没有实际计划的支持。

从根本上说，这些给出的理由都不重要。 萨达姆被选为首要的打击目标，是因为另外三个原因：

(1) 因为萨达姆近十年来一直在挑衅和羞辱美国，而且美国人已经对他极其不满了。 为了确认美国的帝国地位，布什政府和很多美国人都想进行报复。

(2) 不是因为他强大和危险，而是因为他软弱，而且 1991 年海湾战争以及随后的制裁和轰炸已经削弱了他的力量。 他令人憎恨，又易于打击。 对于告诉所有的敌人"如果挑衅美国，将会发生什么"而言，这是一个很好的榜样。 沃尔福威茨公开这样说，这就是为什么他认为伊拉克比阿富汗更合适作为攻击目标的原因(Woodward, 2004：21；

Suskind，2004：187—188)。 萨达姆对美国的公开挑衅让人感到羞辱。
为了确定美国超级大国的地位，鹰派人士感觉他们必须消灭他。 地位
又一次在地缘政治中发挥了重要的作用。 其他方式都失败之后，就只
有一种方式可以消灭他了。

(3) 在加强支持以色列和反恐战争的背景下，鹰派人士对沙特联盟
感到不满了。 他们痛恨沙特的伊斯兰瓦哈比教派，因为他们向伊斯兰
学校提供资金，这些学校被认为是孕育恐怖主义的温床。 这种担心是
夸张的，因为沙特人也痛恨伊朗的什叶派和像基地组织那样的激进的逊
尼派，而且他们认为这些人与美国一样有威胁。 但是用伊拉克的石油
取代沙特的石油是一个高风险的策略。 伊拉克的石油更少，需要十多
年的发展，而且伊拉克人不会像沙特人那样为了迎合美国的利益而采用
灵活的价格。

但是，新保守主义者极端自信：历史潮流和美国军力使得他们不可
战胜；通过宣称民主党人的软弱，共和党人实际上迫使他们参加入侵战
争以确认美国的帝国地位。 因此这场战争很大程度上是以军事实力为
后盾、为了维持美国的帝国地位而进行的。 与石油相关的物质目标只
是折射出来的目标。

我们的石油怎么在他们的地下？

但是，石油确实是一个问题。 1991 年，萨达姆侵入主权国家科威
特并获得了大量的石油资源，伊拉克战争因而爆发。 这场战争实际上
就是石油之战。 2003 年，入侵伊拉克的主要原因之一显然也是石油。
那里具有世界第二大的石油储备，仅次于沙特阿拉伯。 1991 年，萨达
姆入侵科威特，就是因为科威特的石油出口超过了他们之间商定的出口
份额，因而降低了伊拉克的石油价格。 随后，老布什公开宣布"我们
不可能允许如此关键的资源被一个如此残酷的人所掌控"(Ensalaco，

2008：188)。 副总统切尼 2001 年的《能源工作小组报告》也将萨达姆·侯赛因视为"对美国的中东盟友而言，对地区和全球秩序而言，对石油的国际市场流动而言，都是一种破坏性力量"。 这个报告所提出的政策建议包括可能会需要"军事干预"。 如今，巴林岛基地的美国第五舰队大部分时间都在霍尔木兹海峡进行巡逻，以确保石油自由流动的大洋航线。 为了保护高加索和里海地区的石油和天然气起源，布什增加了格鲁吉亚的军事顾问和哈萨克斯坦的快速反应部队(Klare，2004：chaps.3—4)。

布什团队的确在私下里讨论过伊拉克的石油。 如果伊拉克没有石油，那么它可能会逃过美国的入侵，虽然美国也侵入了没有石油和其他任何有价值的东西的阿富汗——除非美国像英国帝国那样开始大规模生产鸦片。 美国入侵阿富汗主要是因为那里有本·拉登和塔利班政权，而且美国想对他们进行报复以确认美国的帝国地位。 美国入侵伊拉克同时是因为石油和萨达姆·侯赛因——邪恶的、挑衅的，美国领导人眼中羞辱的来源，但是很容易被击倒，并为一个附庸政权所取代。

但是，的确存在一种有价格的经济资源，这需要进行理性计算。得到石油的最理性的方式是与萨达姆交朋友，或者起码不能让意识形态冲突影响市场行为。 伊拉克与委内瑞拉形成鲜明的对比。 虽然两国之间经常恶语相加，但是美国是委内瑞拉最大的石油进口国。 与委内瑞拉总统乌戈·查韦斯一样，萨达姆也很想出售石油，而且美国也很想购买石油。 但萨达姆曾经入侵科威特，而且其后美国对他进行了长达十年的制裁和轰炸。 任何美国政治家都难以为了购买他的石油而忽略他的劣行。 对于具有高尚世界使命的帝国而言，承认"政治现实胜过道德"是尤其困难的。 但是，这意味着其他动机比石油更为重要。

但是，美国的石油只有 10% 来自中东。 美国对中东石油的依赖比欧洲国家、中国和日本更低。 后面那些国家通过与石油生产国进行和平的双边谈判而取得中东石油。 当然，它们也没有军事实力来进行战争。 一些人认为，石油动机指的是美国剥夺经济对手的石油。 哈维说，"谁控制了中东，谁就控制了全球石油的龙头；谁控制了全球石油的龙头，谁就控制了全球经济。"他说，面对越来越剧烈的国际竞争，"为了抵挡这种竞争并确保其霸权地位，美国还有比这更好的方法吗：控制其竞争对手所依赖的经济资源的价格、条件和分配？"(Harvey, 2003：19, 25)。但这似乎并不合理。想想 1940 年发生的事情：美国切断日本的全球供应。如今，美国这样做实际上就是在发动战争。这会是解散北约组织，并让中国在追求石油上更具有进攻性，同时也会打破美国长久以来对开放市场的追求。但是，如果石油就是美国的动机，它没有必要对伊拉克进行入侵。他只需要通过海洋和空中军事力量切断石油龙头就可以了，没有必要进行入侵(Brenner, 2006b)。

在中东，美国的石油政治从来就不是严格按照市场逻辑进行的。如今，石油安全化，即将石油转变成一种关系国家安全的事物，是一种传统，而且国家安全对美国则意味着军事干预是默认的外交模式。在相当长的时间里，美国都在与石油生产者进行交易以对抗苏联。当时，他与萨达姆结盟，与他站在一条战线上来平衡另外一个石油生产国——伊朗。现在，与美国结盟的只有新保守主义者不喜欢的沙特阿拉伯以及面对暴行显得非常脆弱的海湾小国，而且要同时对抗伊拉克和伊朗。这种海外平衡似乎非常不平衡。与第二卷(1993：33)一样，在整个这一卷我区分了关于利润的市场概念和关于利润的领土概念。我们可以通过市场优势来追求利润，也可以通过对领土进行权威性控制、甚至以极端的战争和帝国形式来追求利润。我们已经看到，英国、日本和早期的美国都曾经采用过第二种方式。他们再一次这样做了吗？计划可能是这样的：入侵伊拉克是要把它变为战略盟友以取得其石油。但是，如果国家安全和地缘政治也很重要，我们还可以找到其他的目的：更好地保护以色列、恐吓俄罗斯和中国，让其盟友因保障石油供应而感谢他们，将美国的中东军事基地从靠不住的沙特阿拉伯转移到新建的伊拉克附庸政府。很多鹰派人士夸大了沙特人对恐怖主义的支持(通过资助伊斯兰学校)和从沙特阿拉伯独立出来的愿望。在这种情境中，对石油的需要的确发挥了作用，但却是与战略目的、帝国主义目的混杂在一起。 而且，这更可能符合事实。

但是，副总统切尼却没有对伊拉克的石油考虑太多。 他的能源工作小组绘制了伊拉克油田的地图，并标明哪家公司控制着它们。 工作小组与美国和英国的石油公司领导进行过多次会谈。 美国人拒绝承认这一点，但是泄露的秘密文档证实了这些会谈，而且康诺克公司的前领导人承认参加了这样的会谈。 一些批判者认为，他们卷入了政府和石油公司对入侵伊拉克的共谋(Juhazs，2006)。 但是，证据表明实际情况更加复杂，因为有两种方案相互竞争：帝国主义鹰派和新自由主义者支持一种方案，而石油巨头们却支持另一种方案。

第一种政策起源于美国财政部在美国国际发展署的帮助下制定的《推进伊拉克经济从恢复转向可持续发展》。 2003 年美国顾问公司对这个文件进行了修改，并把它变成了类似于第六章所说的新自由主义结构调整项目。 保罗·布雷纳(Paul Brener)将这个文件的大部分内容写进了他的行政命令草案中；其命令又在他任总督期间变成了伊拉克法律。该草案包括对除石油以外的所有国有企业进行私有化。 外国人可以拥有任何企业 100% 的产权，而且有权将所有的利润调回本国。 降低了企业税和工会权利，增强了市场的作用，外国人不会因为在伊拉克的犯法行为而受到制裁。 布雷纳认为政治自由和市场自由是统一的，这也是典型的新自由主义观点(Juhazs，2006：chap.6；Brener，2006)。 他的一些命令被写进伊拉克宪法，但是一些敌对的伊拉克立法议员却阻碍这些政策的实施。 2009 年末，伊拉克仍然有 240 个雇用了 100—4 000 名工人的国有企业。 工业和矿业部长说，2012 年之前不会对它们进行私有化。诸如水电等基础设施和烟草制造等产业根本就不会进行私有化。 他更喜欢在伊拉克国家企业和外国私有企业之间进行合资，而这些交易却主要是与非美国的企业进行的(Reuters，July 28，2009)。 像对伊拉克进行占领的其他方面一样，新自由主义福音被证明是令人失望的。

但是，在入侵之前，鹰派人士期望胜利之后石油公司会生产足够的石油来弥补战争的费用。 这会导致全球石油价格的下降，并会削弱伊朗、沙特阿拉伯等石油输出国。政府也会倒台，并代之以美国支配与民主相结合的政府(Perle & Frum, 2003)。但是，主要的石油公司都被这个计划吓坏了。石油价格的崩溃会减少它们的利润，它们被美国会摧毁石油输出国组织的想法惊呆了。它们的商业战略是分化石油生产国，而不是摧毁其。它们根本就不关心伊朗的石油是否会留在地下以作将来之用。当占领失败以及暴力横生的时候，石油供应一片混乱，而石油需求却在上升，这些都提高了利润。显然，石油公司并没有打算这样做。但是它们让美国壳牌石油公司的前首席行政官菲利普·卡罗尔(Philip Carroll)任伊拉克石油资源的负责人，这阻碍了布雷纳的私有化计划。如他后来对英国广播公司(BBC)所说的那样，"当我介入的时候，伊拉克的石油资源和设施就不会被私有化了"。他认为私有化纯粹是一种意识形态。与政府的计划不同，卡罗尔主张的石油工业计划是要建立一个单独的、国有化的伊拉克石油公司，这个公司会是石油输出国组织(OPEC)的一个负责任的成员国。这与新自由主义者和帝国主义者追求剧烈变迁的计划相对立，那些人反对主张维持现状的保守主义者(Greg Palast, *BBC Newsnight Report*, March 17, 2005)。

大石油公司和新自由主义者/帝国主义者之间的对峙使得新伊拉克政府能够坚持国家对油田的所有权，这是新政府显示它不是美国傀儡的第一个政策领域。伊拉克的国有石油公司拥有石油的所有权，石油企业生产石油，并向政府支付每桶2美元的税收。油田使用权的拍卖始于2009年12月。最早的购买者是欧洲、中国和俄罗斯的石油公司，而不是美国公司。仍然没有解决的问题是，伊拉克的什叶派、逊尼派和库尔德人仍然为石油所有权而进行冲突。这仍然备受争议。

导致伊拉克战争的原因并不是直接的石油利润，而是区域性战略视野。石油也是其中的一个因素，但是这受鹰派主张的帝国主义战略的限制，而不是倾向于由连续和稳定的石油公司说了算。鹰派人士相信，在伊拉克显示超级大国的实力，其他流氓国家也会屈服；如果它们不屈服，它们也会面临同样的命运。拉姆斯菲尔德强调伊拉克的示范

效果(Gordon & Trainor, 2006：4，19，131；Suskind, 2004：85—86，
187)。 总统将伊拉克、伊朗和朝鲜定义为邪恶轴心国，但是也对叙利
亚、利比亚和古巴提出了警告。 卫斯理·克拉克(Wesley Clark)将军说
道，9·11事件发生后不到两周，一个老将军就告诉他政府已经决定攻
打伊拉克了(Clark, 2007)。 六个星期后，他又遇到那位老将军，并问他
说攻打伊拉克的计划还存在吗。 回答是："'哎呀，比那还要糟糕……
这是来自国防部长办公室的一张纸，这张纸概括了对伊拉克的战略。
我们将会在五年内干掉七个国家。'他还列出了这些国家的名字：首先
是伊拉克和叙利亚，最后是伊朗。"后来，克拉克将军回答我的问题
时，又加上了其他四个国家的名字：黎巴嫩、利比亚、索马里和苏丹。
中东地区会被迫进行重组，然后穆斯林国家会变得和平、民主、对以色
列更容忍，对美国更加服从。 2011年，国防部长盖茨似乎支持这种方
案，因为他曾经暗示他没有让布什对伊朗采取更为激进的措施。

这是一个史无前例的帝国主义。 阿富汗和伊拉克战争扭转了长期
以来美国转向温和统治的历史趋势。 现在，美国在统治形式上逐渐升
级，从非正式帝国主义，到附庸政府，又到大规模的军事干预。 美国
为入侵伊拉克集结了30万军队，15万人占领这个国家长达六年之久。
军队在那里住了这么长时间，以至于伊拉克和阿富汗事实上成了暂时的
殖民地。 马克·奥赖利(Marc O'Reilly, 2008)和伯纳德·波特(Bernard
Porter, 2006)断言，这是直接的帝国，但他们总是要很快离开的，并建
立一个友好的附庸政权。

入侵和占领伊拉克

入侵伊拉克的方式也是史无前例的，非常不同的一点是单边主义。
首先，美国事实上没有外国同盟。 虽然很多国家在名义上参与了战
争，但只有英国允许在任何战争状态下使用武力。 虽然大部分中东国

家都私下里对除掉萨达姆·侯赛因感到高兴，但它们并没有提供任何公开的支持。 美国和英国单独发起了战争。 布什很感激布莱尔，并对布莱尔的首席顾问说，"你们的领导很有勇气"——仍然是游乐场上的小男孩。 一些传统盟友，比如法国、德国以及后来的西班牙，都反对这次入侵。 每当美国行为粗暴的时候——在法鲁加、关塔那摩湾、阿布格莱布以及全世界实行折磨和残酷政策时——它便会进一步失去其合法性，尤其是因为除阿布格莱布之外的其他地方都受到更高的政府保护。有人可以反驳说，帝国只会让人害怕，而不会让人喜爱。 但我们看到，美国经常具有合法的霸权。 但那些任何道德准则都难以接受的行为会从意识形态上破坏这种合法性。 我们可以相信一个践踏和藐视《日内瓦公约》的政府能推进民主制度吗？ 由于其他发达国家不能与美国进行抗争，他们的反对起不了太大的作用。 但美国的声望在穆斯林世界遭到损害，这是具有破坏性的。 这促使很多恐怖分子认为自己占据了道德的高地。 美国缺少真正的意识形态权力。

　　单边主义的第二个方面具有更直接的破坏性：除北部的库尔德人外，美国没有强大的当地联盟。 一些美国将军希望整个伊拉克军队都会站到他们一边并为他们战斗，但是他们并没有事先取得伊拉克军官的合作，因此他们的设想并没有实现。 在入侵伊拉克之前，组建一支由几千伊拉克流亡自由战士所组成的军队的希望也落空了。 只有 73 个伊拉克流亡犯参加了战前训练(Gordon & Trainor，2006：105—106)。 在二战以来的所有军事干预中(除猪湾和索马里的惨败)，美国都依赖强大的地方同盟。 如我们在前几章所看到的那样，这些同盟一般都是军事和上层阶级群体的结合，或者是军事与某个种族群体的结合。 在前南斯拉夫，它的盟友包括克罗地亚人、波斯尼亚人和科索沃阿尔巴尼亚人，而且他们是实际占领了领土的人。 即使在阿富汗，美国也有盟友，包括北方联盟和一些不满的部落首领。 几乎没有伊拉克流亡犯的首领与美国站在一边，而且依赖并不可靠的艾哈默德·沙拉比(Ahmed Chalabi)是没有价值的。 中央情报局局长吉尼特评论说："我的印象是，副总统办公室官员和国防部代表在他们的笔记本上重复地写沙拉比的名字，就像中学女生对待他们的初恋男生一样"(2007：440)。 沙拉比绕开情报专家，直接向他在五角大楼和白宫的朋友提供假情报，从而为自己谋利(Bergen，2011)。

美国并不是没有能力获得盟友，而是因为除了库尔德人之外找不到其他盟友。 在整个20世纪里，寻找地方联盟非常困难，因为民族主义成了政治权力的主要合法来源。 成为国家的叛徒——或者成为伊斯兰的叛徒——在19世纪是一种不常见的情感，现在却是阻碍不满的地方精英加入帝国主义阵营的主要障碍。 帝国变得更加困难了。 如我们在第三卷第三章和本卷第五章所看到的那样，在亚洲和拉丁美洲，阶级联盟成为支配力量，但伊拉克不存在这种状况，因为那里没有独立于萨达姆的军事阶级和资产阶级，也没有大众反抗运动。 只有种族或宗教冲突可能会产生联盟，但如果与其中一个群体结盟以打击另外一个群体的话，战后将很难实现社会和平。 伊拉克就是一个很好的例子。 库尔德民族主义者很愿意与美国结盟，因为他们将这视为建立自己国家的一次机会。 什叶派和逊尼派之间的宗教对立可能会让什叶派夺取萨达姆的逊尼派政权。 但是，入侵发生的时候，什叶派和美国人都没有这样想过。 什叶派没有这样想，是因为一旦谈判泄露会招致萨达姆的报复；美国人没有这么想，是因为他们必须通过伊朗——另外一个敌人——进行谈判。 入侵之后，两者确实逐渐地变成了同盟，这引起了逊尼派的反抗。 让困境更为严重的是，一些反帝国主义思想出现了——很世俗的伊拉克民族主义、泛阿拉伯联盟以及更广泛意义上的伊斯兰联盟。 如更早的反殖民主义一样，民族主义并不是真正的推动者。 但是，对于自己发动的帝国主义事业，美国显然缺乏意识形态权力和政治权力。

安东尼·萨蒂德(Anthony Shadid)采访了两种伊拉克士兵：与美国相抗争的反对者和与美国一起战斗的伊拉克人(Shadid，2005：280—288)。到目前为止，大部分都因为国家自豪感和荣誉感而反对美国，这也是因为他们不信任西方殖民主义，以及由于美国坚定地支持以色列。 这些复杂的情感都可以概括在伊斯兰教里："我们"是穆斯林，"他们"是帝国主义异教徒。 但当反对者说他们为了意识形态原因而战斗时，帮助美国的人则说他们为了工资而这样做。"我是否该不与美国人一起工作，宁愿饿着睡觉？ 不，我应当与美国人一起工作才有饭吃。"当地教职人员谴责他们为异教徒，他们却苦笑着说，"你们付给我们工资，我们就停止和美国人工作。"他们也害怕来自自己社区的报复。 只有库尔德人致力于合作。 从现实主义权力的角度来说，这是美国不应该入侵伊拉克的主要原因。

这也是占领伊拉克的美军之所以规模很小的主要原因。 切尼、拉姆斯菲尔德、沃尔福威茨和费思都相信，12 万美国士兵就足够了。 对于打败伊拉克军队而言，他们是正确的。 但对于接下来的占领、安抚和重建而言，地方同盟的缺失需要大量的美国人。 2003 年 5 月到 2004 年 5 月的驻伊拉克最高行政长官、外交大使布雷纳在其回忆录中说，他请求更多的军队，但没有成功。 持异议的将军们建议，25 万人的占领力量应该可以持续一段时间。 但兰德公司的报告却认为必须要有 50 万人，那意味着需要进行再次征兵，然而再次征兵是不受欢迎的，并且可能会破坏整个计划。 但这给军队增加了不合适的政治负担。

无论如何，政府都没有为入侵后的事情做好打算。 英国军官抱怨美国缺乏计划(Gilligan, 2009)。 弗格森所采访的驻伊美国军官说道，根本就没有什么计划，而且他们制定计划的努力也被华盛顿的思想家阻挠了(我们看到，后来有了一个石油计划)(Ferguson, 2008)。 事实上，五角大楼后来酝酿了一些方案。 入侵准备花了 18 个月的时间，战后计划在入侵两个月之前才开始。 只有一个有中东经历官员的国务院靠边站了，但五角大楼的计划者又没有白宫的资源和影响。 拉姆斯菲尔德也有他自己的政策团队，这个团队被联合参谋部的官员戏称为"黑洞"。在最后时刻被任命为占领伊拉克行政长官的前将军杰伊·加纳(Jay Garner)说，"我们到那里之后，我们就会知道该做什么了"(Gordon &

Trainor，2006：chap.8，引用来自 pp.142，152，157)。 军队认为，政府会很快被移交给伊拉克人(Wright & Reese，2008：25—28)。 军方被告知做好在萨达姆倒台后的几个月内进行撤军的准备。

布什政府认为伊拉克人会拿着糖果和鲜花欢迎它们，安全工作会转交给友好的伊拉克警察，军队和政府机构会原封不动，友好的政府将会很快建立。 这种模式可能来自于1989年的东欧："推翻统治者，推倒他的塑像，让市民社会接管"(Kopstein，2006：88)。 助理国防部长沃尔福威茨向国会证明，入侵的费用会由石油收入来支付。 加纳的助手芭芭拉·博丁(Barbara Bodine)说，她被告知"我们几个月后就会从那里撤出"。 后来这个日子被推迟到八月底，即攻占巴格达后的四个半月之后。 拉姆斯菲尔德的发言人说，"我们将会在三到四个月内从那里撤出"(Gerguson，2008：88；Packer，2005：132—133；Gordon & Trainor，2006：162，463—464)。"计划"泄露得倒是很快。

政治科学家拉里·戴蒙德(Larry Diamond)在民政管理部门工作。 他说，为了在伊拉克建立民主制，"第一个教训就是，我们不可能不通过托马斯·霍布斯而直接进入杰弗逊和麦迪逊。 如果你没有一个国家，你是不可能建立民主国家的。 而国家存在的一个关键条件就是国家必须有效地垄断暴力手段"(Diamond，2005：305)。 萨达姆是一个相当黑暗的霍布斯政权，但美国在推翻他之后却没有恢复这种政权。 交通、电力和供水都被破坏，政府机构和警察局也都被废弃。 加纳甚至不能和同一个镇上的官员进行沟通，更不用说维持公共秩序了。

肆虐的抢劫席卷了城市，美国军队却在路旁袖手旁观，似乎只关心保护石油部和加纳的官员。 在巴格达，数千人参加了极为专业的抢劫活动，这次抢劫从2003年4月9日开始，这个日子正是萨达姆政权停止运转的日子。 23个部委中，至少有16个被洗劫一空，警察局、医院、学校和食品分配中心也是如此。 电厂的设备被拆除，这延误了巴格达的电力恢复。 美国的占领官员估计，抢劫导致的损失是120亿美元，相当于估算的伊拉克石油在战后一年的收入(Packer，2005：139)。 实现用石油收入支付战争费用的想法还需要再等一等。 事实上，战后的石油收入从来就不够。

在伊拉克的大部分行政官员和军事长官都感觉，军队应该阻止抢劫。 我们还不清楚他们为什么没有这样做。 他们的高科技武器不适合维护治安。 但博丁说，"普通伊拉克人的需要并不是我们的当务之急。在那些日子里，他们开始怀疑我们对他们的责任了"(Ferguson，2008：138)。 拉姆斯菲尔德的回应则更糟糕："自由是混乱的"，他声称，"自由的人民具有犯错误、犯罪和做坏事的自由。 他们也有过自己的生活和做好事的自由。 这就是这里将要发生的事情。"他还安慰说："坏事情总要发生的。"乔治·帕克(George Packer)评论道，"国防部长看到了无政府状态，并认为这是民主的早期发展阶段(Packer，2005：136—137)。 在他看来，自由就是没有限制，政府中的其他一些人也这么认为。 自由存在于人类的天然禀赋中，而不是存在于人造的制度和法律中。 推翻一个35年的独裁统治后，民主将会逐渐取而代之。"这是新自由主义的政治理论——只要推翻专制，社会就将再次繁荣。 没有社会学家会同意这种观点。

2003年5月，布雷纳的两个决定使问题变得更加复杂。 其中一个是政治决定，另一个则是军事决定。 由于复兴党在最高的四个等级上都被禁止担任公共职务，因此出现了激进的"去复兴党"(de-Ba'athification)运动。 他们的总数达3—5万人。 所有底层的复兴党人都要经过严格的审查程序，这要花费很长的时间，因此降低了行政效率。一些被解职的官员开始造反，一些逊尼派也参加了反叛，因为他们认为这个政策会保证什叶派和库尔德人的统治。 加纳将军告诉弗格森说，他的政策只是要在最高两个层次上进行选择性清洗；博丁说，与复兴党问题相比，他们更加担心官员的腐败和无能问题。 在华盛顿的费思写了去复兴党决议，拉姆斯菲尔德、沃尔福威茨和切尼则支持他的决议。听取了布雷纳的汇报之后，总统也支持这一决议(后来当布什想要否定它的时候，布雷纳公开了当时的相关信件)。 但是，他们并没有征求鲍威尔、赖斯和国家安全委员会的意见。 在伊拉克的加纳将军、中央情报局官员和大部分将军都非常愤怒，有些人称之为疯狂之举。 沙拉比是在伊拉克的政策实施者，而且他能够在彻底清洗中获益(Gordon & Trainor，2006：475—85；Tenet，2007：426—30；Ferguson，2008：chap.5；Brener，2006：39—42；53—59)。 美国在伊拉克缺乏政治权力的问题变得更加严重。

第二个可悲的决定是解散伊拉克军队。 50多万人——超过全国劳动力的7%——失去了工作。 很多人参加了反叛。 大部分美国官员和伊拉克人想要解散的是可怕的保安部队和共和国卫队，而不是正规军。他们知道，士兵必须执行萨达姆的命令，否则他们就会被枪决。 此时，解散军队的决定似乎是由三个人做出的——布雷纳及其主要安全顾问沃尔特·斯洛科姆(Walter Slocombe)、拉姆斯菲尔德——但布什很快也同意了，虽然措辞比较模糊。 其他人感到非常惊讶，大部分人都惊呆了。 他们都曾经想恢复伊拉克的军队，而且准备了一份十万多人的军士名单(Ferguson，2008：chap.6)。 由于训练新士兵需要几年的时间，因此，三到四个月离开伊拉克是不可能的。 发展地方武装力量需要更长的时间。 后来，布什承认这些都是错误的决定。

大部分人都惊讶于布什政府在这两个政治和军事决定上所表现出来的无能：在没有伊拉克军队和复兴党管理者的情况下进行工作。 但是，这些决定不仅仅是错误。 与没有建立地方同盟一起，它们都是一个大失败的组成部分。 它们揭示了帝国的傲慢。 首先，它们假设美国的武装力量会征服和安定伊拉克，并在那里建立一种白纸状态，然后良性的社会制度就会在具有不同文化传统的国家里生长起来。 其次，它们假设美国自由和民主的价值观念会超过伊拉克人心中对入侵和占领的恐惧。 这说明了它们对民主制度的必要条件的无知(包括保证公共秩序的条件)，以及对战败者表示同情的无能。 进行占领的大部分工作人员都没有地方性知识。 他们是以前的华盛顿游说者、国会工作人员和公共关系专家——他们是热情的共和党人，但没有关于伊拉克和伊斯兰的知识。 他们是外来的野心家，而不是定居者。
美国还缺乏想在那个地方定居的美国人。 没有殖民者的帝国需要在
当地人口中建立起盟友关系，但却没有做到这一点。 在伊拉克的时
候，他们几乎不敢离开"绿区"——美国在巴格达的堡垒。 大部分
伊拉克人可以看见的美国人都是全副武装的士兵和军事承包商。 他
们不能赢得伊拉克人的心灵与思想(Shadid，2005；260—261)。 因为
美国缺乏形成轻便帝国政策所必需的意识形态权力和政治权力，美
国人的政策和影响就会很强硬。 军事权力尽管可以搞破坏，但却不
能搞建设。

入侵的成本和收益

因此，死亡总数十分巨大。 美国与其敌人之间不断增长的科技差
异产生了一种"风险转嫁军国主义"，即美国可以将战争风险从自己的
战士身上转嫁到敌人的军队和平民身上。 美国在阿富汗的轰炸可能杀
害了大约三千平民——不过，像之前的殖民主义战争一样，当地人的死
亡人数并没有进行查点。 在伊拉克，震慑性轰炸之后，紧张而害怕的
美国和英国士兵又不分青红皂白地对叛乱、自杀性爆炸和枪击行为进行
镇压。

没有人知道死了多少人。 美国从未公布过伊拉克的伤亡数据，而
穆斯林文化要求必须在24小时以内埋葬死者，这就意味着很多死亡人
数没有进行登记。 伊拉克卫生部估计15万人死亡了，但是这只包括了
那些曾被送往医院和太平间的死亡人数。 非政府组织"伊拉克死亡统
计组织"仔细查点了英语世界中媒体报道的死亡数字，死亡总人数大概
是10万人。 但由于英语不是伊拉克的语言，这些报道一定是少算了。
2010年，维基解密公布了2004年1月至2010年1月期间的美国在伊拉
克的军事日志。 这些日志详细记录了美国军队亲眼目睹的十万九千名

死亡者，其中 65% 是平民。 由于美国军队不可能看到所有的事情，因此这个数字也是少计的。 由于各方都一致估计死亡人数大概是 10 万人，大部分新闻工作者接受了这个死亡总数。 但这个估计实在是太低了。

一个流行病专家小组对战争引起的死亡进行了一次入户调查，他们的调查包括了不断增加的混乱、被毁的基础设施和糟糕的健康保障所引起的死亡，调查结果发表在了《柳叶刀》(Lancet)杂志上。 这次调查让各个家庭自己决定死亡是不是与战争有关。 他们估计，到 2006 年 6 月，死亡人数高达六十五万人(Burnham et al., 2006)。 那些被要求领取死亡证明的家庭中，92% 的家庭这样做了。 舆论研究公司的调查(Opinion Research Business, 2008)则给出了更高的数字——截至 2008 年 1 月，大概有 100 万人死亡，但其研究方法有些不可靠。 面对《柳叶刀》杂志上的文章所具有的爆炸性，很多人也试图怀疑其可信性。 但流行病专家和调查研究员确认他们的调查符合当代最好的标准，不过他们也说，在一个基础设施匮乏的国家里进行调查确实是困难的。 这只能是一个大概的估计。 这可能是现在能够见到的最好的数据。 但我认为，由于家庭被赋予判断死亡是否与战争相关的自由，因此我们应该减少一些这个数字。 这样将会产生一个大概五十万人的估计人数。 我应该补充一下，这些人大部分都不是被美国士兵杀害的。 维基解密的文档显示，伊拉克军队、警察和准军事力量也进行了屠杀。 这个数字是入侵和占领导致的总体死亡人数。

另外据联合国估计，至少有 250 万伊拉克人逃往国外成为难民；在国内，另外 250 万人背井离乡——该国的总人口是三千万。 这是巨大的苦难。 每一例死亡都留下了破碎的家庭，出逃的难民也是如此。 相比之下，联军的死亡人数就很微不足道了：4 500 个美国士兵，2 000 个其他国家的士兵，以及 1 300 个军事承包商。 大概 3 万美国士兵受伤，死亡和受伤也给美国家庭带来了些许苦难。 到目前为止，战争的成本超过 20 000 亿美元(甚至有人说是 30 000 亿美元)。 暴力行为仍在继续。

2009—2010 年间，暴力行为有所减缓，但 2011 年又出现上升趋势。 在阿富汗和伊拉克，美国士兵和当地居民的伤亡比例大概是 1：50；这是复仇性的风险转嫁军国主义。 在远处不能精确识别的火力一定会杀害大量的平民。 在一个以反帝国主义为主导的时代，实现预期的后果是不可能的，因为这激怒了受影响的人们，产生了更多的恐怖分子，导致了双方更多的杀戮。 没有人因不成比例的轰炸或火力而受到起诉。

但是，使伊拉克获得更好的未来就能让这些事情变得合理吗？ 从积极的方面讲，一个恐怖的独裁者被推翻和处决了，选举也实行了。萨达姆的确很可怕。 他造成的死亡人数很大，虽然这是战略行为而不是无心之举，因为这是对两个反叛活动的回应。 第一次是 1988 年与伊朗进行战争期间，10 万多的什叶派库尔德人被杀害。 一些库尔德人被指控帮助了伊朗人。 在美国仍然支持萨达姆，并且支持罗纳德·拉姆斯菲尔德为其提供武器的时候，暴行就发生了。 第二次是 1991 年，美国击败萨达姆引起了北部库尔德人和南部什叶派的反叛。 萨达姆进行了凶残的报复，杀害了大概 10 万库尔德人和什叶派。 其他小规模的镇压活动包括对沼泽阿拉伯人(Marsh Arabs)的迫害，这次迫害造成 5—10万人死亡。 反对萨达姆的任何嫌疑都会导致酷刑、甚至死亡。 这产生的死亡总数在 30—40 万人之间，虽然也有人没有证据地说达到 80 万。这些都是大概的估计。

也许，我们可以说，美国入侵与萨达姆政权导致了同样规模的死亡人数。 萨达姆是有目的地制造伤亡，但美国不是这样。 我们只能猜测如果没有入侵的话萨达姆会迫害多少人。 这依赖于他是否受到反叛的威胁以及他是否能够存活下来。 最好的结果也许是政变成功地推翻他的统治。 两个政府都给这个国家带来了暴力。 萨达姆监狱的幸存者提供的悲惨证据证明了萨达姆给国家所带来的暴力；维基解密的战争日志中美国士兵提供的悲惨证据证明了战后政府给国家所带来的暴力。 这些美国士兵目睹了反叛者、战友和伊拉克盟友进行的令人恐怖的暴行。总体而言，萨达姆的杀人行为是可预测的。 如果你反对他，你就危险了。 当今的政府也拷打和杀害它的敌人,虽然当今的恐怖主义暴行也威胁旁观者。 在萨达姆的统治下,街头生活和社会生活仍然是正常的,但今天却不正常了(Rosen,2010:9)。

美国的确提倡民主制,但却无意识地鼓励了宗派主义,因为它错误地将萨达姆政权与逊尼派完全等同起来,并且要把伊拉克交给完全由什叶派或者库尔德人组织起来的群体。 结果是,2005 年的第一次选举虽然达到了令人满意的参加人数,但 95% 的人都将票投给了自己的种族/宗教团体。 然后,什叶派政党和库尔德人政党之间不稳定的联合政府取得了统治,并支配着逊尼派团体。 库尔德政党仍然完全以库尔德人为基础,但是什叶派和逊尼派最近展现了更加世俗化和民族主义的形象,而且有迹象表明人们开始厌恶宗派主义。 但是,今天他们在地理上更加隔离了,因为很多少数民族被吓得迁走了,多民族的社区也消失了(Rosen,2010:17—18,45—49,64—65,549—550)。 这类似于其他的宗派主义清洗运动,比如北爱尔兰和前南斯拉夫共和国的清洗运动。包括萨达姆政权在内的中东复兴党政权已经很世俗化了,对少数民族和宗教派别(犹太人除外)都更加包容,比美国的阿拉伯盟友更加维护妇女的权利。 在今天的伊拉克,宪法问题都是种族问题,因为它们详细说明了统治每个省和这个国家的种族。 在具体的实践中,这意味着要决定哪些贵族会取得地方行政权力,并将政府职位和税收分配给他们的朋友和亲属。 维基解密泄露了美国外交官的电报,并发表在黎巴嫩的《新闻报》(Al Akhbar)上。 这些电报显示,2010 年在"去复兴党"的名义下,总理马利基(Maliki)解雇了有经验和能力的安全和情报工作人员,并代之以其政党的效忠者。

如果三个相互冲突的种族和宗教团体能够通过代议制程序达成妥协,那么这将是对萨达姆统治的改善和提高;而且,反对萨达姆的内部政变(没有外国入侵)也会导致同样的结果。 当记者问及美国是否加重了种族冲突时,美国驻伊拉克司令官雷·奥迪尔诺(Ray Odierno)真诚地回答道:"我不知道。 这些都是我们没有理解的问题,也是我们必须解答的问题。 美国入侵真的把问题变得更糟了吗？ 可能吧"(New York Times，February 6，2011)。 这绝对是这个职位上的人给出的消极评价。

美国最终学会了如何建立地方同盟。 在与库尔德人同盟的基础上，美国又加上了什叶派的支持。 2006年，部分武装的逊尼派部落首领不顾反对者的反对而转向美国。 这对于后来的"增兵"非常重要，即2007年初美国又增派了21 000名士兵。 在回忆录中，布什承认，在伊拉克的司令官和拉姆斯菲尔德都反对增兵，他是在四个新保守主义者的建议下进行增兵的。"美国企业研究所的军事研究员弗雷德·卡甘(Fred Kagan)怀疑我们是否有足够的军队控制暴力行为。 著名新闻记者罗伯特·卡普兰(Robert Kaplan)推荐了更为激进的反叛镇压战略。 前中央情报局侦探迈克尔·维克斯(Michael Vickers)曾经在1980年代为阿富汗的穆斯林游击队提供装备，他建议让特别行动部队发挥更大的作用。艾略特·科恩(Eliot Cohen)告诉我，我需要让军队指挥官为结果负责。"拉姆斯菲尔德被解职，增兵也开始了。 伊拉克人也参与了，他们将10万逊尼派民兵增加到美国的工资单上，这导致每月3 000万美元的花销。这也让总理马利基敢于发动对什叶派萨德尔军队的突然袭击。 在这些人当中，很多都沦为犯罪团伙。

伊拉克和美国军队的联合获得成功。 2008年，萨德尔军队放下武器，结束了宗派的内战(Rosen，2010：363—75)。 其后，美国部队逐渐削减。 到2012年9月削减至15 000人。 增兵没有发挥作用。 2008年11月的《驻军地位协议》(The Status of Forces Agreement)将2011年10月定为美国撤军日。 这个协议保证了伊拉克的完全主权，以及对包括石油企业在内的所有企业的所有权，而且规定，美国的军事基地、设施以及军事承包商也必须遵守伊拉克法律。 现在，美国在伊拉克的军事承包商比军队还多，三分之二的承包商都是其他国家的人，而且超过三分之一的人都是武装了的承包商，并且执行安全任务——这也是转嫁美国公民士兵风险的一种努力。 伊拉克仍然处在艰难中，杀戮仍在继续。 伊

拉克政府给出的死亡人数从 2009 年的 3 481 人增加到 2010 年的 3 605
人。 2011 年，死亡数字几乎保持没变。 伊拉克的新政权也不是美国可
靠的盟友。 他们是什叶派，支持伊朗和真主党，拒绝承认以色列。 入
侵加强了伊朗的力量。 与入侵之前一样，美国仍然依赖于沙特阿拉伯
和以色列。

除除掉了萨达姆·侯赛因之外，美国的最初目标都没有实现。 虽
然萨达姆·侯赛因或许是一个婊子崽，但是他的政府确实是一个伊拉克
政权。 他也是伊拉克人的婊子崽。 他比美国提供的东西更多。 这次
军事干预是毫无意义的，也代价高昂。

阿富汗困境

入侵阿富汗有更明显的理由，因为那里的训练营说明阿富汗可能是
9·11 袭击的发动者。 因为阿富汗不会影响美国的国家利益，所以更没
有什么不可告人的动机。 起初，一切都进行得挺顺利。 美国的军队及
其地方盟友推翻了塔利班政权。 由于地方盟友的帮助，美国只需要不
到 300 美国士兵就占领了喀布尔。 其中一半是带着 GPS 手机的目标侦
查员，另一半则是带着为地方军阀准备的美元的中央情报局侦探。 但
困难随即而至。 2001 年 11 月，当中央情报局得到奥萨马在那里的时
候，白宫和五角大楼拒绝向拖拉波拉山区(Tora Bora Mountains)投放另外
6 000 突击队的原因尚不清楚。 像马克·安萨拉科(Mark Ensalaco)所说
的那样，大部分人都认为"布什政府正在策划对伊拉克的战争，从而阻
碍了消灭本·拉登的行动"(Ensalaco, 2008：227；参阅 Bergen, 2011)。
对拖拉波拉做出最后决定的汤米·弗兰克斯将军突然被调离去准备伊拉
克的战争计划。 现在，美国在阿富汗——大部分基地组织成员的来源
地——陷入困境。

到 2011 年，我们仍然不清楚美国及其北约盟友在那里到底干了些

什么。　不过，他们参加了那里已经进行了 35 年的内战，让更为城市化、教育水平更高和更为世俗化的北方同盟反对更为农村化和传统的普什图人。　塔利班也进行了重组，在巴基斯坦找到了盟友，并领导了很多普什图氏族。　虽然卡尔扎伊(Karzai)本人也是普什图人，但普什图人在其政府中的代表权却很小。　由于他们组成了总人口的 40%，因此他们不能够被镇压下去，更何况那里的地形适合于进行游击战争，而且巴基斯坦为他们提供了援助，伊朗可能也为他们提供了援助。　阿富汗的军队已经增加到 134 000 人，但其用处仍然值得怀疑，每年的耗损率是24%，而且不能脱离北约而单独行动。　最好的结果是塔利班与卡尔扎伊政权达成和解，并持续足够长的时间以让北约军队快速撤离，这样也可以挽回面子。　卡尔扎伊似乎想达成类似的和解，但其政权中的乌兹别克人和塔吉克人反对任何形式的和解，而其独立的药品收入使他们拥有独立于卡尔扎伊的自主权。　一些塔利班领导人也被认为更喜欢进行对话，但最近的一些损失使得一些更年轻、更激进的塔利班占据领导职位。　因为他们认为自己可以比美国坚持更长的时间，因而他们没有进行谈判的动机。　塔利班"紧紧地植根于当地社会中"，而且比卡尔扎伊的政府更加致力于反对腐败和残酷的军阀。　由于主导的意识形态是伊斯兰民族主义，因此任何与美国人站在一起的人都会自动招致仇恨(Rosen, 2010：chap.11，引用来自 p.491)。

事实证明，与像鱼一样游动在部落大海里的游击队作战是一场艰难的战争。　到 2011 年年中，近 2 500 名北约士兵被杀害。　10 万美国士兵和 4 万北约盟军可以将塔利班逐出城市，但是他们对农村和山区的控制却是难以把握。　联军将塔利班士兵赶出去后就撤退了；撤退后，塔利班又杀了回来。　如果我们重复一下美国将军们和兰德公司对伊拉克战争计算，阿富汗战争需要的军队总数应该在 25 万和 50 万之间。　没有人曾经建议进行这样规模的增兵。　直到 2011 年，伤亡人数一直在增加，其后稍微有所下降。　据联合国估计，300 多万阿富汗难民逃到了国外。旨在清除塔利班的行动也杀害了平民。　据联合国估计，2006—2010 年之间，1万平民被杀害，这多于塔利班军队的三分之二，少于联军和政府军的三分之一。 人们因此怀疑，双方都没有取得足够的民心以赢得对整个国家的控制，其他很多地方军阀更没有做到这一点。 阿富汗打败了英国和苏联，并为此赢得"帝国坟墓"的称号。 现在，它可能也要将美帝国加进去。 奥巴马制定了一系列撤军计划，从2011年7月开始，到2014年结束；在最后期限之前，似乎没有取得任何胜利的可能。奥巴马对这次战争的投入既不完全，也不真诚，因为这是其竞选机会主义的结果，他只是要与伊拉克撤军保持一致。 奥巴马在实行副总统拜登和其他民主党人所提出的退出战略；但是将军们迫使他实行相反的政策——进一步增军，并在那里驻留更长的时间。 他很清楚，阿富汗可能会变成他的越南。

美国又一次错误地认为，军事力量会带来民主。 但是，这里仍然是一个部落社会，每一个村落和省份都被当地的大人物和小规模准军事组织控制着——虽然也有人认为，他们也控制着与他们相邻的地区。竞选活动中充满着假选票，而且控制当地唯一赚钱的贸易——鸦片——的部落军阀操纵着选民。 与伊拉克一样，这里的情况说明了在一个种族和宗教分化的社会中实行多数民主制的缺陷：民众选举代表自己种族和宗教团体的政党，这加重了种族之间的紧张关系。 如2009年和2010年的假选举向世界表明的那样，卡尔扎伊政府非常腐败。 据《纽约时报》2010年12月3日报道，维基解密透露的美国国务院档案显示，美国对腐败非常失望。 2009年10月，美国外交大使艾肯伯里(Eikenberry)在与卡尔扎伊总统的弟弟会晤之后，发电报表示了自己的绝望："在政府核心官员都腐败的时候，如何反对腐败并重新建立民众与政府的联系？"这份文件提供了证据。 第一副总统被发现向阿拉伯联合酋长国偷运5 200万美元现金；交通部一年收取了两亿美金的运输费，但只向政府上报了三千万美金；卫生部长告诉美国外交官说，如果他给每人一千美金，议会代表就会保证他的任命。 还有很多很多例子。 尼尔·罗森(Nir Rosen)所采访的大部分国际外交官和非政府组织员工都对这个结果表示失望，而且认为新的"反叛镇压策略"不会对现状有所改变（Rosen，2010；chap.11，尤其是 pp.462—463）。大部分被采访的阿富汗人相信，在美国离开之后，卡尔扎伊会逃往国外，塔利班会和其他的反对团体组成一个联合政府。我认为这种看法有些悲观。由于阿富汗的保安力量加强了，而且阿富汗的大部分城里人也不欢迎塔利班，所以卡尔扎伊政府也许可以控制主要的城市和道路。但是，塔利班及其同盟可能会控制农村地区，尤其是在东部。许诺在 2014 年进行的选举可能会进一步分化阿富汗的种族和部落。阿富汗仍然是一团糟。

更糟糕的是，阿富汗的混乱让巴基斯坦也变得不稳定；巴基斯坦拥有核武器，而且不能保证这些武器不被偷窃和买卖。冲突监测中心说，2011 年，中央情报局在巴基斯坦部落区进行了 132 次无人机轰炸，夺去了 938 人的生命，而且绝大多数是巴基斯坦平民。这比整个布什统治时期进行的轰炸总数还要多。美国正在从新入侵政策转向无人机政策；这不仅发生在巴基斯坦，也发生在也门和索马里。无人机可以准确地打击预定目标，而且会比入侵杀害更少的无辜平民——以及美国人的零伤亡。但是，它们依赖于具有不同准确性的情报。当美国军队对巴基斯坦增加地面秘密袭击的时候，这造成了抵抗，尤其是在东北部的巴基斯坦部落里。美国政策产生了与预期相反的后果：加强了巴基斯坦境内的"圣战"伊斯兰主义，削弱了巴基斯坦政府。对巴基斯坦温和派的暗杀者，竟然受到了大众的欢呼。

2011 年 5 月 2 日，某种胜利终于来临：在巴基斯坦首都伊斯兰堡外突袭一个院落时，美国军队发现并干掉了本·拉登。他已经被边缘化了，因为他被迫生活在极其秘密的地方。2011 年 5 月，美国军方公布了从他住所搜出来的档案。这些档案显示，他认为基地组织被主张"近敌"战略的人所"接管"，并为此感到很不高兴；他还谴责那些攻击穆斯林的恐怖分子。他的死对于当前的国际恐怖主义运动并没有什么影响，这种运动更依赖于当前反对独裁统治的阿拉伯暴动。如果这些暴动成功，恐怖主义也会失去信誉；但是，如果暴动失败，恐怖主义可能会因而得到增长。 但本·拉登的死去确实为美国从阿富汗撤军提供了一个方便但不光彩的机会。 美国军队杀掉了这次入侵的主要目标,可以成为撤离的一个借口。 让卡尔扎伊自己去处理他的事情吧。由于美国对于战争的支持已经逐渐消失了,所以这很快就会发生。 像越南一样,这将是能够保全面子的撤退,虽然感到羞辱的美国政治家并不支持。 美国人应该注意备受尊敬的英国随军牧师 G.H.格莱格(G.H. Gleig)的话,他是第一次英阿战争中为数不多的幸存者之一。 在他 1843 年的回忆录中写道:

> 这是一场一开始就没有明智目标的战争,是在鲁莽和胆怯的奇怪结合中进行的战争,是经历了痛苦和灾难后就结束了的战争。这场战争既没有给指挥它的政府带来光荣,也没有给执行它的军队带来荣耀。这场战争没有带来任何政治或军事利益。我们从这个国家的撤离,就像是军队被打败后的撤退。

反冲作用

这两次入侵和占领的主要负面效果不是和这两国家相关,而是和国际反冲作用相关。 在入侵之前,阿富汗有一些国际恐怖分子,而伊拉克却几乎没有。 入侵在大部分穆斯林国家催生了更多的恐怖分子。 即使布什也承认这一点:"基地组织失去了他们在阿富汗的避难所之后,恐怖分子正在寻找新的据点(Bush, 2010)。 我们在 2003 年干掉萨达姆之后,本·拉登鼓励其战士支持伊拉克的'圣战'。 从很多方面讲,伊拉克比阿富汗对他们更重要。 那里有丰富的石油和阿拉伯根基。 随着时间的推移,阿富汗基地组织的极端主义者人数下降到几百人,但伊拉克的人数估计已经超过万人。"由于美国的入侵,基地组织在伊拉克、约旦、黎巴嫩、也门、索马里、西欧和其他一地方变得更加活跃。 2006 年的美国《国家安全评估报告》承认，"伊拉克冲突成为'圣战'主义者的'伟大事件'，在穆斯林世界产生了对美国介入的深刻仇恨，并培育了全球'圣战'主义运动的支持者"(Ensalaco，2008：273)。 在重要性上，恐怖活动和反恐活动的国际升级，远远超过伊拉克最终可能会得到的改善。"圣战"分子现在遍布全球，正如罗森所说的那样，"美国采纳了基地组织的世界观，基地组织也将整个世界视为战场"(Rosen，2010)。 法瓦兹·格雷格(Fawaz Gerges)也说道，对双方来言，这都是一个极大的错误(Gerges，2005)。"圣战"分子中有很多人反对攻击远处的敌人，但是远处敌人的入侵削弱了近敌派的权力。 美国和恐怖分子都不会取得胜利。它所做的一切就是给一些地方带去灾难，给更多的地方带去不便。

美国受到海洋的保护而免受恐怖分子的反制，而且美国的穆斯林社区规模小、多样化、很保守。 相对而言，英国则有更多的穆斯林人口，这些人大部分来自被英美政府政策搞得不稳定的巴基斯坦。1999—2009年间，在英国，被证实的119名穆斯林恐怖主义犯罪者中，69%是出生在英国、持有英国护照的巴基斯坦后裔。 被抓住的进行或计划进行轰炸的人都给出了他们的主要原因：英国的外交政策("社会凝聚力研究中心"2010年7月5日提供的报告)。 在英国的绝大多数巴基斯坦人都是守法良民，但很多被英国在阿富汗和伊拉克杀害大量穆斯林的行为所激怒。 英国《卫报》对英国巴基斯坦人的民意测验中，13%的人为自杀性爆炸辩护。 当被问道"如果你必须生活在巴勒斯坦人的环境中，你是否会进行自杀性爆炸"的时候，令人吃惊的是，47%的人回答说"是"(The Guardian，March 15，2004；参阅美国外交和联邦事务部/内政部，"关于年轻穆斯林和极端主义者的报告"，2004年4月)。 英国主要的情报机构英国安全局(MI5)的前局长向官方调查的透露，在入侵伊拉克之后，一波对国内恐怖主义威胁的警告使得英国安全局的经费增加了一倍。 她接着说，"我们对伊拉克的介入让……一整代年轻人变得偏激了——一代中的一些人认为我们在伊拉克和阿富汗的介入是对伊斯兰的打击。 可以说，我们给了奥斯马·本·拉登在伊拉克

'圣战'的机会,所以他可以转移到伊拉克,但是之前他是不能这样做的"(The Independent,July 21,2010)。 维基解密公布的一个美国外交电报显示:2007 年的时候,重要的英国穆斯林——包括两名国会议员——曾经提示英国政府,在伊拉克的失败和以色列对黎巴嫩的入侵可能会导致英国穆斯林社区的反抗。 这个美国外交官不喜欢他所说的"下意识反应"。 他写道,"在英国,穆斯林社区不是唯一的因素……指责外交政策引起了激进的反应……甚至主流媒体都表达并扩散了这样的信念:国内的恐怖主义是对英国介入伊拉克的不可避免的回应,是要求在中东'立即停火'时表现出来的不情愿"(The Guardian, December 13,2010)。 他没有说的是,他们是正确的。

在西班牙保守主义政府与美国在伊拉克政策上结盟期间,2004 年 3 月 11 日西班牙受到了唯一一次恐怖袭击,接下来一个月的恐怖袭击的努力则归于失败。 这次恐怖事件造成 191 人死亡。 当后来的社会主义政府从伊拉克撤军之后,西班牙再也没有发生圣战袭击。

罗伯特·佩普(Robert Pape)分析了 1980—2005 年间发生在所有地方的自杀恐怖袭击事件的报道(315 个案例)。 他总结道,"自杀恐怖袭击和伊斯兰原教旨主义之间没有什么联系,与其他的世界宗教也没有什么联系……相反,几乎所有的自杀恐怖袭击都有一个共同点,就是它们都是为了某种世俗的战略目标,即迫使现代民主国家从他们的祖国撤军"。"自杀恐怖袭击的根源是民族主义……",这是"民族解放的极端策略"(Pape,2005:4,79—80)。 最近,佩普将其分析扩展到 1980—2010 年间的 2 200 次袭击事件(Pape,2010)。 2002 年以来,每月在穆斯林国家发生的试图杀害美国及其盟友的自杀恐怖袭击事件比 2001 年之前的总和还要多。 从 1980—2003 年,世界上发生 343 次自杀式袭击。 其中,至多 10% 是针对美国的。 但美国占领阿富汗和伊拉克之后,自杀式袭击的数量急剧上升——从 1980—2003 年的 300 次上升到 2004—2009 年的 1 800次。 但是,恐怖袭击已经达到高潮,最近已出现下降的趋势,而且现在的恐怖袭击主要发生在阿富汗、伊拉克、巴基斯坦和索马里等战争区域的当地人之间。 2010 年，有 13 000 人丧生在恐怖袭击中，其中只有 15 人是美国人。

但是，对我们的危险正在下降。 因为近敌派在恐怖主义者中的统治地位、祖国安全问题而不是美国外交政策的重要性，针对美国的穆斯林恐怖袭击可以忽略不计了。 在其高潮时期，恐怖袭击是对我们在穆斯林世界长期存在但最近得到升级的、具有侵犯性的外交政策的回应，也是对我们的盟友以色列不断增加的侵犯性的回应。 这是自杀恐怖袭击者自己所强调的，也是基地组织亲口说的。 如果我们对恐怖分子的残暴报之以对穆斯林世界的入侵和对穆斯林的残暴，那么我们只会创造更多针对我们的恐怖分子。 他们在力图否认自己的政策会制造更多针对自己的恐怖分子的同时，英国和美国政府又提出了文明、文化和价值理念的观念。 布什总统将恐怖分子描述为"对我们的文明和生活方式的一个威胁"，表现出"狂热分子的疯狂逻辑"，并要求我们进行"圣战"来反对他们；布莱尔首相看到了"对我们价值理念的一个攻击"。政策可以迅速地被改变，不幸的是，"文化"却只能缓慢地变化。 文化主义的观点会让美国陷入长期的战争(Jacoby，2010)。

他们还鼓励了暴行。 大部分中央情报局专家都怀疑酷刑的效果。9·11 事件的策划者哈立德·谢赫·穆罕默德(Khalid Shaikh Mohammed)被实施了 183 次水刑，但是他对于 9·11 提供的信息也没有超过两年前他对半岛电视台(Al Jazeera)记者所提供的信息(Bergen，2011)。 关塔那摩湾和非常规引渡都使美国失去道德的制高点。 这些暴行，与在西方社会对清真寺和穆斯林进行的打击，进一步刺激了穆斯林方面的极端回应。 与其他发生严重冲突的情形一样，相互冲突的极端主义者总是一起跳探戈舞，并相互强调对方的重要性。 与先前更为世俗化的政府相比，逊尼派和什叶派(比如，伊朗的阿亚图拉)都没有做得更好。 基地组织(Al Qaeda)尤其没有提出建设更好社会的积极设想。 它们没有关注教育、卫生保健和工作问题。 它们不分青红皂白地进行杀戮，包括很多穆斯林平民，而且几乎没有人认同它们的基本价值。 那些袭击平民的人同时违反了启蒙运动和穆斯林的价值观念。 国家恐怖主义和空中轰炸也会如此。 由于恐怖分子非常残忍和不受欢迎,我们应该能够在大部分人的眼中占据道德上的制高点。 但是,我们没有,我们已经失去了意识形态的权力。

第二种后果是核武器扩散。 一方面,美国的政策是值得赞赏的:美国的外交官和政治家力图严密保管原苏联的核项目(与俄罗斯进行合作)。 这项工作始于1990年代,奥巴马总统承诺结束这项工作,并保证未来四年内对剩余的材料进行严加看管。 但这个目标受到国会的阻挠,因为国会拒绝为这个项目提供资金。 不过,维基解密的档案(The Guardian, December 19, 2010)显示,美国外交官不知疲倦地监视着世界范围内的核材料走私活动。 我们必须为此向他们表示感谢。

布什政府则取得了一种不同的成就:对伊拉克的入侵阻止了利比亚的核武器发展。 在巴格达陷落后的第三天,穆罕默德·卡扎菲宣布放弃其武器发展项目以寻求与美国和其他西方国家进行更多的经济、军事和安全合作。 美国的入侵说服了他吗? 也许发挥了作用,虽然卡扎菲与英国、美国已经谈判了好多年,而且对话已经取得了进展。 同时,进行对话的主要目的是要结束其国际孤立和经济制裁,从而他的儿子不会继承一个落后的政府——今天看来,这有些滑稽! 但是,利比亚可以为布什政府提供一些支持。

但是,伊朗、朝鲜和巴基斯坦的状况则是不成功的。 在对伊拉克的占领明显变糟之前,"示范"作用就产生了事与愿违的结果。 伊朗改革派总统哈塔米(Khatami)早就想和美国进行其所谓的"文明之间的对话"。 在他的领导下,伊朗谴责9·11恐怖袭击,围捕基地组织人员,并在阿富汗帮助美国。 但布什的好战削弱了哈塔米,加强了宗教保守主义者,而且增强了伊朗获得核武器震慑的努力。 2005年,反对进行大屠杀的内贾德(Ahmadinejad)取代哈塔米成为伊朗总统。 朝鲜进行核武器试验的速度更快。 可以理解,因为萨达姆及其党羽被消灭了,示范效应吓坏了这些政权,但这也增强了它们得到核武器以进行自保的欲望。 当对伊拉克的占领陷入困境的时候，美国对朝鲜和伊朗政府已经束手无策了；而且美国不再关注它们，将它们交给欧洲人、俄罗斯人和中国人(Cohen, 2005: 135—139, 184—186)。 这的确防止美国采取沙特国王所谓"蛇首斩杀"建议，即轰炸伊朗的核武器所在地(维基解密国务院文档，New York Times, November 28, 2010)! 美国和以色列对伊拉克、阿富汗和黎巴嫩的干预也加强了伊朗的地区权力，这是一种离奇的后果，因为美国在较早的时候成功地用萨达姆·侯赛因治下的伊拉克牵制了伊朗。 如果伊朗的确拥有了核武器(虽然2011年年中，情报机构开始怀疑这种状况的发生)，那么说服以色列不首先进行打击(包括核打击)将会变得非常困难，这也会使伊朗在该地区的对手伊拉克、沙特阿拉伯和土耳其也获得核武器。 在中东和巴基斯坦的背景下，如果发展黑匣子核武器的必要技术出现了的话，自杀轰炸者可能会引爆它们。高度意识形态化的自杀袭击者毕竟已经司空见惯。 由于他们愿意用自己的生命来追求死后的荣光，他们不会考虑同归于尽(MAD)的危险。

在穆斯林世界的其他地方，美国仍然采取传统的政策：没有进行干预或威胁，而是与独裁但友好的政府结盟来反对危险而进步的分子。曾经帮助破坏阿拉伯社会主义政权的美国却让伊斯兰主义者成为自己主要的民粹主义敌人。 他们一起造成了混乱。 黎巴嫩、也门和索马里没有有效的政府，巴基斯坦处在混乱的边缘。 2011年初，在没有美国的帮助下，埃及和突尼斯人推翻了美国支持的独裁者。 根据维基解密透露的来自突尼斯的电报(New York Times, January 16, 2011)，多年来美国外交官都将当地政府视为腐败的、威权主义的和由类似于黑社会的家族所统治着，但他们仍然称赞其盟友和独裁者本·阿里(Ben Ali)，因为他维持了稳定并镇压了伊斯兰主义者。 2011年，阿拉伯觉醒的大众游行示威扩展到巴林岛——美国第五舰队的母港——的时候，奥巴马政府催促国王进行克制，但是国王忽略美国的建议，并在其邻居盟友沙特阿拉伯军队的帮助下，镇压了大众示威游行。 虽然美国对此并不高兴，但也不能阻止镇压行动。 美国媒体将此事描述为在稳定和民主之间的钢丝上行走；但这个比喻并不合适，因为美国总会在独裁这一端掉下来。
1991 年 12 月，阿尔及利亚的伊斯兰拯救阵线(Islamic Salvation Front)赢得
了选举，但在美国的支持下，军事政变推翻了当选的政府。 2006 年美
国拒绝承认巴勒斯坦哈马斯的选举胜利，2009 年又拒绝承认黎巴嫩真主
党的选举成功。 只有当民主能给它的朋友带来权力的时候，民主才会
是美国政策目的。 具有讽刺意味的是，这个地区内唯一的真正民主制
国家——土耳其——目前由温和的伊斯兰正义发展党统治着。

美国干预只在 2011 年帮助推翻了利比亚的独裁者，但卡扎菲从来
就不是美国的盟友。 利比亚也有石油，这显然是美国和欧洲政府进行
干预的一个必要理由，虽然从残忍的政府那里解救反抗者也是一个真正
目的。 这一次，它们取得了联合国和阿拉伯联盟的同意，因为阿拉伯
联盟的大部分成员国都对卡扎菲的反常行为表示不满。 这次干预不是
单边主义的，而是北约组织的联合行动，英国和法国都进行了实质性参
与，但却严重依赖于美国的空军，虽然奥巴马公开表示要将空军参与降
到最低程度。 空军彻底破坏了卡扎菲的军事基础设施，因此反对者可
以在地面上取得胜利。 他们能否在战后建立稳定的代议制政府仍然值
得怀疑。 民主并不容易建立，政治混乱一定会导致独裁专制的复辟。
这次军事干预的伤亡比例——新政府估计的伤亡人数是 3 万人——可能
等于卡扎菲镇压反叛所造成的伤亡。 我们不可能断定这次干预是不是
有价值的冒险，也许这是一次值得进行的冒险。 但我总体上认为，内
部的政治斗争可能会给阿拉伯国家带来更好的前途，像阿拉伯觉醒
一样。

总体而言，美国的政策增加了这个地区的不稳定，也增加了世界上
的国际恐怖分子，这种结果与帝国所设想的相反。 这些后果最明显的
政策启示：停止对其他国家的入侵。 佩普说道，试着进行海外制衡政
策。 我认为，还要对以色列施加压力，并给予穆斯林国家更多的经济
援助和更少的军事援助。 面对国外的帝国主义——英国、法国、苏联
或美国，伊斯兰总是富有弹性的。 恐怖分子可以找到意识形态权力来

动员伊斯兰话语并赢得支持。 从这种印象得出的结论就是：以对穆斯林敌对国家进行入侵和重建的方式来解决问题，并将西方的价值观念强加给他们的文化。 但事实正好相反。 美国和英国的主要政党都说，恐怖主义是他们在穆斯林国家驻军的主要原因。 相反，这正是他们撤军的主要原因。 只要西方大国还在威胁或入侵穆斯林国家，就会产生更多的恐怖分子。 不仅我们的政策在这些入侵的国家中失败了，它们所带来的后果正好是我们最初要解决的问题。 但是，这个教训还没有被意识到。 这时候的海外制衡政策似乎不够好。 但回想一下，过去还是挺好的。

两种帝国主义？ 抑或一种？

这两种帝国主义形态——经济帝国主义和军事帝国主义——是紧密关联的吗？ 从三个方面讲它们是紧密关联的。 首先，当与野心勃勃的地缘政治战略相联系的时候，石油非常重要。 第二，经济统治使得美国能够支撑庞大的军队，而且也不用对美国人征税太重。 外国人通过美元铸币税为美国支付了军费。 第三，两种帝国主义都起源于美国将政治自由和企业家经济自由等同起来的传统。 1990年代末，美国的新世纪计划是保守主义的主要游说目标，其基础观点是呼吁"军事强大和道德清明的里根式政策……(以)……推进国外的政治和经济自由"。 这三种联系是强化经济帝国主义的组成部分；在更小程度上，也是强化军事帝国主义的组成部分。 但是，两者是同一个帝国主义战略的组成部分吗？

世界体系论者说"是"。 他们认为，美国选择军事入侵，就是为了扭转相对的经济颓势；他们认为，以前的霸权在衰退的时候也这样做(Harvey, 2003；Wallerstein, 2003)。 哈维区分了权力的两种逻辑——领土占有权力和资本主义权力(我也这么区分)，但他倾向于将第一种权力还原为第二种权力。 他认为，随着经济的失败，包括逆工业化过程、金融资本转向、贸易赤字以及消费者债务的不断增加，布什政府力图通过军事侵略来扭转经济衰退，因为这些军事行动可以保证对中东石油的控制。 世界体系论者还将其与英帝国进行类比：每个霸权衰退的时候，它都会变得更具侵略性，妄图通过军事力量来维持帝国。 但这种类比是错误的，因为我们知道英国在衰退的时候变得更不具有侵略性了，并声明其权力已经饱和，而且只对维持现有的权力感兴趣。 但美国也是这样的吗？

1991 年以来的每次战争(海湾战争、波斯尼亚/科索沃战争以及 2003 年的阿富汗/伊拉克战争)都增加了美国的基地；这些基地周围都是中东和高加索地区的石油和天然气。 这是新帝国主义的一贯特征吗？ 如果美国不能在经济市场中依赖于其强制权力，也许会转向军事力量来保证能源供应。 华盛顿的一些人确实这样想。 但这些基地并没有带来更多的石油和天然气，因为它们并没有产生附庸政权。 当美国试图让乌兹别克斯坦的总统卡里莫夫减轻镇压的时候，他拒绝了。 他却让美国的军队离开，并开始与俄罗斯进行谈判，虽然这只是想借此与美国达成更好的交易。 沙特人让美国人关闭在当地的基地，认为美国驻军削弱了他们对国家的控制。 美国答应了。 基地并没有对当地人施加很多强制力。

如我前面表明的那样，1970—2000 年间，美国的经济权力并没有衰退。 相反，结构调整的强化、美元铸币税的增强和 1990 年代的科技发展，都增强了美国的经济帝国主义。 哈维同意乔万尼·阿里吉(Giovanni Arrighi)的理论：当从生产转向金融的时候，霸权国家就开始衰落了。 我在第六章中提出了怀疑，美国可能不是这样。 没有迹象表明鹰派人士知道这一理论的存在，更不用说他们相信它。 他们似乎对美国的权力非常自信，包括经济、意识形态、军事和政治权力。 过度自信是他们失败的原因。 与世界体系论不同，美国的战略并不是要通过军事手段来阻止经济衰退，而是同时通过经济和军事手段来增强它的全球统治。 这是副总统切尼、国防部长拉姆斯菲尔德和助理部长沃尔福威茨的目的。 他们力图扩张美国在世界上的权力,这出于他们对自身实力的错误感觉,而不是出于他们对自身软弱的感觉。

但是,经济和军事战略往往是由不同的行动者推动的。 经济帝国主义是由全球北方国家推动的,更一般地说是由金融和公司资本推动的;军事帝国主义则是有华盛顿单方面推动的(托尼·布莱尔除外)。 在大资本家的支持下,克林顿政府集中关注于国际贸易和金融。 克林顿十分信赖作为自由贸易的全球化过程。 他相信这会为所有国家带来共同利益;这非常不同于新保守主义者关于外交政策的零和概念——我们反对他们。 克林顿反对保护主义;这对于其政党非常重要,也得到工业界共和党人的支持,但没有得到新保守主义者的支持。 他实现了他的大部分目标:北美自由贸易协定的建立,对墨西哥货币比索的拯救,自愿的关贸总协定向具有强制权力的世界贸易组织的转变,中国对世界贸易组织的加入(Chollet & Goldgeier, 2008:148—69, 326)。 相反,军国主义主导着新保守主义知识分子的著作,国际经济事务对他们没有什么吸引力。《旗帜周刊》的忠实拥护者罗伯特·卡甘和威廉·克里斯托尔(Robert Kagan & William Kristol)主编的论文集只包含了一条经济建议:将军费开支增加一倍(Kagan & Kristol, 2000)。 共和党主席哈利·巴伯(Haley Barbour)主编的书中有一章是关于自由贸易的,但关于强硬外交政策和军事问题的 94 页篇幅超过了关于自由贸易的 24 页(Barbour, 1996)。 理查德·珀尔几乎没有关注贸易和经济问题[根据韦斯曼(Weisman)2007 年的传记]。 克里斯托尔给予资本主义两种赞扬。 他说,资本主义虽然可以为大部分人带来自由和财富,但是却缺乏道义。 与其他新保守主义者一样,他比新自由主义者更喜欢强大的国家。 总体而言,鹰派决策者——切尼、拉姆斯菲尔德和其他一些人——对经济帝国主义没有什么兴趣——当然,石油除外。

但他们也没有完全分离,因为摧毁萨达姆·侯赛因和反对美国孤立主义之间具有共同的利益,而且美国也曾想将新自由主义政策强加给伊拉克。 但是，布什取代克林顿时，各部门的权力也发生了转变。 五角大楼的影响力超过了国务院和财政部，副总统切尼的办公室变得更为有力。 国防部和国务院之间的斗争非常激烈，但是在战争准备时，五角大楼取得了主导地位。 财政部和商务部延续了克林顿的贸易政策，并悄悄地转向双边自由贸易协定，但这与更强硬的外交政策是分开的。主持五角大楼工作的文官们主导着外交政策，但是隐秘地进行的。 所以，这个国家的不同部分以不同的方法参与了经济和军事关系的强化。它们不是两种帝国主义，但它们之间也没有紧密结合，没有在一个大计划中达成一致。

有些人赞成对入侵作资本家阴谋论的解释。 他们经常引用政府与建筑维修公司[比如哈里伯顿(Haliburton)、贝克特尔(Bechtel)和帕森斯(Parsons)]之间的紧密关系。 安东尼亚·朱哈兹(Antonia Juhazs)注意到，150家美国公司从伊拉克的三年重建中赚到了500亿美元的利润；哈里伯顿赚得最多，轻松拿到120亿美元(Juhazs, 2006)。 但是，大石油公司比他们赚的利润还多。 也许，切尼与哈里伯顿之间的联系，以及乔治·舒尔茨(George Schultz)与贝克特尔之间的联系，都为他们自己的公司赢得了合同，虽然赖斯与雪弗龙之间的联系并没有带来什么收益。我认为，政府确实在某些时候与建筑公司就重建花费进行过咨询，尤其是面对美国很可能进行轰炸的时候。 但是，战争真是由希望在毁坏中发财的建筑公司煽动的吗？ 这样就将美国国家利益非理性地服从于少数几个与政治相关的资本家了。 不，战争是由政府内部领导的，而不是外部的强势压力集团要求的——以色列的游说除外。

当然，美国的经济实力为其军事行动提供了资源，而二战以来美国的军事地位又保证了其经济实力。 当前，它们的联系可以在对伊拉克进行结构调整项目的努力中发现，虽然这不涉及石油问题；而且对大部分经济学家而言，这个项目更多来源于我所说的"砍光/烧光/重建"的诅咒，而不是来源于经济原则。 共和党掌权的时候(直到2008年)，它们之间的联系更加微弱：两个保守主义利益群体达成一个协议：你们也可以有你们的政策，如果我们可以有我们的。 但是，他们对对方的政策都没有什么兴趣，而且在克林顿统治下经济帝国主义发展得更好。

总体而言，经济帝国主义和军事帝国主义是两种不同的权力形态。经济帝国主义成功地维持了美国30多年的权力，但军事帝国主义却是一个失败。 前者是逐渐地、一步步地发展起来的，它让美国人知道自己拥有保证美国利益的新权力，就像美国金融和实业资本家的棱镜所看到的那样。 相反，军事帝国主义根源于意识形态，产生于对军事力量的过度自信。 它涉及对现代历史的简单化认识，以及对全球和区域现实的强硬政策。 它的失败削弱了普遍全球化的程度。 1996年亨廷顿刚刚提出其文明冲突观点的时候，文明冲突实际上并没有发生，但自从提出以后，其核心观点——基督教文明与穆斯林文明——却越来越变成现实，这多亏了美国政府和恐怖分子的共同努力。 他们将宗教划分变成政治划分和地缘政治划分，虽然他们也加深了基督教内部、尤其是穆斯林文明内部的分化。

总结

在小布什的统治下，对于美国意识形态使命和军事权力的信心超过了对现实的理解。 为了让穆斯林世界以美国的形象得到重生，帝国主义者提出了"砍光/杀光"政策。 他们相信美国拥有这样做的实力。 国家安全顾问赖斯宣称，"美国的价值观念是普遍性的"，而且美国"站在历史的正确方向上"。 但是，价值观念是多样化的，历史是复杂的——而且美国也缺少完成这种使命的政治权力和意识形态权力。 这是韦伯所说的价值理性的一个例子，在价值理性中，对意识形态目标的信奉超过对手段目标之间关系的工具性理性计算。 玛德琳·奥尔布赖特(Madeleine Albright)对这个著名问题的回答是，为保证美国的利益或者世界的改善，拥有一半的世界军费开支却没有发挥什么用处，这种规模的军事实力没有明确的服务目标。

美国和英国的民众也意识到这一点。 像在以前的战争中一样，美国政府力图控制信息流动，并制造恐怖气氛。 持异议的记者被解雇，战事记者被限制在美国军队内部，运回的棺材和葬礼被禁止向公众开放。 美国拒绝公布在阿富汗和伊拉克的伤亡数字。 他们拒绝对战争进行报道，因为他们知道美国人不会为这么遥远事情而做出牺牲的；为了获得美国老百姓的支持，他们依赖于风险转嫁军国主义，从而避免与老百姓发生争执。 虽然采取了诸多防范措施，公众舆论还是甚嚣尘上。对伊拉克战争的支持下降了一半，到 2006 年下半年，美国和英国的支持率都下降到 30%；而且奥巴马声称，撤军是受欢迎的选择。 到 2010年下半年，大部分英国人和美国人都认为伊拉克战争是一个失败。 这是一个具有选择性的战争，现在大部分人都选择结束这场战争。 像布什政府一样，公众舆论对军事行动的支持并不是出于对软弱或衰退的感觉，而是出于对实力的自豪感。 但是，民众更快地承认了他的错误。国防部长罗伯特·盖茨(Robert Gates)也承认了错误。 2006 年 12 月以来，盖茨指挥了两次占领行动；此前，他在中央情报局和国家安全委员会工作了 26 年。 据《纽约时报》报道，2011 年 2 月 26 日，在对西点军校学生的演讲中，他说道："在我看来，建议总统再向亚洲、中东或非洲派遣军队的未来的国防部长都应该'检查一下脑子是不是有病'。 麦克阿瑟将军曾经委婉地这样说。"盖茨建议，未来的军事干预应该由海军和空军进行——带着炮艇的非正式帝国。 美国人，包括诸如盖茨一样的共和党人，似乎都得了战争疲劳症。

很显然，先发制人的军事干预政策失败了。 我和其他一些人早就预料到了。 当它开始失败的时候，帝国主义者需要更多的军队、更多的军国主义。 这就是其政策失败的开始，意识形态者的特征。 走回头路将是对失败的承认，也会结束他们的政治影响。 这也是 1930 年代末日本军国主义者的观点。 由于无论日本征服多少殖民地，它仍然要依靠美国和英国控制的市场，所以大部分军事战略家都建议结束日本的扩张，但东京的领导者忽视或者驳回了他们的建议。 美国的帝国主义者做了同样的事情；不过，幸运的是，美国是一个民主国家，他们被赶下台了。

像伊肯伯里一样，我们不能满足于声明"新保守主义时期的终结"，因为那个时期成为一种自我实现的预言(Ikenberry，2006；chap.10)。 奥巴马政府延续了实质上具有新保守主义和军国主义性质的政策。 虽然奥巴马的语言很温和，而且还奇怪地获得诺贝尔和平奖，但他却坚持在阿富汗的军事攻势，并以他自己的无人机战略将这种攻势扩展到巴基斯坦边境。 他仍然卷入了五个穆斯林国家的冲突：阿富汗、巴基斯坦、伊拉克、索马里和也门。 他没有关闭关塔那摩湾监狱，也没有停止非正规引渡；他却成为第一个授权暗杀美国公民的美国总统。 小布什一定以他为荣。

因为帝国主义的政策，恐怖分子得以急剧增加。 他们的流动性很强，并且难以进行打击；他们致力于杀害西方人，尤其是美国人和英国人；在此过程中，他们愿意牺牲自己的生命。 他们也是"间隙出现"(interstitial emergence)的例子，即权力关系意外地制造出来的社会问题。虽然他们有大量的同情者，但这一小撮激进分子独自地和意外地制造了威胁。 在华盛顿和伦敦鹰派人士的鼓励下，他们制造了威胁我们生命的反恐战争。 在9·11事件中，3 000 个美国公民丧生，这真是一次令人恐怖的暴行。 美国的回应已经花费 30 000 亿美元，但却没有取得任何好处。 现在，在他们的祖国之外，他们几乎没有什么恐怖袭击目标了。 国际警察，而不是军队，导致恐怖袭击的下降。 一些袭击我们的恐怖分子仍然存在，我们必须在他们袭击之前将其抓获；当然，不要通过空袭的方式。 让我们结束反恐战争吧！ 结束因此而产生的国家歇斯底里吧！ 结束因此而产生的对公民自由的限制吧！ 我原谅布什情感上可以理解的"无论他们是死是活"的愤怒，虽然我不原谅他造成的恐怖分子的增加，也不原谅他为限制公民权利而制造的对恐怖的歇斯底里。我也不原谅奥巴马还在继续做这些事情。

我们必须维护民主、自由和宽容等启蒙价值，我们不仅要反对"圣战"分子和其他恐怖主义者，也要反对我们自己的民族安全国家。关塔那摩监狱、非正规引渡和轰炸袭击都违反了这些价值理念。在2001年得到通过并于2006年重续的《美国爱国者法案》，授予国家对电话、电子邮件、医疗记录、财务记录、甚至图书馆记录进行监视的新权力，它降低了对美国境内的外国情报收集的限制，扩大了国家对金融交易进行审查的权力，尤其是对外国人，拓宽了政府拘留(如果必要，可以无限期拘留)和遣返具有恐怖主义行动或目的移民的权力。杰弗里·斯通(Geoffrey Stone)说道，"美国有对战争危险采取过度行动的长期而不幸的历史。美国人一次又一次地让恐惧战胜自己"(Stone, 2004：528)。他认为，美国人现在又在这样做。伊拉克的另一个入侵者——英国——在2006年的恐怖主义法案中也建立了同样的权力。其他国家加强国家安全的措施则没有那么严酷。我们的前辈为之进行长期奋斗的人身保护法受到了威胁。阿甘本发现，"所有西方民主国家都存在一种持续的倾向：对紧急状况的声明逐渐地被安全范式所取代。这种范式被空前地普遍化，而且成为政府的常规性技巧"(Agamben, 2005：2—4, 14, 22)。他认为，小布什"力图创造一种让紧急情况成为常态的态势，而且和平与战争之间的界限……变得不可能了"。紧急状态成为常规状态，启蒙价值理念正在被当权者所腐蚀。

我们可以诅咒将我们带入其中的混蛋，但他们却成功地将我们彻底带入他们所做的荒唐之事中。由于国会的限制，奥巴马政府也被带入新保守主义的遗产中了。他没有阻止以色列霸占巴勒斯坦的土地和抑制巴勒斯坦的政府。一份美国2008年的外交电报显示，以色列告诉美国外交官说，我们故意将加沙地带的经济推向"崩溃的边缘"，但又不"推过边缘"[维基解密电报，首先由挪威《晚邮报》(Aftenposten)在网上公布，2011年1月5日]。以色列的人权组织贝塞林(B'Tselem)说，到2010年7月，犹太定居委员会已经占有约旦河西岸42%的巴勒斯坦土地。这是一个不可思议的比例，而且这是违反国际法的。对其中21%

的土地，以色列政府也认为是巴勒斯坦人私有的，是违反以色列法律的。 以色列政府还援助土地抢占活动。 美国只是口头上表示不满，却没有采取行动。 2010年11月，其施加压力的措施只不过是向以色列提供了价值30亿美元的20架喷气式战斗机，以换取区区90天的进行家园建设的间歇期。 即使如此，以色列也没有接受。 2000年以来，以色列得到美国对外财政援助和军事援助的20%，总计270亿美元。 它的生存依赖于美国的援助，它因此应该给美国面子，但它却从来没有这样做过。 贫困的巴勒斯坦政府更加依赖于它从美国得到的援助。 2011年，美国前往隔离墙以保护以色列，否决了巴勒斯坦对联合国成员国的申请，这极大地损害了它的国际地位及其中东地区和平制造者的形象。

2000年的戴维营峰会失败后，克林顿总统制定了他的和平计划。以色列和新巴勒斯坦政府相互承认，它们将会沿用1967年以前的边境线，只是对边境附近的犹太人定居社区的边境线进行调整，而巴勒斯坦也会因此而得到其他地方的土地补偿，耶路撒冷将成为共同的首都，难民会得到安置或补偿，或两者兼而有之，但没有返回的权利。 这些条款也是2008年9月以色列总理奥尔默特(Olmert)和巴勒斯坦总理阿巴斯(Abbas)所同意的，而且仍然是和平协议的基础。 美国，也只有美国，有力量把双方拉到一起签署协议。 这样做最有可能在中东地区赢得朋友，并阻止恐怖主义活动。 但美国支持以色列政府的游说者防止美国这样做，他们让两党都确信：支持以色列的政策能够赢得六张众议院选票，甚至还会赢得两张参议院选票(佛罗里达和纽约)。

很多外交政策制定者——共和党人和民主党人都一样——仍然相信军事行动是击败恐怖分子所必须的手段，而且他们都相信美国有责任维持世界秩序(比如，Gelb，2009；Kagan，2012；Brzezinsky，2012)。 现在，让美国著名的政治家从这些行动中撤出是非常困难的。 他们不想在伊拉克或者阿富汗重复1975年4月30日在西贡出现的令人绝望的景象：当时，美国的直升机在天空盘旋，接走了最后一批美国人；而他们的越南朋友拼命地相互推搡并要求被带走，但这一切都是徒劳的。 世界上最强大的国家怎么会承认败在弱小的伊拉克和阿富汗人手里？ 我们如何从容地撤出而又不会丢面子？ 我们不能这样做，但是我们将要得到比丢面子更严重的后果。

美国现在并没有给世界带来稳定。 过去 10 年来的证据表明结果正好相反：美国给世界带来了混乱——起码在中东地区是这样。 在墨西哥和哥伦比亚也是如此，只是方式不同而已。 在那里，美国对毒品的需要导致了血腥的毒品大战，但美国人很难接受这一事实。 卡甘和布热津斯基也只能退而求其次地说，美国统治下的世界总比莫斯科和北京统治下的要好。 欧内斯特·盖尔纳(Ernest Gellner)也这样认为。 但是，今天和明天并不存在现实的替代者。 卡甘和布热津斯基认为，中国的实力比美国要弱得多，而且中国不可能成为霸权国家，因为其周边国家对它并不信任。 但一个多极化的世界迟早会重新出现，那时，世界将不会由一个或两个大国所统治。 这种秩序将不存在对民主(如果存在的话)和自由贸易(像现在的一样)的威胁。 现在，美国被认为是民主和自由贸易的维护者。 与美国的统治相比，一个多边秩序可能会更好地解决气候变化问题——世界的最大威胁(我们将在第 12 章中讨论)。

但对于这种观点的盛行我并不抱多大的信心，因为帝国主义深深地扎根于美国的意识形态和政治中，而且很多美国政治家相信，只要他们不反对支持以色列的游说，他们就会再次当选。 反恐战争还会持续一段时间。 美国拥有进行破坏的军事实力，但却没有进行重建的政治和意识形态权力。 但是，几乎没有美国政治家和华盛顿智囊成员会接受这一点。 对世界秩序的责任感以及撤军会很丢面子的感觉阻碍了他们这样做。 对国际地位的关心在地缘政治中仍然很重要，这使得领导们喜欢用战争来支持他们的地位。 从这个角度来看，阿富汗对于奥巴马的意义相当于越南对于林登·约翰逊的意义，以及伊拉克对于小布什的意义。

这些都不是全球战争。 目前，它们也没有什么重大的全球影响。对于一个帝国主义强国，这个数量上的战争伤亡是可以接受的——而且美国在不断地设计能够保护其士兵生命的风险转嫁计划。 伊拉克人、阿富汗人、巴基斯坦人和外国承包商都发挥了这样的作用。 35 000亿美元的战争耗费是巨大的，但对于一个价值14万亿美元的经济体来说也是可以维持的。 我们航空旅行时所遇到的高度安检所带来的不便令人恼火，而且，似乎会永久存在的紧急状态应该引起注意，因为这是对公民权的压制。 但是，这些战争并没有侵犯我们所珍视的西方生活方式。 对于一些评论家和怀疑者而言，窃听、未经批准的搜查和逮捕、未经审理的拘留、非法引渡和酷刑都是可怕的侵犯，会破坏美国宣称其所体现的普遍价值观念。 不但美国军方不适合从事这些任务，而且美国也丢失了道德权威——其意识形态权力。

但是，美国的这些失败并不表明美国的衰退。 对于它在过去能够取得的胜利，它也没有失败。 像在阿富汗一样，当美国与越南游击队作战的时候，它失败了。 二战以来，它从来没有入侵过一个没有当地盟友的国家；但在伊拉克，它却这样做了。 在伊拉克这样大的国家里，战后美国从来没有在没有盟友的情况下赢得过胜利。 美国政府如果再明智一些，就不会进行尝试了。 美国还没有达到过度扩张的状态，而是正在过度扩张的过程中，因为苏联的崩溃给予美国一种一家独大的错觉。 就军事而言，美国可以维持一定程度上的全球统治，但不能野心勃勃地追求荒唐的全球目标。

起码，伊拉克的经历似乎已经给了美国一些教训。 2011年，在利比亚的干预中，美国既有地方盟友，也有国际盟友。 在空中有美国的战机，在地面却没有美国的战靴。 我们希望，这种教训会坚持下去。 美国必须只进行有邻居国家或当地人支持的军事干预，它会采取地面上的军事行动，而且战后会建立值得信赖和受欢迎的政府。 在当今民族主义时代，这些条件并不容易得到满足。 这些条件可以在格林纳达和巴拿马找到(当然，都是小国家)，在情况复杂的前南斯拉夫也可以找到，也许在利比亚也可以找到，在卢旺达则已经呈现出来，不用再去寻找了。 但在索马里、伊拉克和阿富汗，这些条件并没有找到。 在很多其他国家，这些条件是不可能出现的。 如果没有这些条件，不进行干预是最好的选择。 虽然看到独裁者压迫他们的人民，我们会感到很难受，但我们应该知道：军事干预更有可能把情况变得更糟。 虽然某些伊斯兰主义者的一些信仰令人不安，但如果他们不是针对我们，这与我们没有什么关系。 与其声明在任何地方都拥有干预外国内政的权利，美国更应该兑现他对韩国、台湾和以色列所做出的安全保证。 美国应该保存军事实力，不是用来打败潜在的敌人，而是用来震慑潜在的敌人。 这能够减少 25%—50% 的军费开支，而且这个世界也会更加安全。 美国必须吸取其他帝国以前所得到的教训：穆斯林不会轻易地接受外来的帝国。 这是很难接受的一点，因为当前美国政府所确认的敌对国家中，几乎都是穆斯林国家。

问题是愚蠢，而不是软弱。 美国仍然有实力，美元仍然在统治着。 60% 以上的世界外汇储备仍然是美元(只有 27% 是欧元)，而且美元是世界上一般货币的基础货币。 无可匹敌的高等教育系统仍然在制造诺贝尔奖获得者和科技发明。 与灵活的移民政策一起，这产生了大量的科学家、社会科学家和工程师。 2006 年，37% 的科学领域的哲学博士是外国出生的，20% 的工程和计算科学领域的哲学博士是亚裔美国人(*Statistical Abstract of the United States*，2009：761)。

但是，一种美国倒退的感觉正在蔓延。 失败的帝国主义让一个地区进一步陷入政治困境，失败的新自由主义让整个世界走入经济困境。美国似乎无力解决政府债务、气候变化、医疗体系失调、高等教育衰退、路面坑洞、阶级不平等加剧等问题，而且阶级不平等可能会破坏耗时半个世纪才建立起来的普遍社会公民权利。 一个政党否认科学和社会科学，包括进化论、气候变化以及政府制造就业机会的能力。 另一个政党则胆怯而分裂，原则上想解决问题，事实上却解决不了。 在巨大的权力分化中，它们的结合产生了为大企业所腐蚀的政治困境，而且还为司法系统所维持。 大概在公元前 40 年，西塞罗列举了罗马共和国沦为帝国的一系列灾难。 最后他宣称，"我们发现，最后一切都会是用来出售的"。 资本主义的腐蚀、意识形态的虚幻和政治的无能加在一起，很可能预示着这个帝国/霸权的结束，而且结束得比我们想像的更快。

相对而言，美国的经济衰退将会来临。 美国对世界GDP(以购买力平价测量)的贡献与欧盟的齐平，只是略微低于四个金砖国家(BRIC)的总和，但其贡献水平在降低。 美国仍然比其他任何一个民族国家的贡献都要高，这对于储备货币非常重要。 巴里·艾切格林(Barry Eichegreen)认为，"在将来，美元仍然会是主要的国际储备货币"(Eichegreen, 2009)。他预测，欧元将会占据更大的市场份额，长期来看，中国的人民币也会成为储备货币。"但是，在可以清楚预见的未来，美元将仍是第一位的。"国际货币基金组织更不乐观，认为美元的统治将于2025年结束。

虽然经济衰退损害了美国的经济声望，但欧元也陷入困境，而且没有一个统一国家的支持。 欧盟的花费不到欧洲GDP的1%，这说明其规模和权力的弱小。 按照欧盟宪法的设计，政治只能以最慢国家的速度前进。 就其本身而言，人民币是国家控制的货币，不能进行自由兑换。 人民币和欧元都还不能成为储备货币。 在过去，常规的做法是将货币组合作为国际储备货币；在未来，这种做法可能会重现。 金砖国家比美国更快地从经济衰退中恢复过来，这使得经济权力逐渐远离西方。 中国、日本和石油出产国等债权国将慢慢地分散其外国投资，这将削弱美国的霸权。 在这个缓慢衰退过程的某一时间点上，现在的军费开支水平将变得在政治上不可维持，因为没有美元作为储备货币，他们只能向美国老百姓增加税收。 2011年，美国的财政赤字的确让华盛顿接受了这样的计划：军费开支的增加必须减缓，最终从2017年开始将进行小幅度的缩减。 但是，更大程度的缩减是应该的，也是可能的。 起初，美国的经济和军事帝国主义是紧密联系的，而且它们将会一起衰落。 这将不会形成亨利·鲁斯(Henry Luce)1941年所说的那么长的"美国世纪"。 但是，它的确还没有终结。

对于中国是否会增加战争威胁的问题，美国的国际关系理论家产生了分裂。 中国更加强调经济增长和政治合作。 它已加入许多国际组织，并和平地解决了大部分地区争议。 自从 1992 年以来，没有军官进入中央政治局常务委员会。 但邓小平的政策没有具体的结束日期："冷静观察、沉着应付、韬光养晦、有所作为"——但是，在什么时候呢? 有些人担心中国在非洲的经济自信、对日本的地缘政治自信、针对美国对中国南海的统治进行的导弹部署以及对那里的岛屿所有权的声明。 中国台湾仍然是潜在的冲突爆发点。 美国的大众爱国主义风起云涌，军费开支不断上升，虽然 2009 年斯德哥尔摩国际和平研究所的数据说中国的军费开支是美国的六分之一。 中国领导人似乎已经决定要谋求与其经济权力相称的地缘政治地位。 但是，除日本之外，中国与东南亚国家有着良好的关系，中国也依赖于华侨资本家。 如果中国确实变得更具侵略性，那么包括日本、印度等强国在内的东亚和南亚国家将会联合起来对抗中国，这是中国的一个制约性因素。 此外，中国深深地卷入了美国经济——反过来，美国也是如此。 这种相互依赖使得它们之间不可能发生战争。 有些人认为，虽然大国之间相互依赖，但第一次世界大战还是爆发了。 不过美国和中国之间的相互依赖程度比任何历史时期都更深刻。 如果战争禁止和敌人进行贸易，那么两个经济体都会崩溃。 阿里吉还认为，中国引领的亚洲复兴可能是一个和平的过程，因为中国具有总体和平的历史记录(在与历史上的欧洲进行比较时的确如此，我在第三卷第二章说明了这一点)，也因为东亚经济的"群岛"性质，以及海外华人引领的强烈的跨国联系(Arrighi，2007)。 另一个经济强国——欧盟——也是非常和平的，而且当前非常脆弱。 用前比利时外交部长的著名话来说，欧洲是"一个经济巨人、政治侏儒和军事蠕虫"。 在战争与和平问题上，我们有足够的空间保持乐观。

在这一卷中，我追溯了帝国主义在世界范围内的衰落，但是只有一个帝国仍然存在，虽然它也陷入困境。 在二战后的几十年里，美帝国是全面全球化的第三根支柱。 但是，它最近承受了太大的重量，现在已摇摇欲坠。 全球和平似乎依赖于美国体面衰退的能力。 虽然长远的未来可能是美好的，但这里所描述的新美国军事主义却并不美好。

第十一章

全球危机：新自由主义的大衰退

　　第六章讲述了新自由主义的崛起及其在 21 世纪初的挫折。 但是，放松管制和金融增长仍在不断发展，尤其是在北方国家里。 很多人都已经注意到，至少自从 15 世纪以来，金融化过程就已经周期性地出现了，而且它们趋向于导致金融危机的发生，比如南海泡沫和大萧条。 问题产生于资本的过度积累，这些过度积累的资本数量巨大，因此不能全部投入到生产活动中去。 因此，投资者就转而投资到金融工具中去，因为金融工具更少受真实物质资源的限制。 凯恩斯在其《就业、利息和货币通论》(1973：159—161)中就担心过这种趋势。 他注意到："只要个人还可以利用他的财富进行囤积和贷款，那么作为替代选择的购买实际资本资产就不会有足够的吸引力……除非重组市场，从而让这些资产能够更容易地挣到钱。"这种金融化过程可能加深了，而且更加依赖于贷款进行投资。 凯恩斯非常担心，以免"企业变成投机漩涡中的泡沫……当一个国家的资本积累变成了赌场活动的副产品，那么情况就可能变糟了"。

　　基于凯恩斯理论，海曼·明斯基(Hyman Minsky)提出了他的金融不稳定假说——发达资本主义经济将转向脆弱的金融结构，而不是依赖于基础积累过程，这正在产生危机(Minsky，1982)。 他认为，这将以三个阶段的形式出现。 第一个阶段"套利金融"仍然是健康的，因为未来的投资预期超过了运行成本，本息支付仍然符合正常的会计标准。 第二个阶段是更具风险的"投机金融"。 此时，支付本息的资金不得不来自资产的出售或更多的借贷。 然后到第三个灾难性的阶段，"庞氏金融"，支付本息的资金只能通过出售资产来获得，而且出售的金额会越来越高直到金融超出实体经济，整个系统崩溃。[1]明斯基没有解释这一顺序的原因，只是作为一种对过去30年全球范围内实际发生的事实的描述。 我现在试图解释其中的原因和初步结果。 显然本章主要将讨论经济权力关系，不过意识形态和政治权力也会谈到。

我在第六章描述了1970年代全球北方国家经济经历的持续滞胀。各国政府尝试了多种方法以解决这一问题。 新凯恩斯主义的做法在70年代停止了，当时以温和通胀为代价的增长刺激政策失灵了。 生产停滞，失业率和通货膨胀意外地同时上升。 在一段时期内，政府忍受了更高的通货膨胀。 当通胀率达到一个无法接受的水平时，它们开始紧缩通货，但却未减少政府开支。 这就导致不可接受的高额政府赤字。由于政治家们希望在竞选中能再次当选，因此他们没有提高税赋。 反之，他们意图缩减支付和支出。 他们做到了，但成本是工资上涨停滞、不平等加剧、贫困增加。 这其中的根本原因是全球北方国家中的资本主义踟蹰不前。 制造业快速地转移到南方国家，因为那里的成本(尤其是工资成本)更低。 资本主义需要另一种创造性的毁灭。 它确实实现了(制造业)毁灭，它也创造了新的微电子、网络公司、生物科技行业，但这些行业不足以使社会利润回到原来的水平，也不足以实现充分就业。 然后就出现了两个主要的发展方向。 在资本层面，企业家开始减少对创造实物商品的行业的投资，转而更多地投向金融工具，这些金融工具越来越深奥难懂，并且规模超过了实际生产的经济基础。 在劳动力层面，决策者致力于通过使人民大众能够越来越容易地获得信贷以保持需求，同时控制社会动荡。 两者结合，这些力量将导致信贷危机，不是政府层面的，而是整个私人经济上上下下都面临的信贷危机。这就是我要在这章所要讲的故事。

正如在第六章看到的那样，美国作为风暴的中心影响了从劳动力到资本、从普通美国人到富人的再分配。 资本在国民收入的税前利润和利息中的比重从 1930 年代和 1940 年代的 12% 上升到 21 世纪的 17%。
公司有效税率下降了，从 1940 年代的 55% 下降至 21 世纪的不到 30%，
公司税后盈利大幅增长。 所有这些都推高了股票市场的价值。 投资者
相信净利润会持续上升，因此股票市场资本总额增速是国民生产总值增
速的四倍。 然而美国 GDP 实际增长从 1950—1975 年的年均 3.6% 降至
1975 年后的 3.1%，而世界的 GDP 增速则从 4.7% 下降至 3.5%。

1980 年代以前美国金融业处于政府的严厉监管之下。 之后里根开
始放松管制的进程(Prasad，2006)。 然而 1933 年《格拉斯—斯蒂格尔法
案》仍然存在，商业银行和投资银行之间有一道防火墙。 商业银行就
是通常的高/主街银行，以低利率吸收客户的现金存款，以略高的利率
发放贷款，赚取利差较小但稳定的利润。 它们吸收货币，并在发放贷
款时创造货币。 相反，投资银行吸收资金投入到股票和商品中。 当它
们吸收存款或发放贷款时，它们必须结清在商业银行存放的存款。 和
商业银行不同，投资银行不能创造货币。 它们是高风险企业，但它们
的投资受制于商业银行的规则。 如果这两种银行合并了，新银行的投
资银行部门就可以接触到实际货币，并能创造货币，因而约束就小了。
但大部分国家并没有类似的防火墙，它们的银行仍然保守地经营着。

1980 年代美国商业银行开始利用《格拉斯—斯蒂格尔法案》的漏洞
进入证券市场。 它们力图完全废除《格拉斯—斯蒂格尔法案》，并在
1999 年成功实现。 这曾经是共和党首先提出的，不过得到两党的支
持，并由克林顿总统签署写入法律。 由于只有美国存在类似的法案，
其废止似乎不会太危险。 但美国有两件事与众不同。 第一，美国
人——政府和人民——比其他任何一个国家更依赖于信贷，因此他们的
债务需要更多的监管。 第二，在像德国、日本、瑞典这样的国家，大
银行的主要职责仍旧是向制造业投资，金融业与制造业之间的紧密联系
使得银行的投机行为较少。

《格拉斯—斯蒂格尔法案》的废止只是放松管制的一项内容。 利率
上限也被废除了，储贷机构的资本要求大幅降低，浮动利率抵押贷款和

货币市场基金快速发展，所有的管制现在都被认为是不好的。 格林斯潘时期的美联储渐渐放弃了控制经济的努力，也不再设定银行向储蓄者可以提供的最高利率。 反之，它开始以一系列步骤变成只是跟随市场(Krippner，2011：Chaps.3，5)。 美联储主席格林斯潘、财政部部长罗伯特·鲁宾(Robert Rubin)和证券交易委员会主席阿瑟·利维特(Arthur Levitt)反对任何对金融衍生品的管制，其身后是来自反复游说的华尔街金融家和在政府内的银行家们。 财政部和白宫的许多官员来自于一家顶级投资银行——高盛(Goldman Sachs)。 美国前十大银行控制着所有金融资产的60%，其高层人士大部分都供职于政府顾问的要职。 西蒙·约翰逊(Simon Johnson)评论道，这就像香蕉共和国(banana republics)的裙带资本主义(Johnson，2009)。 企业集权到威胁民主的水平，尤其是它严重偏向于富人的利益。

大衰退的原因

许多原因导致了金融扩张：美元作为储备货币的角色及浮动汇率、石油输出国组织(OPEC)、资本管制的取消、商业银行与投资银行的合并、网络使得金融交易可以在全球同时进行，以及波动越来越大的利率。 不过这些原因背后是实体经济尤其是制造业的相对停滞。 1973—2000年间，美国劳动生产率——即每小时GDP——年平均增速不到1%，这几乎是前一个世纪均值的三分之一。 在这段时间实际工资增长比美国历史上的任何一段时间都低。 1997年，产业工人每小时实际工资和1965年差不多。 除此之外，资本投资的回报率也降低了。 国际竞争的加剧导致产能过剩和生产过剩，进而压低了制造业利润，这一问题从美国逐渐蔓延到整个北方国家，美国在1960年代首先被德国和日本的后发低成本制造者所击败。 然后到1970年代，德国和日本又由于国际货币危机以及布雷顿森林体系(Bretton Woods)的崩溃受到本国货币升值的冲击。　之后其他东亚国家也加入这个行列，它们可以以比美国、欧洲和日本更低的成本进行生产。　产能过剩、生产过剩以及利润下降成为常态，资本家的公司无法再找到可以弥补制造业利润下滑的新行业。　资本因此离开制造业转而投身于金融业。　因此随后的金融危机完全依赖于制造业的衰弱，尤其在美国和英国，但在其他国家也是如此（Brenner，2002）。

生机勃勃的金融部门直接导致 2008 年危机的原因有三个：未受监管的影子银行、全球失衡以及债务。　投资银行的利润在 1990 年代到 21 世纪之间暴涨，使得商业银行羡慕不已，因为它们在传统的储蓄存款业务方面输给了退休基金和保险公司。　公司金融方面也比之前利润下降。　所以有些商业银行放弃了保守主义，追求衍生品市场的利润——平均 12%。　它们利用上千万客户的储蓄，在他们不知情的情况下投入到风险性资产中。　商业银行发明了许多衍生品，比如证券化、利率互换和信用违约互换，它们相信这些已经风险投保了的产品，除非极端低概率事件发生，这些产品才会面临风险。　例如抵押贷款的借款人可能会违约，但通常违约是随机的和少见的。　证券化使得贷款更加安全，只有当一组贷款一起违约时才会违约。　极少的坏账会被大部分可靠的还款覆盖掉。

衍生品可以提供风险对冲。　如果 A 银行担心其发放的一笔贷款，它可以做一笔衍生品交易，向 B 银行支付一定的费用，换得 B 银行在该笔贷款违约后会补偿 A 银行的承诺。　A 银行摆脱了其贷款的不确定性，现在就更乐意发放更多的贷款。　B 银行承担了部分风险，但得到了一定的手续费收入。　这是双赢，它们互相告诉对方。　然后它们将衍生品和证券化结合在一起：贷款人将他们的贷款卖给一家投资银行，投资银行将这些贷款打包在一起，分组卖给退休基金和其他投资者。　最初的贷款人已经剥离了贷款，可以发放新的贷款。　投资者免去了评估投资者的麻烦，得到一组贷款及相关的利息收入。　然后它们证券化的不仅仅是贷款，还有衍生品、出售证券化的债务。　一个人可以买卖一项资产的价格波动，而不是资产本身；或者是贷款的违约风险，甚至一个国家的违约风险，正如格利斯(Greece)在 2010 年所发现的那样。 科林·克劳奇(Colin Crouch)指出，在这个过程中，任何衍生品的价格都越来越远离初始资产的实际(Crouch，2011：Chap.5)。 买方和卖方对此一无所知，只知道市场价值是多少。 这是股东价值的极端情况。 资产没有评估，只有股票市场价值。 在这个击鼓传花的游戏中，价值是通过传递过程创造的，因此传递的速度也提高了。 金融服务推高了明斯基所谓的风险规模。

杠杆基于资本的借贷。 前述的金融工具帮助银行提高了它们的杠杆率。 19 世纪银行的杠杆大概是 2，即它们借钱是它们本金的两倍。这意味着你破产之前至少一半的资产都坏掉了。 但到 21 世纪许多银行的杠杆率已经达到 20—30 倍。 当杠杆率为 20 时，如果你的资产损失 5%，你就会破产。 风险指数级别增加了(Haldane，2012)。

然而，银行家们非常高兴。 他们不仅在不知会其他人的情况下用他们的钱赢利，还增加了交易数量，在其中银行可以就交易收取前端、后端手续费和佣金。 大部分首席执行官和市场交易员不承担个人风险。 他们可以将交易利润入账，增加他们的年底分红，这对他们来说比公司的长期健康发展更加重要。 他们买卖得越快，其分红就越多。追逐风险，现在可以创造巨额的回报，但未来却可能导致破产。 但对于他们来说并不危险，因为他们已经卖出了债务，因此金融部门的利润持续增长。 美国 1973—1985 年间，金融部门利润从未超过国内公司利润的 16%。 到 21 世纪，这一比例已经上升到 41%。 1982 年以前金融部门的薪酬均值从未超过私人行业的 108%。 到 2007 年这一比例达到181%(Johnson，2009)。 银行家们创造了这一切，似乎没有多少风险。有政治意识的人甚至指出，现在银行都大而不能倒了。 最后政府一定会救助它们。 收益是个人的，损失却由社会承担。

这使得犯罪行为必然出现。 贪婪是资本主义的必需品。 斯特里克认为，追逐利润"本质上都是不正当的"(Streek，2009)。 他说，典型的资本家都是挑战规则的人、是在法规灰色地带寻找机会的理性的功利主义者，他们拥有一种在我们的文化中甚至受到敬仰的品质。 量化研究发现，1986—2000 年间，新自由主义的放松管制为经理人创造了大量机会以从事金融违法行为(Prechel & Morris，2010)。 1986 年开始，法律批准多层级子公司的形式使得他们可以合法地在独立的公司实体间进行合法的资本转移，而不被监管者和大众投资者发现，构成欺诈和隐瞒。越来越多的使用股票期权让经理人有动力粉饰和夸大公司的财务报表。表外实体创建的合法化意味着融资和资产可以被放在其他公司，而不出现在母公司的财务报表上。 这些以及场外衍生品市场使得经理人可以实现隐匿的且未受监管的资本转移，这也使得他们拥有了相对于投资大众的信息优势。 在这样的信息不对称和内部人交易之间没有清晰的界线。 2000 年的《商品期货现代化法案》也使得经理人可以通过使用极端复杂的金融工具将风险转移给没有觉察到的投资者。 信息不对称也意味着没有人知道其中有多少欺诈。 然而只要资本主义的利益驱动还在、挑战银行受托人信托规范的动力还在，违法行为就不大可能只是几个坏苹果的问题，而是变成一种正常的行为。 前高盛执行官格雷格·史密斯(Greg Smith)对其前同事感到愤怒："我参加衍生品销售会时，没有一分钟在讨论我们如何可以帮助我们的客户。 全部都是我们如何可以从他们身上赚到最多的钱……这使我感到很不舒服，人们在冷酷无情地讨论如何宰客"(New York Times，March，14，2012)。 更为严格的管制以及更加严厉的犯罪刑罚是对待这一问题的办法，但这两者都很缺乏。

危机的第二个原因——全球失衡——加剧了这一问题。 这说明民族国家和宏观区域在全球经济中都非常重要。 战后美国起初有大量的贸易盈余和资本输出，但逐渐转变为贸易赤字和资本流入，到 1980 年代中期变大，并且在 2000 年后继续增加。 尤其是美国有大量经常项目赤字，而出口国日本、中国和石油国家出现大量的盈余。 中国的高储蓄率使得全球流动性泛滥，这种泛滥推高了资产的价格和降低了利率水平。 钱如此之便宜，任何人都可以借。 失衡似乎是可以管理的，只要债权国持续持有以债务国货币表示的资产。 网络泡沫破灭后，大多数外国私人投资者的角色都被中央银行购买者、主权基金所代替，尤其是日本和中国。 这些国家运营的企业非常乐意购买这类资产，因为这有助于它们向西方大量出口，对于中国来说，这有助于快速的经济增长和社会稳定。 如果中国通过提高工资、降低社会不平等来促进国内需求，对于中国和世界来说会更好。 那样的话中国可以出口得更少，美国和欧洲可以出口更多给中国，从而减少全球不平衡。 如果美国为了减少债务水平而紧缩，债权国会更加担心由此导致的全球紧缩。 但是美国受益更多，可以以较低的利率借款，然后投资到风险投资中以获得更高的收益率。 因此，美国在 1990 年代经济繁荣，经济增速超过了欧洲和日本。

这一失衡的全球经济似乎从某种程度上意味着美国经济的强势而非弱势(Schwartz, 2009)。 一项有关 14 个发达国家在过去 140 年的经济史的研究发现，信贷增长是预测金融不稳定性的唯一最佳指标，而失衡的影响力很小。 但是，布雷顿森林体系崩溃后就不一样了。 在布雷顿森林体系时期，没有金融危机，之后危机很多，而且借贷增长和经常项目失衡之间存在着相关性(Jorda et al., 2010)。

此外，整个大厦是建立在脆弱的基础之上的：飞速增长的西方家庭债务。 这些债务而不是全球失衡直接导致新自由主义的大衰退。 从另一个角度来说，资本主义社会中债务的存在很正常。 熊彼特定义资本主义是"一种通过借钱实现创新的私人产权形式"，虽然他认为企业家是创造性破坏的代理人，而银行家则只是促进者(Schumpeter, 1982, orig. 1939；92—94, 179；1961, orig. 1911, 107, 117, 405—406)。 但是银行家们现在视他们自己为价值的实际创造者，而他们掌控的债务是全球经济的关键。 到 2008 年世界债务达到 160 万亿美元，是世界 GDP 的三倍，而所有衍生品的价值是 680 万亿美元，是世界 GDP 的 16 倍。1920 年代世界债务大约是 GDP 的 150%，在大萧条时期迅速增长至 250%，但从 1940—1980 年，这一比例徘徊在 150% 左右，之后一直上升到 2007 年的 350%。 成千上万的人背上了债务，尤其在美国，家庭债务在 1980 年占可支配收入的 64%，到 1990 年上升到 77%，到 2008 年快速上升到 121%。 同时储蓄率从 9.8% 降至 2.7%。 最穷的人相应的债务负担最重。 隐藏其后的是总需求的衰弱。 自 1970 年代经济衰退以来，政府政策试图通过借贷来解决需求不足的问题。 但由于盈利能力没有恢复，只有压低利率来使每个人借钱更为容易。 新自由主义浪潮压低了工资、减少了福利和其他公共支出，需求和投资也减少了，因此私人债务成为改善盈利能力的理所应当的途径(Brenner, 2002)。

但是，债务没有受到管制。 到 2005 年，美国 75% 的贷款是由未受监管的影子银行发放的。 对冲基金是主要的形式，但也有资产支持的商业票据通道、结构性投资工具、标售利率优先证券、投标产品等。对冲基金及其影子银行通常通过在诸如百慕大或开曼群岛这样的小型离岸国家设立其法人躯壳以逃避监管，这些地方没有人会监管它们，因为它们能大大促进当地经济的发展。 证券交易委员会可以限制投资银行债务的数量和质量，但是它没有做到。 2004 年它甚至允许投资银行提高杠杆，到 2008 年它们的借款额已经达到其储备资本的 30 倍。 商业银行也发展出创新结构的投资工具和其他表外工具。 这些场外的内部衍生品也没有受到监管。 它们创造了一个全新的熊彼特的创造性毁灭，以独创性的方式毁灭了经济。

盎格鲁国家的债务要高得多，尤其是美国。 它们福利最低的州也鼓励民众借款以支持孩子教育、健康医疗和退休养老，这在其他国家都是由政府税收来支付。 因此一国私人健康医疗支出所占的比重与其 GDP 中信贷的比例相关(Prasad, 2006)。 财产所有民主制的理想也广为盎格鲁国家的政治家们所接受，政府中不管右翼还是左翼政党都支持住房抵押贷款，这成为消费者最大的债务。 在大多数其他国家租房则更为普遍(Schwartz, 2009)，并且租金可以获得更为慷慨的福利政府的补贴。

正如我们在第二和第三章中所看到的那样，美国战后经济发展依赖于市场力量和政府宏观计划的合力。 同样它们也促成了以购房、购车和其他耐用消费品为核心的大众消费主义。 在 20 多年的时间里，GDP和家庭收入同时得到增长。 但从 1970 年代开始，家庭收入的增长开始停滞、不平等加剧，压制了大众消费，到现在，只能通过举债来获得资金。 正如我们在第三卷第七章看到的，这也是大萧条的原因之一。

普通美国家庭已经尝试了两种办法来解决困难。

第一种解决方法是家庭中越来越多的妇女工作赚钱——也有其他原因，包括生育率下降、受教育水平提高和女权主义发展。 妇女的工作参与率在 1973—2003 年间从 44% 提高到 60%，妇女个人收入中位数几乎翻番。 但她们的工资低于男性，而且劳动力供给的增加也会压低男性的工资。 虽然女性工资相对于男性在这段时期是上升的，但女性在就业市场的总收入占比仍然很小——接近收入区间最顶层的那部分人除外。 因此整个家庭的平均收入改变不大(Massey，2007：42—44)，而家庭间的不平等却急剧扩大。

第二个解决办法是工作更长的时间以提高工资。 但更多的是受教育水平高、更有技能的女性可以有更长的工作时间和更高的工资(Hout & Fischer，2006：122—124)。 职场女性捍卫了上层中产阶级的美国梦。 但她们几乎不能让工薪阶级的家庭不欠债，因为她们希望保持其消费水平。

因此政府和家庭采取了第三种解决办法：让人们借更多的债。 这在两个相关层面被证明是可行的。 首先，增加国家债务和全球失衡导致中国和其他亚洲国家便宜货的大量进口，在美国像沃尔玛和塔吉特(Target)这样的大型零售商将这些商品卖给普通家庭。 由于许多商品更便宜了，潜在的美国债务泡沫也就还不会破灭。 其次，家庭债务在战后逐渐增加，1995 年后由于住房抵押贷款而大幅增长(Massey，2007：178)。 外国资本流入导致更低的利率和更高的房价，这些都使得便宜的再抵押贷款成为可能。 这似乎是一种最小化由不断加剧的社会不平等导致的社会不满的理想方式。 在房屋价值不断上升的保证下，人们可以通过继续举债维持消费和生活水平。 这是唯一最重要的因素使美国得以在 1990 年代末到 2000 年代中期维持消费需求、国内经济繁荣和增速快于任何其他国家。 克劳奇称此为私有化的凯恩斯主义，与课程里提到的凯恩斯主义不一样(Crouch，2009；参阅 Schwartz，2009：chap.4)。

　　现在有两次抵押贷款市场的繁荣。 第一次在 1990 年代，主要包括再融资家庭，尤其是非白人社区的家庭。 因为房屋价格平稳上升，消费者认为他们可以以其房屋所有权作为保证获得借款。 他们把自己的房子当作提款机，供他们实现美国的生活方式。 第二次繁荣是从 2002 年利率下降以后，越来越多的资金在寻找出口，越来越多的穷人被吸引到新的前期利率极低的可变利率抵押贷款中(里根执政时期这类贷款成为合法)。 从事专业的抵押贷款发放的经纪人增加了，替代了银行和储贷机构的贷款专员角色。 经纪人每次卖出一笔抵押贷款都可以获得佣金，因此不管客户实力如何(有时他们会伪造客户资料)都有动力拿下每笔交易。 客户也经常为了让经纪人提高折扣率而接受更为昂贵的抵押贷款利率。 银行发放抵押贷款后，为了保护自己，将风险更高的抵押贷款归集在一起以证券化打包的形式卖给投资者。 市场是结构化的，经纪人和证券化资产的发行人实际上增加了违约风险，然而风险却转嫁给了其他人(Immergluck，2009：chaps.3&4)。 不正当的动机加上不诚实使得利率还很低的时候工薪阶层的家庭仍得以维持。 但要注意的是，在这背后，最终大衰退的主要原因是美国社会不断加剧的不平等和贫困。 如果更多的国民收入能分配到中产和工薪阶层家庭中，美国的情况会好些，因为他们会将钱花到真实的需求上，这才会创造真实的工作机会。 但这为什么没有发生呢？ 让我先论述一下社会不平等的情况。

经济不平等：美国特殊论的到来

　　在讨论早期问题的章节里我反对美国特殊论的概念。 在 1890 年代中期到 1929 年间，美国虽然在教育或女权方面没有落后，但其在工会权力和社会公民权方面是落后的。 美国的种族主义非常独特，不过只是因为主要在国内感受颇深。 英国在其殖民帝国范围内实行种族主义——帝国内 90% 的人都具有真正意义的公民权，而美国只有 10%。然后在大萧条、罗斯福新政和第二次世界大战期间，美国和其他盎格鲁国家率先实施了累进税制，同时也发展出自己的福利体系。 工会力量也赶了上来。 从那时到 1970 年代末，美国经历了形形色色的社会问题，再一次在社会公民权和工会力量上落后了，但仍然实施累进税制，黑人获得了选举权，女性和其他实体获得了应有的权利。 然而，1970年代以后，税制的递减、社会公民权的落后以及收入不平等却逐步愈演愈烈。

在 21 世纪初，美国在不平等方面成为发达国家中的例外，尤其在高收入阶层的顶端。 在 24 个经合组织国家中只有墨西哥和土耳其——最不发达的两个国家——2005 年的不平等和贫困情况比美国严重(OECD, 2008；Piketty & Saez, 2003；Saez, 2009；Massey, 2007：35—36, 166—168；Hacker & Peirson, 2010：155—159, Brandolini, 2010：213—216)。 美国收入最高的 10% 的人群收入占总收入的比重从 1980 年的 33% 稳步上升到 2007 年的接近 50%，是有记录以来的最高比例。 在1974—2007 年间，收入越高，增长越快。 任何收入分位都是如此。 最上层超级富豪的获益最大。 前 1% 的人在国民收入中的比重几乎翻了三倍，前 0.1%(大约 150 000 个家庭)的比重翻了四倍以上，前 0.001%(15 000个家庭)增长了六倍。 这一小部分人群组成了资本家阶级的核心，绝对收入水平大幅增长。

相反，中等收入分位的人群——主要是管理人员、技术员和专业岗位的人——的家庭收入略微增长，但最低分位——工人和较低层的中产阶级——几乎没有增长。 按照联邦最低工资水平调整，最底层变得越来越穷困，因此到 2006 年其实际占比从 1968 最高值下降了 45%。 这一趋势似乎没有任何迹象会改变。 普查显示，2010 年家庭收入中位数已经回到 1996 年的水平，15% 的美国人生活在贫困线以下，这是 1993 年以来的最高值。 2010 年全职男性工人年收入的中位数是 47 715 美元，比 1973 年的水平略低。 实际上，美国对可以创造更具技术性、相对高工资的工作岗位的项目投资在持续减少。 2010 年有 4 800 万 18—64 岁的美国人没能工作一个星期，同时 5 000 万美国人缺少医疗保险——这些数字高于过去几十年中任何一年的数据。 少数族群和年轻人受到的冲击最大。 任何改善也看不到，因为国家在职业培训、基础设施和研发上的投入在减少，在新世纪里这些支出在联邦政府开支中的占比不到 10%。

在数据最好的 20 个国家、地区中，美国的不平等发展最快，虽然香港和加拿大在 1980 年代中期以后开始步美国的后尘。 这些国家、地区中的 14 个国家在 80 年代到 90 年代的基尼系数也是上升的，虽然上升幅度略低。 不过到 21 世纪各国趋势就不太一样了。 有一半国家的基尼系数基本上未变，四分之一下降——包括英国——还有四分之一继续上升，尤其是美国。 俄罗斯和中国(见第七、八章)也大幅上升，此外还有印度，不过这些国家缺少各分位收入群体和超级富豪的可比数据。相反，大部分欧洲国家和日本的上层人群的收入占比在过去的几十年里几乎保持不变。 到 2005 年美国基尼系数已显著高于其他西方国家，而且是几个北欧国家基尼系数的两倍，多么惊人的不公平！ (OECD, 2008；Atkinson et al., 2009；Mann & Riley, 2007)。

美国社会不平等的显著加剧持续超过 30 年，影响了几乎所有阶层，但最富有的人受益最多，关于这一点引发了很多讨论。 大部分人认为这是美国例外论的一个例子，并将其完全归因于国内原因。 然而这是错误的，因为其他盎格鲁国家也存在同样的趋势。 有些人对此轻描淡写，或将其归结为美国对盎格鲁国家企业的领导地位(Hacker & Pierson, 2010：160—161)；其他人则将这一问题留待以后研究(Brandolini, 2010：216)。 但我们可以辨别出不平等加剧的三个主要原因。 第一个来自全球都能感受到的压力，虽然有些国家较其他国家的抗压能力更强，对收入分配的最上层几乎没有影响。 第二个来自盎格鲁国家普遍存在的压力，其中有些国家的超级富豪确实受到影响。 第三个来自美国自己的特质，使得美国的不平等趋势最为严峻，虽然这些特质在用于解释盎格鲁国家及其他国家的不平等发展趋势时是唯一被夸大的原因。

我这里将简要概括在第三卷第九和第六章中得出的比较分析结论。所有发达国家感受到的普遍压力是经济上的，虽然其中还包含人口问题。 这是一段相对滞胀或低增长以及制造业出口的时期，衰退加剧了这一特征，雇主设法降低工资水平，失业(尤其在欧洲)和/或临时就业(尤其在美国)增加了。 去工业化以及向发展中国家输出工作职位促进了技术性工作岗位占比的下降，也许保障了蓝领工人的工作。 高等教育范围的扩大、福利项目的成熟以及人口老龄化使得年轻人和老年人对政府财政的依赖程度截然不同。 不断变化的婚姻和离婚模式尤其扩大了女性的不平等，导致底层——尤其是单身母亲——更多的收入需求。 负担的加重以及更低的税收收入在任何一个国家都会导致部分福利的削减。然而，正如我们所看到的那样，北欧和其他欧洲国家在解决这一问题时没有使不平等得到如此扩大。 这是因为它们的福利在中产和工薪阶层都很普遍，加上法团主义、高密度的工会组织(或像法国那样处于战斗状态)保护工人们免于市场力量的寒风，以及充足的免费儿童保育机构让妈妈们，尤其是单身妈妈，可以全职工作。

但其他盎格鲁国家存在与美国趋同的趋势，因为它们信奉志愿主义而不是法团主义，它们的工会成员直线下降，工薪阶级中间分歧出现，有保障、有技术的工人反对福利，认为那是用他们的钱补助行乞者，有很多在高层职位上取得成就的成功女性，与之相比穷困的母亲和单身母亲需要支付儿童的保育，同时只有低水平的临时工资。 2005年盎格鲁国家中只有澳大利亚(略微)低于所有经合组织国家不平等的平均水平，只有英国低于贫困的平均水平(OECD，2008)。 在美国，对市场力量的反抗非常低，工人的愤怒更多的是被种族主义所激化。 这些是为什么不平等在大部分发达国家仅小幅加剧、而在美国却比其他盎格鲁国家更为严重的主要原因。

　　然而这些压力无一可以解释为什么收入顶层人群的不平等会扩大得如此剧烈。 许多经济学家认为高收入变得更为不平等是科技变革的结果。 他们经常将首席执行官和篮球或足球明星进行对比，这些明星的高额收入反映了他们超凡的技能(因此他们的财富是大多数粉丝们合法给予的)。 在这个模型中，首席执行官应该获得比其他人更高的薪酬，因为他们的技术也是稀缺的。 迪尤—贝克和罗伯特·戈登(Dew-Becker & Robert Gordon)通过观察 1966—2001 年生产率和收入增长的数据检验了这一模型(Dew-Becker & Gordon，2005)。 他们首先注意到，人口中只有10% 的人享受到与美国生产率进步相对应的收入增长，而前 1%、尤其是前 0.1% 的人获得最大的收益。 然而这些受益者的"人数太少，与广泛存在的技能偏向的技术进步(SBTC：Skill-biased technical change)并不相称"。 高科技职位的收入要么仅小幅上升，要么下降了，而首席执行官们的收入连翻番都不止。 但首席执行官和高层经理人所做的决定可以赚到或者损失成千上万美金。 也许只有很少一部分人有这样的天赋，所以他们确实应得到百万美元的年薪。

　　但这个说法在新自由主义大衰退时期受到挑战，大衰退期间不论公司在首席执行官的带领下是否赚钱，他们都获得巨额的薪酬。 而且首席执行官与体育明星之间存在着一个至关重要的差异：首席执行官自己给自己开工资。 在第七章我们看到在苏联解体前当普通工人有权决定自己的工资时发生了什么。 生产率没有任何提高，工资却飞速上升。迪尤—贝克和戈登也注意到另一个与 SBTC 论点不相符的事实：欧洲也出现了同样的技术和公司变革，但不平等却没有显著加重，首席执行官的收入只有小幅上升。 欧洲企业的效率或生产率不比美国企业低。 欧洲国家中的英国和爱尔兰与美国的薪酬体系类似，但其高收入人群的不平等与经济效率之间没有相关性。

　　高层管理人员薪酬增长的一半以上来自股票期权，一旦公司股票价格上升他们就可以行权(Fligstein，2010：237—238)。 因为1980年代到90年代整个股票市场都在上涨，大部分公司的经理们的收入激增，不论他们的公司和竞争者相比是否做得更好。 最大化股东价值成为最主要的经营战略。 1970年代的衰退使得许多公司股价低估，持有的现金和资产价值超过了它们的市值，之后受益于里根政府的放松管制，随后出现了一场兼并收购的浪潮。 为保住自己的位子和免于被收购，高层经理人增加企业负债、出售估值偏低的资产、解雇工人和低层管理人员，提高短期股价和企业利润。 随之而来的问题是，经理人自己的表现可以而且应该由他们公司的短期股价来衡量。 这就使得股东利益和经理人的利益一致，因此工资的大幅增长就不会损害股东的(短期)利益。 因为推高股价的一个简单方法就是将一个分支机构关闭或转移出国，或解雇员工——市场相信这标示着效率的提升——结果不仅是高层薪酬和股价的大幅上升，而且导致从劳动力到资本的某些再分配。 这大幅加重了上层人群的不平等。

其他地方很少有股权期权。 北欧和欧洲公司不像美国企业那样看重股票市场。 更为集中的所有权、大宗股权的持有以及更多的银行融资降低了短期股价和股权期权的重要性。 2001年澳大利亚、比利时、德国和意大利上市的非金融类企业中的50%由一个有超过半数投票权的大宗股权持有人控制着，持有人大部分是富裕家庭或银行，使得他们的公司免于股票市场短期波动的影响。 传统上流阶层是有美德的！ 盎格鲁国家不同，因为它们的股权分散。 在英国，大宗股权持有人控制股权的中位数是10%，而在美国只有5%。 欧洲在1990年代也曾有些迈向股票期权的动作，但仍然与盎格鲁国家不同(Ferrarini et al.，2003；Schwartz，2009：156)。 宏观区域是一个影响因素。 在美国股票期权的收益以及对冲基金管理人的所有利润都需要支付资本利得税而不是所得税，前者的税率更低。 英国的部分对冲基金也是如此。 英国和美国的税收政策都增加了上层人士的收入。

因此，两大盎格鲁国家中高收入人群收入的不平衡上升主要是因为首席执行官在股东的同意下自己给自己支付了更多的薪酬，而这是源于盎格鲁国家股权结构的独特特征。 这包括分散而非合作的经济权力，这对资本主义构成长期损害，也对其他阶层构成短期损害，因为它威胁了高增长的基础——消费者高需求的经济，资本主义在政府的帮助下曾经设法创造了高需求。 盎格鲁国家中更为流行的新自由主义助长了不平等的趋势。 如果企业希望给领导层支付更多的薪酬，政府是不应该干涉的。 政治家们鼓吹致富的经济品质，并让税收政策适合于此。[2]

美国的不平等难题

从 1980 年代开始，共和党政府，尤其是里根和小布什执政期间，削减福利项目，不再提高最低工资，并且结束了累进税制。 在小布什的减税政策中，前 1% 的人得到 25% 的税收减免，而大部分人仅得到 5% 的减免(Massey，2007：5)。 民主党政府延续了这一政策，只是幅度没有那么大。 克林顿略微提高了对富人家庭的平均税率，对其他人的税率则未变，穷困的工薪族小幅受益于所得税抵免政策(Earned Income Tax Credit)。 但是其福利改革伤害到穷人。 我们之前看到，英国、澳大利亚和新西兰工党也采取了同样的倒退政策。 有关税后和福利后转移收入的研究表明，美国政治家们从 1980 年代早期之后退步了许多。 但加拿大和英国接近于 1990 年代的水平(Kenworthy，2010：218—219)。 因此我们还有必要解释为什么盎格鲁国家的左翼政党似乎没有极力反对财政和福利政策的退步。

最为困惑研究者的是为何美国人似乎几乎不在乎不断扩大的不平等。 既然美国是一个民主国家，为什么投票时没有强烈反对？ 民意测验显示，大部分美国人意识到不平等大幅扩大了，而且他们认为富人应该支付更多的税。 他们信奉一些抽象保守的信条，相信个人义务、自由企业和美国梦，但他们也赞同促进平等、尤其是提供社会安全和给所有人教育机会的政府政策。 大部分美国人，不论他们投票给民主党还是共和党，都希望政府介入医疗、教育、提供就业机会等方面，并且说他们甚至愿意为此支付更高的税率。 在这些方面他们和其他发达国家的公民没有区别(Osberg & Smeeding, 2006；Page & Jacobs, 2009)。 美国人也表示，如果财政开支要下降，他们应该首先削减国防而不是社会福利项目。 然而这些都没有转变为政治行动？ 为什么？

　　由于美国是一个自由民主社会，政党和选举应该反映民意。 在过去几十年里，共和党在其措辞中坚定地拥护新自由主义，赞同尊重市场原则。 如果那意味着更为不平等，那么就顺其自然吧。 事实上，共和党走得更远，其实是鼓励了更大的不平等，因为他们说，企业家将会投资更多，并且创造更多的工作机会。 共和党与富人、大企业也很亲近。 因此我们要解释的一个问题是为什么普通大众会投票给这么一个共和党。 但是，我们也必须指出民主党在扭转不平等加剧的趋势时存在胆小、甚至怯懦的问题。

　　可能是阶级性投票的人群在减少。 但事实并非如此，因为自1970年代以来阶级与投票之间的相关性其实是上升了的。 共和党得到更多富人的选票，民主党得到更多穷人的选票。 然而，谁可以投票是有所差别的。 穷人和移民的投票参与率低不利于民主党和向穷人的再分配。 在1970—2000年间，移民到美国的人数几乎翻番，并且表现出越来越多的移民来自贫穷国家且技能低下的趋势。 因为他们大部分不是公民，不能投票。 假设他们可以投票，会有更多的选票投向民主党。结果是，投票人的收入中位数并没有下降太多，因此普通选民在不平等方面并未受到多大的困扰(McCarty et al., 2006)。 美国的投票弃权和移民问题比包括英国在内的欧洲要严重。 这就是前述问题的部分原因。

　　结构性方面，尤其是投票过程中的阶级变迁可能是第二个原因。然而投票人的阶级变迁应该会互相抵消，对任何一个政党都不会是完全有利的。 专业且非管理层的白领变得越来越趋向于民主党。 然而，这更多的是由身份政治而非经济自由主义引起的，且个体经营者和经理人更多由于经济原因投向共和党平衡了这一变迁。 女性多数转向民主党，因为女权问题在 1990 年代以后变得越来越重要。 非裔美国人是绝对的民主党派，同时进入 21 世纪越来越多拉丁美洲人参与投票，多数也投给民主党。 1990 年代后宗教界人士更多倾向于共和党，福音教派成为坚定的共和党派，那些定期参加宗教服侍的人投向共和党的概率是民主党的两倍。 因此总体而言，没有那个政党从阶级变迁中获益(Hout et al., 1995, Manza & Brooks, 1997, 1998; Brooks & Manza, 1997; Olson, 2006)。

也许经济问题不像过去那么有影响力了。 迪克·霍特曼等人(Dick Houtman et al.)认为，经济问题在美国仍然重要，而且工薪阶层的选民依然在意再分配问题，但这已经越来越成为许多工人(和其他人)关心的第二类问题，他们更关心道德问题，如堕胎、基督教家庭、法律秩序以及在面对道德松懈的自由主义时一些传统价值观的颠覆(Houtman et al., 2008)。 这也许是对资本主义消费浪潮的一种间接反应，人们普遍感觉到资本主义消费对道德和家庭观念的侵蚀。 或者这也是国内民众一种广义上的不舒服的感觉，人们感受到不公平和/或境况下降，但对该责备谁又没有清晰的经济敏感度。

欧洲也存在同样的情况，但在美国人们的反应变得更大，也更有政治组织性，达到了另一次大觉醒(Great Awakening)的高度，席卷了南北战争前的美国南部圣经地带，然后扩展至农村、小城镇以及部分美国城郊地区，在那里教会是主要的社会机构。 宗教的复兴刺激了保守主义以及对"物质至上"观念的敌视，它摒弃经济激进主义，转向保守的民粹主义。 越来越多的白种工人接受政治家们的论调，将经济停滞归咎于高税率、大政府以及有利于不道德的行乞者、福利女王、无能的黑人和移民的福利制度。 由于种族主义已经转入地下，投票不能公开反对，但共和党人采取了阿特沃特型(Atwater-type)的隐蔽的种族主义，帮助他们争取南方的白种工人，并借此在白人眼中玷污福利项目。 种族主义可能已经超过其他道义问题，促使中间派工人选民在政治上变得右倾，与他们自身的阶级利益相悖。 另一方面，许多高级经理人和专业人士也投给了与他们经济阶级利益相对的一方，将道德自由主义置于财富之上。 近期，欧洲种族主义也有所抬头，并且产生了极右政党，将传统保守党推向右倾，但对国家的整体福利体系的潜在破坏还没有变为现实。

托马斯·弗兰克对堪萨斯州的研究发现，道义问题是主导因素(Frank，2004)。 堪萨斯的共和党人利用堕胎、强制控制和道德沦丧等文化问题来劝服工人阶级的老百姓在投票时与自身经济利益背道而驰。当地共和党的主要选民从商业精英转变为热衷于废止"罗诉韦德案"(Roe v. Wade)，有宗教信仰的中产阶级白人将经济和道义利益淹没在民众对大政府和自由派精英的反对呼声中。 这是真正的意识形态，包括深挚的感情和憎恶。 不过拉里·巴特尔斯(Larry Bartels)对此并不同意，他认为文化问题只影响相对富裕的白人选民，而不是工薪阶层的白人，这些人仍然更看重经济问题，并且仍然希望实现经济再分配(Bartels，2008)。 这两项研究样本不同。 弗兰克研究的是堪萨斯州的农村和小城镇，但这部分人群的代表性不足(因为一些实际的原因)，而巴特尔斯用的是全民调查数据。 因此，弗兰克的研究是对共和党中心地带的研究。 美国农村和小城镇相对于其他地区更多把选票投给了共和党。 在经历过 200 年的选举民主后，美国最终已经形成全国性政治，而非区域政治，但又是城乡政治。 2004 年大选数据显示，"县人口超过 100 万的选民和县人口不足 2.5 万的选民之间有 20 个百分点的差距"。 这一差距相对于阶级或性别差距来说已经变得越来越大(Gimpel & Karnes，2006)。如此大的选民城乡差距仅在美国独有。

2004 年是更倾向共和党的一年，农村选民更多的是白人、新教信徒、经常上教堂的人、年长的人，他们比城市和市郊的选民教育水平更低，且更加贫困。 他们拥有更多的枪支、更为经常地强烈反对堕胎，并且更多的是生活在传统家庭中。 他们更有可能是自己拥有住房者、个体经营者。 大量调查也显示，他们对自己的生活和工作更加满意。

收入在美国的农村和小城镇也更加均等。 吉姆佩尔(Gimpel)和卡恩斯(Karnes)谈道，结果就是"许多农村选民愿意投票给共和党，因为他们视自己为独立的企业主而不是按时上班的打工者。 在他们经济评估中实际的货币收入不如自我感觉的经济地位重要"。

因此，在美国乡村里的人会将意识形态和经济原因结合起来做出比市郊居民(大多数是中间选民)更为保守的投票，比城里人(他们是民主党派)则要保守得多。 他们与不平等这类问题毫无关系，而且这种无关有一种所谓道义上的理由。 他们视沿海和大城市为邪恶的异域(而且城市里确实有新时代的生活方式和更多涉及不同种族的犯罪)或是令人讨厌的大政府和大公司的老巢。 农村和小城镇里的社区相信自己比物质至上的市郊和城里人更加提倡社群主义，而且更加道德。 相反，城市里充满了多样化，并且认可冲突的存在。 这也许也可以解释为什么共和党人意识形态上变得越来越一致，因而在国会中更有影响力，而民主党仍然派系林立，和传统的美国政党一样。 意识形态的力量在美国是不对称的：右派比左派更加强大。 最后，农村选民在参议院选举中选出的代表也远远超过了比例。 怀俄明州(人口 50 万)有两个参议员，和加利福尼亚州(人口 3 400 万)一样。 因此政治上层比整个国家更为保守。这是一种不完美的民主。

美国意识形态常常被提到的一个方面是其降低了经济再分配的重要性。 调查显示，美国人相信，无论个人背景如何，普通人在美国比在其他发达国家更容易获得成功(www.economic.mobility.org)。 更大的社会流动性被认为可以减弱不平等加剧的影响。 然而这是一种受到蒙蔽的信念。 OECD (2010；chap.5)收集了 12 个国家父子间收入关系的研究。美国的父子收入相关性比丹麦、澳大利亚、挪威、芬兰、加拿大、瑞典、德国和西班牙要高得多，比法国略高。 只有意大利和英国的社会流动性(略微)低于美国。 在美国，超过47%的高收入父亲的经济优势都传给了自己的儿子，而在澳大利亚只有 17%，加拿大只有 19%。 这些国家实现了美国人所相信的美国能做到的：它们以更高的社会流动性来补偿不平等。 但美国却没有——它实际上加剧了不平等，使得其成为半世袭的。 当然，这些数据仅针对男性。 考虑到美国劳动力市场性别平等的相对重要性(第五章谈到过)，女性可能有更好的流动性机会——然而女性投票给民主党的要多于男性。 但在政治领域，意识形态比现实重要得多。 在这种情况下，不相信意识形态可能导致工薪阶层男性认为自己是一个失败者——实际上很难建立起这种关联。

巴特尔斯还认为，大众的态度经常是矛盾和混乱的，我此前也这样认为(Mann，1970)。 在民意调查中，大部分美国人相信不平等已经太离谱了，但尽管小布什的减税方案将财富转移给富人，大部分人还是支持这一方案。 主要原因是布什的减税方案设计缜密，给予普通纳税人10%的税收减免，而让对富人25%的减免模糊不清。 共和党强调那10%的减免和最低纳税等级的取消(正如布什在回忆录里写的，Bush，2010：442—443)。 在美国也存在用辞的问题。 福利是一个不受欢迎的词，甚至那些享受福利的人也经常否认。 那些得到社会保险、失业救济金或医疗保险的人中几乎有一半会说他们没有享受政府项目(Mettler，2010：829)。 那也说明美国人中间缺乏团结一致。 福利是那些没用的人的，与他们自己无关。

人们对于不平等程度的了解也相当有限。 W. G. 朗西曼(W. G. Runciman)对相对剥削的经典研究表明，英国工人经常对比的不是他们知之甚少的富人，而是与他们阶层相当的周围的人(Runciman，1966)。 他们只有在不如这些人时会感觉受到了剥削。 本杰明·佩奇和劳伦斯·雅各布斯(Benjamin Page & Lawrence Jacobs)斯发现，大部分美国人能精确估计他们熟识的人的收入水平(Page & Jacobs，2009：37—42)。 但他们对顶层收入者的了解却很模糊。 2007年的一项调查中，被调查者估计一家国内大型企业首席执行官的收入是每年50万美元，是一名工厂技工(他们对这类人的收入预测相当准确)的12倍。 他们认为首席执行官应该只能获得5倍，即20万美元的收入。 实际上首席执行官平均年收入是1400万美元，是技工收入的350倍！ 美国幅员辽阔，富人与穷人之间地理上的距离也加深了穷人对富人的无知(Massey，2007：192—195)。国内的不平等可能不会造成很大的政治影响。即使在大萧条时期美国人也没有上街游行抗议不平等，而是抗议失业和贫穷。

选民的记忆也是短暂的。虽然民主党执政时期试图提高普通美国人的生活水平，而共和党则反对，但共和党竞选时很聪明，他们就在竞选前创造出短暂繁荣，而民主党往往在更早的时候做这些。选民随之忘了这一点，舍弃了经济上更有保障的民主党而投票给共和党。在哥伦比亚广播公司/《纽约时报》2010年1月的一项民意调查中，只有12%的被调查人士说奥巴马总统执政以来给他们减税了，虽然一年前他刚刚给95%的美国人减了税。现在已经忘了。阶级对知识的掌握也是不对称的，穷人相对于更多接触媒体的富人来说，对经济问题了解得更少。

巴特尔斯发现，参议员并没有做到普通选民希望他们做的东西。他们的投票表决名单更多的是与他们自己而非与其所代表的选民的观点一致。他们有时听从富人的意见，但完全不关心收入分配中最底层人民的想法。共和党参议员尤其如此。克莱姆·布鲁克斯和杰夫·曼扎(Clem Brooks & Jeff Manza)发现，其他盎格鲁国家中政治家对公众有关福利项目意见的响应程度也低于北欧或欧元区国家(Brooks & Manza,2006)。这也是民主的不完美。

再分配政治需要公众的参与。传统促进公平的主要压力群体是工会，然而到2008年美国工会会员人数已经降至所有非农部门的12.4%，仅是私人部门的7.6%。我们在第六章中看到这是多种原因导致的：经济中的结构变迁、雇主的一系列攻势、身份而非阶级政治的出现，以及工会本身的怯懦。我认为，美国工会势力的衰落解释了一大部分，因为没有工会，不平等的阶级解释也就不会有多少拥护者。此外，工会对民众的动员力量也在下降，但教会的动员力却提高了，这使得许多美国人的关注点从经济转向道德问题。在民主党中，工会的衰落以及种族、性别和性取向等"身份政治"的抬头也缓解了阶级问题，同时使民主党成为支持少数族群，有时甚至是不受欢迎群体的权利的政党。新型后物质主义运动激发了大量的热情，但它们由受教育水平较高的专业人士所引导，他们对于工人的经济状况不太关心。 因此民主党比起大部分稍左翼的政党对经济平等的强调更少。 从 1960 年代开始相对富裕的成员开始接受民主党，并且赞助费用主要流向公民权、女权主义、环境保护以及同性恋权利(Hacker & Pierons，2010：180)。 除了女权主义，这些问题都没有在投票中成为大赢家。

选举也变得更加昂贵，这有利于有商业资金支持的政党。 在 1972 年以前的大部分时间里，两党总统候选人竞选花费稳步提升，但随后呈平稳状态，1988 年以前都在 5 000 万到 1 亿美金之间波动。 这是竞选资金法相对有效的时期。 然后花费再次上升，并且持续如此，在 1996 年达到 4.5 亿美元，2004 年达到 10 亿美元，2008 年达到 24 亿美元。1988—2000 年赢得一个议会席位的成本翻番，赢得一个参议员席位的成本上升了 30%(所有数据以不变货币计算)。[3]但这些数字可能夸大了上升趋势。 如果我们按照选民规模扩大的比例进行调整，21 世纪头十年之前的大部分增长都被抹去。 每个选民的平均成本在同样的区间内波动——直到最近的十年。 此外，选举支出占美国 GDP 的比例在 1972—2000 年间实际上是下降的。 随后这一比例急剧上升，不过也只是回到 20 世纪大部分时间里的水平。 作为 GDP 的一部分，选举支出其实是在 1968 年尼克松当选时达到最高值。 似乎选举突然变得昂贵起来。 大部分支出来自企业。 2000 年以来的选举中，企业提供了所有捐款中的 70% 以上，而工会提供的捐款不到 7%。 这些趋势更多的是由于工会贡献的下降，而不是企业捐赠的上升。 共和党在所有选举中得到了大部分的资金——除 2008 年奥巴马的那场选举，当时企业认定奥巴马会赢。获取连任是大部分政治家们的首要目的，这就要求他们对企业低声下气，迫使他们在经济问题上变得右倾。 公司购买选票是美国的一项传统。 这种情况一直如此，因此不平等的加剧——至少 1970—2000 年间的不平等加剧——是否可以归因于此还不确定。 主要的变化是劳工的持续下降，显然这是不平等加剧的部分原因。

雅各布·哈克和保罗·皮尔森(Jacob Hacker & Paul Pierson)认为，为竞选融资不如事先的议程安排那般重要(Hacker & Pierson，2010)。 这里发生了一些变化。 在过去大部分联邦层面的游说来自最高层的企业联合会，现在主要来自单个公司和行业。 因此华盛顿的公司游说办公室的数量从 1920 年仅美国钢铁一家增加到 1968 年 175 家，再到 2005 年超过 600 家，而它们的支出在 1998—2008 年间也迅速从 14 亿美元上升到 34 亿美元(比这一时期 GDP 的增速快得多)。 四分之三的游说成本来自企业(不变货币计量，来自 www.opensecrets.org)。 这些游说大部分是为了确保联邦补贴、免税或免于管制，通过走后门、避开选民等加剧了不平等。 要想知道有多少政策是游说和捐赠买下来的是不可能的，因为不可计算(Repetto，2007)。 但如果认为游说和钱对于政策几乎没有影响，那就意味着企业家们都是傻子，花巨资而没有回报。 一个臭名昭著的例子是 2009 年奥巴马医疗改革方案。 医疗保险公司、医药公司以及营利性的医院给国会的每个成员安排了六名说客，花费了 3.8 亿美元，打败了拟提议的国家保险基金项目。 其中最大一笔支出是 150 万美元，花在起草法案的委员会主席、民主党参议员身上(*The Guardian*，October 1，2009)。 这被证明是一项成功的投资，因为修改的方案中包含了对医疗公司的政府补贴利润。 游说可以部分解释不平等加剧的原因。

游说和腐败不仅仅是美国的现象。 2011 年英国爆出的手机黑客丑闻揭示了腐败可能是许多国家的正常现象。 鲁伯特·默多克(Rupert Murdoch)及其家族控制了世界上最大的传媒帝国，其中一个在英国极具影响力。 据报道，一家默多克的报纸也卷入丑闻中，首相卡梅伦在其执政的头 15 个月里曾 26 次密会默多克家族的人或其高级执行官，而高级内阁成员密会他们不少于 60 次。 保守党对公众批评的回应是，之前工党也有同样的行为。 但欧洲的选举法更为清楚。 欧洲人对选举活动的花费有严格的限制，给政党们免费的广播时间，这样昂贵的媒体竞选广告就不需要花费大量政党的资金。 欧洲偶尔有竞选和政党融资的丑闻，但这些相对于美国而言都只是零头。

美国独特的一点是企业主导政策的作法获得了最高法院的支持。在 2010 年 1 月达成的一系列决定中，最高法院推翻了部分 2002 年限制竞选捐款金额的竞选融资改革法。它声称，该法律违反了公司参与政治问题公开讨论的自由演说权。"政府不能因为演讲者的公司身份而压制其政治演讲"，首席法官罗伯特在法院主要意见中写道，明确地将大公司与个人的权利等同。这很难与民主理论相调和，民主理论强调的是平等政治公民权的必要性。美国今天与其说是一人一票，不如说是一美元一票。经济权利的不平等已经侵扰了政治和司法权力关系，导致非常不完美的民主。除民权运动时期之外，最高法院都特别地保守，并且偏向资本家。我不确定为什么会是这样。

我已经谈到有关美国人为什么对日益加剧的不平等未予反抗的多种解释。选民比非选民经济状况更好；种族主义者对穷人的歧视；普通白人，尤其是乡村和南部地区的男性白人变得越来越倾向共和党，更为关心保守的道德观念而非经济问题。美国人在政治上目光短浅、无知，错误地认识了社会流动性。共和党在利用美国人这些特点时言辞上更有技巧，而民主党更加分裂，更难以找到简单而有共鸣的论调。意识形态权力为右翼所用，社会科学为左翼所用——多么无力的对抗！美国工会已经衰落，因而阶级斗争部分被身份和道德政治所替代。政治家们比选民更为保守，这部分是因为他们被大企业所贿赂，而这种腐败是受到最高法院认可的。

人们最终必须钦佩共和党领导人的技巧。有力的政治家试图用简单但能引起共鸣的辞藻描述复杂的问题。共和党在反对"从你们口袋中拿走的税"、"大政府"、"公费医疗制度"时正是这么做的，而民主党执着地谈论着政策细则。虽然这可能会让人觉得可怜的共和党选民很傻，但也许民主党政治家们更傻。为什么他们不能也聚焦于竞选口号，正好在选举前释放经济刺激的诱饵？高尚的品格和民主不能混合。相反共和党政治家们设法自然地抓住了两类几乎没有共同点的核心选民：大企业要求更多的权力和更高的利润，小城镇的美国人不相信华盛顿和华尔街，担心下滑的道德标准，惧怕大城市和其他种族带来的灾祸。共和党让后者甚至有违自身物质利益而忠于他们的能力真是非同一般，这要归功于他们的政治技巧。

　　这一长串原因中有一些在其他发达国家、尤其是盎格鲁国家中没有那么显著，它们仅在美国充分显现。因此在 20 世纪末美国第一次成为例外。美国变得越来越不平等，但却不受其扰。能够如此，不是美国文化或制度的结果——不是自由的传统、也不是社会主义、不是先于官僚主义的民主，不是有多元否决权的弱政府、也不是美国特殊论的其他变形。虽然美国长期支持相对自由的产权，但国家和全球力量的影响有时会胜过它，有时会强化它。仔细看来，长期趋势是很多短期保守主义的结合，有时候会携带着新自由主义的论调，就像第三章和第六章所描述的那样。在整个这一时期里，政府都在资助农业、保持军力、扩展监狱和将补助投向私有部门可以从中获利的高科技项目。新自由主义是要管理穷人，而不是有产者。不平等在继续扩大——然后就会自食其果。

2008 年大衰退

　　1990 年代随着美联储把利率降低、银根放松，股票市场随之繁荣。两次泡沫最初看似表明经济活力。1998—2000 年第一个泡沫——网络泡沫的破灭是金融资本对网络公司过高预期与其实际经营表现之间的不平衡的结果。格林斯潘担心网络泡沫可能导致衰退，因而进一步降低了美国利率，2000 年 12 月到 2004 年 6 月间美联储持续下调联邦基准利率，从 6.5% 降至 1%。加上外国，尤其是中国，大量的资金流入美国国债，以房地产为中心的投机繁荣产生了，而且是比之前科技股泡沫大得多的泡沫。再一次，这似乎表征着经济健康，虽然其依赖于个人和企业不断上升的债务水平(Brenner，2006)。 在 1346—1349 年的黑死病时期，那些将死的人都会有红润的脸颊。 美国的消费者也是如此。

第二次泡沫破灭于美国次级抵押贷款市场，这个市场是帮助非常贫困的人群，尤其是黑人、拉丁美洲人和年长者，购买房屋的。 病毒迅速遍及其他国家，施瓦茨称其为"美国化的富裕国家"——其他盎格鲁国家、荷兰和一些斯堪的纳维亚半岛国家(Schwartz，2009)。 居民抵押贷款债务占一国 GDP 比例最高的七个国家是瑞典、荷兰、丹麦(丹麦没有次级抵押贷款)，再加上美国、英国、澳大利亚、爱尔兰，这些国家都有次级抵押贷款(Sassen，2010)。 两者的结合是典型的英系风格。 在难得的低利率时期次级贷款人获得了可变利率抵押贷款。 但迟早利率会上升，威胁到他们的还款能力，使他们失去他们的存款和房子。 一旦这种情况发生，风险就不再是随机的个人问题，而是一类人的问题。其违约可能影响一些衍生品。 新自由主义者批评给次级抵押贷款补贴的作法会引致市场扭曲。 他们说，谨慎的贷款人不会将抵押贷款借给这类人。 他们是对的。 然而经纪人和抵押贷款经理人要在交易中赚取利润，政治家们要在鼓吹产权私有的民主赢得大选。 新自由主义者不能控制那些实施政策的经济和政治权力的行为人。 然而，政治家们的战略更多的是归功于新自由主义的意识形态氛围。

1998 年次级贷款占美国抵押贷款总额的 5%，但到 2008 年这一比例接近 30%。 这些有风险的贷款被隐藏于抵押担保债券(Collateralized Mortgage Obligations，CMOs)和信用违约互换(Credit Default Swaps，CDS)等衍生品中，并被出售。 这些衍生品中有许多之后又被重新打包为担保债务凭证(Collateralized Debt Obligations，CDOs)被出售，CDOs 的价值从 1999 年的 520 亿美元升至 2006 年的 3 880 亿美元。 不良债务被售出，虽然是与相对好一些的债务混合在一起的，因此初始贷款人对债务偿付也不再感兴趣。 我的住房抵押贷款在 2007—2010 年初就被出售过三次。 天才神童操纵的复杂的数学模型让银行放心，但他们是基于信仰的，因为银行董事们也看不懂这些模型。 数学经济学家开发的模型非常深奥，超出普通人的理解能力，这也是一种意识形态权力的形式，就好像牧师或巫师，只有他们才知道如何与神灵沟通。 实际上，这些模型完全取决于你的输入值。 这些预测抵押贷款证券损失率的模型是基于1998年以来的数据估测的，而这段时间房屋价格一直在上涨！ 银行不知道它们在交易的资产的实际价值。 这就好像伊拉克的大规模杀伤性武器——有毒但不可能找到(虽然有毒的抵押贷款现实中存在)。

一线的监管者是像穆迪和标普这样的商业评级机构。 金融服务行业非常依赖它们的评级结果。 然而它们给了许多有毒的次级抵押贷款为主的CDOs最高的AAA评级。 它们没能准确评估的主要原因可能是它们其实不是独立的。 它们评级产品获得的佣金来自打包和出售CDOs的投资银行和影子银行，而不是那些购买评级产品的机构。 因此它们的付款客户会受益于高评级，因而这些机构有动力取悦客户。 不幸的是，付款客户只想放贷，而不是发放好的贷款。 但是这样的交易数量和复杂程度在增大，给评级机构带来很大的压力，尤其当它们最好的评估师被银行的高薪所引诱时(Immergluck，2009：118)。 监管评级机构自己也需要监管。

正如戴维斯所强调的那样，市场有效性和股东价值的概念使得公司纷纷缩减人手，并增加金融服务行业参与者的复杂性(Davis，2009：106)。 随着华尔街的力量越来越强大，大型银行变得越来越大，它们已不在金融市场的掌控之下。 前任证券交易委员会主席在1996年观察到，在大部分国家投资决策仅由几个"守门人"制定时，美国"在不断分权化的资本市场中确实有成百上千的守门人"——并且他们也越来越朦胧，使得决策更为困难，而犯罪的贪婪更具诱惑力。

同时，首要监管者依然满心欢喜，毫不忧虑。 2004年美联储主席格林斯潘说，房屋价格的上升"在我们的判断中还不足以成为主要的担心"。 2005年其继任者本·伯南克(Ben Bernanke)说，房地产泡沫的"可能性不大"。 2007年他说，"次级市场的问题不会对经济的其他层面产生显著影响"，因为经济已经达到一个新的稳定时代，他称之为"伟大的现代化"(Leonhardt，2010)。 他们没有理解金融化产生的波动，虽然其与基础经济无关，但会把实体经济拖下来。 甚至奥巴马总统的经济顾问中的大部分人也相信新的稳定时代。 最高层的三位，蒂莫西·盖特纳(Timothy Geithner，财政部长)、彼得·欧尔萨格(Peter Orszay，管理和预算办公室)和萨默斯(白宫经济顾问)，都是高盛前任主席、衍生品的主要交易员罗伯特·鲁宾(Robert Rubin)的门徒。 萨默斯是一位新自由主义者(正如我们在第七章所看到的那样)。 他在其公开发表的学术论文中认为企业和资本利得税扼杀了增长，而失业保险和福利支出助长了失业——新自由主义阶级歧视的典型。 这样的顾问会激烈的反对银行家们吗？ 建议更多改革的杰出经济学家——像保罗·克鲁格曼(Paul Krugman)、斯蒂格利茨或西蒙·约翰逊——则被排斥在权力中心之外。

可变利率次级抵押贷款的方案导致了明斯基的第三阶段庞氏融资，其中承诺给投资者高额回报，这些回报来源于后续的投资者，而不是任何经营中的实体企业所产生的净收益。 这种方案要求标的资产价值(这里是房地产)持续上涨。 但是只要轻微的经济问题出现，2004年6月到2007年9月间，美国联邦基准再次持续上升，从1%升至5.25%。 更少的人能买得起房子了，许多可变利率抵押贷款持有人无法偿付贷款，尤其是，那些由经纪人安排的贷款似乎更无法偿付(Immergluck，2009：103)。 房地产价格下跌和可变利率次级抵押贷款绑定的衍生品和证券突然间失去了价值。 由于没有人确切地知道其价值，整个衍生品市场受到影响。 这促发了2008年整个庞氏游戏的崩塌。 小概率风险发生了，而且没有人给这些损失上保险。

华尔街的模型没有预测到房地产市场的崩盘。 想象中的风险良性扩散演变为蔓延到大部分主要金融机构的病毒。 实际上，风险是一个错误的用语。 风险指的是不同随机结果的概率可以推算的情况，如在德州扑克或轮盘赌中。 但是，凯恩斯区分了风险和不确定性，不确定性是概率不可计算的情况(Keynes，1936：chap.12；1937)。 他最终发现，资本主义经济的结果是不确定的——就像战争的前景——预期和信心都是极度不稳固的。 没有数学公式可以预测其结果，然而天才经济学家却用晦涩难懂的数学公式蒙蔽了他们的老板。 在 2008 年由于贷款人不知道他们持有多少有毒资产，没有人再敢放贷。 银行家在玩击鼓传(毒)花的游戏，有些人陷入了犯罪的境地。 最后银行家们终于知道他们在玩的是什么游戏，因为当只有部分衍生品市场崩盘的时候，没有人再接那花了。 投资者陷入恐慌，股票市场下挫。 美国和英国首先陷入灾难，但爱尔兰和西班牙也出现抵押贷款和房地产开发危机，并且大部分的欧洲银行仍然持有有毒资产。 国际货币基金组织估计它们持有的有毒资产额相当于美国有毒资产的 75%。

　　结果就是 2008 年的大衰退，这是自大萧条以来最严重的一次衰退。 因为这是由不平等和放松管制带来的金融危机，所以我称其为新自由主义大衰退。 银行业的失败导致制造和服务企业每周都需要的信用额度被耗尽。 世界贸易量相对于 GDP 的比例在 2008—2009 年迅速下降了 30%。 普通人立刻受到了冲击。 调查数据显示，几乎 40% 的美国家庭在 2008 年 11 月到 2010 年 4 月有过配偶失业、或房屋资不抵债、或超过两个月延期支付房贷的经历。 失业后减少开支是很正常的(Hurd & Rohwedder, 2010)。 因为人们力图降低债务水平，他们不消费，但消费支出是总需求的主要动力。 2009 年末美国失业率官方数据升至 10%，如果我们考虑那些希望全职但却只能兼职工作以及那些已经放弃找工作的人，实际失业率大约是 16%。 可比的英国数据可能是 14%—15%，而欧盟实际失业率是 12%—13%。 长期失业率上升了，到 2012 年总失业率仅略微下降。 日本相对轻松地逃脱了，只有 5% 的失业率。 像中国、德国这样以出口为主的国家受到冲击，虽然它们对金融危机不负有责任，而且它们恢复得也更快。 当危机冲击到中国的时候，中国的银行本能地像西方银行一样做出反应，大幅削减对希望扩张的企业的信贷。 但中国共产党统治着中国，其财政领导层(第八章解释过)命令银行释放信贷，进行大规模的刺激，因此使得中国经济重拾增长(McGregor,

2010)。 这不是自由民主国家可以模仿的例子。

人们可能认为新自由主义在经过此次危机后将会终结。 这似乎只出现很短暂的时间，因为大部分国家采取了凯恩斯的刺激政策。 但是，银行的政治权力仍在，并且大部分共和党和华尔街人士令人惊讶地认为危机的原因不是缺乏监管，而是政治对市场的干预。 他们特别批评了两家政府支持的抵押贷款公司房地美(Freddie Mac)和房利美(Fanny Mae)所导致的危机。 这是难以令人信服的，因为这两家公司是次贷市场的后来者，它们只提供六分之一的次级抵押贷款，而且它们的不良贷款率比银行低得多(Schwartz, 2009：183—185)。 共和党认为解决的办法不是政府刺激，而是减税并全方位压低政府开支以平衡预算。 但在衰退过程中采取这些措施会因为需求下降和失业增加而使得经济更加恶化。 企业不再投资，因为缺少客户，而大规模的支出削减将生产更少的产品。 因为共和党相信他们在选举时会受益于对更低税率和小规模政府的支持，意识形态政治战胜了经济学。 在这种情况下，企业信心出现了矛盾——制造业渴望刺激政策，金融企业只希望救助。 结果是刺激政策是非凯恩斯主义的，因为其关注的是救助银行。 银行得到了低廉的资金，坏账被剥离——对银行家的凯恩斯做法。 银行最终偿付了贷款，但其他任何监管条件都没有改变——对富人没有任何结构调整！ 银行在政府的帮助下恢复了元气，它们就再次鼓吹有效市场和股东价值，而且继续像危机前一样给自己支付高额薪酬。

最为反讽的是新自由主义者从纳税人手中得到了大量政府补助而得以生存。 银行因为有来自纳税人的直接财富转移得以恢复。 它们被定性为大而不倒，而不是大而不在，有时甚至变得更大。 美国银行和摩根大通这两家最大的银行在政府帮助下收购了美林和贝尔斯登。 有些新自由主义者确实反对过这种做法，他们相信应该允许银行倒闭，不论其规模多大。 他们说，市场会逐步回归正路，提供投资所需资金。 凯恩斯主义者没有他们那么乐观，不敢像他们那样做。 凯恩斯主义者认为救助银行是对的，但不应该以纳税人长期损失为代价，只有在有进一步监管的情况下可以给予救助(Krugman，2008)。 恢复格拉斯—斯蒂格尔类型的法案对于将银行效应函数与风险更大的行为相隔离是非常重要的。 薪水必须要存入银行，小企业必须要得到正常的季节性贷款，卡车司机必须能以信用借款加油，借记卡和贷记卡必须能继续使用，诸如此类。 这些银行行为不应该废止。 但是风险较大的CDOs、信用违约互换、数百万的货币交易等不应该得到补助。 事实上，它们应该得到更为严格的监管。

　　然而，这些要求并没有得到满足。 一次可以免于投资者信心完全丧失的机会失去了。 是的，以立即的救助来恢复投资者信心，但需要配以更强的监管和更高的流动性、更高的税收。 信心不是必须阻止政府挑战资本主义的。 但没有了自下而上的压力和一段时期内左翼政党的退缩，上层阶级的利益和意识形态再一次控制了政治经济，给国家设限。

　　大衰退的第二阶段是当债务从私人部门转移到公共部门之后。 在大部分地中海国家和爱尔兰，最初的问题不是过多的信贷进入了挥霍的政府。 与盎格鲁国家一样，大量信贷进入私人部门，尤其是给不可持续的房地产市场繁荣提供资金。 但当危机来袭、信贷中止时，最初的一些刺激措施是救助银行，在税收收入减少的时候力图保持公共支出，为的是弥补家庭消费和私人部门投资的大幅下降。 因此美国、英国和地中海国家的公共部门赤字升至GDP的10%甚至更多。 这种债务转移仅仅是延迟了清算的时间，因为没有机构能够无限期地支出远超过其收入的金额。 因此，随着金融部门重拾信心，投资者开始攻击政府的刺激政策，在他们认为财政赤字过高的地方出现了货币外流。 抵押贷款债务危机、全球不平衡与未监管的、近乎犯罪的金融部门的最初结合，演变成为主权债务危机，影响了上述所有的南欧国家(尤其是希腊，不过也有意大利、西班牙、葡萄牙)，加上爱尔兰。 它们的高额债务使得它们面对货币投机时十分脆弱，迫使它们向投资者支付高额利息和紧缩经济，并大幅削减开支以恢复投资者的信心。 再一次，普通纳税人，尤其是贫困福利接受者为新自由主义大衰退付出了代价。 唯一可以改变这一局面的办法是提高税率，尤其是对富人的税率，但富有的投资者不会喜欢那样。 埃斯平—安德森将欧洲福利体制分为两类，爱尔兰和英国越来越接近美国，形成一致的英系集团。 再一次，新自由主义扩大了不平等，这一次是国际化的，而且这一次是因为它的失败。

虽然危机的第一阶段在 2010 年见底，但基本上是无工作机会的经济恢复。 不平等继续在扩大。 银行利润再次增长。 制造业恢复得更慢，主要通过裁减长期劳动力，并以更低的工资重新雇佣临时工。 政府关注于财政稳健而非创造就业的政策。 克鲁格曼称之为"萧条经济学的回归"(Krugman, 2008)。 普通民众没有找回他们的工作、房屋或损失了的退休金。 然而，美国前 10% 的家庭持有的财富份额再一次上升，从 2005 年的 49% 升至 2009 年的 56%，而穷人，尤其是少数族群，则变得更穷。

与新自由主义的解释截然不同，德国、北欧等劳动力市场更为可控的国家比美国和英国等市场灵活度更高的国家表现得更好。 虽然负债国家(除了美国)通常不得不向金融信心的势力低头，但大部分 OECD 国家仍然保持了更好的状态。 所有主要的 OECD 政府可以以低于 3% 的利率借到长期资金，表明债券市场不担心它们当前的财政赤字会影响其长期财政能力。 而且，有盈余的国家其主权财富基金更为强大了。 它们此前主要购买美国国债，但进入新世纪后它们多元化投资到更多的投资组合。 它们购买了许多陷入困境的美国银行集团的股份，像摩根斯坦利、美林和花旗。 主权财富基金的增长是权力从美国转移至亚洲的另一个先兆(Davis, 2009：182—183)。 这也表明面对跨国资本主义所带来的限制，那些经济上更为强大和团结的民族国家所具有的弹性。

大衰退通过贸易和金融渠道席卷全球。 大部分发展中国家几乎没有有毒的银行资产，但是它们感受到了外国直接投资下降和在外国工作的公民汇款下降的影响。 那些有外汇储备的国家通过建立财富基金作为反击，以刺激投资、为更多有效的刺激计划提供资金。 但是，2008—

2009年世界贸易额相对于全球GDP下降了30%。 最开放的经济体，尤其那些交易产品单一、交易制成品而非原材料的国家受伤最重，那些出口给受影响最重的发达国家的经济体也是如此——像墨西哥，高度依赖于与美国的贸易。 大部分商品价格下跌，同时它们不断上升的波动性也增加了收入的不确定性，使得资本投资和政府规划更为困难。 但是食品价格上升，使得最穷苦国家的食品更为短缺。 贫困线以下的人口在1980—2008年间稳步下降，部分是中国贫困人口下降的缘故。 事实上，中国从大衰退中迅速恢复加强了这一效果。 总体而言，GDP在富裕国家下降得最多，在贫困国家下降得最少，虽然贫困国家中差异比较大(Nabli et al., 2010)。 新自由主义大衰退扩大了成功与不成功的发展中国家之间的差距——中国、印度、越南、波兰、土耳其和巴西相对于大部分非洲和中亚国家——进一步缩小了南北间的分化。

在富裕国家，尤其是盎格鲁国家，新自由主义者面对失败声称是因为他们的政策没有贯彻到底——理论家们的一贯反应。 在美国和英国，新自由主义意识形态更为盛行，它们自有它们的办法。 英国无疑拥有与之相称的最大的金融部门，贡献了英国40%的外国收入，其高额债务水平(占GDP的11%)略高于美国，是德国的两倍。 不过英国有良好的信用，因为其大部分债务都是长期低息债务。 英国并不是十分脆弱。 然而新的保守党政府在2010年宣布了一项政策，削减19%的公共支出、解雇49万公共部门员工、私有化高等教育。 面对大衰退如此大规模的削减支出和就业，完全忽视了大萧条时期的经历。 事实上，这样的政策预示着可能再次重复大萧条。 现实中，保守党利用大衰退实现其长期以来缩减政府规模的意识形态性的愿望。 小幅、逐步削减公共支出的必要性被广泛接受，并被前任工党政府所提议，但这次快速的大规模削减使危机进一步恶化。

美国在2011年8月采取了同样的政策，为了避免美国债务违约，当时的奥巴马总统和民主党领导层在最后一刻与共和党人——被茶党(tea party)极端分子所压迫——达成一致。 奥巴马放弃了他的刺激计划，同意在衰退时期削减支付和支出，就像英国那样。 利率已经达到历史最低水平，政府应该借钱开支以刺激经济。 但是它们实际上却在压缩这类刺激计划。 在美国，联邦和州政府开支的大幅削减尤其损害了就业和消费水平。 盎格鲁国家一同滑进了深渊。 其他国家结果怎样还不明朗，但大部分政治家们开始犹豫是否要继续推行新自由主义。 法国和德国更为谨慎，并且恢复得更好。 然而欧洲政府合力对希腊施压，要求其紧缩财政，压力之大使得希腊很有可能出现债务违约，对地中海国家也产生了冲击效应；同时欧洲中央银行继续鼓吹紧缩，为的是提升企业信心。 然而短期财政紧缩计划导致更多的失业，增加了企业和消费者的税收负担。 这不会让经济恢复增长、还清贷款，也不会恢复国际投资者的信心。 实际上，国际货币基金组织的口气已经改变，现在它们鼓励困境国家实施刺激政策。

大衰退的结果是，尤其在盎格鲁国家和地中海国家，穷人吃亏，工人阶级运动似乎已经结束，中产阶级不得不感恩于小恩小惠，而从他们那里转移出来的财富却使得富人变得更加富有——虽然他们最该为危机负责！ 2011 年，很难看到希腊、英国和美国在实施财政紧缩后实现经济增长。 在英国和美国，它们不是由经济学理论所驱动，而是由一种阶级意识形态所驱动，这种阶级意识形态给予富人和银行业、而非制造业以特权，并以人民的利益作为代价。

改革

为了让经济重新嵌入到社会公民权结构中，需要对金融和跨国公司进行更多的监管，因为它们应该服务于社会公民权利。 这不仅需要各个国家更积极的行动，也需要国家之间、全球范围内的多边合作。 这又要求像国际货币基金组织和世界银行之类的多边机构改革其投票制度，从而可以代表全球范围内的民族国家，而不仅仅是北方国家

(Abdelal & Ruggie，2009)。 在讨论气候变化的下一章中也有同样的
需求。

但真正做到的很少。 政府的确力图使银行持有更多的存款，并且
管制部分类型的交易。 在 2010 年多国间达成的《巴塞尔 III》协议中要
求银行资本充足率下限从 2% 升至大型银行的近 10%。 但即使这样也
是不够的，因为这意味着银行资产只要损失 4% 就无力偿付债务。 奥巴
马政府喜欢更强势的监管机构，希望场外衍生品在交易所或通过清算所
交易，严格监管经营和投资于对冲基金和私募股权公司的商业银行控股
银行的机构。 它还希望限制内部账户的交易活动。 但是奥巴马政府在
2010 年 7 月的立法却要弱得多，仅给予新的监管机构以权力，由其决定
哪类衍生品需要监管，哪些交易必须披露。 它们会足够严格吗？ 监管
者到目前为止还未采取有效措施，而且在新法规的实施上几乎没有推
进。 大部分金融机构反对任何新的监管政策。 如果它们每次财运结束
后都能被纳税人救助，它们已经有理想的解决办法了！ 这不是道德风
险，而是确定的不道德。

国际上也未就像防火墙以及对短期金融交易征收托宾税(Tobin
taxes)＊等解决方案达成一致意见，因为每个国家都希望保护自己的银
行。 银行家反对管制，声称管制会令银行窒息，除非它们转移到监管
环境更好的其他国家——和制造业不一样，金融业没有多少固定资产将
它们束缚在母国。 大部分欧洲人指责盎格鲁国家带来了危机，但他们
自己对激进改革的意愿却减弱了，因为他们慷慨的福利政府没有将消费
者需求压制到盎格鲁国家的水平。 加拿大没有这样的担忧，因为过去
它保留了严格的金融管制，因此经济没有大幅衰退。 金砖四国，尤其
是经济更为独立的印度和国内有高额储蓄的中国，迅速恢复，甚至更不
担心管制。 中国从日本和澳大利亚进口商品，也把这些国家带回增长

＊ 托宾税 (Tobin Tax)是指对现货外汇交易课征全球统一的交易税，旨在减少纯粹的投
机性交易。 这一税种是美国经济学家、1981 年诺贝尔经济学奖得主詹姆斯·托宾(James
Tobin)在 1972 年的普林斯顿大学演讲中首次提出的。 ——译者注

路径。 这是全球经济希望的迹象，也是权力转向非西方经济体以及政府管制更为严格的经济体的迹象。

欧盟也有其自身的问题。 欧元的引入将实力不同的经济体捆绑在一起，导致欠发达国家进行大规模投资，因为投资者相信欧元使得希腊或西班牙的债务与德国或法国的债务一样安全。 危机表明这是错误的。这些经济体无法与欧盟区内更具活力的国家竞争，尤其是德国。 然而以欧元作为货币，它们不能通过贬值本币来提高出口竞争力。 根本问题不是经济上的，而是政治上的，因为欧盟缺少一致的政治机制以实施有效的经济政策。 有一个欧洲中央银行实施统一的货币政策，但却没有一个财政部实施统一财政政策，像民族国家那样将财政转移支付给欠发达地区。 设立一个真正意义上的财政部将提高欧洲在未来经受危机的能力，但这意味着更多的联邦制，而过去20年已经展现民众对欧盟一体化的强烈反对。 任何建议进一步财政整合的政府都将面临被逐出权力中心的风险，这是政治家们的大忌。 这是世界上多边机构发展得最为深入的宏观区域，但是是背着民众的。 这反过来又影响到欧盟的发展。

全球都认为银行需要更多的监管，但全球经济中有太多的监管者和监管标准。 在美国有《多德—弗兰克法案》(Dodd-Frank Act)、英国有维克斯委员会(Vickers Commission)、欧盟有《资本充足指令 IV》(Capital Requirements Directive IV)、欧盟保险部门有《偿付能力监管标准 II》(Solvency II)——对最低流动性都有不同的准则。 全球范围内《巴塞尔 III》协议要求政府逐步提高流动性覆盖比率，要求银行持有足够的易变现资产以维持30天的运营。 但这在2015年前仍是自愿性的计划，并且在政治上仍有争议。 银行争辩说该法案不仅会减少它们的利润，还会降低它们的贷款能力，它们还说，《巴塞尔 III》甚至可能增加管制较少的影子银行的利润。 由于来自它们的压力，巴塞尔协议的要求可能会降低。 这看上去更像是边际性的监管，虽然它是一个开始，并且它展示出比大萧条时期更多的国际合作，大萧条时期各国竞相贬值和提高关税加剧了危机。 通过像欧盟、G20、巴塞尔机构、国际货币基金组织和世界银行这些 1930 年代时都不存在的机构，多边化的全球监管成为可能，更为严格的银行监管准则、分解最大型银行、引入短期资本流动的托宾税等都可以强化监管。 实际上在 2011 年欧盟提议了对交易征收 0.1% 的托宾税，但是占欧洲资本交易 80% 的英国否决了这一提议。

真正的解决方法需要比加强监管更多的内容。 正如我们看到的那样，两种潜在危机——全球失衡和由美国引领的不平等——都会提升债务水平。 全球失衡的意思是到 2010 年美国消费额占其 GDP 的 70%，几乎是中国的两倍。 这些数字从长期而言是不可持续的，因为一个太大，另一个则太小。 它们也反映了同样的潜在问题：两国人民都缺少需求，进而压制了经济发展。 这可以通过两国的再分配加以改善。 此外，美国应该增加刺激基金投资于基础设施和教育等部门，而中国的解决方法则是扩大国内市场，并且允许人民币升值。 但是中国和日本会允许它们的本币升值、使得它们的出口产品更贵吗？ 从这些方面而言，美国政治家们已经摒弃了进一步刺激和提高税收的救治方案。 在 2010 年 11 月 G20 会议上没有达成进一步遏制全球失衡的协议。

稳定的美国房地产市场不仅要求更为审慎的房屋和抵押贷款供应，还需要更多人在没有违约风险的情况下能够买得起或租得起房子 (Coates, 2010；Immergluck, 2009)。 那就需要富人向普通美国人的财富转移。 但正如我们所看到的那样，保守主义—新自由主义联盟已经将国民收入增长的分配偏向了富人，压制了大众消费水平，除非通过债务提高大众消费水平。 这就需要改变，但现在政治权力的分配不允许改变的发生。 安德鲁·甘布尔(Andrew Gamble)主张激进的新政类型的计划，包括重新管制金融服务业、重新分配收入和资产、投资于基础设施项目、新科技、教育和职业技术，同时紧缩和降低消费以减少债务并为投资释放资源(Gamble，2010)。 这可能有效，但却是天上的馅饼。 现在不存在像 1930 年代那样来自大街上的压力。 今天已基本不存在阶级斗争和意识形态的两极分化。 在希腊、爱尔兰和西班牙这样实力较弱的国家还有大型罢工和示威游行，但是公民组织起来不仅仅反对他们自己的政府，而且他们也反对怠于救助他们的德国。 英国出现过反对种族主义、年轻人的高失业率和政府大幅削减开支的暴乱，但这些暴乱都没有什么政治意义。 美国一些城市出现过短暂的反华尔街的游行，但其中几乎没有可与1930 年代到 40 年代"社会民主连同凯恩斯主义"相比的理念。 没有大型的社会运动在呼吁激进的变革，虽然我们不应该忽视其出现的可能性，因为危机很有可能还要持续一段时间。 但到目前为止呼声远远弱于大萧条时期。 工人阶级和左翼政党已经衰落，但资本家阶级和右翼政党却正在昌盛。 面对这种力量对比，"专家"也无能为力。 政策应该力图拯救世界上北方国家的经济，这看上去是合理而清晰的，但现在真正实现的希望却非常渺茫。 在这种情况下，一般而言不是资本主义和企业的信心，而是以投资者信心表达出来的某部分资本给国家设定了严格的限制。

在美国有太多"主街"和"华尔街"这样的措辞，它催生了两种相互竞争的民粹主义：一个是左翼民主党，另一个则是右翼共和党。 最为极端的则是茶党，它们抱怨华尔街、华盛顿和东部权势集团之流。实际上右翼民粹主义分子反对大政府超过了反对大资本主义。 考虑到大企业对共和党的重要性，无论其中心地带的民粹主义如何言辞激烈，共和党都不会大力支持对金融资本的管制。

共和党的蜕化是惊人的，它力图将更多的社会财富分配给富人，越来越局限于美国而无视世界，反科学、帝国主义、支持与美国现实不符的市场基本原则，每次对可能帮助普通民众的有关医疗保障、银行监管、气候变化等加强集体谈判力量的改革，它都大呼是"社会主义"。但民主党的怯懦和分裂也值得担忧，使得民主党不愿意为必须的改革而站出来。 金融服务企业同时是 2008 年两党的主要竞选捐赠者。 两党都被经济权力参与者对政治空间的渗透所约束。 共和党和蓝狗民主党(blue-dog Democrats)＊拖了改革的后腿。 随着选民两极化使得各党都拥

＊ 民主党内的一个保守派别，它们组成一个称为蓝狗联盟(Blue Dog Coalition)的组织，整合经济和社会保守主义的民主党人。 成员大多来自美国南部地区，通常比其他民主党人更易和共和党妥协，在部分议题上甚至比中间派的共和党人更为保守。 ——译者注

有稳定的席位，加上高度一致和意识形态化的共和党正赶上政党对委员会控制的国会程序的变革，加上竞选资金的改变，加上阻挠议事的行动扩大化以及几乎所有议案而非重大议案需要参议院60席位以上的多数通过，权力的分割变成了权力的障碍(Zelizer，2009)。 所有这些都妨碍了改革议程，包括必要的金融监管和经济刺激计划。

新自由主义大衰退是放松了管制的金融资本权力不断增长的结果。在新自由主义支持下不断加剧的不平等和全球失衡中，消费仅仅通过不可持续的债务水平而加以补救。 金融资本家和服务他们的高级经理人希望得到新自由主义承诺的自由，他们得到了自由，因为新自由主义主导了大部分国家的金融部门。 但是银行家们释放出的贪婪被证明对经济和人民都是有害的。 金融部门比其他任何部门都需要管制，因为它的波动性最大，是资本主义最危险的部门。 但是经济和政治权力的分配阻止了这一切，而且可能会在很长一段时间继续如此。 未来会有更多的金融危机，对北方国家的影响可能超过南方国家，推动全球权力的转移。

然而具有讽刺意义的是，在盎格鲁国家的中心地带，2008年的危机让新自由主义再一次复兴。 危机中投资者的权力达到极致——1920年代也是如此。 那些引致危机的人的权力增加了！ 除非对此出现强有力的民众反抗，我们一定可以再次在这一卷中得出结论，集体利益和理性并未统治人类社会。 美国联储主席格林斯潘对股票市场曾经有一个著名的论断，认为它是非理性的繁荣，但此次危机表明它实际上是非理性的毒瘤。 如果这次大衰退重蹈大萧条的覆辙，几乎所有当权政府上任之初就会倒台。 2006—2008年这已在美国发生了，2010年在英国也发生了。 这些国家首要的动力是右倾的，虽然这些国家的新政权在经济上也可能失败，它们也可能会下台。 欧洲一些当权的保守派政府可能会下台，被中左派所取代。 法国2012年的选举是第一例，虽然新总统弗朗索瓦·奥朗德在保持投资者信心的同时能走多远还有待观察。

结论

正如我们在第六章所看到的那样，新自由主义没有主导世界，也没有削弱国家的权力。 相对于 GDP 的比例而言，国家规模已停止扩张，但仍然维持在新自由主义思潮席卷全球之前已经达到的水平。 此外，新自由主义的影响在 20 世纪末已是强弩之末。 它在南北方国家中都没有带来太大的增长，还在最拥护新自由主义的国家中大幅扩大了不平等的幅度。 在美国，经最高法院的授权，新自由主义允许经济权力腐化民主政治并削弱社会公民权，而民主政治和社会公民权是 20 世纪的最高荣耀。 新自由主义大幅提升了金融部门的权力，尤其在盎格鲁国家，其权力在外债累累的国家中也大幅增加了。 在主要盎格鲁国家，美国的不平等加剧和公民权削弱最为明显，尽管美国由于债务社会(a society of debt)的出现，新自由主义在一开始并没有造成大众消费的下降。 这导致了新自由主义的大衰退，而且还可能会带来另一场危机。 当芝加哥学派的理性预期模型给风险以极为错误的估价，并且给那些每个人本应熟识的资产赋予病态的价值时，我们怎么还能相信市场的魔力？ 我们已经在第七章中看到，新自由主义对俄罗斯经济的冲击也是负面的。 总之，从效率、集体权力的角度而言，新自由主义应该被摒弃。

然而，新自由主义由于其分配权力在金融部门中仍然兴旺，因为它可以让那些强大的阶级和国家获益，而这些阶级和国家又能够将自己的利益强加给其他人群。 其特殊权力在于投机者能够打击反对其政策的国家货币。 在政治方面，与此同时发生的是，非经济因素导致了福利国家的财政压力，这些因素包括老龄化和高等教育的扩展。 在一些国家里，通过与撒切尔和里根这样的保守派进行联合，新自由主义在政治上牢固地得到确立。 自由主义的盎格鲁国家特别适合新自由主义意识形态的发展。 北方的法团主义国家和南方的发展主义国家则能够改变新自由主义，并让它与更积极的国家权力相结合。 在这些国家，新自由主义的潜在受害者是那些政治地位牢固和更有能力进行抵制的人。 在南方国家，新自由主义最强的地方则是那些国际债务最高的地方。 但是，更加强大的南方国家已经学会了通过建立自己的金融储备来抵抗新自由主义的压力；而在更贫困的国家，国际银行开始放弃限制国家权力了。 善治从而被引入。 新自由主义者并不认为他们赢得了政治斗争，因为北方国家仍然分配着国家 GDP 的 30%—50%，这与 1980 年的比重大致相同。 他们与新保守主义者之间的联合也导致了这种现象，因为国家主义在左派和右派那里都很坚韧。 国家并没有缩减，最小国家并没有出现。 而且，除非出现灾难性事件，最小国家在未来也不会出现。

全球多样性依然存在。 虽然资本主义的全球性胜利接近完成，但资本主义依然随时间而变化、因地域而多样。 资本主义在应付危机的时候，它必须通过各个国家和地域中多样化的意识形态和机构进行调适。 民族国家仍然是最牢固的管理者，而且民族国家会转向地域上的邻居和文化上的亲属以找到最好的实践。 制度化的中间主义意识形态减弱了资本主义的权力，尤其是削弱了席卷整个世界的企业的信心。公民权利解决了 20 世纪上半叶的社会混乱，它依然存在，而且世界范围内还没有资本主义的扩张、意识形态、足够深刻的危机能够削弱这些公民权利。 但公民权利的保留仍然是一场斗争。 美国、英国、爱尔兰和大部分地中海国家都出现了社会公民权的缩水，其他北方国家的公民权利则徘徊不前。 但发展动力现在已转向以前南方国家中的大国，而且它们的经济更加健康。 经济增长的利益分配是否会让大部分公民受益仍然充满争议。 与新自由主义和悲观的马克思主义所持有的观点不同，资本主义并没有强加诸如此类的强烈限制。 人类可以进行选择，虽然他们不一定能选择得好。

这是否是波兰尼所说的"资本主义内部双向运动"的一个新阶段？

在这种双向运动中，一方面是自我调节的市场，另一方面是社会自我保护的需求。 斯特里克支持这种波兰尼式的循环模型，他认为，市场资本主义会不断地寻求从制约它的非契约制度中挣脱出来，但这又会造成恢复非契约性责任的压力(Streeck，2009)。 当然，新凯恩斯主义的成功建立了金融资本的权力，其后新凯恩斯主义的失败则导致对市场自我调节的新自由主义的需求。 虽然它没有在所有的经济领域都取得成功(国家保持了相同的规模)，但在金融部门，其过度发展导致了对社会生活保护的需求——主要是通过重新管理和制度建立来保护我们免受市场扩张所带来的破坏性后果。 但是，这些需求起初被忽视了；事实可能是，奥朗德等潜在改革派缺少实施这些保护措施的权力。 在两集半的剧情里建立一种经济发展模型显得野心太大：第一集是经典自由主义的发展，第二集是凯恩斯社会民主主义的发展——另外半集则是新自由主义成功统治资本主义的金融部门。 波兰尼的模型显得有些太过功能主义和太过理性主义。 这是一个功能主义的模型，因为它假设发展是内在于资本主义生产模式中的一个过程；这是一个理性主义的模型，因为它似乎相信人类能够理性地解决现存秩序中的各种过度的问题。 但是，这些都是非常激烈的权力斗争，而且这些斗争在不同的国家会产生不同的后果。 虽然我主张对资本主义和资本家进行更多的管制，但我对此并不抱什么信心。 这些循环并不是规律性的、统一的和必然性的，所以它们未必是实际的循环。

现在，我们如何理解熊彼特所说的"创造性破坏"呢？ 他在其晚期的著作中认为，官僚化的大公司资本主义会扼杀企业家的创造性，并会导致社会主义(Schumpeter，1942：134)。 今天的大公司并不是非常官僚化的，因为它们学会了如何进行转包和剥离资产，以及如何在世界范围内进行转移和削减规模。 但是，在成为银行家的附属之后，它们发展了一系列全新的创造性破坏、衍生品、证券化等；这些都让资本主义变得不稳定，而且可能会破坏它们赖以发家致富的高消费、高就业资本主义。

这又一次揭示了资本主义的基本矛盾。资本主义追求短期利润的动机会破坏其利润所依赖的经济。为追求利润，它们降低了工资、打压了工会、霸占了国家、削减了福利和进行了金融化——这些都是彻头彻尾的短期自我利益，而且这些都是在新古典经济学和新自由主义意识形态的掩饰下进行的。但是，所有这些成功都削弱了其财富所依赖的高需求经济。中国的党国资本所有者很大程度上也是如此。他们压低了工资、打压了工会、并将利润输出并投资到国外，所以降低了他们的国内经济潜能。西方国家的企业家和中国的党国资本所有者相结合制造了危害世界的全球不平衡。这个世界好像还没有认识到，民族国家代表人民的利益对市场资本进行协调和管理是解决资本主义与社会主义之间矛盾的最好方法。对于解决气候变化问题需要程度更高和更全球性的管理而言，这也不是一个好兆头。

大萧条和新自由主义大衰退足以说明循环过程的存在吗？两者都是由金融危机促成的；而金融危机发生的原因是，在缺乏有效的国际管理的条件下，跨国金融资本胜过了民族国家的内部管理。它们之前都出现了信贷产生的经济泡沫，其后它们又都被债务危机所恶化。金融部门可能会继续产生周期性危害，而且这种危害比普通经济周期的危害更加严重。两次灾难发生之前，都出现了不平等的加剧和民众收入的下降。它们发生之前也都出现了技术创新，但这些创新都没有产生很大的经济增长。在两次灾难中，美国都将世界带入全球性衰退的漩涡中——虽然大萧条的复苏还包括了一场世界大战。

但是，到目前为止，当前这次大衰退的程度更小。当前还没有发生类似于 1929 年股票市场暴跌的事件，但希腊可能扮演 1931 年奥地利安斯塔特信用银行所扮演的角色——大萧条的预兆。当前也没有发生类似的金融权威部门所造成的严重的货币紧缩——虽然盎格鲁国家的政府似乎采取了相似的紧缩政策。但是，那时候的政府财政失误是由它们要保证其货币的黄金价值造成的。今天没有黄金标准，也没有与黄金标准挂钩所产生的大规模银行倒闭。大萧条之前几乎没有什么管制，但大衰退之前却存在着一个长期的管制，而且这些管制措施仍然存在，尤其是在法团主义和发展主义国家中。 在被设想为跨国时代的今天，民族国家之间和宏观地域之间的不同增加了，这也使得大衰退对世界不同地区的影响更加不平等。 现在的失业率是 10%，而不是 25%，而且失业保险意味着消费不会如此急剧地下降，尤其是欧洲慷慨的失业保险。 在 1930 年代，国际回应是"以邻为壑"的货币贬值和保护主义。 今天，国际和国内管理之间存在更多的平衡——虽然今天的全球失衡程度更高。

历史不会重演。 资本主义没有规律性的周期，因为其性质随着时间而发生变化。 按照我的描述，20 世纪初出现了以科技创新、高生产率和低需求为特征的阶段，从二战到 1960 年代又出现了高生产率和高需求的阶段，其后又出现了低生产率和低需求的新自由主义阶段。 像法国调节主义理论家所主张的那样，每个阶段的资本主义都有不同的发展逻辑、不同的社会制度和不同的矛盾(Boyer，1990)。 民族国家也有自身的发展节奏，在第三个阶段里，民族国家变得更加多样，从而让每个时期都具有鲜明的特征。 在当前的危机中，政治权力关系发挥了显著的作用，这在以前是没有过的。 欧盟和美国发生的政治危机是新现象，"财产所有民主制"的意识形态也是新现象。

所以，我对"循环"持怀疑的态度。 资本主义不断地制造新工具、新制度和新问题——比如，股份公司(在第一个阶段)、国民经济核算(在第二个阶段)、欧元、债务担保凭证、国家财富基金(在第三个阶段)；而且二氧化碳排放危机可能会导致当代资本主义的第四个阶段。这种新事物的出现都是通过现存制度的破坏而意外发生的，是一种"间隙出现"(interstitial emergence)过程而不是制度化过程。 起初都是要逃避管理、适应、改变、压迫现存社会制度；然后又需要更多的管理，虽然这种管理在政治上和意识形态上备受争议，在实施上也参差不齐。这可能会将管理强加给发明家，虽然这不一定会发生。 在第三个阶段里，新自由主义者还没有受到限制。 他们在一些国家已经站稳脚跟，在其他国家则已失势。 与波兰尼和斯特里克不同，我不认为资本主义的未来发展存在何种必然的循环逻辑。 银行家认为他们已经解决自己的问题，不会再产生循环性变化了。 如果他们遇到了市场问题，国家就会介入，但是国家不是要管理他们，而是要给他们送福利。 虽然这对资本主义不是什么好事，但他们的分配权力可能会被接受。 对于盎格鲁国家而言，悲观的前景是，新自由主义和福利救济一起会加速它们的经济衰退。 但是，世界仍然是不平衡的，大衰退加深了这种印象：经济权力会从北方国家转移到某些南方国家。 当前的乐观主义都集中在亚洲，尤其是那些以半资本主义方式综合了计划和市场的大国。 但是，如果快速积累了金融储备的中国或者印度想在国内使用它们，将会发生什么情况呢？ 那将会破坏美国的地位。 这种规模的增长可能会在某个时点上导致突然的资本反向运动，尤其是如果国家放开对资本账户的限制的话。 而且会发生比 1990 年代亚洲危机规模更大的国内投机泡沫、过度投资和信心崩溃。 在全球化的经济中，几乎没有国家可以避免这种不稳定性。 我们需要更多的规则，但它们会出现吗？ 经济全球化不一定会以和谐的方式整合世界，它也可以让世界分崩离析。 如我们在下一章将会看到的那样，另一种更严重的潜在全球风险已经浮现。

注 释：

[1] "庞氏金融"命名来自于 Charles Ponzi, 1920 年代一位臭名昭著的美国诈骗犯。

[2] 我几乎没有列出澳大利亚和新西兰的数据，加拿大的数据也很少，我不知道那些地方是否也是同样的情况。

[3] 历史数据来自 Alexander(1980)；近期数据来自联邦选举委员会数据(Federal Election Commission Data)和 Dave Gilson 的在线贡献(Mother Jones 在线，2012 年 2 月 20 日)和 Erik Rising(博客网站，2012 年 2 月 23 日)。

第十二章

全球危机：气候变化

导论：三个罪魁：资本主义、国家、公民

第三卷和第四卷描绘了全球化过程的发展。在第三卷里，我论述了相互竞争的帝国产生的"分割的全球化"，以及将新工业技术扩散到全球各个地带的第二次工业革命。我分析了两次世界大战对世界造成的危机、大萧条。我还论述了自由主义、社会主义和法西斯主义意识形态的扩散。这一卷里，我描述了资本主义和民族国家在全球的进一步扩张，以及全球范围内国际战争衰退和国内战争增加的双重趋势。但是，从社会学的视角来看，所有这些全球现象并不具有特别的兴趣。在大部分论述中，我只是在更为地方性的层面上描述我们早就熟悉的社会结构的全球扩展现象。资本主义变得更具全球性，而不再仅仅是区域性的，这会导致资本主义发生变化吗？地缘政治包括了190个民族国家，而不是30个；这会导致地缘政治的变化吗？是的，但是变化不大。

但是，第二章注意到了一个例外情况。在世界大部分地区出现的国际和平是一个突然发生在我们身上的历史性世界变迁。这种现象的发生有很多原因，但最重要的一个原因就是核武器对世界造成的威胁。这使得大国之间的战争变成彻头彻尾的非理性行为。核武器的使用可以成为最极端的全球化形态。它们会造成上千万人的伤亡，像我们所

知道的那样结束人类文明，并使得世界不再适于人类居住。昆虫可能会遍布全球。军事权力关系已经完全全球化了，它们已经触及地球的极限，并进而对我们施加反制。也许最恰当的比喻是致命的回龙镖——我们对它所采取的举动会反过来杀死我们自己。但是，人类采取了避免核战争的行为，这也改变了各个社会。历史上从未出现过欧洲联盟这样的经济巨人和军事侏儒。在更低的层面上，一些其他国家也出现了同样的不平衡——它们的民用功能远远超过其军事功能。大部分国家都冻结了它们的军事设施，对它们而言，"软"地缘政治已经取代"硬"地缘政治。

但是，第二种回龙镖虽然速度慢一些，但具有同样致命性。这个飞镖已经发射出来，并且正在开始飞回到我们身边。这就是气候变化，这是由我们所假定的对自然界的控制——人类集体力量的高峰——所引起的。更具体地说，这个问题是由资本主义在民族国家和消费公民的帮助下一起造成的。不幸的是，它们是我们这个时代里三个最根本的社会行动者。现在，为避免全球灾难的发生，它们的权力必须被控制住——这是一个艰难的任务。像核武器一样，这是一个全球性威胁，因为任何地方的碳排放都会影响所有其他地方。气候不知道什么国家边界，它是全球性的。

在整本书中，我使用了传统的 GDP 统计数据来测量经济健康状况。GDP 增长表明国家经济的成功。第三卷中描述了白人殖民地、日本帝国、早期纳粹德国以及苏联所取得的成功。这一卷则集中关注了 1945 年之后西方世界里的资本主义"黄金时期"以及中国和金砖国家最近的经济增长。GDP 增长也是资本主义为什么被认为成功的原因。相反，在没有增长或者增长很小的地方，我们认为经济是失败的——比如大部分的殖民地、1920—1930 年代的大部分国家、1960 年代以后的苏联，以及最近大部分的经济合作发展组织(OECD)国家。但是，我的书中持续存在着一个具有讽刺意味的主题：没有什么是绝对成功或者绝对失败的。战争可能会带来好处；保证了经济增长的政权有时候是邪恶的政权。 白人殖民地因种族灭绝政策而取得经济增长；希特勒和日本因军国主义而取得经济增长；斯大林的经济增长则伴随着大屠杀。 但是，现代经济增长也有一个普遍的黑暗面：环境恶化造成了人类毁灭的威胁。 这的确是一种狂傲：我们最大的成功却可能变成这个世界的杀手。

迫在眉睫的环境灾难有很多方面——气候变化、臭氧污染、颗粒物污染和酸雨、大海枯竭、土壤和森林腐蚀、水短缺等。 这里，我将集中关注气候变化，即人们俗称的全球变暖；这是由向大气中排放的"温室气体"(GHGs)引起的。 二氧化碳(CO_2)组成了三分之二以上的温室气体。 一旦释放出来，大部分温室气体都不能逃离地球的大气层。 吸纳了太阳光线之后，它们会逐渐地升高地球——大气、海洋和陆地——的温度。 在过去 20 年里，科学界已经接受这样的观点：全球变暖正在以加速度发生，而且这很大程度上是一个"人为"的过程，即是人类行为造成的过程。 2005 年，十一个国家的科学院院长向八国集团的政府首脑写了一封信，警告他们说，全球气候变化是"一个明显的、不断增长的威胁"，而且要求立即采取相应的政治行动。 这些科学院来自巴西、加拿大、中国、法国、德国、印度、意大利、日本、俄罗斯、英国和美国——主要的发达国家和四个金砖国家。 这个问题没有为科学否认留下什么空间(Oreskes, 2004)。 澳大利亚政府的首席科学顾问罗斯·查布(Ross Chubb)教授最近声明，"也许，现在有人认为我是具有偏见的，因为我说科学参与了气候变化问题。 但是，我不认为我有偏见，我认为我可以读懂英语"(The Sydney Morning Herald, June 22, 2011)。

这些科学家建议政府机构应对环境问题，并提供了一个为政治家们所关心的内部渠道。 在这里，我拒绝将科学视为独立的社会权力来源的观点发生了动摇。 总体而言，我认为科学家和技术专家从属于其他的掌权者。 拉尔夫·施罗德(Ralph Schroeder)认为，在当代社会，科学技术机构的巨大发展已经将它们变成了社会权力的另一个来源。 到目前为止，我不赞同这种观点。 比如，我在第三卷的第三章提出，虽然技术发明促进了第二次工业革命，但是发明家很大程度上从属于商业公司。 如果他们可以找到投资人的话，一些发明家自己成了企业家；另一些则为公司工作或者将他们的专利卖给它们。 20世纪中期，原子能科学家生产了有史以来最具破坏性的武器，但是他们的雇主主要是军事大国。 他们大部分都是爱国主义者，支持自己国家的战争事业。 但是，当前环境科学家的自主性和集体团结都更加强烈，因为他们在让环境问题引起全球关注的过程发挥了领导作用。 他们并没有制造那种作为终极意义体系的意识形态，因为他们的知识是"无情的"，是以观测事实为基础的；而且他们认为自己的理论是无法辩驳的——不像宗教或社会主义意识形态者。 在处理不确定性的时候，科学家不是通过信念进行的，而是通过概率论、不同状况以及可能性范围进行的。 很少科学家致力于信念，虽然詹姆斯·利夫罗克(James Liveloc)支持盖亚理论(Gaia)，即地球是一个超级有机体，也有其他一些环境主义者拥护"生态中心主义"，即将环境视为一个具有独立权利的道德实体，而人类(与其他物种一样)只不过是这个实体的一小部分而已。 在环境主义者中，科学与道德之间存在着一种紧张关系，虽然科学家更倾向于坚持前者。作为一个社会科学家，我也会这样做。 虽然科学家作为一个阶层确实有一定的影响，但离开了大众运动和政府的帮助，科学家和社会科学家不可能取得成功。 我希望他们的观点能够占据上风，也希望他们能够证明我的权力模型的一个例外情况，但我对此持怀疑态度。

气候变化有两个主要的方面，即全球变暖和差异性增大。 国际科学机构的研究报告是气候科学家解释其研究的主要渠道。 联合国于1988年建立的政府间气候变化专门委员会(IPCC)在2007年出版了第四次评估报告。 联合国环境规划署的报告《全球环境展望4》(UNEP，2007)、联合国的《2007/2008年人类发展报告》、经济合作发展组织的《环境展望报告：从现在到2030》以及英国政府的《斯特恩报告》(2007)都认为全球变暖正在加速，而且90%以上是人类行为导致的。 应该为此负责的人类行为是工业化，主要是对化石燃料的燃烧，其中最主要的是石油。 所有化石燃料构成了温室气体的大约三分之二,森林砍伐造成了另外 20%,农业和其他土地利用方式则构成了其余的来源。 带着一份精确预测全球变暖趋势的跟踪记录,詹姆斯·汉森(James Hansen)说任何缓解政策都应该有这样一个核心策略——迅速淘汰煤炭,到 2020 年在发达国家停止使用煤炭,并在 2030 年在整个世界范围内淘汰煤炭,除非二氧化碳可以被收集起来放在安全的储藏设备里(Hansen,2009)。 低碳的农业和林业实践也必须被采纳。 如果我们的子孙要有一个可以生存的星球,世界上大部分剩余的化石燃料——煤炭、石油、天然气、沥青砂和页岩油——都必须被保存在地下。 所以,我也要关注化石燃料。

当代的人造危机只是在规模上是空前的。 乔基姆·拉德考(Joachim Radkau)区分出了人类与自然互动的五个历史时期:维持生存的狩猎采集、依赖水和木材的古代文明、现代殖民主义、工业革命以及最近他称为全球化的时代(Radkau,2008)。 自始至终,人类群体对自然的影响都对当地环境造成可怕的影响,有时候甚至对自己的生存造成恶劣的影响。 戴蒙德为以下原因造成的社会崩溃给出了例证:自然居住环境的破坏、野生食物的减少、生物多样性的丢失、土壤流失、淡水污染、天然光合资源的枯竭、毒素和外来物种的引进、人为的气候变化、人口过剩(Diamond,2005)。 最近的例子来自中国。 在经历了 17 世纪的危机之后,清王朝恢复了以大型粮仓、粮食市场流通和更有效的自然资源使用为基础的帝国体制。 但是,清王朝的成功却造成人口的急剧增长,这又导致对自然资源的过度使用。 到 20 世纪初,自然已被过度使用。拉德考所说的工业化阶段起初只对地方环境造成威胁,但随着 1950 年代全球化时代的开始,“环境史的断裂”也开始了(Radkau,2008:250)。

主要原因是工业资本主义,工业资本主义只是无情地追求私人的短期利润,却没有承担提供公共物品的责任,也没有为公共危害做出补偿。“利润跑步机”造成了技术变迁、人口增长、生活富裕以及化石燃料为基础的高速经济增长——熊彼特从未想到资本主义的创造性破坏力量的戛然而止。 但是,资本主义不是唯一的原因。 政治权力关系也发挥了作用，即国家和政治家的主要目的也是经济增长。 他们有自己的经济和政治利益，因为经济增长的扩张会带来更多的国家税收和更高的政治声望。 事实上，政治成功是通过经济增长来衡量的；在民主国家中，这是由周期性的选举所推动的——在独裁体制中，政治声望则是用其他方式进行判断的(秘密的治安报告和暴乱等)。 但是，政治上的利润跑步机并不是强加给不情愿的民众的，因为这些指标也测量了他们在物质消费上的成功，他们会支持那些现在能够给他们带来成功的政治家。政治更是牢牢地被民族国家把持着；这也使得诸如气候变化这样的全球问题难以引起重视。 理性的、民族的、短期的计算是资本家利润、政治家和公民的本质特征。 我们需要它，他们都大声疾呼：这是我们对成功的界定。 因此，对气候变化的缓解是一个繁重的任务——让人类脱离三个主要的利润追跑步机和三个气候变化的主要制造者；资本家利润是祸首，政治精英和日益增长的公民消费是帮凶。

军事权力在较低程度上也参与了进来，因为工业化加强了战斗能力，这也是 20 世纪国家的主要功能。 首先是煤炭，然后是石油对于战争变得至关重要。 因为石油只是分布在实际上的少数几个地方，而且海军、空军、坦克和卡车离开石油就不能运行了，所以石油变成最重要的战略资源，也会加速战争的到来。 战争是人类对环境造成的最具破坏性的影响，它们消耗的化石燃料最多。 幸运的是，战争的威胁在世界大部分地区都停止了。 但是，美国国防部是世界上最大的石油消费者，也是世界上最大的污染者。 在一个 1970—2000 年的比较研究中，安德鲁·乔根森和他的同事(Andrew Jorgensen et al.)发现，二氧化碳排放的规模和强度以及国家人均生态足迹与军事参与比例(每 1000 人中军事人员的数量)和士兵的人均军费开支直接相关(控制了其他变量，比如GDP 和城市化水平)(Jorgensen et al., 2010)。 一个国家的军事化水平越高，对环境的破坏也越大。 格雷戈理·胡克斯和查德·史密斯(Gregory Hooks & Chad Smith)将这种现象恰当地称为"军事破坏的跑步机"(Hooks & Smith, 2005)。 他们还特别注意到现代战争的一个可怕特征：不仅仅在碾碎人类的躯体，而且让整个环境变得不可居住，就像越南和柬埔寨使用凝固汽油弹那样。 生物和化学武器可能会造成"关于人类世界将如何终结"的噩梦般的生态情景。 除去这种情景，对于气候变化最坏的军事情景是：拥有大量的军队却不加使用，因为在战争中使用它们会造成巨大的经济破坏和 GDP 下降！

最后，所有这些做法都体现了其内在而强大的现代化意识形态，这种意识形态明确让自然服从于文化。 它以常识性的骄傲语调说，人类的命运就是要征服和利用自然。 这种意识形态超出了资本主义的范畴，因为国家社会主义也支持它。 虽然恩格斯曾经对征服自然提出过质疑，虽然早期的布尔什维克曾经拥有过保护环境的理念，但斯大林主义却患有工业巨人症，并致力于五年发展计划的实施。 此时，向社会主义迈进的状况也是以总体生产指标来衡量的(Goldman，1972：18—19，64—70)。 约翰·麦克尼尔(John McNeil)指出，"对经济增长的膜拜"在各地都成为"国教"："经济增长的绝对优先性显然是 20 世纪最重要的思想"(McNeill，2000：336)。 四种社会权力的来源一起破坏了这个星球，与之进行战斗的任务非常艰巨。

资本主义和国家社会主义哪一个更具有掠夺性还不清楚。 国家社会主义的"英雄计划"制造了最恐怖的破坏。 资本主义的破坏不能与对咸海的破坏相匹敌。 这使得一些人认为，国家社会主义——有时包括所有的威权主义政权——比资本主义或者自由民主国家造成更大的破坏(比如，Shapiro，2001；Josephson，2005)。 但是，他们都没有建立比较性数据。 马歇尔·古德曼(Marshall Goldman)认为，苏联和西方的记录同样恐怖(Goldman，1972：2—5)；而对中国的研究表明，经济市场化对环境的破坏增加了，因为有的地方上的行动者可以更为自由地、不惜代价地追求利润，也变得更善于逃避政府对环境污染的控制(Muldavin，2000；Ma & Ortolano，2000)。 对后毛泽东时代的中国大陆与资本主义的台湾进行的比较表明，它们对环境的破坏水平相当(Weller，2006)。 纳粹德国对环境问题非常警觉，对沼泽地排水、高速公路建设和森林砍伐尤其关注——森林是纳粹日耳曼神话的关键部分。　但是，在大气污染方面，纳粹国家和民主国家没有什么差异，因为它们为工业化而牺牲了环境，尤其是为了军事用品(Uekoetter, 2006；Brüggemeier et al., 2005)。　不论政治体制如何，所有现代国家都为 GDP 而牺牲了环境。　现在的经济问题成为资本主义的问题，只是因为资本主义已成为世界上的主导生产方式。　如果我们都是国家社会主义的话，问题仍然是一样的。

全球变暖的趋势：过去、现在与未来

　　科学家们承认他们测量和预测能力的局限，他们通过统计概率和科学共识程度来说明观点的合理性。　稍后给出的数据都只是可能数值的中位数。　科学家也不过是一帮学者，他们的能力和勤奋程度并不相同，有时候他们太依赖于某些特定的范式，太热衷于抢占新闻头条，太在意资金提供者的意见。　正是由于这些原因，精确的研究数据是不可能的，而且争议和丑闻不断发生。　但是，这些丑闻还没有严重到能够质疑现有常识的程度。

　　科学家们主要使用两种方式来测量温室气体(GHGs)。　一种测量方式仅仅关注二氧化碳(CO_2)；另一种测量方式则将六组温室气体都转化为二氧化碳，并把它们转换为二氧化碳当量(CO_2e)。　在前工业社会，大气中的二氧化碳大概是 280 ppm，而 CO_2e 大概是 290 ppm。　到 1990 年，这些数据分别上升到了 353 ppm 的二氧化碳和 393 ppm 的二氧化碳当量。　这种水平正是《东京议定书》希望维持的水平，而且 1990 的水平通常用作基准线来测量其后的增长幅度。　到 2011 年的 12 月，二氧化碳的水平已经达到 393 ppm，而且还在上升。

　　这导致了全球变暖。　至少在 20 世纪之前的一千年间，由于太阳辐射和火山活动等自然力量的作用，海洋和地面大气的温度只有很小的变化。　但是在 20 世纪的头 50 年里，温度却以每十年 0.7 ℃ 的速度上升；

自从 1980 年以来,温度竟然以每十年 2 ℃ 的速度上升。 世界气象组织制作了一个全球年平均温度表。 这个温度表显示,最热的十个年份发生在 1998 年之后。 2000 年代里,温度上升稍微有些减缓,但是这可能是由煤炭发电站支撑的中国急速经济增长引起的。 煤炭燃烧释放大量的硫磺,由于硫磺能够反射太阳射线,所以可以暂时地降低大气温度。二氧化碳的释放可以影响大气一百年,而二氧化硫的效果却在几周或几个月内消失。 当中国人将二氧化硫洗涤器装入发电站的烟囱里的时候,大气温度又会上升了;而且,中国人也会这么做的。

全球变暖也可以在以下现象中得到验证:由热膨胀以及冰川、冰盖和地极冰原的融化所引起的海平面上升,鸟、虫和植被的移动,每年都发生的昆虫出现、鸟类产卵以及树木开花的提早发生,森林减少,中高纬度地区农作物生长季节的延长,以及降雨和洋流的变化[United Nations Environmental Program(UNEP),2007:59;Speth,2008:xxi—xxii]。 全球变暖有大于 50% 可能会引起更为极度的温度和大风。 事实上,我们已经可以看到天气的巨大变化了,虽然全球变暖更不容易觉察。 2010 年美国东部沿海地区的极度寒冷天气被某些气候变化的怀疑者用来质疑全球变暖的存在。 但是,其他地方的更为温暖的冬天胜过了这种现象。IPCC 的报告(2008:38)说,工业时代的增长有超过 90% 的可能会造成气温上升,而且这是上万年来都没有过的现象。

人口增长和发展中国家的成功工业化加重了这个问题。 在整个 20 世纪,OECD 国家产生了大概 85% 的温室气体,但到 2004 年,这个比例已经下降到 46%。 中国庞大的人口说明,它已经替代美国成为最大的污染者,虽然澳大利亚和美国的人均污染水平仍然是最高的。 由于污染降低技术效率的提高,单位 GDP 的温室气体排放已经开始降低,但是全球 GDP 的绝对增长却胜过了这种降低,尤其是在中国(OECD,2008)。

IPCC 报告展现了全球变暖的另外一种景象:在 21 世纪里,气候变化的范围在 1.8 ℃ 和 4 ℃ 之间,中位数则是 3 ℃。 这个水平肯定高于人类曾经经历的水平。 更新的研究表明，未来的温度可能会比这更高。《斯特恩报告》(Stern Review, 2007：chap.1)认为，上升 5 ℃的可能性在 50% 以上，2008 年麻省理工大学的"全球变化的科学和政策联合研究项目"也这样认为；而东英格利亚大学(the University of East Anglia)的《全球碳计划》(2009)则认为，会有 5 ℃—6 ℃的上升幅度。 由于我们现在的温度只是比最后的冰河时代高了 5 ℃，所以这些预测的温度上升可能会对地球生命带来非常大的不同。

没有人可以准确地说出到底有多大的不同。 研究报告表明后果可能是令人恐怖的，包括数亿人缺乏饮水或者面临洪灾、大量物种灭绝、粮食减产、营养不良、腹泻、心肺以及传染病的增加。 IPCC 报告给出了温度上升的一个范围，这些温度上升可能到来任何一种后果，也就是说，我们不能将某个特定的温度和某些特定的后果联系起来。 而且在世界的不同地方影响也不一样。 北纬地区的温度上升比南纬地区的大，而且在温带地区，温度上升的破坏性更小。 就洪水而言，其影响人口最多的地方是亚洲和非洲的人口密集的大型三角洲地带，而且小岛屿尤其脆弱(IPCC 报告，2007；Stern Review, 2007：chap.3)。 这些预测中最重要的是，"回馈循环"和"临界点"可能会突然恶化其后果(UNEP，2007：62—65)。 地球天然的碳吸收槽对增加的碳排放的吸纳能力正在下降。 一旦这些吸收槽被填满，大气层就会以更快的速度变暖。 格陵兰岛冰川的融化可能会改变洋流，并进而削弱海湾流，而海湾流正是西欧得以温暖的凭借。 如果没有这种海湾流，那里的气候可能和拉布拉多半岛的气候相似，因为它们的纬度相同。 西伯利亚和加拿大的泥炭沼的融化可能会向大气层释放大量的沼气。 全球范围内的食肉行为已经导致沼气的增加。 乳牛放的屁比我们还多，而地球不喜欢这个。

这些官方报告也许是过于乐观的，因为它们都假设经济增长会带来更高的能源效率。 IPCC 的"照常营业"策略(BAU)——自由放任策略——假定，在没有任何缓解措施的情况下，更高的效率会降低至少

60%的碳排放。 它们预期以下技术发明会降低碳排放：碳捕获技术、氢聚变燃料、太阳电池板、纤维生物燃料以及更多的核能。 但是，世界人口和GDP可能会继续增长，这会抵消更高的能源效率所带来的能源节约。 整个资本主义工业化历史中，人口增长及其造成的生产增长都超过了能源效率的提高。 增长的速度超过了效率的提高(Raskin et al.，2002：22)。 现在为什么要改变呢？ 当前的新特征是，我们单纯地关注可替代性的能源技术。 位于法国普罗旺斯地区艾克斯的ITER(国际热核聚变实验堆)国际氢燃料计划也许可以制造一个类似于小太阳的工厂，这个工厂可以将十倍的电能释放到电网中。 ITER预测，一个"核聚变时代"在20世纪的最后25年已经开始。 制造一个小太阳的物理学是广为人知的，其根本问题是工程制造问题：如何能够建造一个安全吸收小太阳所释放的能量的建筑。 根据其工程师所说，到目前为止还没有什么突破性进展。[1]

即使将排放量维持在当前的水平，这也不能阻挡变暖的趋势，因为已经发生的变化要经过几十年的时间才能转变。 由于让热量渗入深海需要很长的时间，海洋的热膨胀会继续发生几百年。 到2050年，当前的排放量会让温室气体的水平达到550 ppm的CO_2e，而且会让各地都发生2%—5%的温度上升——这是极其危险的变化。 根本的缓解措施肯定是必需的。《斯特恩报告》(2007：13)认为，为了防止灾难的发生，到2050年，全球的年排放量必须降低到1990年水平的80%。 汉森及其同事认为，我们必须回到350 ppm的碳排放水平上去(Hansen，2009)。 因此，缓解措施必须是全球性的，至少包括主要的OECD污染者和主要的新污染者(金砖国家)之间的合作。 虽然它们鼓励跨国科学家群体的行动和环境主义运动，但缓解措施的核心必须来自空前的"软"地缘政治的全球性扩展。

未来是不确定的。 利益驱动的革命性新技术可能会出现以解决碳排放问题。 有些人相信如此。 如果真是这样，我们要下跪感谢那些做出突破性发明的公共和私有实验室以及支持并将它们带入市场的企业和政府。 继第二次工业革命和战后消费需求爆发之后，这将是当代资本主义的第三次伟大成就，第三次创造性破坏。 如果这个突破来自中国，那么这将是资本主义党国的第二次伟大成就。 相反，如果没有突破性技术进展，那么杀害世界人口的灾难性战争和流行疾病也会降低世界的碳排放。 但是，在过去的 20 年里，气候模型制作者被证明是正确的。 这个威胁还很有可能发生，而且如果不能解决的话，这个威胁将是灾难性的。 现在采取严格的缓解措施是聪明之举，也是理性之举。

第一步缓解措施：1970—2010

一些缓解行动已经在进行了。 1970 年代以来，反对明显的污染行为的法规已经广泛存在了。 接着便发生了 CFC 危机(含氯氟烃破坏臭氧层的危机)。 科学家们发现，保护地球大气层免受太阳辐射危害的臭氧层正在变薄，而且将这种现象归因于空调、冰箱、喷雾器和其他工业过程中使用的含氯氟烃推进剂(CFCs)。 幸运的是，当很多国家禁止使用 CFCs 的时候，喷雾器工业找到了替代性技术。 1987 年，191 个国家签署的《蒙特利尔议定书》开始逐步淘汰 CFC 的生产。 现在，危害性更小的气体被用来催动喷雾器；而且大家相信，自然过程会在未来五十年内恢复臭氧层。 虽然技术发明使得这个过程变得更加容易，但是这个过程也是"软"地缘政治的成功。

1962 年雷切尔·卡森(Rachel Carson)出版畅销书《寂静的春天》——对化学工业污染的一个尖锐攻击——之后，对全球变暖的大众意识迅速发展。 到 1970 年代，民意测验显示，保护环境已经取得大多数人的支持，虽然他们的感觉还不很强烈。 1972 年罗马俱乐部的先驱性著作《增长的极限》出版之后，环境科学迅速普及；2005 年，11 个国家的科学院所做的声明则对此起到了决定性作用。 科学界一旦达成共识，科学顾问的重要性使得科学共识在政府管理部门内部得到传播。 这里，专家的确发挥了作用。 像弗兰克所说的那样，随着"自然是生态系统"观念的崛起，环境主义则取得跳跃式进步。 这也产生了一种全球范围内的危险意识，当环境主义只对自然美进行审美性赞美时，这种意识是不可能产生的。 两者结合起来，似乎在实质上形成了一种真诚的意识形态。

贝克表明，工业社会的传统阶级分化已经被一种新的"风险社会"所取代，并指出，在这种风险社会，人们对环境和其他共同问题形成了共识(Beck，1992)。 国家、企业、社会运动和普通老百姓都积极地与这些危险进行斗争。 就阶级的衰退而言，他是正确的；但共识在哪里呢？ 与科学压力一起行进的是绿色政府的崛起。 它们的发展可以追溯到 1970 年代，当时，环境问题变得更加普及，而且传统的左派政党失去了动力。 这些运动起源于新左派、女性主义和 1960 年代对现存政治失去信心的一代人中存在的亚文化群体。 他们不仅为更好的生态环境而进行斗争，而且也争取更地方化的民主制度，他们宣扬对人类和非人类世界的更强烈的伦理情感(Doherty，2002；Taylor，1995)。 这些因素的结合似乎也产生了一种社会运动，这种社会运动是意识形态性的，超出了科学的范畴。 但是，这种运动是一种非常普及的运动。 绿色非营利组织(NGOs)不仅数量巨大，而且多种多样。 有些规模很大，而且是全球性的。 比如，绿色和平组织拥有超过 500 万会员，在 20 多个国家有办公地，每年的经费超过 3 亿美元。 其他则属于规模很小的地方性的组织，但运作非常灵活。 很多组织会直接采取激进的行动。 总体而言，他们并不存在领导和合作关系。

虽然绿色 NGOs 现在存在于全球范围内，但是北方国家的要比南方国家的强大很多。 在北方国家，它们吸引了教育水平很高的社会群体；与硬科学和工程(环境相关的科学除外)相比，这些人更多地来自艺术和社会科学领域。 他们绝大多数是中产阶级，主要是媒体、艺术和工艺、公共部门中的专业人士，以及教师、保健卫生、社会工作者等社会福利专家。 这些人在他们的生活工作中更加独立于等级制度(因此也具有更多的言论自由)，他们的工作更关心价值观念或者政治，而且他们与公司资本主义的联系比其他人更少。 更形象地说，他们是资本主义民主的草食动物，而不是肉食动物。 其中很多职业都是跨国性的。更一般地讲，这些群体为新社会运动提供了核心的积极分子，尤其是那些关心后物质主义时代的身份政治、世界和平和人权的社会运动。 这些社会运动也都催生了大规模具有准跨国性质的国际非营利组织(INGOs)——但是，像更大的环境主义群体一样，它们实际上都是国际联盟，各个分支仍然是在国家范围内进行组织的。 男性和女性的数量差不多，但大部分是年轻人，尤其是在直接行动群体中。 甚至小学都成为绿色意识的温床，这也使得它具有持续的补给来源(Doherty，2002：57—66，217)。 公共舆论调查也印证了这些数据：教育水平更高的人中，有更多的人关心环境；具有后物质主义和左派价值观念的人中，也有更多的人关心环境；虽然他们还发现宗教信徒，尤其是非基督教徒，比非宗教信徒更加关心环境；他们有时还发现，中年人，而不是年轻人，对环境问题更加担心(Kvaloy et al.，2002)。

世界政体理论(world polity theory)将这些受教育水平较高的、草食性的、年轻人和 NGOs 组成的小世界放入一个更广泛的"世界政体"中进行考察。 这一理论主张，自 19 世纪中叶以来，一种"理性化的、世界性的制度和文化秩序"已经出现，这种秩序体现了普遍认可的和可实践的模式，而且这种模式可以形塑国家、社会组织以及个人身份等(Boli & Thomas，1997；Meyer et al.，1997；Meyer，1999)。 其追随者认为，关于个人、进步、主权和人权的普遍观念已经出现并不断推进，这些观念构成了国家、群体和个人的行动，也为解决全球问题提供了一个统一的框架。 虽然他们也承认民族国家仍然是主要的政策制定者，但这一理论本质上是一个具有跨国性质的模型。 在这个模型中，一种共同的意识形态超越国家的界限，并且说服所有国家制定某些政策就是所要追求的正确之事。 这种观念是一个正在出现的共同意识形态，而且也有很强的实用内容。 这是一个有益的政策和制度的混合，而且世界作为一个

整体可以采取这些政策和制度。 它们是道德自由主义(moral liberalism)
的一个组成部分,而道德自由主义又被说成是来源于启蒙思想——尽管
这可能太过欧洲中心主义了。 它所具有的实用和理性倾向使得它仅仅
是半意识形态性的,而且不是先验的,也不是内在固有的。 这也是一
个很乐观的观点。 就像我们对大部分政策问题所做的一样,最终我们
也会对气候变化做出正确的行动。

到此为止,我还没有在 20 世纪里感受到这种乐观主义。 自由主
义、社会主义和法西斯主义可能是最重要的意识形态,而且它们都从某
种程度上起源于启蒙传统,但它们却相互分离甚至要相互消灭。 1950
年代以来,世界政体理论似乎变得更为合理,因为国家战争已经衰退,
阶级冲突已经调和,世界上许多国家采取了一些共同的社会制度,一系
列国际组织也已建立,包括科学协会、联合国机构、全球标准设定机
构、女性主义 NGO 和环境 NGO。 世界政体理论家说,到 21 世纪,随
着世界各地都采取全球社会的一些构成性要素——一系列"脚本"——
一种统一的世界文化也将形成。 这不仅仅局限在西方社会中,现在,
世界政治、文化和社会被视为人类的共同遗产而在全球范围内得到建
立。 但是,我们已经看到,新自由主义也成为这些脚本之一,而且这
很难产生解决气候变化问题的社会和谐和社会政策。

当然,这些机构和运动的确存在,也产生了一些影响。 性别政治
在全球范围内取得进步;精明的 INGO 也在最小程度上找到了一些共同
基础,并推进了它们事业的发展。 女性主义 INGO 将其话语从女性歧
视(这在不同的文化中有不同的解读)转向女性身体暴力(这在所有文化中
都受到谴责),而且这取得了全球范围内的成功。 但是,它们的活动是
一个不断斗争的过程,而不是全球脚本的实施。 它们也依赖于一种
"回龙镖效应",即 INGO 对诸如联合国的国际机构施加压力,这产生
了对顽固国家的压力,从而削弱它们的压制(Keck & Sikkink, 1998)。 在
性侵犯领域,有更强的迹象表明全球脚本的存在。 世界上大部分国家
都一致地加强了对强奸和儿童性虐待的法律规定(尤其是在 1980—2000

年间)，而放松了对通奸和鸡奸的规定(尤其是在 1960—1990 年代)——虽然伊朗是一个例外，在那里这些行为会抢占新闻头条。 这一研究的作者(Frank et al.，2010)认为，这些是以传统家庭和民族保护为代价的世界文化增长的表现，包括个人化的身份认同和自由的个人人格。 但约翰·梅耶(John Meyer)断言，存在一个统一的国家福利脚本。 如我们在第六章和第十一章所看到的那样，这不是事实。

世界政体理论也分析了环境激进主义。 帕特里夏·布罗姆利等人(Patricia Bromley et al.)分析了 1970—2008 年间 69 个国家所采用的对 11—18 岁儿童进行历史教育、公民教育和社会教育的五百本课本(Bromley et al.，2010)。 他们认为，在此期间，课本中关于环境的内容取得了实质性增长，这些内容越来越具有国际性而不是国家性，而且包含了更多关于普遍人权的讨论。 发达国家的课本对这些问题关注最多，苏联和俄罗斯国家则关注最少。 这些作者强调一种全球普遍的后国家主义发展趋势。 但是，他们的数据表明，课本的变化主要来自于教育制度中教师、管理者和科学家的压力。 如我们前面所看到的，教育部门和这些专家是环境主义运动的核心。 虽然他们坚持认为，课本的变化反映了正在出现的全球文化，而不是反映了激进分子的压力；但是他们的结果却表明了相反的结论——坚定的环境主义者所施加的科学和道德压力。将环境主义仅仅视为世界文化或世界整体的一个部分是错误的。 环境主义在增长，它具有强烈的道德性质，而且可能发展成为当代最重要的意识形态之一。 这将会是 20 世纪创造的排在法西斯主义之后的第二重要的新意识形态，但是这种意识形态尚没有取得很大的成功(看看法西斯主义做了什么就知道了)。

环境主义运动也有很多重大的弱点。 资本家和工人阶级都没有参与。 在北方国家，环境激进主义并不是阶级斗争的问题。 工会仍然更加关心工作机会，而且担心绿色政策会减少工作机会。 在可预见的未来，这个运动的发展会与之前的激进主义和社会主义运动非常不同。南方国家的环境主义运动有时有所不同，因为那里的内地农民运动常常更加突出；这是因为政府和大企业所进行的水坝建设项目和所造成的居住地森林砍伐威胁到他们的农业生产和生计，并进而激怒了他们。 世界社会论坛(The World Social Forum)为他们提供了一个小型的全球组织。但除最近取得更大权力的安第斯山区国家的当地人之外，他们的政治影响非常有限。 但是，悲观主义的底线：世界上所有的政府都致力于追求经济增长。

虽然东亚是一个例外，但是大部分国家的环境激进分子都更多来自于左派，而不是右派。 在东亚，环境主义反映了这个地区的传统宗教——儒教、佛教和道教——这些宗教比基督教、犹太教和伊斯兰教更具有生态中心主义的性质。 这不仅导致比西方国家更多的环境反抗活动，而且导致来自左派和右派的环境激进分子数量相当(Kern, 2010)。但在西方国家，非营利组织聪明的表述使得它们将普遍的科学发现和对居住地破坏、物种濒临灭绝(尤其是北极熊)以及理想化自然的形象描述结合起来，这也使得整个政治范围内都有人成为环境主义者。 聪明的表述也体现在其语言的转变上：它们的目标从"限制增长"——谁愿意限制他们的生活标准呢？ ——转向"可持续发展"，后者是两个积极肯定的词汇。

主要的全球表述方式：为实现可持续发展的目标，人类需要与自然建立起一种新型关系。 基于对地球的管理职责、社会公正和道德责任等普遍理念，联合国开发计划署的报告(UNDP, 2007：61)将其宣布为道德的准则。 在一个人们往往因信仰而分化的世界里，这些理念在不同的宗教和文化中也是分化的。 这个报告引用了美国人的印第安人谚语"我们不是从祖先那里继承了地球，而是从后代那里预借了它"，而且还引用了其他世界宗教中存在的相似的训诫。 与自由放任者相比，环境保护主义者占据了道德高地。 自由放任者的反应：将他们的论点从环境保护问题转向缓解措施的成本问题和反对"大政府"问题。 意识形态争论由此发展起来了，虽然是间接地发展起来的。

通过保护树木、回收利用、个人削减碳消费行为以及其他形式的个人化缓解行为，环境保护主义者已经将抽象的科学问题带入到日常道德行为中。因此，他们认为个人行为能够发挥作用。如果我骑自行车而不是驾车，或者如果我驾驶混合驱动汽车，那么这将具有道德发展效应，而且还会对气候产生很小的影响。与化石燃料工业和大型工业消费者相比，普通消费者虽然对温室气体排放有很小的影响，但对于产生压力和影响选举却可以产生重大的作用。在国际民意测验中，对环境保护措施的平均支持率达到了 75%，虽然支持的坚定程度并不高(Scruggs，2003：chap.4)。在民主国家的回应中，欧洲和日本的主要政党都开始为环境主义政党的名号展开竞争(但是在美国，这种现象竟然没有发生)，虽然它们的行动落后于自己的宣传，尤其是在经济衰退的背景下。在公共舆论的压力下，澳大利亚的吉拉德劳工党政府通过了世界上第一个对 500 强企业征收国家税的法案，而且还通过了规模仅次于欧盟的限排交易项目。但是，在下一次选举中，它是否会被选下台呢？

一些国家采取了比其他国家更多的缓解措施。埃斯蒂(Esty)的 2010 年环境保护指数中，爱尔兰、瑞士、哥斯达黎加和瑞典是表现最好的国家，其后是大部分西欧国家、日本和新西兰，以及毛里求斯、哥伦比亚和古巴等贫穷国家。和巴拉圭和巴西一起，美国落后到了第 61 位，但比中国和印度排名靠前。在埃斯蒂的 2007 年二氧化碳排放排名数据中，排在前列的是那些没有污染工业的贫穷国家和瑞士、北欧国家、(核能发达的)法国。其后是复杂多样的国家，包括巴西、其他西欧国家和日本。除澳大利亚以外，美国是排名最低的发达国家，但也比中国和印度排名靠前(数据可以在 http：//epi.yale.edu 找到)。西方两个最大的经济体——德国和美国——之间存在巨大的不同。德国的环境运动已经征服了一些地方政府，也在公用事业公司取得了显著胜利；但是美国的环境运动却没有做到任何一项——而且其在美国的影响正在下降。我们稍后会看到，国家之间和地区之间的差异正在增加。我们还看不到共同的全球脚本。

但是，这些差异中也存在一种模式。莱尔·斯克鲁格斯(Lyle Scruggs)发现，在 1970—2000 年之间，OECD 国家中的法团主义国家表现更好(Scruggs，2003：尤其是 chap.5)。在处理阶级问题上，它们可以将企业和工人组织集合到政府办公室里达成妥协；在环境问题上，科学家和环境主义者也加入了进来。大公司和工人组织的参与表明，游说行为不仅仅局限于受环境保护措施损失最大的工业组织；但是，这却是美国的最大障碍。在法团主义下，在它们向政府和工人进行陈述之前，污染性较小和较大的企业之间已经达成了妥协并制定了共同纲领。德国、瑞典、荷兰、丹麦、奥地利和芬兰是表现最好的法团主义国家；而这个研究中的三个自由主义国家英国、美国和加拿大，以及意大利和西班牙是表现最差的国家。伊尔谷·奥兹勒和布赖恩·奥巴奇(Ilgu Ozler & Brian Obach)有相似的发现：在控制了城市化水平、人均 GDP、出口和气候因素之后，那些在自由之家的经济自由指数(测量新自由主义程度的一个指数)中排名较高的国家在生态影响上的表现更差(Ozler & Ohbach，2009)。它们得出的结论是，市场越自由，对利益的追逐越残酷无情。市场竞争驱使的经济增长和不断投资导致了更高的资源利用和更大的碳排放量。政府调节越多，生态影响越小。政府越拥护自由市场理念，越难以实现可持续性。

这是令人担忧的发现，因为在这个新自由主义时代，政府调节往往被视为坏事；尤其是在美国，人均生态影响最大，但环境问题上的协商却远远落在后面(Speth，2008：73)。美国已经忘记了它以保护原野——美国文化的一个普遍主题——为核心的环境传统。主张新政的民主党人更注意保护资源和原野；直到尼克松总统，政府都延续了这种传统。1970—1972 年的尼克松政府通过了《洁净空气法案》和《洁净水法案》。但那是环境保护的最高点。这些法案仍然停留在书本上，其后的政府降低了它们的实施程度。

一些工业部门仍然是排放控制计划的主要反对者，尤其是在美国。电力设施、采矿、石油和天然气工业是领导者，其他的大公司消费者，比如汽车工业、农业和畜牧业，则是协助者。 由于有效的排放限制措施会打破它们的底线，所以它们愿意为阻碍这些措施而付出巨大的代价。 保守主义智囊团的市场原教旨主义会将地球带向死亡，而且这种思想已经开始征服共和党了。 在人口政策上，保守主义者也倾向于支持人口增长，反对性教育、避孕和堕胎。 对他们而言，拥护个体人权的美国自由主义者对国家干预和人口控制的态度是值得怀疑的。 对于全球环境，这些都是不祥之举(Hulme，2009：274—275；Kamieniecki, 2006；chaps.4&6)。 的确，到2012年，温和共和主义濒临崩溃；这使得共和党成为总统竞选者竞相对气候变化的观念进行嘲讽的场地。 他们还找到了一个新的能源目标：资源独立，即对新发现的页岩天然气国家储备进行开采，从而美国就不再需要进口石油了。 他们将此视为国家安全的提高——这正是美国政治家最为神圣的目标。 事实上，这会导致地球的死亡。

环境运动的企业和政治反对者并不反对建立更洁净环境的目标。但他们认为全球变暖只是一个骗局。 企业反对者不喜欢讨论环境问题，他们只是出钱支持那些可以信赖的候选人，并让他们反对减排法案，这也是右派纲领的一个组成部分。 企业反对者也建立工业环境组织，但他们的"环境"名头掩饰了他们的真正使命。 在他们驯服的科学家的帮助下，这些组织强调科学争议，以及减排方案会带来的巨大代价和工作机会的减少(就代价而言，他们是正确的)。 直到2007年，保守主义智囊机构美国企业研究所为任何要写作关于气候变化的怀疑性报告的科学家提供一万美金的补助(Newell & Paterson，2010)。 虚假的环境组织公开指责大政府，并呼吁更多的国内资源开发以提高国家安全。数十亿美元支持着保守主义者的当选、环境保护竞选者的战败以及对政府环境机构的诉讼。 这有助于他们设立国会议程，而且威胁那些机构以便使它们不能通过立法。 因此环保署(EPA)成了"一个更为灵活的、支持企业的、关心成本的、分享权力的帮凶"(Miller，2009：57)。 其后的共和党总统和国会没有做任何改变这种趋势的事情，想要改变这种趋势的克林顿和戈尔被共和党主导的国会阻止了。

但是，在诸如时代海滩、爱运河社区、三英里岛和埃克森·瓦尔迪兹(the Exxon Valdez)石油泄漏等污染丑闻的推动下，对环境的关注增加了。环境保护者将关注中心转移到国家和地方层面上，而且相关规定也随之出台。在1990—2000年代，美国三分之一的州都出台了强制性的减排政策。现在，一些美国公司已经认识到，遵守各州之间和各市之间互不相同的标准是不划算的。看到联邦立法一定会出台之后，它们开始推出自己的方案，从而可以在讨论立法提案的谈判桌上争得一席之地。它们的方案往往更加温和，也更为符合它们的底线。低排放企业已经做好准备以接受《京都议定书》所设定的标准，企业界作为一个整体已经做好准备以支持限排交易方案，一些投资者和企业则改变策略以从碳交易和其他气候改革方案中谋求利润(Miller，2009：chaps.3—6；Kamieniecki，2006；Kraft & Kamieniecki，2007)。对于那些低排放企业——类似于沃尔玛的零售企业、银行以及其他企业——而言，它们没有理由担心环境保护措施，因为它们的成本几乎不会上升。在新世纪的头几年里，许多大企业的利益的确开始向碳排放协议妥协了(Newell & paterson，2010：chap.4)。世界经济论坛组织了一百个大国际公司的总裁，并向2008年的G8会议提交了一份简报，要求他们在减排上要比《京都议定书》所设定的标准做得更好。这份报告赞同各种公共和私有方案，主要是开发新技术的方案。出乎意料的是，2008年大衰退所产生的一线希望是取得了美国汽车公司的支持。在接受了大量的政府资助以避免破产之后，这些企业在2011年7月接受了政府设定的更严格的燃料使用标准，在此之前，它们却竭尽全力地反对这些措施。

但是，小布什和共和党变得更加保守了，这对此却没有什么益处。布什放弃了他先前所做的调整二氧化碳排放的承诺，而且在保守主义共和党人和工业群体的压力下退出了《京都议定书》(Suskind，2004：127)。副总统切尼的能源专门工作组建议提高化石燃料的开采并向其生产厂家提供十亿美元的资助。2005年，国会通过了这项法律。政府为环保署、林务局、内政部和农业部所任命的领导削弱了现存的环境监控，偿还了林业、农业和能源企业为布什竞选所做的捐助。　但是，到2006年，国会开始对科学共识做出回应。　参议院领导开始提出一个能够让企业和国会大多数人都满意的方案。　2007年，布什也遭到来自最高法院的压力，因为最高法院要求环保署对气候变化问题承担责任。布什被迫发布更多的联邦政府的气候数据，2008年他宣布支持联邦政府对温室气体排放进行限制，虽然他所做的附加条件足以削弱其承诺。由于大部分民主党人都深信如此，也由于大部分民意测验(像其他国家一样)都对此意见一致，奥巴马总统的最初目标也更加倾向于保护环境，虽然只是对环境保护改革的表面支持。　但是，自由主义大衰退和2010年共和党人对国会的控制使得短期内不可能取得更大的进展。2010年，许多大企业的确退出了"美国气候行动伙伴"组织，包括美国石油公司、康菲(Conocophillips)石油公司和卡特彼勒(Caterpilliar)公司，而且一些主要的企业NGO也敦促限排交易方案的实施。

　　其他OECD国家取得了更大的进步。　自从1990年代后期以来，管理升级、排放税和限排交易方案都出现了。　1997年《京都议定书》签订了，虽然这个协议只有到2005年获得足够国家认可之后才开始实施。　在环境问题上，欧盟一直是全球的领导者，由于乌克兰的切尔诺贝利核灾难的辐射已经扩散到欧盟边境，所以欧盟彻底意识到排放是一个跨国问题。　欧盟提议，到2012年，排放量应该平均减少1990年水平的15%，但《京都议定书》的最终协定只是5.2%。　2002年美国退出《京都议定书》是一个重大的打击。　现在，这个协议的生效需要俄罗斯的参与以达到必要的国家数量。　所以，对于设定最低目标而言，俄罗斯也有优势。《京都议定书》设定的范围是从1990世界排放水平的66%下降到32%。　在2008—2012年实施期间，那些排放量小于其配额的国家可以将它们的排放信用出售给那些排放量超出配额的国家。　虽然并没有为发展中国家设定目标，但却督促它们遵守联合国设定的《清洁发展机制》；这个文件也使它们可以具有碳排放信用，从而可以将它们的信用出售给 OECD 国家。 遵约机制非常微弱,大部分签约国都没有遵守减排规定,虽然原苏联阵营经济体的崩溃具有讽刺意味地帮助了它们。 经济衰退对于气候问题是好事情。

欧盟推出了一个强制性的限排交易措施。 强制性的碳排放税也在考虑范围内,但迫于英国的压力而被放弃。《欧盟限排交易体系》(ETS)于 2005 年开始生效。 在第一阶段,这个体系对企业和国家非常温和,因为它们被赋予了进行谈判协商的自由。 由于每个国家都通过发行很多排放配额而为自己的企业提供便利,因此产生了一种竞次(race to the bottom)现象。 但是,从 2007 年开始的第二个阶段,这个体系得到加强(Skjærseth & Wettestad,2009)。 2008 年,欧洲的排放量下降了 3%,其中的 40% 是由这个体系带来的(大衰退贡献了 30%)。 现在,欧盟认为它可以达到其《京都议定书》设定的水平了(European Environmental Agency,2009)。 更进一步的加强措施正在进行中,包括对飞往欧洲的航线的全程飞行进行燃料管理,赋予欧委会更大的监督权力,以及降低标准等。 欧委会是一个国际性的准国家,现在管理着 21 个国家,它在气候变化政策上的优越性是世界任何其他地方都不具备的。 2007 年,欧盟主席若泽·曼努埃尔·巴罗佐(José Manuel Barroso)大胆地宣布:"我们的目标是欧盟要在加速低碳经济转型上发挥领导性作用。"

但是,2009 年 12 月的哥本哈根联合国气候变化会议将欧盟带回到现实中。 美国和中国仅仅签署了没有约束力的《协议》,这一协议主导了这次会议。 这个协议只是建议将排放量降低到高于前工业社会水平的 2 ℃上,但是并没有强制执行。 大部分国家都同意这个《协议》,但都没有签署;因此这个协议既没有约束力,也没有截止日期。 这个协议承诺在 2010—2012 年间将会为发展中国家提供 300 亿美元的资助,到 2020 年这个资助还将会提高到 1 000 亿美元,以帮助它们应付气候变化问题。 限制排放的更严格的措施被放弃了。 在达成一致的共识之后,各个国家都制定了自己的减排承诺,但是由于没有什么协定,因此它们是否会落实这些承诺还不清楚。 哥本哈根会议让人处在失望和灾难之间。　如所预料的一样，2010 年的坎昆会议也没有取得什么进展，由于世界媒体的忽视，这次会议甚至都没有什么宣传效果。　这次会议同意对贫困国家提供每年 10 亿美元的资金，但并没有说明这些资金从哪里来。

近期的这些事实并没有满足环境主义者。　到 2010 年，我们只有很多没有约束力的原则性声明、并不能保护气候的协议、只是描述沙漠化程度的公约以及既没有阻止污染也没有阻止鱼群枯竭的海洋法。　哥本哈根会议对于欧盟的雄心壮志是一个沉重打击，欧盟希望能够对 2020 年及以后的炭预算分配达成协议。　但是，美国、中国、其他金砖国家和石油生产国都没有这样的远见。　之前，美国和阿拉伯石油国家曾经两次阻碍制定有时限的目标的努力(Jaggard, 2007：chap.6)。　2011 年出现这样的迹象：变为严重排放者的大发展中国家很实际地与污染严重的发达国家结成联盟，以减慢国际公约的实行速度。　总体而言，当前存在的承诺和计划充其量不过是一个开始。　但是，从各个方面讲，这些都是远远不够的。

对于没有承担义务的每一年，全球 GDP 和排放量都在增加，也需要更为激进的改革。　现在，排放量能否维持在当前大约 450 ppm CO_2 的水平是值得怀疑的。《斯特恩报告》(2007：475)认为，为达到 450 ppm 的水平，在未来十年，发达国家的排放量必须达到一个极限水平，然后再以高于每年 5% 的速度下降，2050 年就会达到低于 1990 年水平的 70%—90%。　这个报告还补充说，这个目标"已经几乎不可能实现了"。《联合国开发计划署报告》(2007：43—51)认为，到 2030 年，维持 450 ppm CO_2e 的水平将会花费全球 GDP 的 1.6%(比全球军费开支的三分之二还少)。　其目标是，到 2050 年将温室气体降低到 1990 年水平的 50%。《斯特恩报告》相信，将 CO_2e 的水平维持在 450 ppm 是可能的，因为排放量在未来 20 年将会达到顶峰，然后会以每年 3% 的幅度下降，这样 2050 年的排放量将会是 1990 年水平的 60%。　问题是：如何才能实现？　保罗·吉尔丁(Paul Gilding)相信，必须实施如下更加激进的措施：第一阶段将力争在未来 5 年内将全球排放量减少到 50%；在接下来的第二阶段，15 年内将实现零净排放；第三个阶段，在 8 年内从大气层中减少足够的排放量，从而世界将会回到前工业社会的排放水平(Gilding, 2011)。 所有这些估计都涉及激进的全球政策，包括对生产和消费的限制，甚至是经济增长的终结和恒定经济的到来。

另一种政策回应：国家和市场的解决方案

2007 年在向美国参议院陈述其环境观念的时候，经济学家尼古拉斯·斯特恩(Nicholas Stern)宣称，"气候变化是世界所见过的最大的市场失灵"，因为污染是市场行动者的"外部效应"。 如果一个工厂污染了周围的环境，那么污染及其清洁成本是外在于这个工厂的，它不会付出任何代价。 由于外在社会成本不会出现在企业的资产负债表上，所以企业会继续恣意地进行污染。 另外，如果一种稀缺资源可以被免费使用的话，比如我们所呼吸的空气，那么这种资源很可能被过度使用。煤炭是最严重的问题。 其外部效应大概是其市场价格的 70%。 因此，如果煤炭工业被强制支付它给我们造成的成本，那么煤炭的价格将会翻倍，这也足以让消费者转向污染较小的能源——也会让煤炭工业将它们的行为分散到这些能源上。 唯一能够进行组织的行动者就是国家。

如波兰尼所强调的那样，从一开始，国家就管理资本主义了——调节工厂安全、设定保护主义关税、给予工会合法权利并加以管理、允许公司和个体等合法的实体存在等。 环境挑战要求进一步的国家控制，但这要求与管理的国际性合作相结合，因为所有国家的排放都会影响到每个人的气候。 排放是一种跨国现象，国际非营利组织只是半国际化的，而法律则必须是国际化的。 这也是为什么人类社会需要在方向上发生重大调整。 到目前为止，资本主义文明是在单个国家的控制下组成的，而且它们都增高了国家笼子的篱笆条；但是，资本主义文明过程的下一个阶段必须要降低这些篱笆条。 对国家而言，气候变化也是一种外部效应。

无论到目前为止它是如何的无效，政策基础必须是，通过建立有约束力的协定，为主要污染国设立全球性的减排目标并进行全球性的管理；这也是国家之间"软"地缘政治的扩展。 如果没有这些，温室气体会泄露给其他地方，比如泄漏到采取了碳排放税从而降低了其国际竞争力的国家。 搭便车问题会日益突出：任何国家都认为理性的选择是什么事情都不做，因为如果其他国家减排，它也会从中受益。 让其他国家承担这个成本吧，我们可以分享其成果(Nordhaus，2008)。 这也是为什么现存的协定在取得足够的国家批准之前不会产生效力的原因。这可能会削弱个别民族国家的自主性，但是会提高民族国家的整体力量。 国家笼子需要被降低，国际笼子需要被升高。

但是，想想这是多么困难啊！ 国内政策的分歧往往通过议会中简单的多数投票或者一个统治精英群体来解决，但是国际协定几乎需要全体一致的同意；起码要在主要的污染者中达成一致——美国、欧盟、日本、中国、印度、巴西和俄罗斯，而且一个真正有效的体制需要更多国家的同意。 国家之间的利益多样性远远大于任何民族国家内部的利益多样性。 很多国家必须得到它们议会的同意，才能接受国际协定，而这些议会的决定往往更为关注国内的情况。 在美国，国际条约必须得到参议院三分之二议员的批准；当前，这是一个很大的障碍。 联合国和处理环境问题的机构是最微弱和资金最少的国际机构。 这往往导致管理质量上的下滑。 某项管理可能只能关注 80% 的问题；其后，又只能力图落实其中的 80%；结果又只有 80% 的成功率。 也许有人认为结果并不坏，数学运算结果是，只有 50% 的问题会得到管理(Speth，2004：103—105；2008：84)。

我们通常在国家主义政策和市场导向政策之间做出区分(虽然我倾向于降低这种区分)。 国家主义政策通过为能源消耗和排放设定国家和国际配额而进行直接控制，并辅以为商业、建筑、器械、汽车和航空等设立强制性能源标准。 它们也将公共资金投资到清洁技术的开发中。
国家管理的优势是，它们可以直接对严重的排放问题进行惩罚，而不需
要市场提供的中间信号。 这种管理也可以促使高排放企业——比如化
石燃料、发电站和汽车工业——使用更清洁的化石技术或者可再生能源
技术，比如风能、水能和生物能技术。 最后期限和惩罚措施也可以清
楚地告诉投资者技术革新的潜在报酬和时限，政府也可以针对最具破坏
性的排放行为进行科研工作。 OECD 国家和金砖国家可以提供可信赖
的落实行动，而且一些发展中国家也可以如此——足以解决大部分排放
问题。

牛津的气候专家迈尔斯·艾伦(Myles Allen)提出了一个激进的方
案。 他建议，石油、天然气和煤炭公司应该承担责任，掩埋它们出售
的化石燃料产品所排放的二氧化碳。 如他所说的，"碳通过几十个地面
管道、接口和洞口流入欧洲，又通过成千上万的烟道和排气管流出。
但是，欧洲的政策都只是控制排放时的流动。 这就像将空气挤压进海
绵里，然后通过堵住洞口来降低流动"(*The Independent*, October 7,
2010)。 他又俏皮地补充说，这里政府的作用更小，而不是更多；但是
由于这些工业所具有的政治权力，这些政策都是不能保证实现的诺言。

这些管理能够轻易地获得民众的赞赏。 无论是在南方国家还是在
北方国家，它们已经普遍存在于我们的生活中了，而且很多人已经参与
到强制性回收利用、清洁治理、保护物种和土地地方性斗争中。 环境
管理可能比新的环境税更易于接受，而且人们发现它们比复杂的限排交
易计划更容易理解。 在美国，对超过排放标准的汽车征收的罚款已经
存在了，这也给汽车公司带来了遵守法规的经济动力；在欧盟，对冰
箱的能源效率征收的强制性标签费则引起了消费者的迅速反应，他们变得
更喜欢效率更高的电器了。 家庭制造了所有二氧化碳排放量的 35%—
40%；从某些方面讲，缓解措施的代价更低(UNDP, 2007：136—170)。

我在第三卷和本卷中都认为，当目标清楚简单而且手段明确的时
候，国家对经济活动的指导是效率很高的。 世界大战期间，情况就是

这样，其目标就是要生产能够杀人的东西。 在后发展国家那里，情况也是如此：其明确的发展目标是采用先发展国家已经使用的方法——无论后发展国家是资本主义，比如日本和东亚新加坡等，还是国家社会主义，比如俄罗斯和中国，情况都是如此。 国家计划的弱点是很难转向一种新型经济。 但是，在气候变化政策上，核心目标是清楚而简单的——减少化石燃料的消耗，以及发展可替代性的能源技术。 与市场相比，政府管理可以更为直接地实现第一个目标，而对于发展新技术而言，政府管理起码可以通过投资而对私有企业进行帮助。

由于国家之间的管理结构非常不同，所以国家管理也有缺陷，尤其是在国际层面上。 欧盟可以调节它所管理的广大区域，但是有效的全球性主权国家并不存在。 联合国太过软弱，其他的机构则太专业。 为了实现全球性目标，国家之间必须进行精心细致的谈判。 与主要的替代性方案——比如税收和限排交易——相比，这种谈判更加困难。 对于遵守行为的国际监管尤其困难。 并不是所有国家的排放水平都是清楚的，而且很多国家拒绝接受国际审查，比如中国。 丑闻也削弱了确定排放水平的私有机构。

在很多情况下，由于当前主导的意识形态是新自由主义，所以在官方机构和经济学家中，将环境商品化的市场导向的解决措施现在非常流行，尤其在盎格鲁国家如此(Hulme, 2009：298—304)。 市场导向的措施包括设立一种超过当前市场价格的国际碳价格，从而要求排放者支付其产品所造成的社会成本，并进而给他们一种市场驱动来投入新的低碳技术。 威廉·诺德豪斯(William Nordhaus)相信，由于碳价格可以将关于温室气体的成本的知识传播给造成问题的民众和企业，所以市场措施比政府管理更加有效(Nordhaus, 2008)。 对当前碳价格的估计大概是每吨二氧化碳 25—30 美元，但在未来这个价格必须稳步上升。 虽然不同的经济学家给出了不同的增长幅度，但所有的估计都要求更大的价格变化(Nordhaus, 2008：15—20；Stern, 2007：370)。

这里的观念是，这种措施会将资本主义的成本收益计算转到环境保护方向上来。 在刚开始实行强制性固定价格的时候, 利润跑步机可能会想方设法地减少而不是增加排放量。 其后, 以投机资本家为代表的金融资本主义也会转向对绿色工业和产品的投资。 这种政策的拥护者认为, 在过去, 资本主义已经展现出其所具有的强大适应性。 未来它也会这样做。 他们认为, 因为资本主义是现在唯一的经济游戏, 所以我们必须利用它。 彼得·纽厄尔和马修·佩特森(Peter Newell & Matthew Paterson)注意到, 一些投机资本家已经发展出通过去碳化过程赚取利润的方法(Newell & Paterson, 2010)。 当气候危机导致资本家内部分裂的时候, 即低排放者反对高排放者的时候, 我对此持有更高的期望。 这不一定是一个阶级问题。

实行碳价格变化的两种主要方式——碳税和限排交易——都需要降低低碳产品的关税和非关税障碍, 从而让它们帮助达成全球共识。 由于税收和关税都是国家的行动范围, 所以这些政策实际上不是新自由主义政策, 而是混合经济的扩展。 让我们首先讨论一下碳税。 碳税并不能保证某种特定水平的减排, 因为减排依赖于市场对税收的反应。 但高碳排放企业会拥有转向低排放的市场动力——除非在碳价格上升的时候它们可以将成本转嫁给消费者。 相对而言, 碳税也更容易实施。 但是, 在财政上这可能是递减的, 所以对穷人的打击最大。 其积极影响是, 因为税收基础如此巨大, 所以很低的税收就可以大规模地增加税收总量, 这些税收又可以被直接应用于环境目标的实现, 或者为那些受能源价格上升打击最大的人提供资助。 碳税也产生了国际压力。 某个国家可以对高碳排放产品征收关税, 从而为国外企业和政府施加市场压力。 世贸组织(WTO)已经说了, 这是税收的一种合法性使用, 虽然这可能会让保护主义者反对自由贸易。 但不幸的是, 当前大部分国家的政治家计划中都没有新税收计划。

在限排交易政策中, 总体的权威机构——国家政府、地区政府或者类似于欧盟的国际组织——将碳排放许可证分配给企业, 允许它们排放温室气体。 其限制是所许可的总体温室气体排放量; 其交易是企业之间买卖排放许可。 如果其排放许可不能满足其需求，企业可以减少温室气体的排放，或者它们可以向拥有剩余许可的企业购买更多的许可。理论上讲，那些可以在较低成本上减少碳排放的企业会减少排放并出售它们多余的许可，而那些难以减少排放的企业只能购买足够的许可以满足它们的需要。 随着上限的逐渐降低，排放总量也会逐渐降低。 这也是让供给或使用化石燃料的企业转向可再生资源的一种动力。 人们认为，排放许可的自由市场可以保证这种动机在较低的成本和腐败水平上发挥作用。 和税收政策不同的是，排放上限可以确定温室气体排放的减少数量。 限牌交易的关键部分是最初上限的设定以及每年的减排幅度，因为如果没有设定令人痛苦的上限水平，那么减排将会很不充分。

第三组政策起源于"生态系统服务"的概念。 诸如湿地、森林等生态系统提供了主要的环境利益，包括对水源的过滤和对大气中碳元素的吸收。 其基本思想是，拥有这些土地的人应该支付它们的保护成本，也就是说，他们不能为赚钱而抽干湿地，也不能为获得木材而砍伐森林。 这就将资源重新分配给了资产所有者，虽然他们大部分都是贫穷的农民。 但是，这些措施将会是对市场的严重干预。 虽然这些措施和限排交易政策不会决定市场运行，但是市场的最初状态却被政治性地设定了。 这不是一个新自由主义性的政策。

新自由主义的主要缺陷在于其他方面：坚定地支持企业的立场，以及企业对政府不断增加的影响。 这种影响削弱了减排措施的实施。 美国的高排放企业和交易协会资助那些谴责环境科学的游说组织和政治家，并敦促政府对它们的打压。 他们假装意识到了环境问题。 石油公司将它们描述为绿色性质的，而不是黑色石油；企业很少再公开打击环境法规，而是在其所支持的政治家和科学家的帮助下通过国会委员会和附属委员会在暗中竭力打压绿色法令，并将放宽管制的法令转移至不同的问题(Repetto, 2007; Miller, 2009: chaps.2 & 6)。 目前，企业是美国缓解措施的主要障碍，而且高排放和低排放企业之间的分裂还没有弥合。詹姆斯·汉森说道，由于"特殊利益可以颠覆我们的民主体系"，我们的法律只能是那些为"煤炭企业和公用事业公司所容许"的法律(Hansen，2009)。

　　实际上，化石燃料公司正是环境科学所反对的大政府的一部分。高排放企业取得了最大的税收减免，从而让它们的企业税低于国家平均税收水平。 美国的名义企业税率是35%，但几乎所有的企业都取得了税收减免和补贴，这将实际的平均税率降低了一半。 最低的低于2%的税率是国防和航天企业所支付的税率，而这些拥有汽油消耗巨大的飞机、船舶和坦克的企业却是主要的排放者。 交通、石油和管道、汽油和电气设备企业所支付的税收也低于平均税率(Institute on Taxation and Economic Policy，2004)。 美国的采矿公司也取得了它们开采加工总收入的5%—22%的耗损补贴。 2002—2008年间，化石燃料公司取得大约720亿美元的资助，而可再生燃料所取得的补助不过是290亿美元，其中一半流向了气候影响最小的玉米乙醇业。 在化石燃料的补助中，702亿美元流向了传统能源工业，比如煤炭和石油。 只有23亿美元流向了"碳捕获和储存"——这种技术通过大规模的地下贮藏库来减少煤炭电厂所产生的温室气体(Environmental Law Institute，2009)。 碳捕获能否在较低的成本水平上运作还值得怀疑。 但是，有效运作的工厂还不存在，采矿公司所宣扬的"清洁煤炭"也还不存在。

　　这不仅仅是一个美国的问题，因为补助在世界范围内都是一种普遍现象。 2000年的一项研究估计，世界上对污染的年补助高达8 500亿美元，这是全球GDP的2.5%(Speth，2008：100)。 改革将会导致工作机会的减少和这些部门的价格的上升——正是这些因素阻止了政府的行动。2009年9月，G20国家的领导人在原则上达成一致，要逐渐停止效率低下的化石燃料补助。 他们说，到2020年停止补助的话，2050年总体的温室气体排放将会减少10%。 尽管这些有可能得到落实，但却尚未得到落实。 但是，现状能够为能源企业带来高额利润，所以它们没有向新技术进行投资的动力。 当近年来私有研发企业对可替代能源的投资实质上减少了的时候，我们很难认同纽厄尔和佩特森的乐观主义(Newell

& Paterson，2010)。 大部分支出都是公共性支出。 一项研究发现，在过去30年里，能够追溯其资金来源的14个能源技术革新中，只有1个是完全由私有部门资助的，而9个是完全由公共部门资助的。 科学家和工程师的教育工作也落到了政府头上(Stern Review，2007：353—355，362—363)。 为了明显地减少排放，国家必须对化石燃料工业采取更为严厉的措施。 这并不是反对资本主义，因为这只是要惩罚那些碳排放严重的工业。

企业说，它们更喜欢限排交易政策，因为这种政策对市场的干预最少。 它们的真正理念是，它们可以让政府政策转向它们所能调节的更低排放上限。 所以，现存的措施都是无效的。 一个问题是，政府往往将高排放工业视为它们进行国际竞争的捍卫者。 它们希望这些工业能够保持高利润，因而也关心这些工业的游说。 在信用分配上，限排交易也容易受到腐败的影响，虽然这个问题可以通过拍卖免费的排放许可得到解决，因为政府不会决定谁会得到排放许可。 出价最高的投标者会得到许可，这也会增加政府的收入，而且在理论上政府可以将这些收入投资到可再生能源技术开发上。 欧盟计划在2010年进行拍卖活动，虽然加利福尼亚也正在计划采用这种措施。 美国东北部的一些州已经进行拍卖了，但这些活动的效果并不好。 公用事业公司只是将高价转移给消费者，国家也只是用这些收入来缓解财政赤字，而不是投资到可再生资源上。

由于严格的管理，碳税、限排交易都会发生一定的作用，所以如何组合国家主义政策和市场导向政策并不会产生很大的影响。 为了发生作用，所有的政策都需要政府对企业和消费者施加更为严格的限制。只是它们的作用机制是不同的。 更为重要的是，要迫使企业——尤其是能源企业——做出让步。 但是，这需要改变政治家；而且政治家只能被民众施加的压力所改变，这也要求大众消费者发生改变。

我已经阐述了这些不同的方案，好像它们本身就是解决措施一样。但是，它们并不是解决的措施。 碳税、限排交易和国家配额都需要转向可再生能源的开发。 但是，使用现存的环境保护技术来解决问题要求数额巨大的开销。 当前，世界经济要使用 16 万亿瓦的电能。 如果没有化石燃料的帮助，为了取得这么多电能，当前的替代性技术将会导致占用大量土地的大型工业中心。 为了取得这么多电能，太阳能电池将会占用超过 3 万英里的土地。 太阳热能需要 15 万平方英里的土地，生物燃料则可能占用超过 100 万平方英里的土地。 可替代性能源还包括风力发电机、地热能源和核电站。 我们可以设计这些技术的相对权重；但是，总体而言，现在可利用的替代性能源需要相当于美国这么大的空间。 这仅仅具有理论上的可能性，而不具备实际上的可能性(Barnes & Gilman, 2011：48—49)。 我们可以假设，这些技术可以在未来会取得某些进步从而使得这个计划得以实施，但没有全新的技术的话，这种计划会因为储蓄不足而在政治上是不可能的。

当然，这些减排成本可能会降低自由放任政策可以产生的 GDP 水平和生活水平。 根据《斯特恩报告》(2007：211；参阅 OECD, 2007)的计算，将 CO_2e 的水平维持在 500—550 ppm 水平上的政策的代价是每年 1% 的世界 GDP，虽然该报告又补充说成本的可能变化范围是每年－1% 到＋3.5%。 由于气候变化的恶化，2008 年斯特恩将政策的代价翻了一番，达到 2% 的世界 GDP(Guardian, June 26, 2008)。 其他经济学家则估计，要保持这样的水平，代价是 GDP 的下降将高达 5%。《斯特恩报告》声明，在整个世纪里，全球的快速经济增长将会吞没所有的代价。 报告还警惕说，如果什么事情都不做也可能会导致世界 GDP 下降 20%。

不幸的是，政治家和选民都更想避免现在所付出的较小的代价，而不是要避免未来要付出的更大的代价——那时候，这些政治家已经不当权了，选民也都去世了。 经济学家们所使用的贴现率是将现在的经济影响与未来的经济影响进行比较。 大部分经济学家都为未来设定了一个较高的贴现率，因为人们更加珍视可以确定的现在，而不是不确定的未来。 使用较高的贴现率将会减少现在采取缓解措施所带来的利益，因为未来的利益被看得更低。 诺德豪斯将其贴现率设定为 4%，这将使得减排措施变得更加昂贵(Nordhaus，2008：10)。《斯特恩报告》则将贴现率设定在 1.4%，这就使得这些措施更为合算。《斯特恩报告》通过科学所发现的未来风险的不断增加而对这个低贴现率进行辩护——但是，感觉到对这个计算可能产生的怀疑后，这个报告也加上了一个道德命题，即我们对下一代应该承担的责任。 他们认为，客观风险和道德责任是至关重要的(Stern Team，2008；参阅 UNDP Report，2007：62—3)。

不幸的是，这些计算本身并没有什么意义。 建立一个与美国一样大的替代性资源综合体将是十分昂贵的，包括比这些计算要大得多的GDP 损失。 如果我们认真对待气候变化问题的话，在当前的技术水平条件下，要在全世界范围内避免 GDP 的重大损失是不可能的。 有效的气候变化政策的主要目标是转向一个持续的低 GDP 水平。 这是保护地球的唯一方式——除非出现一些新的、低价的奇迹性技术发明。 这是有可能发生的，但是由于人们发展这种技术的动力并不充足，所以这更多地是一种信念，而不是一种可能性——这种信念首先是对造成这些问题的现存技术的信念(如 Barnes & Gilman，2011 所表明的)。

未来的政治斗争

对企业支配的主要挑战来自于环境 NGO 组成的一个小世界。 在京都谈判期间，NGO 被正式授权参加会议。 虽然它们没有被允许参加国家代表之间的核心会议，但它们可以在走廊里进行游说，可以参加小组讨论，可以向代表们报告情况，可以出版关于会议进展的日报。 米歇尔·贝蒂斯尔(Michele Betsill)指出，虽然 NGO 的立场"并没有体现在《议定书》的文件中，但环境共同体确实以各种方式影响了谈判过程，因此产生了一定的影响"(Betsill，2008a)。 但是，戴维·汉弗莱斯(David Humphreys)认为，如果它们在支持企业的新自由主义话语中提出了建议的话，那么 NGO 在森林问题上对谈判结果产生了最大的影响

(Humphreys, 2008：169)。 在回顾了大量研究之后，贝蒂斯尔指出，"当政治影响最低的时候……以及当……谈判只涉及有限的行为变化的时候，NGO 的影响是最高的"(Betsill，2008b：203)。 在早期的谈判过程中，NGO 也产生了更大的影响。 在要求承担实际责任的晚期谈判中，企业游说者的影响胜过了它们。 企业的发言人往往被任命为政府的代表，他们通常从会议议程中剔除某些议题，或者减少协议的数量(pp.193—194)。 这是不平等的权力关系：企业支配着环境主义者，这也解释了谈判结果的不充分性。 环境保护群体的影响更加分散，他们影响了公共舆论和政党理念，但相比而言，他们对具体政策影响却很小。世界政体并没有出现。

激进环境主义者完全否认对贴现率的技术性争论。 他们还补充说，任何贴现率都同时忽视了对生物多样性(植物和生物物种的消失)和对低地国家造成的不可逆转的危害。 气候变化违反了可持续发展、地球保管职责、未来人口具有的不可分割的权力等原则(Hulme，2009：124—132；Hansen，2009)。 但不幸的是，世界人口还没有支持这样的绝对道德原则，未出生的人口还不能进行投票。 在经济衰退期间，对工作机会的需求——保守主义政治家说，这需要减少对环境问题的管制——很难得到满足。 如民意测验所揭示的政治家利益和对环境的关注一样，大衰退一旦开始，对环境问题的媒体报道减少了。 在民意测验中，虽然人们都说为了拯救地球他们愿意在最大程度上降低生活水平，但一旦他们的生活水平受到威胁，他们就采取了不同的行动。 当他们的消费被剥夺时，公民消费的需求则变得更为强烈。 当然，如果我们完全短视和自私的话，我们将不会采取任何缓解措施，因为在我们有生之年气候可能不会严重恶化。 但是，如果我们不为后代考虑，实施缓解措施原则上是没有希望的。 然而，问题太过抽象。 这个问题不会对我们的日常生活产生严重的影响——除非是贫困国家的穷人，因为他们没有力量进行抵抗，或者他们只能让我们看他们一眼而已。

一个长期的政治斗争现在已经展开；每年国家受到了民众、绿色非营利组织、科学家和低排放企业所施加的要更多限制企业和消费者行为的压力。 但是，世界上不同地区的人所具有的利益是不同的。 消费者所制造的排放存在着全球性不平等。

由于世界上的穷人很少进行消费和排放，所以他们是有道德的；而富人却造成了更多的污染，因为他们消费更多。 平均而言，那些年收入超过 7 000 美元的人超过了他们每年人均 2 吨二氧化碳的合理排放限制。 这些过度消费者几乎包括发达国家的所有公民；不过，由于印度和中国等国家中中产阶级规模的增加，现在发达国家和发展中国家中的过度消费者都很多。 据称，在这些过度消费者中，男性是女性的两倍(Ulvila & Pasanen, 2009：22—26, 37—38)。 这不仅仅是一个克服企业反对的问题。 克服北方国家公民以及各地富裕公民的短视也是必要的。在发达国家，减排反而对穷人的影响最大，因为大部分政策都会导致化石燃料价格的上升，而且穷人在家庭保暖和汽车驱动上的花销占他们收入的比例会更高。 为了将排放量削减 15%，如果奥巴马总统现在才去限排交易措施的话，那么收入水平最低的五分之一的家庭的支出将会增加 3.3% 的税后收入，这几乎是最富有的五分之一家庭的 1.7% 的两倍(Wall Street Journal, March 9, 2009)。 平衡原则建议，应该通过递增赔付税对减排计划进行改革。 左派政党可能会支持这种方案，但保守主义政党不会支持。

气候变化对南方国家的影响比对北方国家的影响更大。 贫穷国家已经遭受了气候变化的影响。 J.蒂姆斯·罗伯茨和布拉德利·C.帕克斯(J.Timmons Roberts & Bradley C.Parks)的数据收集了 1980—2002 年间发生的 4 000 个极其严重的气候灾难(Roberts & Parks, 2007：71—96)。 这些数据显示，贫困国家的农村人口首先遭受最严重的影响——包括死亡、无家可归、气候灾难引起的迁移等，其所遭受的恶劣影响规模大概是美国人(甚至包括卡特里娜飓风)的十倍到一百倍。 如他们所说的那样，"富裕国家为气候变化支付的是美元，而贫困国家所支付的是生命"(p.37)。《联合国开发计划报告》指出，全球变暖对穷人和未出生人口的威胁最大，这是"两个没有什么发言权的群体"(UNDP，2007：2)。

贫困国家的气温已经倾向于更高了，而且还有更为变化无常的降雨。 它们更加依赖于脆弱的农业，而且拥有更差的对付危机的健康服务和基础设施。 诸如加拿大、北欧国家、德国、波兰和俄罗斯等一些富裕国家实际上从全球变暖中获益了，因为它们可以向北扩展从而种植更多的作物和饲养更多的牲畜，也招来了更多的游客。 拉丁美洲国家、除埃及以外的中东国家、尤其是非洲和南亚国家是最大的受害者。 富庶国家也拥有更多的资源来应对威胁。 很久以来，荷兰都在洪水地域上花费甚多。 英国、海岸边的佛罗里达和加利福尼亚也这样做——至少我希望如此，因为我在洛杉矶的家只不过比太平洋的最高水位高出一米。 相反，如果海平面上升一米的话，超过五分之一的孟加拉国就要被淹没在水面以下了，而且这个国家缺乏应对这个问题的资源。 但是，美国西南部各州的选民应该知道，在几十年之后，他们会居住在一个巨大的灰尘碗中。

一个国家出口基地的狭小表明了其对世界经济的依赖程度，这又与环境恶化相关。 贫穷国家知道结构性不平等导致了它们对气候的脆弱性，限制了它们国家的发展，因此在气候变化的谈判中，它们力图带入一个更广泛的全球不公正的含义。 J.蒂蒙斯·罗伯茨和布拉德利·C.帕克斯(J.Timmons Roberts & Bradley C.Parks，2007：48—66)引用涂尔干的话说道，在谈判中，规则、信任以及广泛的互惠性与物质利益是同等重要的(Roberts & Parks，2007：48—66)。 如果富裕国家要降低这种敌意，并提高气候变化方面的合作，那么它们必须承认国际劳动分工的更广泛的不平等，并对之进行改革。 但是，这是一个太过雄伟的目标，很难为担心其工作和税收的北方选民所接受。

一些发达国家退出了所有的全球谈判，因为它们认为自己可以平安地度过未来的风暴。《联合国环境规划署报告》列出了未来许多可能发生的景象。 在安全第一或自己第一的景象中，政府和企业都只是力图提高或者维持富裕和强大国家的利益(UNEP，2007：401ff；参见保罗·拉斯金等人所区分出的世界堡垒策略，Raskin et al.，2002：25—27)。 富裕国家不可能完全与外界隔绝，因为贫困国家所遭受的灾难会产生连锁反应，并降低它们的 GDP 水平；而且，如果不能提供足够的安全经费，大量难民会让边境变得难以维持。 国家之间可能会为争夺减少了的水资源和食品等发动战争。 现在的非洲就为此提供了证明：在那里，降雨的极大变化导致了更多的暴力冲突(比如，Hendrix & Salehyan，2012)。如果贫穷国家不惜代价地减少热带雨林以扩展其农业来为自身的人口提供食品，那么对所有人而言，这将加重全球变暖。 更加可能发生的是，各国会继续进行全球性谈判，虽然某些国家会比其他国家更为热心。

但是，北方国家也要为发展中国家日益增长的污染负一定的责任，因为它们将很多污染工业迁移到了那里。 现在，贫穷国家生产和出口更多的工业产品，所以它们必须承受更多制造过程所包含的污染，而消费这些产品的富裕国家却转向了清洁产业，并宣扬自己道德上的纯洁(Jorgenson & Burns，2007；Roberts & Parks，2007)。"北方国家正在降低对碳的依赖"这是一种错觉，因为我们的生活方式严重依赖于对高碳产品的进口。 当北方国家建议在谈判中使用单位 GDP 的碳含量指标时，这是一种碳殖民主义，因为对国内生产的测量忽略了交易中所包含的碳含量。 看看修辞性的反问句：谁应该为中国成为最大污染者负责？ 中国资本家还是国外资本家？ 这种生态社会主义的观点具有道德上的正当性。 但是，道德并没有统治世界。

南方国家自然想要经济增长。 它们想要和欧洲和美国一样的生活水平，而且它们现在就想要。 但是，如果整个世界都过着现在的西方生活方式的话，那么人类的生态足迹将需要五个地球的支持(Hulme，2009：260)！ 对于碳足迹非常轻微的穷人而言，这种悲剧是显而易见的。 不论过去和现在的污染者——OECD 国家和金砖国家——的道德品质如何，为什么撒哈拉以南的非洲国家或者孟加拉国或者太平洋岛国应该为其他国家的罪恶承担责任呢？ 发展中国家和贫穷国家将会继续为更好的条款而进行斗争。 它们也应该这样做，我们这些发达国家也应该做得比以前更多。 然而，道德并没有统治世界。

但是，我们也看到了一些希望，因为这不是一种零和博弈。 任何地方的减排都会让所有人受益。 在全球共同利益存在的地方，贫穷国家也有更多的影响力。 首先对那些低效的、易于提高的工业企业进行改革是明智之举，无论它们在什么地方——它们越来越多地存在于贫穷国家了。 发展中国家和原苏联国家的很多发电厂仍然在使用过时的、高污染的技术。 相对而言，OECD国家为它们提供更先进的技术是非常容易和低廉的，而且产生的减排效果也会让它们受益。 但是这还不够。

只对巴西和印度尼西亚进行资助以保护其雨林可以带来很大的好处。 也许，防止森林砍伐是降低总体排放的最廉价的措施。 森林减少造成了全球温室气体排放的五分之一。 这是一个典型的市场失灵。 印度尼西亚的农民砍伐树木以得到棕榈油，虽然赚取了短期利润，但却造成了大量的碳排放。 如果碳税被定在每吨25美元的话，他们所赚取的利润率只是他们可以从木材的碳市场价值中赚取的利润的2%；因此，这个碳税水平也是帮助解决气候变化的有效方式。 即使印度尼西亚的大型硬木采伐企业所赚取的利润也低于它们可以从碳市场价值中赚取的利润的10%。 显然，符合世界利益的是帮助印尼人恢复森林，而不是砍伐森林。 补助也会让印尼人获益，尤其是被领导进行森林砍伐和被大地主、公司和政府所剥削的贫困农民和本地居民(UNDP，2007：157—159)。 在哥本哈根，次年又在迪拜，发达国家都接受了这样的原则：它们应该为发展中国家提供资助，虽然资助的数量很小，而且也没有执行机制。 这是不够的。

两个不可或缺的国家

为了解决全球变暖问题，两个国家是不可或缺的。 这两个国家是我在本卷中关注最多的国家；它们也是两个最大的污染者，即美国和中国。

美国已变成了减排的一个主要障碍。 就对气候问题的关注度而言，美国远远落后于欧盟和东亚国家。 如前面章节所强调的那样，虽然美国的新自由主义是具有高度选择性的，但在气候问题上，其动员程度是非常高的。 在这个政策领域，大政府被认为是坏事情。 在这个大洲一样大小的国家里，其联邦政治体系再生产着其多样性。 不同地域之间的温室气体排放变化的差异很大。 2005 年，怀俄明州人均 154 吨 CO_2e 的排放量是纽约人 12 吨和加利福尼亚人 13 吨的十倍还多。 排放量最低的十个州都是东部和西部沿海州，排放最高的十个州都是西部、中西部和南部州。 这主要是由煤炭和石油储备所在地引起的，虽然农业州的人也消费了更多的汽油。 这个地区分布状态大概与共和党州和民主党州之间的分化相一致。 这也是共和党人倾向于反对气候立法而民主党人却支持的主要原因之一。 很多共和党政治家都反对科学、更为狭隘和更不关心全球问题。 一小撮被称作蓝狗和黑狗(代表着煤炭和石油地区)的民主党人也相信，支持环境保守主义可以让他们保留自己所占据的席位。 他们也许是正确的，因为减排措施要求他们州的选民为其燃料付出更高的成本。 参议员、尤其是众议员经常增加环境法案的附加条件，以保护地方排放者(Miller，2009：chap.2)。 阻碍进步的利益关系非常强大和普遍，而且也产生了意识形态和选举行为上的反响。

地区不平等是很难消除的，因为税收制度不能很好地抵消这种不平等。 如果联邦政府用碳税和限排交易的收入资助深受打击的州，这可能会补偿这些成本。 但是，当前这些州的选民和政治家都反对碳定价和限排交易。 由于工人对于减少失业的欲望要比断断续续地保护环境的欲望更强烈，所以这在根本上不是一个阶级问题。 虽然民主党比共和党更加拥护对环境的保护，但是中产阶级民主党比工人阶级民主党更为拥护。 没有自上而下的大众运动对环境保护施加压力。 因为国会中政治权力关系的最近变化，在参议院和众议院中，在减排法案上取得能够抵制阻挠的大多数议员的支持是极其困难的，除非他们放弃彼此之间的斗争。

2009—2010 年间，《美国清洁能源和安全法案》在国会中的通过是一个令人失望的案例(Goodell，2010)。 这个法案设定的目标是到 2020 年减少 20% 的碳排放，但是却允许每年 20 亿吨的碳补偿。 这个法案只包含很微弱的限排交易方案，但却包含了提高能源使用效率的严格措施。 这个法案比"美国气候行动伙伴"最初提出的企业友好型的草案更为坚决；"美国气候行动伙伴"是由温和的环境群体、通用电气、康菲石油等大公司组成的联盟，它们所设立的目标是到 2020 年减少 14% 的碳排放。 但是，这个法案对共和党、蓝狗和黑狗、煤炭企业和石油企业提出了警示。 为了抵抗这个法案，这些人又争论说，气候法案只不过是一个国家的能源税，这只会导致能源价格的急速上升并减少工作机会。 他们说，限排交易方案实际上应该成为限排税收。 国会代表威克斯曼(Waxman，民主党人)只是替代了乔·巴顿(Joe Barton，来自德克萨斯的共和党人)成为国会能源委员会的主席。 他承诺要针对这个方案进行一场"聪明的游击战争"。 威克斯曼说，"这个过程开始的时候，我就和乔·巴顿谈了谈，表达我要在这个问题上和他进行合作的意愿。他告诉我，他不相信全球变暖科学，不认为这是一个问题，也不愿意力图去解决它。"

大煤炭公司斥资 1 000 万美元以资助反对这项法案的游说活动，还向反对这个法案的政治家捐助了 1 500 万美元以支持它们的联邦政府竞选。2003—2009 年间，致力于气候变化问题的游说者增加了五倍，达到 2 810 人——和议员的比例是五比一。 其中，只有 138 人是要寻求可替代性能源的。 这些游说者集中于蓝狗民主党人。 来自弗吉尼亚南部煤矿的民主党人、国会议员里克·鲍彻(Rick Boucher)收到了最多的捐助；2009 年的时候高达 144 000 美元。 鲍彻曾经是国会的附属能源委员会的主席，而且曾经为威克斯曼所需要的蓝狗选民进行辩护。 鲍彻与他的煤炭业朋友和国会附属能源委员会成员一起，进行了长达六周的密室谈判。

所以，气候法案得到了修订，包括为污染者提供更多的免费许可，还为清洁煤炭研究增加了每年 10 亿美金的资助——总统的激励计划已经为研究工作提供了 34 亿美金的资助。 到目前为止，这个法案包括了对煤炭业的 600 亿美元的支持——这远远高于为可再生资源提供的所有资助。 鲍彻还得到了大概 40 个正在建设中的煤炭发电站，而且这些发电站是不受新规定管制的。 减少碳排放的最重要目标是到 2020 年减少 20%—17%。 促进可再生资源的目标降低了将近一半。 环保署管理碳排放的权威被破坏了。 这个法案免费发放了 83% 的排放许可，而不是像奥巴马所承诺的那样对所有排放许可进行拍卖。 大污染者取得了总计 1 340 亿美元的补贴。 污染最严重的公司则得到了其他的政府补贴。

气候法案在国会中以 219∶212 的比例勉强获得通过。 几乎所有共和党人和另外 44 个民主党人投票反对这个法案。 当政府意识到参议院中缺少足够选票的时候，这个法案在参议院中止了。 如果未来的选举不能转变左倾的权力平衡关系，那么这种结果未来还可能继续存在。整个选举周期中都在运行的政治权力关系阻碍了减排工作的进展。 但是，美国对任何全球计划的参与是至关重要的，因为美国的排放量是全球的四分之一，而且到目前为止还没有能够与之相抗衡的地缘政治权力。 当考虑美国对潜在危机可能采取的反应时，我们很难避免一种忧郁的情绪，起码在中期来看是如此。

另一个重要国家，中国，也有问题，虽然其共产党国家具有一定的优势。 中国不一定受到企业的掣肘，反而几乎可以随意地采纳激进的计划，包括环境计划。 中国也可以制定长期的计划，可以计划到未来的几十年；这在军事和安全政策上是很明显的。 中国强制执行了非凡的计划生育政策。 这个政策避免了大概三亿人口的出生，相当于减少了 5% 的碳排放；这比《京都议定书》的效果还大(Hulme，2009∶270)。但是这个政权的日常目标仍然是经济增长，因为它认为这可以保证社会秩序及自己的权力，而且这的确是民众想要的。 如我们在第八章中所看到的那样，现在中国正面临着农民和产业工人的严重不满情绪。 因此，在短期内，中国还不想牺牲 GDP 和就业的增长来换取未来的更大收益——这与其他国家是一样的。

　　与"大跃进"运动一样，毛泽东旨在征服自然的英雄计划导致了严重的环境过度使用。 像三峡工程和西气东输工程一样的当代项目延续着这样的传统。 但是，快速的经济增长、私有化和权力下放——让问题变得更加严重了，因为利益驱动的经济增长的优先性弱化了保护性基础设施(Muldavin, 2000)。 1990年代后期，作为农村经济发展核心的乡镇企业引起了这个国家50%的污染。 政府意识到环境问题，并制定了很多反污染法律。 但是，负责执行这些法律的地方政府却几乎没有这样做，因为这会威胁到地方上的利润、税收、就业和自己的利益(Ma & Ortolano, 2000)。 煤炭满足了中国三分之二的能源需求，石油则满足了另外的20%。 不可持续的伐木业、草原的流失、水源的减少、机动车污染和地表土的严重流失都导致了生物多样性的减少、气候变暖、沙漠化和城市污染。 世界上污染最严重的10个城市中，六个是中国城市。 但是中国的表现并不比其他亚洲国家差，包括韩国、马来西亚、印度尼西亚和菲律宾。 在那些国家，企业和官员之间太过紧密的关系造成了环境保护问题，双方都与腐败的政治庇护网络相关(economy, 2004)。

　　中国政府正在力图转向清洁能源。 2009年中国宣布，在未来的十年里将会对清洁能源的研发投资4 400亿美元，而且中国已经取代德国成为清洁燃料的最大投资者。 汇丰银行的一份报告(2009)估计，中国38%的经济刺激方案都是绿色的，只有韩国和欧盟的比例高于中国；而且，如果按美元计算的话，中国的绿色方案显然是世界上最大的方案。到2010年，中国为可再生能源使用者提供了最大的资助，而且建立了一个由国务院总理温家宝亲自领导的、由各部部长组成的国家能源委员会。 中国已经生产了世界上一半的太阳能电池，而且是风能发电机的最大生产者。 和美国不同，中国政府认为，新一代技术将是可替代能源技术，而且在这一领域投资巨大以保证其领导地位。 中国被证明是第一个这样的国家：国家主导的经济在技术竞争中超越了资本主义市场经济，而不仅仅是追赶它们。 主要的障碍是中国的经济成功，即增长率。 虽然能源效率的提高是可观的，超过了美国，但是它们却被经济增长抵消了。 2006—2010 年减排方案的目标是将单位 GDP 的能源消费减少 20%。 但是，这少于该时间段内 GDP 增长的一半。 中国共产党的合法性依赖于它所带来的经济增长。 中国很难转向更低的增长。

但是，中国积极参与全球气候变化的谈判，成为发展中国家(G77)的实际领导者。 大部分发展中国家都不能建立自己的专家代表团，因而依赖于金砖国家，尤其是中国。 中国坚持认为，发达国家必须首先采取行动，必须向发展中国家提供更多的资金和技术转移。 中国将发展中国家的"生存性排放"与发达国家的"奢侈性排放"进行对比。 后者是可以避免的，而前者却意味着不可或缺的饭桌上的食物。 这是 77国集团的流行观点，但是却并不能为美国所接受。

在哥本哈根，中国拒绝接受国际巡视员进入中国。 它的敏感性可以与美国相提并论。 国会拒绝批准侵犯其权威的国际条约。 国家主权和资本主义阻止了解决措施的实施。 美国政治家已经重复声明，在发展中国家提出减排方案之前，他们不会首先采取行动。 当极其夸张地以 95：0 的比例反对《京都议定书》的时候，美国参议院就这样说。 小布什总统评论说，"美国的生活方式是不容妥协的"。 但是，必须妥协。 中国也重复地说，美国必须首先采取行动。 在哥本哈根，美国和中国最终在某些方面取得了共识，但是这却阻碍了更明确的条约。 没有这两个最大污染者的参与，全球气候控制是不可能的，但它们却都是主要的障碍：对美国而言，这是由联邦主义放大了的新自由主义资本主义造成的；对中国而言，这是由国家主义取得的巨大经济增长造成的；两者的共同点是，他们都缺少跨国 NGO 发展的土壤，都保护着各自的国家主权。

结论

一般相信，我们对自然的集体控制是整体性的，但是事实证明这是自我毁灭性的。 温室气体充满了地球的大气、海洋和土地。 如果不采取重大的缓解措施，在 21 世纪的某个时间点上，全球变暖会严重地危害到人类社会。 其打击将是不平等的，贫穷国家遭受的打击最严重，但是这会降低所有地方的生活水平。 现在，科学群体不可能是完全错误的，但是为资本主义利润所驱动的人类技术发明可能会发现一些没有排放的、更为廉价的可替代性燃料。 这将是比第二次工业革命和战后消费需求激增更大的资本主义创造性破坏。 这似乎是不可能发生的。必要性并不是发明之母。 一个前景更为黯淡的可能性实际上还有一线希望：核战争、全球流行病、甚至流星陨落会消灭世界一半的人口，从而充分地减少排放。 但是，更为可能的是，气候会继续变化，并逐渐导致灾难的发生。

与第三卷中所讨论那些危机不同，这不是一个预料之外的危机。我们提前多年就知道，如果我们什么都不做的话，未来将会发生什么事情。 如果人类理性统治了人类社会的话，那么我们应该现在就采取行动以避免灾难的发生。 但是，这还没有发生。 大部分行动者的理性都局限于短期方案上。 这使得囿于国家牢笼的政治家们不会采取重大的缓解措施；这些政治家陷入了选举周期的困境，并受到了来自疯狂消费的选民的压力。

对于取得任何好结果而言，主要有三个障碍。 第一，北方国家公民权利的增长已经包括了一种高排放的消费者文化；这种文化强调对现在物质的享受，而不是去思考更为禁欲的、依然抽象的未来。 南方国家的公民也开始品尝到经济增长所带来的享受；可以理解的是，他们想消费得更多。 这些人中，没人接受对化石燃料严格的限量供给和税收。 全球变暖只是一个抽象的威胁，还没有影响到日常生活。 但是，几十年之后全球变暖确实影响到日常生活的时候，再采取行动就太晚了。 在经济衰退期间，人们尤其不可能支持重大的缓解措施。 第二，成功的政策需要削减资本主义的自主权力。 资本主义在短期利润跑步机的驱使下破坏环境。 虽然低排放工业和高排放工业之间可能会产生分裂，但是现在这种分裂还没有出现。 资本主义的障碍为以下两个事实所加强：工人阶级还没有确认环境主义是代表他们的利益的，以及新自由主义最近的崛起谴责政府的管理。 这里阶级斗争是不对称的——大部分资产阶级都反对排放的管理，但是大部分工人阶级也都不支持。第三，成功的政策也需要削减单个国家及其政治家的自主权力。 他们被两种跑步机所驱使，其一是 GDP 的增长，其二是选举周期(或者威权主义政权中的对应物)。 什么样的政治家会拥护对化石燃料的严格限量供给和税收呢？

从积极的方面讲，二战问题的解决促进了国家之间"软"地缘政治的发展；这与 NGO 的快速发展一起产生了一些国际和跨国行动。 但是，有效的缓解措施需要更多。 这种行动需要所有大国之间有约束力的条约，但是南方国家和北方国家之间的对立，以及主要污染者之间对国家主权的相互猜忌性保护使得它变得更加困难。 所以，解决气候变化问题需要打击这个时代中三个最大成功者的自主性——资本主义、民族国家和个体公民权利。 这是一项非常困难的任务，也许是不可能完成的任务。

因此，我们似乎不可能足够快速地降低排放以避免严重后果的发生。 就像很多国家发生的大规模洪水一样，人类可能必须经过一些灾难后才能开始做出反应。 由于这种危机正在临近，危险的严重性可能会促使低排放企业、选民和政治家采取全球性的重大缓解政策，接受并将实际地牺牲一代或两代人的利益。 这就是吉尔丁所说的"大觉醒"(Gilding，2011)。 人们的生活条件可能会下降，但是他们起码会活下去。 否则，随着危机的恶化，那些受害较小而又实力充足的国家和地区就会采取世界堡垒模式。 这种模式将会受其公民的欢迎，从而使它们将国家笼子变为国家堡垒。 这可能会产生新的意识形态，不是可爱的环境保护意识形态，而是更为可恶的意识形态。 在那些被大规模难民流、激怒了的恐怖分子、地方战争和大规模死亡所困扰的国家里，这种意识形态可以产生生态法西斯主义或者民粹主义的魅力型领袖；其结果不是全球性整合，而是全球性解体，还有可能升级为核战争。 到此为止，我将对气候变化的意识形态回应描述为良善的、温和的、科学加道德的素食行为。 但是，环境意识形态可能在未来变得非常复杂多样，就像 20 世纪早期面对公司资本主义和工人阶级崛起的其他意识形态一样，类似于革命社会主义、侵犯性民族主义、甚至是法西斯主义的意识形态可能会出现。 也许在下面这个事件中我们可以看到这种现象的第一次萌动：美国出现了要实现能源自足的民族主义，并且力图将这个国家与世界隔离开来。

这两种极端并不是所有可能的路径。 缓解措施可以取得一些有限的进步，但并不足以胜过经济增长所产生的排放量。 这是最为可能的路径。 我们并不知道坏结果会延迟多长时间出现，但是在认识到灾难发生的恶劣趋势之后，更严格的缓解措施可能会逐渐出现。 这将不可避免地降低生活水平，但是两次世界大战中的确看到了做出牺牲的意愿，只要这种牺牲被看作是普遍的，因而也是公平的。 气候灾难的发生可以与之相提并论——对我而言，这的确是拯救地球上人类生命的最有可能的可能性。 最好的可能性是，沿着最近的官方报告所提出的路线，现在或即将采取严厉的缓解措施，但是要采取更加严格的管理、碳税和限排交易计划——即纽厄尔和佩特森所说的气候凯恩斯主义(Newell & Paterson，2010)。 但是，这些措施必须有新的绿色科技的支持。 所有这些措施结合起来也只能到 21 世纪中期才能降低全球变暖。 所有这些缓解方案的共同点：在气候管理、征收碳税、设定国内和国际排放上限等方面国家之间的强制。 解救办法只能来自更为国际化的人类社会，以及科学发现和准跨国 NGO 的推动。 但是，我还没有看到此类事情的发生。

资本主义必须得到控制。 这是主要的污染者，但却仍然不愿意赔偿其污染所造成的社会成本。 在社会民主主义处于守势的时候，像詹姆斯·古斯塔夫·斯佩思(James Gustave Speth，2008；chaps.8 & 9)一样的著名环境主义者竟提出了"改变资本主义的根本动力"的计划。 他呼吁政府取消违反公共利益的公司章程、剔除没有必要存在的公司组织、结束有限责任、取消公司的法人资格(这种资格给予公司和任何人一样的权利)、禁止公司参与政治、削弱公司的游说以及对公司进行民主化改革。 他相信，资本主义"深深地威胁着这个星球"，而且必须被取而代之。 除此之外，他还更广泛地呼吁公民停止增长崇拜和消费主义。他还要求新政治和新意识形态，包括培育适合于后增长社会的后物质主义价值观念，以及全球平等和可持续性的伦理观念。 他还补充说，所有这些措施——它们组成了对四种社会权力来源的重组——在美国仍然是空想。 事实上，在任何国家都是如此。 但是他希望，如果未来的环境危机产生了公民对激进行动的要求，那么这可能会变成现实。

更为温和的情形是，在20—30年的时间里，通过相对民主、整合、软地缘政治和和平的过程，缓解政策会逐步地、累积性地发展起来——也许还有大资本家和政府实验室中技术突破的帮助。 更坏的情形是，社会斗争的激化、更为繁荣世界的民族国家边塞的加固——但又难以维护，以及威权主义、"硬"地缘政治和战争。 在未来的危机中，人均GDP会急速下降，即使富裕国家在其他地方的影响下也会如此，而且很有可能转向昂贵的武装自卫。 最终，这种衰退也可能会降低排放，虽然这可能会在一些气候战争之后才会出现。

没人能够预测哪一条路径会被选中，因为我们面对的是人类；在20世纪，人类可以毫无理由地集体发动两次恐怖的世界大战，然后又能够排除国家之间战争的发生。 谁知道我们将来会做什么？ 1918年，罗萨·卢森堡说，选择是在社会主义和野蛮之间进行的，虽然气候社会主义与她所说的社会主义非常不同，而是更接近她所批判的修正主义。自由市场和为企业所腐化的政府让我们陷入混乱，虽然国家社会主义的荒谬在其他地方也发挥了很大的作用。 消费者的偏好和选民则让我们停留在混乱之中。 但是，面对共同的全球问题，人类的生存需要有效的集体决策以及更为承担社会责任的公民生活方式。 20世纪首先偏离了市场统治，然后又回到了市场统治。 现在我们必须再一次摆脱市场的统治；但是，这一次我们还需要摆脱国家的牢笼——这是一个空前的举动，波兰尼的双向运动走到了一起。 但是，危机及其威胁仍然是抽象的。 如我们在第十一章所讨论的新自由主义威胁一样，这个危机并不是植根于人们的日常生活之中。 在一种极具想像力的社会运动架通气候变化与日常经历之间的鸿沟之前，我担心本章的观点只能随风飘荡。

注 释：

   [1] 个人交流，Les Michels, France, July 10, 2010。

第十三章

总　结

全球化和发展的总体模式

在本卷中，我描述了意识形态范围扩宽后又变窄的过程、资本家的胜利和苦难、国家之间战争消退并为和平或内战所取代、国家公民权的加强、除一个帝国之外其他所有帝国为民族国家所取代。所有这些都是在不断增加的全球层次上发生的——这是一系列的全球化过程，而且这个过程有时被加强，有时被削弱，但是它们都互不相同。结果，世界的联系更为紧密，虽然并不和谐；而且，现在的世界很接近一个统一的全球体系。这是一个普遍但又多样的全球化过程。

在第二卷中，我区分出了 19 世纪发达国家的两个主要权力组织：资本主义和民族国家。在第三卷和本卷中，我将视野扩展到全球范围内，并增加了帝国的权力。在 20 世纪的上半叶，资本主义、民族国家和帝国交织在一起，引起了灾难性的世界大战和革命。1945 年之后出现了一个相当突然的断裂，因为权力关系进入了一个短暂的民主资本主义"黄金时期"；在此期间发生了除两个帝国之外所有帝国的崩溃、资本主义内部的阶级妥协、资本主义和国家社会主义的制度化、大众公民权利的出现，以及全球经济和人口的增长。主要的军事对抗弱化成为冷战，而且随着苏联陷入停滞，冷战也进一步弱化。与核武器的发现一起，这导致可用的军事力量的衰退，以及世界范围内国家之间战争的快速下降。 现在,改革了的资本主义和美国领导的地缘政治一起统治着大部分世界。 北方国家发展出一种更高水平的文明、更繁荣的经济、更多的公共福利、更高的受教育水平和更长的寿命,虽然这个过程非常曲折和危险。 但是,也有人认为,在此期间南方国家并没有取得同样的发展,甚至被认为只取得有限的依赖性发展。

然后,1970 年代发生第二次断裂。 这对北方国家和南方国家的影响非常不同。 在北方国家,我所说的盎格鲁国家、北欧国家和欧元国家的社会公民权开始动摇。 这种衰退在盎格鲁国家中最为严重,但是一般而言中间派和左派改革主义政党开始衰落。 它们的主要目标不再是进一步发展,而只是要保护所取得的成就。 社会民主主义和自由主义已经变成过度制度化和过度科层化的意识形态,因此很难应对新的结构变迁。 其后,它们的保护措施在北欧国家、北部的欧元国家和日本更为成功,而在盎格鲁国家和地中海国家那里则并不那么成功。 在那些地方,民主和公民权从属于那些拥有市场权力的人,尤其是金融资本。 与此同时,苏联模式的共产主义崩溃了,由于它远远不是民主性的,所以也应该崩溃。 新自由主义者、金融资本家和保守主义者之间的联盟出现了。 这种联盟在原苏维埃国家和盎格鲁国家中最为强烈;其中,最为强烈的是美国。 战后发生的右倾发展最终导致美国的绝对优越性;在更早的时候,我反对使用这种说法——虽然英国也曾经在相同的方向上取得过一些成就,但是这种成就比美国小得多。 资本主义,尤其是美国资本主义,现在包含了一种不平衡的阶级结构:资产阶级几乎没有什么自下而上的挑战。

但是,新自由主义没有成功地兑现它的承诺。 它没有产生经济增长,反而带来经济停滞、不平等、贫困,以及公司对政治民主的侵蚀。 其后,它又导致 2008 年的新自由主义大衰退。 但是,由于没有自下而上的挑战,所以它也没有找到有效的解决危机的措施。 新自由主义在危机中幸存下来了,因为它掌握了分配的权力——这是一部分人对其他人所拥有的权力,这在跨国范围内尤为明显——但是并没有给所有人带来更多的集体权力。 目前为止，英语世界的前景并不乐观；即使对资产阶级也是如此，因为他们反对那些能够刺激总体消费需求的措施，而这种总体消费需求正是他们在黄金时期所取得的繁荣的基础。 如果他们将最底层的五分之一或四分之一人口推向极端贫困的话，资本主义在长期内能否取得发展也是值得怀疑的。

但是，这并不是全部的全球历史。 世界很大、也很多样。 中东地区尤其混乱；侵犯性的美国帝国主义恶化了这个地区的问题，导致了恐怖主义的反击，也侵害了北方国家的公民权利。 但是，相对而言，在北方国家停滞的几十年里，南方国家却取得了实质性的经济增长。 依附理论及其衍生的世界体系论都没有预料到这种发展。 传统的世界体系论对所有的国家都赋予世界体系中固定的核心、半边缘或者边缘地位，而且世界体系的动力机制很大程度上局限于核心国家之间的斗争。但是，这并不能解释国家和地区内的流动性；在这里，一些国家可以从边缘国家上升到核心国家。 所以，一些世界体系论者开始强调资本主义会通过所谓的空间措施(spatial fix)来应付在北方国家出现的利润率下降问题，即资本主义会搬迁到成本更低的南方国家，而且这种变化最终会到产生全球霸权的转移，从而产生多中心的世界体系。

向上流动并不局限于中国。 所有的所谓金砖国家(巴西、俄罗斯、印度和中国)都首先发生了向上流动，但是现在这种流动已经扩展到几乎所有的东南亚国家、很多拉丁美洲国家和土耳其，甚至零散地扩展到非洲国家，比如阿尔及利亚、乌干达、加纳、博茨瓦纳和南非。 金砖国家首先从 2008 年新自由主义大衰退中走了出来，而不是美国、日本和欧盟；其中一个原因就是因为它们的新自由主义性质更低。 相反，它们的经济是鼓励出口的、有些保护主义的、国家调节的。 世界上最有效的经济体是那些更具有国家主义性质的经济体，而不是新自由主义模式的经济体；当然，中国尤其如此。 如果北方国家的衰退持续下去的话，它们能否保持经济增长并减少全球需求还是不清楚的。 它们之间也存在实质性不同，四个金砖国家的不同就很大。 所以，世界虽然正在经历全球化，但是仍然是多样化的。 即使面对着跨国权力过程的强化，民族国家之间和地区之间仍然存在很大不同。

所以，对南方国家和北方国家所做的任何区分都需要加以限制。首先，一些北方国家采取了更少的新自由主义政策，因此也更快地走出了大衰退——就像瑞士、瑞典和德国所发生的那样。 第二，很多南方国家，尤其是非洲和中亚，仍然极度贫困和落后。 第三，很多北方公司向南方国家迁移了制造过程，从而为这些公司及其老板制造了模糊的国家/跨国身份。 它们在所扩展的南方国家市场中产生了更多的利润，因而不再那么依赖于它们在北方国家的基础了；但是它们又倾向于将利润运回北方国家，并倾向于认为自己是美国人或者德国人或者日本人。美国的制造公司通用电气公司就说明了这种模糊性：这个公司更多地从事金融业，而不是制造业；而且它在国外赚取了更多的利润，但是，2011 年 1 月，它的总裁却被任命为奥巴马总统的美国经济恢复顾问委员会主席。 资产阶级具有双重身份——他们不仅仅是某些人所说的全球资产阶级——但是，其他阶级在国家之间仍然是分离的。 所有这些限制条件都让简单的南北区分变得更加模糊。 但是它们都不能掩盖世界正在转变的事实：经济权力的平衡正在从传统西方国家转向包含南方强大国家的多边秩序，尤其是东亚和南亚的国家。 2000 年之后失去了限制的美国军事帝国主义，以及美国和欧盟政治中不断增加的功能失调强化了这种转变。

虽然我们还不清楚 21 世纪是否会发生本卷所描述的那种权力关系的巨大变化，但是我们已经确定：如果没有非污染性的、低廉的可替代性能源技术的发明和扩散，资本主义、民族国家和大众消费公民的胜利会继续造成严重的气候变化。 全球变暖和更大的气候不稳定性会造成以下两种极端情形中的一种：全球层次上地缘政治谈判所产生的减排改革，或者现代文明的崩溃。 也许更有可能发生的是：在各种灾难中发展出权宜性的解决措施，而且这种措施会对某些阶级、地区和国家更加有利——这也是人类社会发展的正常结果。 但是，为了生存，我们必须再一次从市场主导和新自由主义转向更具社会管理性的民主制；不过，这一次转向要在全球地缘政治层面上进行。 当然，我们保证这种转向会发生，我们必须为之进行斗争。 这些选项可能会导致更为整合的或者更为分裂的全球化过程，这种选择会让这个世纪比上个世纪更加引人注目。

四种权力来源的作用

我现在要在更加理论化的层次上进行总结。 首先，我将分别讨论四种权力来源的发展。

意识形态权力

在 20 世纪的斗争中，意识形态权力的作用变化很大：在 20 世纪上半叶，其作用尤其明显；20 世纪中期以后，其作用下降了；进入 21 世纪，其作用又恢复了。 在上一世纪，种族主义意识形态统治着整个世界，但也导致了它的崩溃，父权主义在各个国家和帝国中都保留了其大部分权力，自由主义和社会民主主义统治着西方国家，马克思主义则促进了俄罗斯、中国和其他一些地方的革命性变迁。 法西斯主义在德国和意大利也是如此，而且还对日本产生了重大的影响。 这些意识形态的斗争相结合导致第二次世界大战；这次大战又产生了战后的大规模转型。 我强调民族主义意识形态所采取的多种形式。 侵略性民族主义更多地是第一次世界大战的结果，而不是其原因；但是这种意识形态是短命的，后来都变成了民粹主义和进步主义的和平需求。 其后，和平主义的国家公民权取得统治地位。 但是，法西斯主义作为一个极端的例外情况，导致第二次世界大战的发生。 令人惊奇的是，现代化问题——工业化、大众动员的战争和民众的政治整合——也导致多种意识形态反应。 21 世纪环境危机也可能会产生意识形态的多样性。 在关于 20 世纪上半叶的那些章节中，我对意识形态多样性的解释：这是不同的社会制度与对当时意外的社会动荡的不同经历相互作用的结果；当时意外的社会动荡体现在两次世界大战和大萧条上，所有三种因素都是全球现象。 这里，全球化扩大了世界分裂，而不是世界整合。

第二次世界大战消灭了法西斯主义，而国家社会主义则在冷战中失败了；这导致意识形态话语收缩到诸多中间立场上，包括社会民主主义、基督教民主主义、自由主义(美国意义上的)和温和的保守主义。 随着殖民主义和美国隔离主义的衰落，种族主义也失去了很多影响力，虽然狂热的反共主义和父权主义稍后才开始减弱。 丹尼尔·贝尔(Daniel Bell)认为，自 17 世纪晚期以来，主流意识形态发生了从宗教向世俗的巨大转变；但是，由于它们带给世界的残暴以及资本主义和福利国家的成功改革，1950 年代这种转变走到了尽头(Bell, 1960)。 他说，苏联和西方国家逐渐地交汇于一种现代化模式上——更少意识形态的、更为实用主义的改革观念取得了胜利。 就在苏联开始崩溃的时候，福山继承和发扬了这种观点。 他将法西斯主义和国家社会主义的崩溃视作"西方的胜利"，并进而大胆地宣称"我们所见证的不仅仅是冷战的终结，而是这样的历史的终结：……即，人类意识形态发展的终结和西方自由民主主义的普遍化，这是人类政府的最终形式"(Fukuyama, 1989：4)。 虽然福山强调西方的胜利是正确的，但是他宣称"历史的终结"却有些荒唐，这只在当时席卷美国的幼稚的必胜主义中才会找到。 历史制度化了旧有的意识形态，但是也不断地在社会发展的缝隙中制造新意识形态。

所以在 20 世纪末，新意识形态的出现打乱了意识形态的衰落；这些新意识形态既来自西方国家内部，也来自其外部——尤其是来自美国这个新共识形成的中心。 这里，作为对美帝国、资本主义和作为道德实体的民族所遭遇的问题的回应，新帝国主义、新自由主义和基督教原教旨主义意识形态都变得更加突出了。 虽然没有人反对自由民主主义，但是在其他三个中，一个复兴了军事主义，一个打破了对民众的社会保护机制，第三个则不能容忍其他的道德和生活方式。 所有这些都威胁着贝尔和福山认为取得了胜利的自由主义意识形态。 在所有富裕国家中，全球化也从其他文化中带来了更多的移民，这又产生了种族和宗教分化。 最后，与环境主义者一起出现的是绿色的、超越的、很大程度上和平的意识形态。

贝尔、福山和其他人错误地假设自由主义或者社会民主主义是西方文明无可辩驳的基础。 马克思主义者和法西斯主义者也认为他们可以终结历史，看看它们都发生了什么吧！ 事实上，自由主义和社会民主主义在其发展的每一步上都进行着斗争，而且也从未取得过完全的胜利。 如果自由主义者和社会民主主义者削弱和停止进行有力的抗争，那么他们就会轻易地受到左派的反击——这正是事实上所发生的。 他们感到疲倦了，他们的主要支持者减少或者转向了各种身份政治，大众媒体也越来越受到公司的保守主义控制。 女性主义者、同性恋群体和其他身份群体都从中得到相当大的利益，但保守主义意识形态重新出现并控制了政治中心，它取消了一些公民权利，在盎格鲁国家尤其如此。意识形态的终结并没有发生，发生的只是新的意识形态的摇摆。 下一次摇摆可能是向相反的方向进行，即向着新的集体主义方向摇摆，而且我认为这是解决气候变化所必须的。 但是，可以确定的是历史并没有终结，人们对意识形态的需要也没有终结。

当代的意识形态威胁也来自于西方国家之外，包括新伊斯兰教、印度教和犹太复国运动原教旨主义；这些都增加了世界上意识形态的多样性。 它们都是对"谁来组成民族"这个问题的意识形态回应；对于伊斯兰教而言，它们还是对西方和俄罗斯帝国主义的反应。 在西方国家里，欧洲现在很大程度上是和平主义的，但是美国却仍然是帝国主义的——欧洲突然变成了女生，美国则变成了战神；在这之前，情况恰恰相反。 和美国不同，土生土长的欧洲人继续着世俗化过程，欧洲的宗教信徒和牧师越来越依赖于移民。 世俗主义也统治着大部分(虽然不是全部)前共产主义国家。 但是,据称,在过去的几十年里,更为纯粹和激进的伊斯兰教、犹太教和印度教增强了,而非洲和拉丁美洲的基督教则发生了从温和派教会向新教教会的大规模转变。 美国新教主义、美国和以色列的犹太教、伊斯兰教和世界圣公会的内部都发生了保守主义和自由主义之间的宗教斗争。 我们似乎没有达到意识形态的终结,而是意识形态的泛滥;而且很多是不宽容的,并导致了世界上意识形态冲突的再生。 这并不令人惊讶,因为新意识形态是对新社会问题的反应,社会发展总会带来一些现有意识形态和社会制度似乎无力解决的新危机。 但是,大部分新意识形态都不像世纪之初流行的意识形态那般暴力和具有动员性。 但是,我将一些称为"内在的",因为它们强烈地加强了群体的内部认同;而将另一些称为"超越的",因为它们致力于通过动员新的、社会间隙力量来进行彻底的社会生活变迁。

这些意识形态具有诱惑性,但也有潜在的危险性。 它们会激起强烈的情绪、对终极价值的坚定责任感和经常表现为不能容忍别人的使命感。 我们不能从人类存在中消除这些行为,但是它们的确会向着韦伯所说的价值理性发展——对终极价值的坚定信念使它们不再对目标手段关系进行仔细的计算(他将这种计算看作工具理性)。 很多人更喜欢将这种现象称作非理性;在本书中我们可以看到这种性质的存在。 在上世纪主要危机的准备阶段,这非常明显,尤其是两次世界大战和两次大萧条/衰退中。 当在滑溜的斜坡上滑向危机的时候,人类起码是警觉的,虽然在对危机的解决时会带来希望,并表明他们的学习能力。 我们将核战争的威胁保持在较低水平上的能力是我们完全避免这场灾难性危机的主要希望。 最近,在重现的帝国主义意识形态的驱使下,美国的中东政策是在较低的非理性层次上做出的,而且这些政策是事与愿违的,产生了国际恐怖主义形式的反击、核武器的扩散以及世界主要宗教内部和之间的冲突。

超越性意识形态还存在第二种危险。 它假设存在一种人类社会组织的完美形式，因此忽略人类及其利益和价值观念事实上的多样性。革命的情形最能说明民众作为一个整体达成了对向往的社会变迁的共识，但是这种共识是消极的共识，因为这种共识想彻底推翻被视为极具剥削性和无能的现存政权，但却不是一个关于如何继承现存政权的共识。 成功而积极革命的口号似乎非常简单和具体：布尔什维克所要求的是"面包、土地和和平"，农民革命所要求的是"将土地还给耕种者"等。 但是，然后呢？ 革命之后，应该怎样组织社会呢？ 在这个问题上，并没有共识，只有冲突；而且暴力往往是革命者的回应，以将他们乌托邦理想强加给顽固的民众。 这就是布尔什维克、中国共产党人、法西斯主义者和伊斯兰主义者所经历的生命过程，虽然新自由主义力图通过不那么暴力的方式进行控制。

因此，人类社会要将超越性意识形态权力限制在一定的范围之内，即限定在宗教范围内，这是非常重要的。 我们应该将教会和国家相分离，让美国的外交政策关注全球实用主义而不是全球布道使命，将芝加哥经济学家限制在芝加哥大学里。 我们应该永远宽容我们的差异，并乐于接受道德暧昧的政治计谋；当然，与之相伴的一定是政治家之间的幕后交易。 我们应该允许其他文明拥有它们自己的意识形态，无论对我们而言它们是多么异常和令人反感——所以，它们也会允许我们有自己的选择。 所有这些都会很大程度上防止意识形态压倒实用主义和妥协让步，而后者更适合于对人类社会的经济、军事和政治领域进行管理。

经济权力

在此期间，资本主义显示了它的力量和效率。 它的成功，部分由于它能够在战争中动员更多的军队，部分由于资产阶级相对于工人阶级和其他反对社会运动所具有的强大权力。 但是，资本主义也胜过了国家社会主义和法西斯主义等替代性方案，虽然自下而上的改革压力削弱了其内在的剥削性、波动性和危机趋势。 当未来目标明确的时候，国家社会主义更善于进行较晚的经济发展。 它尤其善于进行后工业化进程，因为可以将农业剩余产品转移到工业部门中去的专制能力是它的一个优势——虽然对农民来说不是如此。 但是国家社会主义也会导致恐怖的暴行，这也降低了它在全球的吸引力。 相反，资本主义代表着熊彼特所说的创造性破坏，即科技和组织发展向更高水平的发展破坏传统工业的能力。 当然，我在本卷中对资本主义和国家社会主义的效率进行的比较有些复杂。 世界上大部分人都能理解更为简单的表述：资本主义行得通，共产主义行不通——虽然中国的半共产主义奇迹引起了世界上所有南方国家的再思考。

在第三卷和第四卷中，我区分出了资本主义在北方国家的三个发展阶段。 第一个阶段发生在 20 世纪初，第二次工业革命产生了高效的公司经济，但是大众需求却很低。 这导致了大萧条的悲剧，但是这也为第二次世界大战所产生的第二阶段奠定了基础——即 1945 年之后释放了大众消费的需求。 在 30 年的黄金时期，国家协调的公司经济将高效率和高消费需求结合了起来。 这两个阶段的核心都是国家内部经济，虽然全球化在继续开展。 1970 年代第二个阶段陷入危机，这也导致第三个更具跨国性的新自由主义阶段。 这个新自由主义阶段虽然是一个新阶段，但却不是创造性的，因为这只不过是回归到老传统上，并且产生了债务推动的低增长和高消费。 南方国家中更为成功的经济是从缓慢而落后的发展开始走出第一个阶段进入大众消费阶段，这在很大程度上是国家内部经济(虽然是出口导向的)，但与北方国家相应的发展阶段相比更具有国家主义性质，因为这是后经济发展的比较优势。 所有这些的突出特征是，世界范围内国家经济发展政策和资本主义全球扩展的共存。 这些过程是紧密地交织在一起的。 比如，我们在赞扬中国经济发展，并认为这是中国共产党的政策所产生的，但是中国发展很大程度上得益于来自美国、欧洲、日本和华侨公司的大量投资，这些公司实际上为中国经济提供了高科技。 国家和跨国互动网络并不是一个零和关系——它们一起得到了加强。

资本主义的经济成功并不是完全由资本家造成的。 让大众感到幸运的是，马克思对资本主义阶级斗争的分析被证明是部分正确的。 他错误地期望了工人阶级革命的发生，除非是在由政治和权力关系所决定的异常情况下，尤其是在战争情况下。 但是，他只是部分正确的，因为大众阶级通常可以发动集体行动，并强制对资本主义进行改革。 这导致了大众消费的繁荣，并通过马歇尔在 1940 年代所说的各种"民事—政治—社会"公民权利链加强了民主制。 1950 年代消费公民权与资本主义社会公民的日常愉悦融合在了一起。 言论、结社和集会自由，自由选举和累进税制，充分就业政策，社会福利计划，以及更多消费品扩展到所有北方国家，然后也扩展到南方国家。 这个过程无疑会在南方国家中继续进行，虽然北方国家的公民权利链最近开始出现松动，因为工人阶级运动衰退了，而且资本主义发展出超越单个民族国家控制的跨国组织形式。

经济发展并不仅仅来自于市场力量。 尤其在战后时期，民族国家的合作和调控也促进了经济发展。 民族国家是宏观经济计划的主要机构，而且大约 80% 的产品和服务贸易仍然发生在国家内部。 公民权利在国家内部得到实现。 大企业变得更具有跨国性质(尤其是在金融服务部门)，它们的供应链跨越很多国家，但它们仍然依赖于国家的帮助和管理。 全球资本主义仍然是国家、国际和跨国网络的混合物，其跨国组织增长了，并且以各种方式限制了民族国家的经济权力，但是我们距离某些人所说的跨国统治阶级还很遥远(Sklair, 2001；Robinson & Harris, 2000)，具有强大投机工具的金融资本组织与之最为接近。

在西方国家，我们可以区分出不同的资本主义，它们在市场导向的自由市场经济和更具法团性质的社会市场经济之间存在很大不同。 然后，我们必须加上日本的独特的法团主义经济。 但是这些经济模式中最特殊的是大部分南方国家中存在的更具有国家主义性质的经济。 在过去的两个世纪,大部分时间和地方的后发展经济都经历了最快的经济增长,虽然它们的政策因当地资源组合和比较优势而存在很大不同(Chang,2003;Kohli,2004)。 这也依赖于经济和政治精英具有相对的一致性和不腐败,但是很多成功的案例,尤其是在东亚和东南亚,都强烈地反驳了依附理论,因为依附理论认为,发达国家能够保持发展中国家对它们的依赖。

但是当今世界上最普遍的经济类型是更具有国家主义性质的。 一般而言,去殖民化过程产生了比较有效的国家,但是几乎没有产生企业家阶级。 因此,发展在很大程度上是在国家资助和保护之下进行的。在此期间,社会主义在南方国家是一个很有吸引力的目标,也出现了很多工业国有化过程。 但是,这个过程往往被败坏了;作为反对社会主义的一种反应,私有化过程在 1970—1981 年代开始了。 这个过程也常常被腐化了,这在原苏维埃阵营国家就很明显。 如我们在第八章所看到的那样,它向资本主义的转型始于前官员对国家经济资源的霸占,而且企业家也力图保证他们从国家获取许可的特权。 起初,这产生了黑社会性质的、具有某些自主性的、寡头领导的资产阶级,但是普京对国家权力的逐渐强化迫使他们与之对抗。 虽然他们失去了一些黑社会性质,但是他们却与国家紧密地交织在一起。 对于谁应该为这种形式上的转变负责的问题,备受争议;但是,这是比西方资本主义更为政治化的资本主义形式。 中国的转型则采取了不同的形式。 政治化的资本主义也可以在很多南方国家中找到。 私有化的国家资产流向了政治精英的朋友和亲戚手中,在某些国家,军队和保安也参与了这些掠夺行为。政府也想借此收买忠诚的支持者。 伊朗的国王政权和埃及穆巴拉克的政权就是明显的例子,而在卢旺达发生种族灭绝的过程中,谁来控制依赖于国家的企业仍然是一个没有解决的重要问题。 当然,这种政治化的资本主义在政治上是脆弱的,因为它会将经济不满集中在政府身上,而且这些经济不满也会与政治不满结合在一起。 但是,推翻某个政权可能不能消灭政治化的资本主义,因为新政权也会采取同样的庇护主义政策——1979年革命之后的伊朗就是如此。 因此，虽然资本主义统治了世界，但是其形式多种多样，西方的资本主义模式并没有统治世界。

死亡率的变化趋势揭示了资本主义与国家之间的多种形式。 在第三卷的结论中，我给出了一些1970年时死亡率得到改善的数据。 从那时起，这种趋势持续发生。 1970年，全球平均寿命预期是59岁，2010年是69岁。 儿童的状况更好。 1970年，全球儿童死亡率(每一千儿童中不到五岁的儿童)是141；到2010年，这下降了一半多，达到57。 虽然印度和中国为这些提高做出了特殊贡献，虽然撒哈拉以南非洲国家和一些后苏维埃国家并没有什么改善，但是人类健康的改善趋势几乎是全球性的。 全球范围内寿命预期变得更加平等了；这是由于资本主义提供了更丰富和更健康的食品，也因为政府建立了饮水、排污、公共健康等基础设施。 这两个过程为北方国家带来了更多财富，为很多南方国家带来了生活水平的提高，这也是这个时期的巨大经济成就。 我们必须积极地评价这段人类历史——虽然气候变化和核战争的阴影仍然笼罩着世界。

但是，世界上最富有与最贫穷的人之间的差距仍然很大。 虽然中国取得了经济增长，但是美国人和中国人的平均福利的绝对差距依然在扩大(虽然这可能不会继续很长时间了)。 国际之间的不平等依然高于国内的不平等。 一项国际评估显示，个人的收入水平60%是由他所出生的国家决定的，只有20%是由国家内部的阶级地位决定的(Milanovic, 2010)。 你出生的地方很大程度上决定着你的命运。 这也是南方国家的很多人冒着生命危险要偷偷来到北方国家的原因。 但是，我们最终看到一个体现更平等的权力分配的全球经济基础。

在某些国家和地区内部，北方国家和南方国家里出现的经济文明化过程受到新自由主义的威胁；这种新自由主义体现在不断增长的债务、不平等、贪婪和金融犯罪上，它们威胁到老百姓的生活水平和国家的社会团结。 未受约束的资本主义再一次导致剥削。 像波兰尼倾向于相信的那样，资本主义并不必然拥有自我调节和自我保护的机制。 相反，各代人所得出的教训是，对资本主义的文明化和拯救是一个永无休止的斗争过程。

资本主义的未来前景如何呢？ 由于以下三个原因，对长期趋势进行精确的预测是不可能的。 第一，地球很大，而且具有多样性。 我们不能做出适用于整个世界的关于宏观结构的一般结论。 我们更不能为它们的未来冒风险。 第二，我的社会权力的来源模型是非系统性的——也就是说，这四种来源并不会组成一个统一的社会系统，它们之间也不存在决定关系。 如我稍后所言，它们之间相互对立，都具有自主性又相互影响；这就使得它们之间的互动结果是不可预测的——它们产生了多个全球化过程，而不是一个统一的全球化过程。 第三，人类行动和人类自身产生的宏观结构是不稳定的、情绪化的，而且他们同时具有理性和非理性能力。 人类是不可预测的。 由于这些问题的存在，我不会做出明确的预测，而是力图指出资本主义在未来可能出现的不同情景，并对它们的相对可能性进行粗略的猜测。

第十一章讨论了 2008 年的新自由主义大衰退。 我发现，与成功的南方发展中国家相比，大部分北方国家受到更大的影响。 我也怀疑，当前北方国家的经济政策能否治愈其缺陷，能否预防衰退在未来再次发生。 这是经济权力从北方国家转向南方国家的一个组成部分，这也很可能出现多中心的资本主义结构的回归；而且如我刚刚所言，这很可能意味着多形式的资本主义的出现。 但是，现在我要进一步讨论全球资本主义的长远前途问题。

马克思主义者非常自信地预测了资本主义灭亡的厄运，虽然世界社会主义体系崩溃之后，一些人开始沮丧地认为，资本主义会永久存在。但是，世界体系论者恢复了他们的元气。 马克思主义者发现资本家通过"空间措施"延长资本主义寿命，即北方国家的制造过程转移到劳动力成本和其他成本更低的国家；他们还预测资本主义最终会耗尽市场潜力。 中国的成本变高之后，制造工厂转移到成本更低的国家，比如越南。 越南的成本变高以后，它们又会转移到其他地方，也许是非洲——这个过程会持续下去。 从中国的转移已经开始发生了。 沃勒斯坦估计，发展中国家的工人运动要经过大概 30 年的时间才能建立工会、提高工资和改善工作条件，从而使这些国家不再是劳动力成本低廉的国家(Wallerstein，2012)。 但是，一旦最后的接收地——也许是非洲——也提高其工作条件的话，就没有廉价劳动力市场存在了。 进一步的空间转移就不可能了，利润就会下降，工人就会在全球范围内组织起来反对削减劳动成本，资本主义就会面临最后的危机。 他虽然没有给出这些事件发生的具体日期，但是他的模型可能让我们假设这可能会在 60 年之后发生。

这很大程度上是一种推测，当然没有人可以自信地预测长期结果(沃勒斯坦也这样认为)。 但是，我对这个模型的某些方面持怀疑态度。 首先，我不怀疑这个空间转移顺序，但是其结果可能是不同的。 如果没有廉价劳动力的存在，资本家就不能从中获取高额的利润；但是，新发达国家中更高的劳动生产率和更多的消费需求对之做出补偿，并进而产生一个繁荣的、改良的全球资本主义，而且这种资本主义会给所有人以完全的公民权利。 这不是资本主义的终结，而是更加美好的资本主义。 对这个美好情景的一个主要反驳是，更高的劳动生产率会导致工作机会的减少；但是这种情景会要求缩短工作时间和分享工作任务，从而会让所有人都参与到这种形式的资本主义中来。

我对空间转移模型的第二个怀疑是，市场不一定会受到地理因素的限制。 对新需求的培育可以产生新的市场。 资本主义变得很善于说服我们：我们需要每个家庭有两部车、更大和更好的房子，很多电器设备已经过时并需要每年进行更新。 我们不能预测我们曾孙辈的消费风尚，但是我们可以相当确定他们会有自己的消费时尚。 市场不会为地域所限定。 地球可以被充满，但是新市场也可以被创造出来。

但是，这是否会是资本主义问题的永久解决之道，还有待考察。 这依赖于被称为"技术措施"的第二种措施，即不断地发展新产品和新工业的能力。 这是熊彼特"创造性破坏"概念的核心：企业家对新技术发明的投入会导致新工业对旧工业的破坏,从而维持利润和进一步投资。 创造性破坏可以是一个不平坦的过程。 美国的大萧条在某种程度上就是主要由传统工业的停滞所引起的,新兴工业虽然充满活力,但还不足以强大到吸收那些剩余的资本和劳动力(我在第三卷中已经讨论过)。 作为二战的后果,这得以实现了,因为战时受到抑制的庞大消费需求被释放出来。

现在,这种充满活力的新工业又出现了,比如微电子技术和生物技术。 虽然,创造仍然在繁荣发展,但不幸的是,这些工业还不能提供令人满意的解决措施,因为它们还没有创造足够的就业机会以弥补制造业国外转移所造成的失业。 在制造就业机会的能力上,尤其是在低技术行业内,电脑、互联网和移动通信等技术发明还不能与铁路、电信和汽车工业相比。 它们也没有产生足够的利润来促进经济发展。 这产生了资本的过度积累,而且资本被过度地投入到金融部门,这些都实际上增加了对资本主义的抱怨。 也许,更为重要的是卫生和教育部门,它们是更为劳动密集型的,尤其是对知识分子和中产阶级而言。 在有生之年,它们可能会继续发展,尤其是在那些老年人的有生之年,而且教育文凭主义也会继续发展。 兰德尔·柯林斯(Randall Collins)对此持怀疑的态度,中产阶级的脑力劳动工作最近也出现了向海外转移的趋势,这也让他担心(Collins,2012)。 他认为,北方国家的资本主义没有办法产生足够的就业以维持整个社会的运行。 但是,未来可能制造工作机会的另一个部门是新燃料部门。 目前,它还不是主要的工作制造者,而且这个部门的未来还很不明确。 如柯林斯所言,创造性破坏没有理由持续地拯救资本主义。 也许,在战后的黄金时期,资本主义只是非常幸运而已。

但是,当前的趋势也有积极的一面,因为资本主义在南方国家的扩展导致全球就业机会的巨大增长,这比世界人口的实际增长还要大。若非如此,世界人口高达两倍和三倍的增长会产生巨大的经济危机。1950—2007 年间,工作增长比人口增长高出大概 40%。 在 OECD 国家，比以往更多的人在工作，虽然失业人口的绝对数量也在增加，因为人口增加了，而且更高比例的人口在寻找工作，包括更多的女性。 在北方国家，进入正式劳动力市场的女性数量的增加是就业水平的最大问题。 但是，全球经济并没有遇到北方国家所遭受的困难。 在1970—2007年之间，全球失业率相当稳定，大概在6%。 国际劳工组织(ILO)揭示，即使在大衰退期间，全球就业也在持续增长，虽然其就业率只是危机之前的一半。 但是，其分布却是不平等的。 2009年，发达国家的就业率下降了，包括欧盟(大概下降了2.2%)及其邻国、原苏联中的独立国家(下降了0.9%)，但在世界的其他地方，就业率上升了。 在发达国家和东亚国家，就业和人口的比率也在下降，但到2010年，其他地方的比率回到了2007年的水平。 失业的增加只是北方国家的问题，而不是全球性问题。 但是，北方国家未来的劳动市场可能是劳动力短缺，而不是高失业，因为生命在延长，而出生率已经降到了低于能够进行人口再生产的水平。 欧洲、日本和北美可能都需要大量的移民来填补这个空缺。 随着发展中国家变得富裕，此类人口趋势可能也会出现在那里，所以在21世纪下半叶，世界总体人口可能会开始下降。 这是全球失业不会发生实质性增加的原因，也是我们可以对资本主义的未来持乐观态度的原因。

但是，假定我们的确接受沃勒斯坦对资本主义前途做出的消极结论，这也可能会产生两种资本主义不会崩溃的可能性。 第一种更加悲观，结构性失业会保持在很高的水平上，可能会出现一个"2/3—1/3"的社会(虽然任何数据都是随意的)。 在这个社会里，大部分工人都是受教育水平较高、技术水平较高和正常就业的工人，但是人口的三分之一却被排除在外，并被迫生活在社会边缘，从事临时的兼职工作，甚至是没有工作。 他们可能会收到足以不让他们进行反抗的社会福利和捐助，或者他们的反抗会被镇压(这可能产生"从工作福利到监狱福利转变"模式的扩张，我在第六章里描述过这种模式)。 这些被排斥的是少数人，所以他们反抗成功的几率很小。 被容纳的三分之二可能不会同情他们，而是把他们消极地视为失败者、乞讨者、福利女王等。 在一些国家中，种族或宗教少数群体可能会占据穷人中的较高比例，而且宗族或者宗教性的诽谤可能会强化这些刻板的印象。 这些被排斥的人口可能会变成世袭性的下层阶级。 大部分被容纳的人口则投票保持这种差距，而那些被排斥的人则没有投票权利。 在世界上多样的福利体制中，福利水平会持续不同：瑞典和德国等国家更愿意让穷人保持在主流社会之内，而美国等国家则不会这样做。 我们可以确认这种悲观情景的存在，因为这在美国已经出现了，而且社会学家发现这种趋势也正在欧洲兴起。 这将会是工人阶级的最后命运——但不是资本主义的最后命运。 经济状况已经向马克思和恩格斯模型的第一部分发展了，虽然两人可能会对其第二部分——即革命推翻资本主义的前景——感到惋惜。 资本主义正在发展成为非对称性的生产模式，其中包含一个组织化的、具有自我意识的资产阶级——虽然具有双重的全球和国家身份——但是中产阶级和下层阶级并没有发展出集体组织和集体意识，而且国家之间也存在更大的分裂。 在这个时期的第二个阶段，对资本主义的阶级挑战消退了。 这个非对称性本身就会延长资本主义的寿命，虽然空间转移会逐渐加强工人阶级和中产阶级的力量。 此外，民族国家、战争和意识形态也能够持续地打乱和调整资本主义。

即使运转不善的时候，社会制度也能够存在下去，除非被压迫的人能够组成反对组织。 在北方国家，这种可能性被下面这个事实所阻止：左派从未像现在这样微弱过，虽然在某些南方国家里左派出现了复兴。

第二种可能的情景则更为乐观。 这种观点也同意资本家市场将会充斥全球，而且利润率和增长率会下降。 但是，它却认为这会在持续的低增长资本主义上取得稳定。 当然，这并不是新现象。 在18—19世纪的英国，资本主义取得很大的突破。 但是，英国的年增长率从未达到过2%。 英国的成功在于，其平均不到1%的年增长率持续了很长的时间。 但在20世纪，这个速度提高了。 在战争的间歇期里，最为成功的发展中国家(日本及其殖民地、苏联)取得了史无前例的 4% 的增长率。 在 20 世纪末,中国和印度(现在还有其他国家)则实现了大约 8% 的增长率。 虽然这些增长率至少已经持续 20 年,但是它们不可避免地会下降。 其后,非洲和中亚会发展得更好。 但是,当资本主义充满全球的时候,它们的增长率会下降到英国历史上所出现的 1% 的水平。 为什么 1% 的增长率会产生资本主义危机呢? 日本已经这样发展了十多年,但仍然保持着稳定。 资本主义可能会作为一个低增长的全球体系而继续存在,就像大部分历史时期所发生的那样。 在 1945—1970 年期间的西方国家,以及 20 世纪末和 21 世纪初的东方国家都会最终被视为特殊时期。 低增长的情景也会减少投机行为的作用,降低金融资本的权力,而且长期来看,出现当前这样的大衰退的可能性也会降低。 全球范围内劳动条件的提高的确是一个好消息。 然后,所有人都会生活在稳定的经济状况中。 资本主义的历史可能不会令人兴奋,而是令人厌烦。

如果必须选择 2050 年及以后哪种情景最有可能发生的话(如果没有其他事情打乱当前进程的话),我倾向于选择低增长的全球资本主义和更高程度的世界平等,但这又不会导致 10%—20% 的国家人口的工作不稳定或失业——这是上面描述的两种情景的混合——这很像 19 世纪时期的工业化国家。

我不会对危机和革命做出预测。 左派的前途很可能变成美国意义上的改革社会民主主义或者自由主义。 在北方国家,前面陈述的悲观情景可能也会结束,但也不可能成为我所说的乐观情景。 它假设雇主和工人会继续就资本主义就业的不公正问题进行斗争(这些问题包括工厂安全、工资、福利、工作稳定性等),其可能的结果是妥协和改革。 发展中国家可能为改革资本主义和更公平的资本主义而进行斗争,就像 20 世纪上半叶在西方国家所发生的那样。 与西方出现的情况一样,某些国家可能比其他国家更加成功。 中国面临着严重的问题,其显著增长所带来的利益被非常不均匀地分配,并由此产生重大的反抗运动。

革命性动乱在那里也很有可能出现，但是如果一旦成功，它们可能带来更多的资本主义和不完美的民主，就像在俄罗斯发生的那样。 美国也面临着很多挑战，因为其经济受到军事和卫生支出的压力，其政治也是腐化的和失调的，其保守主义意识形态也反对科学和社会科学——这都发生在不可避免的相对衰退背景下。 此外，很多人已经意识到，美国对世界其他国家所声明的道德优势是空洞的。 这似乎也是美国进一步衰退的原因。

当然，如果气候变化带来很多人预测的大灾难的话，所有这些情景都是虚幻的。 人类的情形将比资本主义危机更加恶劣。 在 21 世纪，选民和政治精英面临的挑战包括发展能够抵制"包容/排斥"分裂趋势的政策、限制大众消费主义和接受更为全球性的国际合作。 资本主义面临的挑战是再一次创造性地飞跃发展，尤其是发展到一个效率更高的替代性能源科技阶段。 但是这些经济目标都需要进行斗争，而且我们不能预测这种大规模斗争的结果。

军事权力

全球帝国和两次世界大战见证了欧洲军国主义的高峰和破坏性，军国主义是比资本主义古老得多的千年传统。 军事权力有其独特的发展逻辑，这种逻辑不同于资本主义的经济逻辑，也不同于国家的政治逻辑。 但是，在这个时期，军事发展利用了国家所盗用的资本主义经济权力。 在这一整个时期，军事技术和战术都获得极大的发展。 在此，我没有明确地划分发展阶段，它就是一个杀人能力持续升级的过程。随着核武器的到来，最高层次上的战争变得极不理性，而且国家间的战争也的确几乎消失了。 不幸的是，在 1990 年代的"军事事务革命"中，美国又开发出新一代智能型常规武器。 这加强了风险转移战争，即战争产生的风险从本国军队转移到敌方士兵和平民身上。 美国可以极有效率地杀人，但又不会导致自身的伤亡。 但是，并不是所有的武器发明都是高科技的。 苏联的坦克军官米哈伊尔·卡拉什尼科夫获得了不朽的名声，就是因为他设计了一种半自动化武器；这种武器以可以互换的一些零件作为基础，制作成本很低，而且适合于游击部队和准军事部队。 与肩扛地对空导弹和反坦克导弹以及简易爆炸装置(IEDs)一起，这些弱者的武器在世界范围内提高了低强度战争的水平。

在 20 世纪，大众动员的战争冲击和改变了社会发展。 如果没有两次世界大战，就不会有法西斯主义和共产主义政权(只会有失败的革命)；与其他半威权主义的资本主义一起，沙皇俄国也会留存下来；美国不会是全球帝国；美元也不会成为唯一的储备货币，而只不过是流通货币而已。 资本主义的第二个阶段——高生产率和高需求——也许不会出现，或者不会如此迅速地出现。 美国还会具有领导权力，但是其后的德国只会与它保持中等距离，接下来会是英国和法国——它们会保持更长时间的帝国形态，这也许会对其殖民地的发展更好。 欧盟也不会存在，亚洲会出现日本和中国的对峙局面，而且权力的平衡会最终偏离日本(就像已经发生的那样)。 也许，自由主义国家会出现社会公民权的不同发展模式，欧洲大陆会出现更少社会民主主义和基督教民主主义的妥协；美国新政可能会持续更长时间，美国也许永远不会变得特殊。也许核武器和核能也不会产生，也没人知道其他技术是否会发展出来。这些都仅仅是可能性，虽然有些可能性是有可能会发生的。 那样的话，世界将会是不同的。

像两次世界大战那样的战争是不可能再次发生的。 要么一场大战引起地球的毁灭，要么不会再有大战。 我假设人类有足够的理性来选择第二种选项，除非涉及自然资源的零和问题(zero-sum issues)介入进来。 但是更小规模"风险转嫁战争"的出现意味着大国在取得大众同意的情况下发动有限的战争，因此战争引起的合法性挑战不会威胁到政府。 这可能也使得革命不可能发生，因为它们更难与现存权力精英展开对话。 中国共产党可能会在很长时间内保持权力；世界范围内发现的腐化的民主形式也可能会长期存在，包括美国。 民主党和共和党可以无限期地保持僵持的局面，这强化了美国的渐进衰退过程，虽然还没发生什么大的灾难。

两次大战之后，欧洲古老文明中心的两个"边境军阀"(marcher lord)——美国和苏联(先前迟疑不定的帝国主义)——统治了整个世界，而且力图避免第三次世界大战。 苏联的统治是专制和防御性的，而美帝国则变化多样；虽然美国的总体发展轨迹是走向更微弱的霸权，但它在某些地方却非常具有侵略性——这是一个其自身利益通常与更一般利益紧密相关的帝国。 北方国家之间和南方国家之间都出现了和平区。 除内战之外，和平一直在扩展。

对于这一时期资本主义民主的增长，大部分社会科学家都认为这是一个进化的历史，而且民族国家正在为全球化所取代。 但是，他们的这种理论视角只是将和平视角强加给了整个世界。 当然，如果我们成功地克服了国家间的战争(如果是一场大战)，那么这种社会发展的和平模型会在历史上第一次能够解释更多未来的发展。 我们只能希望如此。

在新千年之初，这种和平趋势被美国帝国主义在中东的爆发所打断，而且这种帝国主义导致的反抗进一步扩展了已经存在的地方恐怖主义。 美国与伊斯兰"圣战"主义之间相互残忍的升级现在也没有减弱。 在世界上的贫困国家里，日益增长的军事威胁来自于内战，而且这些内战一般都是围绕着种族或宗教冲突进行的。 如我在《民主的阴暗面》中所解释的那样，人民或民族统治的民主理想已经堕落为对其他民族的残忍清洗。 但是，内战在 1990 年代达到高峰，然后在新世纪里有所减退。 现存的内战可能会继续，但是并没有太多新的内战发生——这是一个充满希望的信号；但是最近在利比亚、叙利亚和也门发生的事情可能会使这种希望破灭。

有人认为，最严重的种族清洗事件——对犹太人的大屠杀——是 20世纪的转折性事件，某些时候也是现代性本身的转折性事件。 我并不赞同这种观点，虽然对大屠杀的全球性认识是有好处的，因为这使得我们更好地认识种族屠杀这个一般性问题。 这并不是第一次现代种族屠杀——这个不好的荣誉可以归属于对美洲土著居民的殖民统治，接着是对澳大利亚土著居民的殖民统治，以及 20 世纪早期对亚美尼亚人的殖民统治。 这也不会是最后一次。 与其他种族屠杀一样，大屠杀发生在国家战争期间；这些国家战争已经包含了对平民的大规模轰炸，虽然这一般不被认为也是一种暴行。 大屠杀是现代军国主义更广泛的黑暗面的组成部分。 反对军国主义的政治斗争一直在持续着。 欧洲付出了惨重的代价并最终对战争感到厌烦之后，以及拉丁美洲付出(没有那么惨重的)代价之后，这场政治斗争才获得了胜利。 但在另外一些国家，这种斗争还没有取得胜利，包括美国、朝鲜以及中东和非洲地带。 由于其近来的冒险行动所遭遇的失败，美国的军国主义可能会克制一段时间——就像越南失败后的 30 年里所出现的那样。 全球平衡的可能性依赖于在未来几十年里战争和军事权力的衰退，虽然未来的气候危机可能会中断这个相对和平的时期。 但是，到本书所讨论的时间为止，世界上大部分地区的军事权力都大大衰退了。

政治权力

　　民族国家是当今世界的主导政治形式。 只有一个帝国还存在着，但是其衰退已经开始，而且还会继续。 民族国家影响着资本主义。 自由和社会民主形式的民主制为它们提供了持久性，虽然它们在世界上的扩展过程非常缓慢和曲折。 在经济成就来说，它们并没有表现出相对于专制统治的普遍优越性，除了在那些过去曾经经历过民主的几个国家里，强制地输出民主制度的努力也失败了。 民主制度为其内在的政治优点所确认，因为它会带来更多的自由，比国家社会主义和法西斯主义多很多的自由；而且后两者的失败更多地是政治失败，而不是经济失败。 它们蜕变为压迫性的专制统治,因为它们征服一切的革命精英没有设计出吸纳党内公开争论和向其他人让渡权力的机制。 我们发现,20世纪的重大共产主义和法西斯主义革命都是在战争中产生的,而且总是带有暴力的特征。 相反,自由和社会民主主义扩大了公民权利,起初扩大到阶级结构中,然后扩大到少数民族和多数女性中,其后又扩大到残疾人和具有非传统的性认同的人那里。 这个过程仍然在继续,而且已经成为这个时期所取得的一大政治成就。

自由和社会民主制需要市民社会中持续存在的多元主义。 这就涉及动员与统治利益群体相对抗的利益群体的能力,以及免受支配性军事和经济权力渗透的政治自主性。 在那些自称为民主国家的国家里,事实通常不是这样的——包括美国;在美国,由于资本主义公司对政治家和大众媒体的腐化和国家安全政权(national security state)对公民自由的侵蚀,民主制度正在动摇。 但是,自由和社会民主制度仍然是我们所知道的最不坏的政治体制。 由于它们总是不完美的,对它们进行辩护和提高的斗争也会永无止境。

虽然很多人相信全球化会削弱民族国家,但是事实上民族国家被全球化了。 当今世界充满了民族国家的想像。 国家功能发生了转移,但是总体上并没有衰退。 奇怪的是,由于社会科学家长久以来忽视了军事权力关系,所以他们都没有充分注意到最重要的国家权力衰退——进行战争的权力。 很多民族国家不再保留他们的传统军事支柱。 热衷于全球化的人反而关注不明显的国家权力衰退,即民族经济在一定程度上被跨国资本主义所削弱,也受到美国经济帝国主义的冲击。 但是,很多国家——尤其是前面几章中讨论的法团主义国家和发展主义国家——仍然保持着对它们民族经济的控制,而其他很多国家从来就没有取得过这种控制力。 在所有各章中,我都尽力在国家之间进行区分,因为它们各不相同,即使兄弟国家之间也各不相同,比如英国和美国,或者日本和韩国。 热衷于跨国现象的人所批判的民族主义方法论在社会科学中仍然占据重要位置,但是民族主义视角当然也不能妨碍认识地方、宏观区域、跨国和国际互动网络不断增加的重要性。 好像是为了弥补国家军事上的大衰退和经济上的小衰退，北方国家在社会生活领域获得了新的合法功能。 但是，这些社会生活领域以前被认为是私人或禁忌的领域，比如虐待妻子和儿童、抽烟或者垃圾食品等生活方式的选择、消费者的环境污染、性爱好、福利权利。 所以，国家的管理密度持续增加着，国家的新功能也仍然在出现，而其制造战争和保护主义等旧功能则正在衰退。 新社会运动继续对政治家施加压力，但这让他们开拓了政府调节的更多领域。

欧盟国家非常独特，因为它们发展出一种双层国家，虽然某些政治功能向布鲁塞尔和斯特拉斯堡的转移并没有明显地削弱其成员国的政府权力，卢森堡欧洲法院的能力范围的不断扩张却是个例外。 虽然欧盟的总体政治功能得到了扩展，但是这种扩展在单个民族国家与欧盟之间是分开的。 就财政支出而言，大部分权力还保留在各个国家手中。 欧盟的支出小于欧洲 GDP 的 1%，而成员国政府的支出占它们 GDP 的30%—50%。 欧盟仍然更多地是一个调节性国家，而不是一个再分配性国家(虽然也有针对农业和贫困地区的再分配行为)。 民族框架下的身份认同也仍然比任何共同的欧盟认同更为重要，除非是在一些精英那里(包括其研究的主要资助者是欧盟的社会科学家)。 社会科学家是想深化欧盟关系的少数几个群体之一。 但是，当前欧盟的发展势头并不是深化欧盟。 最近的民族公决否决了这个方案，尤其是年轻选民反对进一步的整合。 就像它所设计的那样，欧盟往往按照速度最低的成员国的速度向前推进。 欧元货币问题尤其具有削弱欧盟的危险。 欧洲的这种双层模型不可能在世界上引起很多的模仿。 这是一个特例，是这个大陆上两次大战的产物。 人们希望不再产生第三次大战，因为其后不可能再产生类似的意外收益了。

但是，世界上很多贫困国家仍然只是其精英抱负中的民族国家，并不是事实上的民族国家。 真正的主权和民族认同仍然难以实现。 真正对国家地域进行整合的基础设施建设和形成民族认同所必需的社会凝聚力建设仍然是未来的计划，需要长期不断的斗争。 总体而言，国家之间的权力不平等是当今世界政治权力不平等关系的最显著特征，这可以与巨大的全球经济不平等相提并论。 北方国家和一些南方国家的确可以在它们的整个地域内实施其政策，但大部分南方国家还做不到这点。

最后一个帝国幸存了下来。 我已经强调过战后美帝国的多样性。它在西方世界中是霸权性的，甚至是合法的。 在东亚它起初是高度军国主义的，但后来也发展成霸权性的。 美国一般认为非洲没有什么战略和经济利益，但是在拉丁美洲和中东地区却不断地公开或者暗中部署军力。 在新千年里，美国对中东地区的干预进行了灾难性的升级。 很多人认为这是美国衰退的结果，但在过去几十年间，美帝国似乎走在一条自己导致的衰退道路上。 在外交政策上，它卷入了毫无意义的、不可取胜的战争中，卷入了对以色列的过度支持中；两者都只能令其树敌更多。 在国内政策上，它追求具有破坏性的新自由主义政策，这导致国家权力的削弱，不能更新其基础设施，威胁到给美国带来巨大繁荣的大众消费经济。 很多美国政治领导人把未来的气候危机当作骗局加以嘲笑，并阻挠所有建设性对策。 主要意识形态的分裂性发展强化了传统权力构成的分裂，从而限制了对大部分变化做出回应。 当外国人非常惊奇地注视着美国政治的时候，所有这些也都削弱了美国在世界上的政治大国地位。

但是，这些都是相互分离的蠢事吗？ 它们会轻易地朝向不同的方向发展吗？ 或者它们的相互结合构成了衰落帝国的内在性质？ 它们可能是传统实践的继续，它们首先是为了让美国变得强大。 但是在变化了的环境中，这些做法却变得不再适用——这是衰落中的帝国所具有的一个共同特征[我曾经以此来解释英帝国的衰落(Mann, 1988c)]。 美国大肆进行能源开采就是如此，这种行为使得它不愿意采取减排措施。 在新保守主义者和新自由主义者看来，军事干预和自由市场可以让美国强大，而且必须得到重新支持。 但是，如我所表明的那样，这两种信念都是错误的，因为早些时候政府在发动军事干预的时候更加谨慎；具体来说，只有在政府取得足够的当地支持的时候，政府才会尝试着使用军事手段；此外，美国成为世界最大的经济体得益于国家对宏观经济、基础设施和调节的积极参与。 事实上，正是通过遗忘这些美国传统，衰退才部分地开始了。 所以，衰退并不是将所有社会权力来源结合在一起的一般过程。 它以意识形态和政治权力领域为中心，并产生了错误的和具有破坏性的信念；虽然在全球并不受欢迎，但是其动员的政治行动者有能力阻挡适合 21 世纪的现实的政策。 相反，美国的经济和军事权力仍然非常强大；全球霸权集中在作为世界储备货币的美元和对世界其他国家的军事优势上(虽然并没有对世界游击队的军事优势)。 这些意识形态和政治上的失败是可以挽回的，但是就现在的情况而言，它们已经产生了破坏，加速了美国的相对衰落；不过，从中期来看，美国的衰落是必然的。

我们已经隐约看到了"世界秩序担保人"可能的继承者。 它不会是另一个帝国，因为在可预见的未来没有任何一个国家有可能替代美国。 相反，它将会是一个强国联盟，也许包括美国、欧盟、中国、日本和印度。 作为储备货币的美元将会被一组货币所取代，但是美国可能会在军事上保持更长的领先地位。 但是，这种和平的景象可能会被更不确定的中美关系所破坏，也可能为严重的环境冲突所破坏。

现代的动力

通过所有这些分析，我们发现了一个创新的动力机制，首先是在欧洲，其后是在西方世界，然后当其他世界文明做出反应的时候，又变得更为全球化了。 第二次工业革命、其后的后工业革命、同时进行的民族国家的兴起延长了寿命，带来了普遍繁荣，加深了公民权利，完善了杀人艺术，破坏了地球，并扩展了国际合作机构。 在这个句子里，我谨慎地包含了积极后果和消极后果，以强调人类动力机制的双重性。

每次成功都伴随着它的阴暗面，每次灾难都伴随着它的希望。 全球化则日益扩大了两方面的规模。 财富、健康和休闲在北方国家和部分南方国家都得到提高，但是它们结束于蘑菇云或者冰川融化中的风险也增加了。 人类有能力选择沿着哪一条路走下去。

这种动力到底是由什么决定的呢？ 韦伯认为，一种理性的不安精神支持着西方文明；尤其是它的宗教综合了人类理性和对现实世界的不满，这种结合产生了通过现世的理性行动来改善世界的动力，而不仅仅是接受或者逃离这个世界(如他在儒教、印度教和佛教行动中所看到的那样)。 他将这种现象追溯到 16—18 世纪的加尔文教。 今天看来，他的观点具有明显的欧洲中心主义倾向，但是在全球范围内理性的不安可能是现代文明的明显特征。 它不可能简单地来源于人类的性质，因为一些文明比其他文明更具有活力，而且我们的文明可能是最有持续活力的一个。 这又依赖于什么样的社会结构呢？

第一卷在分析这种动力机制在中世纪的起源时，我强调这是一个多元权力行动者的文明。 它具有两方面的含义：第一，中世纪的欧洲由很多权力行动者组成——多元的国家、城市、教区、修道院社区、行会以及地方村落—领主的组合——他们在相互竞争的结构中都具有一定的自主性。 第二，但是，这种竞争是在共同的基督教文明规则中进行的。 他们的竞争行为并没有达到"一切人反对一切人"的程度，因为这些行动者起码能够受到共同的基督教规则的调节。 最近，福山主张，中世纪基督教的核心是将独立于任何一个国家的自然法或习惯法观念散播到社会中(Fukuyama, 2011)。 但是，这也意味着 20 世纪之前最严重的战争与宗教分裂相关。 第一卷可能有点太过强调宗教因素的作用，而低估了教会支持的武装贵族的阶级团结。 但是，结果是受调节的竞争行为，而且在现代资本主义社会，这种受调节的竞争行为也可能是生产动力机制的秘诀。

在其后的世纪里发生了类似的事情，虽然其形式发生了很大的变化。 最近的动力机制依赖于与民族国家竞争交织在一起的资本主义竞争。 任何一种竞争都没有支配另一种竞争发生的范围；但是，两者都植根于更广泛的文明意识形态中；这些文明意识形态来源于世界上不同的宏观地域，也来源于传统上被称为启蒙价值观念的意识形态导向。这种结合产生了最小程度的调节机构，虽然这些结构的数量很多。 我们已经看到了外交、同盟和军事威慑的作用，储备货币合作——金本位制和布雷顿森林体系——的作用，科学发现和技术应用的快速扩散的作用，以及宏观地域之间多样的公民权的作用。 除这些之外，二战之后联合国、欧盟和大量的非营利组织等跨国机构也发挥了作用，而且它们经常受到互联网组织的支持，也对国家和资本主义等施加了一些影响。所有这些都不足以防止灾难的不断发生，但是大部分灾难之后都会出现改善的努力：大萧条之后的凯恩斯主义；二次世界大战之后国际机构的建立，包括欧盟为欧洲带来的和平；冷战结束后的裁减军备；大衰退期间向全球资本主义多中心管理的转变，特别是包括了四个金砖国家的G-20集团不断增加的声望。 战争之后的和平红利总是比预期的要小，但却是真实存在的。 我们离某些社会学家所说的世界政体和世界文化还很遥远，但是我们可以大概知道最终将出现的全球多元国家文明；虽然这种文明仍然被意识形态和冲突所分裂，但是却能够进行更多的总体管理。 未来所有的世界政体都会是跨国和国际互动网络的结合。 人类因认为自己是自然界的主人而对环境造成了恶劣的影响。 如果人类要解决这些环境问题，我们同时需要更多的跨国和国际互动网络。

首要性问题

是什么最终决定了理性的不安呢？ 更一般地说，是什么决定了社会变迁呢？ 我选择并集中讨论了四种社会权力的来源，因为我认为它们比其他事物更具有决定性。 这必然会降低人类生活其他主要特征的重要性。 在本卷中，我力图通过这四种社会权力来源的复杂结合来解释过去一百年的社会发展。 但是，我们能够进一步选出四个中间最重要的一个吗？ 卡尔·马克思和弗里德里希·恩格斯的回答是，可以；而韦伯的回答则是，不能。 引用他们的话是有帮助的。

马克思去世之后，恩格斯在 1890 年的一封信中力图对历史唯物主义进行界定：

> 根据唯物史观,历史过程中的决定性因素归根到底是现实生活的生产和再生产……经济状况是基础,但是对历史斗争的进程发生影响并且在许多情况下主要是决定着这一斗争的形式的,还有上层建筑的各种因素:阶级斗争的政治形式及其成果……由胜利了的阶级在获胜以后确立的宪法等等,各种法的形式以及所有这些实际斗争在参加者头脑中的反映,政治的、法律的和哲学的理论,宗教的观点以及它们向教义体系的进一步发展。这里表现出这一切因素间的相互作用……而在这种相互作用中归根到底是经济运动作为必然的东西……其中经济的前提和条件归根到底是决定性的。但是政治等等的前提和条件,甚至那些萦回于人们头脑中的传统,也起着一定的作用,虽然不是决定性的作用。(Letter from Engels to Bloch,in Marx & Engels,1978 edition:761)。

在这一经典论述中，恩格斯承认政治和意识形态权力在人类历史中发挥的重要作用(他没有提到军事权力)，但是他又两次回到经济因素上来，而且两次都断言经济因素"归根到底是决定性的"。 这是其历史唯物主义的核心。 但是，它是怎样具有决定性的呢？ 马克思说得更清楚：

> 从直接生产者身上榨取无酬剩余劳动的独特经济形式,决定着统治和从属的关系,这种关系是直接从生产本身产生的,而又

对生产发生决定性的反作用……我们总是要在生产条件的所有者同直接生产者的直接关系当中,为整个社会结构,从而也为主权和依附关系的政治形式,总之,为任何当时的独特的国家形式,找出最深的秘密,找出隐蔽的基础。(*Capital*,Vol III,p.791)

这里,马克思在说经济权力的形式——具体地说,是生产资料占有者或控制者与工人之间的关系形式——决定着其他权力结构的形式。接着他又对此进行了限定,他说,我们必须加上"无数不同的经验事实、自然环境、种族关系、各种从外部发生作用的历史影响等等"。 翻译成我的术语,马克思会断言经济生产方式的形式最终决定着其他三种权力来源的形式。 他承认经验的和外部的复杂性,但是他不认为意识形态、军事和政治权力具有与经济权力关系相同的因果性。

韦伯直接反对这种观点,因为他相信我们不可能给予任何一个所谓的"社会行动的结构"以优先权。 当然,他也补充说:

即使"社会结构和经济之间功能性地相互联系"的观点也是偏颇的……因为社会行动的形式有它们"自己的规律"……而且……在特定的情况下,它们可能总是由经济原因之外的因素共同决定的。但是,在某些时候,经济条件可能会变得非常重要,而且经常对所有的社会全体而言都变得具有因果决定性……相反,经济也通常受到发生其中的自主的社会行动结构的影响。对于这会何时和如何发生的问题,我们不能做出有效的一般性概括。(Weber,1978 edition:II,341)

这里,韦伯似乎一度在强调经济原因,但他后来又倒回去了,说我们不能对所谓的"社会行动的形式"之间的关系做出"有效的一般性概括"。 他似乎在批判我这里的冒险行为,因为我要对社会行动的结构进行有效的一般性概括。 他也很清楚地主张，没有什么最终的决定性原因。

一般来讲，我力图在马克思和韦伯的立场之间进行研究：既要进行有效的一般概括，又不考虑最终的首要决定因素。 首先，我回顾一下第一卷所做的一些一般概括。 我发现，古代社会持续存在着两种权力过程，虽然两者并不总是存在辩证关系。 第一，国家与社会之间、中央集权与地方分权之间、市民社会中的国家精英与社会阶级之间存在着内在的辩证关系，所以一方所发明的技术和组织形式会被另一方所控制和使用以提高权力。 第二种辩证关系存在于宏观地域的地缘政治中，即中央集权帝国的统治与多元权力文明的行动者之间的关系——比如，古代地中海世界中亚述帝国或罗马帝国与希腊或者腓尼基城邦之间的关系。 多元城邦出现在河谷中或海岸线上，它们与内地的农业和畜牧业一起组成了广泛的生产贸易网络和文化。 另一方面，与农业和畜牧业一起，与这些文明相邻的帝国军阀不断地征服这些城邦，并建立帝国体制。 这涉及 20 世纪早期的理论家所说的"强制分化"(superstratification)：征服者作为统治阶级对被征服者进行强制性统治。 但是，当帝国衰落的时候，多元权力文明的行动者倾向于重新出现。 随着美国帝国的衰落，这可能会再一次发生。 但是，也存在更稳定的时代；在这期间，经济生产方式的发展似乎具有自主性。 然后就出现了谢米尔·艾森斯塔德(Shmuel Eisenstadt)所说的"轴心时代"(Eisenstadt, 1982)；期间，与任何经济、政治和军事网络相比，世界宗教和宗教意识形态的权力获得了更大的扩张。

没有哪一种权力来源总是比其他权力来源更加重要；而且，不同体制之间的转换也缺乏清楚而重复出现的演替原则。 14 世纪北非的伟大社会学家伊本·赫勒敦(Ibn Khaldun)提出了一个伊斯兰教的循环理论，最近欧内斯特·盖尔纳(Ernest Gellner)将这一理论扩展到现代时期。 这是一个城市和沙漠之间进行交替统治的理论：好战的沙漠游牧民族会冲入没落的城市，并在严谨而纯洁的宗教信仰的基础上进行征服和统治。

但是，其后它们又会变得松懈和衰落，而且新一轮的沙漠征服又会出现。 本·拉登明显喜欢这种理论，并将他自己视为一个新的沙漠之王。 现在他死了，而且不可能再出现一个替代者了。 这一模型也不大适用于其他的世界宗教和文明——虽然边境军阀会以不同的形式存在。每个文明好像都有其自己的发展逻辑。

更大的困难是，当我们解释任何一个主要文明的时候，我们都必须考虑所有的权力来源。 以帝国边境军阀的征伐为例，他们进行征伐，因为与定居的敌人相比，他们的军事编队通常更加机动，他们的士气也更团结。 这是一个直接的军事原因。 但是，他们的军事力量又有其经济和政治的原因。 骑射军队(他们最有效的军队)出现在游牧和狩猎民族中；从一定意义而言，这是他们生产方式的产物。 他们特殊的部落组织好像也产生了更高的团结程度——这主要是政治的原因。 在特定的情境下，经济和政治力量帮助建立了军事优势。 但是，与那些农业社会相比，游牧生活和部落制度并不是一个优越的经济和政治权力形式。实际上，他们在经济和政治上是落后的。 他们的优势仅仅在于其经济和政治对军事权力的影响。 事实上，在进行征服之后，游牧民族都渐渐地吸纳了更先进的生产方式和定居精英的文明方式。 这种特定的变迁只是通过战争发生的，但它却是以其他权力来源为基础。 反过来说，当强大的宗教涌入的时候，经济和政治就会发生危机，并让皈依者吸纳新的宗教；但是，向新社会形态的变迁实际上是通过基督教或伊斯兰教发生的。 所有这些的结果是，对于早期历史，我不能采纳最终首要性的论述——虽然，就更广泛的时空范围和各种权力来源的互动而言，我感觉我可以做出上述一般性概括。

在第二卷、第三卷和本卷中，我部分地发现了当代社会类似的辩证关系。 早期的现代欧洲和现代欧洲就是多元权力文明行动者的例证，它们成功地反抗了任何一个帝国对这个大陆的控制。 但是，随着欧洲国家在数量上的减少，以及权力和地域上的扩大，欧洲变成了两者之间独特的结合。 虽然从没有任何一个帝国统治过欧洲，但是这些国家却在世界范围内建立了相互竞争和分裂的诸多帝国。 波兰尼发现,19—20世纪里出现了中央集权和地方分权之间的循环过程,而且这种循环过程的形式是发达国家的资本主义市场与国家管理之间的双向运动。我首先应用了这个模型,但是后来又批判它具有过度的功能主义和理性主义性质(在第十一章末尾)。 在20世纪,我们可以对帝国和民族国家进行对比,也可以对国家社会主义和法西斯主义与民主资本主义进行对比——这些都是相对中央集权的社会与相对地方分权的社会之间的对比。 但是,对于它们冲突的解决却是非常复杂。 共产主义和民主资本主义相结合所产生的更强大和更集权的军事权力推翻了法西斯主义。其后,共产主义又要艰难地反对资本主义优越的、地方分权式的创新能力,还要反对资本主义核心国家——美帝国——优越的、中央集权的权力。 这里,面对人类社会的复杂性,这一模型与其他模型一样最终都失败了。 民主资本主义获得了胜利,因为有限的国家管理和去商品化过程使得公民能够总体上接受它。 这事实上为这个辩证关系提供了一个综合,尽管在世界的某些地方,它也遇到了来自要求彻底分权的新自由主义的威胁。

我发现,现代社会与第二卷所讨论的早期社会存在一些连续性:一方面是资本主义及其社会阶级的扩展;另一方面是民族国家从最初的帝国阶段中挣脱出来并得以发展。 在20世纪,作为阶级斗争和主要战争的解决措施,变革了的、社会化的和时常被政治化的资本主义取得了胜利,美帝国所建立的国际秩序解决了战争问题,虽然国家之间的地缘政治关系仍然非常紧张,但两者共同避免了进一步的帝国战争。 经过20世纪所发生的军事和意识形态权力的兴衰过程,我们可以发现资本主义经济统治的连续性,以及民族国家和(美国)帝国政治统治的连续性,而且这种连续性日益全球化了。 这些因素催生了这一时期发生的所有大战和大部分意识形态。 与韦伯不同,我力图提出一些有效的一般性概括;但也与马克思不同,我没有断言最终的首要因素。

这也包括一个与大部分评论家不同的全球化观点。 他们认为,全球化是一个单一的过程，其中本质上的跨国关系会削弱民族国家。 我同意跨国过程正在发生，尤其是在资本主义经济中，特别是在金融资本上；但是，全球化的主要政治原则仍然是国际性(international)的，即通过国家得到管理和国家之间的竞争关系——这是地缘政治关系，而不是跨国(transnational)关系。 当资本家及其对手寻求补助和管理的时候，他们仍然要转向国家；而且大部分全球问题都是在国家之间进行协商的，尤其是在大国之间，特别是美帝国(虽然刚刚开始衰落)。 意识形态之间的竞争和多样性也再一次出现了。 但是，由于战争破坏力的不断增加和发动战争的非理性，"软"地缘政治比"硬"地缘政治成为更普遍的选择。 我们可以希望，"软"地缘政治会解决气候变化——这可能是 21世纪最大的危机。 这是一个多形态的全球化过程，许多不同的发展逻辑推动了这个过程，这些发展逻辑比二元辩证过程更加复杂。

然后会发生什么呢？ 由于全球化过程现在已经充斥着整个世界，所以这引起了社会变迁。 在美帝国之外，边境军阀没有独立发展的边界空间了。 在某些方面，全球化的确充斥着世界。 所以，虽然中国的权力在增长，但它已经陷入全球资本主义、地缘政治和意识形态——还有美国债务中。 接替者首先出现在之前的边缘地区并不断增加其权力的正常历史辩证过程可能要结束了。 美帝国最可能的接替者实际上是正在重新确立其地位的古老文明，但是这却出现在全球框架之内。 如我在上一章所言，下一轮的管理和集权过程可能不会发生在单一国家层次上，而是发生在全球地缘政治层面上，虽然跨国行动者会推动这个过程。 历史不会重复发生。 这更倾向于韦伯的不可知论，并远离马克思模型的理论目标。 在社会学理论中，决定主义——哪怕是最终决定主义(ultimate determinism)——都是站不住脚的，因为人类社会太复杂，人类太具有创造性、情绪性和非理性。

我的权力来源模型的另一个特征也让因果推理变得复杂了。 四种权力来源产生了非对等的权力——它们之间的关系实际上是相互对立的。 如我在本卷开篇所指出的那样，每一种权力来源都具有特殊的性质。 意识形态权力在起源上并不具有自主性，因为意识形态从根本上说是对其他权力来源的危机的回应。 意识形态的出现是要解决与其他人的互动所产生的意外后果，但其后它们会行使自身突现的权力。 就它们没有必然的地理边界而言，意识形态也是独特的。 在人类进行沟通和交流的任何地方，它们都可以影响人类意识。 在本世纪里，意识形态在世界的大部分地方已经被重复地使用。 意识形态可能突然爆发，在成为更加制度化的形式之前影响大众的行为。 与其他权力持有者相比，意识形态权力持有者更可能被其追随者视为魅力型人物。 新宗教的建立者是典型的例证，但我在第三卷的第八章中也注意到，欧洲出现的六个法西斯主义领导人中，三个被其追随者视为魅力型领导人(希特勒、墨索里尼和科德雷亚努)。 宗教领袖宣称他们与神有着更紧密的联系，而且其追随者也相信他们，法西斯主义者则相信领袖是社会发展的关键条件。 在两种情况下，虽然他们的意识形态的内容不同，但是追随者都具有相信其领袖是魅力者的需要。

经济权力与意识形态权力非常不同，因为经济权力具有稳定性和累积性，长期植根于日常生活中，而且能够以相对稳定和累积性方式催生大众行为。 这种权力没有界限，只有生产和贸易的流动，而且这种流动往往是非常广泛的，尤其是在今天。 在当今大部分社会里，经济权力关系可能形成了最深刻和最广泛的权力结构，这包括渐进而重大的变迁，而且导致现代社会长期的经济增长。

军事权力也不同。 这是最突然、最具破坏性的力量：可以杀人、可以破坏家园、可以打破政治秩序，甚至可以毁掉所有高等文明。 但是，这种权力的行使要根据军事打击范围，在历史上这种打击范围非常有限——虽然今天不再那么受限制了。 这种权力也是最具有偶然性的权力来源，因为如我所强调的那样，战争结果可以发生变化。 军事权力也与经济和国家紧密关联，要依赖于经济和国家。 组织更好的国家、规模更大和物质资源更丰富的军队通常赢得战争；但是，总体的战争结果可能不同，因为游击策略和战斗士气可能会磨损大国的力量，而且当今的大规模杀伤性武器也可能提高战场战斗的水平。 从原则上说，军事权力也是四个当中唯一一种可以被放弃的权力。 所有的人类群体都需要经济生产、意识形态以及政治和司法管理。 如果没有他人的侵犯，他们不需要战争，甚至不需要防御。 对很多国家(虽然不是所有的国家)而言，这种结果现在可能就要发生了；但是应对气候变化的失败可能会产生危机，这些危机有可能会让军国主义复兴。

政治权力同时也是独特的，因为政治权力可以在特定的地域内将其他权力关系制度化，具有明确的界限，可以通过与其他国家的地缘政治关系扩展其组织。 政治权力建立了国家的笼子，将主体或公民限定其中。 政治权力的特征强烈地依赖于其地域的自然和社会构成，因此国家之间非常不同。

由于各种权力之间的不一致，我们很难(如果不是不可能的话)说其中一个具有最终决定性，虽然在特定的时期我们可以将其中一个或多个权力排在其他权力之上。 权力的来源是不同的，而不是相互矛盾的，而且(到目前为止)它们都是文明的人类社会所必需的。 在任何情况下都存在关于最终首要性的不同观点。 如果核战争爆发并破坏作为人类居住地的地球，军事权力将具有最终决定性，虽然还没有人开始对马克思和韦伯的理论进行必要的修正。 相反，如果大规模杀伤性武器继续作为一种有力的威慑力量而避免战争的爆发，军事权力也许会在世界范围内衰退。 如本章所表明的那样，面对可能发生的大战，社会行动者的理性程度非常不同，所以我不能确认任何一种可能性，而否认另一种可能性。 与此类似，如果资本主义破坏了地球环境的话，经济将会是最终决定性的；谁又会有不同意见呢？ 另一方面，就他们的意识形态的最终真理性而言，宗教和其他狂热分子会具有最终决定性，而且这永远不会得到确认。 如果真的有神，宗教意识形态更有可能出现。 需要注意的是，这些可能发生的情形都涉及极端后果——人类社会或者我们自己的死亡。 由于人类互动链是永无休止的，所以在任何情况下我们都很难想象终极因素的存在。 就最终首要性问题而言，所有这些都为韦伯提供了更多的支持，而不是马克思。 在整个人类历史上，这可能是不存在的，而且这肯定超出了我们的理解范围。 但是马克思试图对此进行探索，这是正确的，而韦伯直接反对历史概括的可能性，这是错误的。

在本卷所讨论的特定历史时期中，两种社会权力来源比其他的更为重要：经济和政治。 虽然世界范围内的资本主义并不一样，但它却倾向于朝那个方向发展。 这时并不存在一个共同的资本主义。 相反，多种意识形态宣称根本不同的真理，且都只为少数人支持。 这时也存在巨大的军事多样性：一个超级大国，几个核大国，政治动乱地区中一些高度武装的军事力量，被内战和非国家的准军事力量所困扰的国家，和当前无所不在的恐怖分子。 原则上，国家的军事力量呈现为一种等级结构；事实上，核大国并不使用它们的全部力量，它们都不能轻易地平定游击部队和恐怖分子。 这时也存在很多国家，它们在规模、权力、宪法和政策上存在很大的不同。 一些国家不能够在其首都城市之外落实其政策，其他的则可以控制其所有的地域。 一些是发达的代议民主国家，一些是虚假的民主国家，另一些则是残暴的或开明的专制国家。这些权力网络共存于多种资本主义所设定的有限范围内，而且它们似乎会赋予资本主义更大的全球性权力。

但事实并非如此简单。 两种类型的政治权力继续限制着资本主义。 第一，在资本主义内部，主要的不同是相对市场资本主义与相对国家资本主义之间的不同；它们的不同主要体现在经济权力关系和政治权力关系的相对重要性上。 按照国家主义性质的递升顺序，本书所区分出来的主要资本主义类型包括自由市场、社会市场、发展主义、政治化的经济。 前三种类型赋予资本主义对国家的总体统治，但我很难说政治化的资本主义也是如此；我们看到，这已成为世界上的一种共识。这里，产权主要是通过与国家的关系获得的。 随着时间的发展，这可能会发展成为相对稳定和自主的产权；或者像伊朗所发生情况的那样，如果政权的性质发生变化，那么这种产权仍然容易被国家重新侵占——

今天的埃及也可能出现类似的情况。 在国家社会主义中，国家显然控制了经济生产方式。 这种国家主义的程度根本就不是资本主义。 当然，我们可以预见，政治化的资本主义未来会消失，相互不同的程度会明显下降，但是这还不是我们所要面临的现实。

像伊斯兰教资本主义那样的更特殊的资本主义的多样性在减少，这种资本主义禁止收取利息。 伊斯兰教银行通过契约提供无息贷款，在特殊的"公正"话语下，双方分担利润和风险。 但是，由于庞大的香港和上海银行(更广为人知地称为 HSBC)建立了伊斯兰汇丰银行和花旗银行，美林公司也遵循伊斯兰教法，所以伊斯兰金融显然与西方的银行实践是相容的，而且也没有明显不同的产权制度。 日本资本主义和美国资本主义之间的不同也是如此；美国资本主义更多地依赖律师来执行合同，而日本则更多依赖参与者之间的规范性信任。 这些多样性都没有明显地改变市场与国家之间的权力平衡。

国家社会主义和社会民主主义的衰落的确让全球权力平衡向市场导向的资本主义倾斜。 但是，我强调，假定的制约并不会稳定地存在，在新古典经济学家和悲观马克思主义者看来，这种制约体现在国家所受到的约束上——最典型的体现是迫使国家权力服从于企业信心。 来自各种利益群体的压力会迫使企业进行让步。 如凯恩斯和罗斯福所意识到的那样，资本家有时候也需要拯救，最近的大衰退已经说明了这一点。 在这些情况下，拯救者——政治行动者——拥有固定价格和改变制约的潜在权力。 在大衰退之后，现在这种权力是否还会行使仍然有待观察。

政治权力关系还对资本主义存在第二种更普遍的限制，因为它们继续将资本主义分割为民族资本主义。 在我所有四卷中都将这种现象称为把人口装入民族国家的笼子。 这里，民族利益的观念和私有资本家利益一起主导着全球经济；而且在现代社会里，两种利益之间存在着张力。 虽然资本主义的多样性是有限的，但是受民族限制的资本主义的数量却很大。 虽然现在的资本主义跨国组织比过去要强大很多，但是大部分经济活动仍然发生在民族国家内部，而且大部分经济管理和宏观经济计划以及所有经济统计数据的收集都是由国家进行的。 如我所说的那样，很多强大的跨国企业现在都拥有双重身份：国家身份和国际身份。 此外，超越国界的经济活动既是国际性的，又是跨国性的，而且部分地包含国家之间的谈判。 如果气候继续变化的话，这些活动会明显增加，同时削弱资本主义和单个国家的自主性。 更为悲观的情形可能是，国家合作没有增长，而且再一次提高了国家笼子的樊篱。

通过这两种方式，政治权力关系在很大程度上影响着经济权力关系，反过来也是如此。 资本主义是世界经济的事实赋予了它常规化、制度化的全球性权力——而且也给资本家一定程度上的集体意识——对于资本主义的这种权力，只有民族国家和民族认同才能与之抗衡。 当我在第二卷总结说资本主义和民族国家统治了世界的时候，我忽略了帝国的作用。 现在，只有一个帝国还存在着，而且我们已经看到了它的衰落，所以我的结论就变得更为真实了。 马克思只对了一半。 早在1848年(他和恩格斯写作《共产党宣言》的时候)，他就意识到资本主义真正会变成全球性的，但是他没有意识到民族国家也会遍及全球。

在北方国家，资本主义已经历了两次高峰。 第一次是第二次工业革命期间(第三卷第三章讨论的)，新兴的公司引导了大量的科技发明，并产生了更高的生产效率。 第二次是二战后(第二章和第六章所讨论的内容)，改革了的资本主义制造了大众需求和公民富裕。 这两个黄金时期都不是纯粹的资本主义发展。 第一次高峰的出现得益于科学和技术的发展；如果没有第二次世界大战，第二次高峰就不会发生。 1950年代以来，很多南方国家已经赶上了第一个阶段的发展水平，而且一些国家正在进入第二个阶段。 但在北方，尤其是在盎格鲁国家，危急时刻已经来临；资产阶级短视的贪婪、当代新保守主义和新自由主义的愚蠢以及劳工运动的衰落一起对资本主义的能力提出了质疑：资本主义是否还能维持让所有公民都受益的大众需求经济，资本主义还能不能制定出能够解决当前金融危机的监管改革。 在北方国家，资本主义的高峰已经过去。 此时，大部分南方国家的资本主义显得更加健康，虽然它们都更具有国家主义的性质。 因此，虽然我们可以将资本主义发展视为20世纪的关键结构性过程，但这已经不是一个独立于其他社会权力来源的过程了，尤其不能独立于政治权力，而且它可能永远都不能进行自我再生产了。

对本书所讨论的这一历史时期的回顾应该让人感到满意。 这一时期很大程度上是人类的美好时代。 虽然我经常批判美国的外交政策、痛恨新自由主义的崛起、担心民主的未来、同情俄罗斯人的悲哀，但这些困难远不及这一时期带来的福音：战争的衰退，以及健康保健和财富向世界上大部分人口的扩散。 西方人和美国人可能会痛惜他们的相对衰退，但他们可以继续生活得很好；而且，世界上其他国家的崛起，以及多中心全球资本主义和地缘政治的出现都是好消息。

没有人能够准确地预测大规模权力结构的未来。 充其量，我们可以给出不同条件下可能发生的情形；在某些情况下，我们还可以根据它们发生的可能性对它们进行排列，就像我在讨论气候变化和资本主义未来时所做的那样。 当代社会面临的两种隐约可见的威胁可能会胜过所有令人愉快的事情：核战争和气候变化。 人类将如何应对这些威胁地球的危机，还不是很清楚。 假如政治领袖具有某些理性的话——他们迄今的确表明了这种理性——核战争是可以避免的。 气候变化的问题更大。 一方面，新社会运动的压力可能会产生国际集体主义，这种国际集体主义会限制国家、资本家和消费者对地球的破坏。 若不如此，如果气候变化变得不堪忍受，战争、大规模难民、混乱和新的极端意识形态可能将摧毁人类文明。 不存在历史的终结、不存在最终的首要因素、也不一定将持续进步，因为人类行为的意外后果会不断地制造新的间隙性问题，多元结果总是存在其可能，而且如我们在本卷中多次所看到的那样，人类具有做出好选择或者坏选择的能力，无论他们的目的是好是坏。

参考文献

Aaronson, Susan 2001 Taking Trade to the Streets: The Lost History of Public Efforts to Shape Globalization. Ann Arbor: University of Michigan Press. 1996 Trade and the American Dream: A Social History of Postwar Trade Policy. Lexington: University Press of Kentucky.

Abdelal, Rawi 2007 Capital Rules: The Construction of Global Finance. Cambridge, MA: Harvard University Press.

Abdelal, Rawi & John G. Ruggie 2009 "The Principles of Embedded Liberalism: Social Legitimacy and Global Capitalism," In David Moss & John Cisternino (eds.), New Perspectives on Regulation, pp. 151—162. Cambridge, MA: The Tobin Project.

Abramowitz, Alan 2010 The Disappearing Center: Engaged Citizens, Polarization, and American Democracy. New Haven, CT: Yale University Press.

Abramowitz, Moses 1979 "Rapid Growth Potential and Its Realization: The Experience of Capitalist Economies," in Edmund Malinvaid(ed.), Economic Growth and Resources, Vol.I, pp.1—30. New York: St.Martin's Press.

Acemoglu, Daron, Johnson, Simon, & Robinson, James 2001 "The Colonial Origins of Comparative Development," American Economic Review, 91, pp.1369—1401.

Ahn, Jong-chul 2003 "Siming'gun: The Citizens' Army during the Kwangju Uprising," In Gi-Wook Shin and Kyung Moon Hwang(eds.), Contentious Kwangju: The May 18 Uprising in Korea's Past and Present. Lanham, Md.: Rowman & Littlefield.

Alam, Shahid 2000 Poverty from the Wealth of Nations: Integration and

Polarization in the Global Economy since *1760*. Basingstoke: Palgrave.

Albright, Madeleine (with Bill Woodward) 2003 Madam Secretary. New York: Miramax Books.

Albrow, Martin 1996 The Global Age: State and Society Beyond Modernity. Stanford, CA: Stanford University Press.

Aldcroft, David 2001 The European Economy *1914—2000*. 4th ed. London: Routledge.

2002 "Currency Stabilisation in the 1920s: Success or Failure?" *Economic Issues*, 7, Part 2.

Alesina, Alberto & Drazen A. 1991 "Why Are Stabilisations Delayed?" *American Economic Review*, 81, pp.1170—1188.

Alexander, Herbert 1980 Financing Politics: Money, Elections and Political Reform. 2nd ed. Washington, DC: Congressional Quarterly.

Alic, John 2007 Trillions For Military Technology: How The Pentagon Innovates And Why It Costs So Much. New York: Palgrave Macmillan.

Allen, James & Lyle Scruggs 2004 "Political Partisanship and Welfare State Reform in Advanced Industrial Societies," *American Journal of Political Science*, 48, pp.496—512.

Allen, Robert 2004 Farm to Factory. A Reinterpretation of the Soviet Industrial Revolution. Princeton, NJ: Princeton University Press.

Amenta, Edwin 1998 Bold Relief: Institutional Politics and the Origins of Modern American Social Policy. Princeton, NJ: Princeton University Press.

Amenta, Edwin & Theda Skocpol 1988. "Redefining the New Deal: World War II and the Development of Social Provision in the US," In Margaret Weir, Ann Shola Orloff, & Theda Skocpol(eds.), *The Politics of Social Policy in the United States*. Princeton, NJ: Princeton University Press.

Amsden, Alice 2001 The Rise of "the Rest" : Challenges to the West from Late-industrializing Economies. New York: Oxford University Press.

Anderson, Perry 2010 "Two Revolutions," *New Left Review*, January-February, pp.59—96.

Andreas, Joel 2008 "Colours of the PRC," *New Left Review*, No.54.

2009 Rise of the Red Engineers: The Cultural Revolution and the Origins of

China's New Class. Stanford, CA: Stanford University Press.

    2010 "A Shanghai Model? One Capitalism with Chinese Characteristics," *New Left Review*, No.65.

Andrew, Christopher & Vasili Mitrokhin 1999 *The Sword and the Shield: The Mitrokhin Archive and the Secret History of the KGB*. New York: Basic Books.

Andrew, John III 1998 *Lyndon Johnson and the Great Society*. Chicago: Ivan R.Dee. Los Angeles: University of California Press.

Angresano, James 2011 *French Welfare State Reforms: Idealism versus Swedish, New Zealand and Dutch Pragmatism*. London: Anthem.

Appadurai, Arjun 1990 "Disjuncture and Difference in the Global Culture Economy," *Theory, Culture, and Society*. 7, pp.295—310.

Arbatov, Georgi 2001 "Origin and Consequences of 'Shock Therapy'," In Lawrence Klein & Marshall Pomer(eds.), *The New Russia: Transition Gone Awry*. Stanford, CA: Stanford University.

Arjomand, Said Amir 1988 *The Turban for the Crown: The Islamic Revolution in Iran*. Oxford: Oxford University Press.

Armony, Ariel 1997 *Argentina, the United States and the Anti-Communist Crusade in Central America, 1977—1984*. Athens: Ohio University Center for International Studies.

Armstrong, Charles 2003 *The North Korean Revolution, 1945—1950*. Ithaca, NY; Cornell University Press.

Arnson, Cynthia & William Zartman(eds.) 2005 *Rethinking the Economics of War: The Intersection of Need, Creed, and Greed*. Baltimore: Johns Hopkins Press.

Aron, Leon 2009 "The Merging of Power and Property," *Journal of Democracy*, 20, pp.66—68.

Arrighi, Giovanni & Beverly Silver 1999 *Chaos and Governance in the Modern World System*. Minneapolis: University of Minnesota Press.

Arrighi, Giovanni 1994 *The Long Twentieth Century*. London: Verso.

    2007 *Adam Smith in Beijing: Lineages of the 21 st Century*. London: Verso.

Aslund 2002 *Building Capitalism. The Transformation of the Former Soviet*

Bloc. Cambridge: Cambridge University Press.

2007 How Capitalism Was Built: The Transformation of Central and Eastern Europe, Russia, and Central Asia. Cambridge: Cambridge University Press.

Asselin, Pierre 2002 A Bitter Peace: Washington, Hanoi, and the Making of the Paris Agreement. Chapel Hill: University of North Carolina Press.

Atkins, Pope & Larman Wilson 1998 The Dominican Republic and the United States: From Imperialism to Transnationalism. Athens: University of Georgia Press.

Atkinson, Anthony & Thomas Piketty, 2007 Top Incomes over the Twentieth Century. Oxford: Oxford University Press.

Atkinson, Anthony et al. 2009 "Top Incomes in the Long Run of History," NBER Working Paper No.15408.

Austin, Gareth 2004 "Markets with, without, and in Spite of States: West Africa in the Pre-Colonial Nineteenth Century," LSE Working Papers of the Global Economic History Network, No.03/04.

Azimi, Fakhreddin 2008 The Quest for Democracy in Iran: A Century of Struggle against Authoritarian Rule. Cambridge, MA: Harvard University Press.

Bacevich, Andrew 2002 American Empire: The Realities and Consequences of U.S.Diplomacy. Cambridge, MA: Harvard University Press.

Bairoch, Paul 1982 "International Industrialization Levels from 1750 to 1980," Journal of European Economic History, Vol 11.

Baldwin, Peter 1990 The Politics of Social Solidarity: Class Bases of the European Welfare State, 1875—1975. Cambridge: Cambridge University Press.

Barber, William 1985 From New Era to New Deal: Herbert Hoover, the Economists, and American Economic Policy, *1921—1933*. New York: Cambridge University Press.

Barnes, William & Nils Gilman 2011 "Green Social Democracy or Barbarism: Climate Change and the End of High Modernism," In Craig Calhoun and Georgi Derluguian(eds.), The Deepening Crisis: Governance Challenges after Neoliberalism. New York: Social Science Research

Council.

Bartels, Larry 2008 Unequal Democracy: The Political Economy of the New Gilded Age. Princeton, NJ: Princeton University Press.

Bass, Warren 2003 Support Any Friend: Kennedy's Middle East and the Making of the U.S.-Israel Alliance. New York: Oxford University Press.

Baumann, Zygmunt 1998 Globalization: The Human Consequences. New York: Columbia University Press.

2000 Liquid Modernity. Cambridge: Polity.

Bayly, Christopher & Tim Harper 2004 Forgotten Armies: The Fall of British Asia, 1941—1945. Cambridge, MA: Bellknap Press.

2007 Forgotten Wars: Freedom and Revolution in Southeast Asia. Cambridge, MA: Harvard University Press.

Beck, Ulrich 1992 Risk Society, Towards a New Modernity. London: Sage.

2001 What Is Globalization? Cambridge: Polity Press.

Beissinger, Mark 2002 Nationalist Mobilization and the Collapse of the Soviet Union. Cambridge: Cambridge University Press.

Belknap, Michael 1995 Federal Law and Southern Order: Racial Violence and Constitutional Conflict in the Post-Brown South. Athens: University of Georgia Press, 2nd edition.

Bell, Daniel 1960 The End of Ideology: On the Exhaustion of Political Ideas in the Fifties. Glencoe, IL: Free Press.

Bell, Jonathan 2004 The Liberal State on Trial: The Cold War and American Politics in the Truman Years. New York: Columbia University Press.

Ben-Zvi, Abraham 1998 Decade of Transition: Eisenhower, Kennedy, and the Origins of the American-Israeli Alliance. New York: Columbia University Press.

Benford, Robert & David Snow 2000 "Framing Processes and Social Movements: An Overview and Assessment," Annual Review of Sociology 26, pp.611—639.

Bergen, Peter 2011 The Longest War: The Enduring Conflict between America and Al-Qaeda. New York: Free Press.

Berman, Larry 2001 No Peace, No Honor: Nixon, Kissinger, and Betrayal in

Vietnam. New York: Free Press.

Berman, William 1998 *America's Right Turn: From Nixon to Bush*. 2nd ed. Baltimore: Johns Hopkins University Press.

Bernhard, Michael et al. 2004 "The Legacy of Western Overseas Colonialism on Democratic Survival," *International Studies Quarterly*, 48, pp.225—250.

Beschloss, Michael 2002 *The Conqueror: Roosevelt, Truman and the Destruction of Hitler's Germany, 1941—1945*. New York: Simon & Schuster.

Bethell, Leslie 1991 "From the Second World War to the Cold War: 1944—1954," In Lowenthal, Abraham F.(ed.), *Exporting Democracy: The United States and Latin America: Themes and Issues*, pp.41—70. Baltimore: Johns Hopkins University Press.

Bethell, Leslie & Ian Roxborough 1988 "Latin America between the Second World War and the Cold War," *Journal of Latin American Studies*, 20, pp. 167—189.

Betsill, Michele 2008a "Environmental NGOs and the Kyoto Protocol Negotiations: 1995 to 1997," In Betsill & Elisabeth Corell(eds.), *NGO Diplomacy*. Cambridge, MA: The MIT Press.

Bewley-Taylor, Dave et al. 2009 "The Incarceration of Drug Offenders: an Overview," *The Beckley Foundation*, Report 16. Kings College, University of London.

Biersteker, T. 1992 "The 'Triumph' of Neoclassical Economics in the Developing World: Policy Convergence and the Bases of Government in the International Economic Order," In James Rosenau & E.-O. Czempiel, *Governance without Government: Order and Change in World Politics*. Cambridge: Cambridge University Press.

Bill, James 1988 *The Eagle and the Lion: The Tragedy of American-Iranian Relations*. New Haven, CT: Yale University Press.

Block, Fred & Matthew Keller(eds.) 2011 *State of Innovation: The U.S. Government's Role in Technology Development*. Boulder, CO: Paradigm.

Block, Fred 1977 *The Origins of International Economic Disorder*. Berkeley & Los Angeles: University of California Press.

1987 *Revising State Theory: Essays in Politics and Postindustrialism*.

Philadelphia: Temple University Press.

2008 "Swimming against the Current: The Rise of a Hidden Developmental State in the United States," Politics & Society, 36, pp.169—206.

Bloom, Jack 1987 Class, Race and the Civil Rights Movement. Bloomington: Indiana University Press.

Blustein, Paul 2001 The Chastening: Inside the Crisis That Rocked the Global Financial System and Humbled the IMF. New York: Public Affairs.

Bobbitt, Philip 2001 The Shield of Achilles: War, Peace and the Course of History. New York: Knopf.

Boli, John & George Thomas 1997 "World Culture in the World Polity," American Sociological Review 62(2): 171—190.

Bombach, G. 1985 Postwar Economic Growth Revisited. Amsterdam: North-Holland.

Bonds, John Bledsoe 2002 Bipartisan Strategy: Selling the Marshall Plan. Westport, CT: Praeger.

Boot, Max 2002 The Savage Wars of Peace: Small Wars and the Rise of American Power. New York: Basic Books.

Boswell, Terry 2004 "American World Empire or Declining Hegemony," Journal of World Systems Research, Vol.10.

Boyer, Robert 1990 The Regulation School: A Critical Introduction. New York: Columbia University Press.

Brady, David 2009 Rich Democracies, Poor People: How Politics Explain Poverty. Oxford: Oxford University Press.

Bradley, David & John Stephens 2007 "Employment Performance in OECD Countries: A Test of Neo-Liberal and Institutionalist Hypotheses," Comparative Political Studies, Vol.40.

Bradley, David et al. 2003 "Distribution and Redistribution in Postindustrial Democracies," World Politics, 55, pp.193—228.

Bradley, Mark 2000 Imagining Vietnam and America: The Making of Postcolonial Vietnam, 1919—1950. Chapel Hill: University of North Carolina Press.

Bramall, Chris 2000 Sources of Chinese Economic Growth, 1978—1996.

Oxford: Oxford University Press.

Brandolini, Andrea 2010 "Political Economy and the Mechanics of Politics," *Politics and Society*, 38, pp.212—226.

Brands, Hal 2010 *Latin America's Cold War*. Cambridge, MA: Harvard University Press.

Brauer, Carl 1982 "Kennedy, Johnson, and the War on Poverty," *The Journal of American History*, 69, pp.98—119.

Bremer, Ambassador L.Paul III 2006 *My Year in Iraq: The Struggle to Build a Future of Hope*. New York: Simon & Schuster.

Brenner, Robert 1998 "The Economics of Global Turbulence," New Left Review, No.229.

2002 *The Boom and the Bubble: The U.S. in the World Economy*. London: Verso.

2006 "What Is, and What Is Not, Imperialism," *Historical Materialism*, 14, pp.79—105.

Brinkley, Alan 1996 *New Deal Liberalism in Recession and War*. New York, Vintage.

Bromley, Patricia et al. 2010 "The Worldwide Spread of Environmental Discourse in Social Science Textbooks, 1970—2008: Cross-National Patterns and Hierarchical Linear Models," unpublished paper School of Education/Department of Sociology, Stanford University.

Bromley, Simon 1997 "Middle East Exceptionalism—Myth or Reality," In David Potter et al.(eds.), *Democratization*. Cambridge: Polity Press.

Brooks, Clem & Jeff Manza 1997 "The Sociological and Ideological Bases of Middle-Class Political Realignment in the United States, 1972—1992," *American Sociological Review*, 62, pp.191—208.

2006 "Social Policy Responsiveness in Developed Democracies," *American Sociological Review*, 71, pp.474—94.

Brown, Archibald 2007 *Seven Years That Changed the World: Perestroika in Perspective*. Oxford: Oxford University Press.

2009 *The Rise and Fall of Communism, 2009*. New York: Harper Collins.

Brown, Michael 1999 *Race, Money and the American Welfare State*. Ithaca,

Cornell University Press.

Brüggemeier, Franz-Josef, Mark Cioc, & Thomas Zeller(eds.) 2005 How Green Were the Nazis? Nature, Environment and Nation in the Third Reich. Athens: Ohio University Press.

Brzezinski, Zbigniew 2012 Strategic Vision: America and the Crisis of Global Power. New York: Basic Books.

Bucheli, Marcelo 2005 Bananas and Business: The United Fruit Company in Colombia, 1899—2000. New York: New York University Press.

Bulmer-Thomas, Victor 1994 The Economic History of Latin America Since Independence. Cambridge: Cambridge University Press.

Bunce, Valerie 1999 Subversive Institutions: The Design and the Destruction of Socialism and the State. Cambridge: Cambridge University Press.

Burn, Gary 2006 The Re-Emergence of Global Finance. London: Palgrave Macmillan.

Burnham, Gilbert et al. 2006 "Mortality after the 2003 Invasion of Iraq: a Cross-Sectional Cluster Sample Survey," The Lancet, October 11.

Burnham, Peter 2001 "New Labour and the Politics of Depoliticisation," British Journal of Politics and International Relations, 3, pp.127—149.

Burns, James M. 2009 Packing the Court: The Rise of Judicial Power and the Coming Crisis of the Supreme Court. New York: Penguin Press.

Busch, Andrew 2005 Reagan's Victory: The Presidential Election of 1980 and the Rise of the Right. Lawrence: University Press of Kansas.

Bush, George W. 2010 Decision Points. New York: Crown.

Calder, Lendol 1999 Financing the American Dream: A Cultural History of Consumer Credit. Princeton, NJ: Princeton University Press.

Cameron, David R. 2007 "Post-Communist Democracy: The Impact of the European Union," Post-Soviet Affairs, 23, pp.185—217.

Campbell, Ballard 1995 The Growth of American Government: Governance from the Cleveland Era to the Present. Bloomington: Indiana University Press.

Cardenas, Enrique et al. (eds.) 2000 An Economic History of Twentieth-Century Latin America. Vol.III, Industrialization and the State in Latin

America: *The Postwar Years.* New York: Palgrave.

Carrothers, Thomas 1991 "The Reagan Years: The 1980s," In Abraham Lowenthal(ed.), *Exporting Democracy: The United States and Latin America.* Baltimore: Johns Hopkins University Press.

Castells, Manuel 1997 *The Power of Identity.* Vol. 2, *The Information Age: Economy, Society and Culture.* Oxford: Blackwell.

Castles, F.G. & I.F.Shirley 1996 "Labour and Social Policy: Gravediggers or Refurbishers of the Welfare State," In F. G. Castles et al.(eds), *The Great Experiment*, Allen and Unwin, Sydney, pp.88—106.

Castles, Francis 1985 *The Working Class and Welfare in Australia and New Zealand.* Sydney: Allen & Unwin.

1998 *Comparative Public Policy: Patterns of Post-War Transformation.* Cheltenham, UK: Edward Elgar.

Castles, Francis & Deborah Mitchell 1993 "Worlds of Welfare and Families of Nations," In Castles, (ed.), *Families of Nations: Patterns of Public Policy in Western Democracies.* Hanover, NH: Dartmouth University Press.

Castles, Frank & Herbert Obinger 2008 "Worlds, Families, Regimes: Country Clusters in European and OECD Area Public Policy," *West European Politics*, 31, pp.321—344.

Centeno, Miguel 2002 *Blood and Debt: War and the Nation-State in Latin America.* College Park: Pennsylvania State University Press.

Cerami, Alfio & Pieter Vanhuysse 2009 *Post-Communist Welfare Pathways.* New York: Palgrave Macmillan.

Cesarano, Filippo 2006 *Monetary Theory and Bretton Woods: The Construction of an International Monetary Order.* Cambridge: Cambridge University Press.

Chai, Joseph & Kartik Roy 2006 *Economic Reform in China and India.* Northampton, MA: Edward Elgar.

Chan, Anita 2001 *China's Workers under Assault: The Exploitation of Labor in a Globalizing Economy.* Armonk, NJ: M.E.Sharpe.

Chang, Ha-Joon 2003 *Globalisation, Economic Development and the Role of the State.* London: Zed Books.

2009 *23 Things They Don't Tell You about Capitalism*. London: Allen Lane.

Chase-Dunn, Christopher et al. 2000 "Trade Globalization since 1795: Waves of Integration in the World System," *American Sociological Review*, Vol.65.

Chase-Dunn, Christopher & Andrew Jorgenson, 2003 "Interaction Networks and Structural Globalization: A Comparative World-Systems Perspective," *Society in Transition* 34, pp.206—220.

Chen Jian 2001 *Mao's China and the Cold War*. Chapel Hill: University of North Carolina Press.

Chen, Chih-jou 2003 *Transforming Rural China: How Local Institutions Shape Property Rights in China*. London: Routledge.

Chen, Jian & Yang Kuisong 1998 "Chinese politics and the collapse of the Sino-Soviet alliance," In Odd Westad(ed.), *Brothers in Arms: The Rise and Fall of the Sino-Soviet Alliance, 1945—1963*. Washington, DC: Woodrow Wilson Center Press.

Chernyaev, Anatoly 2000 *My Six Years with Gorbachev*. University Park: Pennsylvania State University Press.

Chirot, Daniel 1986 *Social Change in the Modern Era*. San Diego, CA: Harcourt Brace Jovanovich.

Chollet, Derek & James Goldgeier 2008 *America between the Wars: From 11/9 to 9/11: The Misunderstood Years between the Fall of the Berlin Wall and the Start of the War on Terror*. New York: Public Affairs.

Clark, Daniel 1997 *Like Night and Day: Unionization in a Southern Mill Town*. Chapel Hill: University of North Carolina Press.

Clark, General Wesley 2007 *A Time to Lead: For Duty, Honor and Country*. New York: Palgrave MacMillan.

Clarke, Peter 2008 *The Last Thousand Days of the British Empire: Churchill, Roosevelt, and the Birth of the Pax Americana*. London: Bloomsbury Press.

Clarke, Richard 2004 *Against All Enemies*. New York: Simon & Schuster.

Cline, William 2004 *Trade Policy and Global Poverty*. Washington, DC: Institute for International Economics.

Coates, David 2010 "Separating Sense from Nonsense in the U.S. Debate on the Financial Meltdown," *Political Studies Review*, 8, pp.15—26.

Coatsworth, John 1994 *Central America and the United States: The Clients and the Colossus*. New York: Twayne.

Cohen, Lizabeth 1990 *Making a New Deal: Industrial Workers in Chicago 1919—1939*. Cambridge: Cambridge University Press.

2003 *A Consumers' Republic: The Politics of Mass Consumption in Postwar America*. New York: Alfred A.Knopf.

Cohen, Stephen 2001 *Failed Crusade: America and the Tragedy of Post-Communist Russia*. New York: Norton.

Cohen, Warren 2005 *America's Failing Empire: U.S.Foreign Relations since the Cold War*. Oxford: Blackwell.

Collier, Paul 2000 "Doing Well out of War," In M.Berdahl & D.Malone (eds.), *Greed and Grievance: Economic Agendas in Civil Wars*. Boulder, CO: Lynne Rienner.

2003 "Breaking the Conflict Trap: Civil War and Developmental Policy," World Bank Policy Research Report, Washington, DC: World Bank.

Collins, Randall 2012 "Technological Displacement of Middle-Class Work and the Long-Term Crisis of Capitalism: No More Escapes," In Georgi Derleugian(ed.)*Does Capitalism Have a Future? A Sociological Polemic*. New Haven, CT.: Yale university Press.

Connor, Walter 1991 *The Accidental Proletariat: Workers, Politics, and Crisis in Gorbachev's Russia*. Princeton, NJ: Princeton University Press.

Cooper, Frederick 1996 "Decolonization and African Society: The Labor Question in French and British Africa," African Studies Series. Cambridge: Cambridge University Press.

2002 *Africa since 1940: The Past of the Present*. Cambridge: Cambridge University Press.

Cowie, Jefferson 2010 *Stayin' Alive: The 1970s and the Last Days of the Working Class*. New York: New Press,

Cox, Ronald 1994 *Power and Profits: U. S. Policy in Central America*. Lexington: University of Kentucky Press.

Coyne, Christopher 2007 *After War: The Political Economy of Exporting*

Democracy. Stanford, CA: Stanford University Press.

Creveld, Martin van 2008 *The Changing Face of War.* New York: Ballantine Books.

Cronin, James 1996 *The World the Cold War Made.* New York: Routledge.

2001 "The Marshall Plan and Cold War Political Discourse," In Martin Schain(ed.), *The Marshall Plan: Fifty Years After.* New York: Palgrave.

Crouch, Colin 2005 *Capitalist Diversity and Change: Recombinant Governance and Institutional Entrepreneurs.* Oxford, Oxford University Press.

2009 "Privatised Keynesianism: An Unacknowledged Policy Regime," *British Journal of Politics and International Relations,* 11, pp.382—399.

2011 *The Strange Non-Death of Neoliberalism.* Cambridge, UK: Polity.

Cullather, Nick 1999 *Secret History: The CIA's Classified Account of Its Operations in Guatemala, 1952—1954.* Stanford, CA: Stanford University Press.

Cumings, Bruce 1981 & 1990 *The Origins of the Korean War.* Vol.1, Liberation and the Emergence of Separate Regimes, *1945—1947.* Vol.2, The Roaring of the Cataract, *1947—1950.* Princeton, N.J.: Princeton University Press.

2004 *North Korea: Another Country.* New Press.

Cusack, Thomas & Susanne Fuchs 2002 "Ideology, Institutions and Public Spending," *Discussion Paper of the Research Area Markets and Political Economy,* Wissenschaftszentrum Berlin.

Daalder, Ivo & James Lindsay 2003 *America Unbound: The Bush Revolution in Foreign Policy.* Washington, DC: Brookings Institution Press.

Dallek, Robert 1998 *Flawed Giant: Lyndon Johnson and His Times, 1961—1963,* New York: Oxford University Press.

2003 John F.Kennedy. *An Unfinished Life, 1917—1963.* London: Penguin.

Davis, Christopher 2001 "The Health Sector: Illness, Medical Care, and Mortality," In Brigitte Granville & Peter Oppenheimer(eds.), *Russia's Post-Communist Economy.* Oxford: Oxford University Press.

Davis, Gerald 2009 *Managed by the Markets: How Finance Re-Shaped America.* Oxford: Oxford University Press.

Deng Xiaoping 1984 *Selected Works(1975—1982)*. Beijing: Foreign Language Press. *Development*. Oxford: Blackwell.

Dew-Becker & Robert Gordon 2005 "Where Did the Productivity Growth Go? Inflation Dynamics and the Distribution of Income," *National Bureau of Economic Research*, Working Paper No.11842.

Diamond, Larry 2005 *Squandered Victory: The American Occupation and the Bungled Effort to Bring Democracy to Iraq*. New York: Times Books/ Henry Holt.

Dickson, Bruce 2003 *Red Capitalists in China: The Party, Private Entrepreneurs, and Prospects for Political Change*. Cambridge: Cambridge University Press.

Dittmer, John 1994 *Local People: The Struggle for Civil Rights in Mississippi*. Urbana: University of Illinois Press.

Dodge, Toby 2003. *Inventing Iraq: The Failure of Nation-Building and a History Denied*. New York: Columbia University Press.

Doherty, Brian 2002 *Ideas and Action in the Green Movement*. London: Routledge.

Domhoff, William 1996 *State Autonomy or Class Dominance? Case Studies in Policy Making in America*. New York: Aldine de Gruyter.

1990 *The Power Elite and the State. How Policy Is Made in America*. New York: A. de Gruyter.

Forthcoming. *The Committee for Economic Development*. unpublished ms.

Dominguez, Jorge 1999 "U.S.-Latin American Relations during the Cold War and Its Aftermath," In Victor Bulmer-Thomas & James Dunkerley(eds.), *The United States and Latin America: The New Agenda*. Cambridge, MA: Harvard University Press.

Dooley, Michael et al. 2003 "An Essay on the Revived Bretton Woods System," NBER Working Paper No.9971.

Doreenspleet, Renske 2000 "Reassessing the Three Waves of Democratization," *World Politics* 52, pp.384—406.

Douglas, Roy 2002 *Liquidation of Empire: The Decline of the British Empire*. Basingstoke, UK: Palgrave Macmillan.

Dower, John 1999 *Embracing Defeat: Japan in the Wake of World War II*. New York: Norton.

Drahos, Peter & John Braithwaite 2002 *Information Feudalism: Who Owns the Knowledge Economy?* New York: New Press.

Dreyfus, Michel et al. 2006 *Se protéger, être protégé. Une histoire des Assurances sociales en France*. Rennes: Presses universitaires de Rennes.

Drukker, J. W. 2006 *The Revolution that Bit Its Own Tail: How Economic History Changed our Ideas on Economic Growth*. Amsterdam: Aksant.

Dudziak, Mary 2000 *Cold War Civil Rights: Race and the Image of American Democracy*. Princeton, NJ: Princeton University Press.

Dunlop John 2003 "The August Coup and Its Impact on Soviet Politics," *Journal of Cold War Studies*, Vol 5.

Ebbinghaus, Bernhard & Jelle Visser 1999 "When Institutions Matter. Union Growth and Decline in Western Europe, 1950—1995," *European Sociological Review*, 15, pp.135—158.

Ebbinghaus, Bernhard & Mareike Gronwald 2009 "The Changing Public-Private Pension Mix in Europe: from Path-Dependence to Path Departure," draft paper, MZED, University of Mannheim.

Eckes, Alfred 1995 *Opening America's Market: U.S. Foreign Trade Policy since 1776*. Chapel Hill: University of North Carolina Press.

Edsall, Thomas 1984 *The New Politics of Inequality*. New York: Norton.

Eichengreen, Barry (ed.) 1995 *Europe's Postwar Recovery*. Cambridge: Cambridge University Press.

1996 *Globalizing Capital: A History of the International Monetary System*. Princeton, NJ: Princeton University Press.

2009 "The Dollar Dilemma: The World's Top Currency Faces Competition," *Foreign Affairs*, September/October.

Eisenstadt, Shmuel 1982 "The Axial Age: The Emergence of Transcendental Visions and the Rise of Clerics," *European Journal of Sociology*, 23, pp.294—314.

Elliott, David 2003 *The Vietnamese War: Revolution and Social Change in the Mekong Delta, 1930—1975*, 2 vols. Armonk, NY: M.E.Sharpe.

Ellman, Michael & Kontorovich, Vladimir 1998 *The Destruction of the Soviet Economic System: An Insiders' History.* London: M.E.Sharpe.

Ensalaco, Mark 2008 *Middle Eastern Terrorism: From Black September to September 11.* Philadelphia: University of Pennsylvania Press.

Environmental Law Institute 2009 "Estimating U.S.Government Subsidies to Energy Sources: 2002—2008."

Epstein, Philip et al. 2000 "Distribution Dynamics: Stratification, Polarization and Convergence Among OECD Economies, 1870—1992," London School of Economics, Department of Economic History Working Papers, No.*58/00*.

Eriksson et al. 2003 "Armed Conflict 1989—2002," *Journal of Peace Research*, 40, pp.593—607.

Eskew, Glenn T. 1997 *But for Birmingham: The Local and National Movements in the Civil Rights Struggle.* Chapel Hill: University of North Carolina Press.

Esping-Andersen, Gosta 1990 *The Three Worlds of Welfare Capitalism.* Cambridge: Cambridge University Press.

　1999 *Social Foundations of Postindustrial Economies.* Oxford: Oxford University Press.

　2011 "Families and the Revolution in Women's Role," three unpublished lectures available at the author's web-site.

Estévez-Abe, Margarita, Torben Iversen, & David Soskice 2001 "Social Protection and the Formation of Skills: A Reinterpretation of the Welfare State," In Peter Hall & David Soskice(eds.), *Varieties of Capitalism: The Institutional Foundations of Comparative Advantage*, pp.145—183. New York: Oxford University Press.

European Bank for Reconstruction and Development 2009 *Transition Report.*

European Environment Agency 2009 *Greenhouse Gas Emission Trends and Projections in Europe: Tracking Progress Towards Kyoto Targets*, EEA Report No.9/2009.

Evans, Peter & William Sewell, Jr. 2011 "The Neoliberal Era: Ideology, Policy, and Social Effects," unpublished paper.

Ewell Judith 1996 *Venezuela and the United States: From Monroe's Hemisphere to Petroleum's Empire*. Athens and London: University of Georgia Press.

Eyal, Gil, Ivan Szelenyi, & Eleanor Townsley 1998 *Making Capitalism without Capitalists*. London: Verso.

Fairclough, Adam 1995 *Race and Democracy: The Civil Rights Struggle in Louisiana, 1915—1972*. Athens: University of Georgia Press.

Fan, Joseph et al. 2011 "Capitalizing China," NBER Working Paper no. 17687, December.

Federico, Giovanni 2005 *Feeding the World: An Economic History of Agriculture, 1800—2000*. Princeton, NJ: Princeton University Press.

Ferguson, Charles 2008 *No End in Sight: Iraq's Descent into Chaos*. New York: Public Affairs.

Ferrarini, Guido et al. 2003 "Executive Remuneration in the EU: Comparative Law and Practice," EGGI Working Paper Series in Law, No. 32, European Corporate Governance Institute.

Filene, Peter 2001 "Cold War Culture Doesn't Say It All," In Peter J. Kuznick and James Gilbert (eds.), *Rethinking Cold War Culture*. Washington, DC: Smithsonian Institution Press.

Fineman, Daniel 1997 *A Special Relationship: The United States and Military Government in Thailand 1947—1958*. Honolulu: University of Hawai'i Press.

Fiorina, Morris & Samuel Abrams 2009 *Disconnect: The Breakdown of Representation in American Politics*. Norman: Oklahoma University Press.

Fischer, Beth 1997 *The Reagan Reversal: Foreign Policy and the End of the Cold War*. Columbia: University of Missouri Press.

Fischer, Claude & Michael Hout 2006 *Century of Difference: How America Changed in the Last One Hundred Years*. New York: Russell Sage Foundation.

Fischer, Fritz 1998 *Making Them like U.S.: Peace Corps Volunteers in the 1960s*. Washington, DC: Smithsonian Institute Press.

Fitch, Robert 2006 *Solidarity for Sale: How Corruption Destroyed the Labor*

Movement and Undermined America's Promise. New York: Public Affairs.

Fligstein, Neil & Taekjin Shin 2007 "Shareholder Value and the Transformation of the U.S. Economy, 1984—2000," *Sociological Forum*, 22, pp.399—424.

2010 "Politics, the Reorganization of the Economy and Income Inequality, 1980—2009," *Politics and Society*, pp.38, pp.233—242.

Flora, Peter 1983 State, Economy, and Society in Western Europe *1815— 1975*: A Data Handbook. Vol. I, The Growth of Mass Democracies and Welfare States. London: Macmillan.

Flora, Peter & Heidenheimer, Arnold 1981 The Development of Welfare States in Europe and America. New Brunswick, NJ: Transaction Books.

Foran, John 2005 Taking Power: On the Origins of Third World Revolutions. Cambridge: Cambridge University Press.

Forsberg, Aaron 2000 America and the Japanese Miracle: The Cold War Context of Japan's Postwar Economic Revival, *1950—1960*. Chapel Hill: University of North Carolina Press.

Fourcade-Gourinchas, Marion & Babb, Sarah "The Rebirth of the Liberal Creed: Paths to Neoliberalism in Four Countries," *American Journal of Sociology*, 108, pp.533—579.

Fousek, John 2000 American Nationalism and the Cultural Roots of the Cold War. Chapel Hill: University of North Carolina Press.

Frank, David John. 1999 "The Social Bases of Environmental Treaty Ratification, 1900—1990," *Sociological Inquiry*, 69, pp.523—550.

Frank, David John, Bayliss J. Camp, & Steven A. Boutcher 2010 "Worldwide Trends in the Criminal Regulation of Sex, 1945 to 2005," *American Sociological Review* 75, pp.867—893.

Frank, Thomas 2004 What's the Matter with Kansas? How Conservatives Won the Heart of America. New York: Metropolitan Books.

Fraser, Steve 1989. "The 'Labor Question'," In Fraser & Gary Gerstle (eds.), The Rise and Fall of the New Deal Order, pp.55—84. Princeton, NJ: Princeton University Press.

Friedman, Edward et al. 1991 *Chinese Village, Socialist State*. New Haven, CT: Yale University Press.

Friedman, Milton 1962 *Capitalism and Freedom*. Chicago: University of Chicago Press.

Frum, David & Perle, Richard 2003 *An End to Evil: How To Win the War on Terror*. New York: Random House.

Fukuyama, Francis 1992 *The End of History and the Last Man*. New York: Free Press.

2011 *The Origins of Political Order*. New York: Farrar, Straus & Giroux.

Gaddis, John 1972 *United States and the Origins of the Cold War, 1941—1947*. New York: Columbia University Press.

1982 *Strategies of Containment: A Critical Appraisal of Postwar American National Security Policy*. New York: Oxford University Press.

1997 *We Now Know: Rethinking the Cold War*. New York: Oxford University Press.

Gaiduk, Ilya 1996 *The Soviet Union and the Vietnam War*. Chicago: Ivan Dee.

Gamble, Andrew 2010 "The Political Consequences of the Crash," *Political Studies Review*, 8, pp.3—14.

Gambone, Michael 1997 *Eisenhower, Somoza, and the Cold War in Nicaragua, 1953—1961*. Westport, CT: Praeger Publishers.

2001 *Capturing the Revolution: The United States, Central America, and Nicaragua, 1961—1972*. Westport, CT: Praeger.

Garrett, Geoffrey 1998 *Partisan Politics in the Global Economy*. New York: Cambridge University Press.

Gasiorowski, Mark & Malcolm Byrne (eds.) 2004 *Mohammad Mosaddeq and the 1953 Coup in Iran*. Syracuse, NY: Syracuse University Press.

Gelb, Leslie 2009 *Power Rules: How Common Sense Can Rescue American Foreign Policy*. New York: Harper.

Gemici, Kurtulus 2008 "Hot Money. Cold Money: Managing Global Capital in Emerging Economies," Ph.D.Dissertation, UCLA.

Gerges, Fawaz 2005 *The Far Enemy: Why Jihad Went Global*. New York: Cambridge University Press.

Giddens, Anthony 1990 *The Consequences of Modernity*. Cambridge: Polity.

Gilding, Paul 2011 *The Great Disruption: How the Climate Crisis Will Transform the Global Economy*. London: Bloomsbury.

Gilens, Martin 1999 *Why Americans Hate Welfare*. Chicago: University of Chicago Press.

Gill, Graeme 1994 *The Collapse of a Single-Party System: The Disintegration of the CPSU*. Cambridge: Cambridge University Press.

Gill, Lesley 2004 *The School of the Americas: Military Training and Political Violence in the Americas*. Durham, NC: Duke University Press.

Gilligan, Andrew 2009 "Iraq Report: Secret Papers Reveal Blunders and Concealment," *The Telegraph*, London, November 21.

Gimpel James & Kimberly Karnes 2006 "The Rural Side of the Urban-Rural Gap," *Political Science & Politics*, 9(3), pp.467—472.

Gittings, John 2005 *The Changing Face of China: From Mao to the Market*. New York: Oxford University Press.

Gleditsch, Kristian 2004 "A Revised List of Wars between and within Independent States, 1816—2002," *International Interactions*, 30, pp.231—262.

Gleijeses, Piero 1991 *Shattered Hope: The Guatemalan Revolution and the United States, 1944—1954*. Princeton, NJ: Princeton University Press.

Glenn, Evelyn Nakano 2002 *Unequal Freedom: How Race and Gender Shaped American Citizenship and Labor*. Cambridge, MA: Harvard University Press.

Goldfield, Michael 1987 *The Decline of Organized Labor in the United States*. Chicago: University of Chicago Press.

1997 *The Color of Politics: Race and the Mainsprings of American Politics*. New York: New Press.

Goldin, Claudia & Robert Margo. 1992 "The Great Compression: Wage Structure in the United States at Mid-Century," *Quarterly Journal of Economics* 107, pp.1—34.

Goldman, Marshall 1972 *The Spoils of Progress: Environmental Pollution in the Soviet Union*. Cambridge, MA: MIT Press.

Goldstone，Jack 2001 "Toward a Fourth Generation of Revolutionary Theory," *Annual Review of Political Science* 4, pp.139—187.

2004 "Its All about State Structure: New Findings on Revolutionary Origins from Global Data," *Homo Oeconomicus*, 21, pp.429—455.

2009 "Revolutions." In Todd Landman & Neil Robinson(eds.), *The Sage Handbook of Comparative Politics*, pp.319—347. Los Angeles: Sage.

Goodell，Jeff 2010 "As the World Burns. How Big Oil and Big Coal Mounted One of the Most Aggressive Lobbying Campaigns in History to Block Progress on Global Warming," *Rolling Stone Online*, posted January 6.

Goodwin，Jeff 2001 *No Other Way Out: States and Revolutionary Movements, 1945—1991*. New York: Cambridge University Press.

Gorbachev，Mikhail 1995 *Memoirs*. New York: Doubleday.

Gordon，Colin 2003 *Dead on Arrival: The Politics of Health Care in Twentieth-Century America*. Princeton, NJ: Princeton University Press.

Gordon，Michael & Trainor，General Bernard 2006 *Cobra II: The Inside Story of the Invasion and Occupation of Iraq*. New York: Random House.

Gorlizki，Yoram & Oleg Khlevniuk 2004 *Cold Peace: Stalin and the Soviet Ruling Circle, 1945—1953*. Oxford: Oxford University Press.

Goto，Ken'ichi 2003 *Tensions of Empire: Japan and Southeast Asia in the Colonial and Postcolonial World*. Athens: Ohio University Press.

Gourinchas，Pierre Olivier，& Olivier Jeanne，2007 "Capital Flows to Developing Countries: The Allocation Puzzle," *NBER Working Papers No. 13602*, National Bureau of Economic Research.

Gowan，Peter 1999 *The Global Gamble: Washington's Faustian Bid for World Domination*. London: Verso.

2004 "Contemporary Intra-Core Relations and World Systems Theory," *Journal of World-Systems Research*, Vol.10.

Grandin，Greg 2004 *The Last Colonial Massacre: Latin America in the Cold War*. Chicago: University of Chicago Press.

Grant-Friedman，Andrea 2008 "Soviet Sociology, Perestroika, and the Politics of Social Inequality," Ph.D.Dissertation, UCLA.

Griffin，Keith 1991 "Foreign Aid after the Cold War," *Development and*

Change, 22, pp.645—685.

Griffith, Barbara 1988 The Crisis of American Labor: Operation Dixie and the Defeat of the CIO. Philadelphia: Temple University Press.

Gross, James A. 1995 Broken Promise: The Subversion of U. S. Labor Relations Policy, 1947—1994. Philadelphia: Temple University Press.

Habermas, Juergen 1990 "What Does Socialism Mean Today? The Rectifying Revolution and the Need for New Thinking on the Left," New Left Review, 183: 3—21.

Hacker, Jacob & Paul Pierson Winner-Take-All Politics. New York: Simon &Schuster.

Haggard, Stephan & Robert Kaufman 2008 Development, Democracy, and Welfare States: Latin America. East Asia, and Eastern Europe. Princeton, NJ: Princeton University Press.

Hahn, Peter 2004 Caught in the Middle East: U.S. Policy towards the Arab-Israeli Conflict, 1945—1961. Chapel Hill: University of North Carolina Press.

Haldane, Andrew 2012 "The Doom Loop," London Review of Books, 34, pp.21—22.

Hall, John A. 1995 "After the Vacuum: Post-Communism in the Light of Tocqueville," In Beverly Crawford(ed.), Markets, States and Democracy: The Political Economy of Post-Communist Transformation. Boulder, CO: Westview Press.

Hall, Michael 2000 Sugar and Power in the Dominican Republic: Eisenhower, Kennedy, and the Trujillos. Westport CT: Greenwood.

Hall, Peter & D.W.Gingerich 2003 Discussion Paper 04/5, Cologne, Germany, Max Planck Institute for the Study of Societies. Available at www.mpi-fg-koeln.mpg.de

Hall, Peter & David Soskice 2001 Varieties of Capitalism: The Institutional Foundations of Comparative Advantage. Oxford: Oxford University Press.

Halliday, Fred 1999 Revolution and World Politics: The Rise and Fall of the Sixth Great Power. London: MacMillan.

2010 "Third World Socialism: 1989 and After," In Lawson et al.(eds.), The

Global *1989*: Continuity and Change in World Politics. Cambridge: Cambridge University Press.

Hamm, Patrick, Lawrence King, & David Stucker 2012 "Mass Privatization, State Capacity, and Economic Growth in Post-Communist Countries," American Sociological Review, 77, pp.295—324.

Handler, Joel 2004 Social Citizenship and Workfare in the United States and Western Europe: The Paradox of Inclusion. New York: Cambridge University Press.

Hansen, James 2009 Storms of My Grandchildren: The Truth about the Coming Climate Catastrophe and Our Last Chance to Save Humanity. New York: Bloomsbury.

Hanson, Philip 2003a The Rise and Fall of the Soviet Economy: An Economic History of the U.S.S.R. From *1945*. London: Pearson.

　2003b "The Russian Economic Recovery: Do Four Years of Growth Tell Us That the Fundamentals Have Changed?" Europe-Asia Studies, 55, pp.365—382.

Harding, Luke 2011 Mafia State: How One Reporter Became An Enemy of the Brutal New Russia. London: Guardian Books.

Hardt, Michael & Antonio Negri 2000 Empire. Cambridge, MA: Harvard University Press.

Harrington, Michael 1962 The Other America: Poverty in the United States. New York: Macmillan.

Harrison, Graham 2005 "Economic Faith, Social Project and a Misreading of African Society: The Travails of Neoliberalism," Third World Quarterly, 26, pp.1303—1320.

Harrison, Robert 1997 State and Society in Twentieth Century America. London: Longman.

Harvey, David 1989 The Condition of Postmodernity. London: Basil Blackwell

　2003 The New Imperialism. Oxford: Oxford University Press.

　2005 A Brief History of Neoliberalism. New York: Oxford University Press.

Hearden, Patrick 2002 Architects of Globalism: Building a New World Order during World War II. Fayetteville: University of Arkansas Press.

Heinlein, Frank 2002 British Government Policy and Decolonisation *1945—*

1963. London: Frank Cass.

Hendrix, Cullen & Idean Salehyan 2012 "Climate Change, Rainfall, and Social Conflict in Africa," Journal of Peace Research, 49, pp.35—50.

Hicks, Alexander et al. 1995 "The Programmatic Emergence of the Social Security State," American Sociological Review, 60, pp.329—349.

1999 Social Democracy and Welfare Capitalism: A Century of Income Security Politics. Ithaca, NY: Cornell University Press.

Higgs, Robert 1989 Crisis and Leviathan: Critical Episodes in the Growth of American Government. Oxford: Oxford University Press.

Hinrichs, Karl 2010 "A Social Insurance State Withers Away," In Bruno Palier (ed.), A Long Goodbye to Bismarck? The Politics of Welfare Reform in Continental Europe. Amsterdam: Amsterdam University Press.

Hirsch, Susan 2003 After the Strike: A Century of Labor Struggle at Pullman. Urbana: University of Illinois Press.

Hirst, Paul & Grahame Thompson 1999 Globalisation in Question. 2nd ed. Cambridge: Polity Press.

Hobsbawm, Eric 1994 The Age of Extremes: The Short Twentieth Century, *1914—1991* London: Michael Joseph.

Hoffman, David 2003 The Oligarchs: Wealth and Power in the New Russia. New York: Public Affairs.

Hofman, Bert & Jinglian Wu 2009 "Explaining China's Development and Reforms," Commission on Growth and Development, Working Paper No.50.

Hogan, Michael 1987 The Marshall Plan, Britain, and the Reconstruction of Western Europe, *1947—1952*. Cambridge: Cambridge University Press.

1999 The Ambiguous Legacy: U.S. Foreign Relations in the "American Century," New York: Cambridge University Press.

Holden, Robert 2004 Armies Without Nations: Public Violence and State Formation in Central America *1821—1960*. Oxford: Oxford University Press.

Hollander, Paul 1999 Political Will and Personal Belief: The Decline and Fall of Soviet Communism. New Haven, CT: Yale University Press.

Holloway, David 1994 *Stalin and the Bomb: The Soviet Union and Atomic Energy, 1939—1956*. New Haven, CT: Yale University Press.

Holton, Robert. 1998 *Globalization and the Nation-State*. New York: St. Martin's Press.

Honey, Michael 1993 *Southern Labor and Black Civil Rights' Organizing Memphis Workers*. Urbana: University of Illinois Press.

Hooks, Gregory 1991 *Forging the Military-Industrial Complex: World War II's Battle of the Potomac*. Urbana: University of Illinois Press.

Hooks, Gregory, and Chad Smith 2005 "Treadmills of Production and Destruction: Threats to the Environment Posed by Militarism," *Organization & Environment* 18(1): 19—37.

Hoopes, Townsend & Brinkley, Douglas 1997 *FDR and the Creation of the U.N.* New Haven, CT: Yale University Press.

Horne, John & Alan Kramer, 2001 *The German Atrocities of 1914: A History of Denial*. New Haven, CT: Yale University Press.

Hough, Jerry 1997 *Democratization and Revolution in the USSR, 1985—1991*. Washington, DC: Brookings Institute.

Hout, Michael et al. 1995 "The Democratic Class Struggle in the United States, 1948—1992," *American Sociological Review*, 60, pp.805—828.

Houtman, Dick et al. 2008 *Farewell to the Leftist Working Class*. New Brunswick, NJ: Transaction.

Howard, Christopher 1997 *The Hidden Welfare State: Tax Expenditures and Social Policy in the United States*. Princeton, NJ: Princeton University Press.

HSBC Global 2009 *A Climate for Recovery: the Colour of Stimulus Goes Green*. London: HSBC Bank.

Huang, Jing 2000 *Factionalism in Chinese Communist Politics*. Cambridge: Cambridge University Press.

Huang, Yasheng 2008 *Capitalism with Chinese Characteristics: Entrepreneurship and the State*. Cambridge: Cambridge University Press.

Huber, Evi & Stephens, Johns 2001 *Development and Crisis of the Welfare State*. Chicago: University of Chicago Press.

Huggins, Martha 1998 *Political Policing: The United States and Latin America*. Durham, NC: Duke University Press.

Hulme, Mike 2009 *Why We Disagree about Climate Change*. Cambridge: Cambridge University Press.

Humphreys, David 2008 "NGO Influence on International Policy on Forest Conservation and the Trade in Forest Products," In Betsill & Corell(eds.), *NGO Diplomacy*. Cambridge, MA: The MIT Press.

Hunt, Michael 1987 *Ideology and U.S Foreign Policy*. New Haven, CT: Yale University Press.

1996 *Lyndon Johnson's War: America's Cold War Crusade in Vietnam, 1945—1968*. New York: Hill & Wang.

Huntington, Samuel 1991 *The Third Wave: Democratization in the Late Twentieth Century*. Norman: University of Oklahoma Press.

1996. *The Clash of Civilizations*. New York: Simon & Schuster.

Hurd, Michael & Susann Rohwedder 2010 "Effects of the Financial Crisis and Great Recession on American Households," NBER Working Paper No.16407.

Hutchinson, M. 2001 "A Cure Worse than the Disease? Currency Crises and the Output Costs of Supported Stabilization Programs," In M.Dooley & J. Frankel(eds.), *Managing Currency Crises in Emerging Markets*. Chicago: University of Chicago Press.

Hyam, Ronald 2006 *Britain's Declining Empire: The Road to Decolonisation, 1918—1968*. New York: Cambridge University Press.

Hyland, William 1999 *Clinton's World: Remaking American Foreign Policy*. Westport, CT, Praeger Publishers.

Ikenberry, John 2001 *After Victory: Institutions, Strategic Restraint, and the Rebuilding of Order after Major Wars*. Princeon, NJ: Princeton University Press.

2006 *Liberal Order and Imperial Ambition*. Cambridge: Polity.

Immergluck, Dan 2009 *Foreclosed: High-Risk Lending, Deregulation, and the Undermining of America's Mortgage Market*. Ithaca, NY: Cornell University Press.

Indyk，Martin 2008 *Innocent Abroad*. New York: Simon & Schuster.

Ingham，Geoffrey 1984 *Capitalism Divided?* London: Macmillan.

　2009 *Capitalism*. Cambridge: Polity Press.

Institute on Taxation and Economic Policy 2004 "Corporate Income Taxes in the Bush Years," Report No.9/2004.

Intergovernmental Panel on Climate Change 2007 *Climate Change 2007, the IPCC Fourth Assessment Report*. Synthesis Report. Geneva: IPCC.

International Government Office 2008 *World of Work Report 2008: Income Inequalities in the Age of Financial Globalization*. Geneva: ILO.

International Monetary Fund 2010 "World Economic Outlook."

Iversen，Torben & David Soskice 2009 "Distribution and Redistribution: The Shadow of the Nineteenth Century," *World Politics*, 61, pp.438—486.

Iverson，Torben & John Stephens 2008 "Partisan politics, the welfare state, and three worlds of human capital formation," *Comparative Political Studies*, Vol.41.

　2005 *Capitalism, Democracy, and Welfare*. New York: Cambridge University Press.

Jacoby，Sanford 2004 "Economic Ideas and the Labor Market: Origins of the Anglo-American Model and Prospects for Global Diffusion," Unpublished paper, UCLA, November.

Jacoby，Tim 2010 "The 'Muslim Menace,' Violence and the De-Politicising Elements of the New Culturalism." *Journal of Muslim Minority Affairs*, 30, pp.167—181.

Jacoway，Elizabeth 1982 "Introduction," and "Little Rock Business Leaders and Desegregation." In Jacoway & David Colburn(eds.), *Southern Businessmen and Desegregation*, pp.1—14, 15—41. Baton Rouge: Louisiana University Press.

Jaggard，Lyn，2007 *Climate Change Politics in Europe: Germany and the International Relations of the Environment*. London: I. B. Tauris.

James，Harold 2001 *The End of Globalization: Lessons from the Great Depression*. Cambridge, MA: Harvard University Press.

　2006 *The Roman Predicament: How the Rules of International Order Create the Politics of Empire*. Princeton, NJ: Princeton University Press.

Jian, Chen 1994 *China's Road to the Korean War*. New York: Columbia University Press.

Johnson, Chalmers 2000 *Blowback: The Costs and Consequences of American Empire*. New York: Henry Holt.

2005 *The Sorrows of Empire. Militarism, Secrecy, and the End of the Republic*. New York: Henry Holt.

Johnson, Simon 2009 "The Quiet Coup," *Atlantic Online*, May.

Jorda, Oscar et al. 2010 " Financial Crises, Credit Booms, and External Imbalances: 140 Years of Lessons," NBER Working Paper No.16567.

Jorgenson, Andrew K., Brett Clark, & Jeffrey Kentor 2010. "Militarization and the Environment: A Panel Study of Carbon Dioxide Emissions and the Ecological Footprints of Nations, 1970—2000," *Global Environmental Politics* 10, pp.7—29.

Jorgenson, Andrew & Thomas Burn 2007 "The Political-Economic Causes of Change and the Ecological Footprints of Nations, 1991—2001: A Quantitative Investigation," Social Science Research, 36, pp.834—853.

Josephson, Paul 2005 *Resources under Regimes: Technology, Environment, and the State*. Cambridge, MA: Harvard University Press.

Juhazs, Antonia 2006 *The Bush Agenda: Invading the World, One Economy at a Time*. New Haven, CT: Yale University Press.

Kagan, Robert 2012 *The World America Made*. New York: Knopf Kagan, Robert & William Kristol 2000 *Present Dangers: Crisis and Opportunity in American Foreign and Defense Policy*. San Franciso: Encounter Books.

Kamieniecki, Sheldon 2006 *Corporate America and Environmental Policy*. Stanford, CA: Stanford University Press.

Kandil, Hazem 2011 "Revolt in Egypt," *New Left Review*, No.68, March-April.

2012 "Power Triangle: Military, Security and Politics in the Shaping of the Regime in Egypt, Turkey and Iran," Ph.D.Dissertation, UCLA.

Kangas Olli 2010 " One Hundred Years of Money, Welfare and Death: Mortality, Economic Growth and the Development of the Welfare State in 17 OECD Countries 1900—2000," *International Journal of Social Welfare*,

19, S42—S59.

Karabell, Zachary 1999 Architects of Intervention: The United States, the Third World, and the Cold War *1946—1962*. Baton Rouge: Louisiana State University Press.

Kato, Junko 2003 Regressive Taxation and the Welfare State. Cambridge: Cambridge University Press.

Katz, Michael B. 2001 The Price of Citizenship: Redefining the American Welfare State. New York: Metropolitan Books.

et al. 2005 "The New African American Inequality." The Journal of American History 92, pp.75—108.

Katzenstein, Peter 1985 Small States in World Markets: Industrial Policy in Europe, Ithaca, NY: Cornell University Press.

2005 A World of Regions: Asia and Europe in the American Imperium. Ithaca, NY: Cornell University Press.

2010 Civilizations in World Politics: Plural and Pluralist Perspectives. New York: Routledge.

Katznelson, Ira 2005 When Affirmative Action Was White: An Untold History of Racial Inequality in Twentieth-Century America. New York: Norton.

Katznelson, Ira, Kim Geiger, & Daniel Kryder 1993 "Limiting Liberalism: The Southern Veto in Congress, 1933—1950," Political Science Quarterly, 108, pp.283—306.

Keck, Margaret & Kathryn Sikkink 1998 Activists beyond Borders. Ithaca, NY: Cornell University Press.

Keddie, Nikki 2003 Modern Iran: Roots and Results of Revolution. New Haven, CT: Yale University Press.

Keene, Jennifer D. 2001 Doughboys, the Great War and the Remaking of America. Baltimore: Johns Hopkins University Press.

Keesbergen, Kees van 1995 Social Capitalism: A Study of Christian Democracy and the Welfare State. London: Routledge.

Kelly, Matthew forthcoming "U. S. imperialism in the Middle East: an abbreviated survey," unpublished paper, UCLA Department of History.

Kenez, Peter 2006 *The History of the Soviet Union from the Beginning to the End*. New York: Cambridge University Press.

Kenworthy, Lane 2004 *Egalitarian Capitalism: Jobs, Income and Growth in Affluent Countries*. New York: Russell Sage Foundation.

2010 "Business Political Capacity and the Top-Heavy Rise of Income Inequality: How Large an Impact?" *Politics and Society*, 38, pp.255—265.

Kern, Thomas 2010 "Translating Global Values into National Contexts: The Rise of Environmentalism in South Korea," *International Sociology*, 25, pp.869—896.

Keynes, John Maynard 1937 "The General Theory of Employment," *Quarterly Journal of Economics*, 51, pp.209—223.

Khalidi, Rashid 2009 *Sowing Crisis: The Cold War and American Dominance in the Middle East*. Boston: Beacon.

Kian-Thiébaut, Azadeh 1998 *Secularization of Iran. A Doomed Failure?* Paris: Diffusion Peeters.

King, Desmond & Wood, Stewart 1999 "The Political Economy of Neoliberalism: Britain and the United States in the 1980s," In H.Kitschelt et al.(eds), *Continuity and Change in Contemporary Capitalism*. New York: Cambridge University Press.

Kinzer, Stephen 2004 *All the Shah's Men: An American Coup and the Roots of Middle East Terror*. New York: Wiley.

Kirk, John 2002 *Redefining the Color Line: Black Activism in Little Rock, Arkansas, 1940—1970*. Gainesville: University Press of Florida.

Kirk-Greene, Anthony 2000 *Britain's Imperial Administrators, 1858—1966*. Basingstoke, UK: Macmillan and New York: St.Martin's Press.

Kissinger, Henry 2003 *Ending the Vietnam War: A History of America's Involvement in and Extrication from the Vietnam War*. New York: Simon & Schuster.

Klare, Michael 2004 *Blood and Oil: The Dangers and Consequences of America's Growing Dependency on Imported Petroleum*. New York: Henry Holt.

Klarman, Michael 2004 *From Jim Crow to Civil Rights: The Supreme Court* and the Struggle for Racial Equality. New York: Oxford University Press.

Klausen, Jytte 1999 War and Welfare: Europe and the United States, *1945* to the Present. London: Palgrave Macmillan.

Klein, Jennifer 2003 For All These Rights. Princeton, NJ: Princeton University Press.

—— 2001 "Foreword," In Lawrence Klein & Marshall Pomer(eds.), The New Russia: Transition Gone Awry. Stanford, CA: Stanford University Press.

Knight, Alan 2008 "U. S. Imperialism/Hegemony and Latin American Resistance," In Fred Rosen(ed), Empire and Dissent: The United States and Latin America. Durham, NC: Duke University Press.

Knight, Amy 2003 "The KGB, Perestroika, and the Collapse of the Soviet Union," Journal of Cold War Studies, Vol 5.

Kohl, Juergen 1981 "Trends and Problems in Postwar Public Expenditures," In Flora and Heidenheimer, The Development of Welfare States in Europe and America. New Brunswick, NJ: Transaction Books.

Kohli, Atul 2004 State-Directed Development: Political Power and Industrialization in the Global Periphery. Cambridge: Cambridge University Press.

Koistinen, Paul 2004 Arsenal of World War II: The Political Economy of American Warfare, *1940—1945*. Lawrence: University Press of Kansas.

Kolodko, Grzegorz 2000 From Shock to Therapy: The Political Economy of Postsocialist Transformation. New York: Oxford University Press.

Kopstein, Jeffrey 2006 "The Transatlantic Divide over Democracy Promotion," The Washington Quarterly, 29, pp.85—98.

Kornhauser, Arthur, 1952 Detroit As the People See It: A Survey of Attitudes in An Industrial City. Detroit: Wayne University Press.

Korpi, Walter 1978 The Working Class and Welfare Capitalism: Work, Unions and Politics in Sweden. London: Routledge.

Korstad, Robert 2003 Civil Rights Unionism: Tobacco Workers and the Struggle for Democracy in the Mid-Twentieth-Century South. Chapel Hill: University of North Carolina Press.

Kose, M.Ayhan, Eswar Prasad, Kenneth Rogoff, & Shang-Jin Wei, 2006 "Financial Globalization: A Reappraisal," unpublished paper, Harvard

University.

Kotkin, Steven 2001 Armageddon Averted: The Soviet Collapse *1970—2000*. Oxford: Oxford University Press.

2009 Uncivil Societies: *1989* and the Implosion of the Communist Establishment. New York: Random House.

Kotz, David, with Fred Weir 1997 Revolution from Above: The Demise of the Soviet System. London: Routledge.

Kozlov, Vladimir 2002 Mass Uprisings in the U.S.S.R.: Protest and Rebellion in the Post-Stalin Years. Armonk, NY: M.E.Sharpe.

Kraft, Michael & Sheldon Kamienicki（eds.）2007 Business and Environmental Policy. Cambridge, MA: The MIT Press.

Kramer, Mark 2003a "The Collapse of the Soviet Union（Part 2）: Introduction," Journal of Cold War Studies, 5, pp.3—42.

2003b "The Collapse of Eastern European Communism and the Repercussions within the Soviet Union(Part 1)," Journal of Cold War Studies, 5, pp.178—256.

Krieckhaus, Jonathan 2006 Dictating Development: How Europe Shaped the Global Periphery. Pittsburgh: University of Pittsburgh Press.

Krippner, Greta 2005 "The Financialization of the American Economy," Socio-Economic Review, 3, pp.173—208.

2007 "The Making of U.S.Monetary Policy: Central Bank Transparency and the Neoliberal Dilemma," Theory and Society, 36, pp.477—513.

2011 Capitalizing on Crisis: The Political Origins of the Rise of Finance. Cambridge, MA: Harvard University Press.

Krugman, Paul 2008 The Return of Depression Economics and the Crisis of *2008*. New York: Norton.

Kruse, Kevin M. 2005 White Flight: Atlanta and the Making of Modern Conservatism. Princeton, NJ: Princeton University Press.

Kunz, Diane 1997 Butter and Guns: America's Cold War Economic ·Diplomacy. New York: Free Press.

Kurzman, Charles 2004 The Unthinkable Revolution in Iran. Cambridge, MA: Harvard University Press.

Kvaloy, Berit et al. 2012 "The Publics' Concern for Global Warming: a

Cross-National Study of 47 Countries," *Journal of Peace Research*, 49, pp.11—22.

Lacy，Nicola 2010 "Differentiating among Penal Rates," *British Journal of Sociology*, 61, pp.778—794.

LaFeber，Walter 1984 *Inevitable Revolutions: The United States in Central America.2* nd ed. New York: Norton.

    1994a *The American Age: United States Foreign Policy at Home and Abroad since 1750*. 2nd ed. New York: Norton.

Lane，David 2009 "Post-Socialist States and the World Economy: The Impact of Global Economic Crisis," unpublished paper, University of Cambridge.

Laothamatas，Anek（ed.）1997 *Democratization in Southeast and East Asia*. New York: St. Martin's Press, Institute of Southeast Asian Studies.

Lardy，Nicholas 2002 *Integrating China into the Global Economy*. Washington, DC: Brookings Institute.

Lash，Scott & John Urry 1994 *Economies of Signs and Space*. London: Sage.

Latham，Michael 2000 *Modernization as Ideology: American Social Science and "Nation Building"* , in the Kennedy Era. Chapel Hill: University of North Carolina Press.

Lau，Sanching，2001 *Dix ans dans les camps chinois 1981—1991*. Paris, Dagorno.

Lawson，George et al. 2010 *The Global 1989: Continuity and Change in World Politics*. Cambridge: Cambridge University Press.

Ledeneva，Alena 1998 *Russia's Economy of Favours: Blat, Networking and Informal Exchange*. Cambridge: Cambridge University Press.

Lee，Ching Kwan 2002 "From the Specter of Mao to the Spirit of the Law: Labor Insurgency in China," *Theory and Society*, 31, pp.189—228.

    2007 *Against the Law: Labor Protests in China's Rustbelt and Sunbelt*. Berkeley & Los Angeles: University of California Press.

Lee，Ching Kwan & Mark Selden 2007 "China's Durable Inequality: Legacies of Revolution and Pitfalls of Reform," *The Asia-Pacific Journal*, January 21, 2007.

Leffler，Melvyn 1999 "The Cold War: What Do 'We Now Know?' " *American*

Historical Review, Vol.CIV.

　　2007 For the Soul of Mankind: The United States, the Soviet Union, and the Cold War. New York: Hill & Wang.

Lemke, Douglas 2002 Regions of War and Peace. Cambridge: Cambridge University Press.

Leonard, Thomas 1991 Central America and the United States: The Search for Stability. Athens: University of Georgia Press.

Leonhardt, David 2010 "The Fed Missed This Bubble. Will It See a New One?" New York Times, January 6.

Levada, Iurii 1992 "Social and Moral Aspects of the Crisis." In Ellman & Kontorovich(eds.), The Destruction of the Soviet Economic System: An Insiders' History. London: M.E.Sharpe.

Levinson, Jerome & Juan de Onis 1970 The Alliance That Lost Its Way. Chicago: Quadrangle Books.

Levy, Jonah 2005 "Redeploying the State: Liberalization and Social Policy in France." In Streeck and Thelen, eds., Beyond Continuity: Institutional Change in Advanced Political Economies. New York: Oxford University Press.

Lewis, George 2006 Massive Resistance: The White Response to the Civil Rights Movement. New York and London: Oxford University Press.

Lewis, Jane 1992 "Gender and the Development of Welfare Regimes," Journal of European Social Policy, 2, pp.159—173.

Lewis, Joanna 2000 Empire State-Building. War and Welfare in Kenya, 1925—52. Athens: Ohio University Press.

Lichtenstein, Nelson 2002 State of the Union: A Century of American Labor. Princeton, NJ: Princeton University Press.

　　2003 Labor's War at Home: The CIO in World War II. Philadelphia: Temple University Press, 2nd edition.

Lieberman, Robert C. 1998 Shifting the Color Line: Race and the American Welfare State. Cambridge, MA: Harvard University Press.

Lieuwen, Edwin 1961 Arms and Politics in Latin America. New York: Praeger.

Lim, Taekyoon 2010 "The Neoliberalisation of the Korean State: Double-

Faced Neoliberal Reforms in the Post—1997 Economic Crisis Era," unpublished paper, UCLA Dept. of Sociology.

Lin, Justin Yifu & Peilin Liu 2008 "Development Strategies and Regiona Income Disparities in China," In Guanghua Wan (ed.), *Inequality and Growt in Modern China.* Oxford: Oxford University Press.

Lin, Yifu & Liu Peilin 2003 "Chinese Development Strategy and Economic Convergence," *Economic Research Journal*, 2003-03.

Lin, Yi-Min 2001 *Between Politics and Market Firms, Competition and Institutional Change in Post-Mao China.* New York: Cambridge University Press.

Lindbom, Anders 2008 "The Swedish Conservative Party and the Welfare State: Institutional Change and Adapting Preferences," *Government and Opposition*, 43, pp.539—560.

Lindert, Peter 1998 "Three Centuries of Inequality in Britain and America," Department of Economics, University of California at Davis, Working Paper Series No.97-09, revised version.

2004 *Growing Public: Social Spending and Economic Growth since the Eighteenth Century.* Cambridge: Cambridge University Press.

Lipset, Seymour & Stein Rokkan 1967 "Cleavage Structures, Party Systems, and Voter Alignments: An Introduction," In Seymour Lipset & Stein Rokkan (eds.), *Party Systems and Voter Alignments: Cross-National Perspectives.* Glencoe, IL: Free Press.

Lipset, Seymour Martin 1960 *Political Man.* New York: Doubleday.

Little, Douglas 2002 *American Orientalism: The United States and the Middle East since 1945.* Chapel Hill: University of North Carolina Press.

Logevall. Frederik 1999 *Choosing War: The Lost Chance for Peace and the Escalation of War in Vietnam.* Berkeley: University of California Press.

Long, Ngo Vinh 1998 "South Vietnam," In P.Lowe(ed.), *The Korean War.* Basingstoke, UK: Macmillan.

López-Calva, Luis & Nora Lustig, eds. 2010 *Declining Inequality in Latin America: A Decade of Progress?* Washington, DC: Brookings Institution Press and United Nations Development Programme.

López de Silanes, Florencio & Alberto Chong 2004 "Privatization in Latin America: What Does the Evidence Say?" *Economia*, 4, pp.37—111.

Lowe, Peter 2000 *The Korean War*. Basingstoke, UK: Macmillan.

Lowenthal, Abraham 1995 *The Dominican Intervention*. 2nd ed. Baltimore: Johns Hopkins University Press.

Lundestad, Geir. 1998 *"Empire" by Invitation: The United States and European Integration, 1945—1997*. New York: Oxford University Press.

Lynd, Michael 1999 *Vietnam: The Necessary War: A Reinterpretation of America's Most Disastrous Military Conflict*. New York: Free Press.

Ma, Xiaoying & Leonard Ortolano 2000 *Environmental Regulation in China: Institutions, Enforcement, and Compliance*. Lanham, MD: Rowman & Littlefield.

MacFarquhar, Roderick 1983 *The Origins of the Cultural Revolution. Vol.II, The Great Leap, Forward, 1958—1960*. New York: Columbia University Press.

Maddison, Angus 1982 *Phases of Capitalist Development*. Oxford: Oxford University Press.

　1998 *Chinese Economic Performance in the Long Run*. Paris: OECD Development Centre.

　2004 *The World Economy: A Millennial Perspective*. Paris: OECD.

　2007 *Contours of the World Economy, 1—2030 AD*. Oxford: Oxford University Press.

Mahler, Vincent & David Jesuit 2006 "Fiscal Redistribution in the Developed Countries: New Insights from the Luxembourg Income Study," *Socio-Economic Review*, 4, pp.483—511.

　1987a "The Politics of Productivity: Foundations of American Economic Policy after World War II," In *In Search of Stability: Explorations in Historical Political Economy*. New York: Cambridge University Press.

Mahoney, James 2001 *The Legacies of Liberalism: Path Dependence and Political Regimes in Central America*. Baltimore: John Hopkins University Press.

Maier, Charles 1987a "The Two Postwar Eras and the Conditions for Stability in

Twentieth-Century Western Europe," In In Search of Stability. Cambridge: Cambridge University Press.

1987b In Search of Stability: Explorations in Historical Political Economy. New York: Cambridge University Press.

Mamdani, Mahmood 1996 Citizen and Subject: Contemporary Africa and the Legacy of Late Colonialism. Princeton, NJ: Princeton University Press.

Mann, James 2004 The Rise of the Vulcans: The History of Bush's War Cabinet. New York: Viking Press.

Mann, Michael 1970 "The Social Cohesion of Liberal Democracy," American Sociological Review, Vol.35.

1986 & 1993 The Sources of Social Power. Vols. I & II. Cambridge: Cambridge University Press,

1988a "The Autonomous Power of the State: Its Origins, Mechanisms and Results," In M. Mann (ed.), States, War and Capitalism. Oxford: Basil Blackwell.

1988b "The Roots and Contradictions of Contemporary Militarism," In M. Mann(ed.), States, War and Capitalism. Oxford: Basil Blackwell.

1988c "The Decline of Great Britain," In M.Mann(ed.), States, War and Capitalism. Oxford: Basil Blackwell.

1997 "Has Globalization Ended the Rise and Rise of the Nation-State?" Review of International Political Economy, 4, pp.472—496.

2003 Incoherent Empire. London: Verso.

2005 The Darkside of Democracy: Explaining Ethnic Cleansing. Cambridge: Cambridge University Press.

2006 "The Sources of Social Power Revisited: a Response to Criticism," In John Hall & Ralph Schroeder(eds.), An Anatomy of Power: The Social Theory of Michael Mann. Cambridge: Cambridge University Press.

Mann, Michael & Riley, Dylan 2007 "Explaining Macro-Regional Trends in Global Income Inequalities, 1950—2000," Socio-Economic Review, 5, pp.81—115.

Mann, Robert 2001 A Grand Delusion: America's Descent into Vietnam. New York: Basic Books.

Manza, Jeff et al. 1995 "Class Voting in Capitalist Democracies since World War II: Dealignment, Realignment, or Trendless Fluctuation?" *Annual Review of Sociology*, 21, pp.137—162.

1998 "The Gender Gap in U. S. Presidential Elections. When? Why? Implications?" *American Journal of Sociology*, 103, pp.1235—1266.

Manza, Jeff & Brooks, Clem 1997 "The Religious Factor in U.S.Presidential Elections, 1960—1992," *American Journal of Sociology*, 103, pp.38—81.

Mares, David 2001 *Violent Peace: Militarized Interstate Bargaining in Latin America*. New York: Columbia University Press.

2003 *The Politics of Social Risk: Business and Welfare State Development*. Cambridge: Cambridge University Press.

Marsh, Steve 2005 "Continuity and Change: Reinterpreting the Policies of the Truman and Eisenhower Administrations toward Iran, 1950—1954," *Journal of Cold War Studies*, 7, pp.79—123.

Marshall T.H. 1963(1949) "Citizenship and Social Class," In *Sociology at the Crossroads*. London: Heinemann.

Mart, Michelle 2006 *Eye on Israel: How Americans Came to See Israel as an Ally*. Albany: State University of New York Press.

Martin, Nathan & David Brady 2007 "Workers of the Less Developed World Unite? A Multilevel Analysis of Unionization in Less Developed Countries," *American Sociological Review*, 72, pp.562—584.

Marx, Karl 1959(1894) *Capital. Vol.III*. New York: International Publishers.

Massey, Douglas & Nancy Denton 1993 *American Apartheid: Segregation and the Making of the Underclass*. Cambridge, MA: Harvard University Press.

2007 *Categorically Unequal: The American Stratification System*. New York: Russell Sage Foundation.

Mastny, Vojtech 1996 *The Cold War and Soviet Insecurity: The Stalin Years*. New York: Oxford.

Matray, James 1998 "Korea's Partition: Soviet-American Pursuit of Reunification, 1945—1948," *Parameters, U.S. War College Quarterly*, 28, pp.50—62.

Mayhew，David 1986 *Placing Parties in American Politics*. Princeton, NJ: Princeton University.

McAdam，Doug. 1982 *Political Process and the Development of Black Insurgency, 1930—1970*. Chicago: University of Chicago Press.

McAdam，Doug et al. 2001 *Dynamics of Contention*. Cambridge: Cambridge University Press.

McAdam Doug et al. 1996 *Comparative Perspectives on Social Movements*. Cambridge: Cambridge University Press.

McCarthy，John & Zald，Meyer 1977 "Resource Mobilization and Social Movements: A Partial Theory," *American Journal of Sociology*, 82, pp.1212—1241.

McCarty，Nolan et al. 2006 *America: The Dance of Ideology and Unequal Polarized Riches*. Boston, MA: MIT Press.

McCauley，Martin 1998 *Russia, America and the Cold War, 1949—1991*. London: Longman.

McGirr，Lisa 2002 *Suburban Warriors*. Princeton, NJ: Princeton University Press.

McGregor，Richard 2010 *The Party: The Secret World of China's Communist Rulers*. New York: Harper.

McIntyre，David 1998 *British Decolonisation 1946—1997*. Basingstoke: McMillan.

McKibbin，Ross 1998 *Classes and Cultures: England, 1918—1951*. New York: Oxford University Press.

McMahon，Robert 1999 *The Limits of Empire: The United States and Southeast Asia since World War II*. New York: Columbia University Press.

McNeill，John 2000 *Something New under the Sun: An Environmental History of the 20 th Century*. New York: W.W.Norton.

Mead，Walter Russell 2001 *Special Providence: American Foreign Policy and How It Changed the World*. New York: Century Foundation/Knopf.

Mettler，Suzanne 1999 *Dividing Citizens: Gender and Federalism in New Deal Public Policy*. Ithaca, NY: Cornell University Press.

2010 "Reconstituting the Submerged State: The Challenge of Social Policy

Reform in the Obama Era," *Perspectives on Politics*, 8, pp.861—876.

Meyer, David 2004 "Protest and Political Opportunities," *Annual Review of Sociology* 30, pp.125—145.

Meyer, John et al. 1997 "World Society and the Nation-State," *American Journal of Sociology*, 103, pp.144—181.

1999 "The Changing Cultural Content of the Nation-State: A World Society Perspective," In G. Steinmetz (ed.), *State/Culture*. Cornell, NY: Cornell University Press.

Migdal, Joel 1974 *Peasants Politics, and Revolution*. Princeton, NJ: Princeton University Press.

Milanovic, Branko 1998 *Income, Inequality, and Poverty during the Transformation from Planned to Market Economy*. Washington DC: The World Bank.

2010 *The Haves and the Have-Nots: A Brief and Idiosyncratic History of Global Inequality*. New York: Basic Books.

Milanovic, Branko and Ersado, Lire 2008 "Reform and Inequality during the Transition: An Analysis Using Panel Household Survey Data, 1990—2005," *World Bank Policy Research Working Paper*.

Miller, Nicola 1989 *Soviet Relations with Latin America, 1959—1987*. Cambridge: Cambridge University Press.

Miller, Norman 2009 *Environmental Politics: Stakeholders, Interests, and Policymaking*. 2nd ed. London: Routledge.

Mills, C.Wright 1956 *The Power Elite*. New York: Oxford University Press.

Minchin, Timothy 1999 *Hiring the Black Worker: The Racial Integration of the Southern Textile Industry 1960—1980*. Chapel Hill: University of North Carolina Press.

2001 *The Color of Work: The Struggle for Civil Rights in the Southern Paper Industry, 1945—1980*. Chapel Hill: University of North Carolina Press.

Minsky, Hyman 1982 *Can "It" Happen Again?: Essays on Instability and Finance*, Armonk, NY: M.E.Sharpe.

Mittelstadt, Jennifer 2005 *From Welfare to Workfare: The Unintended Consequences of Liberal Reform, 1945—1965*. Chapel Hill: University of

North Carolina Press.

Moore，Barrington 1967 *Origins of Dictatorship and Democracy*. Boston: Beacon Press.

Morgan Kimberley & Monica Prasad 2009 "The Origins of Tax Systems: A French-American Comparison," *American Journal of Sociology*, Vol 115.

Morgan，Kenneth 2000 *Slavery, Atlantic Trade and the British Economy, 1660—1800*. Cambridge: Cambridge University Press.

Morley，Samuel 2001 *The Income Distribution Problem in Latin America and the Caribbean*. Santiago, Chile: CEPAL/ECLAC.

Morris，Aldon 1986 *The Origins of the Civil Rights Movement: Black Communities Organizing for Change*. New York: Free Press.

Moshiri，Farrokh 1991 "Iran: Islamic Revolution Against Westernization," In Jack Goldstone et al.(eds.), *Revolutions of the Late Twentieth Century*. Boulder, CO: Westview Press.

Moye，Todd 2004 *Let the People Decide: Black Freedom and White Resistance Movements in Sunflower County, Mississippi, 1945—1986*. Chapel Hill: University of North Carolina Press.

Moynihan，Daniel 1969 *Maximum Feasible Misunderstanding: Community Action in the War on Poverty*. New York: Free Press.

Mudge，Stephanie 2008 "What Is Neo-Liberalism?" *Socio-Economic Review*, 6, pp.703—731.

2011 "What's Left of Leftism? Neoliberal Politics in Western Political Systems, 1945—2004," *Social Science History*, 35, pp.338—368.

Muldavin，Joshua 2000 "The Paradoxes of Environmental Policy and Resource Management in Reform-Era China," *Economic Geography*, 76, pp.244—271.

Muravchik，Joshua 1986 *The Uncertain Crusade: Jimmy Carter and the Dilemmas of Human Rights Policy*. New York: Hamilton Press.

Nabli，Mustapha(ed.) 2010 *The Great Recession and Developing Countries: Economic Impact and Growth Prospects*. Washington, DC: World Bank.

Nagl，John 2002 *Counterinsurgency Lessons from Malaya and Vietnam*. Westport, CT: Praeger.

National Security Council 1950 "United States Objectives and Programs for National Security," NSC-68. Declassified in 1975 and published in *Naval War College Review*, 27, pp.51—108.

Naughton, Barry 1995 *Growing Out of the Plan: Chinese Economic Reform 1978—1993*. New York: Cambridge University Press.

2007 *The Chinese Economy: Transitions and Growth*. Boston: MIT Press.

Nelson, Bruce 2003 *Divided We Stand: American Workers and the Struggle for Black Equity*. Princeton, NJ: Princeton University Press.

Nelson, Moira & John Stephens 2009 "Human Capital Policies and the Social Investment Perspective: Explaining the Past and Anticipating the Future," In Nathalie Morel et al. (eds.), *What Future for Social Investment?* Institute for Futures Studies Research Report, 2009/2.

Newell, Peter & Matthew Paterson 2010 *Climate Capitalism: Global Warming and the Transformation of the Global Economy*. Cambridge: Cambridge University Press.

Nicolaides, Becky 2002 *My Blue Heaven: Life and Politics in the Working Class Suburbs of Los Angeles, 1920—1965*. Chicago: University of Chicago Press.

Nordhaus, William 2008 *A Question of Balance: Weighing the Options on Global Warming Policies*. New Haven, CT: Yale University Press.

Nugent, Paul 2004 *Africa since Independence*. Basingstoke, UK: Palgrave Macmillan.

Nye, Joseph 2004 *Soft Power: The Means to Success in World Politics*. New York: Public Affairs.

O'Connor, Alice 2001 *Poverty Knowledge: Social Science, Social Policy and the Poor in Twentieth-Century U. S. History*. Princeton, NJ: Princeton University Press.

O'Connor, Julia, Ann Orloff, & Sheila Shaver 1999 *States, Markets, Families: Gender, Liberalism and Social Policy in Australia, Canada, Great Britain, and the United States*. Cambridge: Cambridge University Press.

O'Reilly, Marc 2008 *Unexceptional: America's Empire in the Persian Gulf,*

1941—2007. Lanham, MD: Lexington Books.

O'Rourke Kevin & Jeffrey Williamson 1999 *Globalization and History: The Evolution of a Nineteenth-Century Atlantic Economy*. Cambridge, MA: MIT Press.

Oatley, Thomas & Jason Yackee. 2004 "American Interests and IMF Lending," *International Politics*, 41, pp.415—429.

Odom William 1998 *The Collapse of the Soviet Military*. New Haven, CT: Yale University Press.

OECD 2008 Growing Unequal? Income Distribution and Poverty in OECD Countries. Paris: OECD.

2010 Economic Policy Reforms: Going for Growth *2011*. Paris: OECD.

Offe, Claus & V. Ronge 1974 "Theses on the Theory of the State," In Anthony Giddens & David Held (eds.), *Classes, Power and Conflict*. Berkeley and Los Angeles: University of California Press.

Oh, John Kie-chiang 1999 *Korean Politics: The Quest for Democratization and Economic Development*, Ithaca, NY: Cornell University Press.

Oi, Jean & Andrew G. Walder (eds.) 1999 "Introduction," In *Property Rights and Economic Reform in China*. Stanford, CA: Stanford University Press.

Olson, Laura 2006 "The Religion Gap," *Political Science & Politics*, 39, pp.455—459.

Omi, Michael & Winant, Howard 1994 "The Art of Reframing Political Debates," In *Racial Formation in the United States: From the 1960s to the 1980s*. 2nd ed., Vol.5: 13—18. New York: Routledge, 1994.

Opinion Research Business 2008 "More than 1, 000, 000 Iraqis Murdered," Author. Updated version.

Orenstein, Mitchell 2008 "Postcommunist Welfare States," *Journal of Democracy*, 19, pp.80—94.

Oreskes, Naomi 2004 "Beyond the Ivory Tower: The Scientific Consensus on Climate Change," *Science*, 306(5702), p.1686.

Orloff, Ann 1988 "The Political Origins of America's Belated Welfare State," In MargaretWeir, Ann Shola Orloff, and Theda Skocpol(eds.), *The*

Politics of Social Policy in the United States. Princeton: Princeton University Press.

Osberg, Lars & Timothy Smeeding 2006 "Fair" Inequality? An International Comparison of Attitudes to Pay Differentials, *American Sociological Review*, 70, pp.949—967.

Osterhammel Jürgen & Niels Petersson 2005 Globalization: A Short History. Princeton, NJ: Princeton University Press, 2005.

Ozler, Ilgu & Brian Obach 2009 "Capitalism, State Economic Policy and Ecological Footprint: An International Comparative Analysis," *Global Environmental Politics*, 9, pp.79—108.

Packer, George 2005 *The Assassin's Gate: America in Iraq.* New York: Farrar, Straus & Giroux.

Page, Benjamin & Lawrence Jacobs 2009 *Class War? What Americans Really Think about Economic Inequality.* Chicago: University of Chicago Press.

Paige, Jeffery 1975 *Agrarian Revolution.* New York: Free Press.

1997 *Coffee and Power: Revolution and the Rise of Democracy in Central America.* Cambridge, MA: Harvard University Press.

Palier, Bruno 2005 "Ambiguous Agreement, Cumulative Change: French Social Policy in the 1990s,' " In Streeck & Thelen, Beyond Continuity: *Institutional Change in Advanced Political Economies.* Oxford: Oxford University Press.

Palier, Bruno (ed.) 2010 *A Long Goodbye to Bismarck? The Politics of Welfare Reform in Continental Europe.* Amsterdam: Amsterdam University Press.

Panic, M. 2007 "Does Europe Need Neoliberal Reforms?" *Cambridge Journal of Economics*, 31, pp.145—169.

Pape, Robert 2005 *Dying to Win.* New York: Random House.

2010 "It's the Occupation, Stupid," *Foreign Policy Magazine*, November 14.

Park, James 1995 *Latin American Underdevelopment: A History of Perspectives in the United States, 1870—1965.* Baton Rouge: Louisiana State University Press.

Parsa, Misagh 1989 *Social Origins of the Iranian Revolution.* New Brunswick,

NJ: Rutgers University Press.

Patterson, James 2001 Brown v. Board of Education: *A Civil Rights Milestone and its Troubled Legacy*. New York: Oxford University Press.

Payne, Charles 1995 *I've Got the Light of Freedom: The Organizing Tradition and the Mississippi Freedom Struggle*. Berkeley: University of California Press.

Pearson, Raymond 1998 *The Rise and Fall of the Soviet Empire*. New York: St.Martin's Press.

Peceny, Mark 1999 *Democracy at the Point of Bayonets*. University Park: Pennsylvania State University Press.

Peck, Jamie & Adam Tickell 2002 "Neoliberalizing Space," Antipode, 34, pp.380—404.

2001 *Workfare States*. New York: Guilford Press.

Pedersen, Susan 1993 *Family, Dependence and the Origins of the Welfare State*. Cambridge: Cambridge University Press.

Pei, Minxin 1994 *From Reform to Revolution: The Demise of Communism in China and the Soviet Union*. Cambridge, MA: Harvard University Press.

2006 *China's Trapped Transition: The Limits of Developmental Autocracy*. Cambridge, MA: Harvard University Press.

Pierson, Paul 1998 "Irresistible Forces, Immovable Objects: Post-Industrial Welfare States Confront Permanent Austerity," *Journal of European Public Policy*, 5(4), pp.539—560.

(Ed.) **2001** *The New Politics of the Welfare State*. Oxford University Press.

Pietersee, Jan Nederven 1995 "Globalization as Hybridization," In Mike Featherstone, Scott Lash, & Roland Robertson(eds.), *Global Modernities*, pp.45—68. London: Sage.

Piketty, Thomas & Emmanuel Saez 2003 "Income Inequality in the United States, 1913—1998," *Quarterly Journal of Economics*, 118, pp.1—39.

Piven, Frances & Cloward, Richard 1977 *Poor People's Movements*. New York: Vintage.

Pleshakov, Constantine 2009 *No Freedom Without Bread: 1989 and the Civil War That Brought Down Communism*. New York: Farrar, Straus & Giroux.

Plotke, David 1996 *Building a Democratic Political Order: Reshaping American Liberalism in the 1930s and 1940s.* New York: Cambridge University Press.

Polanyi, Karl 1957〔1944〕 *The Great Transformation: The Political and Economic Origins of Our Time.* Boston: Beacon Press.

Pomer, Marshall 2001 "Introduction," In Lawrence Klein & Marshall Pomer (eds.), *The New Russia: Transition Gone Awry.* Stanford, CA: Stanford University Press.

Pontusson, Jonas 2005 *Inequality and Prosperity: Social Europe vs. Liberal America.* Ithica, NY: Cornell University Press.

Porter, Bernard 2006 *Empire and Superempire: Britain, America and the World.* New Haven, CT: Yale University Press.

Prasad, Eswar 2007 et al. "Foreign Capital and Economic Growth," *Brookings Papers on Economic Activity* 1, pp.153—230.

Prasad, Monica 2006 *The Politics of Free Markets.* Chicago: University of Chicago Press.

2009 "Bryan's revenge: the credit/welfare state tradeoff and the crisis of 2008—2009," unpublished paper.

Prechel, Harland & Theresa Morris 2010 "The Effects of Organizational and Political Embeddedness on Financial Malfeasance in the Largest U.S. Corporations," *American Sociological Review,* 75, pp.331—354.

Precht, Henry (interview with) 2004 "The Iranian Revolution: An Oral History with Henry Precht, then State Department Desk Officer," *Middle East Journal,* 58, pp.9—31.

Putzel, James 2000 "Land Reforms in Asia: Lessons from the Past for the 21st Century," London School of Economics, Destan Working Paper No.00—04.

Quadagno, Jill 1994 *The Color of Welfare.* New York: Oxford University Press.

Rabe, Stephen 1988 *Eisenhower and Latin America. The Foreign Policy of Anti-Communism.* Chapel Hill, NC: University of North Carolina Press.

1999 *The Most Dangerous Area in the World: John F. Kennedy Confronts Communist Revolution in Latin America.* Chapel Hill, NC: University of

North Carolina Press.

Rabinovitch, Eyal 2004 "The Making of the Global Public," Ph.D. dissertation, Department of Sociology, UCLA.

Race, Jeffrey 1972 War Comes to Long An: Revolutionary Conflict in a Vietnamese Province. Berkeley: University of California Press.

Radkau, Joachim 2008 Nature and Power: A Global History of the Environment. New York: Cambridge University Press.

Raskin, Paul et al. 2002 Great Transition: The Promise and Lure of the Times Ahead. Boston: Stockholm Environment Institute, http: //www.gsg.org.

Reinhart, Carmen & Kenneth Rogoff 2009 This Time Is Different: Eight Centuries of Financial Folly. Princeton, NJ: Princeton University Press.

Repetto, Robert 2007 "Best Practice in Internal Oversight of Lobbying Practice," http: //envirocenter.research.yale.edu

Reynolds, Lloyd 1985 Economic Growth in the Third World. New Haven, CT: Yale University Press.

Roberts, J.Timmons & Bradley C.Parks 2007 A Climate of Injustice: Global Inequality, North-South Politics, and Climate Policy. Cambridge, MA: MIT Press.

Robertson, Roland 1992 Globalization: Social Theory and Global Culture. London: Sage.

Robinson, William & Jerry Harris 2000 "Towards a Global Ruling Class? Globalization and the Transnational Capitalist Class," Science & Society, 64, pp.11—54.

Robnett, Belinda 1997 How Long? How Long? African-American Women in the Struggle for Civil Rights. New York: Oxford University Press.

Rockoff, Hugh 1998 "The United States: From Ploughshares to Swords," In Mark Harrison(ed.), The Economics of World War II: Six Great Powers in International Comparison. Cambridge: Cambridge University Press.

Rodrik, Dani 2011 "Growth after the Crisis," In Craig Calhoun & Georgi Derluguian(eds.), Aftermath: A New Global Economic Order? New York: Social Science Research Council and New York University Press.

Rodrik, Dani & Arvind Subramanian 2008 "Why Did Financial

Globalization Disappoint," unpublished paper available on Rodrik's web-site.

Romano, Renee 2003 Race Mixing: Black-White Marriage in Postwar America. Cambridge: Harvard University Press.

Roorda, Eric 1998 The Dictator Next Door: The Good Neighbor Policy and the Trujillo Regime in the Dominican Republic, *1930—1945*. Durham, NC: Duke University Press.

Rosen, Nir 2010 Aftermath: Following the Bloodshed of America's Wars in the Muslim. World New York: Avalon.

Rosenberg, Samuel 2003 American Economic Development since *1945*: Growth, Decline and Rejuvenation. New York: Palgrave Macmillan.

Rotter, Andrew 1987 The Path to Vietnam: Origins of the American Commitment to Southeast Asia. Ithaca, NY; Cornell University Press.

Rouquié, Alain 1987 The Military and the State in Latin America. Berkeley and Los Angeles: University of California Press.

Rueschemeyer, D. et al. 1992 Capitalist Development and Democracy. Chicago: University of Chicago Press.

Ruggie, John 1982. "International Regimes, Transactions, and Change: Embedded Liberalism in the Postwar Economic Order," International Organization, Vol.36.

Runciman W.G. 1966 Relative Deprivation and Social Justice. London: Routledge.

Ryan, Charlotte & Gamson, William 2006 "The Art of Reframing Political Debates," Contexts, 5, pp.13—18.

Saez, Emmanuel 2009 "Striking It Richer: The Evolution of Top Incomes in the United States(update with 2007 estimates)," http: //elsa.berkeley.edu/~ saez/

Sainsbury, Diane 1996 Gender, Equality and Welfare States. Cambridge: Cambridge University Press.

Sarotte, Mary 2009 The Struggle to Create Post-Cold War Europe. Princeton, NJ: Princeton University Press.

Sassen, Saskia 2010 "The Return of Primitive Accumulation," In Lawson, The Global *1989*: Continuity and Change in World Politics. Cambridge: Cambridge University Press.

Sato, Hiroshi 2003 *The Growth of Market Relations in Post-Reform Rural China*. London: Routledge.

Schaller, Michael 1985 *The American Occupation of Japan: The Origins of the Cold War in Asia*. New York, Oxford University Press.

Schild, George 1995 *Bretton Woods and Dumbarton Oaks*. New York: St. Martin's Press.

Schmitter, Philippe 1974 "Still the Century of Corporatism?" *Review of Politics*, 36, pp.85—131.

Scholte, Jan Aart 2000 *Globalization: A Critical Introduction*. New York: St. Martins Press.

Schrecker, Ellen 1998 *Many Are the Crimes: McCarthyism in America*. Boston: Little, Brown.

Schulzinger, Robert 1997 *A Time for War: The United States and Vietnam, 1941—1975*. New York: Oxford University Press.

Schumpeter, Joseph 1957(1942) *Capitalism, Socialism and Democracy*. New York: Harper.

1961(1911) *The Theory of Economic Development*. New York: Oxford University Press.

1982(1939) *Business Cycles*, 2 vols. Philadelphia: Porcupine Press.

Schwartz, Herman 2009 *Subprime Nation: American Power, Global Capital, and the Housing Bubble*. Ithaca, NY: Cornell University Press.

Schwartzberg, Steven 2003 *Democracy and U.S. Policy in Latin America during the Truman Years*. Gainesville: University Press of Florida.

Scott, James 1976 *The Moral Economy of the Peasant: Rebellion and Subsistence in South East Asia*. New Haven, CT: Yale University Press.

Scruggs, Lyle & Peter Lange 2002 "Where Have All the Members Gone? Globalization, Institutions and Union Density," *Journal of Politics*, 64, pp.126—153.

2003 *Sustaining Abundance: Environmental Performance in Industrial Democracies*. New York: Cambridge University Press.

Service, Robert 1997 *A History of Twentieth-Century Russia*. London: Allen Lane, Penguin.

Shadid Anthony 2005 *Night Draws Near: Iraq's People in the Shadow of America's War*. New York: Henry Holt.

Shafer, J. 1995 "Experience with Controls on International Capital Movements in OECD Countries: Solution or Problem for Monetary Policy?" In S. Edwards (ed.), *Capital Controls, Exchange Rates, and Monetary Policy in the World Economy*, pp. 119—156. Cambridge: Cambridge University Press.

Shanin, Theodor(ed.) 1971 *Peasants and Peasant Societies*. Harmondsworth, UK: Penguin.

Shapiro, Judith 2001 *Mao's War against Nature: Politics and the Environment in Revolutionary China*. New York: Cambridge University Press.

Sharkey, Heather 2003 *Living with Colonialism: Nationalism and Culture in the Anglo-Egyptian Sudan*. Berkeley and Los Angeles: University of California Press.

Shaw, Martin 2006 *The New Western Way of War*. Cambridge: Polity.

Sherry, Michael 1995 *In the Shadow of War: The United States since the 1930s*. New Haven, CT: Yale University Press.

Sheshinski, Eytan & Luis L ó pez-Calva 2003 "Privatization and Its Benefits: Theory and Evidence," *CESifo Economic Studies*, 49, pp.429—459.

Shirk, Susan 1993 *The Political Logic of Economic Reform in China*. Berkeley: University of California Press.

Shoichi, Koseki 1998 *The Birth of Japan's Postwar Constitution*. Boulder, CO: Westview Press.

Sides, Josh 2004 *L.A.City Limits: African American Los Angeles from the Great Depression to the Present*. Berkeley: University of California Press.

Silver, Beverly 2003 *Forces of Labor: Workers' Movements and Globalization since 1870*. Cambridge: Cambridge University Press.

Skjærseth, John & Jorgen Wettestad, 2009 "The Origin, Evolution and Consequences of the EU Emissions Trading System," *Global Environmental Politics*. 9, pp.101—122.

Skidelsky, Robert. 1983 *John Maynard Keynes: Hopes Betrayed*. London: Macmillan.

2000 John Maynard Keynes. Vol III, *Fighting for Britain*. London: Macmillan.

Skidmore，David 1996 *Reversing Course: Carter's Foreign Policy and the Failure of Reform*. Nashville, Tenn: Vanderbilt University Press.

Sklair，Leslie 2000 *The Transnational Capitalist Class*. Oxford: Blackwell.

Skocpol，Theda 1979 *States and Social Revolutions*. Cambridge: Cambridge University Press.

1994 *Social Revolution in the Modern World*. New York: Cambridge University Press.

Skocpol，Theda & John Ikenberry 1983 "The Political Formation of the American Welfare State in Historical and Comparative Perspective," *Comparative Social Research*, 6, pp.84—147.

Skrede，Kristian & Michael D. Ward 1999 "A Revised List of Independent States since 1816," *International Interactions*, 25, pp.393—413.

Smeeding，Timothy 2002 "Globalisation, Inequality, and the Rich Countries of the G-20: Evidence from the Luxembourg Income Study(LIS)," In D. Gruen, T.O'Brien, and J.Lawson(eds.), Globalisation, Living Standards, and Inequality, Recent Progress and Continuing Challenges. Australia: J. S. McMillian.

Smith，Gaddis 1986 *Morality, Reason and Power: American Diplomacy in the Carter Years*. New York: Hill & Wang.

Smith，Neil 2003 *American Empire: Roosevelt's Geographer and the Prelude to Globalization*. Berkeley: University of California Press.

Smith，Peter 2000 *Talons of the Eagle: Dynamics of U.S.—Latin American Relations*. New York: Oxford University Press.

Smith，Tony 1991 "The Alliance for Progress: The 1960s," In Abraham F. Lowenthal, (Ed.), *Exporting Democracy: The United States and Latin America*. Baltimore: Johns Hopkins University Press.

Soederberg，Susanne 2004 *The Politics of the New International Financial Architecture*. London: Zed.

Solnick，Steven 1996 "The Breakdown of Hierarchies in the Soviet Union and China: A Neoinstitutional Perspective," *World Politics*, 48, pp.209—238.

Sparrow，Bartholomew 1996 *From the Outside In: World War II and the*

American State. Princeton, NJ: Princeton University Press.

Speth, James Gustave 2004 Red Sky at Morning: America and the Crisis of the Global Environment. New Haven, CT: Yale University Press.

2008 The Bridge at the Edge of the World. New Haven, CT: Yale University Press.

Starke, Peter 2008 Radical Welfare State Retrenchment: A Comparative Analysis. Houndsmill: Palgrave Macmillan.

Steinmo Sven 1993 Taxation and Democracy: Swedish, British and American Approaches to Financing the Modern State. New Haven, CT: Yale University Press.

2010 The Evolution of Modern States: Sweden, Japan and the United States. Cambridge: Cambridge University Press.

Stepan-Norris, Judith & Maurice Zeitlin 2003 Left Out: Reds and America's Industrial Unions. Cambridge: Cambridge University Press.

Stephens, John 1980 The Transition from Capitalism to Socialism. London: Macmillan.

Stern Team, 2008 "Additional Papers and Presentations by Lord Stern," UK Office of Climate Change. http: //www. occ. gov. uk/activities/stern _ additional.htm.

Stern, Nicholas 2007 The Stern Review on the Economics of Climate Change. London: UK Office of Climate Change.

Stern, Sheldon M. 2003 Averting "The Final Failure" : John F.Kennedy and the Secret Cuban Missile Crisis Meetings. Stanford, CA: Stanford University Press.

Stiglitz, Joseph 1998 " More Instruments and Broader Goals: Moving toward the Post-Washington Consensus," World Institute for Development Economics Research(WIDER) annual lecture, January 1998.

1999 Whither Reform? Ten Years of Transition, Washington, DC World Bank.

Stone, Geoffrey 2004 Perilous Times: Free Speech in Wartime, from the Sedition Act of *1798* to the War on Terrorism. New York: Norton.

Stone, Randall 2004. "The Political Economy of IMF Lending in Africa,"

American Political Science Review, Vol.98.

Strayer, Robert 2001 "Decolonization, Democratization, and Democratic Reform: The Soviet Collapse in Comparative Perspective," Journal of World History, 12, pp.375—406.

Streeck, Wolfgang 2009 Re-Forming Capitalism: Institutional Change in the German Political Economy. Oxford: Oxford University Press.

2011 "The Crises of Democratic Capitalism," New Left Review, 71, pp.55—29.

Streeck, Wolfgang & Kathleen Thelen 2005 Beyond Continuity: Institutional Change in Advanced Political Economies. Oxford: Oxford University Press.

Streeter, Stephen 2000 Managing the Counterrevolution: The United States and Guatemala, 1954—1961. Athens: Ohio University Press.

Stuckler, David et al. 2009 "Mass Privatisation and the Post-Communist Mortality Crisis: A Cross-National Analysis," The Lancet, Jan 15.

Stueck, William 1995 The Korean War: An International History. Princeton, NJ: Princeton University Press, 1995.

ed. 2004 The Korean War in World History. Lexington: University of Kentucky.

Sugihara, Kaoru 2000 "The East Asian Path of Economic Development: A Long-Term Perspective," Discussion Papers in Economics and Business, 00—17, Graduate School of Economics, Osaka University.

Sugrue, Thomas 1996 The Origins of the Urban Race Crisis: Race and Inequality in Postwar Detroit. Princeton, NJ: Princeton University Press.

Suny, Ronald 1993 The Revenge of the Past: Nationalism, Revolution and the Collapse of the Soviet Union. Stanford, CA: Stanford University Press.

1998 The Soviet Experiment. Oxford: Oxford University Press.

Suskind, Ron 2004 The Price of Loyalty. George W. Bush, the White House, and the Education of Paul O'Neill. New York: Simon & Schuster.

2006 The One Percent Doctrine: Deep inside America's Pursuit of Its Enemies since 9/11. New York, Simon & Schuster.

Swank, Duane 1992 "Politics and the Structural Dependence of the State in

Democratic Capitalist Nations," *American Political Science Review*, 86, pp.38—54.

2002 *Global Capital, Political Institutions, and Policy Change in Developed Welfare States*. New York: Cambridge University Press.

Swyngedouw, Erik 1997. "Neither Global nor Local: 'Glocalization' and the Politics of Scale," In Kevin R. Cox (ed.), *Spaces of Globalization: Reasserting the Power of the Local*, pp.137—66. New York: Guilford Press.

Syklos, Pierre 2002 *The Changing Face of Central Banking: Evolutionary Trends since World War II*. New York: Cambridge University Press.

Talbott, Strobe 2002 *The Russia Hand: A Memoir of Presidential Diplomacy*. New York: Random House.

Tanzi, Vito 1969 *The Individual Income Tax and Economic Growth*. Baltimore: Johns Hopkins University Press.

Taylor, Bill et al. 2003 *Industrial Relations in China*. Cheltenham: Edward Elgar.

Taylor, Bron 1995 "Popular Ecological Resistance and Radical Environmentalism," In Taylor (ed.), *Ecological Resistance Movements*. Albany: State University of New York Press, pp.334—354.

Temin, Peter 2010 "The Great Recession and the Great Depression," *NBER Working Paper No.15645*.

Tenet, George 2007 *At the Center of the Storm: My Years at the C.I.A.* New York: Harper-Collins.

Thornton, Mills III 2002 *Dividing Lines: Municipal Politics and the Struggle for Civil Rights in Montgomery, Birmingham, and Selma*. Tuscaloosa: University of Alabama Press.

Tikhomirov, Vladimir 2000 *The Political Economy of Post-Soviet Russia*. London: MacMillan.

Tilly, Charles 1993 *European Revolutions 1492—1992*. Oxford: Blackwell.

Tomlinson, John 1999 *Globalization and Culture*. Chicago: University of Chicago Press.

Tridico, Pasquale 2009 "Trajectories of Socio-Economic Models and Development in Transition Economies in the 20 Years since the Fall of the Berlin Wall," unpublished paper, Department of Economics, University of Rome 3.

Trubowitz，Peter 1998 *Defining the National Interest: Conflict and Change in American Foreign Policy.* Chicago: University of Chicago Press.

Tucker，Aviezer 2010 "Restoration and Convergence: Russia and China since 1989," In Lawson et al., *The Global 1989*: Continuity and Change in World Politics. Cambridge: Cambridge University Press.

Tucker，Robert（ed.）1978 The Marx-Engels Reader. 1978 ed. New York: Norton.

Tuminez，Astrid 2003 "Nationalism, Ethnic Pressures, and the Breakup of the Soviet Union," *Journal of Cold War Studies,* 5, pp.81—136.

Tyler，Patrick 2009 *A World of Trouble: The White House and the Middle East—from the Cold War to the War on Terror.* New York: Farrar, Straus, & Giroux.

Ulvila，Marko & Jarna Pasanen 2009 *Sustainable Futures.* Helsinki: Ministry of Foreign Affairs.

UNEP 2007 Global Environmental Outlook: GEO4.

United Nations Development Program 2009 World Development Report.

United Nations Environmental Program（UNEP）2007 "GEO4 Report," Global Environmental Outlook.

United Nations Human Development Report 2007/2008 *Fighting Climate Change: Human Solidarity in a Divided World.* Geneva: United Nations.

U.S.Department of State 2003 *Foreign Relations of the United States, 1952—1954*: Guatemala. Washington, DC: U.S.Government Printing Office.

Van Zanden et al. 2011 "The Changing Shape of Global Inequality 1820—2000: Exploring a New Data-Set," *Universiteit Utrecht, CGEH Working Paper Series,* No.1.

Vandervort，Bruce 1998 *Wars of Imperial Conquest in Africa, 1830—1914.* Bloomington: Indiana University Press.

Visser，Jelle 2006 "Union Membership Statistics in 24 Countries," *Monthly Labor Review,* Vol.129.

Voigt，Peter & Heinrich Hockmann 2008 "Russia's Transition Process in the Light of a Rising Economy," *European Journal of Comparative*

Economics, 5, pp.251—267.

Vreeland, James 2003 The IMF and Economic Development. Cambridge: Cambridge University Press.

Wacquant, Loic 2002 Prisons of Poverty. Minneapolis: University of Minnesota Press.

2009 Punishing the Poor: The Neoliberal Government of Social Insecurity. Durham, NC: Duke University Press.

Waddell, Brian 2001 The War against the New Deal: World War II and American Democracy. DeKalb: Northern Illinois University Press.

Wade, Robert 1990 Governing the Market. Princeton, NJ: Princeton University Press.

Walker, Thomas 1997 Nicaragua without Illusions: Regime Transition and Structural Adjustment in the *1990*s. Wilmington, DE: SR Books.

Wallace, Michael et al. 1988 "American Labor Law: Its Impact on Working-Class Militancy, 1901—1980," Social Science History, 12, pp.1—29.

Wallander, Celeste 2003 "Western Policy and the Demise of the Soviet Union," Journal of Cold War Studies, 5, pp.137—177.

Wallerstein, Immanuel 1974a The Modern World-System. Vol. I, *Capitalist Agriculture and the Origins of the European World-Economy in the Sixteenth Century*. New York/London: Academic Press.

1974b "The Rise and Future Demise of the of the World-Capitalist System: Concepts for Comparative Analysis," Comparative Studies in Society and History, 16, pp.387—415.

2003 The Decline of American Power: The U.S. in a Chaotic World. New York: New Press.

2012 "Structural Crisis, or Why Capitalists No Longer Find Capitalism Rewarding," In Georgi Derleugian(ed.), Does Capitalism Have a Future? A Sociological Polemic. New Haven, CT: Yale University Press.

Walter, Carl & Fraser Howie 2003 Privatizing China: The Stock Markets and Their Role in Corporate Reform. Singapore: John Wiley.

Warner, Roger 1996 Shooting at the Moon: The Story of America's Clandestine War in Laos. South Royalton, VT: Steerforth Press.

Waters，Malcolm 1995 *Globalization*. New York: Routledge.

Weathersby，Kathryn 1998 "Stalin, Mao, and the End of the Korean War," in Westad(ed.), *Brothers in Arms: The Rise and Fall of the Sino-Soviet Alliance, 1945—1963*. Washington, DC: Woodrow Wilson Center Press.

Weaver，R. K. 1986 "The Politics of Blame Avoidance," *Journal of Public Policy*, 6, pp.371—398.

Weber，Max 1978 ed. *Economy and Society*. 2 vols. Edited by Gunther Roth & Claus Wittich. Berkeley and Los Angeles: University of California Press.

Wedeman，Andrew 2003 *From Mao to the Market: Rent Seeking, Local Protectionism and Marketization in China*. New York: Cambridge University Press.

Weintraub，Stanley 1999 *MacArthur's War: Korea and the Undoing of an American Hero*. New York: Free Press.

Weiss，Linda 1999 "Globalization and National Governance: Antinomy or Interdependence?" *Review of International Studies*, 25, pp.59—88.

2008 "Crossing the Divide: From the Military-Industrial to the Development Procurement Complex," unpublished paper, Department of Government and International Relations, University of Sydney.

2009 "The State in the Economy: Neoliberal or Neoactivist?" In Glenn Morgan et al. (eds.), *Oxford Handbook of Comparative Institutional Analysis*. Oxford: Oxford University Press.

Weller，Robert 2006 *Discovering Nature: Globalization and Environmental Culture in China and Taiwan*. New York: Cambridge University Press.

Welch，Richard 1985 *Response to Revolution: The United States and the Cuban Revolution, 1959—1961*. Chapel Hill: University of North Carolina Press.

Westad，Odd 1998 " The Sino-Soviet Alliance and the United States," in Odd Westad(ed.), *Brothers in Arms: The Rise and Fall of the Sino-Soviet Alliance, 1945—1963*. Washington, DC: Woodrow Wilson Center Press.

2006 *The Global Cold War: Third World Interventions and the Making of Our Times*. Cambridge: Cambridge University Press.

Western，Bruce 1993 "Postwar Unionization in 18 Advanced Capitalist

Countries," *American Sociological Review*, 58, pp.266—282.

2006 *Punishment and Inequality in America*. New York, Russell Sage.

White, John Kenneth 1997 *Still Seeing Red: How the Cold War Shapes the New American Politics*. Boulder, CO: Westview Press.

White, Nicholas 1999 *Decolonisation: The British Experience since 1945*. London and New York: Longman.

White, Stephen 1996 *Russia Goes Dry: Alcohol, State and Society*. Cambridge: Cambridge University Press.

Whitfield, Stephen 1996 *The Culture of the Cold War*. 2nd ed. Baltimore: Johns Hopkins University Press.

Whiting, Susan 2001 *Power and Wealth in Rural China: The Political Economy of Institutional Change*. New York: Cambridge University Press.

Wiarda, Howard 1995 *Democracy and Its Discontents. Development, Interdependence and U.S.Policy in Latin America*. Lanham, MA: Rowman & Littlefield.

Wickham-Crowley, Timothy 2001 "Winners, Losers and Also-Rans: Toward a Comparative Sociology of Latin American Guerilla Movements," In Susan Eckstein(ed.), *Power and Popular Protest: Latin American Social Movements*. Berkeley & Los Angeles: University of California Press.

Wilensky, Harold 2002 *Rich Democracies: Political Economy, Public Policy, and Performance*. Berkeley and Los Angeles: University of California Press.

Wilentz, Sean 2009 *The Age of Reagan: A History, 1974—2008*. New York: HarperCollins.

Willbanks, James 2004 *Abandoning Vietnam: How America Left and South Vietnam Lost Its War*. Lawrence: University of Kansas Press.

Wilson, H.S. 1994 *African Decolonization*. London: Edward Arnold.

Wimmer, Andreas & Brian Min 2006 "From Empire to Nation-State: Explaining Wars in the Modern World, 1816—2001," *American Sociological Review*, 71, pp.867—897.

Wimmer, Andreas & Yuval Feinstein 2010 "The Rise of the Nation-State across the World, 1816 to 2001," *American Sociological Review*, 75, pp.764—790.

Wittkopf Eugene & James McCormick 1990 "The Cold War Consensus: Did It Exist?" Polity, XXII, pp.627—653.

Wong, Joseph 2004 Healthy Democracies: Welfare Politics in Taiwan and South Korea. Ithaca, NY: Cornell University Press.

Woodward, Bob 2004 Plan of Attack. New York: Simon & Schuster.

World Bank 1997 World Development Report: The State in a Changing World. New York: Oxford University Press.

2007 World Development Indicators. Washington, DC: World Bank.

Wright, Donald & Colonel Timothy Reese 2008 On Point II: Transition to the New Campaign: The United States Army in Operation Freedom, May 2003 to January, 2005. Fort Leavenworth, KS: Combat Studies Institute Press.

Wu, Yanrui 2004 China's Economic Growth: A Miracle with Chinese Characteristics. London: Routledge.

Yang, Dali 1996 Calamity and Reform in China: State, Rural Society, and Institutional Change since the Great Leap Famine. Stanford, CA: Stanford University Press.

2004 Remaking the Chinese Leviathan: Market Transition and the Politics of Governance in China, Stanford, CA: Stanford University Press.

Yaqub, Salim 2003 Containing Arab Nationalism: The Eisenhower Doctrine and the Middle East. Chapel Hill: University of North Carolina Press.

Young, Crawford 1994 The African Colonial State in Comparative Perspective. New Haven, CT: Yale University Press.

Zakaria F. 2003 The Future of Freedom: Illiberal Democracy at Home and Abroad. New York: Norton.

Zeitlin, Maurice 1980 "On Classes, Class Conflict and the State: an Introductory Note," In Zeitlin(ed.), Classes, Class Conflict and the State. Cambridge, MA: Winthrop.

Zelizer, Julian 2009 "The Winds of Congressional Change," The Forum, 7, pp.1—8.

Zhang, Shu Guang 1995 Mao's Military Romanticism: China and the Korean

War, *1950—1953*. Lawrence: University Press of Kansas.

Zieger, Robert 1995 The CIO, *1935—1955*. Chapel Hill: University of North Carolina Press.

Zubkova, Elena 1998 Russia after the War: Hopes, Illusions, and Disappointments, *1945—1957*. Armonk, NY: M.E.Sharpe.

Zubok, Vladislav & Constantine Pleshakov 1996 Inside the Kremlin's Cold War: From Stalin to Khrushchev. Cambridge, MA: Harvard University Press.

Zweig, David 2002 Internationalizing China: Domestic Interests and Global Linkages. Ithaca, NY: Cornell University Press.

图书在版编目(CIP)数据

社会权力的来源. 第 4 卷, 全球化: 1945～2011/
(英)曼(Mann, M.)著; 郭忠华等译. —上海: 上海
人民出版社, 2015
(世纪人文系列丛书. 世纪前沿)
书名原文: The Sources of Social Power(Volume
4): Globalizations, 1945－2011
ISBN 978－7－208－13434－8

Ⅰ. ①社…　Ⅱ. ①曼…②郭…　Ⅲ. ①权力-研究
Ⅳ. ①D033

中国版本图书馆 CIP 数据核字(2015)第 280773 号

责任编辑　罗　俊
封面装帧　陆智昌

社会权力的来源(第四卷)
——全球化(1945—2011)
[英]迈克尔·曼 著
郭忠华　徐法寅　蒋文芳 译

出　　版　上海人民出版社
　　　　　(201101　上海市闵行区号景路 159 弄 C 座)
发　　行　上海人民出版社发行中心
印　　刷　上海商务联西印刷有限公司
开　　本　635×965　1/16
印　　张　38.75
插　　页　8
字　　数　523,000
版　　次　2015 年 12 月第 1 版
印　　次　2025 年 8 月第 8 次印刷
ISBN 978－7－208－13434－8/D · 2767
定　　价　128.00 元(上下册)

世纪人文系列丛书(2015 年出版)

一、世纪文库
《中国文学批评史》 罗根泽 著
《中国通史》 吕思勉 著
《中国近百年政治史》 李剑农 著
《国学必读》 钱基博 著
《中国文学史》 钱基博 著
《通史新义》 何炳松 著
《中古欧洲史》 何炳松 著
《近世欧洲史》 何炳松 著
《工具论》 [古希腊]亚里士多德 著　张留华　冯艳 等译　刘叶涛 校
《犹太人与现代资本主义》 [德]维尔纳·桑巴特 著　安佳 译
《马基雅维利的德行》 [美]哈维·曼斯菲尔德 著　王涛 译　江远山 校
《货币和信贷理论》 [奥]路德维希·冯·米塞斯 著　孔丹凤 译
《捕获法》 [荷]雨果·格劳秀斯著　张乃根 等译　张乃根 校

二、世纪前沿
《社会权力的来源(第一卷):从开端到 1760 年的权力史》 [英]迈克尔·曼 著　刘北成
李少军 译
《社会权力的来源(第二卷):阶级和民族国家的兴起(1760—1914)》 [英]迈克尔·曼 著
　陈海宏 等译
《社会权力的来源(第三卷):全球诸帝国与革命(1890—1945)》 [英]迈克尔·曼 著
郭台辉 等译
《社会权力的来源(第四卷):全球化(1945—2011)》 [英]迈克尔·曼 著　郭忠华 等译
《科学与宗教引论(第二版)》 [英]阿利斯特·E.麦克格拉思 著　王毅　魏颖 译
《国家与市场——政治经济学入门》 [美]亚当·普沃斯基 著　郦菁　张燕 等译　王小卫
郦菁 校
《退出、呼吁与忠诚——对企业、组织和国家衰退的回应》 [美]艾伯特·O.赫希曼 著
卢昌崇 译
《欧洲的抗争与民主(1650—2000)》 [美]查尔斯·蒂利 著　陈周旺　李辉　熊易寒 译

三、开放人文
(一)科学人文
《大众科学指南——宇宙、生命与万物》 [英]约翰·格里宾　玛丽·格里宾 著　戴吾三
戴晓宁 译
《阿尔法与奥米伽——寻找宇宙的始与终》 [美]查尔斯·塞费 著　隋竹梅 译
《解码宇宙——新信息科学看天地万物》 [美]查尔斯·塞费 著　隋竹梅 译
《古代世界的现代思考——透视希腊、中国的科学与文化》 [英]G·E·R·劳埃德 著
钮卫星 译
《早期希腊科学——从泰勒斯到亚里士多德》 [英]G·E·R·劳埃德 著　孙小淳 译